中　國　哲　學　史

중국철학사

정해왕 지음

박영사

이 과제는 부산대학교 기본연구지원사업(2년)에 의하여 연구되었음.

머리말

인류 역사에서 모든 철학자들은 자신이 생각하는 진리를 찾기 위해 최선을 다하고, 그로 인해 자신이 얻었다고 생각하는 진리가 보편성을 지니는 것으로 생각하였을 것이다. 그럼에도 불구하고 역사 속의 수많은 철학자들이 각자가 스스로 생각하는 진리가 다른 이들의 그것과 차별성을 가지면서 다양한 내용과 형식으로 표현되어 왔다. 그렇게 다양한 모습으로 흘러 온 것이 곧 철학사이다. 즉 철학사는 역사 속에서 수많은 철학자들이 자신들이 생각하는 진리로서의 각 철학사상의 흐름이다.

우리는 어떤 개별적 철학사상에 주목해서 그 철학을 이해할 수가 있고, 이에 거기서 말하는 진리관에 동의도 하며 때로는 전폭적으로 지지할 수도 있다. 그러나 만일 한 걸음 물러서서 그 철학사상을 관조한다면, 그 사상은 그저 어떤 시점에 갑자기 생겨나듯이 나타난 것이 아닌, 지난 세월의 많은 철학사상들이 흘러온 흐름의 연장선에 있음을 알 수가 있다. 따라서 어떤 철학사상을 이해하려면, 그 사상에만 주목해서는 그 사상의 의미를 온전히 이해할 수 없을 가능성도 있다. 어떤 사상은 그 사상과 연계된 다른 사상들과의 영향관계의 맥락 속에 있기 때문이다. 만일 어떤 철학사상을 독립적으로 이해하려하면, 비유컨대 나무만 보고 숲은 보지 못하여, 그 사상이 어떤 연유로 세상에 그 모습을 드러내었는지 그 맥락도 모른 채 내용만 피상적으로 우물 안 개구리처럼 이해할 수도 있다.

철학사는 불교의 연기설緣起說처럼 이것과 저것이 서로 인연因緣에 따라 연결되어 있는 총체이다. 철학은 무엇이 진리인가를 탐구하는 반성적 사고이며, 철학사는 그렇게 진리라고 여겨진 사상들의 역사적 흐름의 총체이다. 따라서, 철학사는 그 자체가 하나의 거대한 철학체계가 되므로, 우리는 철학사를 관조하며 그 중의 어떤 철학적 요소들은 철학사 속에서 해석할 필요가 있는 것이다.

일반적으로 역사는 어떤 방식으로 바라보는가에 따라 그 해석의 결과가 다를 수 있다. 즉, 사관史觀에 따라 역사 해석은 달라질 수 있는 것이다. 철학사 역시 어떤 철학사관哲學史觀으로 해석할 것인가에 따라 그 내용전개 방식이 달라질 수 있어서, 철학사 저작마다 그 철학사가의 해석관점이 철학사 내용구성에 영향을 미침을 기존의 여러 철학사 저작에서 알 수 있고, 기존의 '중국철학사'들도 그러하다. 필자 역시 나름대로의 '중국철학사'에 대한 관점을 가지고 있다.

본 '중국철학사'에서는 최초의 중국철학자를 '공자孔子'로 간주한다. '서양철학사'의 시작이 '탈레스'로부터이듯이 중국철학사의 시작은 '공자'로부터 비롯된다고 본다. 이는 물론 기록에 의거한 것으로서, 기록 외에 알려지지 않은 사실이 있다면 이와 다를 수 있지만, 적어도 알려진 자료상으로서는 그렇게 해석된다. 그런데, 중국철학사의 경우 공자가 '노자老子'에게 '예禮'를 물었다는 『사기史記』의 기록이 있다. 그렇다면 노자가 비록 조금의 차이지만 중국 최초의 철학자일 수도 있다. 그러나 필자의 관점으로는, '노자'의 실체에 대해서도 의문이 있을 정도로 불확실함이 있어서 이에 동의하지 않으며, 관련 문제는 본문 속 '노자' 부분에서 상세히 언급해 두었다.

필자는 중국철학사를, 많은 이들이 그러듯이, 고대철학시대, 중세철학시대, 근대철학시대로 나눈다. 그런데, 기존의 '중국철학사' 저작에서는 이에 대한 다양한 관점이 있어서, 그 구체적 내용에 있어서 각 철학 유형들을 어느 시대에 편입할 것인지에 대해서는 같지 않다. 본 '중국철학사'에서는 공자로부터 시작된 선진先秦의 제자백가諸子百家 시대를 '고대철학시대'로 본다. 탈레스로부터 시작된 서양철학사의 중세 이전 시대에 상응한다.

그리고 진秦에 의한 통일 이후 한漢으로 이어진 시대, 즉 진한秦漢시대의 철학시대를 '중세철학시대'로 잡는다. 그것도 그 중의 '전기前期'로 간주하여, '전기중세철학시대'로 본다. 이는 서양철학사 중 신앙 우위의 '교부철학시대'와 상응한다고 본다. 중국도 이 시대에는 우연인지 필연인지 '천인감응天人感應'적 종교 또는 정치신학적 성향의 사상이 있었다. 또한 정치적으로도 마침 양 권역은 제국帝國의 시대여서, 마치 정치적이든 사상적이든 어떤 유사성이 있는 것처럼 생각된다. 그리고 서양철학사에서는 이후 신앙과 이성의 조화를 추구한 '후기중세철학시대'인 '스콜라철학시대'가 있었듯 중국철학사도 유사하게 전개되는데, 그것은 위진魏晉 '현학玄學' 시대 및 수당隋唐 '불교佛敎' 시대에서 다음 송대宋代의 '성리학性理學' 시대까지가 서양철학사와 그 유사성을 보이고 있다는 점이다. 심지어 아리스토텔레스의 '형상形相'과 '질료質料'의 사상이 토마스 아퀴나스와 같은 중세철학자(또는 신학자)에 의해 수용되었듯이, 성리학에서도 유사하게 '리理'와 '기氣'로 세계를 설명한 것이다. 즉 위진 현학에서 성리학까지가 중국철학사 중 '후기중세철학시대'라는 것이다. 양 권역의 이러한 사상들은 서양이든 중국이든 그 시대의 정치사회체제 및 통치이데올로기와도 관련된다.

필자는, 중국철학사의 근대정신은 '심학心學'에서 시작된다고 본다. 그래서 서양철학사의 근대적 자아를 상징적으로 말한 데카르트의 위치에 해당되는 중국의 철학자를 육구연陸九淵으로 본다. 중국철학사에서 중세의 정점에 선, 중국의 토마스 아퀴나스의 역할을 한 주희朱熹(주자朱子)는 당시 '아호鵝湖'라는 곳에서 근대정신의 시작을 알리는 육구연과 논쟁을 했다. 육구연 철학의 의의는 '본심本心'이라는 근대적 주체의 자각이다. 육구연의 사상적 취지를 이어받아 '심학'을 종합집대성한 이가 명대明代의 왕수인王守仁, 즉 왕양명王陽明으로서, 그는 중국철학사에 있어서 근대적 도덕정신을 발양한 대표자이며, 그가 주장하는 근대적 주체가 곧 '양지良知'이다.

필자는 처음 철학을 공부할 때 많은 이들이 그러하듯이, 우선 호감이 가는 철학사상에서 시작하였다. 그러나 곧 어떤 사상은 그 사상에서만 그치는 것이 아니라 마치 고구마줄기처럼 철학사 속에서 계속적으로 연계되어 이어짐을 느꼈고, 공부 범위도 그에 따라 확장되었다. 더구나 대학에서의 강의도 필자 혼자서 중국철학사 전체를 감당해야 하는 현실이 그 환경이 되기도 했다. 그러다 언젠가는 필자 관점의 '중국철학사'를 써 보리라 생각했고, 그동안의 논문주제도 중국철학사 전반에 걸치게 되었다. 그러던 차에 마침 '박영사'에서 '중국철학사' 집필을 제안해 왔고, 그 제안을 수락하여 이제 그 결실을 맺게 되었다.

필자의 본 '중국철학사'는 이러한 집필 배경 속에서, 그동안 여러 주제에 걸쳐 집필해 온 필자의 기존 저술과 더불어, 연구결과물로 이어지지는 않았지만 강의안으로 존재하던 중국철학사 속의 여러 내용을 기본 토대로 하여, 그 빈틈을 메우는 방식으로 이루어졌다. 따라서 본서의 내용은 필자의 기존 저작물의 내용과 새로운 원고 내용이 모두 포함됨을 밝혀 둔다. 이제 집필을 끝내고 보니, 올 봄이 가면서 여름을 준비하는 금정산의 푸른빛도 더욱 짙어지게 되었다. 끝으로 이번 '중국철학사' 집필을 제안하고, 출판의 기회를 주신 ㈜박영사 측에 감사드리며, 필자의 집필 소식에 그동안 성원해 주신 주위의 여러 분들께도 감사드린다.

2023년 늦봄과 초여름 사이 어느 날
금정산 기슭에서
지은이 정해왕 삼가 씀

차 례

第10장 순자荀子

第11장 법가法家와 한비자韓非子

第12장 『예기禮記』「예운禮運」

第13장 『예기禮記』「대학大學」

第17장 왕충王充

第18장 위진현학魏晋玄學(1)

第19장 위진현학魏晋玄學(2)

第20장 중국불교철학中國佛教哲學(1)

제21장 중국불교철학中國佛敎哲學(2)

제22장 주돈이周惇頤

제23장 소옹邵雍

제24장 장재張載

제25장 정호程顥

제26장 정이程頤

제27장 주희朱熹

第28장 진량陳亮

第29장 육구연陸九淵

第30장 왕수인王守仁

중국철학사
中國哲學史

서설
序說

1. 인류 정신의 진화와 철학의 발생

에른스트 헤켈(1834~1919, Ernst Heinrich Philipp August Haeckel)은, 1866년 '생물의 개체발생은 그 계통발생을 되풀이한다'는 생물발생법칙을 제창하였다. 그는 하등한 생물로부터 고등한 생물까지의 생물 각종의 유연관계類緣關係를 나무모양으로 나타낸 그림인 '계통도'를 그려, 진화evolution의 순서를 도식화하기도 했으며, '생태학ecology'이라는 용어를 만들었다. 그의 생물발생법칙은, 어떤 종의 개체가 발생할 때 그 발생과정은 그 개체가 속한 종의 진화과정을 반복한다는 것이며, 인간의 경우도 마찬가지이다.

그런데 이러한 이론을 인류의 정신 영역, 특히 철학적 영역에 적용할 수도 있다. 한 인간이 정신적으로 성장하는 과정 역시 인간이 속한 종인 인류가 정신적으로 진화해 온 과정을 되풀이한다고 볼 수 있는 것이다. 한 인간의 '생물학적 탄생'을 '제1의 탄생'이라 하면, 이 '제1의 탄생' 이후 정신적인 성숙이 진행되어 주체의 자각이 이루어지는 청소년기를 '정신적 탄생'인 '제2의 탄생'이라 할 수 있다고 한다. '제1의 탄생'에서 '제2의 탄생'까지는 갓난아이의 본능에 따른 행위에서 시작하여 점차로 정신적으로 성숙해 가는 과정에서 그 행위 원칙을 주로 자신의 보호자인 성인의 지침에 따른다.

'정신적 탄생'인 '제2의 탄생'에서 인간은 행위 주체로서의 자신에 대해 반성적으로 사고하기 시작하고, 행위의 원칙을 스스로 마련하기 시작한다. 이때를 흔히 '정신적 여명기黎明期'라고 하며, 주체로서의 자신을 자각함에 따른 심리적 동요를 두고 말하여 '질풍노도疾風怒濤의 시기'라고 부르기도 한다. 이후 성인이 되면서 자신의 삶을 자신이 설계하고 자신의 가치관에 따른 삶의 원칙을 세우게 된다.

이러한 인류 개체의 한 인간으로서의 정신적 성숙은 인류 정신사, 특히 철학사를 반복한다고 할 수 있다. 그래서 인류 개체의 '청소년기'는 인류라는 종의 '철학의 발생기'에 상응한다고 할 수 있다. 인류가 발생한 후 그 정신적 진화 과정은 원시적 몽매蒙昧함에서 계몽啓蒙 상태로의 이행으로 볼 수 있는데, 이는 '신화적 시대'에서 '철학적 시대'로 진입하는 것이다. 신화적 시대는 인류 발생 초기 원시종교시대에 인류 개체의 행위원칙이나 그 집단의 운영원칙을 종교적 존재에 의존한 시기였는데, 이는 인류 개체가 생물학적 탄생 후 청소년기 정도까지 삶에서의 행위원칙을 아직 스스로 정하지 못하고 부모나 스승 등의 기성세대에 의존함에 상응한다. 이러한 것은 인류가 신화적 시대에 신神, 하늘(천天)과 같은 종교적 실체를 신앙하여 그 계시에 의존하며 삶을 꾸려가듯, 청소년기 이전의 인류 개체는 기성세대의 가르침을 신뢰하며 그에 의존하는 것에 상응한다고 할 수 있다.

인류 정신의 진화과정에서 철학의 발생에 따른 철학 시대의 시작은 인류의 행위원칙을 종교적 존재에 의존하지 않고 스스로 마련하기 시작함을 의미한다. 즉, 인류가 종교적 실체로부터 독립을 시도하는 정신의 계몽이 시작되는 것이다. 이는 곧 '신앙' 중심에서 '이성' 중심으로 삶의 방식이 전환되는 것으로서, 인류 개체의 정신적 여명기로서의 청소년기에 상응하는 인류 정신의 정신적 여명기라고 할 수 있다. 이렇게 인류가 종교적 실체로부터 독립을 시도하듯, 인류의 각 개체가 기성세대로부터 독립을 시도함은 서로 유비類比적으로 상응한다고 할 수 있다.

2. 철학사의 구조

철학이 발생하여 철학 시대가 시작된 후의 역사인 철학사의 전개 과정은 인류의 행위원칙에 대한 반성적 사고의 전개과정이다. 이는 인류개체의 청소년기 이후 삶의 과정 속에서의 정신개체의 반성적 사고의 전개과정에 상응한다고 할 수 있다. 따라서 철학사 전개 과정 속의 철학 분야와 그 이론의 다양성은 인류 각 개체의 관심영역의 다양성과 각 개체마다의 가치관의 다양성에 상응한다고 할 수 있다.

그런데 철학의 역사적 전개 과정인 철학사의 구조에 있어서 그 내용의 다양성에도 불구하고, 인류의 대표적 문화권에서 진행된 철학사 전개에는 구조상의 유비적 유사성이 존재하는 것으로 볼 수 있는 측면이 있는데, 이는 인류의 각 개체가 다양함에도 큰 틀에서의 인류개체 사고의 유사성이 존재함에 상응한다. 이는 인류라는 종에 있어서, 각 문화권의 정신적 진화 과정이나 인류 각 개체의 정신의 성장 과정에는 정신적 주체의 상호주관성에 따라 공유되는 정신적 공통점 역시 존재하기 때문이다. 이는 개체 간이든 문화권 간이든 궁극적으로 지향하는 보편적 행위법칙으로서의 도덕법칙 추구와 나아가서 보편적 진리 추구의 근거가 되는 것이다.

카를 야스퍼스(1883~1969, Karl Jaspers)는, 그의 『역사의 근원과 목적에 대하여』에서, 계몽주의의 대두와 비슷하면서도 이보다 더 거대한 사상적 전환이 '주축主軸 시대'에 일어났다고 하였다. 그가 B.C.800년경에서 A.D.200년경에 있었다고 간주하는 '주축 시대'(Die Achsenzeit, The Axial Age)에서의 사건은 의식의 혁명으로서의 의미를 가지는 것인데, 이는 빈번한 교류관계에 있었다고 할 수 없는 여러 지역에서 동시에 크나 큰 사상적 전환이 일어났다는 것이다.

이러한 '주축 문명'의 특징은, 사물, 사회, 자아, 세계를 생각하는 과정에 반성적 사고의 규범이 바탕한다는 것인데, 이러한 반성적 사고의 규범은 개인과 집단을 합리적 원칙으로 이해할 수 있게 하고, 또한 그것은 그 이해를 정당화하는 근거가 되며, 동시에 그러한 것이 사람을 움직이는 동기가 된다는 것이다. 이러한 반성적 사고에서 나오는 정당화의 근거는 사고의 자기반성에서 발견되는 합리성에 있다고 이야기 된다.

야스퍼스가 말하는 이러한 '주축 시대'의 특징은 우선 이 시기에 여러 현자들이 등장했다는 것이다. 중국에는 공자, 노자, 장자를 비롯한 제자백가의 사상가들이, 인도에는 우파니샤드 및 불교의 사상가들이, 페르시아에는 조로아스터, 팔레스타인에는 엘리야, 예레미야와 같은 예언자들이 있었으며, 그리스에서는 호메로스, 파르메니데스, 헤로도토스, 플라톤과 같은 이들이 모두 이 시기에 등장하였다는 것이다. 그리고 이때 인간의 반성적 사고가 출현하면서, 이들 각 문명권에서 전례 없는 의식변화가 일어났다고 하며, 특히 불가사의한 것은, 이 시기에 이르러 이러한 것들이 한꺼번에 드러났다는 것이다.

그리고 이 '주축 시대'에는, 신화, 종교, 윤리, 철학의 방면에서 볼 때, 이전의 전통적 문화에 질적인 변화가 일어나서, 반성적이고 이성적인 사고에 의해, 전통적 신화에서 종교가 발전하고, 종교는 다시 윤리적 성격을 띠게 되며, 이와 더불어 등장한 것이 철학으로서, 이 철학을 통해서 인간은 단독자로서의 자기 자신을 반성함과 동시에 한편으로는 자기를 넘어 보다 넓은 세계를 추구하는 정신이 일어났다고 한다. 또 이 시대에는 상업 및 문화 교류가 활발해졌다고 말하는데, 당시 분산된 작은 국가 및 도시들 간의 상업교류가 활발해지고, 또한 국가 및 개인에 의한 교육기관이 등장하였으니, 플라톤의 아카데미아, 공자의 제자 교육과 같은 것이 그 예라는 것이다.

그런데, 역시 주목할 만한 것은 이 '주축 시대'의 말기적 상황 역시 각 문명권이 유사하게 나타났다는 것이다. 그것은 반성적 사고의 쇠퇴와 제국의 등장인데, '주축 시대' 초기에 시작된 반성적 사고는 그 말기에 이르러서는 쇠퇴하며, 이와 더불어 정치 상황에 있어서는 무정부 상태, 거대 질서의 구축, 그리고 제국의 흥망성쇠가 되풀이 된다고 보았다. 예를 들어, 중국에서 진秦의 통일이 있은 후 다시 각 정치세력 간의 각축이 있고 이어 한漢 제국이 등장한 일, 그리스의 도시국가들, 알렉산드로스에 의한 헬레니즘 권역, 그리고 로마 제국의 등장으로 이어진 역사적 사건들이다. 이 과정을 거치면서 다시 인간의 창조적 정신은 쇠퇴하고, 현자들의 가르침은 신앙이 되어 교조로서 굳어지면서, 그 속의 종교는 세계성을 띠고 발전한 것 등이다. 야스퍼스가 말한 이 측면은, 사실상 고대 철학 사상의 다양성이 각 문화, 문명권에서 획일화된 중세 사회 체제의 이념으로 진행된 것을 말하는 것이다.

그런데, 야스퍼스가 생각한 바는 사실상 특이한 것이 아니라 어쩌면 당연한 것이기도 하다. 왜냐하면 동종으로서의 인류가 비록 지역을 달리한다 하더라도 그 문화와 문명을 낳는 성장과 성숙의 능력 역시 유사할 것이어서, 그 나타나는 시점도 역시 비슷할 수밖에 없을 것이기 때문이다. 이것은 인간 개체의 성숙 과정에서 동종으로서의 인류의 각 개체가 성장 과정 속에서 비슷한 시기에 비슷한 단계를 거치게 되는 것과 같은 것이다. 따라서 야스퍼스가 말하는 바는 서양뿐만 아니라 중국 등 다른 문화권에서도 비슷한 문화문명 진화과정으로 나타날 수 있음을 말한다.

그리고, 철학사 발전 전개 과정을 두고 볼 때, 야스퍼스가 말한 '주축 시대' 이후의 각 시대도 서양의 경우와 중국의 경우가 유사한 패턴으로 전개되었다고 말할 수 있다. 특히 중세 시기의 양 문화권의 중세 철학적 유사성, 즉 서양에서의 기독교를 사상기반으로 한 중세 이념 체제, 중국에서의 위진魏晉 현학玄學 및 불교 도입 과정 이후 성리학性理學으로 성립된 이념 체제가 그러하고, 양 문화권에서의 근대적 주체 자각을 그 핵심으로 하는 근대정신의 발양도 그러하다 할 수 있다. 중국철학의 발생과 그 이후의 철학사적 전개 과정은 이러한 점을 고려하여 이해할 수가 있다.

3. 중국 철학의 발생

철학이 시작된 시기 이전, 원시종교적 신화시대에는 종교적 실체의 존재를 믿으며, 세계를 종교적 실체의 계시에 따라 감성적으로 받아들인다. 이에 대해 철학의 발생으로 시작된 철학시대에는 세계를 인간 이성의 주체적 관점에 따라 이성적으로 이해하여 해석한다. 그 최초의 철학자를 서양의 경우 탈레스Thalēs로 간주하며, 중국의 경우 공자孔子로 간주한다. 그러나 철학의 시대는 어느 날 갑자기 시작되었다고 할 수는 없다. 인류의 계몽이 하루아침에 이루어질 수는 없기 때문이다. 탈레스나 공자의 출현으로 상징되는 철학 발생기 이전에도 선각자들은 이미 있었다고 할 수 있으며, 철학시대는 합리적 관점으로 세계에 대한 해석을 시도한 수많은 선각자들의 경험이 누적된 그 성숙의 결과라고 할 수 있는 것이다.

중국의 신화시대는, 원시 혼돈混沌(chaos)이 의인화擬人化된 반고씨盤古氏로부터 하늘의 열림인 천황씨天皇氏, 땅의 열림인 지황씨地皇氏로 의인화된 천지개벽天地開闢 후 비로소 있게 된 사람 세상이 의인화된 인황씨人皇氏, 그리고 이후 인류 문명의 전개 과정 속 주거지를 만들어 살게 된 시기를 의인화한 유소씨有巢氏, 불을 발명한 시기가 의인화된 수인씨燧人氏, 어렵漁獵 기술과 천문天文, 지리地理에 관한 지식을 가지게 되면서 현상계 변화의 법칙을 인식하게 된 시기를 의인화한 복희씨伏羲氏, 농경農耕과 의약醫藥의 기술이 있게 되었음을 의인화한 신농씨神農氏 등 수많은 신화상의 전설적 성인 지도자의 시대로 묘사된다. 이 시기는, 먼저 계몽된 지도자들이 아직 계몽되지 않아 몽매한 상태에 있는 일반 백성들을 교화하여 지도하는 의미로 그들의 통치가 그려지는 시기이다. 그런데 이러한 신화시대는 물론 철학시대가 시작된 후까지도 이러한 신화적 관점은 정치적으로는 통치자의 통치권을 정당화하는 명분으로 쓰이기도 하였다. 심지어 오늘날까지도 각 문화권과 각 개인의 관점에 따라 여전히 이러한 사고가 있기도 하다.

신화시대는 일반 백성들이 변화무쌍한 자연현상에 공포감을 느끼고 그 배후에 어떤 종교적 실체가 있다고 믿었던 시대이다. 이러한 시대의 위정자들은 그러한 신앙을 이용하여 통치의 정당성을 확보하였다. 즉 위정자의 배후에 그 통치권을 보장해 주는 종교적 실체가 있음을 선전하는 것이다. 이러한 사회가 바로 종교적 지도자인 제사장祭司長과 정치적 지도자인 군장君長이 동일한, 이른바 제정일치祭政一致의 사회이며, 이러한 양상은 중국뿐만 아니라 인류의 사회 진화 과정에서 두루 있어 온 현상이다. 심지어 비록 오늘과 같은 계몽시대라 하더라도 문화권에 따라 여전히 신화적 사고 속에 있는 경우도 있는 것이다.

제정일치 사회를 벗어나, 종교와 정치가 분리된, 즉 제정祭政이 분리된 사회가 된 후에도 여전히 위정자의 통치권은 종교적 실체가 보장하기도 하였다. 이때 위정자인 군장과 종교지도자인 제사장은 일정한 종교적, 정치적 공모관계에 있게 되는 것이며, 제사장은 군장을 위해, 또는 자신의 입지 확보를 위해 통치권의 종교적 근거를 마련하기 위한 종교적 실체의 존재를 내세우는 것이다. 중국의 경우 이 종교적 실체는 작게는 씨족氏族과 부족部族의 귀신鬼神이며, 크게는 천하天下의 세상을 관장한다고 하는 천天이다. 말하자면, 아직 씨족사회 단계의 수호신으로서의 귀신은 각 씨족들이 정치적으로 통합되면, 그 종교적 관념으로서의 수호신들도 통합되어, 보다 큰 지위의 수호신이 성립하게 되고, 그래서 부족사회가 되면 부족의 수호신인 귀신이 있게 되며, 이러한 과정이 계속되어 나라, 즉 국國이 되면 그 수호신은 종묘宗廟와 사직社稷이 되고, 최종적으로는 모든 하위 정치 단위의 수호신들이 통합된 종교 관념인 하늘, 즉 천天이 있게 된다는 것이다.

중국 전통 사회에서 이러한 '천天'을 수호신으로 하는 최고의 군장이 곧 '하늘의 아들'이라는 의미의 '천자天子'이다. 이는, 천자의 권력 근거는 '하늘의 명命', 즉 '천명天命'으로서, 천자는 하늘의 명을 받아 '하늘 아래', 즉 '천하'를 다스린다는 것이다. 이러한 논리에 의해 권력은 하늘로부터 온다는 '왕권천수王權天授'의 '신정사회神政社會'가 되는 것이다. 이러한 논리의 연장선에서 만일 통치자가 통치를 제대로 못하면, 하늘이 그 '명命'을 거두어 바른 자질로서의 '덕德'을 가진 사람에게 새로 '명'을 부여한다는 것, 즉 '혁명革命'의 이론이 있게 되고, 이러한 이론이 곧 정변으로 권력을 얻으려는 자의 명분이 되는 것이다.

중국에서 원시 사회로서의 신화시대 출발 이후로 종교와 정치가 결부된 이러한 사고가 사상적 측면에서 본격적으로 의미를 가지기 시작한 때가 이상적理想的 제왕으로 일컬어지는 요堯와 순舜의 시대이다. 이 시대는 훗날의 이론, 특히 유가儒家의 이론 속에서 이상사회가 구현된 시대로 묘사된 시대이다. 그들이 이상사회를 이끈 이상적 통치자로 묘사된 것은 우선 그들의 통치가 이상적이었다는 이유도 있지만, 더불어 그들이 천하를 한 개인이나 한 가문의 천하로서의 '사천하私天下'나 '가천하家天下'가 아닌 '공천하公天下'로 여겨, 그들의 지위를 '선양禪讓'(덕이 있는 사람에게 지위를 물려줌)했다는 이유도 있다. 즉, 요堯는 순舜에게 선양하고, 이후 순 역시 우禹에게 선양하였다는 것이다.

그런데, 우禹 역시 선양을 시도하였지만, 그의 사후 결국 그의 아들에게 권력이 돌아가는 세습世襲(자손에게 대를 이어 지위를 물려 줌)의 결과가 되어 우禹를 시조로 하는 하夏왕조가 시작되었으며, 이때부터 인간불평등의 기원인 세습의 시대가 시작되었다. 이후 하왕조는 그 말기에 폭군으로 평가된 걸왕桀王의 폭정으로, 다음 왕조인 상商(또는 은殷)왕조의 탕왕湯王의 정변에 의해 대체되는데, 이는 훌륭한 통치자의 생물학적 후계자가 반드시 훌륭함을 보장하지 않는, 세습이 안고 있는 구조적 모순에 기인한 것이기도 하다.[1] 이어 상왕조에서도 역시 마찬가지의 문제로 그 말기 역시 폭군으로 평가된 주왕紂王이 나타나, 당시 억압받던 지방정권인 주周의 문왕文王의 아들 무왕武王의 정변으로 상왕조는 주周왕조에 의해 대체된다.

하, 상, 주 이 세 왕조(이를 '삼대三代'라고 부름)의 교체라는 정치적 사건을 이후 그 통치자 가문의 '성姓'을 바꾸고 '명命'을 바꾼다는 의미의 '역성혁명易姓革命'으로 일컬었는데, 앞서 말한 '왕권천수'의 사고의 연장선에 있는 것이다. 그런데 왕조의 흥망성쇠의 형태로서의 유사함이 순환반복되는 것처럼 보이는 이러한 정치적 사건과 그 원인 진단에 관한 관점은 이후의 정치철학에 영향을 주어 그 이론의 근거가 되었으며, 한편으로는 이러한 사건이 마치 역사적 법칙처럼 인식되어, 이후의 역사철학에도 영향을 미쳤다. 그래서 곧 이

1) 이러한 문제는 이후 『예기禮記』「예운禮運」에서 구체적으로 묘사된다.

어 말할 철학시대 개시 후의 여러 사상 유형에 영향을 미친 요소가 이미 앞서 형성되고 있었다고 볼 수 있다.

'역성혁명'의 명분으로 지방정권에서 중앙정권으로 변모한 주왕조의 전반부는 초기에는 무왕의 동생 주공周公에 의해 구축된 '주례周禮'로서의 정치체제의 효과로 인해 대체로 국가의 권위가 서고 질서가 유지되었다. 그러나 역시 앞 두 왕조의 구조적 모순을 주 왕조 역시 피해가지 못하여, 처음 잘 작동하던 통치시스템 '주례'가 붕괴되기 시작하며, 동시에 지방정권이 자립적 경향을 보여 상하의 질서가 무너지면서, 중앙정부의 권위가 떨어지는 '내우內憂'와 더불어 견융犬戎의 침입 같은 '외환外患'까지 있게 되었다. 이에 원래 도읍인 호경鎬京에서 동쪽의 낙읍洛邑으로 옮긴, 이른바 '주周의 동천東遷'이 있게 되며, 이러한 천도 전의 주를 '서주西周', 그 후를 '동주東周'라고 일컫는다.

동주 시기인 주의 후반부가 되어서는, 중앙정부의 권위가 더 떨어지고 지방의 정권을 가진 제후諸侯들이 그 영향력을 더 키우게 되었는데, 이때를 역사에서는 '춘추전국시대春秋戰國時代'라 하여 동주를 일컫는 또 다른 말이 되었다. 이 중 그 전반부가 '춘추시대春秋時代', 후반부가 '전국시대戰國時代'이다. 즉, 주의 동천 때부터를 춘추시대의 시작으로 보며, 이후 춘추시대의 강국의 하나이던 진晉이 한韓, 위魏, 조趙로 3등분된 B.C. 453년(또는 주周 왕실이 이를 공인한 B.C. 403년)부터 진秦의 천하통일까지를 전국시대로 본다. 중국의 철학시대는 바로 이 춘추전국시대 중 춘추시대말에서 시작된다. 구체적인 인물을 기준으로 말하면, 춘추시대말 중국 최초의 철학자로 평가할 수 있는 공자孔子의 등장에서 비롯된다고 할 수 있다.

동주시대, 즉 춘추전국시대는 중국의 전통적 표현으로는 '난세亂世'인 정치적 대혼란기이지만, 동시에 기존질서가 붕괴됨에 따른, 새로운 질서로 전환되는 대변혁의 시기이기도 하다. 이전 하, 상, 주의 왕조가 교체되던 때는 폭정을 행하는 통치자의 군림과 같은 왕조의 말기적 증상이 드러나면서, 이를 타도하는 훌륭한 덕을 갖춘 새로운 지도자가 나타나는 패턴이 있었는데, 이 시기 역시 비슷한 상황이 연출되었다.

그런데, 이 시기에는 이전과 다른 특징이 있었는데, 그것은, 이전에 나타났던 새로운 지도자들, 즉 상의 탕왕, 주의 문왕, 무왕 같은 이들은 덕도 있고, 현실적 정치 세력도 갖춘 이들이었지만, 주 왕조의 경우에는 그렇지 않았다는 것이다. 주 왕조의 경우는 덕과 현실 정치 세력을 동시에 갖춘 지도자가 나타나지 않고, 그것이 분리된 형태로 나타났다. 더구나 그러한 상황이 이전처럼 '일인'에 집중된 상태가 아니라, 덕과 지식을 갖춘 경우든 현실적 정치 세력을 갖춘 경우든 '다수'로 나타났다. 그 후자인 현실적 정치 세력의 그룹이 곧 당시 지방 정권의 '제후諸侯'들이었으며, 그 전자인 덕과 지식을 갖춘 그룹이 바로 이른바 '제자백가諸子百家'로 일컬어지게 된 철학사상가들이었다.

한편 이렇게 덕과 권력이 분리된 상태에서 각각 그러한 능력을 가진 이들이 자신이 부족한 부분을 갖춘 이들을 서로 요청하는 형태로 당시 현실 상황이 전개되었다. 당시 권력자들은 지식인들을 정치에 대한 자문가로 초빙하고, 당시 지식인들은 권력자들을 찾아 자신의 사상과 포부를 실현시켜 주기를 요청하는 이른바 '유세遊說'를 하는 상황이 된 것이 그것이었다. 이러한 것이 중국 철학 발생기의 특징적 상황이었다.

이러한 철학시대로의 진입의 시기는 신앙적 종교시대에서 이성적 계몽시대로의 전환의 의의를 가지고 있는데, 당시에 대거 출현한 이들 계몽적 지식인들은 신화시대를 탈피하여 합리적으로 세계를 해석하려고 시도한 이들이었다. 그러한 시도에 따른 다양한 사상이 바로 이른바 '제자백가諸子百家', 즉 '여러 선생님', '여러 사상가'라는 '제자諸子'와 '여러 학파'라는 '백가百家'의 사상이다. '제자백가'로 시작된 중국의 철학시대는 공자로 상징되는 그 선두 주자로 인해 어느 날 불현듯 시작된 것은 아니다. 제자백가 시대 이전 선각자들이 이미 있었고, 그들의 합리적 세계 해석과 인생 해석의 계몽사상의 누적으로, 그 해석이 보다 체계화된 시기에 마침내 철학시대가 시작된 것이다.

4. 여러 학파의 출현과 그 분류

철학시대는, 세계에 대한 합리적 해석을 시도하는 계몽적 지식인들이 자연현상을 어떤 신비로운 것으로 보기보다는 합리적으로 설명가능한 법칙에 의한 것으로 보려 하면서 시작된다. 이 경우 신비적인 힘을 가진 종교적 실체의 존재가 부정되거나 최소한 의심되며, 그에 의거한 제정일치 시대, 신정시대의 통치권의 존립근거도 이론상 없어지거나 최소한 약화되게 되는 것이다. 이것이 곧 신화적 시대에서 철학적 시대로의 전환의 정치적 의의이다. 세계를 합리적으로 해석할 경우, 당시 통치권의 근거로서의 종교적 실체를 대신하는 것은 오히려 피통치자인 백성이라는 주장이 제기되게 되었으며, 이것이 이후 민본주의民本主義 사상으로 해석된 사상이다. 이러한 사상을 편 대표적 학파가 유가儒家이고, 그 개창자가 공자이다.

이렇게 공자로부터 비롯된 유가를 선두주자로 한 제자백가의 출현과 더불어 열린 중국의 철학시대는 이후 이 유가사상에 도전하는 여러 사상가와 다양한 학파의 출현으로 전개되었는데, 그 첫 번째 대표적 도전자는 묵자墨子가 이끄는 묵가墨家였고, 또 다른 대표적 도전자는 노자老子, 장자莊子를 대표로 하는 도가道家였는데, 이들은 대체로 당시 난세 해결에 대한 처방을 이전의 황금시대 회복에 두었다. 그런데, 이들에 대해 당시 난세를 신질서 구축의 기회로 본 법가法家 사상이 춘추전국시대를 종결하는 정치적 사건과 함께 하기도 하였다. 그리고 그 외 저마다의 철학사상을 내세운 여러 사상가와 학파가 나타났는데, 유가로부터 이들까지를 총칭하여 '제자백가'라 하는 것이다.

춘추전국시대는 정치적 대혼란기로서, 전통적 표현으로는 난세亂世인데, 이 때문에 이러한 시대를 구제하려는 뜻을 가진 사상가들이 자신들 나름대로의 다양한 구제방안을 제시하며 대거 출현한 것이며, 이것이 이 시기의 사상가들과 그 학파를 통틀어 일컫는 제자백가 등장의 당시 시대적 의의이다. 이른바 '백가쟁명百家爭鳴'의 시대였던 것이다. 이 시기는 중국역사상 첫 번째 계몽기로서 문화적으로 매우 큰 의의를 지닌 시기였으며, 획일적인 이념을 강요한 이후의 중앙집권적 시대에서는 볼 수 없는 사상의 다양성이 있던, 중국역사상 전무후무한 시기이다.

이 시기에 비록 당시 권력에 영합하여 권력자 중심의 사상을 제시한 사상가도 있었지만, 역사발전단계에서 볼 때 신화적 시대의 기득권층의 이익을 옹호하는 불합리하고 맹목적이며 신화적인 사고에 도전하여, 합리적이고 반성적이며 철학적인 사고를 제기한 지식인들이 등장하였던 것이다. 당시 그들의 철학은 다양하였으므로, 그 사상내용도 여러 학파로 분류될 수 있는 것이지만, 실제로는 이들에 대한 분류는 당시에 이루어진 것이 아닌, 보다 후대인, 이후 춘추전국시대를 통일한 진대秦代도 지난, 그 다음의 한대漢代이다. 그 대표적 학자는 6개 학파로 분류한 사마담司馬談(약 B.C.169~B.C.110, 한漢 무제武帝 때 오대부五大夫, 태사령太史令, 태사공太史公을 지냄)과 10개 학파로 분류한 유흠劉歆(약 B.C.50~B.C.23, 후에 유수劉秀로 개명. 서한西漢 말에서 왕망王莽의 신新 왕조 시기 사람)이다.

그런데, 이들의 분류는 제자백가 시대 당시의 실제 상황이라고는 할 수 없는 단지 가설일 뿐이다. 이어 말할 학파의 명칭과 분류의 가짓수도 그 가설에 따른 그들의 주관적 견해에 따른 것이라고 볼 수 있다. 각 학파를 구성한다고 분류된 인물들은 실제 그들이 인간적으로 서로 교류하거나 사제 관계에 있었던 경우는 많지 않고, 단지 사마담과 유흠이 선진先秦 시대 철학사상가들의 사상 성향을 분석, 분류하여 비슷하거나 가까운 사상 성향을 묶어서 분류한 것이라고 볼 수 있다.

사마담은 『사기史記』의 저자인 사마천司馬遷의 아버지인데, 사마천은 『사기』의 맨 끝에 그의 아버지가 '육가六家'의 요지要指(要旨)를 논한 글을 싣고 있다. 여기에서 말하는 '육가'는 '음양가陰陽家', '유가儒家', '묵가墨家', '명가名家',

'법가法家', '도덕가道德家(도가道家)'이다. 다만, 흔히 사마담이 분류한 학파 명칭을 이렇게 일컫고 있지만, 그 원문에는, '음양가陰陽家'는 '음양지술陰陽之術'로, '유가儒家'는 '유자儒者'로, '묵가墨家'는 '묵자墨者'로 표기되어 있다. 그리고, 오늘날 '도가道家'로 일컫는 학파는 그 원문에서 먼저 '도덕道德'이라고만 말했다가, 곧 이어 '도가道家'라고 표기하고 있다.

유흠은, 경학가經學家 유향劉向의 아들인데, 그는 아버지 유향과 궁정의 장서를 정리, 육예六藝의 여러 책들을 7종으로 분류하여 『칠략七略』이라 하였으며, 반고班固의 『전한서前漢書』「예문지藝文志」에 그가 말한 학파 분류에 관한 내용이 실려 있다. 그의 학파 분류의 특징은 그 출신과 관련지은 것이다. 이것은 사실상 그의 가설로서 다음과 같은 전제에 따른 것이다. 즉, 제가백가의 사상가들이 출현한 춘추전국시대는 명목상 주周나라에 속하며, 당시 지식과 정보는 국가가 거의 독점하였고, 이러한 지식과 정보의 제공을 통해 국가는 피지배자들에게 그 권위를 행사하며 통제하고, 백성들은 국가에 의존하였으며, 백성이 어떤 지식과 정보를 얻으려 하면 정부의 관리를 통할 수밖에 없었고, 정부의 관리가 곧 스승의 역할을 하였다는 것이다.

그런데 주周나라 중앙정부가 쇠약해지고 나서, 이러한 관리들은 민간에 흘러 들어가 그들의 전문적 지식을 백성들에게 가르치면서 생계를 유지하였는데, 이를 통해 관리官吏를 통한 공적公的인 지식전달체계가 아닌, 민간의 스승과 제자의 관계를 통한 사적私的 교육이 시작되었고, 이 사적 교육의 효시가 바로 공자孔子라는 것이다. 이렇게 하여 민간에 흩어진 관리 출신들이 당시 백성들에 대한 계몽적 지식인의 역할을 함과 동시에, 학생을 가르치는 교육자 노릇을 한 것이며, 이에 그 지식의 분야에 따라 다양한 학파가 형성되었고, 그들이 바로 '제자백가'라는 것이다.

유흠은 사마담과 달리 제자백가를 10가로 분류하였는데, 그것은, '유가儒家'(유가자류儒家者流)는 '사도司徒' 출신에서 유래된 학파, '도가道家'(도가자류道家者流)는 '사관史官' 출신에서 유래된 학파, '음양가陰陽家'(음양가자류陰陽家者流)

는 '희화羲和'(희씨羲氏와 화씨和氏)의 관리[2] 출신에서 유래된 학파, '법가法家'(법가자류法家者流)는 옥사를 관장하던 법관인 '이관理官' 출신에서 유래된 학파, '명가名家'(명가자류名家者流)는 '예관禮官' 출신에서 유래된 학파, '묵가墨家'(묵가자류墨家者流)는 청묘淸廟의 수위守衛 출신에서 유래된 학파, '종횡가從橫家'(종횡가자류從橫家者流)는 외교문서를 전달하는 주나라의 행인行人 관직 출신에서 유래된 학파, '잡가雜家'(잡가자류雜家者流)는 간쟁하는 벼슬인 '의관議官' 출신에서 유래된 학파, '농가農家'(농가자류農家者流)는 농업을 관장하던 벼슬인 '농직農稷' 출신에서 유래된 학파, '소설가小說家'(소설가자류小說家者流)는 민간의 풍속과 이야기를 모아 기록하는 관리인 '패관稗官' 출신에서 유래된 학파라는 것이다.

유흠이 세운 바의, 학파의 기원이 그 출신에 있다는 것은 단지 그의 가설에 따르는 학설일 뿐, 실제 사실과 부합한다고는 할 수 없고, 학파의 성격을 말하는 데 부분적으로 참고할 수 있는 정도이다. 어쨌든 사마담과 유흠의 분류와 같은 것은 이처럼 후대의 분류이지 선진先秦시대 당시의 실제 상황은 아니어서, 실제 그 학파에 해당되는 지식인들이 반드시 같이 모여서 활동하거나, 학문적 인간관계를 가지고 있었던 것도 아니라는 점을 생각해야 하는 것이다. 다만, 유가와 묵가의 경우는 실제 무리를 지어 활동하였고, 묵가는 학파 명칭도 당시 그들 스스로를 일컬을 때 사용되었다고 한다.

그리고 각 학파의 성향도 훗날에서 생각하는 만큼 확연히 구분되는 불연속적 경계선이 있는 것도 아니며, 그 관심 영역과 사상 성향도 본래 연속적인 것을 그 중점적인 부분에 따라 분류한 것이라고 할 수 있다. 그럼에도 이 분류 이후 후세에는 이 분류에 영향 받아 각 학파를 규정하게 되었다고 할 수 있다. 분류야 어쨌든, 이러한 지식인, 사상가들이 당시의 문제를 해결하기 위해서, 즉 '무질서하여 어지러운 세상'으로서의 '난세亂世'를 '질서 잡혀 다스려

2) 요堯 임금 때의 신하인 희씨羲氏와 화씨和氏가 천문天文과 역법曆法을 맡은 관리였고, 그들의 후손이 대대로 그 벼슬을 맡았으므로, 이후 천문과 역법을 관장하는 관리들을 두루 일컫는 말이 됨.

지는 세상'으로서의 '치세治世'로 바꾸기 위해서 나름대로의 해결방안을 제시한 것이 바로 '제자백가' 사상의 중요한 요소이고, 이것이 철학시대를 개시한 중국철학사 시작의 의미를 가지는 것이다.

제1장

공자孔子

공자孔子(B.C.551~B.C.479)의 이름은 구丘로서 공구孔丘이며, 자字는 중니仲尼이다. 중국 춘추시대말 노魯나라 추읍陬邑(지금의 산동성 곡부曲阜) 사람이다. 그의 선대는 역시 춘추시대 송宋나라의 귀족으로서 송나라 율읍栗邑(지금의 하남성河南省 하읍현夏邑縣)이 그 근거지였는데, 송나라에서 정치적 수난을 겪고 노나라로 도피하였다고 한다. 그의 부친은 숙량흘叔梁纥인데 노나라 추읍陬邑의 읍재邑宰를 지낸 바 있다. 공자는 젊은 시절 귀족 집안의 작은 벼슬을 한 적이 있고, 나중에 노나라의 사구司寇를 지낸 바 있다. 그러나 노나라 내부의 정치적 문제로 오래 그 직을 계속 하지 못하고, 제자들과 함께 여러 나라를 14년 동안 주유周遊하며, 가는 나라마다 유세遊說하면서 자신의 주장을 펴 그의 이상을 실현하려고 노력했다. 그는 사적으로 학생을 가르치는 풍조를 열었는데, 제자가 3천명에 이르고, 그 중 현인賢人으로 평가받는 대표적 제자들만도 72명에 이르렀다.

1. 철학자 공자의 합리주의

공자는 중국철학사에 있어서 최초의 철학자라고 할 수 있다. 그 이전은 신화적 시대로 볼 수 있는 데 대해서 공자로 상징되는 때로부터 합리적, 이성적 사고로 세계와 인생을 해석하는 철학적 시대로 진입했다는 뜻이다. 공자가 철학적 시대로 진입한 최초의 철학자라고 함은, 그에게 비록 과도기적 측면은 있었지만, 우선 신화적 태도를 불식시키려고 했다는 데 있다. 그는 "'괴이함(괴怪), 폭력(력力), 무질서(란亂), 신비로움(신神)'을 말하지 않으며(不語怪力亂神)"(『논어論語』「술이述而」), 그러한 것을 논함을 비판했다. 이러한 것은 세상을 현혹시키고 잘못된 방향으로 이끄는 신화적이고, 감성적이며 불합리한 요소일 뿐만 아니라, 일반적으로 사회를 건전하지 못하게 하는 비이성적 요소이다.

공자는 신화적 시대로서의 원시종교시대의 종교적 실체에 대해 회의하면서 거리를 두었다. 그는 죽음에 대해 묻는 제자에게 삶에 관심을 갖도록 가르쳤고, 귀신鬼神 섬기는 법을 묻는 제자에게 사람 섬기는 법을 알도록 가르치면서, 사후 세계와 사후의 영혼인 귀신의 존재에 대해 거리를 두고, 화재가 났을 때도 그로 인한 물적 피해보다는 사람의 안전을 우선한, 삶과 사람 섬김을 가치의 중심에 둔 휴머니스트였다. 이것은 종교적 가치와 혹세무민惑世誣民의 불합리한 풍조에 빠져 있는 당시 사람들을 계몽하려는 뜻에서 비롯된 것이라 할 수 있다.

그런데, 인간의 사후에 육체적 기반이 없는 영혼인 귀신이나 인간 공동체의 수호신의 역할을 하는 귀신의 최상위 통합체인 종교적 실체는 '천天', 즉 '하늘'이다. 이 '천'은 상고시대부터 '제帝'나 '상제上帝'로 불리었지만, 주대周代에는 '천'으로 되었다. 이 '천'은 '제'나 '상제'의 의미를 그대로 함유한 인격적人格的 종교 실체이고, 인간 사회와 인간 개인의 행위원칙을 제공하는 근원이었으며, 정치적으로는 위정자의 통치권을 정당화하는 배경이었다. 모든 권력은 '천'에게서 나오며, '천'이 부여한다는 의미의 용어가 곧 '천명天命'이다.

공자가 생각하는 '천'이나 '천명'은, 그가 신화적 시대에서 철학적 시대로 이행하는 과도기적 단계에 있음을 상징하고 있다. 그래서 그의 '천'에는 여전히 상제와 같은 주재적主宰的, 인격적 천의 의미가 잔존하고 있기도 하고, 한편으로는 철학적 단계로 넘어오는 측면에서 주재적 천이 계시로서 제공하는 도덕원칙의 근원인 바의 도덕적 천을 포함하면서, 다른 한편으로는 아예 이러한 종교성이나 도덕원칙의 근원으로서의 천과 무관한 자연원리나 자연환경으로서의 천을 말하는 자연적 천의 의미까지도 동시에 있다. 이러한 도덕원칙 또는 도덕원리로서의 '천'은 이후 맹자孟子에 의해 인간에 내면화한 천으로서 나타나고, 자연원리나 자연환경으로서의 천은 순자荀子의 무신론적 천으로서 나타나게 된다. 종교성과 신비주의를 멀리하는 이러한 공자 사상의 취지는 그의 계승자들에 의해 여러 시대에 걸쳐 보다 철학적으로 체계화된다.

공자에 있어서 이러한 종교성과 신비주의의 불식은 정치철학의 진화와 관련된다. 이전 상고시대에는 최고권력자인 천자의 권력은 천으로부터 천명의 형식으로 부여되었으며, 천자는 권력의 원천인 천의 뜻만을 따르면 되었다. 그런데 권력의 근거가 되는 '천명'의 변경을 주장하는 이른바 '역성혁명易姓革命', 즉 기존 왕조를 바꾸고 명을 바꾼다는 정변을 거치면서, 그 정변의 정당화를 위한 '천의天意'의 확인이 곧 백성을 통해서 이루어진다는 논법, 즉 '하늘은 백성을 통해서 보고, 백성을 통해서 듣는다'는 논법이 있게 된다. 이것이 곧 민본정치이며, 이렇게 발전된 정치사상이 공자에 의해서 보다 명시적으로 확인되는 것이다.

2. 전통문화의 종합자

불합리한 종교적, 신비주의적 사고에서 합리적, 이성적 활동으로서의 철학함의 시작은 초기 원시사회부터 점진적으로 진행되어 왔다고 할 수 있다. 그것은 문화문명의 발전과 관련된다. 중국의 경우, 이러한 발전적 전개가 공자 시대에 와서 한층 성숙된 단계에 접어든 것이다. 따라서 공자 시대에 전개되기 시작한 모든 종류의 합리적, 이성적 활동으로서의 철학 활동이 공자라는 한 개인으로 인해 시작되었다고 할 수 없는 것이다. 그에 이르기까지 그의 선구자들이 다양한 형태로 합리주의를 진보시켜 왔으며, 그러한 진보가 역사 초기 원시사회로부터 점차로 누적되고 진화해 온 그 활동이 공자 단계에 와서 종합적으로 체계화된 형태로 나타났다는 것이다.

공자의 철학적 활동에 의해서 종합되고 체계화된 대상은 물론 그 이전의 선구자들의 부분적인 다양한 활동으로 축적된 중국의 전통문화이다. 그래서 공자는 중국 문화사의 측면에서 그가 살던 시대 이전의 중국전통문화를 종합하고 집대성한 사람으로서의 역할을 한다. 훗날 맹자가 공자를 평가한 말이기도 한 '집대성集大成'이란 표현은 이러한 공자의 문화사적 측면에도 적용될 수 있다. 중국에서는 상고시대로부터 다양한 형태의 문화가 발전해 왔고, 공자 이전의 선구자적 선배들은 다양한 분야의 문화적 성과를 이루었으며, 공자는 그러한 것을 종합한 것이다. 이렇게 공자의 시대에 이른 문화를 그는 자신이 보는 관점에서 몇 가지 범주로 분류하여 인식과 전달의 체계를 부여하였다.

공자는 자신의 시대에 전해진 전통 문화의 여러 요소들을 여섯 가지의 범주로 분류하였다. 그것은 '역易', '시詩', '서書', '예禮', '악樂', '춘추春秋'라는 형태의 여섯 가지 문화 범주이다. 이러한 범주들은, 훗날 진리를 담은 문헌이라는 의미의 '경전經典'이라는 말이 생기고 난 후에는 '육경六經'으로 불리게 된다. 이 내용들은 공자가 직접 저술한 것은 아니다. 그 스스로도 자신은 "이어받아 서술했을 뿐 짓지는 않았다(述而不作)"(『논어』「술이述而」)라고 하였다. 자신은 새로 만들기 보다는 그 이전의 문화적 선배들이 만든 다양한 성과들을 종합하고 체계화한 역할을 했을 뿐이라는 것이다. 즉, 공자는 자신의 시대까지 그저 흩어진 상태로 전해진 구슬로서의 문화의 각 요소들을 꿰어서 철학적 보배로 만든 것이다. 그는 이상과 같은 문화의 자료들을 자신의 관점에 따라 분류하고 편집하여 범주로서 체계화한 것이다. 그 내용은 비록 그가 창작한 것은 아니지만, 이 체계화하는 분류작업 역시 하나의 창작 활동이므로, 이런 관점에서 훗날에는 공자가 '육경'을 지었다고 보는 견해도 생겼다.

이러한 여섯 가지 문화 범주 중 먼저 '역易'은 현상세계의 변화와 그 법칙을 말하는 철학범주이다. '시詩'는 당시까지 전해오는 시가詩歌에 관한 문학범주이다. '서書'는 요순堯舜시대로부터 서주西周시대에 이르는 역사기록에 관한 것인데, 단순히 역사범주이기보다는 올바른 정치란 마땅히 이러해야 한다는 정치철학에 관한 범주이다. '예禮'는 사회가 혼란스럽지 않게 유지해나가기 위해서 사회와 그 구성원에 바람직한 질서를 부여하는 제도범주이다. '악樂'은 사회에 질서를 유지하려 할 때 초래되기 쉬운 정서의 삭막함을 방지하고, 구성원 간에 일어날 수 있는 소원함을 불식시켜 조화를 부여하는 기능을 하는 음악범주이다. '춘추春秋'는 '서書'의 역사기록 이후 시대에 관한 역사기록 중 하나인, 공자의 고국 노魯나라의 역사 기록인데, 이는 단순한 역사범주이기보다는 공자가 그 역사 자료에 평론한 바로서, 질서 잡힌 사회가 되기 위해 구성원들이 마땅히 행해야 할 바를 논한 정치철학과 사회윤리에 관한 범주이다. 이러한 여섯 범주는 이후 역사를 통해서 유가 사상의 기초가 되었다. 최초의 사적私的 지식전달자로서의 교육자로 평가받는 공자는 이러한 전통문화를 그의 제자들에게 전수하면서 단순히 그 내용전달자로서가 아니라 그 내용에 독창적이고 체계화된 의미를 부여한 철학자였다.

3. 예禮와 정명正名, 그리고 춘추春秋의 의리義理

공자의 생존 시기인 춘추시대 말기는 공자의 관점으로는 정치적으로 무질서한 난세亂世로 규정되는 시대였다. 이 시대는 이른바 "신하가 임금을 시해하고, 아들이 아버지를 시해하는" 난신적자亂臣賊子가 발호하던 하극상下剋上의 시대로서, 사회전반이 크게 변하던 시대였다. 공자는 그 당시를 "천하무도天下無道"의 상황으로 규정하였다. 그는 "천하에 도가 있으면, 예악禮樂과 정벌征伐이 천자天子로부터 나오지만, 천하에 도가 없으면, 예악과 정벌이 제후諸侯로부터 나온다."(『논어』「계씨季氏」)고 하였다. 즉 나라의 정치, 사회의 중요한 일인 제도 확립과 국가 경영, 질서 유지, 위난이 있을 경우 군대를 동원하는 군사통수권 등이 최고 통치자인 천자로부터 나오는 것이 아니라, 그 아래 권력자들인 제후로부터 나오는 정치질서 붕괴현상이 일어나고, 천자는 허수아비처럼 된다는 것이다.

이러한 현상이 아래로 파급되면, 제후의 지방 정권에도 마찬가지로 제후가 그 나라의 일을 결정하는 것이 아니라, 그 아래 권력자인 대부大夫가 결정하게 되며, 나아가 그 아래로 계속 이런 현상이 파급되어, 온갖 신분과 지위에 따른 권력체계에 혼란이 생기고, 나아가 그 전도顚倒 현상으로 나타나서 하극상의 현상에 이르고, 심지어 가정에까지 그 풍조가 만연할 수 있다는 것이며, 당시 실제 그러한 상황이었다. 공자가 가까이서 겪은 직접적 사례가 곧 자신의 고국인 노나라에서의, 그 임금을 업신여기고 권력을 전횡한, 맹손孟孫, 숙손叔孫, 계손季孫이라는, 이전 노나라 환공桓公의 후손인 '삼환三桓'의 하극상이다.

이러한 시대를 '난세'라는 무질서의 시대로 규정한 공자가 보기에 그에 반대되는 질서의 시대는 곧 '치세治世'이며, 이 치세란 '예禮(례)'가 지켜지는 시대라는 말이다. '예'는 곧 질서이며, 동시에 질서를 지키기 위한 제도이기 때문이다. 사실상 유가 사상에서 말하는 '예'의 의미는 상당히 광범하다. 그래서 사회의 질서를 지키기 위한 제도가 더 구체화된 것으로서, 정치체제, 사회조직 등까지 포괄하는 것이다. 공자가 말한 바의 '난세'는 바로 당시 중앙 정부인 주周나라의 정치체제, 사회조직이 무너져 유명무실화되어 사회의 질서가 사라져갔음을 말한다. 그 주나라의 정치체제, 사회조직이 바로 주의 '예'인 '주례周禮'이다. 그는 이 '주례'를 다시 회복해야 할 제도의 표준으로 여겨, '주례'를 만든 주공周公을 존경하였다. 주공은 주나라 초기 주왕조의 통치이념에 근거하여 구축한 사회질서 및 그러한 것을 유지시키는 체제로서의 '주례'를 확립한 사람이다. 이러한 주례가 붕괴되어 난세가 되었다고 본 공자는 당시 춘추시대 말의 상황을 주나라 초로 되돌리기 위해 주례를 회복해야 한다고 하면서, 주례 이전의 예와 비교하며 주례가 그 시대 문제 해결의 적절한 제도라고 주장하였다.

유가에서 생각하는 '예'의 가장 이상적 실현 시대는 요순堯舜시대이다. 이 요순시대와 주대 사이의 시대가 하대夏代와 은대殷代(또는 상대商代)인데, 이는 요순시대의 이상적 '예'가 점차로 퇴보해 가서 마침내 주대에 이른 그 사이의 시대이다. 공자는, '은례殷禮'는 '하례夏禮'를 기초로 하여 보태거나 덜고 해서 마련된 예일 것이고, 주례는 '은례'를 기초로 하여 보태거나 덜고 해서 마련된 예일 것이지만, 그 하대와 은대의 예는 문헌이 부족하여 고증할 수는 없고, 그 당시로서는 주례가 가장 적절한 예로 여겨져 주례를 따른다고 하였다.

공자가 보기에, 주례가 당시에 가장 적합한 표준적인 체제요 그 제도였지만, 그것은 이미 붕괴되어 가고 있는 상황이었다. 그것을 회복함이 곧 무질서한 난세를 질서 잡힌 치세로 되돌리는 것이었다. '예'가 사회질서를 잡기 위한 제도라는 것은, 공동체 속 사회구성원들의 역할과 임무 그리고 그들 간의 관계를 설정하는 것이란 의미이다. 따라서 주례는 주나라 체제 속에서 그 공동체의 각 구성원들의 이러한 부분들을 설정하는 것이다. 그것은 천자天子로부터 서인庶人에 이르기까지의 각 구성원들에게 해당되는 것이다. 주례가 무너진다 함은 곧 이러한 구성원들이 자신의 역할과 임무를 다하지 못하고, 그들 사이의 관계가 혼란스럽게 되거나 역전됨으로써 나타나는 것이다.

각 구성원들이 자신의 역할과 임무를 다하지 못하는 것은 어떤 사회구성원이 그 자신답지 못한 것을 말한다. 그래서 그 역할과 임무를 다함이 '~다움'이다. 이러한 '~다움'은 곧 그 '덕德'이다. 예컨대 임금이 임금다움은 그 덕을 가짐으로써이다. 이렇게 해서 나오는 것이 공자의 '정명正名'의 사상이다. 공자는 그가 정치를 할 경우 가장 먼저 할 일로 '정명正名'을 들었다. 곧 '이름을 바로 잡는 것'이다. 그는 이 사회가 올바로 되려면 "임금은 임금다워야 하고, 신하는 신하다워야 하며, 아버지는 아버지다워야 하고, 아들은 아들다워야 한다(君君, 臣臣, 父父, 子子)"(『논어』「안연顔淵」)라고 말하였는데, 이것이 곧 '정명'에 관한 것이다. '임금이 임금다움'은 '임금'이라는 이름(명名)이 그 덕인 실질(실實)을 가져야 한다는 것이다. 이 주장이 명실名實이 일치하도록 이름을 바로잡아야 한다는 '정명론正名論'이다.

공자는 평소 춘추시대의 난국은 이름과 실질이 일치하지 않은 상황으로 인한 것이라고 진단했다. 이것은 사회구성원이 모두 자신이 가져야 할 덕을 가지지 않는 것이고 자신의 본분을 지키지 않는 것이다. 그가 생각하는 바의, 사회구성원이 가져야 할 덕이면서 지켜야 할 본분의 기준이 곧 주나라의 예였다. 그가 보기에 그가 살던 시대는 주례가 땅에 떨어져 지켜지지 않는 때였으므로, 이러한 상황은 곧 바꾸어 말하자면, 정명이 이루어지지 않는 상황으로도 표현할 수가 있는 것이다. 따라서 예를 지킴과 이름을 바르게 함은 결국 같은 내용의 다른 표현이라 할 수 있다.

공자는 이처럼 예를 지킴과 이름을 바르게 함에 관한 사상을 또 다른 측면에서 말하기도 하였는데, 그것은 그러한 경우에 대한 예증과 예시를 드는 것이었다. 즉 역사에서 그 예를 드는 것이었다. 이에 그는 그의 나라인 노魯나라의 역사책인 『춘추春秋』의 내용을 자신의 도덕관점으로 평정評定하여 재구성하였다. 즉 실제 역사에서 그 중의 인물들이 명실이 일치하는지 여부, 자신이 지녀야 할 덕을 지녀 그 본분을 지키는지, 즉 주례에 따른 예를 지키는 지 여부에 따라 그에 대한 시시비비是是非非로써 기록하였다. 특히 위정자들이 자신의 역할과 의무를 다하지 않거나 자신 권한 밖의 옳지 못한 행위를 하는 것, 자신의 역할을 넘어서서 참월僭越함으로써 하극상의 행위를 하는 것 등이 대표적인 경우이다. 공자는 이러한 일들을 매우 간결하고 함축적이며 암시적인 표현으로 『춘추』에 담았다. 이로써 볼 때, 결국 공자의 예에 관한 사상, 정명에 관한 사상, 춘추에 관한 사상은 같은 사상의 다른 표현들로서, 서로 관련되는 것이라 할 수 있는 것이다.

4. 인仁과 그 실천방법으로서의 충忠과 서恕

한 공동체에서 각 구성원의 명과 실의 일치를 추구하는 것을 '정명'이라 하면, 이를 일반화할 경우 모든 존재가 그 존재다움을 말하는 것 역시 '정명'이라 할 수 있다. 각각의 존재가 그 존재다움은 그 존재의 '덕'이다. 공동체 내의 개별적 인간의 그 존재다움을 말할 수 있다면, 그 개별적 인간을 넘어선 보편적 인간의 덕도 말할 수 있다. 그래서 공자는 개별적 인간의 덕을 넘어선 보편적 인간의 덕에 대해 관심을 가졌는데, 이것이 그가 철학자로 평가될 수 있는 면의 하나이다.

모든 인간을 포괄한 보편적 인간의 인간다움은 인간의 덕을 발휘할 때이다. 어떤 특수한 인간존재의 개별적 '~다움'에 대해 일반적 인간존재의 보편적 '~다움'인 '인간다움'은 인간의 명과 실이 일치할 때이고, 그것은 인간으로서의 덕을 가질 때이다. 공자는 그 덕을 '인仁'으로 보았다. 즉 인간이 인간다움은 이 '인'이라는 덕을 가짐으로써인 것이다.

공자는 '인仁'을 다양하게 정의하였다. 공자는 그의 제자 번지樊遲가 '인'이 무엇인지 묻자 '다른 사람을 사랑하는 것(愛人)'이라 하여, 그것을 사랑으로 정의하였다. 인은 누구나 가져야할 사람의 덕이지만, 공자는 특히 위정자를 기준으로 말하였다. 즉 위정자가 백성들에 베푸는 덕으로서의 '인'을 강조하였다. 그것이 '인의 정치' 곧 '인정人政'으로서, 이는 곧 '덕으로써 정치를 한다(爲政以德)'는 덕치주의를 말한다.

그런데 당시 춘추시대의 현실 속 인간들, 특히 위정자들은 다른 사람 특히 백성들을 사랑하지 않을 뿐만 아니라 오히려 적극적으로 그들을 해치는 악을 행하였다. 그렇다면 원래 '인仁'을 가진 인간이, 그가 위정자이든 일반적인 인간의 경우이든 다른 사람을 사랑함이라는 '인'으로서의 사랑을 베풀지 않고 오히려 '불인不仁'한 악을 행함은 무엇 때문인가. 공자는 그 원인으로 이기적 욕망을 들었다. 그래서 이 사랑을 베풂에 방해가 되는 자신의 이기적 욕망을 이겨내야 하므로 제자인 안회顔回가 '인'에 대해 물었을 때, '자신을 이겨 예로 돌아감(克己復禮)'을 '인'으로 정의하기도 하였다.

그런데, 이 '예禮'는 앞에서 말한 '주례周禮'와 관련된다고 할 수 있다. 인을 베풀지 않음은 그저 추상적으로 남을 배려하는 사랑을 베풀지 않는 것이라는 것으로만은 구체성이 없다. 그 현상은 주례라는 공동체 운영 시스템, 나아가서 그 사회의 도덕 격률에 기반한 각 구성원들이 자신이 마땅히 지켜야 할 역할과 의무를 지키지 않거나 그 역할과 권한을 넘어선 행위를 함에서 구체화되어 드러난다. 이러한 것은 어떤 정치적 행위는 물론이고, 의전행사의 경우까지도 그 신분에 맞아야 한다는 것이기도 하다.

예를 들어, 『논어』에 보면, "공자가 계씨季氏를 두고 말하기를, '뜰에서 팔일무八佾舞를 추게 하니, 이러한 행위를 감히 하는데, 무슨 짓인들 못하겠는가?(『논어』「팔일八佾」)"라고 하는 부분이 있다. 이때의 '팔일무', 즉 '팔일八佾'의 춤은 '예禮'에 따르면 본래 천자天子의 행사에 해당된다. 그런데, 당시 노魯 대부大夫인 계손씨季孫氏가, 대부는 '사일무四佾舞'가 그 신분에 맞음에도 감히 천자에 해당되는 '팔일무八佾舞'의 의전행사를 시행했음을 공자가 비판하는 것이다. 말하자면 계손씨가 '팔일무'를 시행함은 '예'를 어긴 것이고, 단순한 행사라 해도 이러한 현상들의 원인은 자신의 이기적 욕망을 이기지 못함에서 비롯된 것이므로, 결국은 향후에는 정치적 행위에서도 참월함이 나타날 수 있는 것이다. 그러므로, 자신의 욕망을 이김은 예로 돌아가 자신의 역할과 임무를 다하고, 자신의 지위와 위치에 맞는 행동을 하는 것으로 구체화되는데, 역으로 말해 예를 지킴이 곧 자신의 욕망을 이기는 실천 방법이 되기도 한다. 이러한 것이 곧 '인'이요, 동시에 '인을 행함'이기도 하다.

자신의 욕망을 이기고 예로 돌아감이 '인仁'을 행함, '인'을 실천함이지만, 이 정도로는 아직 일반론이므로, 현실 속에 더 구체적인 실천방법을 말할 필요가 있다. 즉 이 '인'을 실천하려면 구체적으로 어떻게 하는가. 공자는 '충서忠恕'를 그 실천방법으로 들었다. 이 중 '충忠'은 자기가 서고 싶으면 먼저 남을 세워 주고, 자기가 어떤 목적을 이루고 싶으면 먼저 남이 그것을 이루도록 해주는 것이다. 이것은 '인'을 실천하는 적극적인 면이다. 이에 비해 '서恕'는 그 소극적 면이다. 이것은 '자기가 하고 싶지 않은 것을 남에게 시키지 말라(己所不欲, 勿施於人)'는 것이다. 보다 쉽게 말하면, '충'은 세상 사람들이 서로 원하는 것일수록 남에게 양보하는 것이고, '서'는 세상 사람들이 회피하는 것일수록 자신이 앞

장서서 희생하는 것이다. 이러한 것은 결국 사회적 관계에 있어서 자신보다 남을 먼저 배려하는 것으로서, 이것이 바로 유가적 사랑의 표현이라 할 수 있다.

남을 배려하고 자신을 희생하여 '인'을 실천함이 일상적인 정도를 넘어서서 아주 지극한 정도에 이를 수도 있다. 즉, "지사志士와 인인仁人은 자신의 삶을 추구함으로써 '인'을 해치는 행동을 하지 않고, 오히려 자신을 죽임으로써 '인'을 이루기까지 한다.(志士仁人, 無求生以害仁, 有殺身以成仁.)"(『논어』「위령공衛靈公」)는 것이다.

5. 의義와 중용中庸

'인仁'은 포괄적 의미를 지닌 덕이다. 이러한 '인'은 구체적 현실 속 각 상황에서의 적용은 '의義'로 나타난다. 추상적인 '인'이 구체적으로 실천되는 측면은 '의'인 것이다. 즉 어떤 현실상황에서 '인'을 구현한다는 말은 그 상황에서 무엇이 정의로운 일이며 어떻게 해야 옳고 마땅한가를 따져 행하는 것이다. 만일 이상적인 상태가 실현된다면 그것은 '인'이 보편적으로 구현되는 것인데, 그것은 모든 상황에서 '의로움'이 실천될 때이다.

그러면 어떤 경우에 무엇이 정의로운가 하는 것은 매 상황에서 어떻게 하는 것인가. 그것은 '중용中庸'이다. 『논어』 속에서 '중용'에 관한 말은 비록 적지만, 그의 '중용'에 관한 사상은 이후 그의 손자 자사子思(이름은 공급孔伋, '자사'는 그의 자字)에 의해 『중용』이란 문헌 속에 반영되며,[1] 사실상 공자의, 현실 실천과 이상적 경지를 관통하는 덕으로 평가된다.

'중용'은 단순한 수학적 중간을 말하는 것이 아닌, 어떤 상황에서 지나침도 부족함도 없는 가장 적절, 적당한 상태이다. 그것의 보다 핵심적인 취지는

1) 사실 『중용』의 저자는 불명확하다. 이에 대해서는 이후 『예기禮記』「중용中庸」을 말할 때 다시 거론할 것이다.

도덕적인 것이므로, 어떤 상황에서의 '중용'은 곧 '의로움'으로 설명될 수 있는 것이다. 인간이 삶의 일상 속에서 실현해야 할 기본적인 덕목이 '인'이라면, 이 '인'이 현실의 구체적 상황에 적용될 때는 '의'와 '중용'이 그 기준이 되는 것이므로, 인간은 삶의 매 상황마다 그 행위는 항상, '의'와 '중용'에 따르도록 노력해야 하는 것이다.

6. 인간의 유형

공자는 현실적 인간의 유형을 도덕 기준에 따라 '군자君子'와 '소인小人'으로 나눈다. 군자는, 공자의 사상에서 이상理想을 지향하며 올바르고 모범적인 삶을 살아가려 하는 인간 유형으로서, 『논어』에서 거론되는 도덕 실천자로서의 주인공이다. 사실상 공자 사상의 기본은 어떠한 것이 올바른 삶인가 하는 것인데, 이는 곧 군자의 삶의 원칙에 다름 아니다. 이러한 군자는 매 상황에서 의로움을 실천하려고 노력하는 존재이다. 이러한 군자의 삶과 대비되는 인간 유형이 곧 '소인'으로서, '소인'의 삶은 군자의 삶에 반하는 것이다. 소인은 이기적 욕망에 사로잡혀 '극기克己'하지 못하여 '예禮'로 돌아가지 못하는 존재로서 그 행동기준을 '이익(리利)'에 둔다.

그래서 『논어』에 나오는 '군자'와 '소인'의 기본적 대비점을 말할 때 "군자는 의義를 밝히고, 소인은 이利를 밝힌다(君子喻於義, 小人喻於利.)(『논어』「이인里仁」)"라고 하는 것이다. 군자는 행동함에 그 기준을 '의'에 두어 어떻게 행동하는 것이 의로운가를 생각하지만, 소인은 행동 기준을 '이利'에 두어 어떻게 행동하는 것이 이익이 되는가를 생각한다는 것이다. 군자가 상황마다 의로움을 행동기준으로 삼음은 곧 상황마다 '중용'을 행동 기준으로 삼음과 통하는 것이다. 소인이 '이'를 행동기준으로 삼음은 곧 '중용'에 반하는 행동을 하는 것이다.

그리고 군자와 소인의 행동 양태의 차이는 "군자는 조화를 지향하고 같음을 지향하지는 않지만, 소인은 같음을 지향하고 조화를 지향하지는 않는다.(君子和而不同, 小人同而不和.)"(『논어』「자로子路」)라는 데서 드러나며, 또 "군자는 두루 소통하면서 편당을 짓지 아니하고, 소인은 편당을 지을 뿐 두루 소통하지 않는다.(君子周而不比, 小人比而不周."(『논어』「위정爲政」)는 양태의 차이를 보이는데, 이러한 것은 모두 '의'를 지향하는가 '이'를 지향하는가 하는 동기에서 파생되는 것이다.

또한 이러한 동기는 그 인격 수양에도 반영되고 평소 삶의 방식에서도 나타난다. 우선 군자의 경우는 이렇게 말하고 있다. "군자는 장중하지 않으면 위엄을 세울 수 없으며, 배웠다 할지라도 견고하지 못하다. 충忠과 신信을 주로 하고, 자신만 같지 못한 이와는 벗하지 않아야 하며, 허물이 있으면 고치기를 거리끼지 말아야 한다.(君子不重則不威, 學則不固. 主忠信, 無友不如己者, 過則勿憚改.)(『논어』「학이學而」)", "군자는 먹는 데 배부름을 추구하지 말아야 하고, 사는 데 편안함을 추구하지 말아야 하며, 일에 민첩하고, 말에 신중하며, 도가 있는 데 나아가 바른 삶을 살면 배움을 좋아한다고 이를 만하다.(君子食無求飽, 居無求安, 敏於事而愼於言, 就有道而正焉, 可謂好學也已.)(『논어』「학이」)", "군자는 음식을 먹을 때라도 인을 어기지 말아야 하며, 급박한 순간에도 반드시 이에 의거하고, 넘어지는 순간에도 반드시 이에 의거해야 한다.(君子無終食之間違仁, 造次必於是, 顚沛必於是.)(『논어』「이인里仁」)"

군자가 이런 삶을 추구하고 다른 사람들에게 그러한 모습을 보이는 것은, "군자란 특정한 분야에만 쓰이는 한정된 그릇이 아니며(君子不器)"(『논어』「위정爲政」), 언제라도 공동체 전체를 두루 이끌 지도자가 될 자질을 갖추어야 하기 때문이다. 또 이상과 같은 삶은 어떤 가식이나 위선에 의한 것이 아니기 때문에 말보다 행동이 앞서야 하므로, "군자는 그 말이 그 행동보다 앞서 감을 부끄러워한다.(君子恥其言而過其行.)(『논어』「헌문憲問」)", "군자는, 말은 더듬듯 신중하고 행동에는 민첩하려 한다.(君子欲訥於言而敏於行.)(『논어』「이인」)"고 한다. 이에 반해, 소인은 "말을 교묘하게 하고 낯빛을 꾸미듯 하여(巧言令色)"

다른 사람을 현혹하고 아첨하며 영합하므로 "인이 적다(鮮矣仁)(『논어』「학이」)". 이런 사람은 겉으로 보기에는 여러 사람들에게 두루 호감을 주며 원만한 인격자처럼 보여 군자로 오인되지만, 공자는 이런 사람을 위선자로서의 '향원鄕原'이라 하며 "덕을 해치는 자(德之賊)"(『논어』「양화陽貨」)라고 하였다.

그런데, 이러한 '군자'와 '소인'의 구분은 도덕적 기준에 의한 것으로서, 도덕적 품성에 따라 구분하는 것이다. 그러나 원래 '군자'와 '소인'이라는 용어는 정치적 계급에 따른 것이다. 즉 군자는 상층의 지배계급을 말하는 것이고, 소인은 하층의 피지배계급을 말하는 것이다. 실제 『논어』 중에서 공자가 이러한 의미로 쓰는 경우도 많다. 그런데 공자에 의해서 당시까지의 정치 계급적 의미가 도덕적 평가의 의미로 전환되게 된 것이다. 지배계급이지만 도덕적이지 못한 자가 있기도 하고, 피지배계급이지만 인격적으로 훌륭한 이가 있기도 한 것이며, 이는 당시 공자가 경험한 상황이기도 하다. 이에 공자는 군자와 소인을 도덕적으로 분류하기 시작한 것이다.

그런데 군자는 그래도 아직 도덕적으로 완전한 존재는 아니다. 도덕적으로 완성된 존재는 바로 '성인聖人'이다. 군자는 이러한 성인을 목표로 하여 평소 도덕적 삶을 살려고 노력하는 도덕 실천자이다. 군자는 완전하지 않으므로 때로는 잘못이 있을 수도 있다. 그러나 언제나 잘못을 반성하고, 그 잘못을 고치기를 거리끼지 않으며, 성인이라는 목표를 향해 노력하는 것이다. 군자는 매순간 '의'와 '중용'에 따르려고 노력하지만 완벽하지는 않아서, 때로는 '의'와 '중용'을 어길 수는 있지만, 반성하여 잘못을 고치고 다시 '의'와 '중용'을 지키려 노력한다. 이론상 언제나 '의'와 '중용'을 지키는 완벽한 존재는 곧 '성인聖人'이다. 소인은 군자와 달리 성인을 목표로 하지 않으므로, '의'와 '중용'에 관심이 없이, '이利'에 따르고 '중용'에 반하는 행동을 개의치 않고 하는 존재이다.

7. 공자의 정신경지 진보 과정

공자는 인간의 유형으로 봐서 어떤 존재일까. 공자는 자신 이전의 요堯임금, 순舜임금 같은 사람을 성인聖人으로 평가했지만, 유가에서는 공자 역시 성인으로 평가되고 있다. 그러면 공자는 태어날 때부터 선천적으로 성인이었을까, 그렇지 않으면 보통 사람으로 태어나서 후천적 노력으로 성인이 되었을까. 보다 후대인 한대漢代의 공양학적公羊學的 분위기에서는, 공자는 선천적으로 성인이었다고 주장되었을 뿐 아니라, 심지어 신격화되기까지 했다. 그렇지만 역시 한대 시기 중에 바로 그 주장이 반박되어, 공자는 세상의 보통 사람과 같이 태어나 후천적 노력으로 인해 성인이 된 이라는 주장도 나왔다. 전자의 주장은 사실상 공자를 신격화함으로써 그것을 정치적으로 이용하려는 셈법이 있었고, 후자의 주장은 그러한 이념적 관점을 불식시키고, 공자를 보통 사람으로 보아 누구나 노력으로 성인이 될 수 있다는 희망을 줄 수 있는 것이었다.

그런데 공자 자신은 스스로 평가하기를, "나는 나면서부터 아는 사람이 아니라, 옛 것을 좋아하면서 민첩하게 그것을 찾는 사람이다.(我非生而知之者, 好古, 敏以求之者也.)(『논어』「술이述而」)"라고 하였다. 그러면서 자신은 일생을 두고 계속 단계적으로 발전해 나간 사람이라고 자평하기도 했다. 즉 유명한, "나는 열다섯에 배움에 뜻을 두고, 서른에 관점이 확립되었으며, 마흔에 그러한 관점이 흔들림 없이 확고해졌고, 쉰에는 하늘이 부여한 바가 무엇인지를 알게 되었으며, 예순에는 들어서 얻는 바를 순조롭게 터득하였으며, 일흔에는 마음이 하고자 하는 바를 따라도 법도에 어긋남이 없게 되었다.(吾十有五而志于學, 三十而立, 四十而不惑, 五十而知天命, 六十而耳順, 七十而從心所欲不踰矩."(『논어』「위정爲政」)는 말을 하였다. 겸손한 뜻일 수도 있지만, 표현 그대로라면 사실상 일흔이 되어서야 자신이 행하려는 의지가 곧 '의로움'이나 '중용'의 도리에 어긋나지 않는 '성인'의 경지에 들었다는 것이니, 이 경지에 들기까지는 일생의 공부와 수양을 거치는 단계가 있었다는 것이다.

제2장

묵자墨子

묵자墨子(B.C.479년 또는 468년~B.C.381년 또는 376년)의 성은 묵墨, 이름은 적翟으로서 묵적墨翟이다. 그는 전국시대 초의 사상가로서, 묵가墨家 학파의 창시자이다. 스스로 미천한 출신임을 말한 그는 유술儒術을 배운 바 있으며, 이에 번거로운 예악제도와 학설에 불만을 품고 묵가 학파를 창시하여 철학사에 있어서 공자의 최초의 대적자로 등장했다. 그는 송宋나라 사람 또는 노魯나라나 등滕나라 사람이라고도 한다.

묵자는 전국시대 사상가·군사가·사회활동가·과학기술자 등 다양한 평가를 얻은 이로서 '겸애兼愛'·'비공非攻' 등의 관점을 내세워 묵가 학설을 창립하였으며, 그의 사상은 『묵자墨子』라는 책을 통해 알려지고 있다. 묵자는 솜씨가 있어서 기물 제작에 능하고, 군사기술 방면에서 다른 제자諸子보다 뛰어나서 박학다재博學多才하였다. 그래서 그와 그를 따르는 이들은 당시 기물 제작과 관련한 수공업자 계급이었다는 주장도 있다.

묵자로 인해 창시된 묵가는 당시 지극한 이타주의의 색채를 지닌 학파로서, 묵자 자신은 천하의 창생蒼生을 위해, 평화를 위해, 짚신을 신고 천하를 돌아 다녔다고 한다. 묵가의 제자는 짧은 옷을 입고 짚신을 신고 노동에 참여하며, 집안을 세 번이나 자신의 집 앞을 지나면서도 들어가지 않고 천하를 위해 분주히 일한 대우大禹(하夏나라 시조 우왕禹王)를 정신적 우상으로 여겨, 고생을 달게 여겼다. 그 역시 '앉은 자리가 따뜻해질 틈도 없이', '집의 굴뚝이 검어질 틈도 없이' 천하를 위해 돌아 다녔다.

현존하는 『묵자』는 그의 제자나 재전再傳 제자들이 그의 사상언론을 기록한 것으로서 전해지며, 『묵자』 가운데서 그는 '자묵자子墨子'라고 지칭된다.

묵가는 선진시대에 유가와 대립한 가장 큰 학파로서, 맹자는 일찍이 "양주楊朱, 묵적墨翟의 말이 천하를 가득 채우고, 천하의 말이 양楊으로 돌아가지 않으면 묵墨으로 돌아간다."고 하였다. 또 전국말 한비자韓非子는 두 학파를

‘세상의 가장 영향력 있는 학파(世之顯學)’로 평가했다.

『한서漢西』「예문지藝文志」에 따르면,[1] 묵가의 학은 청묘淸廟의 수守(종묘宗廟 지킴을 관장), 즉 무축巫祝에서 유래한 것으로서 종교적 성향이 짙다. 또 묵가는 중국 최초의 민간 무장단체이다. 묵가의 최측근 제자는 수백 명에 달하고, 그 최고의 지도자는 ‘거자巨子(鉅子)’로 불리는데, 거자는 절대적인 권위를 갖고 있었다. 거자의 직위는 집단에서 공인하는 현자賢者가 서로 물려주는 것인데, 묵자가 바로 묵가의 초대 거자이고, 묵자의 대도제大徒弟이자 송성宋城을 지킨 금활리禽滑釐는 묵가의 두 번째 거자이다. 묵가의 구성원들은 모두 ‘묵자墨者’라고 불리며, 반드시 거자의 지휘에 복종해야 하였다.

대부분의 묵자墨者들은 사회의 하층민 출신으로서 고생을 잘 견딜 수 있으며, 평소에 다 같이 짧은 옷에 짚신을 신고 노동에 참여하며, ‘발에 굳은살이 박히고 얼굴이 검은 상태’로서, 고생을 고귀한 일로 여겼다. 그들은 실험에 힘썼고, 전투에 매우 용감했으며, 평소에는 생산노동에 종사했다. 묵자와 그 문인들은 사람들을 위해 좋은 일을 했고, 설사 개인의 목숨을 바쳐도 아깝게 여기지 않았다. 『회남자淮南子』에 “묵자墨子에 복역服役하는 자는 백팔십 명으로, 모두 불길에 뛰어들고 칼날을 밟게 하며, 죽어도 후퇴하지 않게 할 수 있다.”고 쓰여 있을 정도로, 묵가는 엄밀한 조직과 엄격한 규율을 가진 단체였다. 전국시대 진秦나라 거자의 아들이 법을 어겼을 때, 진왕은 그가 연로함을 고려하여 그의 아들을 용서했지만, 거자는 오히려 묵자墨者의 율법으로 아들을 처형하였다고 하니, 이로써 묵가의 규율이 매우 엄격했음을 알 수 있다.

묵자의 사상적 주장은 ‘겸애兼愛’, ‘비공非攻’, ‘상현尙賢’, ‘상동尙同’, ‘절용節用’, ‘절장節葬’, ‘비악非樂’, ‘비명非命’, ‘천지天志’, ‘명귀明鬼’라는 다음의 열 가지로 분류할 수 있다.

1) 이 책의 ‘서설’에서 말한 유흠劉歆의 학설.

1. 겸애兼愛와 비공非攻

〈겸애兼愛〉

'겸애'는 유가儒家의 차등적 사랑을 겨냥해 제기한 것으로서, 모든 사람이 서로 사랑하고 서로 이롭게 하며 서로 은혜를 베풀어야 한다는 것이다. 묵자는 서로 사랑하지 않는 것이 세상의 모든 난리가 일어나는 원인이라고 생각한다. 자식이 부모를 공경하지 않고, 동생이 형을 우애하지 않고, 신하가 군주를 사랑하지 않는 것은 모두 자기만 사랑하고 상대방을 자기처럼 사랑하지 않기 때문이다. 마찬가지로 부모가 자녀를 사랑하지 않고, 형이 형제들을 우애하지 않으며, 군주가 신하를 사랑하지 않는 것도 같은 이유다. 절도나 강도 같은 범죄 현상이 나타나는 것도 범죄자가 자신만 사랑하고 피해자를 자신처럼 사랑하지 않는 것이다. 또 나아가 대부大夫 사이에 서로 가문을 침범하고 제후諸侯들이 서로 공벌攻伐하는 것도 모두 자기 가문이나 자기 제후국만 아끼고 다른 가문이나 다른 제후국은 사랑하지 않기 때문이다. 이러한 혼란상을 막기 위해 묵자는 겸애를 실행하자고 제안했다.

묵자가 주창하는 겸애를 실현하고, 온 마음으로 다른 사람을 자신처럼 아끼고 사랑하기 위해서는 차별 없는 사랑을 실천하는 것이 관건이며, 이는 유가적 사랑과 비교된다. 묵자는 '겸兼'의 사상으로써 '별別'의 사상을 바꾸기를 주장했는데, 여기서 '겸'은 바로 집단의 이익을 더 중시하는 것이고, '별'은 자신의 이익을 더 중시하는 것이다. 자신을 돋보이게 하지 않아야, 비로소 차별 없이 사람들을 사랑하고, 나아가 겸애를 실천하여 세상의 혼란을 막을 수 있다고 묵자는 생각했다.

그런데, 유가의 사고방식은 자신을 중심으로 집안, 나라, 천하로 차근차근 추진해 나가는 것이다. 그래서 유가는 '서恕'를 매우 중시하여, 그러한 것으로써 자신을 미루어 다른 사람에게 미칠 것을 주장한다. 그런데, 묵자가 보기에 자기가 있음을 강조하여 다른 사람과 구별하면, 자신과 남의 이해가 충돌할 때 다른 사람에게 손해를 끼치고 자신을 이롭게 하는 상황이 일어나기가 매우 쉬우며, 이런 방식으로 범애汎愛를 제창하는 것은 모순되고도 철저하지 못한 것이 된다. 묵자가 보기에 유가의 사랑은 자기 쪽만 상대적으로 편애하는 것이다. 이것은 겸애의 반대 면인 '별상오別相惡', 즉 구별함으로써 서로 미워함이다.

그런데, 겸애 이론이 이상적이긴 하지만 과연 실행이 가능할까 하는 의문이 있을 수 있다. 묵자는 "실용해서 불가하면 나라도 반대했을 것이다. 그런데 좋은 점이 있는데도 실용하지 못할 것이 어디 있겠느냐(用而不可, 雖我亦將非之. 焉有善而不可用者)?"(『묵자墨子』「겸애兼愛하下」)라고 하였다. 즉, 묵자는 사물의 선과 악을 논하는 것은 실용 여부를 기준으로 삼는데, 그는 '선'의 범위와 실용의 범위가 반드시 일치한다고 생각했기 때문에, 겸애를 그 자체의 정당성보다는 실용성에 근거한 것이다. 그렇다면 묵자는 겸애가 실행될 수 있다는 것을 어떻게 증명할 수 있을까? 그는 인간의 이기심에서 반증을 얻을 수 있다고 생각한다. 그는 효자를 예로 들며, 효자는 다른 사람이 그의 부모를 사랑하기를 바라기 때문에, 그가 먼저 다른 사람의 부모를 사랑하는 것이 서로 주고받는 이치라고 했다.

묵자는 겸애가 실행되면 사회가 가장 이상적인 상태에 이를 것이라고 생각하여, 이에 대한 대체적인 그림을 그리고 있다. 그 상태란, 즉 군신君臣 사이, 부자父子 사이는 서로 사랑하고 효도하고 자애로우며, 대부들의 가문이 서로 교란하지 않고, 제후국 사이가 평화롭게 공존하며, 모든 죄악이 다시는 일어나지 않고, 사람들이 서로 우애한다는 것이다. 겸애사회는 유가에서 제시한 이상사회와 상당히 비슷하면서도 그것을 달성하기 위한 방법이 달랐다. 겸애는 묵자 사상체계의 핵심이며, 묵자의 다른 주장들은 모두 겸애라는 이 하나의 근본 관념에서 발전해 나오는 것이다. 그 중 '비공非攻'은 겸애와 직접적 표리관계를 이루며, 국가(제후국) 간의 관계에서 체현되는 것이다.

묵자는, 또한 겸애는 본래 하늘이 원하는 것이므로 당연하다고 주장하기도 한다. 그래서 하늘의 뜻, 즉 천의天意에 따르는 사람은 동시에 서로를 사랑하고, 서로 모두 이익을 얻게 되어서 반드시 보상을 받을 것이지만, 천의를 어기는 사람은 분별하여 서로 미워하고, 서로 모두 해롭게 하여 반드시 징벌을 받게 될 것이라고 보았다.

〈비공非攻〉

'비공'은 '겸애'의 연장선상에 있다. 묵자는 '겸애'와 '의義'를 연계하고 있는데, 겸애의 원칙에 따르는 것이 '의'이고, 그에 반대면 '불의不義'이며, 가장 큰 '불의'는 바로 다른 나라를 공격하는 것이다. 그러므로 '의'를 행하고 '겸애'를 행하려면 반드시 '비공非攻'이 필요하다는 것이다. 묵자는 공벌攻伐은 전쟁하는 양쪽에 백해무익한 일이라고 생각했다.

『묵자』「비공非攻상上」에서, 묵자는 전쟁의 부당함을 주로 '의義'의 관점에서 검토한다. 묵자는 "만사萬事에 의義보다 귀한 것은 없다"고 한다. 그가 보기에 천하에 '의'를 행하는 것보다 더 중요한 것은 없다. 그가 여러 나라를 두루 돌아다닌 것은 벼슬할 기회를 찾기 위해서가 아니라, '의'를 행하기 위해서였다.

그런데, 한편으로 묵자는 교전이 국가와 백성의 이해득실에 미치는 영향을 '이利'의 관점에서도 검토한다. 사실상 묵자의 '의'는 유가에서처럼 '의' 그 자체로서보다는 '이利'로 환산되는 것이다. 그래서 그의 사상은 '공리功利주의'로 해석된다. 그런데 묵자의 '리'는 '사리私利'가 아니라 사회나 전 인류를 대표하는 '공리公利'이다. 그의 공리주의적 관점은 '최대다수의 최대행복'을 추구하는 밴덤의 공리주의와 유사하다.

묵자가 비판하는 바의 차별적 사랑이 원인이 되어 빚어내는 가장 대표적인 현상이 곧 전쟁이다. 묵자는 당시 제후들이 서로 공벌攻伐하며 발생하는 전화戰禍의 참혹함을 목도하고, '비공'의 이론을 내었다. '비공'은 사실상 '겸애'에 대한 가시적인 실천의 하나이며, '겸애'는 '비공'의 이론상의 근거이다.

묵자는 자신의 독특한 논리로, '왜 세상의 군자들은 도둑이나 살인자에 대해서 비난하면서, 나라를 훔치는 자는 비난하지 않고 오히려 타국의 침략을 인의仁義라고 찬양하는가'라고 비판했다. 공벌은 서로에게 도움이 되지 않고, 전쟁은 야심가의 도구일 뿐이며, 아무런 의리도 이익도 없는 잘못된 것이라고 보았다.

그런데, '비공非攻'의 '비非'는 '시비是非'의 '비非'가 아닌, 부정, 비판, 견책, 질책의 뜻이다. '비공'은 글자 그대로 보면 '공격을 비판함'이다. 그러므로 사실상 엄밀한 의미에서 '비공론'은 '비전론非戰論', '반전론反戰論'과는 다르다. 공격을 반대하므로 수비를 위한 전투는 해야 하는 것이다. 묵자는 상대를 공격함이 '겸애'에 반하므로, 전쟁을 말리기 위하여 유세遊說하였다. 그렇지만 사실 말로만 하는 유세로는 직접적 효과가 없기도 하므로, 실제 행동에 나서서 공격 받는 측의 수비, 방어를 돕는 일을 실행하기도 하였다. 이것이 『묵자』의 「비수편備守篇」에 관한 것이다.

역사에서 묵자와 그 학파의 수비전에 관한 이야기는 유명하다. 이른바 훗날의 일상용어가 된 '묵수墨守'라는 말의 유래이기도 하다. 전쟁을 굳이 해야 하고, 입이 닳도록 말려도 소용이 없다면 방어밖에 없다. 이를 위해 묵자는 한편으로는 각국의 임금과 재상, 경대부에게 유세를 하고, 다른 한편으로 강대국의 공격을 막아내는 방어술을 발명한 것이다. 그러한 사례로 가장 유명한 것은 이른바 '지초공송止楚攻宋(초나라의 송나라 공격을 저지한 것)'의 이야기이다. 그 당시 그렇게 하도록 한 묵자의 말솜씨도 훌륭했지만, 결정적 작용을 한 것은 역시 그의 방어기계와 제자 금활리禽滑釐 등 300명으로 하여금 당시 유명한 기계제작자인 공수반公輸般을 기용한 초나라의 공격으로부터 송성宋城을 지키도록 한 책략이었다.

2. 상현尙賢과 상동尙同

〈상현尙賢〉

묵자는 '상현尙賢', 즉 '현량賢良한 사람을 높임'을 정치의 근본으로 여겼는데, 한 나라의 정치가 청명한지 아닌지를 판단하는 기본 표준은 그 나라에 현량한 사람들이 많은가 여부에 달려 있다고 보았다. 그래서 그는, "(옛날 훌륭한 임금의 시대에는) 관직을 맡았다고 언제까지나 높은 지위를 유지할 수는 없었고(官無常貴), 백성이라고 해서 끝내 천하기만 한 것은 아니었으며(民無終賤), 능력이 있으면 등용되었고(有能則擧之), 능력이 없으면 밀려났다(無能則下之)"(『묵자』「상현尙賢」)라는 현인을 등용하는 방법을 제시하여, 현재賢才를 임용함에 출신과 귀천을 따지지 않고, 모든 것을 능력에 따름을 기준으로 하기를 주장했다.

춘추 초중기 세습 귀족의 통치가 지배적이었던 시절에는 통치자와 피통치자의 관계는 종족 혈연관계에 세워졌고, 군신의 관계, 대부大夫와 그 가신家臣 그리고 백성의 관계는 종족의 혈연관계에 따라 확대되었다. 부귀와 빈천의 신분은 거의 태어날 때부터 결정되고 바꿀 수 없었다. 원래 주나라의 종법제도는 사실 종족관계를 인간 간의 연결고리로 삼는 것이었다.

그러나, 춘추 말기에 세습귀족의 종법제도의 기초가 이미 흔들리기 시작했는데, 당시 각 제후국들의 정국은 요동치고, 세습귀족들은 자신들이 몰락하지 않기 위해 인재를 모집하기 시작했다. 그런데 당시의 수공업자와 소사유자는 생산의 발전으로 인해 점차 경제적으로 더 많은 독립적인 지위를 얻었다. 그들이 얻은 자유가 많아질수록 생산 의욕도 높아졌다. 이 변화는 묵자의 시대에 바로 '사士'의 지위의 제고로 나타나면서 '사士'의 계층이 확대되어, 그들은 정치에 대한 관여를 요구하게 되었다. 처음 선발된 이른바 '현재賢才'의 절대 다수는 몰락하여 억압 받는 세습 귀족들 사이에서 선발되었다. 춘추 말기에 이르러서는 비세습 귀족 출신의 '현재'를 뽑기 시작했다. 당시 공자의 제자 중 진정한 귀족 출신은 두 명뿐이었다. 그러다 묵자 시기에는, 그의 제자들은 수공업에 종사하는 그들의 기술과 고생을 견디고 인내하는 정신으로 볼 때 절대 다수가 노동자 계층 출신이었다. 묵자는 농민, 수공업자, 상인이라도 그들이 현능賢能하고 유재有才하면 정치에 참여할 수 있다고 주장했다.

묵자는 또 '현사賢士'에 대한 물질적 대우와 사회적 지위를 높여 천하의 현자들을 불러들여 정권에 참여할 기회를 주자고 주장했다. 그는 현사의 정치적 활로를 찾아주어야 한다고 주장했는데, 구체적으로 말해서, 소생산자, 소사유자의 이익을 일부 반영하는 지식인들을 위한 정치적 길을 열어주자는 주장을 폈다.

묵자는 세습귀족제도의 개혁도 주장했는데, 과거에는 부귀한 자만이 관장官長이 되고, 빈천한 자는 도역徒役이 될 수밖에 없었다. 그래서 그는 오직 '현자賢者'만 '부귀富貴'하게 되어야 하고, 오직 '불초자不肖者'만 '빈천貧賤'하게 되어야 하며, 그래서 현자賢者가 관장이 되고, 불현자不賢者는 그 제자(도역徒役)가 되는 것이 옳다고 보았다. 말하자면, 묵자는, 도덕과 학문상의 현자는 정치적 지위에서도 귀한 사람이어야 하며, 현자와 고위층은 일치되어야 한다고 본 것이다.

묵가의 무리는 '농업과 공업 및 상업의 종사자(農與工肆之人)'에서 상승한 '사士'로서, 비록 노동자의 극소수에 불과하였지만, 그들은 인격적으로는 자유를 얻고, 경제적으로는 독립했을 뿐만 아니라, 정치에 대해서도 그들의 의견을 제시하고, 관심과 참여를 요구하였다. 그럼에도 '상현尙賢'의 문제에서 묵자는 당시의 세습 귀족의 지배질서는 그대로 유지하는 입장이었다.

〈상동尙同〉

'상동尙同'이란 윗사람과 사상이나 정치적 견해를 같이하여 통일시키는 것이다. '상尙'과 '상上'의 글자는 때로는 통용되어서, 이때의 '상동尙同'은 곧 '상동上同'이다. 이는, 사람들이 사상에 있어서 하나의 표준을 받아 들여 한 사람 한 사람이 각자 저마다의 옳음에 대한 기준을 가지지 않고 하나의 기준으로 통일할 것을 요구하는 것이다. 이러한 것은 수평적 견해의 통일뿐만 아니라, 수직적 관계에서도 하급자는 행동에 있어서 상급자와 완전한 일치를 유지하여, 자신이 옳다고 여기는 것을 제멋대로 하지 말 것을 요구하는 것이다. 묵자는 이를, "위에서 옳다고 하는 바도 반드시 옳다고 여기고, 위에서 그르다고 하는 바도 역시 반드시 그르다고 여겨야 한다(上之所是, 亦必是之; 上之所非, 亦必非之)"(『묵자』「상동尙同」)라고 표현한다. 그런데, 이러한 묵자의 '상동'설은 전제적專制的이고 전체주의적 색채가 매우 짙다. 그래서 이러한 주장은 개인의 사상과 언론의 자유를 박탈하고, 모든 것을 상사上司의 기준에 의거할 것을 표준으로 삼아, 개인으로 하여금 명령을 집행하는 도구가 되게 할 수 있다. 이러한 그의 관점은 이후 법가法家에 의해서 흡수되었다고 볼 수 있다.

이 '상동尙同'의 주장은 '상현尙賢'의 주장과 상관관계에 있다. '상동'에는 '상현'으로 인해 현자가 윗사람이 된다는 이론적 전제가 있는 것이다. 즉 현자인 윗사람의 생각이 더 옳으므로, 상대적으로 현자가 아닌 불초자인 아랫사람이 윗사람의 견해를 따름은 당연하다는 전제가 깔려 있다는 것이다. 다시 말해, '상동'설의 기본사상은 현자가 규정한 것은 옳고 그름의 표준에 있어서 진리의 가치가 있고, 위의 통치자도 현자가 되어야 하므로, 위에서 규정한 옳고 그름의 표준에 진리의 가치가 있다는 것을 설명하는 데 있다. 묵자의 '상동尙同' 이론에 따르면, 이러한 논리의 연장선상에서 결국 궁극적으로는 백성들은 반드시 천자天子와 '상동上同'해야 하고, 천자는 반드시 하늘에 '상동上同'해야 한다.

3. 절용節用과 절장節葬

〈절용節用〉

경제생활 방면에서, 묵자는 '절용節用', '절장節葬' 그리고 이후 말할 '비악非樂'을 주장한다. 이 세 가지 중에서, 묵자는 '절용'을 기본으로 하였는데, '절장'과 '비악'은 그것에서 파생된 두 가지 측면이다. 묵자는, 당시 사회가 "민재民財가 부족하여 얼어서 굶어 죽는 자가 이루 다 헤아릴 수 없는데", 귀족이 가렴주구苛斂誅求를 하고, 궁실을 크게 만들며, 겉치레로 낭비하는 것을 보고, 이러한 현상을 비판하며, '절용節用'을 제창하고, '절용지법節用之法'을 제정할 것을 주장하였다.

묵자는, 당시의 "굶주린 자가 먹을 수 없고", "추위에 떠는 자가 입지 못하고", "일하는 자가 쉬지 못하는" 사회현실에 대해 "천하의 이익을 일으키고, 천하의 해를 없애야 한다(興天下之利, 除天下之害)"고 하며 '절용'을 주장했는데, '쓸데없는 비용을 없애는 것'이 그 주된 취지였다. 절약의 방침으로 나라를 다스리면, 나라의 부를 증대시킬 수 있고, 바깥으로 땅을 빼앗을 필요가 없다. 나라 형편에 따라 불필요한 비용을 절감하면, 부를 배로 늘릴 수 있다고 주장한다.

'흥리제해興利除害', 즉 '이익을 일으키고 해를 제거함'의 핵심은 백성들에게 물질적 재부財富 상의 이익과 혜택을 주는 것이다. 통치계급은 시정施政할 때 모든 일을 나라와 백성에게 이롭게 해야 하며, 옷, 음식, 궁실, 배, 수레, 악기의 화려함을 지나치게 추구하면 돈을 낭비하고 농사를 황폐화시킬 뿐만 아니라 사람들을 황음荒淫에 빠지게 하여 나라와 백성에게도 이롭지 않다. 그래서 묵자는 '절용'을 '천하의 큰 이익'으로 여겼다. '절용'은 창고를 가득 채우고 사민士民이 고생하지 않도록 하여 천하의 이익을 도모할 수 있도록 하지만, 사치하고 낭비하는 행위는 천하의 해악이다. 천하를 위해 '흥리제해'함은 묵자와 묵가학파의 학술 활동의 종지이자 목적이며, 묵자와 그 학파는 일생 동안 맹자의 표현처럼 "머리부터 발끝까지 온몸이 다 닳도록 천하를 이롭게 하는 일이면 그것을 행했다(摩頂放踵, 利天下, 爲之)".

묵자는 농업 생산을 매우 중시하여, 오곡五穀이 국가의 근본이므로, 근본을 굳게 함이 나라를 다스리는 최우선 과제라고 여겼다. 백성이 먹고 입을 것이 없어서, 스스로 생존하는 것도 불가능하고, '위정자'를 부양할 방법도 없다면, 다른 어떤 사업도 실현될 수 없다. 이를 바탕으로 묵자는, 재용이 부족하면 농사철을 잡아 두었는지, 식량이 부족하면 절검節儉에 신경을 썼는지 반성해야 한다고 생각했다.

따라서 묵자는 생산된 곡물과 자재를 낭비해서는 안 되며, 비용을 절약하고 비축하여 유비무환의 자세를 가지도록 해야 한다고 주장한다. 묵자는 또 성왕聖王이 다스리던 시절이라 해도 흉작, 흉년이 들지 않는다고 반드시 장담할 수 없는데, 어찌하여 추위에 얼고 굶주린 백성이 없는 상황이 가능했느냐고 하면서, 이는 언제나 비상시 대비에 힘쓰면서 검소했기 때문이라고 하였다. 그래서 비록 평소에 생산된 재용이 많더라도, 검소하게 쓰면 충분한 비축이 가능하기 때문에 흉년과 기근을 대비할 수 있다면서, 충분한 무비武備와 수비守備, 그리고 식량 비축이 있으면, 국가 안보는 근본적으로 보장된다고 하였는데, 이는 상하가 한마음이고, 나라가 부유하며 백성이 강하다는 것을 의미한다는 것이다.

〈절장節葬〉

'절장'은 묵자 '절용節用' 사상의 구체적 표현 중 하나인데, 묵자가 '절장'을 따로 거론한 것은 유가의 '후장厚葬구상久喪(장례를 두텁게 하며, 상喪의 기간을 길게 함)'제도를 비판하기 위한 것이었다. 유가에서 주장하는 '후장구상'은 사람이 죽은 후 관곽과 부장품을 많이 하고, 3년 동안 울며 효도해야 한다는 것이라며, 이 결과로 장례를 치르기 위해 많은 재력과 정력을 소비하여, 생산 생활의 정상적인 진행을 방해한다고 보았다. 뿐만 아니라 '후장구상'에는 관의 재료, 무게와 두께, 매장 깊이, 부장 옷과 물건의 등급, 효도 기간, 효도 시 구체적인 규정 등 여러 가지 '번잡한 허례(번문욕절繁文縟節)' 규정이 있는데, 묵자가 보기에 이는 모두 형식주의인 것이며, 사실상 산 사람에게 보여 주기 위한 것이다. 따라서 유가의 이러한 주장은 실용성이 없고 시의에 맞지 않으니 반드시 혁파되어야 하며, 실제 필요한 정도의 사물로만 '박장薄葬단상短喪' 해야 한다고 묵자는 생각했다. 장례가 끝난 후 사람들은 가능한 한 빨리 슬픔에서 벗어나 생산과 노동에 집중하여 손실을 최소화해야 한다는 것이다. 가족이 살아 있을 때 효도와 공경을 다하고, 그 가족이 세상을 떠난 후에는 장례식에서 애도를 함이 중요하다는 것이다. 그래서, "상喪에는 비록 예禮가 있지만, 애哀가 근본이다."(『묵자』「수신修身」)라고 말한 것이다.

4. 비악非樂과 비명非命

〈비악非樂〉

'비악'은 음악을 반대, 비판함이다. '비악非樂'의 '악樂'자는 '음악'의 '악樂'과 '향락'의 '락樂'의 중의적 측면도 있다고 할 수 있어서, 이것은 묵자 사상 이론 체계 중 향락, 성색聲色, 음악에 대한 태도와 관점을 말한다. 묵자는, "인자仁者가 천하를 위해 헤아림은 그 눈이 아름다운 것을 보고, 귀가 즐거운 것을 듣고, 입이 맛있는 것을 먹고, 몸이 편안한 것을 누리려는 것이 아니다."(『묵자』「비악非樂상上」)라고 하였는데, 그의 이러한 생각은 주周 왕조가 세운 사회질서로서의 '예禮'와 '악樂'이 무너지던 시대와 무관하지 않다.

묵자의 '비악'의 기준 역시 '이로움'에 있다. 묵자의 '비악' 주장은 당시 현실적 의의를 내포하고 있는 것으로서, 전란, 격동, 암흑시대가 많은 백성에게 가져다 준 고난의 상황과 관련된다. 이러한 엄혹한 시기에 향락, 그리고 그와 관련되는 음악은 백성에 이로움보다는 해로움이 많다는 것이다. 즉 그가 '비악'을 주장한 것은 심미審美와 예술藝術에 대한 추구가 백성의 의식衣食의 재물을 빼앗기 때문이며, 통치자의 음악과 향락을 추구함은 이러한 결과를 낳는다는 것이다.

그래서 '비악'은 넓은 의미에서 의, 식, 주, 행사의 모든 측면에 걸친 모든 향락적 요소를 반대하는 것이며, 좁은 의미에서 그것은 음악에 반대하는 것이다. 이때 반대의 대상이 되는 음악으로서의 '악樂'은 사실상 오늘날의 음악과 그 가사 및 무용 등을 포괄하는 종합예술이다. 당시 지배계층은 이를 그들의 향락 요소의 하나로 누리고 있었다. 엄밀히 말해서 묵자는 이러한 음악의 예술성 자체를 비판하기보다는 정치적 측면에서 지배계층의 향락과 관련된 음악을 비판한 것이다.

묵자는 '굶주린 자가 먹지 못함(飢者不得食)', '추위에 떠는 자가 입지 못함(寒者不得衣)', '일하는 자가 쉬지 못함(勞者不得息)'을 백성의 '삼환三患'(세 가지 근심)이라고 말하며, 이러한 상황에서 통치자에게 음악과 향락이 필요한가 하는 문제를 제기한 것이다. 이는 많은 백성의 생명과 재산으로 사익을 만족시키는 것과 다름없으며, 이를 위해 백성의 생존 기반을 박탈하는 것이라고 보았다.

묵자는, 음악 자체를 배척하지 않고, 그 자신도 음악 연주에 대해서 잘 알았지만, 음악은 탈정치화, 간소화, 대중화되어야 하며, 전제적 교화가 아니어야 한다고 생각하였다. 요컨대, 묵자의 '비악' 주장은 음악이라는 구체적인 예술 형식에 대한 부정보다는 극단적인 향락주의에 반대하는 것이다. 묵자의 '비악'은 음악을 원하지 않는 것이 아니라 음악을 즐기기 위해 백성의 재물을 빼앗는 것을 반대하는 것이다.

〈비명非命〉

묵자는 실제와 실용의 입장에서 '천명天命'의 사람에 대한 통제, 지배, 영향을 인정하지 않고, 인간의 부귀빈천은 선천적으로 결정된 것이 아니라 후천적 노력 정도에 달려 있다고 여겼다. 또 묵자는 한 나라의 성쇠와 흥망을 유추하여 국가의 승패도 '천명'이 아니라 국가 통치자의 주관적 노력 정도에 달려 있다고 주장하였다.

'천명天命'은 '천지天志'와 함께 '천天'의 신비한 힘에 속하지만, 묵자가 보기에 그런 것들이 만들어내는 작용은 완전히 상반된다. 그는, '천지'는 사람을 하늘에 순응하여 적극적으로 선善으로 향하게 하지만, '천명'은 오히려 사람을 소극적으로 퇴폐시키고 스스로 타락하게 한다고 여겼다. 묵자는, 운명설을 주장하는 사람들이 개인적으로는 빈부貧富와 요수夭壽가 운명에 따라 결정되어 있고, 국가에 있어서는 인구의 많고 적음, 그 나라의 치란이 모두 운명으로 결정되어 있으므로, 노력해도 소용없다고 여기는 것을 '불인不仁'으로 규정하였다. 이런 관점을 가지면, 위정자가 나랏일을 잘 처리하지 못하고, 노동자는 생산에 힘쓰지 않아서, 형정刑政이 어지러워지고, 그것과 겸하여 재용財用이 부족하게 되어 사회가 혼란해진다고 보았다.

묵자는, 국가의 흥망은 통치자의 통치와 정령의 좋고 나쁨에 달려 있으며, 사람들의 귀천과 빈부는 각자의 노력 정도에 달려 있기 때문에 '비명非命' 해야 한다고 생각했다. 묵자는 비록 하늘이 사람의 운명을 주재하여 사람에게 복을 주거나 화를 내릴 수 있다고 주장했지만, 이는 미리 정해진 것이 아니라, 사람의 행동을 시험해 본 뒤에 내려지는 결재와 같은 것이다. 비록 실행자가 귀신이지만, 최종 결정 요인은 역시 사람과 사람의 행동의 필연적인 결과이며, 모든 것을 자업자득으로 여겼다.

묵자는, 사람이 자신의 주관적인 능동성을 발휘하고, 끊임없는 노력을 통해, 하늘의 은사恩賜에 의지하지 않고, 자신의 운명을 변화시켜야 한다고 강조하였다. 만약 사람들이 모든 것이 운명으로 정해진다고 믿는다면, 명이 좋은 사람은 노력하지 않아도 저절로 성공할 것이고, 명이 나쁜 사람은 노력해도 반드시 실패한다는 것이 될 것이다. 이렇게 하면 일하려고 노력을 하는 사람이 없게 될 것이다. 이러면, "천하는 반드시 어지러워지고", "천하의 먹고 입는 재물은 반드시 부족해질 것이다."(『묵자』「비명非命하下」) 그래서 그는, 유가의 '유명有命' 주장은 '천하의 사람을 해치는 것'(『묵자』「비유非儒하下」)이라고 했다.

그러나, 묵자의 '천지天志' 이론에 따르면, 인간의 노력으로 인한 성공도 결국은 '천'의 상사賞賜에 의한 것이다. 하늘은 노력하는 사람을 좋아하기 때문에 그들로 하여금 반드시 성공하게 한다. 이렇다면 결국 사람들의 화복, 생사를 결정하는 권력은 역시 하늘에 달려 있는 것이 되므로, 그의 '비명론'도 실질적으로는 역시 일종의 '천명론'인 셈이다. 그러나 묵적은 상제上帝가 사람들의 화복과 생사를 미리 결정한다고는 생각하지 않고, 상제는 일을 하고 난 후에 사람들의 노력 정도에 따라 상을 주거나 벌을 준다고 생각하였다.

5. 천지天志와 명귀明鬼

〈천지天志〉

'천지天志(하늘의 뜻)'는, 묵자가 '겸상애兼相愛'(차별 없이 겸하여 서로 사랑함), '교상리交相利'(주고받으며 서로 이롭게 함)'라는 사회적 이상을 실현하기 위해 제시한 최고 근거이다. 묵자가 보기에, '하늘'은 선을 보상하고 악을 처벌하려는 의지가 있으므로, 그러한 '하늘의 뜻'은 사람들의 사상과 행동을 규제하는 법의 원천이며, 최고의 법이다. '하늘의 뜻'은 겸애를 좋아하므로, 천자天子도 반드시 '겸상애兼相愛' 하는 사람에게는 상을 주고, '별상오別相惡'(차별하며 서로 미워함)하는 사람에게는 벌을 주어야 한다.

묵자는 "천하의 현명하고 훌륭한 이를 뽑아 세워 천자天子로 삼는다(選天

下之賢可者, 立以為天子)"(『묵자』「상동尙同상上」)라고 말했는데, 그렇다면 '천자'는 누가 선택하는가. 그의 주장에 따르면, '천자'는 역시 '하늘'(상제上帝)과 그 보좌인 귀신이 세운 것이다. 묵자는, '상제'가 '천자'를 세운 것은 그가 권력을 누리라는 것이 결코 아니라 백성을 위해 일하라는 것이라고 했다. 그 구체적인 내용은 백성을 위해 이익을 일으키고 해로움을 제거하여, 빈자를 부자로 만들고, 적음을 많음으로 만들며, 위기를 안정으로 바꾸고, 어지러움을 다스림으로 바꾸라는 것이다. 묵자도 군권이 하늘로부터 나온다는 점을 인정하였지만, 동시에 통치자에 대한 하늘의 요구도 내세웠다.

묵자는, '상제'는 존재하고, 그 '상제'는 명확한 의지의 이른바 '천지天志'를 가지고 있다고 생각했다. '천지'의 내용은 바로 '겸애兼愛'이며 '의를 바라고 불의를 미워함'(『묵자』「천지天志상上」)이다. 그는 말하기를, 하늘은 사람을 사랑하기 때문에 사람을 위해 만물을 창조하였다. 하늘이 일월성신日月星辰을 창조한 것은 사람이 빛을 얻도록 하기 위함이다. 하늘이 설상우로雪霜雨露를 내리는 것은 오곡마사五穀麻絲가 생장하게 하고, 사람들이 먹고 입을 수 있도록 하기 위함이다. 하늘은 또 '왕공후백王公侯伯'을 세워 그들로 하여금 선한 자를 상주고 포학한 자를 벌주도록 한다(賞善罰暴)"(『묵자』「천지天志중中」)라고 하였다.

〈명귀明鬼〉

묵자는 또 종교적 존재로서 '상제' 외에 '귀신鬼神'이 있다고 생각했다. 귀신도 상제의 의지를 그의 의지로 삼는다. 그들은 상제를 도와 '겸상애'하는 사람에게 상을 주고, '별상오'하는 사람에게 벌을 내린다. 묵자는 귀신의 존재를 의심하는 사람들에 대해, '귀'와 '신'을 보았다는 고대의 수많은 전설을 인용하여 '귀신'의 존재를 증명하였다. 묵자는 이를테면 경험에 근거하여 '귀신'의 존재를 증명하였다는 것이다. '귀신'은 '현명한 자에게 상을 주고 포학한 자에게 벌을 주는' 능력과 그 대상자를 찾는 능력이 있어서, 아무리 은밀한 곳이라도 귀신의 밝음으로는 반드시 알 수 있다고 본다. 그래서 '상'의 대상이 아무리 작아도, '벌'의 대상의 저항이 아무리 커도, 모두 찾아 상과 벌을 줄 수 있다고 주장한다.

묵자의 상제와 귀신에 대한 생각은 신화시대 전통적 종교의 관념에 근거한 것으로서, 그는 이를 겸애 학설 실행의 보증으로 삼았다. 그에 따르면 하늘과 땅, 종교와 세속의 권위는 모두 '겸상애'하는 사람에게 상을 주고, '별상오'하는 사람에게는 벌을 준다. 만약 사람들이 모두 이러한 점을 믿으면, 자연히 모두 '겸애'하게 될 것이라고 보았다. 나아가 그는 전통 종교 중의 상제와 귀신의 존재에 대해 새로운 내용, 새로운 의미를 부여한다. 즉, 그는 '천지天志'를 하나의 표준으로 삼아, 당시 통치자의 정치적 조치를 비판하고, 다른 학파의 학설을 비판한 것이다.

묵자는 또 당시 사회의 혼란 상황에 대한 이유를, 귀신의 존재를 의심하고, 귀신의 상벌능력을 명확히 알지 못하기 때문이라고 말했다. 묵자는 상제와 귀신의 존재와 능력을 믿어야 하며, 그 이유는 그 존재와 능력이 사실일 뿐만 아니라, 그러한 믿음이 사람에게 유리하기 때문이다. 그래서 하늘의 뜻에 따르면, 세상이 제대로 다스려지고, 온 백성이 화합하며, 나라도 백성도 부유해져서 편안하며 근심이 없게 된다고 주장했다. 이러한 그의 학설은 일종의 종교사상의 성격을 가지고 있는 것이다.

제3장

은자隱者와 양주楊朱

중국역사상 춘추전국시대는 하나의 대격동기이며 대변환기였다. '주례周禮'로서의 주나라의 기존질서, 즉 주나라 중앙정부의 천자天子를 중심으로 각 지방정부의 제후들이 자신의 지방정부를 다스리는 위계질서가 춘추전국시대에 이르러 대격동 속에 무너져 내렸다. 지방정부의 제후들은 자신이 새로운 질서의 중심이 되려고 중앙정부를 무시하고 다른 지방정부와 전쟁을 벌였다. 이로 인해 기존 사회에서 요구되던 도덕적 사회질서는 와해되어 혼란이 거듭되었다. 이는 공자孔子가 '임금이 임금답지 않고, 신하가 신하답지 않으며, 아버지가 아버지답지 않고, 자식이 자식답지 않다'고 묘사한 사회현실, 즉 사회 구성원 각자가 자신의 역할을 배반하여 기존의 윤리도덕이 땅에 떨어졌다고 여겨지던 시대였다.

공자는 기존질서에 입각한 바의, 자신이 생각하는 도덕적 진리를 당시 사회에 실현할 것을 희망하며 제자들을 이끌고 천하를 철환轍環하였지만 뜻을 이루지 못하였다. 공자 같은 당시 지식인들의 입장에서는 당시 세상은 도도滔滔히 흐르는 탁류濁流와도 같았다. 비록 이전과 같은 도덕질서를 다시 회복하기에는 세상은 너무도 멀리 와 버렸지만 공자는 결과에 연연하지 않고 최선의 노력을 다하는 것이 도덕을 추구하는 지식인, 즉 '사士'의 의무라고 생각하였다.

중국 고대에는 공자 같은 사람과 마찬가지로 탁류 같은 당시 천하에 불만을 가졌지만 그 처세태도는 공자 같은 이들과 달리 차라리 숨어 살며 세상의 탁류에 몸을 더럽히지 않겠다는 지식인들이 있었는데 그들이 바로 '은자隱者'들이다. 중국의 옛 문헌상의 은자의 원조격은 공자 시대보다 한참 이전인 상고시대 허유許由와 소부巢父(또는 소보)와 같은 이들이다. 이들은, 요堯임금이 허유에게 천하를 넘겨주려는 시도를 두고 허유가 천하를 물려주는 더러운 소리를 들은 귀를 씻었다는 이야기와 관련하여 전해진다. 사실인지 전설인지

불명확한 이야기지만 도가적 처세관점의 상징으로 이야기된다.

1. 은자隱者들의 처세태도

허유의 이야기는 그 이야기 배경이 공자 당시보다 훨씬 전인 요순堯舜시대인데, 이 시대 이후 공자 당시까지에는 또 그 시대의 은자들이 있었다. 공자는 당시 이러한 이들을 '일민逸民'으로 일컬었다. 『논어論語』에 수록되어 있는, 공자가 이르는 바의 이러한 일민은 '백이伯夷', '숙제叔齊', '우중虞仲', '이일夷逸', '주장朱張', '류하혜柳下惠', '소련少連' 등이다.(『논어』「미자微子」 참조) 이러한 사람들 역시 공자 당시보다는 앞 시기의 사람들로서, 이 중 예를 들어 백이, 숙제의 경우, 주나라 이전 은나라의 질서를 고수하며 주나라의 건국에 반대하여 은둔하였다. 이러한 은둔자, 즉 은자들은 자신을 숨겨 세상에 그 몸을 드러내지 않고 은둔하는 처세태도를 가졌으므로 그들의 사상을 구체적으로 표시하지도 않았고, 표시하였다 하더라도 그 처세태도의 성격상 쉽사리 세상에 나타나지도 않았다. 그래서 그들의 사상전모는 파악할 수 없고 다만 『논어』와 같은 다른 문헌을 통해 그 성향이 간접적으로 전해질 뿐이다.

『논어』에는 다음과 같이 이른바 '은자'들에 대해 적고 있다. 그 중 우선 공자가 직접 '은자'라고 지칭한 사람이 있는데, 어느 날 공자 일행이 길을 가다가 공자의 제자인 자로子路가 일행에서 뒤처지면서 어떤 지팡이에 대삼태기를 걸머진 사람을 만나게 되어, 그에게 공자를 지칭하며 '선생님(夫子)'을 못 보았냐고 물으니, 그 사람이 이렇게 말하였다.

> 사지도 부지런히 움직이지 않고, 오곡도 구별할 줄 모르는데 누가 '선생님'이란 말이오?(『논어』「미자微子」)

그 사람이 비록 자로에게 공자에 대해서 그런 식으로 말했지만, 자로가 그 사람의 집에서 대접받고 이튿날 공자에게 이 사실을 알리니, 공자는 그 사람을 두고 '은자로다'라고 하고는 자로로 하여금 다시 찾게 했으나, 그는 어디론가 가버리고 없었다. 이에 자로가 한 말이 은자들의 처세관점(훗날 도가의 처세관점)과 차별화되는 유가儒家의 처세관점을 잘 나타내고 있다. 즉,

> 벼슬하지 않는 것은 의義가 없는 것이다. 장유長幼의 인간관계도 폐할 수 없거늘 군신의 의義를 어떻게 폐할 수 있단 말인가? (이는) 그 자신만을 깨끗하게 하려 하면서(欲潔其身) 큰 인륜을 어지럽히는 행위이다. 군자君子가 벼슬함은 그 의를 행하기 위함이다. 도가 행해지지 않을 것은 이미 알고 있다.(『논어』「미자」)

당시 도도히 흐르는 천하의 탁류에서 발을 빼 '그 자신만을 깨끗하게 하려 하면서(欲潔其身)' 은둔하여 사는 은자들의 태도에 대해 유가적 삶의 태도는, 비록 결과적으로 도가 행해지지 않아서 천하가 구제되지 않는다 하더라도 최선을 다하는 동기의 의로움을 추구하는 유가의 지식인인 '군자君子'의 처세태도를 단적으로 말하는 것이다. 그런데 여기서 주목할 것은 '그 자신만을 깨끗하게 하려 하면서(欲潔其身)' 은둔하여 사는 그 은자들의 처세관점이다.

이러한 처세태도는 공자 일행이 만난 또 다른 은자인 장저長沮와 걸닉桀溺에게서도 볼 수 있다. 역시 공자 일행이 밭을 갈고 있던 두 은자인 장저와 걸닉을 만나게 되어 자로가 길을 물었을 때, 걸닉은 이렇게 말하였다.

> 도도히 흐르는 물과 같이 천하가 모두 이러한데, 누가 이를 바꿀 수 있겠소. 또 사람을 피해 다니는 선비(즉 공자)를 따라다니는 것이 어찌 '세상을 피해 사는'(피세辟世, 즉 피세避世) 선비(장저와 걸닉 자신들)를 따르는 것만 같겠소.(『논어』「미자」)

자로가 이 말을 공자에게 전하자, 공자는 이렇게 말하였다.

> (사람은) 조수鳥獸와는 더불어 무리 지어 살지 못하나니, 내가 이 세상 사람들과 함께 더불어 살지 않고 누구와 함께 더불어 살겠는가? 천하가 도가 있다면 내가 (구태여) 더불어 바꾸려고 나서지 않았을 것이다.(『논어』「미자」)

또 다른 은자인 초광楚狂 접여接輿, 즉 초나라의 미치광이 접여接輿[1]로 알려진 사람은 공자의 천하에 대한 노력을 다음과 같이 노래하면서, 그와 같은 은자의 당시 천하에 대한 관점을 표출하였다.

> 봉鳳(공자를 지칭한 비유)이여 봉이여! 덕이 얼마나 쇠하였는가! 지난 일은 간諫할 수 없지만, 앞으로의 일은 그래도 좇을 수 있나니. 그만 두어라! 그만 두어라! 지금에 정치함은 위태롭기만 하나니!(『논어』「미자」)

이처럼 공자 당시의 은자들은, 당시의 중국 천하가 이미 어지러울 대로 어지러워져 더 이상 어찌할 수 없는 구제불능의 상태로서, 공자처럼 바로잡아 보려 해도 헛된 일이라 여긴 것이다. 그래서 자신들만이라도 은둔하여 결백함을 유지하려 한다는 것이다. 당시를 난세로 보는 것은 이들 공자나 은자나 마찬가지였지만, 공자는 그래도 적극적으로 현실에 참여하여 바로잡아 보려 한 것이었고, 은자들은 그래봤자 아무 소용없다고 본 것이었다.

그 외 『논어』에 나오는 은자로는, 「헌문憲問」에 나오는, 석문石門의 신문晨門(문지기)(그는 공자를 두고 '안되는 줄 알면서도 굳이 하려 하는 사람'이라고 평했다.)과 공자가 악기인 경磬을 칠 때 삼태기를 지고 공자가 머무는 집

1) '접여接輿'를 인명이 아닌, 글자 그대로 '수레에 접근하면서'의 뜻으로 보기도 함.

앞을 지나가던 사람이 있었다.

공자가 활동한 춘추시대 말이 이미 그 당시 지식인들이 보기에 난세였는데, 그 이후 전국시대는 그 난세의 상태가 더욱 심화된 때였다. 이에 공자 이후 공자와 그 학파의 현실참여 정도도 오히려 부족하다고 여긴 이가 나왔는데, 그가 곧 앞 장에서 말한, 춘추말에서 전국초에 활동한 묵적墨翟, 즉 묵자墨子였다. 묵자가 이끈 학파인 묵가墨家의 구성원들, 즉 묵자墨者들은 매우 적극적인 현실참여의 사상을 제기하였다. 은자의 측면에서 보면, 묵자는 공자보다 한 술 더 뜬 매우 극단적인 현실참여자가 된다. 즉 묵가는 온 몸을 던져서라도 천하를 구제하려 한 것이다.

그런데 곧 뒤이어 은자의 처세관점을 계승하면서 당연히 이러한 묵가의 사상을 반대할 뿐 아니라 유가의 사상까지도 반대한 이가 묵자와 거의 같은 시기에 나타났다. 그가 곧 양주楊朱이다. 양주도 은자의 한 사람으로 볼 수 있다. 그러나 당시 상황을 기술한 문헌들을 보면 양주와 그 일파의 세력이 상당하였으므로, 이는 피세의 처세태도를 가진 이전 은둔자들의 행동방식과는 다르다고 할 수 있다. 역설적이게도 양주는 은둔하지 않은 은둔자, 즉 드러난 은자인 셈이다. 이를테면, 이전 은자들은 자신들의 은둔 이유를 세상에 굳이 알리려고도 하지 않았지만, 이제 양주는 은둔 이유를 세상에 알리려는 시도를 한 셈이라고 할 수 있다.

2. 양주楊朱와 위아爲我 사상

양주楊朱 역시 은자隱者의 한 사람이라고 볼 수 있지만, 그는 다른 은자들과는 달리 그 기본적인 사상이 알려진 사람이다. 그러나 그의 직접적인 저술과 같은 것은 남겨져 있지 않고 다른 문헌을 통해서 그 단편만이 전해질 뿐이다. 양주에 대해서 기술한 문헌은『맹자孟子』,『열자列子』,『장자莊子』,『한비자

韓非子』, 『여씨춘추呂氏春秋』, 『회남자淮南子』 등인데, 책에 따라 양주楊朱, 양생陽生 등으로 달리 표현되어 있지만 같은 사람으로 간주된다.

『맹자』에서 전하는 바에 따르면 양주의 사상은 당시 사회에 상당히 세력을 떨치고 있던 사상으로 추정된다. 왜냐하면 맹자는 유가사상의 기준으로 볼 때 당시 천하에 가장 문제가 되고 세상에 해독을 끼치는 사상가로 묵적墨翟과 양주楊朱를 들었기 때문이다. 그는 당시 세상을 두고 "양주와 묵적의 말이 천하에 가득하다. 천하의 말은 양주에 속하지 않으면 묵적에 속한다."(『맹자孟子』「등문공滕文公하下」)고 할 정도로 두 사상가의 영향력을 강하게 묘사하였으며, 동시에 대표적 비판대상으로 삼았다.

맹자는 위의 말에 이어서, "양씨楊氏(즉 양주)는 '위아爲我'를 주장하였으니, 이는 '임금이 없는 것(무군無君)'이고, 묵씨墨氏(즉 묵적)는 '겸애兼愛'를 주장하였으니, 이는 '아비가 없는 것(무부無父)'이다. '아비가 없는 것'과 '임금이 없는 것'은 곧 '금수禽獸'라고 할 것이다."라고 비판했다.

유가에서 보기에, 이 두 사상은 양 극단을 이루고 있는 것이었다. 맹자는 이렇게 말하였다.

> 양자楊子는 '위아爲我'의 입장을 취하여, 하나의 털을 뽑아서 천하를 이롭게 할 수 있다 해도 하지 않았다. 묵자墨子는 '겸애兼愛'의 입장에서 머리꼭대기에서 발끝까지 온몸을 희생해도 천하를 이롭게 할 수 있다면 하였다.(『맹자』「진심盡心상上」)

묵자는 천하를 위해서라면 온 몸을 던져서라도 희생하며 관여하려는 사상을 가지고 있었는데, 양주는 그 극단적 반대의 사상을 가지고 있었다. 맹자에 따르면, 양주는 오로지 '자신을 위하면서(爲我)', 자신의 털 하나를 뽑아서 천하가 이롭게 되더라도 하지 않는 사람이었다.

이후 『여씨춘추呂氏春秋』에는 "양생陽生은 자기를 귀하게 여긴다(귀기貴己)."

(『여씨춘추呂氏春秋』「심분람審分覽 · 불이不二」)라고 하였는데, 여기서의 '양생'이 곧 '양주'로 간주되며, '자기를 귀하게 여김', 즉 '귀기貴己'는 맹자가 말한 '위아爲我'이다. 양주는 이처럼 자기 자신, 즉 '아我' 또는 '기己'를 모든 가치의 중심에 두었다. 그런데 양주가 '위아'하고 '귀기'하기 위하여 버린 가치는 무엇인가. 맹자에 따르면, 묵적이 천하를 이롭게 하기 위하여 자신을 희생함에 대해, 양주는 자신의 털 하나를 뽑아 천하를 이롭게 할 수 있다 하더라도 하지 않는다고 한다. 즉 양주가 '위아'와 '귀기'의 가치를 위하여 버린 것은 '천하를 이롭게 함'이다. '천하를 이롭게 함'이란 '이타利他'이다. 즉 '이타'를 버리고 '이기利己'를 취하는 것처럼 이해된다. 그런데, 전국말 제자백가의 여러 설을 통람한 위치에 있는 한비자韓非子는 양주의 사상을 기술한 것으로 보이는 다음과 같은 말을 한다.

> (가령) 지금 어떤 사람이 여기 있다 하자. 그가 생각하는 의義로는 위태로운 성城에 들어가지 않고, 군대에 몸담지 않으며, 천하의 큰 이익이 된다 해도 그것을 자신의 정강이 털 하나와도 바꾸지 않는다. (그런데도) 세상의 임금들은 반드시 이들을 좇아서 예우하고, 그 지혜를 귀하게 여기고, 그 행동을 높이 평가하며, 그들을 두고 '물질을 가볍게 여기고 생명을 소중히 여기는(경물중생輕物重生)' 선비라고 여긴다. 통상 임금이 좋은 토지와 큰 저택을 늘어놓고 작록爵祿을 베푸는 것은 그렇게 함으로써 백성의 목숨과 바꾸자는 것이다. (그런데) 지금 임금이 '물질을 가볍게 여기고 생명을 소중히 여기는' 선비들을 존귀하게 여기면서, 백성들이 (전쟁에) 나가 죽고 임금의 일을 위해 목숨 바치기를 구한다는 것은 가능하지 않은 일이다.(『한비자韓非子』「현학顯學」)

한비자가 여기서 말한, '물질을 가볍게 여기고 생명을 소중히 여김', 즉 '경물중생輕物重生'이 양주 사상을 특징짓는 또 하나의 말이 된다.

3. 양주楊朱의 경물중생輕物重生

이상에서 유래된 '경물중생輕物重生', 즉 '물질을 가볍게 여기고 생명을 소중히 여김'이라는 말은 앞의 '위아爲我'와 더불어 양주 사상을 성격 규정하는 핵심적 말이 되었다.

또, 이와 비슷한 취지로 『회남자淮南子』에서는 이렇게 이야기하고 있다.

> 본성을 온전히 하고 진수를 보전하여(全性保真), 물질로써 형체에 누를 끼치지 않음(不以物累形)은 양자楊子가 수립한 것인데, 맹자孟子가 그것을 비판하였다.(『회남자淮南子』「범론훈氾論訓」)

양주사상의 핵심은 흔히 앞서의 '위아爲我'와 '경물중생輕物重生' 그리고 이 '전성보진全性保真' 및 『여씨춘추呂氏春秋』의 '귀기貴己'로 요약된다고 볼 수 있다.

여기서 말하는 '본성', 즉 '성性'은 한비자가 말한 바의 '생명', 즉 '생生'이다. 양주는 이 생명이라는 본성은 사람에게 있어서 본질적 주체, 즉 '진眞'이고, '물질', 즉 '물物'은 바깥에 있는 대상일 뿐, 인생에 있어서 비본질적인 것이다. 생명은 형체(형形)의 유지속성이다. 그래서 생명을 유지함은 곧 형체인 바의 몸을 유지함이다. 그런데 세상을 살아가면서 많은 경우 비본질적인 '물物'을 추구하다가 오히려 본질적 생명에 위해를 끼치기도 한다. 그러므로 양주는 둘 중에 선택할 경우 당연히 물질보다 생명을 선택해야 한다고 보는 것이다. 곧 『한비자』에서 말하는 바의 '경물중생'이다. 그런데도 세상 사람들은 '물物'을 얻으려고 탐욕을 부리기도 한다.

그러나 절제되지 않은 인간의 탐욕은 인간세상의 갈등과 투쟁을 낳는다. 더구나 사회가 안정되지 않은 시기에는 그러한 현상이 보다 더 심화되고 극단화된다. 중국의 당시, 즉 춘추전국시대 특히 전국시대는 이러한 갈등과 투쟁이 첨예화되고 극단화된, 약육강식弱肉强食의 시기였다. 권력집단에서는 권력투쟁이, 국가 간에는 전쟁이 일상화되었고, 이 와중에 백성들은 생명을 보장받기 어려운 험난한 시기였다. 이런 분위기 속에서는 백성 개개인도 이익을 앞세우고 투쟁적으로 되기 마련이다.

이러한 탐욕의 대상은 작든 크든 '물物'이다. 이기심은 자신의 탐욕을 충족시키려고 이 '물'을 추구하는 마음이다. 그런데 이러한 '물'이 그저 얻어지는 것이 아니라 어떤 대가를 지불해야 된다면 어떻게 할 것인가. 게다가 그 대가가 너무 크다면 어떻게 할 것인가. 그 대가가, 얻어지는 '물'과 마찬가지로 또 다른 '물'로써 환산하여 계량할 수 있다면 단순한 손익계산만 하면 될 것이다. 그런데 그렇지 않고 본질적인 부분을 희생해야 한다면 어떻게 할 것인가. 그 본질적인 부분이란 바로 인간 자신이다.

얻어지는 이익의 대상인 '물'의 가장 큰 것은 '천하天下'이다. '물'의 작은 것에서 가장 큰 것인 '천하'에 이르기까지 그것을 얻기 위해 치르는 비용도, 그것이 역시 '물'이라면 그 가장 큰 것도 '천하'일 것이다. 그런데 그 치르는 비용인 대가가 '자신'이라면 문제가 달라진다. 이 인간 자신에 관한 것 그것이 '생生', 즉 '생명'이다. 그런데 이것도 단계가 있다. 생명 유지는 신체유지와 결부되어 있다. 이 단계는 그 대가가 신체의 작은 부분에서 단계적으로 나아가서 결국 '생명' 자체를 위협하는 단계까지 있을 수 있다. 신체의 가장 작은 부분을 양주는 '하나의 털'로 표현했다.

'물'의 작고 큼과 그것을 얻는 조건을 '생'으로 가정할 때, 그 '생'의 작고 큼을 비교하는 이야기가 『열자列子』에 다음과 같은 대화체의 글로 있어서, 양주 사상과 그 반대의 극점에 있는 묵적(묵자) 사상의 특성을 선명하게 비교할 수 있다.

양주楊朱가 말하기를, "백성자고伯成子高(요堯임금 때의 사람)는 한 올의 털로써 물物을 이롭게 하지 않으려 하면서 나라를 버리고 은둔하여 농사지었다. 대우大禹는, 하나의 몸을 자신만을 이롭게 하는 데 쓰려 하지 않다가 자신의 몸은 반신불수가 되었다. 옛 사람은 한 올의 털을 뽑아서 온 천하를 이롭게 하여도 하지 않았고, 온 천하로써 한 몸을 받든다 해도 취하지 않았다. 모든 사람이 (자신의) 털 하나도 손상시키지 않고, 모든 사람이 천하를 이롭게 하려 해도 하지 않는다면 천하는 잘 다스려질 것이다."라고 하였다.

금자禽子(즉 금활리禽滑釐, 묵가의 일원이라고 알려짐. 앞서 묵자의 '비공非攻' 부분에서 언급된 인물.)가 양주에게 묻기를, "그대 몸의 털 하나를 뽑아서 천하를 이롭게 할 수 있다면, 그대는 하겠는가?"라고 하였다.

양자楊子(양주)가 말하기를, "세상은 본래 털 하나로 구제될 수 있는 것이 아니다."라고 하였다.

금자가 말하기를, "만일 구제할 수 있다고 가정한다면, 그렇게 하겠는가?"라고 하였다.

양자는 이에 대답하지 않았다.

금자가 나와서 맹손양孟孫陽(양주의 제자라고 함)에게 있었던 대화를 이야기하였다.

그러자 맹손양이 말하기를, "그대가 선생님의 마음을 이해하지 못하니 내가 설명해 주겠다. 어떤 사람이 그대의 살갗을 손상시키고 만금萬金을 얻게 한다면, 그대는 그렇게 하겠는가?"라고 하였다.

(그러자 금자는) "그렇게 하겠다."고 말했다.

(이에) 맹손양은 말하기를, "어떤 사람이 그대의 사지 중 하나를 끊어내고 한 나라를 얻게 한다면, 그대는 그렇게 하겠는가?"라고 하였다.

금자는 아무런 말을 하지 않았다.

잠시 있다가 맹손양이 말하기를, "털 하나는 살갗보다 미미하고, 살갗은 사지 하나보다 미미하다는 것은 분명히 알 수 있다. 그런데 털 하나를 쌓음으로써 살갗을 이루고, 살갗을 쌓아서 사지 하나를 이룰 수 있다. 털 하나는 본래 한 몸의 만분의 일에 불과하지만, 어찌 그것을 가볍게 할 수 있겠는가?"라고 하였다.

이에 금자는 말하기를, "나는 아무런 대답할 말이 없다. 그러나 그대의 말을 가지고 노담老聃이나 관윤關尹에게 물으면, 그대의 말이 맞는 것이 된다. (그렇지만) 내 말을 가지고 대우大禹, 묵적墨翟에게 물으면, 내 말이 맞는 것이 된다."라고 하였다.(『열자列子』「양주楊朱」)

여기서 노담老聃, 관윤關尹은 도가道家 쪽이고 대우大禹, 묵적墨翟은 묵가墨家 쪽이므로, 어차피 양쪽은 처세관이 다름을 말한다. 여기서 대우大禹, 즉 우禹임금은 당시 홍수를 다스리기 위해 천하를 위해 동분서주하였으므로 묵가에서 존숭하기 때문에 양자의 입장을 보다 선명하게 하는 대비적 수사가 된다.

그런데, 이 부분이 언급된 『열자列子』는 원래 전국시대 정鄭나라 열어구列禦寇의 저작으로 표방되어 있었으나, 그 문헌은 당시의 것이 아닌 훗날 위진시대魏晉時代 사람의 위작僞作으로 여기는 견해도 있고, 이 견해에 반대하여 『열자』는 비록 열자의 문인과 그 후학에 의해 이루어진 문헌이지만, 위진시대 위작이 아닌 선진시대인 전국시대의 문헌으로 보고 있는 견해도 있다. 그러나 이러한 논란과 무관하게, 양주 사상에 대한 명확한 고증 문헌이 그다지 없는 실정에서 그 내용 자체만 보면 양주사상의 특징을 잘 요약하고 있는 문헌이므로 이 내용에 따라 양주 사상을 다음과 같이 분석할 수 있다.

4. 양주 사상의 이타적 측면과 이기적 측면

앞의 『열자』의 대화 속에는 양주가 생각하는 바 털 하나를 뽑는 행위에 상응하는 것이 '이타利他'의 결과인가 '이기利己'의 결과인가 하는 것이 동시에 나오고 있다. 대화의 앞부분은 천하를 구제한다는 '이타'의 측면을 말하고 있다. 그런데 양주를 대신하여 해명하는 맹손양의 말은 '이기'의 측면에서 답하고 있다.

양주의 사상을 '이타'의 측면과 '이기'의 측면으로 이야기한다면 이렇게 요약할 수 있을 것이다. 전자는 만일 자신의 털 하나를 뽑아서 '천하를 구제할 수 있다면' 하겠는가 하는 것이고, 후자는 만일 자신의 털 하나를 뽑아서 '천하를 얻을 수 있다면' 하겠는가 하는 것이다. 이러한 것은 모두 윤리적 선택의 문제이다. 털 하나를 뽑는다는 것은 행위자의 지극히 작은 희생이다. 현실적으로 이러한 행위만으로 천하를 구제하거나 얻거나 할 수는 없다. 양주 역시 금자의 물음에 현실적으로 가능하지 않음을 들어 '가정법'의 물음에도 답하지 않았다. 그런데 이것은 '이타'의 측면이다.

양주를 대신하여 해명한 맹손양의 말은 그 논점을 '이기'의 문제로 돌렸으므로 윤리적으로는 본질적으로 다른 문제이다. 맹손양은 논점상 엉뚱한 말을 하고 있지만 금자는 문제 삼지 않았다. 털 하나를 뽑는 간단한 일만으로 천하를 구제할 수 있어도 하지 않는 것은 윤리적으로 비판받을 수 있는 이유가 된다. 간단한 일로도 '이타'적 행위를 하지 않는 것은 결과적으로 극단적 '이기'가 되기 때문이다. 그런데, 털 하나를 뽑는 간단한 일만으로 천하를 얻을 수 있는 데도 하지 않겠다는 것은 '이기'적 결과를 포기하는 것이다. 이것은 문자적 의미로만 보면, 어떤 큰 이득도 자신의 털 하나만큼도 중요하지 않다는 것이다.

현실적으로 가능하지 않은 극단적 예를 듦은, 주장과 그 근거를 선명하게 드러내기 위한 목적이다. 맹손양은 그 점을 더 분명히 하기 위해, 털 하나에서부터 시작하여 신체의 보다 큰 부분까지의 희생을 이야기함으로써, 본질은 털 하나의 문제가 아니라 천하의 어떤 이익도 자신의 생명과 바꿀 수 없다는 것, 생명이 가장 소중하다는 점을 말하려 한다. 즉 자신이 죽고 나서 천하를 얻은들 무슨 소용이 있겠나 하는 것이다. 요즘 식으로 말하자면, 자신의 몸을 손상시키고 엄청난 금액의 복권에 당첨된다면 하겠는가 하는 것이다. 더 나아가서 이 세상의 내놔라 하는 큰 부자, 그리고 큰 정치적 권력의 경우는 또 어떤가. 털 하나를 희생한다면 하겠다 하더라도 단계적으로 점차 더 큰 신체의 희생, 나아가서 결국 자신의 목숨까지 내놓고도 그렇게 하겠는가 하는 것이다.

이러한 논리는 우선 당시 전국시대의 세상 사람들의 무모한 탐욕추구에 대한 비판이다. 세상 사람들이 재물과 권력에 눈이 어두워 자신의 목숨을 담보로 모험을 하는 현실에 대한 비판이다. 눈앞의 이익만 보거나 자신에게 위해가 없겠지 하여 행동하는 어리석음에 대한 비판이다. 이 어리석음은 어떤 지식의 다과 문제는 아니다. 탐욕으로 인한 것이다. 탐욕과 어리석음은 백지의 양면이다. 세상에는 똑똑하다고 하는 사람들이 탐욕에 눈이 어두워 결과적으로 패가망신하는 일들을 얼마나 많이 보는가. 양주를 대신한 맹손양의 해명은 이러한 점을 말한다.

그런데 양주의 진정한 의도는 무엇인가. 그것은 털 하나의 희생으로 천하를 구제할 수 있다 해도 하지 않겠다는 생각이든, 털 하나의 희생으로 천하를 얻더라도 하지 않겠다는 생각이든, 그 공통점은 결국 천하에 털 하나만큼도 관여하지 않겠다는 생각이다. 다만 두 가지는 각각 다른 방면을 이야기하고 있다.

5. 양주 사상의 본질과 철학사적 계승

전자는 천하에 털 하나만큼도 관여하지 않으면 천하는 저절로 바로 다스려질 것이라는, 이후 도가에서 '무위無爲'의 사상으로 확립된 사상이다. 즉 도가에서는 천하가 당시 어지러운 것은 세상 사람들이 천하에 인위적으로 관여하기 때문이므로, 천하를 '자연自然'하게 있는 그대로 맡겨 두면 저절로 안정된다는 것이다. 이 도가의 사상이 그 초기 형태로 양주에게서 '털 하나'라는 강력한 '수사修辭'로 나타난 것이다. 즉 그의 진정한 취지는 탁류의 세상에 털 하나만큼도 관여하지 않겠다는 것이고, 세상 모든 사람들이 세상의 일에 털 하나만큼도 관여하지 않고 스스로 그러한 대로, 즉 '자연'한 대로 두면 오히려 세상의 혼란은 종식되어 잘 다스려질 거라는 것이다. 이것은 곧 이후 『노자老子』의 '무위자연無爲自然'사상의 원형이라 할 수 있는 것이다. 이러한 양주의 사상은 맹자에 의해서 '무군無君'의 입장이라고 비판받았다. '무군'은 나라 또는 천하라는 공동체의 정치적 지도자의 적극적 역할을 부정하거나, 나아가서 그 공동체 자체를 부정하는 무정부주의라고 해석될 수도 있다.

한편, 후자는 인간의 탐욕에 대한 경종이다. 그것도, 그 대가로 향후 자신이 위험에 처할 수도 있음을 간과하거나 애써 무시할 만큼 큰 탐욕 때문에 불나방처럼 불에 뛰어드는 세속 인간의 행태를 풍자하는 것이다. 그래서 무엇보다 중요한 것은 자기 자신이며, 보다 본질적으로는 자신의 '생명'이라는 것으로서, 이것을 단적으로 표현하면 '경물중생輕物重生'이 된다. 그래서 '털 하나'라는 표현의 '생명'의 중요성을 강조하려는 강력한 '수사'를 사용한 것이다. 이는, 오래 살려면 즉 '장수長壽'하려면 '탐욕'을 버리라는 것이다. 이 '장수'는 정치적 장수와 생물학적 장수를 다 포함하는 것이다. 인간은 근본적으로 욕망이 없을 수 없다. 지나친 욕망인 탐욕이 문제이다. 양주 그리고 이후의 도가는 인간의 기본욕구를 인정한다. 그리고 이러한 인간의 기본욕구를 오래 누리려면 역설적이게도 오히려 과욕寡慾(寡欲), 절욕節慾(節欲)해야 한다는 것이다. 이러한 생각이 이후 도가의 '양생養生' 사상으로 나타나는 것이다.

양주는 '생명'을 중시하였다. 그는 가장 먼저 '생명아生命我', 즉 생명 주체를 말한 사람이라고 평가되기도 한다. 이후 이 연장선상에서 노자와 장자가 바로 '생명아'를 긍정한 대표자들이라고 생각되기도 한다. 그래서 양주는 먼저 생명 주체를 말하고, 다음 노자는 그 생명을 잘 유지 관리하는 바의 섭생攝生을 잘하여 도道를 얻은 이로, 장자莊子는 생명에 대한 더 적극적인 입장에서

'양생'의 취지를 말한 이로 여겨지기도 한다. 이러한 '생명아'를 강조하는 측면에서, 양주－노자－장자의 도가적 맥락이 형성될 수 있다고 할 수 있다.

이러한 사상적 연계 양상을 보면, 이상과 같은 양주의 사상은 그 이후의 도가사상가들에게 전승되는 것으로 해석될 수 있다. 그리고 그 자취가 이후의 도가문헌들에 나타난다. 물론 『노자老子』의 사상과 장자의 사상에도 그 요소가 나타난다. 이렇게 볼 때, 은자의 처세관에서 비롯된 사상은 이후 도가 사상으로 발전되고, 그 초기의 단계가 곧 양주 사상의 단계이고, 그 다음 단계가 『노자』의 단계이며, 또 그 다음의 절정기가 곧 장자의 단계라고 볼 수 있다. 다만 이와는 반대로, 노자가 먼저이고 양주사상의 연원이 오히려 노자의 학술사상이라고 보는 견해도 있어서, 노자와 양주의 관계를 도가의 주류主流와 지파支派의 관계로 보기도 한다. 그렇지만 철학사적 전개 과정을 그 맥락에 따라 추론해 보면, 역시 앞서 말한 바대로 보는 것이 합당하다.

한편 양주의 사상은 자신의 생명을 위한다는 측면에서 그 생명의 본성에 따른다는 관점에서도 볼 수 있다. 인간의 본성은, 자신의 감각적 자유를 충분히 누리는 것이라는 점에서, 대상 사물을 위한 욕망이 아닌, 자신 본성의 내적 욕망을 누리는 것이 의미 있는 삶이라는 것이다. 삶이 죽음과 다른 것은 눈이 좋은 색을 보고, 귀가 좋은 소리를 듣고, 입이 좋은 맛을 보고 할 수 있는 것이다. 그래서 이러한 자신의 신체적 쾌락을 오래도록 누림이 삶의 의미이며, 바깥 사물을 좇아 그것을 취하려는 욕심을 추구하는 것은 자신의 생명에 관련된 삶의 의미를 저해하는 것이다. 그런데 역설적이게도 이러한 삶의 즐거움을 가급적 오래도록 누리려면 오히려 이러한 욕심을 제한해야 한다. 욕심을 좇아 그 끝을 모를 정도로 추구하면 이 또한 자신을 해치는 것으로서, 삶의 즐거움을 오래 누리지 못하고 오히려 자신의 생명을 재촉할 수 있는 것이다. 그래서 자신의 욕망을 오래 추구하려면, 역으로 욕망을 절제해야 하는 것이다. 이러한 사상은 훗날 도가의 '양생養生' 사상의 원형이 된다. 훗날의 양생술養生術은 인간의 삶을 오래도록 누리기 위해서 오히려 삶 속에서 욕망을 제한하며 절제된 삶을 삶으로써 무병장수無病長壽를 추구하는 방법이다.

이후의 도가사상서인 『장자莊子』에는 '무용無用의 용用(無用之用)'이라는 이와 비슷한 또 다른 역설이 있다. 산속의 곧고 큰 나무는 그것이 쓸모 있기 때문에 나무꾼의 도끼에 생명을 보존할 수 없다. 그러나 말라 비틀어져 쓸모없는 나무는 오히려 나무꾼의 도끼질을 피하여 장수長壽할 수 있다. 이것이 곧 '쓸모없음의 쓸모', 즉 '무용지용無用之用'인 것이다. 그런데 이러한 사상은, 추정컨대 이미 양주楊朱의 이상과 같은 사상 속에 내재되어 있던 것으로 볼 수 있다.

제4장

맹자孟子

맹자孟子(약 B.C.371년 또는 372년~약 B.C.289년)의 이름은 가軻로서 맹가孟軻이며, 자字는 자여子輿이다. 그는 전국시대 추鄒나라 사람이다. 추나라는 지금의 산동성山東省 추성鄒城 지역으로서 공자의 출생지인 곡부曲阜에서 멀지 않다. 맹자의 출생은 공자의 죽음(기원전 479년)으로부터 약 100년쯤 뒤이다. 그는 노魯나라 귀족인 맹손씨孟孫氏의 후예로서, 맹손씨가 쇠퇴한 후 그 한 갈래가 노나라에서 추나라로 이주하였는데, 바로 맹자의 조상이다.

『사기史記』「맹자순경열전孟子荀卿列傳」에 따르면, 맹자는 "자사의 문인에게서 수업했다(受業子思之門人)"라고 한다. 그가 어떤 사람으로부터 수업受業하였는지 한대漢代 이래로 논란이 많았는데, 어떤 이는 자사子思(공자의 손자인 공급孔伋)를 사종師從했다고 하고, 어떤 이는 자사의 문인을 사종했다고 한다. 『사기』「공자세가孔子世家」에 따라 자사의 아버지인 공리孔鯉(공자의 아들)의 생몰년과 자사를 예우했다는 노목공魯穆公의 재위 기간을 추산해 보면, 맹자가 자사에게 수업한 것은 성립하기 어렵다. 이로써 보면, 맹자가 자사의 문인을 사종했다는 것이 더 적절하다.

맹자는 유가에서 공자 다음의 지위로, 흔히 공자와 함께 '공맹孔孟'으로 불린다. 당대唐代의 한유韓愈는 그의 『원도原道』에서 맹자를 선진 유가 중 공자의 '도통道統'을 계승한 인물로 배열하였다. 원대元代에 맹자를 '아성공亞聖公'으로 추봉追封하여 그 후 '아성亞聖'이라 존칭하게 되었다. 맹자의 사상은 『맹자孟子』라는 책에서 볼 수 있는데, 이 책은 어록체 산문집에 속하는 맹자의 언론을 모은 것으로서, 맹자와 그 제자가 공동으로 집필한 것으로 이야기된다.

처음으로 『맹자』에 주를 단 후한後漢의 조기趙岐는 『맹자』 7편을 각각 상하로 나누어 14권으로 만들었는데, 이러한 체제가 이후 『맹자』의 체제로 정착되었다. 조기는 맹자의 아버지에 관한 자료가 부족한 것에 대해 「맹자제사孟子題辭」에서, 맹자가 일찍 아버지를 여의고 어려서 자모慈母에게 삼천지교三

遷之教를 받았다고 썼다. 이것이 유명한 '맹모삼천지교孟母三遷之教'를 말하는 것이다. 맹자는 유년시절 공자와 마찬가지로 어머니의 교육 아래 자랐고, 맹자의 어머니가 아들을 가르친 이야기는 사서史書에 많이 기록되어 있으며, 그 어머니의 가르침은 맹자가 아성亞聖이 되는 데 큰 역할을 하였다고 전해진다. 맹자는 공자를 극진히 존숭하였는데, 그는, "백성이 생긴 이래 공자보다 더 성盛한 분이 없었다", "원하는 바는 공자를 배우는 것이다."(『맹자孟子』「공손추公孫丑상上」)라고 말한 바 있다.

맹자는 공자처럼 사인私人으로 강학講學을 했는데, 중년 이후에는 정치적 포부를 품고 학생들을 데리고 제齊, 송宋, 등滕, 위魏(량梁), 노魯 등 여러 나라를 20여 년 동안 유력遊歷하였다. 수행 학생들이 가장 많을 때는, 뒤따르는 수레가 수십 승乘이고, 따르는 자가 수백 인이었다고 한다. 그는 곳곳에서 권력자의 환대를 받았고, 어느 나라에 가더라도 거리낌 없이 그 나라 임금을 비판하였다. 그의 학설은 그가 여행하는 그 나라의 수요에 부합되지 않아, 결국 자신의 정치적 주장이 받아들여지지 않았던 그는 만년에 고향으로 돌아와 교육과 저술에 종사했다.

1. 맹자孟子의 인간중심주의

공자는 종교적 신비주의에 반대했었는데, 맹자는 이 점을 더욱 명확히 하였다. 신화적 시대의 사람들의 행위는 신앙적 대상인 종교적 존재에 의존하는 것이다. 당시 최고의 종교적 존재는 상제上帝로서의 '하늘'이었다. 최고통치자였던 천자天子는 '하늘의 명(天命)'을 받들어 '하늘의 뜻(天意)'을 '천하天下'에 실현한다는 명분을 가지고 있었다. 천자의 권력은 하늘이 주는 것이었으며, 모든 권력은 하늘로부터 오는 것이었다. 따라서 하늘의 계시만 받으면 되었지 사람 특히 피통치자인 백성의 마음을 알 필요는 없었다. 백성은 단지 통치대상일 뿐이었다.

그런데 공자보다 앞선 신화적 시대에 하늘의 뜻은 백성을 통해서 전달된다는 주장이 이미 있었다. 주周 무왕武王은 은殷의 주왕紂王을 치려할 때 "하늘은 우리 백성들을 통해 보고, 하늘은 우리 백성들을 통해 듣는다"며 병사들을 독려한 바 있다. 하늘의 뜻이 백성을 매개로 전달된다는 사상이 시작된 것이다. 그러나 이때는 그가 이른바 역성혁명易姓革命의 명분으로 내세운 것이지 여전히 종교적 하늘에 의존하고 있었다. 백성은 다만 천의天意의 통로일 뿐이다. 그러나 이전보다는 상당히 진전된 사상이다.

공자와 맹자는 이보다 더 나아갔다. 맹자는 세상 사람들이 하늘의 뜻을 알려 하는 데 대해 이렇게 말했다. "자신의 마음(心)을 다하면 자신의 본성(性)을 알 수 있다. 자신의 본성을 알면 하늘(天)을 알 수 있다.(盡其心者, 知其性也. 知其性, 則知天矣.)"(『맹자』「진심盡心상上」) 즉 하늘을 알려면, 다시 말해 하늘의 뜻을 알려면 자신의 심성心性으로 돌아가라는 말이다. 하늘의 뜻을 알기 위해 기도나 주술呪術 같은 어떤 종교적 행위를 하기보다는 자신의 내면을 반성하라는 것이다. 하늘을 알기 위해서는 '너 자신을 알라'는 말이다. 나아가 그는 "만물은 모두 나 자신에게 갖추어져 있다(萬物皆備於我矣)."(『맹자』「진심상」)고 하였다. 모든 가치 기준과 행위의 기준, 삶의 기준은 우리 인간자신에게 있다는 것으로, 공자를 이어 인간중심주의를 보다 심화시킨 것이다.

맹자는 공자의 '천명天命' 사상을 이어받았지만, 그 속에 남아 있던 인격신의 의미를 제거하고, '천天'을 도덕적 속성을 지닌 정신적 실체로 본 것이다. 그는 "성誠이란 하늘의 도道이다(誠者, 天之道也)."(『맹자』「이루離婁상上」)라고 말하여, '성誠'이라는 이러한 도덕 개념을 하늘의 본질적 속성으로 규정하고, '천'은 인성에 내재된 도덕관념의 본원本源이라고 여겼다. 맹자의 사상체계는, 그의 정치사상과 윤리사상을 포함하여 모두 '하늘'이라는 범주를 초석으로 삼은 것이며, 이는 『중용中庸』에서도 말하는 바로서, 양자가 연계되고 있다.

맹자는 비록 '하늘'에서 종교적 인격성을 제거하여 도덕적 근원으로 해석하려 했지만, 그래도 여전히 그 잔재는 남아 있는 측면도 있었다. 맹자의 '천도天道'는 '성誠'으로 말해지기도 했지만, 그 하늘은 가장 높고 의지가 있으며, 세상의 왕조가 바뀌고 왕이 바뀌는 등의 세상의 흥망성쇠興亡盛衰와 부귀궁달富貴窮達은 모두 '천명'에 의해 결정된다고 생각했다. 그래서 사람은 하늘에 순종해야 하며, "하늘을 따르는 자는 존립하고 하늘을 거스르는 자는 망한다(順天者存, 逆天者亡.)"(『맹자』「이루상」)고 하며, 하늘의 뜻은 거스를 수 없다고 여겼다.

이러한 문제에도 불구하고, 맹자의 철학은 인간중심주의가 주를 이루고 있는데, 세상의 문제해결의 관건은 하늘에 있지 않고 인간자신에게 있음을 말하는 과도기적 양면성이 있는 그의 사상은 정치의 잘잘못을 논할 때 특히 그 책임소재를 위정자에 둠으로써 정치적 행위 문제를 특히 인간으로서의 위정자의 책임으로 돌렸다. 그의 이러한 인간중심주의는 정치에 있어서 백성을 근본으로 하는 민본주의民本主義로 나타난다. 그는 이상적 정치를 왕도王道가 실현되는 정치로 보고, 백성을 힘으로 누르면서 민생을 돌보지 않고 전쟁을 일삼는 당시의 정치는 패도覇道의 정치로 보아 이에 반대하였다. 그가 말하는 왕도정치는 그의 유명한 성선설性善說에 바탕을 둔다.

2. 맹자의 성선설性善說

맹자는 인간의 본성이 선善하다는 '성선론'의 사상을 제시하였다. 여기에는 동시에 인성의 선함이 사회 구성원 간 신분과 지위와 역할의 차이는 있지만 그들의 인성은 보편적으로 동일하다고 생각한 의미도 있다. 그래서 그는, "모든 동류의 존재는 서로 다 비슷하니, 어찌 사람만 그 점을 의심하겠는가? 성인은 나와 동류의 존재이다(凡同類者, 擧相似也, 何獨至於人而疑之? 聖人與我同類者)." (『맹자』「고자告子상上」)라고 말했다. 맹자는 적어도 인성 문제에서만큼은 지배자와 피지배자를 평등한 위치에 놓고, 그들이 가진 보편적인 인성을 탐구하였다. 그러한 보편적 인성이 모두 선하다는 것이다. 이러한 논의는 당시 전국시대의 격변기에서 사회변혁의 역사적 흐름에 적응하여, 인간 본질과 세상에 대한 인식이 심화되었음을 나타내며, 윤리사상의 발전에 큰 진전을 이룬 것으로 평가될 수 있는 것이다.

그런데 인성이 선한가 여부에 관한 논의는 당시 격동의 세상 상황, 특히 유가에서 난세로 평가되는 세상 상황을 보고 그 시대에 당면한 문제를 해결하려는 시도와 관련 있다. 맹자는 이러한 당시 세상의 문제의 근본 원인도 역시 인간의 내면에 있다고 본 것이다. 즉 인간 본성의 선악善惡 여부를 세상의 혼란을 야기하는 문제와 연계시켰다. 세상의 혼란상을 악의 상태로 볼 경우, 그 원인 진단을 하고 그에 따라 그 문제를 해결해야 할 것인데, 그 해결에 관련되는 것이 인간 본성이라는 것이다. 그래서 내면의 심성을 탐구하여 '성性'의 선악 여부를 논의하였다. 그의 성선설이 바로 이에 관한 것이다.

여기서 말하는 '성性'은 존재의 본성 또는 본질이다. 그래서 인간 이외의 존재도 그 '성'을 말할 수 있다. 그러나 인간 세상의 선악 문제가 당시 '성'의 문제를 제기하는 이유였으므로 결국 '인성'의 문제가 된다. 맹자보다 앞서 공자도 '성'에 대해 말했는데, 그는 단지 "성性은 서로 가까우나, 습習에 의해 멀어진다."(『논어』「양화陽貨」)라고만 하여, 선천적 성은 서로 가깝지만, 후천적 경험으로 인해 서로 멀어진다고 하였는데, 이때 선이니 악이니 하는 가치 판단의 문제는 하지 않았다.

맹자 당시에는, '성性'에 대한 논의 그 중에서도 인성의 선악에 대한 논의가 본격화되어, 그에 의하면 당시 '성에는 선善도 없고 불선不善도 없다', '성은 선해질 수도 불선해질 수도 있다', '성이 선한 사람도 있고, 성이 불선한 사람도 있다'는 주장들이 있었다고 한다. 이러한 주장들에 반대하여, 그는 인간의 본성은 선善하다고 보았다. 그 당시 성의 선악문제가 제기된 이유는 천하의 혼란상이라는 세상의 '악'한 상태가 어디서 유래하는가 하는 문제였는데, 맹자처럼 인간의 본성이 '선善'하다고 주장한다면, 그러한 인간들이 꾸려가는 세상의 '악惡'은 어디서 유래하는가 하는 것이다.

맹자의 이론을 분석해 본다면, 인간은 상층부와 하층부의 구조로 나누어 볼 수 있다. 상층부가 하늘로부터 부여받은 '성性'으로서 인간 외 존재와 구분되는, 인간이 인간다움인 것이라면, 하층부는 다른 존재와 차이가 없는 육체적 기반의 욕망이다. 그의 주장으로는, 상부의 '성性'에는 인仁·의義·예禮·지智의 사덕四德이 있는데, 이 네 가지 덕이 외면에 드러난 것이 사단四端, 즉 네 가지의 끝 또는 단서端緖라는 것이다. 이것이 바로 '측은지심惻隱之心', '수오지심羞惡之心', '사양지심辭讓之心', '시비지심是非之心'이라는 것이다. 이를 구체적으로 말하면, 본성 속에 '인'이 있음을 어떤 근거로 말할 수 있는가라고 묻는다면, 그 '인'의 끝이 현실 속 실존 상태인 '측은지심'으로 드러나므로 '인'이 있음을 알 수 있다는 것이며, 이렇게 하여 본성 속에 '의'가 있음은 실존 속 '수오지심'의 존재로, '예'가 있음은 '사양지심'(공경지심恭敬之心으로 말하기도 한다)의 존재로, '지'가 있음은 '시비지심'이 있음으로써 알 수 있다는 것이다.

맹자는, 그가 말하는 '사단四端'은 사람이라면 누구나 가지고 있는 것이라고 하는데, 그 근거가 되는 사덕인 '인', '의', '예', '지'는 당연히 모든 사람이 가지고 있는 그 본질로서의 본성이 되는 것이다. 그래서 그는, "인, 의, 예, 지는 밖에서부터 나 자신을 녹여 들어오는 것이 아니라, 내 자신이 본래 가지고 있는 것이다(仁義禮智, 非由外鑠我也, 我固有之也)."(『맹자』「고자告子상上」)라고 한다. 앞서 말한 "만물은 모두 나 자신에게 갖추어져 있다."는 것의 의미가 이런 것이기도 하다. 나 자신에게 갖추어져 있는 것은 도덕철학적으로 볼 때 도덕적 가치관념인 인의예지가 우리의 도덕 주체에 선천적으로 갖추어져 있다는 것이다. 그래서 "자신의 마음(心)을 다하면 자신의 본성(性)을 알 수 있다. 자신의 본성을 알면 하늘(天)을 알 수 있다."고 하는 명제를 도덕철학적으로 확인할 수 있는 것이다. 사실상 도덕관념에 관련되는 것은 사실관념이 아닌 가치관념에 관한 것이고, 이는 도덕주체의 가치자각에 의한 것이므로, 맹자는,

고자가 '의義'와 같은 도덕적 가치관념을 외부적인 것으로 보는 것에 반대하였다. 맹자의 이러한 주장은 훗날 성리학과 심학의 각 사상적 특징에 중요한 의미를 던지게 된다.

한편 인간에게는 이러한 본성과 본질로서의 '성'에 대해, 역시 인간을 구성하면서도 인간 외의 다른 존재도 가지고 있는 부분, 즉 인간만이 가진 부분이라고는 말할 수 없는 육체적, 물질적 부분도 있다. 이것은 맹자가 말하는 '사체四體', 즉 사지四肢인데, 이 말은 육체, 몸을 대표하는 말이다. 이 요소는 인간에 있어서는 배타적 고유성이라고는 할 수 없는 다른 존재와의 공동성을 가진 비본질적 부분이라고 할 수 있다.

그런데 인간의 본질적 부분인 '성'에서 드러난 '사단'을 충분히 발휘하면 인간이 인간다움을 드러낼 수 있지만, 만일 그렇지 않으면 금수禽獸와 차이가 없게 된다. 왜냐하면 본질 속의 덕인 인·의·예·지가 발휘되어야 인간이 인간답게 되는 것이고, 만일 그렇지 않을 경우 비본질적 부분, 즉 금수와 차이 없는 육체적 욕망이 인간 행위, 나아가 그 삶을 주도하여 인간과 금수가 다를 바가 없게 되기 때문이다. 맹자는 바로 이 비본질적인 육체적, 물질적 부분에서 '악惡'이 생겨난다고 본다. 즉 인간은 자신의 본질적 부분인 '성性'이 주체가 되지 못하고 비본질적 부분인 육체적 욕망에 의해 지배를 받으면 악하게 된다는 것이다.

그러나 그 본성이 원래 선하므로, 본성이 육체적 욕망을 제어하여 그 본래의 근원으로 돌아가면, 누구나 다시 선해질 수 있다는 것이 맹자의 생각이다. 맹자가 말한 이러한 본성의 선함은 그 본성인 '성'이 '사체' 속에 내재해 있는 실존적 상황에서 논리적으로 추출한 관념적인 것이고, 육체와 더불어 있는 현실 속 실존적 상태에서의 '성'은 선악이 혼재된 상태이다. 이 점은 훗날 철학사 속에서 이론적 논의가 있게 된다.

맹자는 본성이 선함을 말할 경우 반드시 요순을 예로 들어 말하였는데(孟子道性善, 言必稱堯舜)(『맹자』「등문공滕文公상上」), 요순이 본성이 선함의 이상적이고 대표적인 예로 생각하였기 때문이다. 그런데 요순도 본래 보통 사람과 다를 바 없이 같은 존재이므로(堯舜與人同耳)(『맹자』「이루離婁하下」), 사람이면 모두 누구나 요순과 같이 될 수가 있는지에 대한 물음에 긍정하였다.(曹交問曰: "人皆可以爲堯舜, 有諸?" 孟子曰: "然.")(『맹자』「고자하」) 요순과 같이 될 수 있다는 것은, 누구나 본성의 선한 상태를 회복한 이상적 인간으로서의 성인이 될 수 있다는 말이다.

그런데, 인간이 본래 선하다는 것을 어떻게 알 수 있는가. 그것은 우리의 삶의 경험에서 예증할 수 있다고 맹자는 생각한다. 맹자가 든 그 대표적인 것이, 만일 우리가 어떤 어린아이가 우물에 기어들어 가려고 하는 것을 갑자기 목격했을 때를 가정한다면, 누구나 '측은지심'을 발휘하여 빨리 구해야 되겠다고 생각한다는 것이다. 이러한 순간에 발휘되는 마음은 어떤 이익이나 손해의 고려 없이 오직 내면으로부터 즉각적으로 발휘되는 마음, 곧 남에게 차마 할 수 없는 마음인 '불인인지심不忍人之心'이라고 그는 말한다. 그는, 위정자는 이러한 마음으로 정치를 하여야 하며, 이러한 마음을 정치에 적용할 때 남에게 차마 할 수 없는 정치인 '불인인지정不忍人之政'이 된다고 하였다. 이러한 정치는, 위정자가 선한 본심을 회복하여 백성을 사랑하고 백성을 고통에서 구해내는 정치, 즉 그가 이상적으로 생각하는 '왕도王道'의 정치라고 하였는데, 이로써 그의 성선의 인성론은 곧 그의 정치철학과 연결되는 것이다.

3. 맹자와 고자告子의 인성 논쟁

맹자의 인성에 관한 논의에는 그가 고자告子와 행한 유명한 논쟁이 있다. 우선 맹자와 고자의 다음과 같은 대화를 보자.

고자告子가 말하기를, "생生을 일러 성性이라고 합니다."(生之謂性) 라고 하였다.

맹자孟子가 말하기를, "생을 일러 성이라고 한다면, 그것은 하얀 것을 하얗다고 하는 것과 같은가요?"라고 하였다.

고자는 "그렇습니다."라고 하였다.

맹자는 "흰 깃의 흰 것은 흰 눈의 흰 것과 같으며, 흰 눈의 흰 것은 흰 옥의 흰 것과 같은가요?"라고 하였다.

고자는 "그렇습니다."라고 하였다.

맹자는 "그렇다면 개의 성은 소의 성과 같고, 소의 성은 사람의 성과 같은가요?"라고 하였다.(『맹자』「고자告子상」)

여기서 고자는 현실적 존재, 즉 개체상에서 '성性'을 찾았다. 그것이 그의 '생지위성(生之謂性)'이다. 그러나 이내 맹자의 반론에 말려들게 된다. 맹자는 '백白(흼)'의 개념을 구체적 사물에서 분리하여 문제 삼았다. 고자는 그럴 경우의 '백' 자체의 공동성을 인정하였다. 그러나 맹자에 의해서 그러한 인정이 구체적 사물의 '성'의 공동성을 인정하는 것으로 받아 들여져 비판받는다.

맹자는 고자에 반박하여, 고자가 우연적 속성이 같음을 인정함을 그가 필연적 본성이 같음을 인정하는 것으로 간주하고는 이를 부당하다고 논증하였지만, 맹자의 반박 자체에 논리적 부당성이 개재되어 있다. 그렇지만 어쨌든 고자의 입장에서는 그의 반박이 있었는지 여부가 전해지지 않으니 알 수 없고, 동시에 고자의 진정한 의도가 무엇이었는지도 전해지는 자료만으로는 알 수가 없다.

맹자는 고자告子와 '성性'의 문제에 대해 논의하며, 또 다음과 같은 대화를 나누었다.

고자가 말하기를, "성性은 버들 같고 의義는 버들 그릇 같습니다. 사람의 성性을 인仁과 의義로 간주하는 것은 마치 버들을 버들 그릇으로 간주하는 것과도 같습니다."라고 하였다.

맹자가 말하기를, "그대는 버들의 성性에 따른 것을 가지고써 버들 그릇으로 간주하나요? 버들에 손상을 가한 것을 가지고써 버들 그릇으로 간주할 것이요. 만약 버들에 손상을 가한 것을 가지고써 버들 그릇으로 간주한다면, 또 사람에게 손상을 가한 것을 가지고써 인仁과 의義로 간주할 것인가요? 천하의 사람을 끌어 모아 인과 의에 화를 주는 것은 반드시 그대의 말일 것이오."라고 하였다.(『맹자』「고자告子 상」)

고자의 취지로 볼 때, 그가 말하는 '성性'은 가치중립적이다. 이러한 '성'에 인仁과 의義라는 가치개념이 개입되는 것은 버들이라는 아무런 가공도 하지 않은 재료에 인위를 가한 것을 버들 그릇으로 간주하는 것과 같이 2차적이다. 그런데 이에 대한 맹자의 반론은 고자의 취지에 비추어 볼 때 불명확하다. 그는 '성'에 인위를 가하는 것은 그것에 대해 손상을 가하는 것으로 간주하였다. 맹자의 입장에서 볼 때, 인과 의를 행하는 것은 '성' 자체의 자연스러운 발로에 의한 것이지 '성'에다가 2차적으로 인위를 가하는 것이 아니다. 그런데 다음 두 사람의 대화내용은 '성'에 대한 가치개념의 개입을 보다 확대하여 논의한 것이다.

고자가 말하기를 "성性은 소용돌이 치고 있는 물과 같습니다. 그것을 동쪽으로 트면 동쪽으로 흐르고, 그것을 서쪽으로 트면 서쪽으로 흐릅니다. 사람의 성性에 선善함과 선善하지 않은 것의 구분이 없는 것은 물에 동쪽과 서쪽의 구분이 없는 것과 같습니다."라고 하였다. 그러자 맹자가 말하기를, "물에는 정말 동서의 구분도 없고 상하의 구분도 없나요? 사람의 '성'이 선한 것은 마치 물이 아래로 흐르는 것과도 같습니다. 사람으로서 선하지 않은 사람은 없고, 물로서 아래로 흐르지 않는 물은 없습니다. 이제 물을 쳐서 뛰어 오르게 하면 사람의 이마를 넘어가게 할 수 있고, 밀어서 보내면 산에라도 있게 할 수 있으나, 그것이 어찌 물의 성이겠나요? 그것에 힘을 가한 것으로 인해 그렇게 되는 것입니다. 사람에 대해 선하지 않게 만들 수 있는데, 그러한 성性 역시 이와 같은 것입니다."라고 하였다.(『맹자』「고자告子상」)

여기서 고자와 맹자의 차이는 그들 논리의 타당성을 떠나서 그들이 내세운 전제의 차이에 있다. 즉 그것은 고자의 경우인 그 자리에서 돌고 있는 물의 비유를 통한 '성性' 자체의 무선악無善惡의 주장과, 맹자의 경우인 아래로 내려가는 물의 비유를 통한 '성性' 자체의 선善함의 주장의 차이이다. 그들은 각자 동어반복만 늘어 놨을 뿐이다. 고자는 물 자체는 그대로 있으니까 그대로 있는 것이 자연적 속성이고, 맹자는 물 자체는 흘러 내려가니까 흘러 내려가는 것이 자연적 속성이라 주장하였다. 마찬가지로 고자는 '성' 자체는 무선악이니 무선악이 '성'의 속성이며, 맹자는 '성' 자체는 선하니 선함이 '성'의 속성이라 주장한 것이다.

그들의 같은 점은 인위적인 외부의 힘에 의해 현실적인 물의 동서 및 상하 등의 방향과 현실적인 인간의 선악이 결정된다는 것이다. 이 경우에 나타나는 또 다른 측면의 차이는, 고자의 경우 인간이 선하게 된다면 선과 악의 양쪽으로 다 갈 수 있는 가능성 속에서 선한 쪽으로 외부적 힘을 가한 것이고, 맹자의 경우는 본래 선한 '성'을 악으로 가게 하는 외부적 힘을 배제하여 본래의 '성'의 선함을 그대로 유지하는 것이다. 어쨌든 그들은 그들 논증의 타당성을 떠나 철학사에 있어서 그들의 주장 간의 차이는 분명하다.

4. 맹자 왕도정치王道政治의 논리 구조

맹자가 주장하는 이상적 정치인 왕도정치의 구조는 그의 인성론의 구조와 관련된다. 그의 왕도정치의 시작은 오히려 인간의 하부적인 육체 차원을 충족시키는 데서 시작된다. 맹자가 비록 인간이 인간다움은 그 본성의 선함을 충분히 발휘함에 있다고 보았지만, 그의 이상적 정치는 금수와 공통된 하부적 차원에서 시작된다. 왜냐하면 인간 역시 금수처럼 본능적인 식욕食慾과 색욕色慾에 그 원초적 기반을 두기 때문이다. '사체四體'로서의 육체적 차원에서 나오는 본능적 식욕과 색욕이 불선 또는 악의 근원이지만, 그러한 원초적 욕망이 기본적으로도 충족되지 않으면 백성들은 악에 쉽게 빠지는데, 이는 그것이 자연에서 유래된 본능이기 때문이다.

'사체'의 본능을 충족시킴은 인간의 생물학적 차원인데, 이것은 곧 왕도정치에서는 경제적 차원에 속한다. 그래서 맹자는 백성의 경제를 충분히 보장해 주는 것을 왕도정치의 시작으로 본다. 맹자가 생각하는 이상적인 정치의 우선순위는 사실상 도덕 문제 해결이 아니라, 경제 문제 해결인 것이다. 그의 표현을 빈다면, 일반 백성들은 기본적 경제 요건인 '항산恒產'이 충족되어야 인간으로서의 기본적 도덕 요건인 '항심恒心'을 지닐 수 있기 때문이다. 그런데 당시의 위정자들은 백성의 경제적 민생에는 관심이 없이 전쟁에만 혈안이 되어 있어, 백성들은 생물학적 생명도 보장받지 못하는 상황이라는 점을 맹자는 비판하였다. 특히 그는 왕을 비롯한 위정자들의 창고는 가득 차 있으면서, 백성들이 굶주려서 죽기까지 하는 상황에 처한 것을 왕의 면전에서도 비판하였다. 이처럼 백성들의 경제적 요건을 보장하여 민생을 안정시켜 주는 것을 맹자는 '왕도의 시작(王道之始)'으로 보았다.

그런데, 만일 정치가 백성의 경제적 차원만 충족시키는 것으로 끝난다면,

즉 백성의 생물학적 차원만 보장해 주는 것으로 위정자의 임무가 끝난다면, 그것은 백성을 금수 기르듯 하는 것과 다를 바 없다. 왜냐하면 생물학적 차원은 금수와 같은, 인간 외의 존재도 가지고 있는 측면이기 때문이다. 백성의 기본 생계를 보장해주는 것은 단지 왕도정치의 시작일 뿐이다. 그가 보기에 왕도정치의 완성은 인간의 인간다움에 대한 보장이다. 그것은 인간 외의 존재와 공통된 부분을 넘어서서 인간만이 가지고 있는 인간의 본질적 차원에 대한 발휘에서 이루어진다는 것이 그의 논리이다.

맹자의 성선설에 따른 인간관에 의거해 본다면, 왕도정치의 완성은 인간을 구성하는 상부의 도덕적 차원으로 고양되어 갈 때 이루어지는 것이다. 즉 인간이 다른 존재와 차별화되는 본성의 측면이 충분히 발휘되어야 하는 것이다. 만일 백성이 배부르게 먹으면서도 인간으로서의 예의염치를 모른다면 금수와 다를 바 없기 때문이다. 맹자는 인간의 생물학적 차원을 충족시키고 난 후 가질 수 있는, 인간으로서의 최소한의 도덕 요건을 '항심恒心'이라고 했다. 이 '항심'은, 이조차도 지키지 못하면 더 이상 인간이라고 할 수 없는 최소한의 필요조건이다. 이것은 그의 관점으로는 인·의·예·지의 인간 본성을 발휘하도록 하는 것이다. 이는 최소한의 경제 요건인 '항산'이 충족되고 난 후, 인간만이 가진 인간성을 고양하고 발휘하도록 하는 정책으로 이루어지는 것인데, 그것은 곧 교육이다.

맹자에 있어서 교육의 최소한의 효과는 인간일 수 있는 최소한의 도덕심인 '항심'을 가지는 것이다. 물론 교육의 목적은 이러한 최소한의 효과 정도만을 기대함에 그치는 것이 아니다. 당연히 더 고도화된 목표를 향해 나아가는 것이다. 그것은 교육을 통해 선한 본성으로서의 인간성을 회복하고, 나아가 각자가 스스로 도덕수양을 함으로써 최고의 이상적 인격체가 되는 것이다. 그러한 상태가 곧 '성인聖人'의 상태이다. 그래서 인간은 누구나 이러한 상태가 되기를 추구해야 하며, 이러한 성인은 누구나 될 수 있는 것이다. 그리고 그 모범적 사례가 요堯임금과 순舜임금이다.

5. 왕도정치의 개략적 내용

맹자는 공자의 덕치德治 사상을 계승하여 인정仁政 학설로 발전시키고, 그것을 그의 정치사상의 핵심으로 삼았다. 맹자의 정치론은 '인정仁政'을 내용으로 하는 '왕도王道'이며, 그 본질은 민생 안정을 비롯한 민본주의에 바탕을 두면서도 국가 공동체의 체제 안정을 위한 것이었다. 그는 공자가 지지한 주나라의 제도인 '주례'를 바탕으로 하여, 천자天子에서 서인庶人으로 이어지는 등급 제도를 인정하는 한편, 통치자와 피통치자의 관계를 부모와 자녀 관계에 비유해, 통치자는 백성의 고통을 부모처럼 보살펴야 하며, 백성은 부모처럼 통치자를 친근하게 섬겨야 한다고 주장하는 전통적 유가 관념을 주장했다.

맹자는, 통치자인 임금이 자신이 주장하는 이상적인 정치로서의 '인정'을 실행하면 백성의 충성을 받을 수 있지만, 이와 반대로 하여 백성의 생사를 돌보지 않고 학정을 펴면 민심을 잃고 오히려 백성의 공적이 되어, 백성에 의해 뒤집혀 질 수 있다고 생각했다. 이것이 그의 '혁명革命' 사상이다. 그는 무왕武王이 주왕紂王을 몰아낸 것의 정당성 여부에 대한 제선왕齊宣王의 물음에, 인과 의를 해친 임금은 이미 임금이 아닌 '일부一夫', 즉 '한 사나이'에 불과하다면서 혁명을 정당화했다. 임금이 임금답지 않으면 이미 임금으로서의 명名과 실實이 일치하지 않은 상태가 된다는 취지의, 공자의 '정명正名'론에 바탕한 주장인 것이다.

그렇다면 위정자가 명실상부하게 자신의 역할을 다하는 것은 어떤 것인가. 그것이 곧 인의 정치를 펴는 '인정仁政'이다. 이러한 정치적 의미의 '인仁'은 어떤 것인가. 맹자의 설명에 따르면, '인仁'은 '인심人心', 즉 사람의 마음이다. 이러한 사람의 마음으로서의 '인仁'으로써 공동체 구성원이 공감하고 소통해야 한다는 것이다. 그러면 구체적으로 어떻게 해야 '인仁'이라고 할 수 있을까?

맹자에 따르면, 첫째, 통치자는 백성과 친하여 "백성과 함께 하고(與百姓同之)", "백성과 함께 즐거워해야(與民同樂)" 한다고 주장했다. 둘째, 현량賢良한 인재를 등용함이다. 그래서 "천하를 위해 사람을 얻는 것을 '인仁'이라고 이른다(爲天下得人者謂之仁."(『맹자』「등문공滕文公상上」)고 하였다. 셋째, 피통치자인 백성의 인권을 존중하는 것이다. 맹자는, "백성은 귀하고, 사직은 그 다음이며, 임금은 가볍다(民爲貴, 社稷次之, 君爲輕)"(『맹자』「진심盡心하下」)고 하는 말로써 이를 표현하였다. 넷째, 공감적 사랑의 확대이다. 그래서 통치자에게 "나의 집 노인을 노인 대접하여 남의 집 노인에게까지 미치고, 나의 집 어린이를 어린이 대접하여 남의 집 어린이에게까지 미친다(老吾老以及人之老, 幼吾幼以及人之幼)"(『맹자』「양혜왕梁惠王상上」)라는 추은推恩의 방법으로 백성을 다스릴 것을 주장한다. 이것은 맹자의 '불인인지심不忍人之心'이라는 사랑의 마음을 확대해 나가는 것이다. 그러나, 이러한 것은 묵자의, 모두를 한꺼번에 사랑하는 '겸애兼愛'와는 다르고, 가까운 혈연의 감정에서 출발하여 점차로 천하 만인에게 확대해 나가는 것이다. '인정仁政'은 곧 이러한 불인인지심의 정치상의 체현이다. 다섯째, 무도한 자를 응징하는 것도 '인仁'이요, 경우에 따라서는 가장 큰 '인仁'이기도 한 것이다.

맹자는 이러한 기본적 정치관점에서 물적 토대가 왕도정치의 최우선이라는 경제관점을 가졌다. 그는 당시 농경사회의 농업 경제를 기반으로 한 경제 정책에 있어서 생산과 분배를 동시에 고려하면서 사적 소유와 공적 소유의 조화를 기하는 방안을 주나라의 전통적 제도인 '정전제井田制'에서 찾았다. 그는 "인의 정치는 반드시 경계에서 시작된다(夫仁政, 必自經界始)"(『맹자』「등문공滕文公상上」)고 했다. 여기서 말하는 '경계經界'가 곧 밭의 경계를 나누어 정리하여 '정전제井田制'를 실행함을 말하는 것이다. 맹자가 구상한 정전제는 봉건적인 자연경제로서, 각 농호農戶마다 5무畝의 택지와 100무의 밭을 가지고 써 먹고 입고 자급자족하는 것을 기초로 한다.

이 '정전제井田制'는 중국 고대사회의 토지국유제도로서 상商 왕조 때 출현하여, 주周 왕조 전반기인 서주西周 시대에 발전성숙했지만, 주 왕조 후반기인 춘추시대에 철제 농기구의 출현과 우경牛耕 등 생산수단과 생산방식의 변화로 인해 점차 쇠퇴, 와해되었다. 그러나 상고尙古와 복고復古의 관념을 가지고 있는 맹자와 같은 유가 사상가는 이 토지제도를 이상적 제도로 여기고, 그 방식으로 돌아가는 것을 추구한 것이다.

'정전井田'이라는 표현은 『춘추곡량전春秋穀梁傳』「선공宣公15年」 부분에 처음 나오고, 『주례周禮』「지관地官 · 소사도小司徒」에도 나오는데, 역시 『맹자孟子』「등문공滕文公상上」에 그 방식의 일단이 나타나고 있다. 정전제의 방식은, 토지를 '정井'자字 모양으로 9구역으로 나누어, 가운데를 공전公田으로 하고, 주위의 8군데를 사전私田으로 하여, 사전은 개인의 경작으로 그 소출을 개인의 소유로 하고, 가운데 공전은 8군데의 사전의 소유자가 돌아가며 공동 경작하여 그 소출을 국가에 내는 것이다. 그러나 엄밀히 말해서 정전제에서 말하는 사유 개념은 그 소출에 한하며, 토지에 대해서는 경작자는 그 토지의 경작사용권만 있고, 토지의 소유권은 국가가 가진다.

맹자가 말하는 이러한 경제제도로 이룰 수 있는 물적 토대의 최소 요건은 앞서 말한 '항산恒産'과도 관련있다고 할 수 있다. 그는, 백성들이 '항산'을 갖게 되어 편안하게 살며 즐거이 일하도록 해야, 그들이 형률을 어기면서 악행을 저지르지 않을 것이라고 주장했다. 나아가 맹자는, 백성의 물질적 생활이 보장되고 나면, 통치자가 학교를 설립하여 효제孝悌의 도리로 교화하여, 그들을 선으로 인도하면, 좋은 도덕 풍조를 만들어 천하가 화평하게 될 수 있다고 보았다. 맹자는 이러한 경제적 방안이 확립되어 이상적 정치가 성공하려면, 위정자는 "형벌을 줄이고, 세렴稅斂을 박薄하게 하며", "농사철을 어기지 않는" 등의 배려를 하여야 한다고 주장하였다. 즉, 국가는 세금을 징수할 때 반드시 생산에 주의를 기울여 그것을 발전시키며, 백성을 부유하게 해야 결과적으로 국가의 재정 수입도 충분해 진다는 것이다.

제5장

명가 名家

고대 중국 철학에서 사마담司馬談에 의해 '명가名家'로 불리게 된 학파가 있었는데, 이들은 '명名'과 '실實'의 문제를 주요철학논제로 삼은 학파이다. 이들은 당시 흔히 '변자辯者'로 불렸는데, 다른 사람들과의 논쟁을 통해서 상대편을 곤경에 빠뜨리고 궁지에 몰아넣는 언변술을 가진 사람들이었다. 사마담은 "명가는 복잡하고 미세한 점을 철저히 살펴서 사람들로 하여금 자신들의 뜻을 반박할 수 없게 만든다."고 하였다. 비슷한 시기에 그리스에서 활동한, 변론과 논쟁으로 유명하여 궤변론자들이라고 일컬어졌던 소피스트들과 비슷한 점이 있었다. 그래서 서양권에서 이 명가를 두고 'sophists'라고 번역한 이들도 있다. 그러나 양자의 표면적 활동양상이 부분적으로 비슷하기는 하지만, 철학적 의의에 있어서는 상당히 다른 점이 있다. 명가의 철학적 관심사가 '명名'과 '실實'의 문제에 집중되었다는 점이 소피스트들과 큰 차이이다. 또 한편으로는 이들을 '논리학파'로 평가하기도 하는데, 엄밀히 말해서 그들은 타당한 논증형식이 무엇인가를 말하는 '논리학'을 내놓은 것은 아니다. 그들을 평가하자면 오히려 현대 언어분석철학의 주제와 가까운 논의를 한 사상가로서의 철학적 의의가 있다고 평가할 수 있다.

1. 명가名家의 철학사적 배경과 명名 · 실實의 문제

명가名家라는 학파는 '명名'과 '실實'의 문제에서 특히 '명'에 집중한 이들을 일컫는 것이다. '명'과 '실'의 문제는 중국 고대로부터 중요한 철학적 주제의 하나였다. 이는 오늘날 언어분석철학에서도 이야기하는, '뜻'과 '지시체'에 관한 문제라고 할 수 있다. 이 문제는 중국 고대 당시 사회, 특히 춘추전국시대의 대격동, 대변화의 시기에, 기존에 정해진 명칭, 이름이 애당초 그렇게 불려졌을 때의 지시 대상과의 관계에서, 지시 대상인 현실 속의 '실實'이 급격히 변하였음에도, 그 이름으로서의 '명名'은 여전히 그대로여서, 양자 간의 불일치, 나아가서 그로 인한 모순에서 제기된 것이라고 할 수 있다.

이러한 문제가 표면화된 춘추전국시대가 명분상으로 소속된 주周나라 왕조는 그 초기에 이 왕조를 통치, 운영하는 제도인 '주례周禮'를 성립시켰다. 주례는 주 왕조 체제를 유지하기 위한 제도이다. 그것은 천자天子로부터 서인庶人에 이르기까지 그 공동체의 각 구성원의 역할을 규정한 직무 개념을 비롯하여, 그 시대의 각종 문물, 규정 등의 개념의 총합체라고 할 수 있다. 그것은 주나라 왕조 체제의 일체 사사물물事事物物의 개념들의 내포와 외연을 정의한 것으로서, 중국 철학적 특성에 따른 측면에서 곧 '명'과 '실'의 대응관계로서 나타내어진 것이다. 이러한 개념들이 처음 정의되었을 때는 이 '명'과 '실'이 서로 상응하는 상태에서, 즉 '명실일치名實一致', '명실상부名實相符'의 상태에서 출발했을 것이다.

그러나, 이후 세상은 변하여 그 '실'도 세상의 변화에 따라 변하였지만, 그 '명'은 그대로 불변인 상태로 있게 되어 제기된 문제가 바로 이러한 것이라고 할 수 있다. 이러한 문제가 철학사적으로 처음 거론된 것이 공자의 '정명正名'에 관한 이론이다. 앞의 '제1장 공자'에서 든 예로 말하면, 곧 '군군君君신신臣臣부부父父자자子子'의 상태가 '명'과 '실'이 일치된 상태인데, 그 시대에 이미 '군불군君不君신불신臣不臣부불부父不父자부자子不子'의 상태가 현실에 만연하였으므로, 공자는 자신이 정치를 한다면 '정명'하겠다고 한 것이다. 그는 '주례'를 중시하였으므로, 그가 말하는 '정명'은 '주례'에 따른 '정명'이 되는 것이고, 그가 '극기복례克己復禮'라고 한 것도 결국 '정명'하겠다는 말이며, '정명'되지 않은 원인은 구성원들의 욕망으로 인한 것이므로, 그것을 극복하는 '극기'가 '정명'을 하는 길임을 말한 것이다.

훗날 한대漢代의 사마담 이후 제자백가의 학파를 분류한 바 있는 유흠劉歆은 명가名家가 '예관禮官'에서 유래하였다고 추정한 바 있는데, 예관이 사회 체제 속 제도의 '명'과 '실'을 따지는 직무이기 때문에 나름대로 근거가 있다고도 할 수 있다. 또 사마담은, "명가는 끈질기게 따지고 물고 늘어진다(苛察繳繞)"고 하였는데, 예관이 제도 속 개념들을 '명'과 '실'에 따라 철저히 따지는 직무임과 연관된다. 나아가 이후 이처럼 '명'과 '실'을 철저히 따지는 것은 법가法家의 사상과도 연관되는데, '예'가 보다 엄격성을 갖춘 것이 '법'이며, 흔히 말하듯 '법대로'라고 하는 것은 법조문에 따른 '명'과 '실'을 철저히 따지는 것이다.

그런데 공자가 '정명正名'을 이야기한 것은, 이미 현실이 '명부정名不正'하다는 것을 전제로 한다. 이것은 '명'이 '실'을 반영하지 못하여, '명'과 '실'이 일치하지 않아서 따로 놀 수 있고, 또 당시 실제 그러한 현상이 있음을 말하는 것이다. 이 경우 여기서 더 나아가서, 공자처럼 다시 '명'과 '실'이 일치하도록 노력하는 사람들도 있지만, 그와 달리, 그보다는 이미 '명'과 '실'이 분리될 수 있는 상태에 주목하여, '명'만의 세계를 구축할 수도 있음을 보이는 시도가 있게 되었다. 이것은 '실'과 유리된 개념들만의 세계를 말하는 것으로서, 곧 현실에서 추상해 낸 개념들의 집합으로서의 '관념의 세계'를 말하는 것이다. 바로 이러한 측면에 주목한 사상가들이 곧 '명가名家'이다. 이들은 '명'과 '실'의 불일치에서 '실'을 도외시하고 개념으로서의 '명'만을 논의할 수 있음에 주목한 초기 관념론자들이라고 할 수 있다.

한편, '실'과 유리된 '명'으로서의 추상 작업으로 인한 개념의 추출은 다른 측면에서도 진행된다. 그것은 본질, 본성으로서의 '성性'에 관한 논의이다. 사실상 '성'은 육체적, 생물학적인 현실의 실존적 존재에서 그 본질적 속성만을 추상해 낸 것이다. 이 역시 현실 속 '실'에 해당하는 실존적 상황과 분리된 하나의 개념적 사유이다. 중국의 고대 철학에서는 이것을 특히 '선善'과 '악惡'이라는 가치개념으로 논의하였는데, 곧 '성선性善', '성무선무악性無善無惡', '성악性惡'에 관한 주장들이다. 이 중 성무선무악설은 아예 가치개념과 무관하게 그 본질을 판단한 것이고, 성악설은 실존적 악의 상황에 처한 인간 존재에 치중한 것이다. 그런데 성선설, 즉 맹자가 말한 이 주장이야말로 실존적 '실'에서 논리적으로 추출, 추상해 낸 개념적 '성'에 대해 '선'의 가치판단을 한 것이다. 사실상 본성이 선하다는 것은 명가의 사유에서처럼 실존적 현상계에서 그 추상적 본질을 분리한 판단이다.

한편, '명名'이란 '개념概念'(concept)이면서 동시에 그 언어적 표현인 '명사名辭'(term)이다. '실實'은 그 '명'이 지칭하는 '사실'(fact)로서의 '세계'(world)이다. '실'로서의 세계를 인식하여 개념화하고 그것을 언어화하는 것은 철학적으로 매우 중요한 의의를 가진다. 그것은 인식론과 언어철학의 문제와 관련될 수 있기 때문이다. 명가는 '명'과 '실'의 대응문제를 다루면서 나아가 '명' 자체의 문제에 관심을 가지는 데까지 이르렀고, 이 때문에 '명가'로 일컬어지게 된 것인데 이는 철학적으로 의미 있는 평가이다. 앞서 말한 정명론의 명제는 '명'에 상응하는 도덕성으로서의 '실'이 갖추어져야 함을 주장하는 것이었다. 이렇게 '명'과 '실'이 상응함을 추구하는 것이 정명론이다. 그런데 명가는 '실'과 상관없이 '명'만을, 즉 그 개념의 세계만을 추구하여 각 개념 간의 상호관계로서의 '명'끼리의 관계를 분석한 것이다.

이러한 철학사 초기의 개념적 사유의 추상을 통한 관념의 세계에 관한 논의는, 훗날 위진현학魏晉玄學과 불교佛敎, 성리학性理學, 심학心學 시대에 이르러 철학적으로 본격화되었다고 할 수 있다. 중국철학 초기 명가에 의해 전개된 논의는 초기 형태의 소박한 관념론이다. 그리고 이러한 논의는 철학사적으로 볼 때 다음 단계인 『노자』에서 표면화된 고대 형이상학形而上學의 효시이기도 하다. 이러한 명가의 대표자는 등석鄧析, 윤문尹文, 혜시惠施, 공손룡公孫龍 등인데, 이 중 철학사에서 혜시와 공손룡이 특히 유명하다.

2. 혜시惠施

혜시(약 B.C.370~약 B.C.310 또는 B.C.360~B.C.260)는 송宋나라 사람으로서 성姓은 혜惠 이름은 시施이며, 혜자惠子로 일컬어졌다. 그는 전국시대 중기 사람으로서 위魏나라(일명 양梁나라) 혜왕惠王(맹자와 대담한 양혜왕梁惠王) 때 12년 간 위나라의 재상을 지냈다는 이야기가 있고, 도가道家의 대표인물 중 한 사람인 장자莊子와 친구였다고 한다. 『한서漢書』「예문지藝文志」에 『혜자惠子』라는 책명이 보이나 지금은 전해지지 않고, 『장자莊子』, 『순자荀子』, 『한비자韓非子』 등의 다른 책에 그 사상의 단편들이 보일 뿐이다. 그 중 대표적인 것이 『장자莊子』의 「천하편天下篇」에 실린 이른바 '역물십사歷物十事'라는 열 가지의 명제들이다. 여기서 '역물歷物'이란 '사물의 본질과 법칙을 두루 고찰하여 분석함'이라는 의미이다. '역물십사'의 내용은 다음과 같다.

〈제1사〉 지극히 커서 밖이 없는 것을 '대일大一'이라 하고, 지극히 작아서 안이 없는 것을 '소일小一'이라고 한다.(至大無外, 謂之大一, 至小無內, 謂之小一.)

이 세상에서 가장 큰 것은 당연히 '지극히 커서 밖이 없는 것'이다. 만일 조금이라도 밖이 있다면 아직 가장 큰 것이 아니다. 이 세상에서 가장 작은 것은 당연히 '지극히 작아서 안이 없는 것'이다. 만일 조금이라도 안이 있다면 아직 가장 작은 것이 아니다. 이러한 정의는 이 세상의 '실實'의 경험 세계에 존재하는 어떤 특정한 사물을 두고 일컫는 것이 아니다. '대일'과 '소일'이라는 '명名'으로서의 개념 정의가 이럴 수밖에 없으며, 그 개념에 따른 명제를 분석함으로써 얻을 수 있는 것이므로 분석명제에 속하는 것이다.

〈제2사〉 두께가 없는 것은 쌓을 수가 없지만, 그 크기는 천리千里나 된다.(無厚, 不可積也, 其大千里.)

천리나 되는 큰 것도 극한으로 작은 것인 두께 없는 무한소의 누적으로 환원하여 정의할 수 있다. 그러나 역으로 말하면, 무한소는 쌓을 수 없음에도 오히려 큰 두께를 이루는 것이다. 이 명제는 미분微分과 적분積分의 의미로 이해될 수 있는 것으로서, 수학적 개념 정의와 관련된다. 따라서 '실'의 경험 세계의 특정한 사물을 일컫는 명제가 아니다.

〈제3사〉 하늘은 땅과 같이 낮고, 산은 못과 같이 평평하다.(天與地卑, 山與澤平.)

하늘과 땅, 그리고 산과 못은 실의 세계에서는 양극의 자연 현상이다. 양극의 관계인 하늘이 땅처럼 낮다는 것은 경험적 '실'의 세계에서는 있을 수 없는 일이고, 역시 양극의 관계인 산이 솟아 있지 않고 평평한 못과 같은 형상을 한다는 것도 역시 경험적 '실'의 세계에서는 있을 수 없는 일이다. 그러나 '실'과 유리된 '명'의 세계, 즉 개념의 세계에서는 언표 가능하다는 것이다. 즉 '실'과 무관하게 '명'들만의 조작으로 이 명제가 언표 가능하다는 것이다. 현대 언어분석철학의 "현재 프랑스왕은 대머리이다."라는 명제처럼, 사실의 세계에서는 존재하지 않아서 그 명제의 참과 거짓을 말할 수 없지만, 명제로서 언표 가능한 것과 같은 취지이다.

〈제4사〉 해는 중천에 이르는 순간 기울어지고, 만물은 삶이 있는 순간 죽음이 있다.(日方中方睨, 物方生方死.)

해는 아침에 떠서 정오의 시점에 가장 높이 오르지만, 그 순간은 낮아짐의 시작이기도 하다. 그러면 그 순간을 상승의 끝이라고 할 수도 있고, 하강의 시작이라고 할 수도 있다. 무엇에 주목하는가 하는 관점에 따라 판단은 다를 수 있다. 만물은 태어나는 순간부터 살아감이기도 하지만, 죽음을 향해 나아가서 죽어감이기도 하다. 이 역시 어떤 관점에 따라 판단하는가에 따라 다를 수 있다. 마치 컵의 물이 반이 있다면, 반이나 있다고 볼 수도 있고, 반밖에 없다고 볼 수도 있다는 것과 같다. 현상계의 '실'의 상황은 그대로인데도 그 대상을 판단하는 관점은 다를 수 있어서, 그러한 관점에 따른 개념 정의와 그로 인한 관념의 세계, 즉 '명'의 세계가 별도로 구축될 수 있다는 것이다.

〈제5사〉 '대동大同'이면서 '소동小同'과는 다른 것, 이것을 일러 '소동이小同異'라고 한다. 만물에서 모두 '동同'함과 모두 '이異'함, 이것을 일러 '대동이大同異'라고 한다.(大同而與小同異, 此之謂小同異. 萬物畢同畢異, 此之謂大同異.)

'대동大同'은 '소이小異'와 더불어 정의된다. 그러면서 '소동小同' 역시 '대이大異'와 더불어 정의된다. A와 B라는 두 존재가 서로 겹치는 부분이 크든 작든, 그 공통부분이 있다면 '대동소이大同小異'거나 '소동대이小同大異'이다. 이러한 상태를 '소동이小同異'라고 한다. 소나무와 밤나무는 다르다. 그러나 나무라는 범주에 속한 점에 있어서는 같다. 인종의 차이는 있으나 인류라는 측면에서는 같다. 말하자면 같은 상위범주 아래의 하위범주에 속한 것들이 '대동소이'든 '소동대이'든 '소동이'이다. 그러나, 만일 A와 B라는 두 존재가 완전히 서로 같이 겹친다면, 이는 완전히 같은 것으로서 '합동合同'의 관계이다. 한편 이 두 존재가 서로 전혀 겹치는 부분이 없다면, 완전히 다른 것이다. 소나무와 코끼리처럼 서로 겹치는 부분이 전혀 없다면 완전히 다른 것이다. 즉 상위범주에서 전혀 무관하다면 이러한 것이다. 이처럼 완전히 같거나 완전히 다른 경우를 '대동이大同異'라고 한다. 이러한 '소동이'와 '대동이'의 정의는 '실'의 세계로 예를 들어 말할 수 있지만, 그 개념의 정의는 '실'과는 상관없이 분석적으로 이루어지는 '명'의 세계의 일이다.

〈제6사〉 남방은 끝이 있으면서도 끝이 없다.(南方無窮而有窮.)

중국철학사가인 펑요우란馮友蘭(풍우란)의 주장으로는, 당시의 지리 지식에 근거할 때, 전국시대 중엽 때인 혜시 이전에는 일반인들은 모두 남방은 무궁하다고 생각하였는데, 그 이유는 중국의 동쪽에는 바다가 있고, 서쪽에는 사막이 있으며, 북쪽에는 큰 산이 있으나, 오직 남쪽만은 초楚나라나 월越나라 같은 나라들이 남쪽으로 계속 영토를 확장해 갔지만 끝나는 데가 없어서 무궁한 듯하였다는 것이다. 그러나 지리 지식의 발전으로, 혜시 당시인 전국시대 중엽에는 남쪽에도 바다가 있어서 한계가 있음을 알았다는 것이다.(『중국철학사신편中國哲學史新編』) 그래서 남방이 이전에는 무궁하다가 알고 보니 유궁한 것으로 되었으니, 이러한 것은 사람의 지식 변동에 따라서 서로 상대되는 것도 항상 그 반대로 전화될 가능성을 안고 있어서 어느 한 가지로 확정할 수 없다는 것이다. 풍우란의 견해대로 말하면, 사실상 인류의 지식이 발전함에 따라 이전에 알던 지식이 그와 대립반대되는 지식으로 대체되거나 때로는 공존하면서 경쟁관계에 있을 수도 있다. 실제인 '실'의 세계가 어떠하든지 간에 인간의 관념은 자신들의 지식에 따라 개념으로서의 '명'의 세계를 구축하고 있는 것이다.

그렇지만 이런 의미로 볼 수도 있다. 실체를 알기 어려운 존재를 규정할 때, 그러한 것을 모순대립되는 개념들을 한 명제 속에 함께 포함하는 명제로 표현하는 경우가 있다. 그것은 어떤 실체가 모순대립되는 속성을 포괄하면서 초월하는 속성을 가질 때 그것을 표현하는 명제일 때이다. 이후의 『노자老子』에서 '무위이무불위(無爲而無不爲)'라고 하는 명제처럼 '무위'와 '무불위'라는 모순개념들을 동시에 긍정하는 하나의 모순명제를 말하거나, 북송대北宋代 주돈이周惇頤의 『태극도설太極圖說』에서 일체 존재의 근원을 '무극이태극(無極而太極)'이라는 명제로 표현하면서, '무극'과 '태극'이라는 모순개념을 동시에 긍정하는 모순명제로 말하는 경우가 이러한 것이다. 혜시의 당시 이 명제 역시 모순명제로서 이후의 동종 명제의 선구가 된다고 할 수 있다.

〈제7사〉 오늘 월나라로 가서 어제 도착한다.(今日適越而昔來.)

풍우란은, 오늘 말하는 어제는 어제 말하는 오늘이며, 오늘 말하는 오늘은 내일에는 어제가 되므로, 오늘과 어제는 서로 의존하는 것으로서, 어제가 없으면 오늘을 말할 수 없고, 오늘이 없으면 어제도 말할 수 없다고 한다. 즉 시간의 상대적이고 상호전화되는 관계를 말하는 것이라는 것이다. 그러나 오늘 월나라에 갔지만 오히려 시간을 거슬러 어제 왔다고 하는 것은 이 명제에 포함된 여러 '명', 즉 개념들이 '실'의 세계와 관계없이 그 개념만의 조작으로 '명'의 세계만을 말하는 명제로 언표가능하다는 것을 말하는 것으로 해석해야 한다. 앞서 말한 '현재 프랑스왕은 대머리이다.'라는 명제처럼, 현재 프랑스는 공화정이므로 존재하지 않는 왕의 대머리 여부에 대한 참과 거짓을 말할 수 없지만, 넌센스인 명제를 말할 수 있듯이, '실'의 세계에 존재하지 않는 '용龍', '봉황鳳凰', '붕鵬', '유니콘unicorn'과 같은 상상의 존재에 대한 개념과 같이, 개념인 '명'의 세계만을 구축할 수 있음을 보인 것이다.

〈제8사〉 연결된 고리는 풀릴 수 있다.(連環可解也.)

이 역시 제7사처럼 '실'과 무관한 '명'의 개념 조작으로 말하는 명제이다. '연환', 즉 잇달아 연결된 둥근 고리는 부서져 풀릴 수 있는 가능성을 안고 있어서, 풀림과 풀릴 수 없음이 상대적이며 조건에 따른 것이라고 해석되기도 한다. 그러나 '연환'이라고 말할 때는 이미 연결되어 풀리지 않는 사물의 개념으로 거론된 예이다. 그것을 '풀릴 수 있다'고 말하는 것은 상호 모순되어 양립할 수 없는 것이다. 따라서 이 명제는 양립할 수 없는 두 개념을 동시에 긍정하는 것으로서 '실'의 세계에서 가능하지 않은 것을 '명'의 조작으로 언표한 명제라고 할 것이다. '무궁無窮'과 '유궁有窮'을 동시에 긍정한 것과 같은 것이기도 하고, '둥근 사각형', '결혼한 총각' 등과 같은, '실'의 세계에 양립하여 존재할 수 없는 그 자체 성립되지 않는 개념의 복합 개념을 말하는 것이기도 하다. '실'과 유리된 '명'만을 말하는 것이라고 볼 수 있다.

〈제9사〉 나는 천하의 중앙을 안다. 연燕나라의 북쪽이면서 월越나라의 남쪽이 바로 거기이다.(我知天下之中央, 燕之北越之南是也.)

옛날 중국인들은 당시 서양처럼 자신들의 나라가 천하의 중앙, 즉 세계의 중앙이라고 여겼다. 그래서 혜시가 말하는 천하의 중앙은 곧 당시 중국의 중앙이다. 그런데 그 당시 중국으로 봐서 연나라는 중국의 최북단이었고, 월나라는 중국의 최남단이었다. 그러므로 당시 말하는 천하의 중앙, 즉 중국의 중앙은 연의 남쪽이면서 월의 북쪽이라 해야 경험적 '실'에 부합하는 명제가 된다. 그런데 혜시는 이와 반대로 말한 것이다. 즉 최북단의 북쪽이면서 최남단의 남쪽이 천하의 중앙이라 한 것이다. 이 역시 '실'과 상관없이 이 명제를 구성하는 여러 개념들 즉 '명'만을 조작하여 언표할 수 있음을 보인 것이다.

〈제10사〉 만물을 널리 사랑하라. 하늘과 땅은 한 몸이다.(氾愛萬物, 天地一體也.)

이 명제는 이상의 9개 명제를 종합하여 결론적으로 말한 명제이다. 혜시가 이러한 결론을 내린 것은 이상의 명제들에서 현상계의 모든 존재는 서로 의존하면서 상대적이며, 언제나 변화할 수 있으므로 서로 구분 짓지 말고 사랑하라는 것이기도 하면서, 한편으로는 현상세계 '실'의 세계에 있는 모순, 대립, 갈등과 같은 것들, 서로 양립할 수 없다고 배척하는 것들이 '명'의 관념 세계, 즉 플라톤의 이데아idea 세계와 같은 곳에는 모든 것이 공존할 수 있어서 그러한 문제들이 해소된 상태임을 말하는 것이기도 하다.

이상 '십사'의 내용들은 학자들마다 해석이 다양하여 하나로 확정하기 어렵다. 혜시의 명제 속에는 많은 역설이 있고, 그 중에는 모순명제까지도 있다. 또 수학적 명제로 보이는 것도 있다. 그리고, 「천하편」에는 혜시의 이 명제들에 이어 누구의 것인지 명확하지는 않지만 다른 변자들의 것으로 추정되는 명제들이 있는데, 혜시는 이 명제를 말한 변자와 토론이 있었던 것으로 보인다. 그 중의 하나인 '화살이 빨라도 마치 날지도 않고 멈추지도 않은 것 같을 때가 있다.(鏃矢之疾, 而若不行不止之時.)'와 같은 명제나 '한 자의 회초리를 날마다 그 반을 취해도 만세萬世토록 다 할 수 없다.(一尺之棰, 日取其半, 萬世不竭.)'는 것은 그리스 엘레아 학파의 제논(Zenon, B.C.490~B.C.430)의 역설과 같은 것이기도 하다. 혜시의 명제들을 여러 각도에서 해석할 수 있고, 또 어떤 사상과 관련된다고 볼 수도 있지만, '명名' 자체에 대한 탐구를 시도했다는 의미에서 볼 때는 '실實'을 떠나 '명'만을 조작할 수 있음을 보인 것으로 볼 수 있다.

3. 공손룡公孫龍

공손룡(약 B.C.330~약 B.C.242, 또는 약 B.C.284~약 B.C.259)은 전국시대 말기의 조趙나라 사람이다. 그는 당시의 명가의 대표인물로서 공손룡자公孫龍子라고 일컬어지며, 그의 저작 역시 『공손룡자公孫龍子』이다. 그는 평원군平原君의 문객이었던 적이 있었는데, 이런 일화가 있다. 진秦나라와 조趙나라가 서로 하는 일을 도와주기로 하는 조약을 맺고 난 얼마 후, 진秦이 위魏나라를 공격하자 조趙나라가 위魏나라를 구원하려 하니, 진秦이 조약위반이라고 한 적이 있었다. 조趙나라 왕이 난처해져 평원군平原君에게 알리니 평원군이 이를 공손룡公孫龍에게 말하자, 진秦이 오히려 조趙가 위魏를 구원하려는 일을 방해했으니 조약위반이라는 반론을 제시해 준 바 있다. 이를 두고 궤변을 논하는 이라고 비판받지만, 이 사례는 바로 논리학에서의 '양도논법dilemma'을 사용한 것으로서, 논증형식 자체는 타당한 것이다.

또, 그가 어느 날 백마白馬를 타고 국경을 통과하려 할 때, 국경의 수비가 "말은 통행금지다."라고 하자, 그는 "나의 말은 희다. 흰 말은 말이 아니다(白馬非馬)."라고 대답하고는 말을 타고 국경을 유유히 통과했다고 하는데, 이는 곧 그의 '백마비마白馬非馬'론論과 관련하여 유명한 이야기이다. 공손룡의 저작인 『공손룡자』에는 「적부跡府」, 「백마론白馬論」, 「지물론指物論」, 「통변론通辯論」, 「견백론堅白論」, 「명실론名實論」 등의 6편이 있다.

〈백마론白馬論〉

「백마론」에서 다루는 논제는 '흰 말은 말이 아니다(白馬非馬).'라는 것이다. 이에 대해 그는 다음과 같이 논증했다. 첫째, 말이란 것은 형태(形)를 이름하는 것이고, 희다는 것은 색깔(色)을 이름하는 것이다. 색깔을 이름하는 것은 형태를 이름하는 것이 아니다. 그러므로 흰 말은 말이 아니다. 이 논증은 '힘'과 '말'과 '흰 말'이라는 개념의 내포가 다르다는 것이다.

둘째, 말을 구할 때는 누런 말이나 검은 말이나 모두 가져올 수 있다. 그러나 흰 말을 구할 때는 누런 말이나 검은 말은 가져올 수 없다. 만일 흰 말을 말이라고 친다면, 누런 말이든 검은 말이든 말인 이상 이 모두가 요구에 맞을 것이다. 그러나 이 경우 누런 말이나 검은 말을 가져와서는 맞지 않으므로 흰 말을 말로 가정한 것이 성립될 수 없게 되므로, 흰 말은 말이 아니다. 이 논증은 개념의 외연의 차이를 말한다. 흰 말과 말의 개념상 외연은 다르다. 그러므로 흰 말은 말이 아니라는 것이다.

셋째, 말에는 색깔이 있으므로 흰 말도 있다. 만약 천하의 말에 색깔이란 것이 없다고 한다면, 천하에는 말이란 것만 있을 뿐이지 흰 말은 이에 들어맞지 않게 된다. 그러므로 희다는 것과 말이라는 것은 별개의 것이다. 흰 말이라 하면 말과 희다라는 두 개의 개념이든가 색깔 없는 말과 흰 색의 말 두 가지가 되든가이다. 그래서 그 어느 쪽이든 흰 말은 말이 아니다. 여기서는 말이라는 보편자와 흰 말로 한정될 수 있는 개별자로 구분한 것이다. 즉 개별자는 보편자가 아니라는 것이다. 이것은 서양 중세시대의 '보편논쟁'을 연상시킨다.

〈견백론堅白論〉

「견백론」에서 말하는 논제는 '리견백離堅白', 즉 '굳음과 힘을 분리시킴'이다. 공손룡은 이를 두 가지 측면에서 논증하였다. 첫째, 만일 희고 굳은 돌이 있다고 가정한다면, 여기서 '힘(백白)', '굳음(견堅)', '돌(석石)'을 셋이라고 할 수 있는가라는 물음을 전제하고는, 그럴 수 없으며 둘이라고 해야 한다고 답한다. 여기서 우리가 인식을 할 때는 '흰 돌'이라든지 '굳은 돌'이라든지만 인식할 수 있지, 희고 굳은 돌이라고는 인식할 수 없다는 것이다. 왜냐하면 '힘'과 '굳음'은 동시에 인식될 수 없기 때문이다. 즉 힘은 시각에 한정되고 굳음은 촉각에 한정되기 때문이다. 그래서 '흰+돌', '굳음+돌'만 가능하여 두 개념의 조합만 인식되는 것이다.

둘째, '흰'과 '굳음'은 '돌'이라는 어떤 특정사물에만 한정되지는 않는다. 이 두 가지 개념은 그 자체로 존재할 수 있는 보편자이다. 그래서 이 두 속성은 '돌'이 아닌 다른 사물에서도 취할 수 있다. 이것은 '흰'과 '굳음'이 각각 '실實'의 세계의 어떤 개별자와 상관없이 독립적으로 관념의 세계에 따로 분리되어 존재할 수 있다는 것이다. 이것은 '명'이 개념으로서 '실'의 세계와는 독립적인 세계를 구축할 수 있다는 주장으로서, 당시 시작된 관념론의 중요한 취지를 말하고 있는 것이다.

〈지물론指物論〉

공손룡의 「지물론」은 '실'과 '명'의 관계에 대해 보다 세분화, 고도화한 논의로서, '지指'와 '물物'의 관계를 논한 것이다. 여기서 '지指'라는 것은 사물의 개념, 속성 또는 그러한 것들을 언표한 '이름(명名)'이며, '물物'이라는 것은 '실實'의 세계의 구체화한 사물을 말한다. 보다 넓게 말해서 공손룡의 '지'는 명가 이론 일반의 '명'에, '물'은 명가 이론 일반의 '실'로 볼 수도 있다.

공손룡은, '실'로서의 "'물'은 모두 '지'이다(物莫非指)."라고 한다. 이는, 대상세계의 존재는 모두 우리의 감각을 통해서 개념화하여 개념으로만 우리에게 인식된다는 것이다. 심지어 어떤 '개념', 즉 '지'는 그 부정인 '비지非指'이기도 하다(指非指). 역으로 말해 '지'의 부정인 '비지'도 또한 일괄하여 보면 역시 '지'이다. 말하자면 '물'이란 대상은 오직 그 긍정이든 부정이든 개념으로만 우리에게 인식된다는 것이다. 그는 "천하에 '지'가 없으면 '물'은 '지'라고 이를 수가 없으므로, '비지'는 있을 수가 없다. '비지'가 있을 수 없다고 함은 '물'이란 모두 '지'라는 것이다. '물'은 모두 '지'이면서, 또 '지'는 '비지'이기도 하다." 고 하였는데, 이것은, '물'을 인식하는 '개념'이란 것이 없으면 어떤 '물'을 개념적으로 언표할 수가 없으므로, '개념이 아님'이란 있을 수가 없고, '개념이 아님'이란 있을 수가 없다는 것은, '물'이란 모두 '개념'을 통해 인식된다는 것이다. 그래서 '물'은 모두 '개념'이면서 동시에 '비개념'으로서의 '개념'이기도 하다는 것이다.

어쨌든 모든 것은 '개념'으로만 우리 인식 주관에 전달될 수 있다는 것이다. 나아가 '개념'이 없다는 것, 즉 '개념 아님' 즉 '비지'도 역시 '개념'이다. 그래서 그는 말한다. "'지'라는 것은 천하가 모두 겸유하는 것이다. 천하에 '지'가 없으면, '물'은 '지'가 없다고도 말할 수 없다." 즉 '개념'이라는 것은 모든 인식주체가 겸유하여 인식하는 것이다. 만약 천하에 '개념'이란 것이 없다면 대상 사물에 대해 '개념이 없다'라고도 말할 수가 없다는 것이다.

또한 "지가 없다고 말할 수 없다는 것은 '비지'란 있지 않다는 것이고, '비지'란 것이 있지 않으면, '물'은 모두 '지'이면서, '지'는 '비지'가 아닌 것이다." 즉 '개념이 없다'고 말할 수가 없으면, '개념이 없음'이 없는 것이어서, '개념이 없음'이 없다는 것은, 대상 사물은 모두 개념화된다는 것이면서, '개념'은 <'개념 아님'이 아닌 것>이라는 것이다. 그래서 "천하에 '지'가 없으면, '물'에는 '물'이라 이를 것이 없다. '비지'인 것이 천하라면, '물'을 '지'로 이를 수 있겠는가?"라고 하였는데, 즉 천하에 '개념'이란 것이 없으면, '물'이라고 일컬을 수 있는 그러한 '물'이 없다는 셈인데, 그렇다면 그러한 천하는 개념화할 수 없는 천하라는 것이 된다. 그렇다면 '물'을 '개념'에 의해서 일컬을 수가 있겠는가라고 하는 것이다. 따라서 '물' 그 자체는 우리에게 직접 인식될 수가 없고, 오직 '개념'으로만 인식되는 것이란 것이다.

이처럼 공손룡은 '물'의 세계에서 '백', '마', '견', '석' 등과 같은 '개념'의 인식을 통해 그 '개념'들의 세계를 구축하였으며, 나아가 '물' 자체는 직접 인식할 수 없고 '개념'이라는 것을 통해서만 인식될 수 있다는 인식론을 통해 초기 관념론을 전개하였다고 할 수 있다.

4. 명가의 의의

명가는, 당면한 현실 세계로서의 '실'과 그 '실'을 인식한 관념 속 '명'으로서의 개념의 관계에 있어서, '명실상부', '명실일치'라는 그 출발점에서는 당연한 취지가, 변화하는 현실의 '실'이 변해도 인식된 개념인 '명'이 '실'과 상관없이 독립적으로 거론될 수 있다는 데서 출발한다. 독립적으로 거론된 '명'이라는 개념은 마치 플라톤의 이데아idea의 세계와 같은 관념의 세계를 구축한다. 플라톤이 현상세계는 이데아의 그림자이며 이데아야말로 진정한 존재라고 하듯이, 명가는 '명'의 세계가 진정한 세계라고 할 수 있다는 관념론의 시작이라는 의의가 있다. 나아가서 명가의 '명'에 대한 탐구는 다음 단계인 『노자』의 '무명無名'으로서의 '도道'를 탐구하는 형이상학의 전단계적 효시이다.

한편, '명'의 정치적, 사회적 기능은 '실'을 조종, 제어하는 것이다. '명'의 통합체가 정치제도, 사회제도이다. 대표적 예例가 '예禮'나 '법法'이다. 당시의 대표적 경우는 '주례周禮'이다. 주례로써 당시의 '실'인 주周라는 국가 공동체를 조종, 제어한 것이다. 이 주례를 통합적 관념 체계로 볼 경우, 이것은 주나라의 통치이념이다. 이때의 '명'의 통합체인 주례와 그 이념이 그에 상응하던 '실'인 주의 사회가 갈수록 변화하여, 그 '명'이 '실'과 점차 유리되어 사회가 혼란해진 것이므로, 공자는 주례를 기준으로 한 '명'과 '실'의 일치를 주장한 것이다. 이처럼 기존의 제도와 그 이념을 그대로 유지하기를 바란다는 것은 곧 그 '명'의 체계를 유지하려는 것이다. 반면 이미 변한 '실'의 세계를 인정하고 기존의 제도와 이념을 변화시키려는 쪽은 변화된 '실'의 세계에 맞는 새로운 '명'의 체계를 구축하려고 한다. 이것은 곧 새로운 제도와 이념을 만들려는 것을 의미한다.

그런데, '실'의 세계를 의도적으로 변화시키려고 하는 세력은 먼저 '명'의 세계를 혼란시킨다. 즉 사회의 개념과 그 표현인 언어를 혼란시키는 것이다. 그리고는 그들이 만든 새로운 '명'의 체계를 이념화하여 '실'의 세계의 사회 구성원들을 세뇌, 선동함으로써 의식화하여, 기존의 '실'의 상태를 계획된 '명'의 체계인 이념에 맞추려고 하는 것이다. 이후 진秦의 체제 이념, 한漢의 체제 이념에서 이러한 상황을 볼 수가 있다.

제6장

『노자老子』

'노자老子'는 도가철학의 대표자 중 한 사람으로 알려져 왔다. 즉, '노자'라는 실존 인물이 있어서, 그가 문헌 『노자老子』, 일명 『도덕경道德經』을 저술했다고 전해진다. 이것이 전통적 관점의 견해인데, 이러한 관점에서는 공자孔子 당시 공자보다 앞선 연배의 노자가 있었고, 공자는 그에게 자신이 중시한 '예禮'에 대해서 물었다고 전해진다. 공자가 노자에게 '예'를 물었다는 것은 한대漢代 사마천司馬遷의 『사기史記』에 있는 내용이다. 그런데 중국철학사의 전개 정황상 첫 번째 철학자가 공자라는 견해가 설득력이 있다고 여겨지므로, '노자老子'라는 인물이 이미 선배로서 있었다는 사실이 의문스럽다. 그래서 지금껏 노자라는 인물이 『노자老子』라는 책을 저술했다는 등, 그것도 번잡한 속세에 회의를 느껴 은둔하려고 함곡관函谷關을 나설 때, 관문關門을 지키는 윤희尹喜라는 사람의 요청으로 관關에 잠시 머물며 '오천여언'을 써주고 떠났다는 등, 전설 같은 『사기』의 기록도 믿기 어렵다.

중국철학사 전반의 흐름과 객관적 정황을 볼 때, 특정한 인물 '노자'라는 이가 특정한 문헌 『노자』를 쓴 것이 아니라, 중국 고대 중국철학발원시점인 춘추전국시대에 훗날 도가道家로 분류된 사상형태의 성립과정에서, 앞선 도가적 지식인의 처세사상의 제요소들을, 이후의 어떤 도가사상가가 이 처세사상에 '도道'를 중심으로 하는 형이상학적 철학요소를 그 처세사상의 이론적 기초로 정립하면서 이루어진 문헌이라고 보는 것이 오히려 합리적이다.

1. 인물 노자老子와 문헌 『노자老子』

노자老子는, 전통적 견해에 의하면, 장자莊子와 더불어 대표적 도가철학자로 알려져 있고, 많은 사람들이 아직도 그렇게 믿고 있다. 그렇지만 그에 관한 사실史實은 오늘날까지 논란이 많다. 만일 노자가 실존 인물이라고 전제할 경우, 그에 관해서 기록한 문헌 중 가장 자세한 것은 앞서 말한 사마천司馬遷이 지은 『사기史記』이다. 이에 따르면, 노자는 춘추시대春秋時代말 초楚나라 사람으로서 성姓은 '리李'이고 이름은 '이耳', 자字는 '백양伯陽', 시호諡號는 '담聃', 그래서 '노담老聃'이라 하며, 주周왕실 수장실守藏室의 사史를 지냈다고 한다. 그렇지만 여러 가지 정황상 이러한 이야기는 액면 그대로 믿을 수가 없다. 사실상 『사기』 중의 내용부터 일관성이 없고, 사마천 자신도 명확한 결론을 내리지 않고 있다.

만일 '노자'가 실존하였고, 그가 공자보다도 사상계의 선배라면 공자와 그 주변인물의 대화를 기록해 놓은 『논어論語』에 '노자'에 관한 언급이 있을 수 있는데 실제는 전혀 없다. 다만 도가의 선구자로 볼 수 있는 은자隱者들의 이야기가 있을 뿐이다. 심지어 공자 다음 공자의 사상을 이어받았다는 전국시대의 문헌인 『맹자孟子』에도 보이지 않는다. 『맹자』에는 다만 도가사상 관련자로서는 맹자가 묵적墨翟과 더불어 비판한 양주楊朱만이 있을 뿐이다. 사상계에 있어서 '노자'에 관한 언급은 역시 도가서인 『장자莊子』와 전국시대말의 법가사상가인 한비자韓非子의 저술인 『한비자韓非子』에 있을 뿐이다. 그렇다면 '노자'는 맹자보다 늦고 장자, 한비자보다 빠른 셈이 된다. 이 또한 명확히 결론 내릴 수는 없다.

그리고 중국철학사발전의 과정을 보더라도 『노자』라는 책에 나오는 사상유형은 『논어』보다 앞설 수 없으므로 공자가 예를 배웠다고 하는 '노자'의 저술이라고 볼 수는 없다. 또한 『노자』에는 유가사상을 비판하는 내용이 많은데, 비판하는 쪽이 비판대상보다 먼저일 수는 없다. 따라서 유가사상의 발현 후에 그에 대한 비판자로서의 『노자』의 저자가 있어야 마땅하다. 또한 뒤에서 말할 『노자』의 사상 내용 중 '무명無名'과 '유명有名'에 관한 것이 있는데, 앞 장에서 말한 명가는 '명名'의 문제를 말하며, 그것에 대한 '유무有無'를 논하지 않았다. '명'이 있음은 당연하다고 여겼기 때문에 굳이 '유명有名'을 말할 필요가 없었고, 더구나 '명'이 없음을 말하는 '무명'의 발상은 그 이후가 되어야 마땅하다. 그러므로, 『노자』는 명가보다 뒤이어야 한다.

앞 장에서 말한 대로 명가는 관념론 및 그에 바탕한 형이상학의 서막을 열었다. 이에 대해 『노자』는 그 점을 보다 고도로 발전시켰다. 그러므로 철학 발전 과정상 『노자』는 명가 뒤여야 한다. 이 점은 풍우란馮友蘭이 젊은 시절 쓴 철학사에서 주장한 바이고, 이 주장은 충분한 타당성이 있다. 이렇게 될 경우, 도가철학사상에서 '노자' 다음 철학자로 거론되는 장자莊子가 명가의 혜시惠施와 친구로서 동시대 사람이므로, '노자'는 '장자' 다음이 되어야 한다. 그럼에도 『노자』가 장자보다 뒤 시기라고 단정 짓기에는 어려움이 있다. 『장자』 속에 『노자』의 사상 흔적이 거론되기 때문이다.

이러한 상황이 있게 된 것은 『노자』라는 문헌이 한 시기에 어떤 한 사람의 저술이 아니기 때문일 가능성이 있다. 즉 『노자』의 내용도, 『장자』의 내용도 여러 시기에 걸쳐서 쓰여진 내용이 있어, 어떤 부분은 『노자』가 앞서고, 또 어떤 부분은 『장자』가 앞설 수도 있다. 이와 더불어 거론할 것은, 『장자』의 문체는 대화식이면서, 그 쓰인 글자도 상대적으로 난삽하다. 이에 비해 『노자』의 문체는 대화식보다 후대의 형태인 논술식인데다가, 쓰인 글자도 상대적으로 평이하다.

그래서 다음과 같이 추정해 본다. 즉, 『노자』라는 책은 전국시대의 어떤 도가사상가가 지은 저술이지만 '노자'를 앞세워 그를 책의 저자로 삼은 것일 가능성이 크다. 그것도 한 사람이 아닌 여러 사람일 가능성도 있다. 또한 『노자』 속에는 철학발전과정상 후대의 사상유형이 많이 포함되어 있기도 하지만, 이전 도가의 선구자인 은자들의 처세사상 또는 보다 드러난 은자인 양주의 처세사상과 같은 종류의 도가적 사상을 담고 있는 글도 있다. 그래서 이러한 상황을 종합한다면, 『노자』는 공자 전후의 도가적 은자들의 사상들이 구전되어 내려오다가 전국시대의 후대 도가사상가, 즉 이전 은자들과 양주의 후학 무리들 및 이후의 장자 일파와 관련된 도가사상가들이 보다 세련된 도가

사상, 특히 형이상학적 '도'의 사상을 포함하여 저술한 것일 수가 있다. 이렇게 볼 때, 문헌 『노자』의 사상은 '노자'라는 인물의 사상이라고 말하기보다 '『노자』의 저자'의 사상이라고 말해야 할 것이다.

한편, 이러한 견해는 중국철학사의 본류에 영향을 끼친 『노자老子』의 통행본을 근거로 한 것이다. 현대에 와서 새로 발견된 '백서帛書 『노자老子』'나 '초간楚簡 『노자老子』'의 문제는 지금 말하는 『노자』의 저자 문제나 『노자』의 문헌성립시기 문제와는 별개이다. 다양한 『노자』가 존재한다는 것은 오히려 『노자』가 특정 시점에 특정 저자에 의해서 저술되었다는 것을 더 회의하게 만든다. 그리고 철학사 속의 '노자'와 '『노자』'의 문제는 전통적으로 논의된 『노자』의 통행본과 그 저자에 관한 문제이므로, 새로 발견된 『노자』의 문제는 아니다.

2. 『노자老子』의 처세관 속 양주楊朱 사상의 요소

앞서 말한 취지에서 볼 때, 문헌 『노자』 사상의 두 축은 그 처세관과 그 처세관을 이론적으로 합리화하기 위한 형이상학으로 이루어진다. 즉 『노자』라는 문헌은 은자의 처세사상에서 시작하여 그 연장선상의 양주의 처세사상으로 이루어진 초기 도가의 처세사상을 '도道'와 '덕德'을 중심으로 한 '형이상학'에 꾸려 넣은 것이다. 특히 그 처세사상에는 양주 사상의 영향이 크다고 할 수 있다.

은자隱者와 양주楊朱의 사상이 나오게 된 배경은 당시의 험난한 정치적, 사회적 상황이다. 그래서 지식인(士)이나 일반 백성은 세상을 살얼음 위를 걷듯, 깊은 못 가에 다다른 듯 그렇게 조심스럽게 삶을 살아야 했다. 이 점이 『노자』에 나타난다.

> 옛날의 훌륭하게 선비(士)노릇 하는 이는 … 머뭇거리는 태도로 마치 겨울에 냇물을 건너듯하고, 망설이는 태도로 마치 사방의 이웃을 두려워하듯 하며, 공손한 태도로 자신이 손님인 듯이 임하고, 흩어져 얼음이 막 녹으려는 상황에 처한 듯이 하며, 질박하게 자신이 마치 가공되지 않은 원목처럼 순박한 태도를 취하고, 텅 빈 듯 자신이 마치 골짜기 같은 태도를 취하며, 혼연한 모습으로 자신이 마치 흐린 물인 듯한 태도를 취하였다.(『노자老子』「제15장」)

이렇게 살아도 변화무쌍한 세상에는 때로는 좋은 일도 때로는 힘든 일도 있다. 좋은 일이 있어도 힘든 일이 있어도 언제나 마음을 놓을 수 없다. 그래서 말한다.

> 총욕寵辱에 놀라는 것 같다. 대환大患을 귀하게 여기기를 자기 몸과 같이 한다. 무엇을 총욕에 놀라는 것 같다고 하는가. 총寵을 높게 보고 욕辱을 낮게 보지만, 이를 얻어도 놀라는 것 같이 하고, 이를 잃어도 놀라는 것 같이 하니, 이것을 총욕에 놀라는 것 같다고 이르는 것이다.(『노자』「제13장」)

그럼에도 세상 사람들은 이 와중에 자신의 욕망을 실현하기 위해 동분서주하지만, 그 때문에 자신을 더 고통과 위험에 빠뜨리기도 한다. 나아가 스스로를 죽음의 상황에 몰아넣기도 한다. 『한비자韓非子』에서 양주楊朱에 대해 말한 바, "그가 생각하는 의義로는 위태로운 성城에 들어가지 않고, 군대에 몸담지 않으며, 천하의 큰 이익이 된다 해도 그것을 자신의 정강이 털 하나와도 바꾸지 않는다."는 내용이 있는데, 『노자』의 저자 역시 아예 죽을 수 있는 위험에 스스로를 빠뜨리지 말라고 충고한다. 그래서 『노자』에서 이렇게 말한다.

(사람은 누구나) 태어나서 (언젠가는) 죽게 된다. (세상 사람들 중) 천수를 누리고 사는 사람들도 10에 3이요, 일찍 죽는 사람들도 10에 3인데, (어떤) 사람들은 살 수 있는데도 공연히 움직여 사지死地에 뛰어드는 경우도 10에 3이다. 무엇 때문인가? 그들이 삶을 삶으로 누리려 함이 너무 두텁기 때문이다. 듣건대 섭생攝生을 잘 하는 이는 땅으로 가서 무소나 범을 만나지 않고, 군대에 들어가 갑옷을 입거나 병기를 지니지 않는다. (그래서) 무소가 그 뿔을 들이 밀 바가 없고, 범이 그 발톱을 댈 바도 없으며, 병기도 그 날이 용납될 바가 없다. 무엇 때문인가? 그에게는 사지死地가 없기 때문이다.(『노자』「제50장」)

도가의 수양의 결과 얻어지는 '섭생攝生'의 능력으로 보는 견해가 있기도 한 이 부분은, 그 수양의 결과 어떤 위험에 처해도 죽음을 피할 수 있는 '초능력'의 경지에 오르는 것처럼 말해지고는 했지만, 사실상 이 부분은, 한비자가 말한 바의 양주의 처세태도, 즉 위험한 곳을 피함으로써 삶을 도모하는 처세태도의 『노자』에서의 표현일 뿐이다. 다시 말해, 어떤 위험에 처해서도 죽음을 피할 수 있다는 것이 아니라, 애초에 스스로를 죽을 수 있는 위험, 즉 '사지死地'에 처하게 하지 않음으로써 죽음을 피하여 천수天壽를 누리는 '섭생攝生'의 처세태도를 말하는 것이다. 말하자면, 무소나 범이 있는 곳에 처음부터 가지 않고, 전장에도 처음부터 가지 않는 것이다.

위험을 무릅쓰고 스스로 사지에 뛰어드는 인간은, 양주의 관점으로는 물物을 중시하고 생生을 경시하기 때문이다. 양주가 보기에 세상 사람들은 무엇이 진정한 삶인지 모르기 때문에 삶을 가볍게 여기듯 죽음 역시 가볍게 여기게 된다. 이러한 역설을 『노자』에서는 이렇게 말한다.

백성이 죽음을 가볍게 여기는 것은 그들이 생을 추구함이 너무 두터워 그 때문에 죽음을 가볍게 여기는 것이다. 오직 생을 위해 작위함이 없는 자가 생을 귀하게 여기는 것보다 낫다.(『노자』「제75장」)

그래서 무엇이 본질적으로 중요한지에 대해서 『노자』에서는 양주의 정신을 이어받아 이렇게 말한다.

> 명예와 몸 중 어느 것이 절실한가? 몸과 재화 중 어느 것이 (가치가) 많은가? 얻는 것과 잃는 것 중 어느 것이 걱정스러운가? 이런 까닭으로 심히 아끼면 반드시 크게 소모되고, 많이 감추면 반드시 두텁게 잃는다. 만족할 줄 알면 욕되지 않고, 그칠 줄 알면 위태롭지 않아서, 그로써 장구長久할 수 있는 것이다.(『노자』「제44장」)

이렇게 세상살기가 위태롭고 불안한 원인은 외부적 요인도 있고, 내부적 요인도 있다. 외부적 요인은 자신 외의 세상 구성원들의 탐욕으로 인한 투쟁 상황으로서의 환경이다. 그리고 내부적 요인은 자신의 탐욕이다. 당연하게도 자신도 세상 구성원의 하나로서 외부적 투쟁환경을 만드는 책임 있는 주체지만, 스스로 자신을 제어해야 할 주체이기도 하다. 다른 사람들에게 고통을 줄 수 있는 탐욕의 주체이자 동시에 자신의 인생을 고통스럽게 하는 탐욕의 주체이기도 한 것이다. 내가 스스로에게 고통을 주고 근심이 되는 탐욕을 가지는 원인은 무엇인가. 내가 스스로 나의 존재에 집착하며 탐욕의 주체로서 존재한다는 것이다. 『노자』에서는 이렇게 말한다.

> 무엇을 두고 대환大患을 귀하게 여기기를 자기 몸과 같이 한다고 하는가. 나에게 대환이 있다고 보는 까닭은 내가 몸을 유有라고 보기 때문이다. 내가 몸을 무無라고 본다면 나에게 무슨 환난患難이 있겠는가.(『노자』「제13장」)

여기에 이어지는 『노자』의 말이 또 양주사상의 근본취지와 관련된다.

> 그러므로 몸을 귀하게 여기기를 천하같이 하면, 그에게 천하를 맡길 만하고, 몸을 사랑하기를 천하같이 하면, 그에게 천하를 맡길 만하다.(『노자』「제13장」)

이는 곧 양주사상이 『노자』 방식으로 표현된 것이다.

이러한 처세관점은, 이전 은자의 경우에는 공간적인 은둔, 즉 피세의 행동으로 나타났다. 그러다가 양주의 경우는 그 공간적 은둔의 불가피성과 정당성을 세상에 해명하는 형태로 나타난다. 완전히 세상을 잊고 은둔하려면 세상에 자신의 처세이유를 해명할 필요도 없을 것이다. 세상에 미련을 버릴 수 없는 듯이 자기해명의 방식으로 여전히 세상에 조그만 소통의 창을 열어 두고 있는 것이다. 세상에서 숨은 듯하면서도 완전히 숨지 않은 형국인 것이다.

이러한 처세관점이 『노자』에서는 공간적 이동으로서의 피세가 아닌, 세상 속의 은둔으로 나타난다. 이 풍진 세상을 완전히 공간적으로 떠나는 것이 아닌, 세상 속에 공간적으로 존재하면서 보호색 속에 자신을 감추는 은둔 방식이다. 『노자』 속의 유명한 다음의 글이 그러한 은둔 방식을 상징적으로 보여준다.

> 예리한 것을 꺾고(挫其銳), 어지러운 것을 풀며(解其紛), 빛나는 것을 부드럽게 하고(和其光), 그 먼지와 함께 한다(同其塵).(『노자』「제4장」 및 「제56장」)

이러한 사상은 험난한 세상에 자신을 드러내지 않아 자신의 생명을 지키는 양주식 처세태도의 『노자』식 버전이다. 세상을 향해 쓸 수도 있는 자신의 공격적인 예리함을 꺾어 무디게 하여 나서지 않고, 세상과 이리저리 얽혀 있는 인연의 망을 풀어서 거기에서 물러나 있으며, 자신의 빛나는 장점의 그 빛을 완화시켜 드러나지 않게 하면서도, 은자처럼 공간적으로 피세하여 홍진紅塵에 썩은 명리名利를 비웃으며 은둔하는 것이 아니라, 그 홍진(塵)과 오히려 함께 하는(同) 것이다. 즉 속세(塵)에서 벗어나는 것이 아니라 속세 속에 은둔하는 것이다. 그러면서 주위의 색과 같은 보호색으로 자신을 같게(同) 하여 자신이 노출되지 않도록 하는 것이다. 이것은 험난한 세상에 살아남으려는 전략전술이다.

그런데 험난한 세상에서 자신을 노출시키는 처세태도, 더구나 자신의 능력을 노출시키는 처세태도, 그래서 공격적으로 세상에 나서는 처세태도, 적극적으로 '생生'을 돌보지 않고 '물物'을 얻으려 강하게 돌진하는 처세태도는, 경쟁자나 적들의 모함이나 공격 또는 위해를 초래할 수가 있다. 급기야는 자신의 '생명'조차도 보전하지 못하는 결과를 초래할 수도 있다. 그래서 『노자』에서는 "강하고 억센 자는 제 명에 죽지 못한다."(『노자』「제42장」)라고 하는 것이다. 그러면 어떤 전술전략을 취해야 하는가. 강강剛强한 태도가 아니라 유약柔弱한 태도를 취하는 것이다.

3. 『노자』의 '유약柔弱'의 처세관

공간적으로 피세하여 은둔하지 않으면서도, 속세에서 그러한 은둔의 효과를 내는 전략은 '유약柔弱'의 전략이다. 있어도 있지 않은 것과 같은 것이다. 강강剛强함은 자신을 드러내는 것이다. 유약柔弱은 자신을 감추는 것이다. 나아가 투쟁의 상황에서도 유약柔弱이 오히려 '강강剛强'이나 '견강堅强'을 이길 수 있다고 주장한다. 그래서 『노자』에서는 유약柔弱은 강강剛强을 이긴다.(『노자』「제36장」)

천하의 지극한 부드러움은 천하의 지극한 단단함을 마음대로 부린다.(『노자』「제43장」)

라고 한다. 이러한 관점의 목적은 생生을 보전하고 사死를 피하는 것인데, 유약柔弱이 강강剛强이나 견강堅强보다 나은 증거로서 유약과 강강(견강)이 바로 이 삶과 죽음의 상태이미지에 연계됨을 든다. 그래서 말하기를,

사람이 살아 있을 때는 유약柔弱하고, 그 죽음에 있어서는 견강堅强하다. 만물초목이 살아 있을 때는 유취柔脆하고, 그 죽음에 있어서는 고고枯槁하다. 그러므로 견강堅强한 것은 죽음의 무리고, 유약柔弱한 것은 생명의 무리다.(『노자』「제76장」)

라고 한다. 나아가서 유약柔弱의 방법으로 투쟁을 하기 이전에, 아예 투쟁을 하지 말고, 투쟁의 상황조차도 만들지 않는 것이 낫다고 한다. 이렇게 유약하면서 동시에 투쟁적이지 않고 투쟁 자체를 피하는 자연의 이미지는 '물[水]'이라면서 이 '물'을 본받을 것을 권고한다. 그래서

천하에 물[水]보다 더 유약柔弱한 것은 없다.(『노자「제78장」)

훌륭한 선善은 물[水]과 같다. 물은 만물을 잘 이롭게 하면서도 다투지 않고 뭇사람들이 싫어하는 곳에 처하므로 도道에 가깝다. … 오직 다투지 않기 때문에 허물이 없다.(『노자』「제8장」)

강과 바다가 모든 계곡의 왕자王者가 될 수 있는 까닭은, 그것이 낮은 자리를 잘 차지하기 때문이다. 그러므로 백성의 위에 서려하면 반드시 말은 그들의 아래에 자리하고, 백성보다 앞서고자 하면 반드시 몸은 그들의 뒤에 서야 한다. 그러므로 성인聖人은 위에 거처하여

> 도 백성이 무겁다 여기지 않고, 앞에 거처하여도 백성이 해롭다 하지 않는다. 그러므로 천하가 추대하기를 즐겨하면서 싫어하지 않는다. 그는 다투지 않기 때문에 천하가 그와 다툴 수 없다.(『노자』「제66장」)

라고 한다.

그렇다면 이러한 처세전략으로 승리를 얻으면 상황이 종료되는 것인가. 세상에는 이 국면에 또 다른 위험이 도사리고 있다. 승리의 공을 세우면, 승리의 공을 내세우고 자랑하고 싶은 욕구가 생긴다. 『노자』는 이 지점에서 또 경고하고 있다. 왜냐하면 스스로의 공을 내세우고 자랑하는 이는 오히려 세상에서 위해를 당할 우려가 있기 때문이다. 그래서 『노자』는 말한다.

> 스스로를 드러내는 자는 밝지 못하고, 스스로를 옳다 여기는 자는 나타나지 못한다. 스스로를 자랑하는(伐) 자는 공이 없고, 스스로를 자랑하는(矜) 자는 오래가지 못한다.(『노자』「제24장」)

그리하여 자신에게 능력이 있어도 세상에 자신을 드러내지 않는 태도를 보이는데, 이러한 드러내지 않음이 오히려 진정으로 드러나는 것이라 주장한다.

> 스스로 드러내지 않기 때문에 분명히 드러난다. 스스로 옳다고 주장하지 않기 때문에 더욱 밝아진다. 스스로 자랑하지 않기 때문에 더욱 공적이 인정된다. 스스로 뽐내지 않기 때문에 더욱 뛰어나게 된다. 오직 다투지 않기 때문에 천하에 그와 다툴 수 있는 자가 없다.(『노자』「제22장」)

그래서 자신의 능력으로 세운 공功이 있어도 그것을 내세우지 않을 뿐만 아니라 오히려 뒤로 물러난다. 그래서 이렇게 말한다.

공功이 이루어지더라도 거기에 자처하지 않는다. 오직 자처하지 않음으로 해서 버려지지 않는다.(『노자』「제2장」)

공功이 이루어지면 자신은 물러남이 하늘의 도이다.(『노자』「제9장」)

4. 『노자』의 '절욕節欲'

세상의 인간들이 속세에 미련을 버리지 못하고 집착하며, 또 속세에서 활동하고 거기에서 얻어지는 결과에 집착하는 원인은 무엇인가. 그것은 욕망이다. 양주가 말한 바 경물중생輕物重生하지 않고 오히려 중물경생重物輕生하는 원인이 바로 이 욕망이다. 그래서 『노자』에서는 과욕寡欲, 절욕節欲을 충고하는 것이며, 국가도 작은 규모를 지향하는 것이다. 『노자』에서는 국가는 인정하되 과욕, 절욕인 '작은 나라, 적은 백성(小國寡民)'[1](『노자』「제80장」)을 주장하는 것이다.

또 『노자』는 '물物'에 집착하는 욕망의 근원을 감각기관에 두었다. 그래서 말하기를,

오색五色은 사람의 눈을 멀게 하고, 오음五音은 사람의 귀를 먹게 하며, 오미五味는 사람의 입을 상하게 하고, 말달리면서 사냥함은 사람의 마음을 발광케 하며, 얻기 어려운 재화는 사람의 행동을 방해한다.(『노자』「제12장」)

라고 한다. 그러므로 절욕을 하려면 감각기관을 통제해야 한다. 그 취지를 이렇게 말한다.

---

1) 또는 '나라를 작게 하고, 백성을 적게 할 것'으로 해석할 수도 있다.

그 구멍을 막고, 그 문을 닫으면 종신토록 힘들지 않다. (그런데) 그 구멍을 열고, 그 일을 다하면 종신토록 구제받지 못한다.(『노자』「제52장」)

절욕이란 결국 만족을 아는 것이다. 그래서 이렇게 말한다.

화禍는 만족을 알지 못하는 것보다 더 큰 것이 없다. 허물은 얻고자 함보다 더 큰 것이 없다.(『노자』「제46장」)

이렇게 절욕하여 만족을 앎을 『노자』에서는 달리 표현하여 '아낌(嗇)'이라 한다. 그래서 이렇게 말한다.

사람을 다스리고 하늘을 섬기는 데는 '아낌(嗇)'만한 것이 없다. 오직 '아낌'만을 '일찍 복종함(早服)'이라 이르며, '일찍 복종함'을 '거듭 덕을 쌓음'이라고 이른다. 거듭 덕을 쌓으면 이기지 못함이 없다. 이기지 못함이 없으면 더 이상 그 지극함을 알 것이 없으며, 더 이상 그 지극함을 알 것이 없으면 나라를 가질 수가 있다. 나라를 가지는 어머니가 됨으로써 장구長久할 수가 있다. 이것을 일러 뿌리를 깊고 굳게 하여 장생구시長生久視하는 도라고 한다.(『노자』「제59장」)

이렇게 탐욕을 버리고 욕망을 절제하여 만족을 아는 '색嗇'(아낌)을 통해 궁극적으로는 '장생구시長生久視'할 수 있다고 한다. 이 '장생구시'란 말은 훗날 도가사상을 종교적으로 이용한 도교에서의 장생불사의 사상을 표현하는 근거로 활용되기도 하였다. 그런데 여기서 말하는 바는 춘추전국시대의 험난한 정치적, 사회적 상황 속에서 살아남기 위해 욕망을 줄이는 방법을 말하는 것이다. 즉 양주가 말한 '물物'에 대한 탐욕을 버리고 욕망을 줄여 자신의 본질인 생명을 보호하여 헛되고 부질없는 죽음을 피하는 정치적 생명연장, 또는 쓸데없는 욕망으로 세상에 함부로 나서서 사회적 투쟁에 뛰어들며, 스스로를 무모하게 사지에 처하지 않게 함으로써 천수를 누린다는 의미의 '섭생攝生'을 말하는 것이라 할 수 있다. 그래서 또 이렇게도 말한다.

> 나에게 '삼보三寶'가 있으니, 지녀서 보전한다. 첫째는 '자애', 둘째는 '검소', 셋째는 '감히 천하에 앞장서지 않기'이다.(『노자』「제67장」)

그런데 세상 사람들이 양주나 『노자』의 저자가 권고하는 처세방식을 취하지 않아서, 자신을 고통스럽게 하고 심지어 사지에 내모는 행동을 하고도 그칠 줄 모르는 근본원인은 사실상 잘못된 가치관에 있다는 점이다. 양주가 말한바 '물'과 '생' 중 진정으로 무엇이 더 근본적으로 중요한가를 모르는 전도된 가치관을 가지고 있다는 것이다. 그래서 『노자』의 저자는 당시 세상 사람들이 가진 잘못된 가치관을 비판하여 이렇게 말하고 있다.

> 천하가 다 아름다움의 아름다움을 알지만 이것은 못남일 뿐이다. 모두 선善의 선함을 알지만 이는 불선不善일 뿐이다.(『노자』「제2장」)
>
> 현명함을 높이지 않으면 백성들을 다투지 않게 할 수 있고, 얻기 어려운 재화를 귀하게 여기지 않으면 백성들을 도둑질하지 않게 할 수 있고, 갖고 싶어 하는 것을 보이지 않으면, 백성들의 마음을 어지럽지 않게 할 수 있다.(『노자』「제3장」)
>
> 성聖을 끊고 지智를 버리면 백성의 리利는 백배가 되고, 인仁을 끊고 의義를 버리면 백성이 효자孝慈에 돌아가며, 교巧를 끊고 리利를 버리면 도둑이 있지 않다.(『노자』「제19장」)

5. 『노자』의 형이상학 - 도道와 명名 그리고 무위無爲

『노자』를 구성하는 철학사상의 요소 중 일반적으로 가장 많이 거론하면서 가장 중요하고 핵심적인 것은, 도道와 덕德, 무無와 유有, 무명無名과 유명有名을 비롯한, 도가의 본격적 형이상학 체계의 철학범주이다. 그러나 이러한 형이상학적 사상요소는 아마도 『노자』 편찬자의 공헌에 의한 것일 것이다. 그를 특정할 수 있다면, 우리가 흔히 일컫는 '노자'는 그가 될 수도 있을 것이다. 그가 한 중요한 작업은 이전부터 전해 내려오던 도가사상의 선배들의 처세사상을 비롯한 다양한 요소에 철학적 근거를 부여하여 체계화한 것이다.

그런데 『노자』에서는 이러한 처세사상을 단순한 처세에 관한 격언적 교훈을 제공하는 의미로 그치지 않는다. 『노자』라는 문헌이 본격적인 도가사상의 문헌으로서 역할하게 된 것은 이러한 인생관에 이론적 근거를 세우며 체계화했다는 데 있다. 그 이론적 근거가 바로 '도道'이며 '도가道家'가 '도가道家'로 불리게 된 이유이기도 하다. 은자로부터 시작되어 양주에서 표현된 처세사상을 받아들인 『노자』의 저자는 그의 시대에서 보다 발전된 형태로 처세사상을 이론화할 필요가 있었다. 그래서 그 처세사상에 형이상학적形而上學的 근거를 부여하여 사상을 보다 발전시켰다.

이러한 취지의 『노자』 형이상학은 그 책의 첫머리부터 나온다. 『노자』 제1장은 철학사에서 매우 유명한 다음과 같은 말로 시작한다.

> 도道를 도라고 할 수 있는 것은 영원한 도가 아니며, 이름을 이름이라고 할 수 있는 것은 영원한 이름이 아니다. 무명無名은 천지의 시작이요, 유명有名은 만물의 어머니다.(道可道, 非常道, 名可名, 非常名. 無名

天地之始, 有名萬物之母.)[2]

『노자』에서는 일체 현상, 즉 만물萬物이 생긴 근원을 '도道'라고 이름(名) 하였다. 그런데, 이것을 '도'라고 이름 하였지만 우리가 '도'라고 부르는 순간 이미 그것은 진정한 '도', 영원한 '도'가 아니다. 왜냐하면, 그것은 이름(명名)이라는 틀에 갇히기 때문이다. 이름을 붙일 수 있는 것은 유한한 사물이다. 즉 만물 중의 하나이다. 그런데 이러한 모든 사물, 즉 만물을 있게 만든 근원은 무한하다. 무한한 것은 유한적 속성을 가진 이름으로 부를 수 없다. 이름 붙일 수 없는 것은 인식할 수도 없다. 인식은 이름 지을 수 있는 것, 즉 개념화된 것을 대상으로 이루어지는 것이다. 무한한 것은 이름 붙일 수 없으므로, 개념화할 수 없고 그래서 인식할 수도 없다. 동시에 유한한 인식 주체가 무한한 것을 인식할 수도 없는 것이다. 그래서 역설적이게도 '도道'를 '도道'라고 이름 지어 부르는 순간, 그리고 인식 대상으로 삼는 순간 그것은 이미 영원한, 진정한 '도道'가 아니게 되는 것이다.

'이름' 역시 어떤 사물에 붙여지는 순간, 그 지칭된 사물은 언제나 변하고 있으므로, 그것에 걸맞은 '영원한 이름'이라 할 수 없다. 이 점은 명가학파의 발생 취지에서 이미 말한 바 있다. 즉, 애초에 '명'과 '실'이 일치된 상태에서 '명'으로 이름 지어지고 개념화되었지만, 처음 '명'과 '실'이 일대일 대응하던 상태에서, 현상세계인 '실'은 계속 변하고 '명'은 그대로이어서, '명'만을 독립시켜 '명'의 세계를 구축하여 '명'만을 분석한 명가학파가 등장하게 되었다. 그 철학적 취지의 연장선상에서 『노자』에서도 역시 이름으로 고정될 수 있는 '실'의 세계는 없으며, 그에 따라 그에 상응하는 이름도 영원함이 없음을 말하

2) 여기서 "無名天地之始, 有名萬物之母."는 "無, 名天地之始, 有, 名萬物之母."로 보아, '무명無名', '유명有名' 대신 '무無'와 '유有'라는 철학범주로 해석하기도 한다. 어차피 '도'의 속성은 '무'로도 '무명'으로도 보므로, 결국 궁극적으로는 귀결하는 바가 같다고 할 수 있다. 또한, 이러한 논리에 따라, 이 문장들에 이어서 나오는 문장 부분의 '무욕無欲', '유욕有欲'도 '무無'와 '유有'를 떼어 내고, '욕欲'은 뒷부분으로 이어 해석하기도 한다.

고 있다. 이처럼 사물에 붙이는 이름도 그 속성을 언제까지나 반영하지 못하는데, 그 사물 일체인 만물의 근원인 영원한 도道를 어찌 이름 하겠는가 하는 것이다. 다만 우리의 논의 대상 속에 끌어넣기 위하여 '억지로' '도道'라고 부르기로, 그렇게 이름 짓기로 약속하자는 것이다.

이렇게 말로 표현할 수 없는 그 무엇, 곧 만물의 근원인 그것은 현상적 형체를 넘어서는 것이므로 '형이상形而上'의 것이다. 형체를 넘어서는 것은 인식의 한계를 넘어서는 것이다. 인식의 한계를 넘어서는 것이므로 말로 표현할 수 없는 것, 그래서 이름 지을 수 없는 것, 즉 '무명無名'의 것이다. 동시에 '무無'이기도 하다. 그것은 순수관념의 세계이다. 그것을 억지로 말로 표현하여 '도道'라고 부르자는 것이다. 『노자』의 이러한 '도'와 '명'에 관한 사상은 명가의 단계보다 더 발전된 철학형태인 '형이상학形而上學'의 성격을 띠고 있으며, 중국철학사를 비록 아직 소박한 단계이지만 형이상학적 단계로 상승시킨 역할을 하였다.

그런데 이러한 도와 그것의 지칭가능성 여부에 대해 논하는 것 자체가 중국철학사에 있어서 『노자』라는 문헌이 초기 도가보다 발전적 형태를 띰과 동시에, 시기적 순서에 있어서 공자孔子 이후이며, 나아가 공자 이후에 사물에 대한 지칭, 즉 이름(명名)에 대하여 논구한 '명가名家'라는 학파보다도 후대에 나타난 것임을 말하는 것이다.

『노자』의 저자가 '도'라는 형이상학적 주제를 제시하게 된 것은 명가적 논의의 극대화에 따른 것이다. 세상 만물, 즉 '실'의 세계에 붙여진 '명', 즉 '유명有名'의 세계에서 그 '명'들끼리의 관계는 개념의 관계인데, 어떤 개념들은 보다 상위개념과 그에 소속된 하위개념으로 구별될 수 있다. 예컨대, 서로 동위개념인 소나무, 밤나무, 대추나무라는 하위개념의 바로 상위개념은 나무이다. 나무, 즉 목본과 동위개념은 풀, 즉 초본인데, 이들의 상위개념은 식물이다. 이렇게 상위개념으로 끝까지 계속 추구해 나가면 최고의 개념이 나오는데, 이 최고의 개념은 특정사물과 같은 유한한 개념이 아니다. 소나무의 한계보다 더 넓은 나무, 또 그보다 한계가 더 넓은 식물, 또 그보다 한계가 더 넓은 생물이 되고, 또 궁극에는 결국 한계가 더 넓은 '물'이 된다. 이러한 '물' 일반을 '만물'이라 한다. 이 단계에서는 모든 종과 종 사이의 벽이 없고, 한계가 없는 '무한'의 단계가 된다. 이렇게 무한한 것은 개념화할 수 없다. 개념화할 수 없는 것은 인식할 수가 없고, 이름도 붙일 수 없다. 그래서 '무명'이 된다. 이러한 이름 붙일 수 없는 것은 그 자체가 곧 '무'이기도 하다. 이러한 무한의 '무명'이면서 '무'인 것을 억지로 지칭하여 '도'라 하게 된 것이다. 이 '도'는 결국 만물의 총화인 셈이다. 말하자면, '도'는 곧 만물로서의 세계이고, 세계가 곧 만물인 범신론의 사상 구조가 되는 것이다. '도'는 만물에서 소급해서 얻어지는 것이면서, 동시에 만물의 근원이기도 하다.

그래서 이렇게 제시된 '도'에서 『노자』의 저자는 만물생성의 논리를 폈다.

> 도는 하나를 낳고, 하나는 둘을 낳고, 둘은 셋을 낳고, 셋은 만물을 낳는다.(道生一, 一生二, 二生三, 三生萬物.)(『노자』「제42장」)

관념적으로 추구해 가서 얻은 '도'가 이제는 그것이 근원이 되어 '만물'을 생성하는 과정을 말하게 된 것이다. 이 과정은 생물학적 생성과정에 빗대어 말하였지만, 그것은 비유일 뿐이다. '도'가 '하나'를 낳는다 하지만, 도 자체가 일체 존재의 전체를 포괄한 '하나'임을 말하는 것이고, 이후 과정도 결국 '일자一者'가 '다자多者'를 생성함에 빗대어 말하지만, 사실상 '일자'를 전체로 보는 측면과 구분해 보는 측면을 말한 것이다. 만물은 이러한 현상적 '다자'의 총체를 말하는 것이다. 결국 '도'와 '만물'의 관계는 동일한 것을 '일자'의 측면에서 보는가 '다자'의 측면에서 보는가 하는 차이이다. 그러면서도 『노자』의 저자는 '도'가 현상적 만물에 대해 선재先在함을 말하는데, 이것은 실제 도가 시간적, 공간적으로 만물보다 먼저 있고, 그 다음 만물을 생성함을 말하는 것이 아니라, 논리적 선재성을 말하는 것이다.

또, '도'는 '유명'에서 추구해서 얻어진 무한의 속성을 가진 '무명'이면서 '무無'이기도 하다. 이에 대해 '유명'인 세상 만물은 곧 '유有'이다. 이 '유'는 '무'인 '도'에서 생성되는데, 이 역시 논리적, 관념적 생성이다. '무'인 '도'는 현상적 만물의 변화운동의 원리요 법칙으로서 만물 자체의 운동변화가 곧 '도'의 운동이기도 하다. 그래서 이 점을 종합해서, 『노자』에서는 이렇게 말한다.

> 되돌아가는 것이 도道의 운동이다. 약弱한 것이 도道의 작용이다. 천하의 만물은 유有에서 생겨나고, 유는 무無에서 생겨난다.(反者, 道之動, 弱者, 道之用, 天下萬物生於有, 有生於無.)(『노자』「제40장」)

즉, '도道' 그 자체가 운동을 하는데, 그것은 만물에 있어서 서로 상대되는 힘끼리의 작용과 반작용의 운동에 의한다는 것이며, 또 그 작용은 도가적 처세술과 연관되는, 강함의 논리가 아닌 약함의 논리 위에 서 있다는 것이다.

이제 이렇게 구성된 『노자』의 이론체계는 단순히 소박한 은둔의 처세관점을 가졌던 은자들이나 양주와 같은 이들의 인생관과 달리 그로부터 한 걸음 더 나아가, 이론적 근거를 가진 사회철학, 정치철학을 제시하기에 이른다. 그 대표적인 사상이 '무위無爲'의 사상이다. 그래서 『노자』의 저자는 이렇게 말한다.

> 배움을 추구하면 날로 늘어가지만, 도道를 추구하면 날로 줄어든다. 줄이고 또 줄이면 무위無爲에 이르게 되는데, 무위하면 이루어지지 않음이 없다. 천하를 취하려면 언제나 무사無事해야 된다. 유사有事하면 천하를 취할 수 없다.(爲學日益, 爲道日損, 損之又損, 以至於無爲, 無爲而無不爲, 取天下, 常以無事, 及其有事, 不足以取天下.)(『노자』「제48장」)

여기 나오는 유명한 명제인 '무위이무불위(無爲而無不爲)'는, 어떤 인위적인 일을 하지 않으면 오히려 일이 이루어지지 않음이 없이 다 잘 이루어진다는 뜻이다. 이 '하지 않음'의 무위는 그로 인해 쓸데없는 일을 일으키지 않는 '무사無事'와 연관되어 '유사有事'의 상태인 천하의 혼란스러움을 종식시킬 수 있다는 것이다. 양주의 '털 하나만큼도 천하에 개입하지 않는' 처세 태도가 이러한 명제로 발전한 것이다. 또한, 이 도는 '자연自然'이라는 이름으로도 표현된다. 그래서 흔히 '무위'와 '자연'을 합친 '무위자연無爲自然'이라는 말을 도가 처세의 상징으로 삼는 것이다.

제7장

장자莊子

장자莊子(약 B.C.369~약 B.C.286)의 이름은 주周로서 장주莊周이고, 자字는 자휴子休라고 한다. 그의 전기傳記는 상세하지 않고, 사마천司馬遷의 『사기史記』「노장신한열전老莊申韓列傳」에 그에 관한 기록이 있다. 그는 전국시대 송宋나라 몽蒙(지금의 하남성河南省 상구商丘 동북東北 지역)의 사람으로 노자老子와 더불어 도가의 대표적 인물 중 한 사람으로서 훗날 위진魏晉 시대 이후에는 함께 '노장老莊'으로 일컬어졌다.

장자는 양혜왕梁惠王－즉 위혜왕魏惠王－과 제선왕齊宣王의 동시대인이라고 알려져 있다. 그는 박학했고, 그 사상의 근본은 노자에 귀착하는 것으로 이야기된다. 그는 자유를 숭상하여 초楚나라 위왕威王이 천금을 보내 재상으로 초빙하려 했지만 희생犧牲으로서의 소의 비유를 들어 거절했다는 일화가 전해지며, 단지 송나라 몽蒙의 칠원리漆園吏－몽택蒙澤이라는 연못지대의 옻나무 숲 관리인이라고 함－노릇을 한 적만이 있을 뿐이어서, 역사에서 '칠원오리漆園傲吏'라고 일컬어지면서, 지방 관리의 모범 사례로 찬양되기도 하였다 한다.

장자는 맹자孟子와 같은 시대를 살았고 명가名家의 사상가인 혜시惠施의 친구였다고 하며, 혜시와의 일화도 『장자莊子』에 기술되어 있다. 또 그의 주장은 『노자老子』의 주장과 상통相通하며, 십여 편으로 구성된 『장자』라는 저서를 남겼다고 한다. 그 저서 내용은 대부분이 우언寓言이며, 공자孔子의 무리를 비판하고 노자의 학술을 밝혔다고 한다. 그렇지만 이렇게 알려진 그의 저서는 오늘날의 관점에서는 검토가 필요하다.

1. 문헌 『장자莊子』

『장자莊子』는 본명이 장주莊周인 위 철학자 장자莊子의 저술로 알려져 있지만, 사실상 그 모두가 그가 쓴 것은 아니다. 사실상 『장자』라는 문헌은 도가의 여러 글을 모은 것이다. 『장자』는 「내편內篇」 7편, 「외편外篇」 15편, 「잡편雜篇」 11편의 세 부분으로 나누어져 있다. 이 세 부분은 문장의 특징으로 보아 쓰여진 시기가 서로 다르며, 그 중에서 「내편」이 시기적으로 빠르고, 이 「내편」이 장주莊周, 즉 장자의 직접 저술인 것으로 여겨진다. 하지만 「외편」과 「잡편」은 그의 사상에 영향을 받은 그 제자들이나 후학들이 쓴 것으로 보인다. 따라서 『장자』 중에서 장자의 사상을 알려면 「내편」을 기본적인 근거로 삼아야 한다. 그렇지만 그 외의 부분도 그의 사상의 영향 하에서 쓰여진 도가의 중요 사상을 말하고 있는 것이다. 『장자』는 우화집 같은 재미있는 이야기책의 형식으로 많은 비유를 통해 철학사상을 은유적이고 상징적이며 함축적으로 표현하고 있다. 그 속에는, 세상과 인생에 대한 많은 풍자, 특히 세태와 유가적 사고에 대한 비판적 풍자가 가득 차 있다.

그런데, 전통적으로 도가 사상은 먼저 '노자老子'라는 인물이 있어서 그의 저서 『노자老子』가 있었으며, 그 다음 그 사상을 보다 진전시킨 장자莊子가 있어서 그의 저서 『장자莊子』가 있었다고 여겨져 왔다. 그러나 노자라는 인물의 실체와 문헌 『노자』와의 관계는 재검토가 있어 왔으며, 앞 장에서 그 점에 대해 이미 밝혔다. 즉 노자라는 인물의 실체부터가 분명하지 않을 뿐만 아니라, 노자로 알려진 이가 있었다 하더라도 적어도 『노자』라는 문헌의 성립은 그 후에 있었다는 것이다. 『노자』는 도가의 원류인 은자들의 처세 사상과 양주, 그리고 노자라고 알려졌을 수 있는 사람 등과 같은 도가 사상가들의 처세 사상을 종합하면서 전국시대의 도가 사상가들이 그러한 사상을 형이상학적으로 합리화하면서 이루어진 것으로 보는 것이다.

이 과정에서 『노자』 속 형이상학적 이론의 바로 전 단계에 '명가名家'의 사상이 있어야 함이 철학사 발전 과정상 순리임을 말한 바 있다. 그런데 명가의 대표 인물 중 한 사람인 혜시惠施가 장자와 친구이며, 『장자』 속에 혜시가 등장하는 것이 문제다. 이렇게 되면 『노자』의 저자보다 먼저인 명가의 혜시와 같은 시기를 살았던 장자 역시 『노자』의 저자보다 먼저 있어야 하므로, 전통적으로 노자 이후 장자라는 관점에 문제가 생기는 것이다.

인물 '노자'가 언제 사람인가 하는 것이 불명확하지만, 적어도 『노자』의 저자는 장주인 장자보다 뒤일 수 있다. 『노자』와 『장자』의 성립 시점을 말하는 것에는 복잡한 문제가 있다. 『장자』는 장주의 사상에 해당되는 부분과 그 후학들이 쓴 부분이 같이 있기 때문이다. 문헌 『장자』는 정제된 표현으로 된 문헌 『노자』와 달리 그 문체가 『노자』보다 시기적으로 앞선 특징을 보인다. 즉 『장자』는 서술식으로만 된 『노자』와 달리 대화체이며, 쓰인 글자도 『노자』의 글자보다는 난삽하여, 보다 후대의 다듬어진 문체의 경우와 다르다. 중국 고대 문헌은 대체로 대화형식이 먼저 있고, 이후 단순 서술 형식이 있었으며, 쓰인 글자와 문체도 뒤로 갈수록 보다 정제된다. 그래서 외양적으로 『장자』가 『노자』보다 앞선 스타일을 보인다.

그래서 이렇게 추정된다. 『노자』 속 도가적 처세사상은 장주 그리고 『장자』의 장주사상보다 앞서 있고 장주는 그 영향을 받았다. 그러나 그 처세사상이 문헌 속 문자로 정착되는 것은 '무명無名'과 '유명有名'을 말하는 형이상학 부분과 더불어 명가의 혜시, 그리고 그의 친구 장주 이후의 일이다. 그것도 그 문체로 봐서 장주 후학들이 기술한 『장자』의 '외편'과 '잡편'의 성립 이후로 보인다.

2. 인생 현실의 고통과 그 원인

장자莊子사상은 도가사상의 절정이다. 은자隱者의 사상으로부터 출발한 도가사상은 당시 혼란한 사회로부터 벗어나 개인적으로는 사회의 구속과 간섭이 없는 자신만의 자유와 행복을 누리고, 각 개인들이 그렇게 함으로써 사회적으로는 혼란을 해소하여 '무위자연無爲自然'의 이상사회를 이룰 수 있다는 것이다. 은자들과 그 중의 양주楊朱의 현실도피적 초기 도가사상은 『노자老子』에 이르러 '도道'를 근원적 원리로 삼는 형이상학으로 발전하여 체계화되었다. 『노자』는 정치철학적 측면에서는 아직 현실 정치 상황 속에서 그 문제해결을 도모한 단계이다. 즉, 유가적 가치기준을 비판하면서 현실 정치에서 가치기준의 근원적 반성을 통해 기존의 가치관을 재검토하고 당시의 정치상황을 도가적 가치기준으로 재편하여 '소국과민小國寡民'을 이상적 정치상황으로 삼는 것이다. 그런데, 이제 도가사상의 절정으로서의 장자莊子사상에서는 현실을 초탈하여 인생의 근원적 해결을 도모하려 하였다. 이러한 측면은 기존의 현실 상황 자체를 부정하고 무정부주의와 같은 사상으로 나아가는 요소도 있다.

장자사상의 취지로 보면, 우리 인생의 궁극적이고 진정한 목적은 자유와 행복, 그것도 진정한 자유와 행복이다. 그럼에도 현실은 부자유한 구속과 불행에 시달리고 있는 경우가 많다. 그 원인에는 내부적 요인도 외부적 요인도 있다. 장자가 살던 그 시대, 즉 춘추시대에서 이어져 온 천하의 혼란과 전쟁 상황이 계속되던 전국시대인 그 시대에 당시 사람들을 고통스럽게 한 외부 원인의 대표적인 것은 말할 것도 없이 위정자들의 정치적 탐욕으로 인한 것이다. 장자 역시 그 시대의 한 지식인으로서 이러한 문제를 누구보다 심각하게 여기고 그에 대한 해법을 제시한 철학자이다.

당시 유가나 묵가와 같은 현실 참여 위주의 학파들은 공동체의 현실 상황에서 드러나는 제도적 개선, 개혁에서 찾았지만, 도가의 경우는 달랐던 것이다. 도가 철학자인 장자는 그의 선배 도가 철학자들과 마찬가지로 현실 참여 자체가 오히려 문제인 것으로 인식하였다. 위정자들의 탐욕도 당연히 문제지만, 현실 공동체의 제도를 바꾼다고 해결될 문제가 아니라고 보는 것이 장자와 같은 도가 철학자들의 시각이다. 탐욕을 실현시키려는 잘못된 제도뿐 아니라 그러한 제도 자체가 문제이므로, 인간은 국가 공동체를 운영하기 위한 제도 자체에 의해서 그 본성을 해치고 구속함으로써 자유롭지 못하고 불행한 삶을 산다고 본 것이다.

그런데 이러한 외부적 원인은 내부적 원인에 뿌리를 둔다. 위정자의 탐욕

뿐 아니라, 근본적으로 인간이 가지고 있는 탐욕이 그 내부에 존재하기 때문이다. 역시 양주楊朱가 말한 '경물중생輕物重生'하지 않는 삶의 방식이라 할 수 있다. 이러한 것은 인간 주체의 무지 때문이라 보는 것이 도가의 관점, 특히 장자의 관점이다. 그래서 인간은 자유와 행복을 얻으려고 하면서도 그 자유와 행복의 본질을 이해하지 못하여 오히려 그 반대의 방향으로 치닫고 있는 경우가 많다.

세속의 인간들은 자신들의 욕망을 추구함을 통해 자신의 자유와 행복을 얻을 수 있다고 여기는 것은 전도된 몽상일 뿐이며, 오히려 자신들을 더욱 구속하고 불행하게 만드는 원인이 됨을 인식하지 못한다는 것이 도가적 관점이다. 그래서 이러한 세속적 인생관을 회의하고 비판하며, 이러한 부질없는 욕망의 해소를 통해 진정한 자유와 행복을 추구하려 한 이들이 은자로부터 비롯된 도가사상가들이다. 중국 고대에 있었던 이러한 사상의 절정이 곧 『장자』에서 나타나는 장자와 그 후학들의 사상이다. 장자는, 진정한 자유와 행복을 얻지 못하는 원인은 우리의 인생관과 가치관이 근본적으로 잘못되고 왜곡되어 있음에서 온다고 보는 데서 출발한다.

3. 상대적 차이의 인정

『장자』라는 책의 첫 부분에 편성된 「소요유逍遙遊」에서는 자유와 행복을 달성하는 데 여러 가지 시각이 있음을 설명하고 있다. 특히 처음에 나오는, 상상의 새인 붕鵬의 이야기는 장자가 추구하는 경지와 삶의 모습을 비유적으로 상징한다고 할 수 있다. 붕새의 등은 그 수천 리를 알지 못할 정도로 넓으며, 날개는 하늘에 드리운 구름 같고, 자유롭게 공간을 이동하여 폭풍이 치면 위로 가기를 구만 리, 6개월을 가서 쉰다고 한다. 이에 대해 매미, 비둘기, 메추라기는 비웃는데, 그들이 보는 세계에서는 붕새의 세계를 이해할 수가 없는 것이다. 세상만물의 각 존재는 각각 저마다의 본성과 그로 인한 저마다의 상황과 처지가 있다. 그런데 각 존재가 자신의 관점과 기준에 의해서 다른 존재를 판단하고 평가한다면 어떨까. 장자는 자신과 다른 존재의 차이를 인정하지 않고 자신의 기준에 의해 모든 것을 평가함으로써 세상의 온갖 문제가 생기고, 서로가 서로를 고통스럽게 하며, 자신도 고통 속에 살면서 진정한 행복을 느끼지 못한다고 본다.

현상세계에는 천차만별한 존재, 중국철학적 표현으로는 만물이 있다. 이들 만물들은 모두 각각 자신들의 고유한, 개별적 본성을 가진 존재들이다. 그러나 그 모든 존재들이 근본적인 의미에서 저마다 별개라는 것은 아니다. 저마다 다르지만, 그 근원은 동일하다. 그것이 곧 『노자』에서도 이야기 된 '도道'이다. 장자 철학 역시 마찬가지로 '도'로부터 만물이 생성되며, 천차만별한 만물도 모두 그 근원은 '도'에 있다고 보는 것이다. 이렇게 '도'로부터 저마다 본성을 '얻어(得)' 존재하는 그것을 만물 각각의 개별자로서의 '덕德'이라고 한다. '덕'은 저마다의 능력이고 본성이므로, 다른 존재가 될 수도 없고, 다른 존재를 넘보거나 욕심내거나 할 수도 없으며 할 필요도 없다. 모든 개별자로서의 만물은 자신 이외의 것이 아닌, 단지 그 자신일 뿐이기 때문이다. 이러한 이치를 모르고 다른 존재의 것을 넘보면서, 욕심내고 탐욕을 부리는 데서 자신의 불행이 시작되고, 동시에 자신을 그 탐욕으로 인해 부자유하게 만들며, 나아가서 남을 불행과 부자유에 빠트리게 되는 것이다.

장자는 "오리 다리가 비록 짧지만 이어주면 걱정거리가 되고, 학의 다리가 비록 길지만 자르면 슬픔이 된다. 그러므로 본성이 긴 것은 잘라서는 안 되고, 본성이 짧은 것은 이어서는 안 된다."(『장자莊子』「병무駢拇」)라고 말했는데, 오리는 오리의 본성이 있고, 학은 학의 본성이 있으므로, 그 자연적 본성에 맞지 않는 다른 기준에 의해 인위적인 작위가 가해져서는 안 된다는 것이다. 이것은 각개의 존재가 그 본성과 그로 인한 개성이 있음을 인정해야 된다는 것이다.

『장자』「지락至樂」에 나오는, 노魯나라 임금이 바닷새를 자신의 취향에 따라 대접하여 오히려 죽게 만들었다고 하는 이야기도 이러한 것이다. 어느 날 어떤 바닷새가 노나라의 교외에 머물게 되자, 노나라 임금이 그 바닷새를 대접한답시고, 마치 사람 중에서 귀빈을 대접하듯 그 바닷새를 수레에 태워 사당에 모시고 좋은 음악을 들려주고 맛난 음식을 대접해 주었지만, 그 바닷새는 오히려 어지러워하고 눈부셔 하면서 근심과 슬픔에 빠졌으며, 결국은 진수성찬의 좋은 음식과 좋은 술을 조금도 먹지 못하다가 사흘 만에 죽어 버린 것이다. 노나라 임금은 바닷새를 사람의 방식대로, 그것도 자신의 취향대로 대접하였지만, 바닷새의 입장에서는 그 자신이 속한 종의 본성에 따른 것이 좋은 대접이므로, 그렇지 않을 경우 오히려 본성을 해치는 것이 되는 것이기 때문이다.

오리든 학이든 바닷새든 모두 그 나름대로의 본성이 있으므로, 각자 그 존재의 본성을 인정하는 것, 즉 그 본성에 반하는 작위를 가하지 않는 것이 곧 '무위자연'인 것이다. 다른 존재에 그 본성에 반하는 작위를 가하는 것, 특히 인간의 기준으로 인위적 제한을 가하는 것은 인간 아닌 존재의 고통과 불행이 되는 것이다.

이와 마찬가지로 인간 사회에 있어서도, 모든 인간은 각자 저마다의 관점과 개성이 있다. 그런데 어떤 특정 인간과 부류의 관점으로 다른 이들에게 그 본성에 반하여 인위적 제한을 한다면, 그들의 고통과 불행이 되는 것이다. 이 인위적 제한의 대표적인 것이 국가권력을 가진 통치자들이 만든 법과 제도이다. 장자에게 있어서 이러한 법과 제도는 말머리에 멍에를 얹고 소에게 코뚜레를 꿰는 것이다. 장자는 각 존재들의 본성에 따른 각자의 상대적 행복을 인정할 것을 주장함과 동시에, 나아가서 이러한 행복을 제한하는 인위적 요인을 제거할 것을 주장한 것이다. 장자 자신에게 초나라 위왕이 재상을 제안했을 때, 그것이 '무위자연'에 따른 진정한 자유와 행복을 추구하는 자신의 인생관과 가치관에 반하므로 거절한 것 역시 이와 같은 것이다.

4. 존재의 차원의 차이

우리 인간들이 이처럼 자신과 남을 괴롭히는 행동을 하는 원인은 무엇인가. 그것은 우리가 인생과 세상에 대한 좁고 왜곡된 관점을 가지고 있기 때문이다. 이것을 장자는 작은 지식, 즉 '소지小知'라고 한다. 이러한 지식으로 사는 차원은 그 지식의 범위에서만 사는 한계가 있게 된다.

앞서 말한, 『장자』라는 책의 첫 부분인 「소요유逍遙遊」 처음에 나오는 붕鵬새의 이야기는, 붕새든 다른 작은 존재든 각자 존중받아야 할 자신들의 본성이 있음을 말하는 의미로 말하기도 하지만, 사실상 그보다는 장자가 추구하는 바의 차원이 다른 경지와 삶의 모습에 대한 비유적 상징을 말하는 것이다. 그 내용은 이렇게 되어 있다.

> 북쪽 바다에 곤鯤이라는 물고기가 있었다. 아주 커서 몇 천리나 되는지 알 수 없었다. 그 곤이 변해서 새가 되었는데, 그 이름을 붕鵬이라 한다. 붕의 등은 또 몇 천리나 되는지 알 수가 없다. 한 번 날면 그 날개는 하늘에 가득 찬 구름 같았다. 이 새는 바다가 움직여 큰 바람이 일면 그 바람을 타고 남쪽 바다로 날아간다. 곧 천지天池이다.
>
> 이 새가 날 때 하늘을 보면 공중에는 아지랑이(야마野馬)가 아른거리고, 먼지가 날며 여러 생물이 숨을 쉰다. 그럼에도 저 하늘은 푸르기만 하다. 그렇다면 이 붕이 날면서 땅을 내려다보아도 역시 푸르게 보일 것이 아니겠는가.
>
> 물이 깊지 않으면 큰 배를 띄울 수가 없다. 한 잔의 물은 겨우 지푸라기만 띄울 수 있을 뿐이다. 마찬가지로 바람도 두텁게 쌓이지 않으면 저 붕새를 날게 할 수 없다. 바람이 두터워야 붕새를 띄워서 멀

리 남쪽으로 날아가게 할 수 있다.

그런데, 매미와 산비둘기는 이 큰 붕새를 보며, "우리는 느릅나무, 박달나무 사이를 날다가도 때로는 이르지 못하고 땅에 내려앉을 수밖에 없는데, 쟤는 무슨 필요로 구만리의 높은 하늘에 올라 남쪽으로 날아갈까? 쓸 데 없이."라고 비웃는다.

근교에 소풍가는 이는 세 끼의 밥만 가지고 갔다 와도 배는 아직 부르지만, 백 리를 가는 이는 밤새 양식을 준비해야 하고, 천 리를 가는 이는 석 달의 양식을 준비하지 않으면 안 된다.

그러니 저 매미나 산비둘기가 어찌 대붕의 뜻을 알겠는가?

'작은 지식'(小知)은 '큰 지식'(大知)의 범위를 알지 못하고, '짧은 수명'(小年)은 보다 '긴 수명'(大年)의 범위를 알지 못한다. 아침에만 살아 있다 사라져가는 버섯은 하루의 시간을 알지 못하고, 봄에 나서 여름에 죽거나, 여름에 나서 가을에 죽는 매미류는 사철이 있는 한 해를 알지 못한다.

초楚나라 남쪽에 있는 명령冥靈이라는 큰 나무는 오백 년을 한 봄으로 하고, 또 오백 년을 한 가을로 한다. 상고上古에 있던 대춘大椿이란 큰 나무는 팔천 년을 한 봄으로, 또 팔천 년을 한 가을로 했다. 그런데 세상 사람들은 760세를 살았다는 팽조彭祖라는 선인仙人에 맞추어 보려하니 또한 슬프지 않은 일인가.

높은 차원, 넓은 범위의 존재, 그리고 낮은 차원, 좁은 범위의 존재는 그 생각의 영역이 다르다. 장자는 특히 낮은 차원, 좁은 범위에 제한된 존재가 높은 차원, 넓은 범위의 존재를 이해할 수 없음을 강조하고 있다. 사실상 이것은 도가에서 말하는 '도'를 체득한 존재와 그렇지 못한 존재의 차이를 비유한 것이라 볼 수 있다.

이는 마치 플라톤의 동굴의 비유와도 같다. 동굴 속에만 갇혀 있는 존재는 동굴 속 상황만 알 뿐, 동굴 밖 밝은 태양 아래의 세계를 알지 못한다. 즉 이데아의 그림자인 현상에 관한 지식만 뽐내는 존재는, 이데아에 관한 참된 지식을 알지 못하는 것이다. 『장자』「추수秋水」에 나오는 '우물 안 개구리'(井蛙)와 '여름 벌레'(夏蟲)에 관한 말 역시 이러한 취지이다. 우물 안 개구리는 공간에 제한되어 큰 바다를 알지 못하고, 여름 벌레는 시간에 제한되어 겨울 얼음을 알지 못한다고 하면서, 제한된 처지로 인한 편협한 관점을 이야기 하고 있다.

사실상 '도'를 알지 못하는 이러한 존재는 모두 각자 자신의 우물을 파서 그 속에서 보이는 하늘만이 실제 하늘의 크기로 여긴다. 그래서 자신의 틀 안에서 모든 것을 판단한다. 이러한 편협한 관점은 어리석음으로 나타나고, 이로 인해 탐욕을 가지게 된다. 탐욕은 또 다시 우리를 더 어리석게 만든다. 그래서 그 탐욕으로 인해 전체를 볼 줄 모르고 눈앞의 이익에만 사로잡히게 된다. 『장자』「산목山木」의 다음 이야기가 그러하다. 즉,

장주莊周, 즉 장자가 조릉雕陵의 숲 울타리에서 노닐다가, 한 마리의 기이한 까치가 남쪽에서 날아오는 것을 보았는데, 그의 이마를 스치고 날아가 밤나무 숲에 앉았다. 그래서 그는 잽싸게 가서 그 까치를 잡으려고 화살을 끼우고 있었는데, 그때 보니 한 마리 매미가 나무 그늘에서 기분 좋게 놀고 있었고, 그 곁에서 한 마리 사마귀가 그 매미를 노리고 있었다. 그때 아까 그 까치가, 장주가 자신을 노리고 있는 줄도 모른 채로 사마귀를 노리고 있었다. 이를 본 장주는, 세상의 존재들이 얽혀서 서로 해치면서, 다른 존재가 자신을 노리는 줄 모르고 자신의 목적에만 집중함을 느꼈다. 그런데 그때 밤나무 숲을 지키는 사람이 장주를 도둑인 줄 알고 뒤쫓아 오면서 욕을 하였다. 이에 장주는 집에 돌아와 자신 역시 그러한 존재임을 깨닫고 반성하였다는 이야기다.

이 이야기에 나오는 각 존재들은 각각 자신이 위험에 빠진 줄도 모른 채로 자신의 욕심 대상에만 집중하듯이, 이러한 욕심, 나아가 탐욕은 우리의 삶을 고통스럽게 할 뿐만 아니라 결국 위태롭게 만든다. 즉 양주가 '경물중생輕

物重生'을 말한 취지이다. 어리석음과 탐욕으로 인한 편협한 관점은 유한한 존재의 유한한 관점이기도 하다. 우리는 각각 이러한 유한한 관점을 가지고 서로서로를 재단하고 비판한다. 그러나 각각의 관점 중 누구의 관점을 옳다 할 것인가. 장자는 「제물론齊物論」에서 이렇게 말한다.

> 나와 그대가 논쟁을 한다고 하자. 그대가 나를 이기고 내가 진다면 그대가 옳고 내가 그른가? 내가 그대를 이기고 그대가 진다면 내가 옳고 그대가 그른가? 우리 둘 중 한 사람은 옳고 한 사람은 그른가? 그렇지 않으면 우리 둘 다 옳거나 둘 다 그른가? 나도 그대를 알 수 없고 그대도 나를 알 수 없다. 사람들은 그 무엇에 가려 알지 못하는데 우리는 누구에게 옳고 그름을 가려 달라 하겠는가? 만일 그대와 의견 같은 이에게 가려 달라 한다면 이미 그대하고 의견이 같은데 공정하게 가릴 수 있을까? 나와 의견이 같은 이에게 가려 달라고 한다면 이미 나하고 의견이 같은데 공정하게 가릴 수 있을까? 나도 그대도 아닌 다른 의견을 가진 사람에게 가려 달라면, 이미 나와도 그대와도 다른데 어떻게 가릴 수 있을까? 만일 나와도 그대와도 같은 이에게 가려 달라면, 이미 나와도 그대와도 같은데 어떻게 공정하게 가릴 수 있겠는가? 나도 그대도 다른 사람도 모두 누가 옳은지 알 수 없다. 그러니 누구에게 가려 달라고 하겠는가?

이러한 것은 모두 각자가 자신의 선입견으로 인한 주관적 견해에 사로잡혀 있어서 다른 것을 생각하지 않는 확증편향에 갇혀 있기 때문이다. 그래서 역시 「제물론」에서,

> 만약 각자 자신의 '주관적 마음(성심成心)'에서 이룬 것을 따라서 그것을 스승으로 삼는다면 누가 스승이 없을 것인가? 그런데 어리석

> 은 자도 있어서 마음을 제대로 이루지도 않고 시비是非를 따진다면 궤변을 논할 수도 있으니, 이는 신묘한 우禹임금이라도 해결할 수 없다.

라고 한다. '성심'은 하나의 우물 속에 있으면서 자신 만의 세계에 갇혀 있는 마음이다. 당시 천하의 일을 두고 제가백가 간에 논쟁하며 시비를 하는 것도 이러한 것이었다. 특히 자신의 친구 혜시와 같은 명가에서 논의하는 것을 부질없다 여겼는데, 이런 이야기가 있다.

> 장자와 그의 친구 혜시가 호수濠水의 한 다리 위에서 산책을 하고 있었다. 장자는 물속의 물고기를 보며 "물고기가 물속에서 유유자적하는 것이 물고기의 즐거움이다."라고 말했다. 혜자는 "넌 물고기가 아닌데 어떻게 물고기의 즐거움을 알 수 있나?"라고 말했다. 장자는 "넌 내가 아닌데 내가 물고기의 즐거움을 모른다는 걸 어떻게 아느냐?"고 했다. 혜자는 "나는 네가 아니므로 물론 너를 모르지만, 너 역시 물고기가 아니니까 너도 물고기의 즐거움을 모름을 나는 충분히 단정 지을 수 있다."고 말했다. 장자는 "처음 이야기로 돌아가자. 네가 '어떻게 물고기가 행복한지 아느냐'는 말은 이미 내가 물고기의 즐거움을 알고 있다는 것을 알고 나에게 묻는 것이고, 나는 그것을 호수의 가에서 알게 된 것이다.(『장자』「추수秋水」)

장자는 「제물론」에서 또 이렇게 말한다.

> 도道는 어디에 숨어서 참과 거짓을 담고 있으며, 말은 어디에 숨어서 옳고 그름을 담고 있는가? 도는 어디에 간들 있지 않겠는가? 말은 어디에 있은들 안 된다 하겠는가? 도는 작은 이룸에 숨고, 말은 화려한 수식에 숨는다. 그러므로 유가儒家와 묵가墨家의 시비是非가 있어

서, 그 비를 시로 하고 그 시를 비로 한다. 그렇지만 이러한 것은 모두 '명明'(진정한 지혜로움)으로써 해야 한다.

> 만물은 저것이라 하지 못할 것도 없고, 이것이라 하지 못할 것도 없다. 저것과 이것은 서로 아울러 나는 것이다. 그렇지만 아울러 나면서도 아울러 죽으며, 아울러 죽으면서도 아울러 나며, 아울러 가可하면서도 아울러 불가不可하고, 아울러 불가하면서도 아울러 가하다. 옳음(是)으로 인해 그름(非)이 있고, 그름으로 인해 옳음이 있다. 그래서 성인은 특정 관점에 기준하지 않고, 하늘에 비추어 옳음을 판단한다. 그러면 이것도 저것이고, 저것도 이것이다. 저것도 하나의 '옳고 그름(是非)'이고, 이것도 하나의 '옳고 그름'이다. 과연 저 옳음이란 있는 것인가 없는 것인가? 세상의 옳고 그름의 상대성을 넘어서는 것을 '도추道樞'라고 한다. '추樞'야말로 그 고리(環)의 중심을 얻어 무궁無窮에 응한다. 옳음도 하나의 무궁이요, 그름도 하나의 무궁이다. 그러므로 '명明'으로써 해야 하는 것이다.

결국 이러한 문제의 해결은 세상의 상대적 시비를 초월하는 '도道'의 입장에 섬으로써이다. 그 '도'의 중심이 '도추道樞'이며, 그러한 입장에서 바른 지혜인 '명明'으로써 일체를 대해야 하는 것이다.

5. 진정한 자유와 행복

인생의 고통과 불행의 원인이 편협하고 제한된 관점과 탐욕으로 인한 것이라면, 진정한 자유와 행복은 이러한 원인을 제거함으로써 달성될 수 있을 것이다. 장자는 우리 인생의 고통과 불행의 이러한 원인들을 제거하여 절대자유와 절대행복을 얻을 것을 주장하였다. 이 절대자유과 절대행복이 곧 '소요逍遙하는 노닒(遊)'인 '소요유逍遙遊'이다. '소요逍遙'란 '자유롭게 이리저리 슬슬 거닐며 돌아다님'을 의미한다. 그리고 '유遊', 즉 '노닒'은 세속적 차원의 목적의식이 없는 '무위자연無爲自然'의 '유遊'이고, 인위人爲를 버리고 작위作爲를 잊은 '유遊'이다. 어디에도 얽매이지 않는 모습이다. '소요'하는 '유'의 삶은 얽매임이 없는 삶이다.

장자는 허유許由가 자신에게 선양禪讓을 하려는 요堯임금의 제안을 거절하는 이야기를 통해 당시 세속적 가치의 최고인 천자의 권력을 비웃기도 하고, 숲속의 나무 중 세상에 쓸모없는 나무가 나무꾼의 도끼질을 피할 수 있어서 그 자신의 생명을 오래 보존할 수 있는 역설을 통해, '쓸모없음'의 가치, 즉 '무용지용無用之用'을 말하면서 세속적 측면의 쓸모 있음에 대해 비판을 가한다. 세속적 가치 기준에 따른 쓸모 있음을 향해 살아간다는 것은 자기의 주체적 가치를 버리고 세상과 타자에게 나를 맞추려는 것이다. 그리고 이것은 자발적으로 부자유 속으로 걸어 들어가는 것이다. 그의 사상에 따르면 '쓸모없음의 쓸모(無用之用)'의 가치를 향해 갈 수 있을 때, 진정한 자유에서 노니는 '소요유'의 삶은 완성된다.[1)]

이러한 '소요유'의 경지로서의 진정한 자유와 행복을 얻기 위해서는 세계를 바라보는 관점이 올발라야 한다. 올바른 관점은 세계를 바라보는 참된 지혜에서 나온다. 『장자』의 「제물론齊物論」에서 장주는 그의 친구 혜시보다 고차적인 경지의 지혜(知)를 논하고 있다. 이 고차적인 경지의 지혜는 '무지無知의 지知'이다. 이것은 노자의 사상과 상통하는 '도'를 얻은 경지에서 얻어지는 것이다. '도'는 모든 것을 포괄하는 '하나'로서, 그것은 만물을 낳는 것이다. 이

---

1) 그런데 장자가 친구 집에 갔을 때 친구가 거위를 잡아 대접하려 했다. 이때 집안의 동자가 "한 마리는 잘 울고 다른 한 마리는 잘 울지 못합니다. 어느 것을 잡을까요?"라고 묻자, 주인인 친구가 울지 못하는 것을 잡으라고 했다. 울지 못하여 '무용無用'한 거위는 죽게 되고, 잘 우는 '유용有用'한 거위는 살게 된 것이다. 그러면 도대체 '유용'을 추구해야 하는가 '무용'을 추구해야 하는가의 문제에서 장자는 이 역시도 초월하는, 즉 '유용'과 '무용'을 넘어서는 경지를 추구했다. 따라서 진정한 자유로서의 '소요유'는 이처럼 '유용'과 '무용'을 모두 초월하는 경지임을 말할 수도 있다.

러한 '하나', 정말로 '하나'인 것은 논의될 수도 사유될 수도 없다. 『노자』에서 말로 표현할 수 없다고 한 '도道'로서의 '하나'이다.

그러나 도가사상가로서의 장자는 '하나'란 사유할 수도 표현할 수도 없다는 것을 깨달았다. 그래서 도가사상의 입장에서는, 그는 '하나'에 대한 참다운 이해를 했으며 명가보다 깊은 경지에 이른 것이다. '제물齊物'은 사물을 볼 때 자연성으로서의 '천天'에 비추어 보는 것이다. '사물을 자연에 비추어 보는 것'이란 유한을 초월한 관점에서 사물을 본다는 뜻이다. 각종각양의 괴이한 현상은 '도'의 관점에서 본다면 모두 통하여 '하나'가 된다. 만물은 모두 다르지만, 본디부터 그렇게 존재할 수 있기 때문에 그렇게 존재한다. 그러나 다 같이 '도'에서 유래하였으므로, 비록 만물은 현상적으로 천태만상千態萬象이나 '도'에로 귀일되는 점에 있어서는 같다. 도의 관점에서는, 나와 너 그리고 도로부터 생겨난 모든 것은 평등하게 같다.

이러한 평등은 우선 자신의 기준에 집착하는 선입견을 버리는 것에서 출발한다. 이러한 선입견은 앞에서 말한 노魯나라 임금과 같은 경우로서, 이는 '프로크로스테스의 침대' 이야기와 같은 것이다. 자신의 기준만이 옳다고 여기는 관점은 자신의 공간에 매여 있는 '우물 안 개구리'나 자신의 시간에 매여 있는 '여름 벌레'와 같은 것이다. 이러한 자신만의 기준에 근거하여 남을 재단하는 선입견은 나와 남 모두의 자유와 행복을 박탈한다. 이러한 선입견을 버리는 것이 진정한 자유와 행복을 얻기 위한 전제 조건이다. 「제물론」에서 그것은 '오상아(吾喪我)'[나는 나를 잃어버렸다]로 표현된다. 제한된 관점과 선입견을 버리고 이러한 이상적 경지에 도달한 이상적 존재를 장자는 '지인至人'이라 불렀다.

장자가 추구한 '지인'의 경지를 가장 잘 드러내는 말이 바로 이 '오상아(吾喪我)'이며 '제물齊物'이다. 그런데 '지인'이 될 수 있는 방법은 먼저 말로 이루어지는 논쟁에서 벗어나는 것이다. 우리가 일방적인 관점에 따라서 논쟁을 할 때는 어느 쪽도 궁극적인 결론에 도달할 길이 없으며, 또한 어느 쪽이 정말로 옳고 그른지 결정할 방도도 없다. 장주는 시비의 개념은 각 사람의 유한한 관점에 근거하여 이룩되었기 때문에 모든 관점은 상대적일 수밖에 없다고 여겼다. 이런 언어의 이분법적 사고를 벗어남은 만물에 대한 분별 기준을 무화無化시키게 되고, 이는 곧 자아와 타자의 분별을 없애는 데로 나아간다. 장자가 궁극적으로 도달하고자 한 경지가 이것이며, 자아와 타자, 만물의 평등성에 대한 인식은 인간을 자유의 상태로 나아가게 하는 토대가 된다.

6. 변화하는 세계의 존재에 대한 초월

장자가 말하는 이상적 존재인 '지인至人'-또는 '신인神人', '성인聖人'-은 세상일의 잡다한 구분을 초월했을 뿐만 아니라, 자기와 세계, 나와 내가 아닌 것의 구분도 초월하였기 때문에 절대적으로 행복하다. 그리고 그 경지는 삶과 죽음의 초월로도 나아간다. 그런데 이러한 경지가 가능한 근거는 '물화物化'로 표현되는 장자의 변화에 대한 인식이다. 장자는 「제물론」 마지막에 유명한 '꿈 이야기'를 한다. 장주가 꿈에 나비[호접胡蝶]가 되었는데 꿈에서 깨어나 "알지 못하겠다. 장주가 꿈에 나비가 된 것인가, 나비가 꿈에 장주가 된 것인가?"라고 하며, 그 구별을 분명히 할 수 없다고 한다. 그리고 "장주와 나비는 분명한 구분이 있으니 '물화物化'라고 한다."고 하였다.

『장자』「내편」을 볼 때 가장 많은 부분 서술되고 있는 것이 삶과 죽음의 문제이다. 유한한 존재자는 시공간의 한계를 벗어날 수가 없어서 병들고 늙어서 죽게 마련이다. 그러므로 이에 대한 공포는 본연적 공포라고 할 수 있다. 이러한 '물화物化'에 대한 이해는 곧 삶과 죽음에 대한 이해와 직결된다. 인간은 죽음 이후의 세계에 대한 두려움을 갖고 있다. 이는 형체를 중시하는 태도와도 관계가 있는데, 만물의 '화化'를 받아들이고 보면, 모든 존재는 다른 형체로 변화하고 있기 때문에, 죽음 이후의 세계가 끝이 아니며 오히려 전체 삶의 일부분임을 알게 된다. 죽음이 전체 삶의 일부분이라고 생각한다면, 죽음은 그렇게 강한 두려움의 대상은 아닌 것이다. 즉 '생사일여生死一如'인 것이다.

죽음은 운명[명命]이다. 물화物化에 대한 인식은 '명命'으로부터의 해방을 의미한다. 그래서 장자는 죽음을 '매달렸다가 풀려난 것[현해懸解]'이라고 하여 초월의 상태임을 말하면서, 그 삶이 불이 옮겨 붙듯이 다른 곳으로 움직이는 것임을 말한다. 결코 끝이 아니라는 의미이다. 그러면 죽음은 더 이상 공포의 대상이 아니라 곧 삶이 되는 것이다. 장자는 죽음을 '물物'의 소멸로 본 것이 아니라 다른 물物로의 화化로 설명함으로써 그 두려움을 없애려고 했다. 이는 단순히 죽음이란 운명에 순응하라는 뜻이 아니라, 죽음의 자연성을 받아들임으로써 우리의 의식을 고차적 경지로 끌어올리라는 뜻이다.

장자가 노담老聃이 죽고 나서 조문을 갔을 때, 그저 세 번 곡하고 나오자, 그 제자가 의아하게 묻는 말에, 삶과 죽음이 모두 때가 되어서 왔다가 가는 것으로서 자연의 이치에 불과하니, 즐거움과 슬픔이 부질없음을 말하며 죽음을 '현해'라고 한 것이다. 또 그의 아내가 죽었을 때도 슬퍼하지 않고 술동이를 두드리며 노래하는 모습을 본 혜시가 비판하자, 태초에는 본래 생명이 없었으며, 그러다가 형체가 생겨 생명이 부여되고, 죽음이란 다시 본래의 자연으로 돌아가는 것이니, 그의 아내도 역시 자연으로 돌아가 편안히 쉬게 되었으니, 슬퍼할 일이 아니라고 하였다. 또, 자신이 죽음에 임해서도 그의 제자가 후장을 하려하자, 자신은 천지를 관곽棺槨으로 삼고, 일월을 연벽連璧으로 삼고, 별들을 진주珍珠로 삼고, 만물을 부장품으로 삼는다고 하며, 어차피 자연으로 돌아가니 새나 벌레에게 먹힌들 상관없다고 하였다.

따라서, 이 변화는 이런 물리적인 것에만 머무르는 것이 아니라 의식적인 변화를 가져온다. 장자가 말하고자 하는 바는 바로 이 의식의 변화이다. 인간을 자유롭지 못하게 하는 대상들의 실체를 밝혀 그 본질을 인식하게 함으로써 자연스럽게 의식의 변화를 유도하는 것이다. 그래서 장자는 변화의 이치를 터득함으로써 정신내면의 의식의 변화를 향해 나아갈 것을 지향하는데, 그것은 이치로 감정을 순화(以理化情)시킴으로써 이룬다. 이상적 존재인 '지인', '신인', '성인'은 감정에 의하여 방해를 받지 않고 '마음의 평정'을 누리는 것이다. 그렇기 때문에 이상적 존재는 외물外物에 의존하지 않고, 그의 행복도 외물의 제한을 받지 않는다. 이로써 그는 절대적인 행복을 얻었다고 말하게 되는 것이다. 이러한 장자사상의 근본취지는 체념이나 비관이 아닌, 그러한 것을 초월한 '달관達觀'이다.

제8장

『주역周易』

『주역周易』의 '역易'이란 '변화變化'라는 의미이다. '역'은 현상세계의 일체 존재는 변하며, 변하지 않는 것은 아무 것도 없고, 변하지 않는 것은 오직 변한다는 사실 뿐이라는 것에서 출발한다. 이러한 것을 움직일 수 없는 진리로 여기고, 그러한 변화를 한자漢字로 표현하여 '역易'이라 한다. 중국 상고시대의 사람들이 삶 속에서 얻은 경험의 결과일 뿐만 아니라, 지금도 앞으로도 사실상 누구라도 알 수 있는 당연한 사실이 '변화'라는 것이다.

그런데 이 변화는 아무렇게나 전개되는 것은 아니다. 일정한 규칙이 있다고 생각했다. 경험상 낮과 밤이 번갈아 계속되고, 추위와 더위가 번갈아 계속되는 것처럼. 만일 규칙이 없다면, 우리는 불확실성 속에서 불안한 나날을 보내야 할 것이다. 어두운 밤이 지나고 나면 또 해가 떠올라 밝은 낮이 되리라는 것을, 추운 겨울이 지나고 나면 다시 따뜻한 봄이 오리라는 것을 믿기에 살아갈 수 있는 것이다. 중국 상고시대인들은, 변화에는 이러한 규칙이 있고, 이러한 규칙에 따라 변화가 전개된다고 막연히 생각하였다.

처음에는 그 규칙성에 대한 관심보다는 현상의 전이轉移과정에 주로 관심을 가졌다. 즉 어떤 과거에서 현재로 전개되었고, 현재는 어떤 상황이며, 미래는 어떻게 전개되어 갈 것인가 하는 것이다. 이것을 알기 위한 방법이 곧 '점占'이었다. 그래서 변화를 말하는 '역易'은 '점占'과 관련되었다. '점'은 인간이 종교적 존재와 교감하는 일종의 종교적 행위이다. 이 행위를 통하면, 그 종교적 존재가 변화의 상황을 계시해준다는 것이다. 그러한 종교적 존재는, 고대 중국의 경우, '귀신鬼神'이며 나아가서는 '천天', 즉 '하늘'이었다. 이러한 종교적 존재의 실재성을 믿는 것이 고대원시종교이다.

1. 변화의 패턴과 원리로서의 '역易'

세계가 변화하고 그 변화가 무질서한 것이 아니라면, 거기에는 규칙성이 있다는 말이 된다. 그렇다면 중국 상고시대의 '하늘'이나 '귀신'은 세계의 변화 자체에 개입하여, 그에 영향을 미치는 '기적'과 같은 것을 일으키는 종교 계통의 그러한 종교적 존재와는 달리, 다만 변화 상황을 계시해 줄 뿐이다. 세계는 종교적 존재와는 무관하게 자체 규칙 나아가서 원리에 따라 변화한다는 것이다. '역易'의 문자로서의 의미는 곧 '변화'이면서, 동시에 그것은 그러한 세계변화의 패턴이나 원리를 말한다. '점'을 치는 목적은, 종교적 존재가, 특정 상황이 세계변화의 어떤 패턴 중 어디에 속하는 경우인가를 계시받기 위해서이다. 그 상황은 현재의 상황이면서 동시에 과거와 미래가 연결되어 있는 것이므로, 과거를 해석함과 동시에 미래를 예측하는 목적도 있다.

'역'은 나아가서 이 세계변화의 패턴을 구체화하여 표현한 것으로 나타난다. 그 표현은 먼저 기호로 표시되었다. 그래서 '역'의 의미는 확장되어 그 패턴이 기호로 표현된 것을 말하게 되었다. 그것을 '괘卦'라고 하였다. 그리고 나중에는 그 기호의 상징성만 가지고는 구체적 표현이 어려워 그것을 표현하는 언어를 붙이게 된다. 그래서 변화의 패턴이 표현된 기호, 그리고 그것을 또다시 언어로 표현한 것이 '역'이 되었다. 나아가 그 기호와 언어를 총체적이고 체계적으로 표현한 문헌이 곧 '역'이 되게 되며, 이후 점을 칠 때 점의 결과를 구체적으로 표현할 때 참조하는 편리한 수단으로 된 것이다.

세계변화의 패턴은, 결국 변화의 다양한 '경우의 수'로 전개되어 표현된다. 그래서 '괘'는 그 '경우의 수'를 표현하는 기호가 되는 것이다. 그런데 '역'의 특징은 이 '경우의 수'가 그저 아무렇게나 규칙성 없는 임의의 것이 아니라, 질서정연한 논리적 양상으로 나타난다는 것이다. 그것은 가장 간단하게는 양자택일이다. 길을 가다가 두 갈래의 갈림길을 만났을 때, 어디로 가야할지 모르고 양쪽 길에 대한 아무런 정보도 없을 경우, 어쨌든 둘 중에 하나를 선택해야 한다면, 그 '경우의 수'는 둘이다.

이 경우 정보가 있다면 그에 따라 판단하겠지만, 그렇지 않으면 임의로 하나를 선택해야 한다. 그런데 만약 종교적 존재가 있어서 답을 제시해 준다면 어떨까. 그렇게 생각하여 나온 행위가 '점'이다. 하늘 또는 귀신과의 감응을 바라는 것이다. 하지만, 만약 종교적 존재가 없다고 해도 남는 것이 있다. 그것은 그러한 '경우의 수'에 관한 패턴이다. 만일 양자택일에서 선택지의 정보가 있거나 미루어 짐작하는 인간의 지혜가 있다면 점을 치지 않아도 될 것이다. 그래서 '역'은 점에서 출발했지만, 그렇다고 해서 반드시 점에 종속될 필요는 없다고 할 수 있는 것이다. 만일 어떤 선택지들이 있고, 그러한 것을 결정하는 데 점의 방법을 동원한다면, 우리가 수학 시험을 칠 때, 여러 가지 선택지 중에서 답을 골라야 하는 것도 점과 결부시킬 수 있을 것이다.

만일 그렇게 생각한다면, 어떤 분야도 점이 아닌 것이 없다. 즉 관건은, 어떤 것을 결정할 때, 이성적 지혜에 의존하느냐 종교적 존재에 의존하느냐 아니면 그도 저도 아니게 그저 우연의 경우에 맡기느냐 하는 것이지, 어떤 제시된 선택지들에 있는 것은 아니다. 따라서 '역'은 점에서 출발했지만, 반드시 점과 관련되어야 하는 것은 아니다. 순자荀子는 "역易을 잘 하는 이는 점을 치지 않는다(善爲易者, 不占)"라고 하였다.

2. 『주역周易』이라는 문헌

중국 고대에 '역'이라는 말이 변화의 개념에서 시작하여 그러한 변화의 패턴을 말하는 기호와 언어를 수록한 문헌의 의미를 지니게 되었는데, 그러한 종류의 문헌 중 하나가 『주역』이다. 전해지기로는 『주역』 이전에 두 종류의

'역'이 더 있었다고 한다. 그것은 하夏나라의 역인 『연산역連山易』, 그리고 상商(은殷)나라의 역인 『귀장역歸藏易』을 말한다. 그러나 그 두 '역'은 그 명칭만 기록에 남아 전해지고, 그 실물은 사라지고 전해지지 않는다고 한다.

이름만 전해지는 그 두 '역' 이전에는 그러한 문헌이 있었다는 이야기는 없지만, '역'이라는 관념과 그것을 기호로 표현한 것은 이미 상고시대에 있었다고 전한다. 그 최초의 시도자가 전설적 인물 복희씨伏羲氏(또는 포희씨包犧氏라고도 함)이다. 『주역』의 첫 번째 해설서 중 하나인 『주역』「계사전繫辭傳」에는, 복희씨가 위로 천문天文을 보고 아래로 지리地理를 살피며, 조수鳥獸의 무늬와 땅의 마땅한 상태를 보고, 또 가까이는 몸에서 멀리는 현상세계의 사물에서 취하여, 그러한 이미지로부터 처음으로 변화의 패턴을 지칭하는 범주인 여덟 개의 괘, 즉 세 줄로 만들어진 '팔괘八卦'를 만들어서, 신묘하고 밝은 덕을 통하면서 현상세계의 만물을 분류하였다고 적고 있다.

당시 상대적으로 소박했던 그 시대 세월에는 만물을 '팔괘'라는 정도의 범주로 분류해도 충분하였고, 그것은 언어화하지 않고 기호만으로도 표현가능했지만, 이후 세상이 복잡해져서 그 범주를 더 세분할 필요가 있어서, 8괘를 거듭 만나게 하여 8×8=64가지의 범주로 만들었다고 한다. 그래서 만들어진 것이 64괘의 기호라고 한다. 이렇게 64괘를 만든 이는 상商나라 말기 그 마지막 임금인 주왕紂王의 박해를 받던 주周나라 문왕文王이라고 한다. 그래서 그 문왕이 그 64괘의 기호를 언어로 설명하여 만든 것이 곧 『주역』이라는 것이다. 또, 64괘의 각각은 여섯 줄로 만들어져 있고, 그 줄 하나하나를 효爻라고 부르는데, 문왕은 이 괘와 효에 언어를 붙였다고 한다. 괘에 붙인 언어는 괘사卦辭라고 하는 것이고, 효에 붙인 언어는 효사爻辭라고 하는 것이다.

전통적 학설은 다양하여 복희씨가 이미 8괘와 64괘를 모두 만들었다고 하는 견해가 있고, 또 그 언어인 괘사와 효사의 경우는, 괘사는 문왕이 지었지만, 효사는 그의 작은 아들인 주공周公이 지었다는 견해도 있다. 그래서 『주역』이 이루어지기까지 복희씨와 문왕, 주공의 세 사람이 관여되었다는 것이다. 그런데 현대에 와서는 그러한 견해들을 의심한다. 그래서 『주역』이란 어떤 특정인의 손에 의해서 만들어진 것이 아니라, 오랜 세월 동안 여러 사람에 의해 일련의 과정을 거쳐 이루어진 것이라고 주장한다.

한편, 8괘가 있고 난 다음에 그것이 중복되어서 64괘가 되었다는, 유력했던 전통적 견해는 신뢰하기 어렵다. 복희씨가 괘를 그었든, 아니면 알 수 없는 다른 어떤 사람이 그었든, 괘는 처음부터 64괘로 출발했다고 생각하는 것이 합당하다. 처음 8괘만 있었다면, 세계의 변화를 설명하는데 아무리 상고시대라지만, 단지 그것만으로 복잡한 세계의 변화를 설명할 수 있었다는 것은 납득할 수가 없다고 생각한다. 그래서, 흔히 이야기하는 대로 8괘가 있고 나서, 그것이 나중에 중복되어서 64괘가 된 것이 아니라, 처음부터 존재한 64괘를 설명하는 방식에 그 요소로서 8괘의 개념을 도입했다는 것이다.

이러한 『주역』은 처음에는 점을 치는 데 활용되어, 점서의 역할을 했는데, 이미 말한 대로, 시대가 흘러 문명이 보다 발전하고, 사람들이 계몽되어, 세계를 합리적으로 해석하려는 시도가 이어졌다. 그것이 본격화된 때가, 춘추말기에 나타난 공자로부터 이후 전국시대의 여러 철학자들이 등장한 제자백가諸子百家의 활동시기이다. 그러면서 『주역』을 철학적, 합리적으로 해석하려는 시도가 있게 되었다. 세계의 변화패턴을 말하는 것이 『주역』인데, 그것이 실제 세계의 특정한 상황에 어떻게 대응되는가를 알고 싶을 때 점을 쳤지만, 만일 그러한 정보를 알려주는 종교적 존재를 믿지 않는다면, 그렇다고 해도 여전히 남는 것은 그 변화의 패턴이다.

그래서 『주역』을 철학적으로 해석한다는 것은, 그 변화의 패턴, 즉 64괘의 패턴을 해석하는 것이 된다. 이것은 종교적 존재와 무관하게 가능한 것이고, 나아가 그 변화 자체도 종교적 존재와 무관하게 어떤 원리에 따라 이루어진다면, 그 원리를 파악하는 것, 즉 변화의 원리를 얻는 것이 중요하고, 순자가 '역'을 잘하는 이는 점을 치지 않는다는 것은, 결국 종교적 존재에 묻는 것이 아니라, 원리를 획득하는 인간 이성 스스로에게 묻는 것이 되는 것이다.

그렇지만, 순자는 전국시대말기의 사람이고, 이러한 최초의 시도자는, 전통적 견해로는 공자라고 한다. 즉, 공자는 이전부터 전해 오던 『주역』이라는 문헌에 종교성을 배제하고, 그것을 철학적, 합리적으로 해석하였고, 전통적 견해로는 그렇게 이루어진 것이 「십익十翼」 또는 「역전易傳」이라는 최초의 『주역』 해석서라고 한다. '십익'은 열 개의 날개라는 의미이다. 날개는 새가 나는 것을 돕는 것이므로, 『주역』의 의미를 이해하도록 돕는 열 가지 해석서라는 것이다. 이로 인해, 『주역』이 점서에서 철학서로 되게 되었다고 할 수 있다.

다음이 그 열 가지이다.

① 「단전彖傳상上」 ② 「단전彖傳하下」
③ 「상전象傳상上」 ④ 「상전象傳하下」
⑤ 「계사전繫辭傳상上」 ⑥ 「계사전繫辭傳하下」
⑦ 「문언전文言傳」 ⑧ 「설괘전說卦傳」 ⑨ 「서괘전序卦傳」 ⑩ 「잡괘전雜卦傳」

이러한 「십익」 또는 「역전」은, 사마천司馬遷이 그 작자를 공자孔子라고 하여 전통적으로 공자가 지은 것으로 말해져 왔다. 그러나 북송대北宋代의 구양수歐陽修가 「계사전」의 작자를 의심한 것을 시작으로, 청대淸代에서 현대 학자에 이르기까지의 많은 학자들은 그 10편이 모두 동일한 시대에 동일한 인물에 의해 이루어진 것이 아니라며, 공자 저자설을 부정하고 있는 현실이다.

또 원래 『주역』이란 당연히 이 「십익」이 있기 전의 괘와 효 및 괘사와 효사만을 이르는 말이었지만, 이후 「십익」의 가치를 높이게 되어 이 부분까지도 『주역』에 포함시켜 부르게 되었다. 그리고 『주역』을 일명 『역경易經』이라고도 하지만, 현대의 중국 학자들은 「십익」을 뺀 원래의 주역을 『역경』이라고 부르고, 「십익」을 「역전」이라고 부르므로, 그 명칭에도 차이가 있는 점이 있다. 그러나, 사실상 「역전」, 즉 「십익」은 비록 후대의 다른 『주역』 해석들보다 존중받고 우월적 지위를 가지게 되어 『주역』에 포함되는 대접을 받고 있지만, 그래도 원래 『주역』 자체는 아니고 그에 대한 해석인 것이다.

3. 『주역』의 기본적 세계관과 인생관

『주역』이 비록 점서로 출발하였지만, 거기에서 '점'에 관한 종교적 부분을 접어 둔다면, 세계의 변화에 대한 64가지 형식의 패턴과 그 패턴 전개의 규칙만 남는다. 그런데 패턴과 그 규칙은 세계의 변화뿐만 아니라, 인생의 변화에도 적용된다. 이 문헌을 철학적으로 해석해도, 점의 부분만 배제하면, 결국 삶에 관한 철학으로서의 인생관을 말하는 문헌이 된다. 『주역』의 관점에서는, 세계도 인생도 일체가 『주역』의 원리 속에 포섭되는 것이다.

『주역』은, '역'이란 글자의 의미처럼, 이 세계는 변화하지 않을 수 없고, 세계 전체가 하나의 생명체로서 변화하며 운동한다고 본다. 『주역』 사상뿐만 아니라, 중국 고대로부터 비롯된 철학들은 대체로 우주宇宙를 하나의 큰 생명유기체로 본다. 그 생명체의 활동이 곧 변화로서의 '역易'이다. 그래서 「역전」 중 「계사전」은 이 점을 두고, "생生하고 또 생生함을 일러 '역易'이라고 한다(生生之謂易)"고 하였다.

『주역』에서 말하는 이러한 생명체로서의 세계 변화는 또 퇴락하는 변화가 아닌 날로 새로워지는 변화이다. 즉, 이 변화는 항상 새롭게 진보하면서, 낡고 묵은 것을 털어 내고 발전하는 변화로서, 어떤 고착적인 것을 거부한다. 그래서 「계사전」에서는 이를 두고 "날로 새로워지는 것(일신日新)을 일러 '성덕盛德'이라 한다"고 했는데, 이 '성덕'이란 세계 변화의 왕성한 힘이란 의미이다.

변화란 사실상 공간의 시간에 따른 추이推移를 말한다. 『주역』에서 말하는 변화는 때[時]에 따른 변화로서 이를 매우 중시한다. 공간을 점유하고 있는 각 존재자들의 시간적 추이가 중요한 것이다. 그래서 그 존재자 중의 하나인 인간이 삶을 꾸려 나가는 데에도 때가 중요하다고 본다. 즉, 모든 변화에는 때가 있으며, 때가 성숙해야 변한다. 그래서 삶에서의 행위도 때에 맞춰 해야 한다. 「역전」 중 「단전」의 이 말은 그 점을 단적으로 보여 주고 있다. "때가 그쳐야 할 경우면 그치고, 때가 행해야 할 경우면 행하며, 활동하고 정지함에 그 때를 잃지 않으면, 그 도道가 빛나고 밝아질 것이다(時止則止, 時行則行, 動靜不失其時, 其道光明)(『주역』「간괘艮卦단전彖傳」).

그런데 우리는 이러한 변화 속에서 때에 맞는 행동을 하려 해도 그 맞추기가 참으로 어려움을 안다. 우선 그 변화의 과정을 인식하기가 쉽지 않기 때문이다. 변화는 어느 순간 그 결과만으로 갑자기 우리 앞에 나타나는 경우가 매우 많다. 이렇게 갑자기 일어나는 어떤 변화를 두고 '돌변突變'이라 한다. 그래서 흔히 '돌변의 사태' 운운하는 경우가 있는 것이다. 그러나 『주역』의 관점으로는 세상에 '돌변'이란 없다. 그 원인은 이미 이전에 발생하였고, 그 다음 그 성숙과정을 거쳐 어느 날 '돌변'인 것처럼 나타날 뿐이다. 그것은 그 이전의 원인에 대한 결과일 뿐이다. 다만 우리가 그 원인과 과정을 눈치채지 못했을 뿐이다.

따라서 『주역』의 관점으로는 엄밀히 말해서 세상에 '돌변'이란 없으며, 그 반대로 점차로 변화하는 이를테면 '점변漸變'만 있다. 사실상 세상 모든 변화는 원래 '점변'이라 할 수 있다는 것이다. 이렇게 '점변'이라고 말할 수 있는 변화는 '돌변'이라는 결과가 나오기 전 원인으로부터 진행된, 미시적, 단계적인 과정으로서의 변화이며, 우리가 그것을 인식하기 어려우나 실제적 변화 그 자체인 것이다. 결국 '돌변突變'이란 '점변漸變'의 결과가 인식하기 쉽게 드러나는 것이다. 이러한 이치를 모르는 이들은 '돌변'만을 보고 '점변'을 보지 못하지만, 지혜로운 이는 사실상의 모든 변화란 곧 '점변'임을 안다.

이러한 것을 역시 「역전」 중 하나인 「문언전文言傳」에서는 이렇게 말한다. 즉, "신하가 그 임금을 시해하고, 아들이 그 아버지를 시해하는 사건이 일어난 것은 어느 날 하루아침 하루저녁에 일어난 일이 아니다. 그것이 말미암아 온 것은 '점차로 진행된 것'이다. 그것은 분별해야 할 것을 일찍 분별하지 않았기 때문이다. 그래서 '역'에 말하기를, '서리를 밟으면, 굳은 얼음이 이르게 된다'고 하는 것이다(臣弑其君, 子弑其父, 非一朝一夕之故. 其所由來者漸矣, 由辯之不早辯也. 易曰'履霜堅氷至')"(「곤괘坤卦문언전文言傳초육初六」).

이 예를 든 것은 중국 춘추시대春秋時代의 혼란상과 관련이 있다. 춘추시대는 당시 중앙정부인 주周나라의 제도, 즉 '주례周禮'가 붕괴되고 사회가 무질서해져, 아래가 위를 치는 이른바 '하극상下剋上'의 사건이 빈번하였다. '신하가 그 임금을 시해하고, 아들이 그 아버지를 시해하는 사건이 일어난 것'은 그 극단적인 경우이다. 이러한 상황을 비판하면서 지어진 것이 공자의 『춘추春秋』로서, 이는 공자가 당시 노魯나라 역사책인 『춘추』의 사료에 도덕적 비평을 가하여 '시시비비是是非非'를 판단한 것이다.

그런데, 이러한 극단적 패륜 상황은 어느 날 갑자기 일어난 '돌변'의 사태가 아니란 것이다. 그것은 작은 씨앗에서부터 자라 점점 커져온 것이며, 그렇게 커지게 된 것은, 어떤 도덕적으로 작고 미세한 것이 발생했을 때 그것을 처음부터 시시비비를 가려 부도덕의 싹이 자라지 않도록 했어야 했는데 그러지 않은 이유라는 것이다. 즉 미리 가려서 조치를 취하지 않았기 때문에 그것이 점점 커져 급기야는 크나큰 패륜의 상황에 이르렀다는 것이다. 그래서 '분별해야 할 것을 일찍 분별하지 않았기 때문'이라고 하는 것이다. 그것은, 마치 가을이 시작되어 처음 서리가 내렸을 때, 언젠가는 굳은 얼음이 이르는 추운 겨울이 올 것을 대비하듯이, 좋은 일이든 나쁜 일이든 어떤 일의 작은 씨앗을 보았을 때 그 미래의 상황을 예측하여 대비해야 한다는 것이다.

요컨대, 어떤 결과에는 그 원인과 과정이 있으므로, 지금에 벌어진 큰 사건들은 지난날의 미세하고 사소한 일로부터 기인하였음을 반성하고, 동시에 지금의 조그만 일들이 미래의 큰 결과를 초래함을 알아서 미리 대처해야 한다는 것이다. 이러한 것이 '변화'에 대한 인간의 대처 자세인 것으로서, 「계사전」에서는 이렇게 말하고 있다. 즉, "'기幾'라는 것은 움직임의 미세함으로서

길吉한 것이 먼저 나타나는 것이다. 군자는 '기幾'를 보고 행동하지, 종일을 기다리지 않는다(幾者, 動之微, 吉之先見者也. 君子見幾而作, 不俟終日.).

'기幾'란 좋은 일이든 나쁜 일이든, 어떤 일이 처음 일어난 최초의 징후요 조짐이다. 그래서 지혜로운 군자는 그 결과를 기다리지 않고 오히려 그 결과를 예측하여 미리 행동한다는 것이다. 『주역』을 읽는 이유 중 하나는 세상의 변화에 대해서 그 결과가 나타날 때까지 더구나 '돌변'의 사태가 일어날 때까지 기다리지 않고, 그 변화의 법칙을 파악하여 미리 대처하기 위함이다.

『주역』의 관점으로는, 변화의 기본적 힘의 바탕에는 '물극필반物極必返', 즉 만물은 그 기존 변화의 상황이 궁극에 달하면 반드시 되돌아간다는 원리가 있다는 것이다. 이것은, 세계의 모든 존재 그리고 인생의 모든 사건은 모두 언젠가는 그 한계상황에 도달하게 되고, 그렇게 되면 반드시 반전反轉함이 그 이치임을 말하는 것이다. 달은 차면 기울고, 해는 중천에 이르면 서산으로 기울며, 낮이 궁극에 이르면 밤이 오고, 밤이 궁극에 이르면 낮이 오며, 추위가 가면 더위가 오고, 더위가 가면 추위가 오는 것이다. 이러한 '물극필반物極必返'의 '역'의 이치를 「계사전」에서는 더 구체적으로 이렇게 말한다. "역易이란, 궁극에 이르면 변하고, 변하면 통하고, 통하면 오래간다(易, 窮則變, 變則通, 通則久.)"

그런데 변화는 그저 이렇게 동일한 것을 반복함으로써만 이루어지는 것은 아니다. 그 형식은 같지만, 그 내용은 달라진다. 즉, 현상세계는 극極과 극極을 왔다갔다 하면서, 유사한 것을 반복하면서도 변화 발전해 나간다. 즉 변화원리는 일관되지만 그 내용은 언제나 다르다. 그것은 극과 극을 반전反轉하는 동시에, 그것이 하나로 통일되려는 힘에 의해 변화가 가속화된다. 서양철학에서는 이러한 것을 변증법적 통일이라고 한다. 변증법을 말하는 변증논리 역시 변화를 말하는 논리이다. 중국에서의 '역'의 논리 같은 취지이다.

그렇다면, 이러한 원리에 따라 흘러 변해가는 세계 속에 존재하는 인간의 삶은 어떠해야 하는가. 앞에서 『주역』을 읽는 목적이 변화의 법칙을 알고 미리 대처함이라 했는데, 대처함이란 어떻게 하는 것인가. 이것이 『주역』을 읽는 그 다음의 목적이다. 즉, '역易'의 이치로부터 삶의 교훈을 얻어야 한다는 것이다. 그 대처 방식은 먼저 '물극필반'에서 얻는 교훈에서 비롯된다. 즉, 이미 말한 대로 만물은 극에 이르면 반전한다.

그렇기 때문에 만일 잘될 때가 있다면, 이 상태도 한계에 봉착하여 반전할 수가 있기 때문에 잘될 때 삼가고 조심한다. 그리고 만일 일이 잘 풀리지 않아 안 될 때가 있다면, 이 상태도 한계에 봉착하여 반전할 수가 있기 때문에 안 될 때 좌절하지 말고 희망을 가져야 한다. 『주역』의 텍스트 중에는 특히 잘될 때 주의할 것을 강조한다. 그래서, 항상 겸손하여 교만하지 말아야 한다고 한다. 역시 그 반대상황인 안 될 때는 미래를 위하여 지금의 고통을 인내할 줄 알아야 한다는 것 역시 그 가르침이다. 이 점을 「계사전」에서는 "자벌레가 굽히는 것은 펴기 위함이요, 용과 뱀이 숨어서 웅크리고 있는 것은 자신을 보전하기 위함이다(尺蠖之屈, 以求信也, 龍蛇之蟄, 以存身也.)."라고 표현한다. 말하자면, 흔히 말하는 '고진감래苦盡甘來' 또는 그 반대상황, '전화위복轉禍爲福' 또는 그 반대상황이 있어서, 유명한 '새옹지마塞翁之馬'의 고사처럼 극과 극을 오고 가는 세상만물의 변화 속에서 지혜롭게 대처해야 한다. 요컨대, 『주역』은 잘될 때 삼가고 조심하며, 안 될 때 좌절하지 말고 인내하라는 것으로서, 곧 '역易'은 희망과 경계의 철학이다.

그런데, 이조차 『주역』에서 말하는 진정한 처세원칙은 아니다. 『주역』에서 말하는 처세원칙의 가장 본질적인 것은 '중中'의 원리를 체득하여 그에 따른 교훈을 얻음에 있다. 이미 말한 대로 자연은 극과 극을 왕래往來한다. 그런데 이것은 자연의 표면상의 현상이다. 『주역』은 자연과 인간, 세계와 인생에는 동일한 원리가 적용됨을 알고, 그로부터 교훈을 얻으려 하는 것이다. 그렇다면, 자연이 극과 극을 왔다갔다 하면, 우리 인간도 그처럼 표류하듯 행동하는 것이 바르고 현명한 행동일까. 자연 역시 양극을 왔다갔다 함이 그 본질적인 원리는 아니다. 그것은 표면이고 그 이면에는 양극을 지양하여 '중'을 지향하는 통일적 원리가 있다. 그러므로, 인간 역시 그와 같이 처신하여, 극과 극

사이에서 양 극단을 피하고 자연의 평균적 원리인 '중中'을 잡아야 한다. 여기서 『주역』과 이후에 거론하게 될 『중용中庸』의 원리가 서로 만나게 된다.

4. 『주역』 이해를 위한 기본 지식

『주역』은 인류 문화 속에 비슷한 경우를 찾기 어려운 독특한 형식을 가진 문헌이다. 『주역』을 세계와 인생의 변화의 흐름을 알고 싶어서 만든 점서로 보든, 거기에서 종교적 요소인 점에 관한 것을 배제하고 그 변화의 패턴과 원리를 말하는 철학서로 보든, 그 문헌의 형태는 어차피 동일한 것으로서 단지 기호와 그 기호를 설명한 언어의 집합체이다. 서술식으로 된 보통의 문헌하고는 다른 형태이다.

『주역』은 그 변화의 과정을 패턴화하여 그것을 기호로 표시하고, 그 기호를 다시 언어로 표현하는 특별한 형태를 띠고 있다. 원래 점서에서 출발했으므로 그러한 형태를 띠게도 됐겠지만, 중요한 것은 그러한 특성이 세계의 변화 과정에 대응될 수 있는 논리적 형식을 가진 문헌으로 역할할 수 있게 한 것이다. 『주역』이란 문헌 자체는, 그것을 철학적으로 해석하기 전에는 그저 기호와 언어일 뿐이다. 그것을 철학적으로 해석하면서 거기에 철학적 숨길이 불어넣어지게 되며 철학적 의미를 띠게 된다. 그래서 전통적 해석방법을 감안하면서 다음과 같이 해석하려 한다.

먼저, '역易'이 말하는 자연의 기본체계를 '음양대대관계陰陽對待關係'로 이해함이다. 앞에서 말한 대로, 자연의 원리가 '중中'이고 인간 또한 '중中'을 그 도덕법칙으로 삼아야 하지만, 자연자체의 현상적 변화는, '중中'을 기준으로 하여 양 극단이 서로 대립하기도 하고, 서로 조화하기도 하는 관계 속에서 이루어진다. 즉 자연은 두 가지 상대적인 힘이 서로 '짝'을 이루면서 변화를 생성한다. 세계는 이 두 가지 상대적인 힘이 있음으로써 존재하고 변화한다.

이 두 가지는 마주 보는 관계이다. 그래서 '대對', 즉 '마주함'의 관계이다. 그러나 단순한 상대적인 관계만은 아니고 서로가 서로를 필요로 하는 상호의존관계이다. 그래서 '대待', 즉 '기다림' 또는 '의존함'의 관계이기도 하다. 이것을 두고 중국철학에서는 전통적으로 '대대관계對待關係'라고 한다.

하늘이 있으면 땅이 있고, 남자가 있으면 여자가 있고, 밝음이 있으면 어두움이 있고, 낮이 있으면 밤이 있고, 더위가 있으면 추위가 있다. 이러한 '짝'들은 서로가 서로를 필요로 하며 의존하는 관계로서, 한 쪽이 없으면 다른 한 쪽이 없는 관계로 해석되었다.

다음의 짝들 같은 것을 예로 들 수 있다.

天 日 父 男 明 來 晝 暑 大 多 老 動 實 淸 始 尊 貴 福 前 左 上 凸 直 呼 伸 進 生…

地 月 母 女 暗 往 夜 寒 小 少 少 靜 虛 濁 終 卑 賤 禍 後 右 下 凹 曲 吸 屈 退 死…

이러한 짝들은 서로가 서로에게 의지하여 존재하는 관계이다. 이러한 만상萬象의 관계를 일반화하여 양陽과 음陰의 관계라 한다. 그리고 그 상대적 의존관계를 강조하여 '음양대대관계陰陽對待關係'라고 한다.

『주역』의 독특한 점은 이러한 관계를 기호로 표시한 것이다. 이 음양대대관계를 기호화한 것이 이미 말한 『주역』의 기호인 '괘卦'이다. 즉, 『주역』에서는 음양관계로써 자연세계와 인간세계를 해석하고 설명하는데, 이러한 양상을 단순히 추상적으로 언급하는 데 그치지 않고, 보다 구체적으로 표현하고 묘사하기 위해 기호를 도입한 것이다. 사실상 『주역』 텍스트 자체에서는 '괘'라는 기호가 곧 '음양'이라는 두 글자에 바로 연계되어 말해지지는 않는다. 그러나 『주역』을 해석하면서 이러한 개념과 용어로 말하게 된 것이다.

『주역』은 여섯 줄짜리의 선으로 이루어진 64괘의 기호로 이루어져 있다. 그 문헌에서 제시된 순서에 따르면, ䷀ ䷁ ䷂ ䷃ ䷄ … ䷼ ䷽ ䷾ ䷿의 64가지 기호이다. 이 기호들은 모두 이어진 선인 '⚊'과 중간에 끊어진 선인 '⚋'의 조합으로 구성되어 있다. 이 두 선을 '양陽'과 '음陰'의 기호로 부르기로 약속하였다. 즉 양은 '⚊', 음은 '⚋'으로 약속한 것이다. 양 극의 두 힘을 기호로 표현한 것이다.

중국에서는 고대로부터 철학사상의 역사가 진행되면서, 이 세계의 근본 질료를 '기氣'로 보는 사상이 형성되었다. 우주만물은 이 '기氣'가 모여서 형체를 이루고, 다시 언젠가는 흩어져 우주의 허공으로 돌아간다는 사상이 형성되어 왔다. 세계의 변화는 이 기의 작용인 것이다. 기의 작용에는 두 가지 양태가 있는데, 한 양태는 '발산發散'이요 또 한 양태는 '수렴收斂'이다. '발산'은 적극성, 능동성의 표현이고, '수렴'은 소극성, 수동성의 표현이다. 이 중 전자의 것은 양陽의 양태, 후자의 것은 음陰의 양태로 개념화되어졌다. 그래서 전자 양태의 기는 양기陽氣인 것이고, 후자 양태의 기는 음기陰氣인 것이다. 『주역』을 철학적으로 해석할 때 이러한 개념이 적용된다.

그래서 『주역』의 세계 변화는 곧 기의 변화인 것이고, 그것은 음기와 양기의 상호 작용으로 이루어지는데, 그 구체적 양상이 64가지 형식, 패턴으로 전개된다는 것이다. 그러므로 64괘의 기호들은 곧 기의 변화 양상을 기호화한 것이 된다. 64괘가 '⚊', '⚋'의 조합으로 이루어져 있음은 그 두 가지를 요소로 한 구체적인 경우의 다양한 양상을 표현한 것이다. 예를 들어, ䷀는 모두 양의 기운으로만 이루어져 있는 상태이고, ䷁는 모두 음의 기운으로만 이루어져 있는 상태이다. 그리고, ䷂ ䷃ ䷄ ䷅ ䷆…䷻ ䷼ ䷽ ䷾ ䷿ 등은 각각 다양한 경우로 음과 양이 조합되어 있는 상태이다.

그런데 이러한 것을 이론적으로 설명하는 방식에 있어서, 처음 '⚊', '⚋'이 있고, 그 다음 '⚌', '⚍', '⚎', '⚏'로 분화되었다고 하는 것이 있는데, 이는 양 중의 양, 양 중의 음, 음 중의 양, 음 중의 음의 표현이라는 것이다. 그런데 이것은 기호논리학의 진리표나 전자계산기 논리의 '1'과 '0'을 반복조합하는 것과 일치한다. 『주역』의 양과 음의 기호는 맨 아래에서부터 시작하여 하나의 획을 얹어 가는 것으로 설명한다. 그래서 앞의 네 가지 조합이 있었다.

만일 더 세분해서 보면, 이 네 가지의 각각을 둘씩 나누어 더 분화시키는 것이 되며, 이것은 두 획에서 다시 그 맨 위에 양과 음을 반복하는 방식으로 이루어진다. 그러면 ☰ ☱ ☲ ☳ ☴ ☵ ☶ ☷의 모양으로 된다. 이것을 '팔괘八卦'라고 부른다. 여섯 줄짜리도 '괘'라 부르지만, 이것도 '괘'라 부른다. 또 『주역』의 문헌을 해석할 때, 여기에 각각 이름을 붙인다. 맨 앞에서부터 건괘乾卦☰, 태괘兌卦☱, 리괘離卦☲, 진괘震卦☳, 손괘巽卦☴, 감괘坎卦☵, 간괘艮卦☶, 곤괘坤卦☷이다.

여기서 더 나아가서, 전통적 해석으로는, 8가지 경우가 두 번 거듭되어서 여섯 줄짜리의 ䷀ ䷁ ䷂ ䷃ ䷄ … ䷼ ䷽ ䷾ ䷿가 되었다고 본다. 8×8=64로서 64가지 경우의 수가 된 것을 묘사하는 것이다. 다른 설명 방식으로는 세 줄짜리에서 계속 맨 위에 양과 음을 반복해서 얹어 가서 4줄, 5줄을 거쳐 6줄이 되면 역시 동일한 결과를 낳는다는 것인데, 이것은 이미 말한 대로 기호논리학의 진리표나 전자계산기 논리의 계속적 전개와 동일한 것이 되는 것이다.(하나의 선을 계속 둘씩 분할해 가는 방법으로 설명하기도 하는데, 결국은 같은 논리이다.) 이러한 것은 2진법의 원리이므로, 『주역』의 기호전개 역시 2진법이 되는 것이다.

이러한 괘들은 현상세계現象世界의 삼라만상森羅萬象을 지칭하며 그것들을 반영하게 된다. 그런데 현상계現象界는 변화하지 않을 수 없다. 따라서 '역易'의 이론이 세계를 표현하는 것인 이상 그 운동과 변화도 반영하지 않을 수 없다. 그런데 '역' 자체가 이미 말한 대로 '변화'라는 뜻이듯이, '역'의 괘는 당연히 세계의 변화를 반영하며, 그 체계는 곧 세계의 변화체계를 나타낸다. 그리고 괘들끼리의 관계는 현상 간의 변화를 반영한다. 그런데, 직접 현상세계를 반영하는 것은 64괘이고, 8괘는 그 64괘에 내재해 있는 요소의 역할로서 현상세계를 간접적으로 반영한다. 8괘는 64괘의 요소괘이고, 64괘는 8괘로 이루어진 복합괘이다.

세계를 반영하는 64괘는 '⚊'과 '⚋'의 조합으로 이루어진 여섯 줄짜리 육획괘이므로, 괘 하나하나마다 논리적으로 질서정연하게 '⚊'과 '⚋'을 요소로 하여 '䷀ ䷁ ䷂ ䷃ ䷄ … ䷼ ䷽ ䷾ ䷿'의 64가지로 만들어진다. 이 64괘는 세계의 64가지 패턴으로서의 존재와 변화의 범주인데, 각 괘마다 여섯 획은 하나의 패턴이 지칭하는 상황 속에서 여섯 단계의 발전과정을 지칭한다. 그리고 그 단계는 맨 아래에서 위로 올라가는 방식의 전개로 표현하는 것으로 약속되어 있다. 이러한 여섯 단계의 획을 효爻라고 부른다. 그런데 64괘 하나하나가 모두 6줄이므로, 『주역』 전체로 봐서 효는 모두 64×6=384개가 되어 『주역』은 64괘 384효로 구성되는 것이다. 그 구성요소인 '⚊'은 양효, '⚋'은 음효라고 한다.

이러한 효는 구체적 변화를 말하는 것이라 볼 수 있다. 그것은 맨 아래로부터 위로 올라가면서 상황이 변화하는 때의 추이를 말하는 것으로 이야기된다. 그러면서도 세계의 변화는 각 괘 간의 상호전화相互轉化로 이루어지기도 한다. 이 상호전화를 표현하는 구체적 국면이 역시 효爻이다. 그런데, 『주역』은 기호와 언어로 되어 있다고 했다. 그래서 이 64괘 384효의 기호는 언어화하게 된다. 이 64괘의 기호체계가 비록 세계를 지칭하며 반영하지만, 그 구체적 의미를 알기 어려우므로 그 의미를 언어화한 것이다. 이 언어를 '사辭'라고 하는데, 괘를 언어화한 것을 '괘사卦辭'라고 하고, 효를 언어화한 것을 '효사爻辭'라고 한다. 합쳐서 부를 때 '괘효사卦爻辭'라고 하기도 한다. 그래서 결국 『주역』이라는 문헌은 '괘', '효'의 기호와, '괘사', '효사'의 언어로 이루어진 문헌이 되는 것이고, 『주역』을 해석함은 이 기호들과 언어 및 그 상호관계를 해석하는 것이다.

제9장

음양가 陰陽家

시대를 막론하고 과학이 종교나 정치와 같은 이념과 별개여야 하지만, 그렇지 못한 경우가 있고, 특히 인류 역사 초기에는 경험적 지식의 부족과 합리적 사고의 미흡함으로 인해 당시의 종교와 정치의 이념에 영향을 받는 바가 많았다. 그로 인해 자연 현상에 대해 왜곡된 해석을 하여 세계에 대한 허구적 도식을 만들고 그것을 믿어, 이러한 것이 종교, 특히 원시 종교와 결부되어 그 세계관에 과학적 성분은 상대적으로 적었다. 그러한 세계관의 출발은 원시 종교와 과학이 뒤섞인 상황이었으며, 그 중에 통치 집단의 정치적 이념까지 혼융되어, 그 통치 집단의 정치적 의도가 종종 개입되곤 했다.

초기의 자연과학은 자연철학의 형태로 나타났는데, 그것은 자연을 대상으로 하여 세계 총체에 대한 통일적 설명의 필요성으로 인해 시도되었다. 이러한 시도는 신화적 형태의 세계관에 종교성을 불식시키는 형태로 전개되었으며, 동시에 그 종교적인 면에 연관하여 그에 의존하는 당시의 정치이념과의 갈등도 포함되었다. 그렇지만 고대철학의 발생기에는 종교적이든 정치적이든 그 이념적 요소들은 종종 자연철학, 그리고 이후의 자연과학과 결별하지 않은 형태로 전개되기도 했다.

중국의 경우, 이러한 측면은 앞 장의 『주역周易』의 경우도 그러하지만, 제자백가 중 하나의 학파로 분류된 '음양가陰陽家'의 경우가 특히 그러하다. 이러한 분류 속에서 철학적, 과학적 요소가 종교적, 정치적 요소와 섞여 형성된 것이 '술수術數'로 일컬어지는 부분이다. 그러면서도 철학적 측면의 해석을 강화하는 역할을 한 부분은 『서경書經』「홍범洪範」 및 '월령月令'의 '오행五行'에 관한 사상이다. 그런데 이러한 사상적 요소를 보다 체계화한 이가 있었는데, 그는 '음양가'의 대표인물인 추연騶衍이다.

1. 술수術數

중국 고대의 종교, 정치, 과학이 뒤섞인 사고를 이후의 한대漢代 지식인들은 '술수術數'라고 불렀다. 한대의 유향劉向과 그의 아들 유흠劉歆은 궁정의 장서藏書를 정리하고 육예六藝의 온갖 서적을 7종으로 분류하여 『칠략七略』이라 하였는데, 그 중 「술수략術數略」에서 이러한 술수를 여섯 가지로 분류했다. 곧 '천문天文', '역보曆譜', '오행五行', '시귀蓍龜', '잡점雜占', '형법形法'이 그러한 것이다. 그 중 어떤 것들은 전적으로 정교일치政教一致의 원시 종교적인 것도 있었고, 어떤 것들은 그러한 것들과 연관되면서도 일정 부분 소박한 과학 성분이 있는 것도 있었다.

그 중 첫 번째인 '천문天文'은 그 이전 『주역周易』「계사전繫辭傳」의 '仰觀於天文, 俯察於地理'(우러러 '천문天文'을 보고, 아래로 '지리地理'를 살핀다)'에 이미 나오며, 오늘날 쓰이는 '천문天文', '천문학天文學'이란 한자 용어 역시 고대의 이러한 용어의 연장선상에 있다. 이때의 '문文'은 곧 '문紋'으로서, '천문天文'은 '천문天紋'인 바, 곧 '하늘의 무늬' 즉 '하늘의 현상'이라는 의미이다('지리地理'도 '땅의 현상'이라는 의미이다.). 이 '술수'로서 말하는 '천문'은 당시 수준의 관측 수단으로써 하늘의 현상을 관찰하여, 당시 나름대로 그 지식, 정보를 축적한 것이다.

『한서漢書』「예문지藝文志」에 "'천문天文'이란 28수宿를 차례지우고, 오성五星과 일日, 월月의 궤도를 재어, 그로써 길흉吉凶의 상象을 기록하여, 성왕聖王이 정치에 참여하는 방법으로 삼는 것이다."라고 하였는데, 여기서의 "'천문'이란 28수를 차례지우고, 오성五星과 일日, 월月의 궤도를 재어"라는 것은 과학 요소의 천문학이지만, "길흉吉凶의 상象을 기록하여"라는 것은 원시 종교 요소의 점성술占星術이며, "성왕聖王이 정치에 참여하는 방법으로 삼는 것이다."라는 것은 결국 이를 바탕으로 한 정치임을 말하고 있음을 알 수 있다.

여기서 천문학의 요소가 있음으로 말할 수 있는 부분은, 땅을 중심으로 하늘이 운행하는 천동설 관점의 초기 과학으로서, 당시 중국의 경우는 특히 음양과 오행으로 자연을 해석하는 관점과 연관되어 있다. 즉, 하늘 영역의 별자리인 28수를, 그 중심 권역과 4개 권역으로 나누어 7수씩 오행에 배당한 것, 그리고 일월을 음양陰陽과, 오성을 오행五行과 연관시킨 것이다. 여기서 일월과 오성, 즉 '수성水星', '금성金星', '화성火星', '목성木星', '토성土星'은 '칠요七曜'로서 정치와 연관하여 '칠정七政'이라고 하는데, 당시의 관측 기술상 지상에서 보기에 이들 천체는 궤도를 가지고 운행하는 것으로 관측되지만, '토성' 밖의 태양계 행성 및 태양계 밖의 일체의 별들은, 관측 기술상의 원인과 더불어 원거리 천체에 대한 관측의 각도상 그러한 천체들을 하늘에 그저 붙어 있는 것들로 간주하였다. 그러므로 운행 궤도를 관측할 수 있는 이들 '칠정'의 천체가 지상의 인간계와 직접 관련을 맺는 것으로 생각되었던 것이다.

이러한 부분이 그 다음 부분에서 말하는 종교 및 정치의 요소와 결합한 것인데, 이것을 인간사의 '길흉'과 관련되는 종교적인 것으로 보고, 동시에 위정자가 정치를 하는 데 참작하고 고려해야 할 정치적 사항으로 해석한 것이다. 이러한 중국 고대의 자연관은 비록 중국적 특색을 보이는 면이 있지만, 자연과 인간사를 연계하여 자연 현상과 종교 및 정치 현상이 상호 관련되는 것으로 해석하는 것은 인류 문화의 동서를 막론하고 근대 과학 시대 이전 중세 시대까지 대체로 이어졌던 문화 현상이다.

두 번째인 '역보曆譜'는 '천문'의 공간적 현상을 시간적 현상으로 환산한 '역법曆法'의 요소를 포괄하고 있는 것으로서, 이 역시 과학적 요소가 있는 것이다. 또 나아가서 '역보'에는 역사歷史 연대학年代學과 산학算學의 학문적 요소도 있다. 물론 그 활용에는 당연히 실생활에 쓰이는 실용의 의미도 있지만, 국가 공동체 전체를 운용하기 위한 정치행정적 목적이 특히 중요하며, '천문'에 종교적 목적이 있듯이 그것을 환산한 '역법'을 포괄하고 있는 '역보' 역시 종교적 목적이 있어서, 이를 길흉吉凶과 관련하여 판단하여, 길을 추구하고 흉을 피하는 판단 수단으로 삼은 것으로서, 민간에는 오늘날까지 그 영향을 미치고 있다.

세 번째는 '오행五行'인데, 이는 『서경書經』「홍범洪範」에서 말한 바, 자연세계를 구성하는 다섯 가지 물질적 요소인 '수水', '화火', '목木', '금金', '토土'를 의미한다. 『서경』에서는 특히 그 오행의 물질적 성질을 잘 알아서 정치에 응용할 것을 말한다. '오행'은 '음양'과 함께 특히 이후 중국 문화에서 철학 및 과학의 중요한 개념으로 지속적으로 사용된다.

네 번째인 '시귀蓍龜'와 다섯 번째인 '잡점雜占'은 모두 점을 치는 방법을 말하는 것이다. '시귀'의 '시蓍'는 엉겅퀴과에 속하는 가새풀인데, 그 줄기를 가지고 점을 침을 말하는 것이기도 하며, 『주역』에서 말하는 점치는 방법이기도 하다. '귀龜'는 거북의 껍질이며, 그것으로 점을 침을 말하는 의미이기도 하다. 즉 거북의 배껍질을 불에 태워 그 균열상태로 군사, 제사, 수렵 등의 국가의 대사를 점쳤으며, 다른 짐승의 뼈를 사용하기도 했다. 이때의 점에 관한 말을 거북 껍질이나 짐승뼈에 새긴 것이 '복사卜辭'인데, 이것이 곧 '갑골문자甲骨文字'라는 것이다. 고대의 종교관념은 국가 운영과 밀접한 관련이 있었고, 인류 문화 초기에는 아직은 계몽적 지식이 부족하였으므로, 어떤 일을 결정하는 데 있어서, 우선 인간의 이성으로 판단해 보고서도 한계에 봉착하면 이러한 방법으로 점을 쳐서 결정하곤 했다. 그래서 『서경』에서는 국가의 일을 결정함에 있어서 국정 책임자가 우선 합리적 사고로 판단하면서 그 공동체 구성원에게 의견을 묻고, 다시 더 나아가 이상과 같은 방법으로 점을 쳤을 때도 모두 같은 결과가 나오는 것을 '대동大同'으로 정의하기도 한 것이다. 이처럼 국가의 일도 이러할 진데, 일반 민간의 사고는 말할 것도 없었다고 할 수 있다. 점을 치는 방법은 이 '시귀蓍龜'가 가장 중요했으며, '잡점雜占'은 물론 문자 그대로 이러한 주된 점법 외의 다른 다양한 점복술을 의미한다.

여섯 번째인 '형법形法'은, 문자 그대로 말하면 모양, 형체에 관한 방법이다. 『한서』「예문지」에는, 형법이란, '구주九州'(당시 중국을 9권역으로 나눈 전체 땅의 총칭)의 형세를 세워 성곽城郭이나 건물의 형태 그리고 사람 및 여러 가축의 골법骨法의 도수度數, 기물器物의 형용形容으로 성기聲氣, 귀천貴賤, 길흉吉凶을 구하는 것을 말한다. 말하자면, 자연과 사람의 온갖 존재의 형체를 근거로 하여 이러한 것을 판단하는 것이다. 따라서 감여(堪輿, 감은 천도天道, 여는 지도地道에 관한 것)의 술 및 그 별칭인 풍수의 술, 그 외 관상술을 포괄하는 것이다.

이상과 같은 '술수'는 아직 합리적, 과학적 지식이 부족하였을 때, 어떤 판단을 하기 위해 사용된 원시적 방법이었으며, 사실상 시대가 훨씬 지난 오늘날이라 하더라도, 그 가치관에 따라 신봉하는 사람들이 여전히 있기도 하다. 그런데, 술수에만 한한 문제가 아니라, 보다 넓게 이야기해서 각자 나름대로 어떤 종교적 신앙을 인생의 주요한 토대로 삼는 이들 역시 철학적, 과학적 방법 이외에 나름대로의 어떤 신비적, 종교적 영역을 신봉하고 있기도 하므로, 굳이 고대에만 한하는 문제는 아니라고 할 수 있다. 하물며 고대 당시로서는 더욱 자연스런 문화였다 할 수 있다.

이러한 사고는 일반 민간뿐만 아니라 국가 공동체 사회에서부터 공식적으로 이루어졌다. 그래서 국가의 중심인 조정과 그리고 상위 계급인 귀족 가문에서는 술수의 전문가를 전속으로 두고 국가와 집안에 중대사가 있으면서, 이성적 판단의 한계를 넘는 일이라고 여겨질 때는 그러한 이들에게 자문과 상담을 구하였던 것이다. 이들 술수의 전문가들은 그 업을 세습적으로 이어받았지만, 주의 봉건제도가 무너지기 시작함에 따라 그 지위를 잃고 민간으로 흩어져, 그들의 전문 지식으로 이러한 술수를 계속 행하였는데, 당시 이들을 '방사方士'라고 불렀다.

2. 『서경書經』「홍범洪範」의 오행五行

앞의 '술수'의 두 번째에서 이미 '오행'을 말한 바 있는데, 유향, 유흠 부자가 이를 '술수'에서 언급한 것의 원류는 『서경』(또는 『상서尙書』)의 「홍범」에 있다. '오행'이라는 용어는 역시 『서경』의 「감서甘誓」에도 나오지만, 구체적인 내용은 「홍범」에서 언급된다. 「홍범」은 상商(은殷)나라 마지막 임금인 주紂 임금의 박해를 받던 기자箕子가 주周나라의 무왕武王이 혁명을 일으키고 나서, 무왕이 그에게 자문을 구했을 때 말한 내용이라고 한다. 기자는 이 내용을 이전 하夏나라의 우왕禹王에 그 연원을 두는데, 그 점을 신뢰할 수 있을지 명확한 근거는 없다. 다만 우가 치수治水할 때 낙수洛水에서 신귀神龜가 떠올랐는데, 그 등에 1에서 9까지의 수가 점點으로 표시된 문양이 있었고, 이는 곧 천지변화의 수로서 우는 그것에 의거해 치수에 성공했으며, 또 이에 근거해 천하를 아홉으로 나누어 구주九州를 획정했다고 한다. 또 이에 의거해 구장九章의 대법大法을 정하고 세상을 다스렸는데, 그것이 전해져 『상서』에 수록되어 「홍범」이라 이름 하게 되었다 한다. 그래서 '구九'라는 숫자로써 일관된 하나의 원칙을 말하는 점에 있어서는 관련성을 말할 수 있다.

'홍범'은 존재 세계의 일체를 아홉의 '범주'로 분류하여 포괄적으로 설명한 것으로서, 이 홍범의 아홉 범주를 '홍범구주洪範九疇'라고 한다. 즉 '홍범'은 대법大法이고, '구주'는 구장九章, 즉 아홉 조목이므로 그렇게 말한다. 훗날 한자 문화권이 서양어 kategoria(그리스어), category(영어), Kategorie(독일어) 등을 한자어로 번역할 때, 바로 이 '홍범구주洪範九疇'의 '범範'과 '주疇'를 연결하여 '범주範疇'라는 말을 만들어 사용한 것인데, 세계를 분류한 '범주'로서의 '홍범구주'의 취지에도 맞는 것이다. 홍범구주로서의 9조목은 곧 '오행五行'·'오사五事'·'팔정八政'·'오기五紀'·'황극皇極'·'삼덕三德'·'계의稽疑'·'서징庶徵'·'오복五福'·'육극六極'이다. 이 중 가장 중심에 있는 '황극'은 최고통치자의 법도를 말하는 것으로서, '홍범구주'는 결국 그 중심의 최고 통치자가 나머지 8조목으로 말해지는 자연계와 인간계 일체를 장악하여 통괄, 통치하는 것이다. '오행'은 그 중에서 자연계를 설명하는 범주이며, 나머지는 모두 인간계를 설명하는 범주이다.

3. 월령月令과 오행五行 사상의 적용

'월령月令'은 때[시時]를 일[사事]에 연계시키는 방식으로서, 사람들이 자연의 리듬에 따라 사회 생산과 사회 생활을 안배하는 관념의 사상을 구현하여, 고대 중국인의 자연과 사회에 대한 인식과 그 당시 관점에 따른 인간과 자연의 관계를 반영하는 것이다. '월령'은 한 해의 사계절을 총강總綱으로 하고 열두 달을 세목細目으로 하여, 이러한 때를 가지고써 천문역법天文曆法, 자연의 물후物候, 물리적 시공時空을 기술하고, 이를 통해 통치자가 생산 활동에 관한 정령政令을 안배하므로 '월령月令'이라 이름 하였다. 구체적으로 말해, 1년 12개월의 시령時令에 따라 조정의 제사祭祀의례儀禮·직무職務·법령法令·금령禁令을 기술하였는데, 주목할 것은 이를 '오행五行상생相生'의 체계로 귀납한 것이다. 이러한 사고에 관한 '월령'의 내용이 가장 먼저 문헌으로 정리된 것은 『여씨춘추呂氏春秋』이며, 그 다음으로는 『예기禮記』에 구체적으로 서술되어 있고, 『회남자淮南子』에도 있다.

'월령月令'은, 자연계의 변화를 방위에 따른 공간 배치와 사계절(사시四時)의 추이에 따른 시간의 복합 구조로 묘사한다. 이 변화의 주도적 역할을 하는 것은 태양의 고도와 궤도의 한 해 중의 변화로서, 이러한 것이 그 판도에 있어 결정적 의미가 된다. 태양의 운행은 사계절을 이루며, 계절마다 다시 3개월로 나뉜다. 사계절은 각각 기후의 특징이 있고, 달마다 또 각각의 징후가 있다. 이에 사계절에 대응한 정령政令으로서 계절마다의 제신帝神을 모시고, 해당 달과 신神의 변화에 대응하여 매월 그에 상응하는 제사를 정하는 예제禮制가 있다.

이러한 바탕에서 오행五行의 관념이 적용되는데, 오행과 사시四時의 운행이 서로 배합되어, 봄은 목木, 여름은 화火, 가을은 금金, 겨울은 수水에 상응하게 된다. 오행과 사시를 배합하면 결국 하나 남게 되는 토土가 있는데, 이 토는 여름과 가을이 교차되는 시기에 놓이면서, 시간적 중앙에 위치한다. 그리고 공간적으로는 동쪽이 목, 남쪽이 화, 서쪽이 금, 북쪽이 수에 상응한다. 그리고 토는 공간적 중앙에 위치한다. 이는 중국이 지구의 북반구에 위치하므로, 태양이 동쪽에서 떠서 서쪽으로 지면서, 일년을 두고 하지夏至에 가장 고도가 높고, 동지冬至에 가장 고도와 낮으면서, 그 사이를 오르내리는 동안 태양 에너지의 영향권이 이동하게 됨을 반영한다.

이처럼 사시四時의 변화는 태양뿐만 아니라 오행의 제약을 받는 것인데, '월령'에서는 비록 오행을 위주로 말하지만, 여기에는 음양의 개념도 내포되어 있다. 왜냐하면, 동쪽에서 양의 기운이 시작되면서 봄이 역시 시작되고, 남쪽에서 양의 기운이 왕성해지면서 여름이 역시 전개되고, 서쪽에서 양의 기운이 쇠퇴함과 동시에 음의 기운이 시작되면서 가을이 역시 시작되고, 북쪽에서 음의 기운이 왕성해지면서 겨울이 시작, 전개되기 때문인데, 다만 오행의 상생관계인 목, 화, 토, 금, 수의 기운변화와 상응시킬 때, 이 중 상응 없이 남는 토를 시간적, 공간적으로 중앙에 위치시키는 것이다.

이러한 자연의 변화 과정 중의 인간은 자연 환경에 영향 받을 수밖에 없음을 '월령'은 이야기하고 있는데, 인간의 대표인 제왕은 그의 거처인 명당明堂에서의 구체적 거처 위치도 계절에 따라 이동하게 된다. 말하자면, 태양 에너지인 햇볕을 잘 받을 수 있는 곳으로 이동하는 실용적 측면이 고려된 것이라고 할 수 있는데, 그것은 자연 법칙을 말하는 '오행'과 역시 이에 관련하는 '음양'이 그에 상응하는 것으로 설명되는 것이다.

인간 사회를 대표하는 통치자인 제왕은 이러한 기본적 관념 토대에서 정치를 하는데, 나라의 경제 활동과 시정施政에 관한 정령政令 등의 다양한 인사활동이 모두 자연 법칙에 따라야 한다는 관점에 서 있는 것이다. 특히 인사人事는 해, 사시四時, 달, 신神, 오행五行의 다양한 힘에 의해 제약을 받는다. 그래서 '월령'의 사상은, 제왕을 포함한 인간이 절대 이러한 법칙에서 자유로울 수 없다고 보는 것이다. '월령'에서 인간은 자연을 이용하는 것으로 나타나기도 하지만, 먼저 자연을 따르는 것으로 나타난다. 나라의 정치행정적 명령인 정령은 생산 법칙에 기초하여, 생산의 발전과 정상적인 진행에 유익하도록 해야 하며, 그에 거슬러 파괴해서는 안 된다는 것인데, 그러한 인간의 모든 활동은 결국은 자연법칙에 따라야 한다는 것이다.

4. 추연騶衍, 음양가陰陽家의 대표인물

음양가를 말할 때 가장 많이 거론되는 그 대표인물은 추연騶衍(또는 鄒衍, 약 BC324~약 BC250, 또는 약 BC305~약 BC240)인데, 맹자孟子보다 약간 뒤의 전국시대 말기 사람이다. 그는 제齊나라 사람으로서 많은 저술을 하였지만, 모두 일실되었다고 하며, 다른 문헌에 기술된 그에 관한 내용을 근거로 그의 사상을 추론할 수밖에 없다. 『사기史記』「맹자순경열전孟子荀卿列傳」의 기록을 보면, "추연이 살았던 연대는 맹자의 뒤를 이은 시기이다. 추연은 나라를 가지고 있는 통치자들이 갈수록 황음하고 사치스러워져, 인덕仁德을 숭상하여 (『시경詩經』의)「대아大雅」처럼 심신을 수양함을 백성들에게 미루어나갈 수 없게 된 것을 목도하였다. 그래서 그는 음양의 사라짐과 자람에 따른 변화를 깊이 관찰하여, 매우 기괴하고 심오한 학설을 지어, 『종시終始』, 『대성大聖』 등의 10만여 자를 썼다."고 한다. 당시 여러 나라 통치자가 그의 학설을 중시하였으므로, 그의 사상이 상당한 영향력을 가지고 있었다. 전해지기로는 이름만 전해지는 그의 저서에 『추자鄒子』, 『추자종시鄒子終始』, 『주운主運』, 『대성大聖』과 같은 것이 있었다고 한다.

『사기』「맹자순경열전」에 있는 추연에 관한 내용을 보면, 그는 나름대로 합리적 논증태도를 가지고 있었다고 보이는데, "추연의 학설은 웅대하고 심오하면서도 황당무계하지만, 반드시 먼저 사소한 것을 검증한 다음, 넓고 큰 것으로 미루어가서 광활하고 끝없는 것에로 확장하였다."고 한다. 이는 기지既知의 지식정보로 미지未知의 사실을 추론하는 그의 논증태도를 말한다. 다만 미지의 사실을 추론함이 그의 상상력을 극대화하는 정도로 되어, 당시 사람들에게 매우 황당무계하고 괴이하게 여겨지게도 하였다.

추연은 이러한 추론 방식을 통해 그의 공간적 세계관을 펼쳤는데, 역시 『사기』「맹자순경열전」의 다음과 같은 내용에서 그의 지리학적 면의 일단을 볼 수 있다.

> 그는 먼저 중원中原의 명산대천名山大川, 심곡深谷의 금수禽獸, 수토水土에 자라는 것, 진귀한 종까지를 나열해 대해大海의 밖 사람들이 볼 수 없는 곳까지 추산해 나갔다. 천지개벽 이래의 '오행五行'의 '상생相生상극相克'과 역대 제왕의 치국방법이 제각각이면서도 이처럼 부응符應함을 서술하였다. 그는 이에 근거하여 유가가 말하는 중국은 천하의 81분의 1에 불과하다고 여겼다. 중국은 '적현신주赤縣神州'라고 불린다. '적현신주' 안에 또 '구주九州'가 있는데, 바로 대우大禹가 순서대로 배열한 구주이지만, 이것은 주州의 전체 숫자가 아니다. 중국 밖에도 '적현신주' 같은 곳이 아홉 군데나 있는데, 이것이 바로 사람들이 말하는 '구주'이다. 그곳은 작은 바다(비해裨海)로 둘러싸여 있고, 각 주의 인민과 짐승들이 서로 왕래할 수 없는, 마치 하나의 구역이 바다 한가운데에 있는 것 같은 곳인데, 이곳이 바로 하나의 주州이다. 이러한 것이 모두 아홉 개이며, 다시 또 광대한 큰 바다(대영해大瀛海)가 밖을 둘러싸고 있는데, 그것은 하늘과 땅의 끝자락이다. 그의 학설은 모두 이런 종류의 것이다. 그러나 그것을 총괄하는 요점은 반드시 인의仁義와 절검節儉, 군신君臣상하上下육친六親의 베풂에 귀결되지만, 그 시작이 과장된 부분이 있을 뿐이다. 왕공과 귀족들은 처음에는 그의 학설을 보고 놀라면서도, 돌아보고 배우려 했으나 결국 실행할 수 없었다.

여기서 주목할 것은 그의 '구주九州'에 관한 주장인데, 앞의 '홍범구주洪範九疇'에서 이야기한 것과 관련된다. 즉 모두 하우씨夏禹氏 곧 하나라 우왕禹王의 생각을 이어받았다는 것이다. 우禹의 '구주九州'에 관한 주장과 '낙서洛書', 그리고 '홍범구주洪範九疇' 모두가 수數 9와 관련되며, 추연의 '구주' 역시 우禹의 그것임을 『사기』에서는 말하고 있다. 이러한 구도와 관련되는 것은 역시 이미 제4장 '맹자孟子' 부분에서 말한, '정井'이라는 글자 모양에 따라 9 구획으로 나눈 토지제도인 '정전제井田制'의 도식과 같은 것이기도 하다.

그런데 추연은 우禹에게서 전해졌다는 '구주九州'에 자신의 상상력을 더한 것이 특징이다. 즉 중국 천하만을 대상으로 하여 '구주'로 구조화한 것뿐 아니라, 이를 더 크게 확장한 것이다. 그는 중국에 해당되는 '구주'를 '적현신주赤縣神州'라고 부르며, 그 안에 다시 '구주'가 있어서 이로 인해 아홉 구획으로 나뉨을 말하는 우禹의 '구주'가 있다고 여김이 유가에서 말하는 '구주九州'라고 하였다. 그런데 천하의 '구주'는 이 '구주'만이 아니고 중국에 해당되는 이러한 '적현신주'가 중국밖에 아홉 개가 더 있어서 9×9=81개의 '적현신주'가 있다고 하였다. 이 취지대로라면 중국밖에 아홉 개가 더 있다기보다는 중국의 '적현신주'를 포함한 아홉 개여야 할 것이다.

어쨌든 '구주'는 '주'마다 그 둘레가 작은 바다로 둘러싸여 있고, 또 그러한 작은 '구주'의 전체는 큰 바다, 즉 대해로 둘러싸여 있어서, 그 안의 인민과 짐승이 왕래할 수 없는 상태라고 하여, 그가 말하는 '구주'란 중국만 천하로 아는 당시 사람들의 중국 중심의 세계관을 넘어서서, 마치 오늘날의 지구 천하의 오대양 육대주를 말하는 것 같은 상상력을 발휘하고 있다. 그리고 작은 한 공간 안에 동일한 구조가 존재하며, 또 밖으로 역시 동일한 구조가 계속된다는 유비추리를 하고 있는 점도 특이하다.

또, 한 가지 주목할 것은 "그것을 총괄하는 요점은 반드시 인의仁義와 절검節儉, 군신君臣상하上下육친六親의 베풂에 귀결"된다는 점이다. 그의 공간적 상상력이 비록 당시 왕공과 귀족들을 놀라게 했지만, 그의 이러한 주장은 결국 당시 유가적 주장처럼 도덕 사고와 공동체 구성원의 사회적 관계에 귀결하고 있다는 것이다.

5. 추연騶衍의 역사철학

추연은 역시 "먼저 사소한 것을 검증한 다음, 넓고 큰 것으로 미루어가서 광활하고 끝없는 것에로 확장하였다."는 바의 기지旣知의 지식정보로 미지未知의 사실을 추론하는 논증태도로 그의 시간적 세계관인 역사철학도 전개하였다.

『사기』「맹자순경열전」에서는, 추연의 역사철학에 관한 기본 태도를 이렇게 기술하였다.

> 그의 학설은 당대當代부터 소개하기 시작하여 황제黃帝 시대까지 거슬러 올라가, 학자들이 공통적으로 칭술稱述한 역사적 사실을 서술하고, 또 시대마다 성쇠盛衰의 이치를 대략 논하여, 그에 따라 각각의 흉길凶吉과 의례儀禮 제도를 기록함으로써, 더 먼 시대로까지 추산해 가서, 천지조차 아직 형성되지 않았던 때, 그윽하고 심오하여 그 본원을 고증할 수 없는 때까지 추산하였다. … 천지개벽 이래의 오행의 상생상극과 역대 제왕의 치국방법이 제각각이면서도 이처럼 부응符應함을 서술하였다.

추연의 저술은 전해지지 않고, 그의 역사철학적 관점의 일단을 볼 수 있는 자료는 『사기』의 이 부분 정도이지만, 이와 관련되는 그의 보다 구체적인 역사철학적 사상내용으로 추정될 수 있는 것으로서 흔히 『여씨춘추呂氏春秋』의 다음 기록을 들고 있다.

일반적으로 제왕帝王이 일어나려 할 경우에는, 하늘은 반드시 아래의 백성들에게 상서로운 조짐을 드러낸다. 황제黃帝의 때에는, 먼저 큰 지렁이와 큰 땅강아지를 드러내 보였다. 황제는 이에 '토土의 기氣가 승勝하다'고 말하였다. 토의 기가 승하므로 그 색깔로는 황색黃色을 숭상하고, 그 일에 있어서는 토를 기준으로 하였다. 우禹의 때가 되어서는, 하늘은 먼저 초목草木이 가을, 겨울에도 죽지 않는 현상을 드러내 보였다. 우는 이에 말하기를, '목木의 기가 승하다'고 말했다. 목의 기가 승하므로 그 색깔로는 청색靑色을 숭상하고, 그 일에 있어서는 목을 기준으로 하였다. 탕湯의 때가 되어서는, 하늘은 먼저 물[수水] 속에 금인金刃을 드러내 보였다. 탕은 이에 말하기를 '금의 기가 승하다'고 말했다. 금의 기가 승하므로 그 색깔로는 백색白色을 숭상하고, 그 일에 있어서는 금을 기준으로 하였다. 문왕文王의 때가 되어서는, 하늘이 먼저 화火를 드러내 보이니, 적오赤烏 떼가 단서丹書를 물고 주周나라 사단社壇에 모여들었다. 문왕이 이에 '화의 기가 승하다'고 말했다. 화의 기가 승하므로, 그 색깔로는 적색赤色을 숭상하고, 그 일에 있어서는 화를 기준으로 하였다. (앞으로) 화를 대신할 것은 반드시 수水일 것이므로, 하늘은 장차 먼저 수의 기가 승함을 드러내 보일 것이다. 수의 기가 승할 것이므로 그 색깔로는 흑색을 숭상할 것이며, 일을 처리함에 있어서는 수를 기준으로 할 것이다.

앞에서 말한 『사기』 부분에서 추연이 "천지개벽 이래의 오행의 상생상극과 역대 제왕의 치국방법이 제각각이면서도 이처럼 부응符應함을 서술하였다."고 하였는데, 이는 추연의 이른바 '오덕종시五德終始'설을 말하는 것으로 해석할 수 있다. '오덕五德'은 '오행五行'을 말하는데, '덕德'은 인간 지성의 도덕적 측면을 말하기도 하지만, 자연계나 인간계 중의 어떤 '힘'을 말하기도 하므로, '오덕'은 목화토금수 오기五氣의 힘을 말한다고 볼 수 있다. 『서경』「홍범」에서는 이 오기를 '오행五行'이라고 했지만, '오행'은 이후 단순히 정태적 의미의 다섯 질료만을 말하지 않고 '오기의 운행'이란 의미로 쓰이게 되는데, 전국시대 음양가에 이르러 이 점이 이처럼 보다 명확해지고, '오덕'이란 말로써 '오기'의 운행상의 '힘'을 이르게 되었다.

'오덕종시'라 함은 곧 '오기'가 가진 힘으로 인해 존재가 변화운행하는 순환과정을 의미한다. '종시終始'라 하고 '시종始終'이라 하지 않음은 끝나고 다시 시작하는 순환을 강조한 것이다. 추연은 존재세계가 운행변화함이 순환적임을 말하였는데, 그것이 '천지개벽 이래의 오행의 상생상극'으로 이루어진다고 한 것이 곧 '오덕종시'를 말하는 것이다. 그런데 이에 이어 그것이 '역대 제왕의 치국방법이 제각각이면서도 이처럼 부응符應'한다고 한 것은 자연의 운행이 인간 사회의 정치적 변화에 대응하고 있음을 말한 것이다. 그런데 그것도 각 시대마다의 제왕의 치국방법이 각각 다르지만, 그것이 아무렇게나 이루어지는 것이 아니라, '오행의 순환', 즉 '오덕의 순환'에 관한 원리에 부응符應한다는 것이다. 이러한 과정상의 내용이 구체적으로 묘사된 것이 위에서 인용한 『여씨춘추』의 부분이다.

추연의 역사철학 사상으로 말해지는 이 부분은 '오행상극'의 원리에 따라 왕조가 교체된다는 사상이며, 여기서의 표현으로는 같은 의미의 '오행상승五行相勝'이다. 먼저 황제黃帝 헌원씨軒轅氏의 시대는 토기土氣가 우세한(勝) '토'의 시대이고, 모든 것이 '토'의 기운에 맞추어져야 하며, 인간도 적극적으로 토에 관련된 것, 예컨대 색깔로는 '황색'을 숭상하는 것이다. 그리고 이 토의 시대 다음에는 오행상극의 순환원리에 따라 '목극(승)토'이므로 '목'의 시대가 오게 된다는 것이며, 그에 따라 하나라 우禹의 시대에는 '목'을 숭상하고, 모든 것이 '목'의 기운에 맞추고, 인간도 적극적으로 목에 관련시켜 일을 행하며, 색깔로는 목의 색인 '청색'을 숭상한다고 한다. 다만 역사적으로는 중간의 '요순堯舜'의 시대는 생략되어 있다.

이러한 이치에 따라, 그 다음 시대는 '금극목'의 원리에 따라 '금'의 시대가 되어, 모든 것이 '금'의 원리에 맞추어지며, 색깔로는 '백색'을 숭상하는데, 이 시대가 상(은)나라 탕湯임금 시대이며, 그 다음 시대는 '화극금'의 이치에 따라 '화'의 시대가 되어, 모든 것이 '금'의 이치에 맞추어지며, 색깔로는 '적색'을 숭상하는데, 이 시대가 곧 주나라 문왕文王의 시대라고 한다. 그런데, 추연이 살던 당시는 비록 중앙정부인 주나라 정권의 힘이 미약한 그 말기로서의 전국시대이지만, 그래도 명분상으로 주나라이므로, 만일 그 시대를 극복하고 다른 왕조가 새로 선다면 이러한 오행상승의 이치에 따라 '화'를 이기는 시대가 올 것이 예상된다는 주장이다. 그래서 오행에 있어서 '화'를 이겨 그것을 대신할 수 있는 것은 '수극화'로서의 '수水'이므로 다음은 반드시 '수'의 덕을 가진 왕조가 될 것이라는 것이다. 이뿐만 아니라 또 그 다음 시대가 오게 된다면, 역시 오행상승의 이치에 따라 '수'를 이기는 시대인 '토극수'로서의 '토土'의 시대가 다시 순환하여 도래한다는 것이다. 여기서 각 왕조마다 그 해당되는 오행의 덕에 따른다는 것은 추연의, "당대當代부터 소개하기 시작하여 황제黃帝 시대까지 거슬러 올라가, 학자들이 공통적으로 칭술稱述한 역사적 사실을 서술하고, 또 시대마다 성쇠의 이치를 대략 논하여, … 천지개벽 이래의 오행의 상생상극과 역대 제왕의 치국방법이 제각각이면서도 이처럼 부응符應함"에 맞춘 것이라 할 수 있다.

또한, 『사기』 부분에서는 '오행상생상극'을 모두 말하였지만, 『여씨춘추』의 부분에서는 단지 '오행상극(상승)'의 원리만으로 왕조교체의 역사철학을 말하였다. 그렇지만 오행의 이론에는 앞의 '월령月令'에서처럼 오행상생의 원리도 있어서, 계절이 바뀌는 원리는 이미 본 바대로 '오행상생'의 원리에 따랐다. 그럼에도 추연과 같은 음양가의 역사철학 이론에서는 '오행상승'을 말한 것은 역사의 순환이 '투쟁'에 따른 것임을 강조한 것이며, 이는 추연 자신이 역사를 공부한 경험에 따라 내린 결론이라고 할 수 있다. 그럼에도 겉으로 드러나지는 않았지만, '오행상승'의 역사순환 속에는 '오행상생'의 원리가 잠복해 있다고 할 수 있다. 그래서 이 둘을 결합하여 말한다면 다음과 같이 말할 수 있다.

먼저 '토'의 시대를 이기는 것은 '목극토'의 '목'의 시대이다. 그러나, '토'는 그냥 사라지지 않고, 그 정치적 잔당을 자식으로 낳는다. 그것이 '토생금'의 '금'이다. 그래서, '금'이 다시 '금극목'으로서 부모인 '토'를 죽인 '목'에 정치적 보복을 한다. '목' 역시 그냥 사라지지 않고, 그 정치적 잔당을 자식으로 낳는데, 그것이 '목생화'의 '화'이다. 이에 '화'는 '화극금'으로서 부모인 '목'을 죽인 '금'에 복수를 한다. 그러면, '금' 역시 그냥 사라지지 않고 그 정치적 자식인 '수'를 자식으로서 낳는데, 곧 '금생수'의 결과인 '수'이다. 이에 '수'는 '수극화'로서 부모인 '금'을 죽인 '화'에 복수를 한다. 그러면 '화' 역시 그냥 사라지지 않고, 그 정치적 자식인 '토'를 낳고 죽는다. 그러면 이 '토'가 다시 '토극수'로서 부모인 '화'를 죽인 '수'에 복수를 한다. 그러면 이 '수' 역시 죽으면서 '목'을 낳는다. 그리고는 이 '목'이 또 '토'의 시대를 이기면서 '목극토'의 '목'의 시대가 다시 도래하면서 순환하는 것이다.

추연의 '오덕종시설'의 역사철학은, 인간의 어떤 의도와 상관없이 세계와 역사가 변화하는 기계론적 의미를 지니고 있다. 어떤 원리에 따라 세계가 운동변화한다면, 인간의 의도는 물론이고 거기에 개입할 어떤 초월적 종교 실체도 이야기할 수 없이 자체 원리에 따라 변화한다. 거기에는 오행변화의 원리만 있을 따름이다.

추연의 이론은 어떤 것도 고정된 상태가 없어서, 어떤 시기에 마치 영원히 쇠망하지 않고 지속될 것 같아 보이는 어떠한 왕조도 언젠가는 흥망성쇠하여 변화하고 다른 왕조로 교체될 운명임을 말한다. 그래서 추연이 활동하던 주나라 말기 시기가 이후 진으로 교체되고 나자, 역시 오덕종시설을 신봉한 진시황秦始皇의 진秦나라는 자신의 나라가 '화火'의 기가 승했던 주周를 대체하였으므로, 스스로를 '수극화'의 '수水'의 왕조임을 자처하여, 『사기』에서 기술된 대로, "의복, 깃발들은 모두 흑색을 숭상하고, 수數는 6을 기원으로 삼고, 수水의 덕을 본보기로 삼았다."

오덕종시설을 신봉한 진시황은 자신의 진이 영원할 것을 바라고, 자신을 시황제로 하여, 그 다음 2세 황제, 3세 황제 … 이렇게 영원히 지속하기를 바랐다. 그러나 이는 자기모순적 상황이다. 오덕종시설을 신봉하면, 자신의 진 역시 언젠가는 '토극수'의 '토'의 덕을 가진 왕조에 의해서 대체될 수밖에 없기 때문이다. 즉 오덕종시설 상으로는 처음부터 영원함을 바랄 수 없는 것이었다. 그리고는 실제적으로도 영원하기는커녕, 어느 정도의 왕조 역사도 누리지 못 한채 2세만에 역사의 뒤안길로 사라진 것이다.

이처럼 추연의 역사철학은 어떤 법칙에 따라 변한다는 기계론적 의미를 띠고 있지만, 한편으로는 또 인간의 적극적 개입도 전제하고 있다. 그것은 각 시대마다 오행의 어떤 하나가 승하다고 할 경우, 역시 인위적이고 적극적으로 이에 참여할 것을 말하고 있는 목적론적 요소를 함축하고 있기 때문이다. 이러한 것은 '월령'과 같은 경우처럼 오행의 원리가 이미 자연철학적으로 전제되어 있지만, 인간 역시 거기에 적극적으로 참여할 것을 전제하고 있기 때문이다. 그래서 자연적 요소와 인위적 요소가 분리되지 않고 임의적으로 해석될 여지가 있는 것이다. 이러한 것은 단지 자연철학적 측면만 말한다면 무신론적 유물론의 의미가 있기도 하지만, 자연의 원리에 적극적으로 부응符應할 것이 요구되므로, 만일 그 자연이 원시종교적 '천天'의 의미로 대체될 경우, 이는 오히려 언제라도 종교적 '천의天意'에 순종하는 종교적 의미로 바뀔 수 있고, 실제 이후 한대漢代에 가서 '천인감응天人感應'의 종교적 사상으로 복귀하는 계기가 되기도 한 것이다. 동시에 철학사를 통해서 이후 성리학 시대와 같이 자연철학과 도덕철학, 사실과 가치, 존재와 당위가 연계되는 이론의 선구가 되기도 한 것이다.

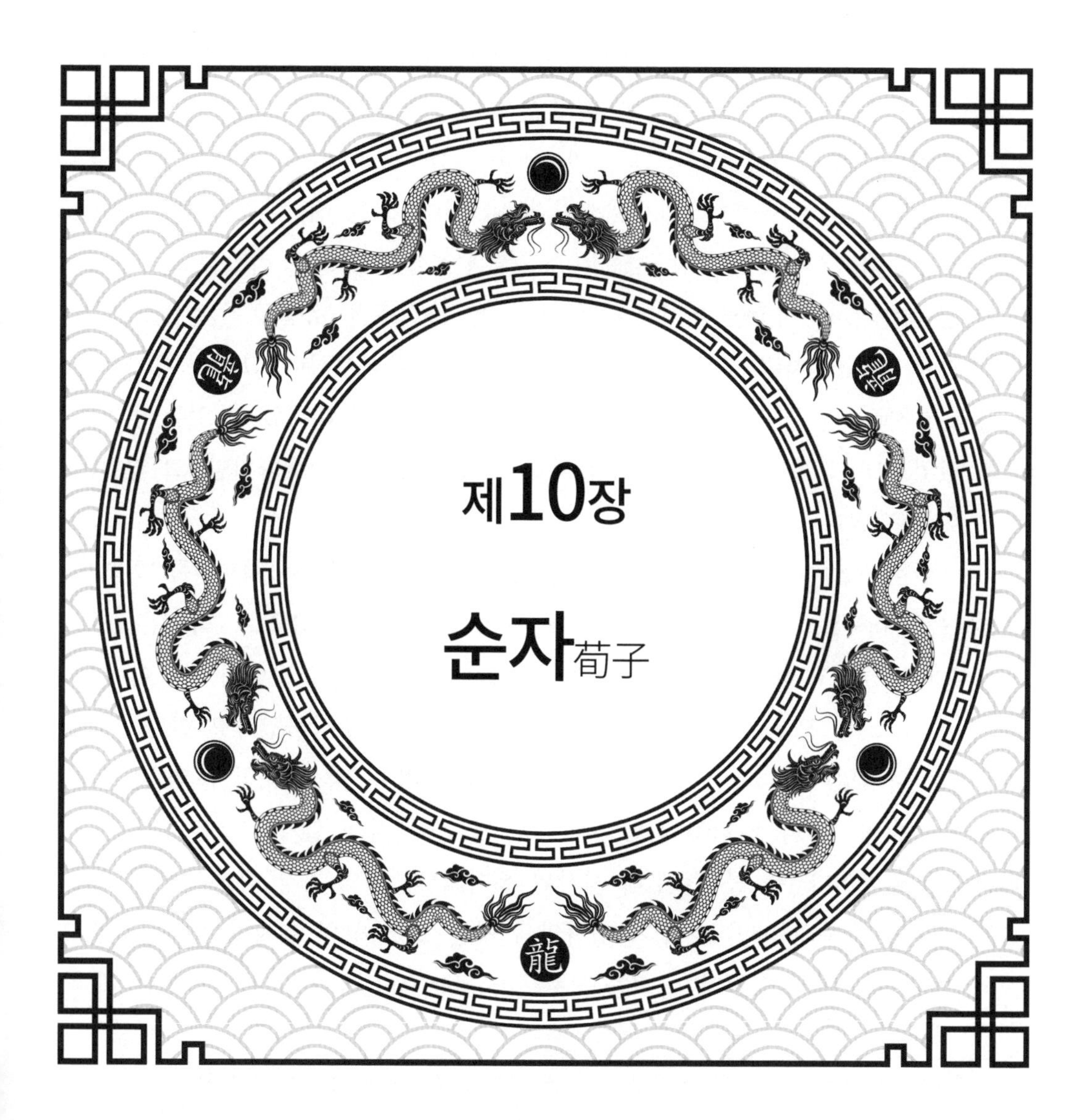

제10장

순자荀子

순자(약 B.C.313~약 B.C.238 또는 약 B.C.295~약 B.C.238)의 이름은 황況으로서 순황荀況이며, 자字는 경卿으로서 손경자孫卿子라고도 일컫는다.[1] 『사기史記』「맹자순경열전孟子荀卿列傳」에 따르면, 그는 전국시대 조趙나라 사람으로서, 제齊나라에 유학游學하여, 그 곳의 '직하稷下선생先生'[2]의 한 사람이었으며, 그들의 영수領袖인 이른바 '좨주祭酒'가 된 바 있다. 그는 진秦나라와 초楚나라도 갔었는데, 초나라의 춘신군春申君이 그를 난릉영蘭陵令으로 삼았었고, 나중에 난릉蘭陵에서 세상을 떠났다고 한다. 그는 스스로를 '유儒'로 일컬었으며, 그 역시 맹자孟子처럼 공자孔子의 사상을 계승하여 발전시켰다. 그런데 유가사상의 효시嚆矢인 공자의 사상에는 이후 다양한 각도에서 해석될 수 있는 여지가 있었으므로, 맹자와 순자는 다 같이 공자의 사상을 계승했다지만, 그 경향은 아주 달랐다.

『한비자韓非子』「현학顯學」에는 당시 가장 영향력이 있었던 학파, 즉 '현학顯學'을 유儒묵墨으로 들고, 공자와 묵자 이후에 '유儒'는 여덟으로, '묵墨'은 셋으로 나뉘었다고 하였고, 그들 각자가 취사取舍한 것이 서로 달랐기 때문이며, 그럼에도 그들 모두는 스스로 진정한 공묵孔墨이라고 주장하였다고 한다. 여덟으로 나뉘었다고 하는 '유' 중의 가장 대표적인 파는 '맹씨孟氏의 유'와 '손씨孫氏(즉 순씨荀氏)의 유'라고 하였는데, 전자가 곧 맹자의 일파이고 후자가 곧 순자의 일파이다. 즉 공자로부터 시작된 유가의 파 중의 가장 대표적인 파가 곧 맹자와 순자의 파인 것이다. 맹자와 순자는 그 사상의 취지가 서로 달랐고, 반대되는 면이 많았지만, 그들 모두 스스로는 자신들이 공자의 진정한 계

---

1) 한대漢代 선제宣帝의 명휘名諱인 '순詢'을 피하여 '손경孫卿'이라 일컫게 됨.
2) '직하稷下'의 '직稷'은 당시 제齊나라 국도였던 임치臨淄의 한 성문, 즉 '직문稷門'을 말한다. 그래서 '직하'는 곧 제나라 도성 임치성의 직문稷門 부근이란 말이다. 제나라 임금이 이곳에 학궁學宮을 설립하였는데, 그 학궁의 위치가 직문 부근이므로 '직하학궁稷下學宮'이라고 하였다. 당시 이곳에 많은 학자가 모여, 그들을 '직하선생稷下先生'이라고 일컬었다.

승자라고 생각한 것이다.

순자의 저서로는 『순자荀子』 32편이 전해지고 있다. 선진시대의 저작물에서 '자子'라고 붙은 저작물은 그 대표성을 띤 사람의 단독 저서이기보다는 사실상 그 사람을 대표로 하는 유파 사람들의 글을 모은 것이라 볼 수 있는데, 그 대표적인 경우가 『노자老子』이며, 『장자莊子』 역시 그러하고, 심지어 『맹자』에도 그런 요소가 있는데, 『순자』의 경우도 그 점을 배제할 수 없다. 그런데 『맹자』와 달리 『순자』의 경우는 대화체가 아니라, 정해진 주제에 대한 논술체로 쓰여진 특징이 있다.

1. 순자荀子의 무신론無神論적 합리주의

공자가 원시종교시대를 철학시대로 진입시켜, 인간중심주의를 연 다음, 맹자는 도덕주체를 강조한 인간중심주의를 나타냈는데, 순자는 이에서 더 나아가 무신론적 인간중심주의의 성향을 띠었다. 그는 철저한 합리주의로 신비주의를 불식시켰다. 그래서 종교적인 것을 극력 반대하여 종교적 하늘을 더욱 부정하였다. 공자가 종교적 하늘을 회의한 단계라면, 맹자는 그것을 인간의 심성에 내면화하였다. 순자는 여기서 한 걸음 더 나아가 하늘을 단순한 물질적 자연으로 보았다. 무신론을 보다 명확히 한 것이다. 따라서 세상 사람들이 그 뜻을 알려하는 '하늘'을 부정하고, 그것을 오히려 인간이 적극적으로 개척하여야 할 자연 대상으로 보았다.[3]

이처럼 순자는 하늘과 사람의 경계를 엄격히 구분하였는데, 즉 자연과 사회, 물질과 정신, 그리고 객관적 물질 대상과 주관적 인간 문제의 경계를 명확히 구분한 것이다. 그는 자연의 물질세계는 인간의 주관적 의식과 독립하여

---

3) 여기서 말하는 '자연'은 도가의 '무위자연'의 '자연'이 아닌, 순자의 사상 설명을 위해 사용하는 현대어의 '자연', 즉 '자연과학', '자연환경'의 '자연'이다.

존재하는 것이며, 마찬가지로 인간의 의식 역시 자연세계와 독립하여 존재함을 주장한 것이다. 이것이 그의 이른바 '천인지분天人之分'의 주장이다.

순자는, 하늘은 그 자체의 객관적 원리에 따라 운행하며, 인간과 인간이 구성하는 사회 원리와 무관하게 존재한다고 보았는데, 이는 자연의 법칙이 사회법칙, 도덕법칙과 별개라는 것이다. 이전에 공자와 맹자는 아직 '하늘[天]'을 인간의 정치적, 도덕적 측면과 관련시켜 보았는데, 그들의 '천명天命' 관념이 곧 그것이다. 그러나 순자는, 정치적이든 도덕적이든 하늘은 인간사와는 아무런 상관이 없는 단순한 자연 현상으로 보았다. 그래서 그는 "하늘의 운행(天行)은 일정불변하다(常). 요堯가 나온다고 생겨난 것도 아니고, 걸桀이 나온다고 사라지는 것도 아니다. … 해와 달, 그리고 별들의 현상은 우禹 때나 걸桀 때나 다 마찬가지였다. … 치란治亂은 하늘과 상관이 있는 것이 아니다."(『순자荀子』「천론天論」)라고 하였다. 한 국가 사회로 봐서 지도자의 선악에 따라 하늘이 그에 어떤 영향을 미치는 것도 아니고, 한 개인으로 봐서도 그 삶의 선악에 따라 하늘이 상벌을 내리는 것도 아니라는 것이다. 곧 하늘과 사람이 서로 영향을 주고받는다는, '천인감응天人感應'의 종교적 사고가 허무맹랑하다고 반대한 것이다.

순자는 하늘과 인간은 각각 그 역할이 달라서 서로 관여하지 않는다고 보았다. 그래서 그는 "천과 인의 차이를 알면 '지인至人'이라 말할 수 있다."(『순자』「천론」)고 하였다. 그는 하늘이 그 고유의 자연 현상을 나타내는 것은 하늘의 일로서의 '천직天職'으로 보고, 인간은 이와 같은 현상에 대해 아무리 현명하고 능력 있는 사람도 이에 관여하지 않으며, 이런 것을 "하늘의 일과 다투지 않는" 것으로 보았다.

그는 말하기를, "하늘은 사람이 추위를 싫어한다고 해서 겨울을 거두어들이지 않으며, 땅은 사람이 먼 거리를 싫어한다고 해서 그 넓음을 거두어들이지 않는다."(『순자』「천론」)고 하였는데, 이는 자연계의 운행은 인간의 의지나 희망과는 무관하게 그 자체의 인과적 자연법칙에 따라 이루어진다는 것이다.

그는 하늘의 수많은 별과 해와 달의 천문현상, 사시四時의 운행과 여러 가지 자연현상은 하늘의 오묘한 작용이긴 하지만, 성인聖人은 이러한 하늘에 대해서 종교적 측면에서 알려하지 않는다고 주장했다. 그에게 있어 하늘은 자연의 질서일 뿐이었다.

그래서 순자는, "작위하지 않고도 이루어지며, 추구하지 않아도 얻어지는 것, 이것을 '천직天職'이라고 이른다."(『순자』「천론」)고 하고, 또 "수많은 별들이 따라 돌고, 해와 달이 번갈아 비추며, 사계절이 교대로 다스리고, 음양이 크게 변하며, 바람과 비가 넓게 베풀고, 만물이 각각 그 조화를 얻어 생겨나서, 각각 그 기름을 얻어 성장함에, 그 일을 보지 않고 그 공功을 보는 것을 일러 '신神'이라고 한다. 그 성장하는 까닭을 모두 알면서 그 형체 없음을 알지 못함을 일러 '천공天功'이라고 한다."(『순자』「천론」)고 하였다.

인간도 비록 자연계의 일부이지만, 이러한 인간의 인식 기능은 자연계의 다른 존재와 달리 인간을 지식을 쌓을 수 있는 우월한 위치에 있게 한다. 그래서 자연계를 자신을 위해서 유용하게 이용할 수 있는 능력을 가지게 되는 것이다. 그래서 인간은 자연계의 다른 종들을 이용하여 자신들의 생명을 유지하는 힘을 스스로 가질 수 있게 되어, 다른 존재와의 생존경쟁에서 유리하게 되는 것이다. 순자는 자신들의 생명을 길러 유지하는 것을 '천양天養'이라고 하였는데, 이것은 인격신이나 귀신이 부여하는 것이 아닌 스스로 쟁취하는 것이라고 여겼다. 이렇게 인간이 자신들의 생존을 위해 스스로 쟁취할 수 있는 이치는 모두 자연의 원리에 따르는 것이다. 그래서 그 원리에 따르면 '복福'이 되고, 그것을 거스르면 '화禍'가 되며, 이러한 것을 '천정天政'이라고 정의하였다.

이처럼 상제나 귀신과 같은 종교적 존재의 은총 없이 인간이 자신의 힘으로 생존할 수 있고, 또 그렇게 해야 한다고 주장하는 것이 곧 그가 말한 "천인지분天人之分을 밝힘"이다. 이렇게 순자는, 사람은 자연에 의해 부여받은 자신의 능력으로 자연계의 다른 존재를 부리고 이용할 수 있으므로, 만물 중에 우뚝 서서 천지만물의 주인이 될 수 있다고 봄으로써, 인간의 위치를 한껏 끌어 올린 인간중심주의자로 평가할 수 있는 것이다. 인간 중에서 이러한 자각을 이상적으로 할 수 있는 존재가 그 이상적 대표격인 '성인聖人'인데, 그는 "오직 성인만이 하늘 알기를 추구하지 않는다."(『순자』「천론」)고 하였다.

당시 세상 사람들은 하늘을 알려고 하는 종교적 소망을 가지고 있었고, 이를 '지천知天'이라 하는데, 맹자는 '지천'을 '진심盡心'하고 '지성知性'하는 방법을 통해야 하는 도덕적 자각으로 내면화시켰는데, 순자는 아예 그러한 '지천' 자체와 결별한 것이다. 하늘과 사람의 역할이 다르므로, 순자는 '지천'은 "하늘과 그 직분을 다투는 것"이라 여겼다. 그래서 하늘은 하늘의 일을, 사람은 사람의 일을 하여야 한다는 것, 사람이 "해야할 바를 알고, 하지 않아야 할 바를 아는 것"은 "하늘 알기를 추구하지 않음"이며, 이것이 곧 "천인지분을 밝힘"으로 본 것이다. 사람은 이렇게 함으로써 하늘과 땅에 대해서 독립적인 역할과 지분을 가질 수 있게 되는 것이어서, "하늘은 그 때를 소유하고, 땅은 그 재財를 소유하고, 사람을 그 다스림을 소유하니, 이것을 '능참能參'(『순자』「천론」)이라고 한다."고 하였는데, '능참'은 곧 사람이 하늘, 땅과 더불어 독립적인 지위를 가지고 참여하여 셋이 됨을 말하는 것이다. 여기서 '參'은 바로 '삼三'과 '참여參與'의 복합적 의미를 가지는 것이다. 이러한 점들은, 사람이 자연계의 다른 존재와는 다른 '만물의 영장'이라는 중요한 의미가 되는 것이다.

그래서 비록 하늘과 사람이 그 역할이 다르지만, 단순한 자연적 배경인 하늘에 대해서 인간은 그것을 무대로 하여 적극적으로 행위 해 나가야 한다고 주장했다. 이것은 그의 인간중심적 인문주의이다. 그는 역시 「천론天論」에서, 하늘을 종교적으로 위대하다 여겨 그것을 숭배하기보다, 인간 스스로의 힘으로 사물을 축적해서 처리해나가야 하며, 하늘에 순종하고 그것을 칭송하기보다 하늘로부터 주어진 사물을 처리하고 이용하는 것이 더 낫다고 주장했다. 즉 그는 인간이 적극적으로 노력하여 자연현상으로서의 하늘을 개척해 나가야 한다고 주장한 것이다. 순자는 세상의 모든 것은 인간이 만들어 가는 것으로 보고, 인위적으로 만들어가는 인간의 문화와 문명을 가치 있게 여겼다.

그는 인간의 지위를 높이 두어, 인간을 하늘·땅과 더불어 나란히 하나의 역할을 담당할 수 있는 존재로 보았을 뿐만 아니라, 그 중에서도 인간의 적극적인 역할을 강조하였다.

그리고 순자는, 「천론」에서 자연현상에서 나타나는 여러 가지 이변異變을 미신과 연계시켜 두려워할 필요가 없다고 보아, 여러 가지 이변들이 비록 드물게 일어나는 일이지만 역시 자연현상일 뿐이며 군왕이 명민하여 정치가 잘 이루어지면 이런 현상은 원래 인간사와 상관없기 때문에 그런 현상이 계속 일어난다 해도 두려워할 필요가 없다고 하였다. 이렇게 미신을 배격한 순자는 인간의 이성에 의한 합리주의를 보다 강조하여, 당시의 신화적 사고에 바탕을 둔 점占과 주술呪術 행위를 반대하였다. 그래서 그는 비록 점서占書에서 비롯된 『주역周易』이지만, 이 문헌도 철저히 합리적인 관점으로 보아, "역易을 잘하는 이는 점을 치지 않는다(善爲易者不占)."(『순자』「대략大略」)고 하여, 『주역』을 철학적으로 보았다.

제례祭禮와 상례喪禮 같은 의식儀式 행위도 종교적으로 해석하지 않고 합리적으로 해석하였다. 그가 보기에 이러한 의식행위는 당시 일반 사람들이 생각하듯 실제 귀신이 존재해서가 아니라, 죽은 사람에 대한 인간의 정감의 표현으로 보았다. 비를 내리기 위해 지내는 기우제祈雨祭도 비를 내려 줄 수 있는 종교적 실체가 존재하기 때문이 아니라, 비가 오기를 기원하는 인간의 정성의 표현으로 보았다. 모든 것은 인간의 의지와 정감, 정서에 관한 인위적인 요소에 달려 있다고 본 것이다. 그리고 음양가에서 이야기하는 '형법形法'과 같이 사람의 모습을 보고 귀천, 화복을 판단하는 것을 미신으로 치부하고 「비상非相」에서 비판하기도 하였다. 그는 인간의 길흉화복은 모두 인간 스스로의 행위 결과라고 생각하여, 스스로 노력하여 능동적으로 자연계와 싸워 이겨 자신의 행복을 쟁취해야 한다고 주장했다.

순자의 무신론적 합리주의는 '귀신'의 존재 여부에 대한 견해에서도 나타난다. 유가가 귀신을 부정한다고 비판한 묵자는, 그러면서 유가에 상례, 제례가 있음이 모순된다는 비판을 한 바 있었는데, 즉 묵자는 "귀신이 없다고 생각하면서 제례를 거행하는 것은 손님이 없는 데도 빈례賓禮를 거행하거나, 물고기가 없는데도 그물을 치는 것과 같다."(『묵자墨子』「공맹公孟」)고 한 것이다. 공자가 제자들에게 귀신에 대한 관심보다 사람에 대한 관심을 강조한 후, 유가가 귀신의 존재에 대해서 회의하거나 부정함에 대해 행한 비판이다. 그런데 순자에 이르러서는 보다 더 급진적으로 귀신을 부정하였다. 그렇다면 순자 역시도 상례, 제례에 대한 해명이 필요한 것이다. 사실상 순자는 미신을 부정하고 비판하는 입장이며, 사람이 죽은 후 귀신이 존재한다는 것도 미신으로 간주하고 부정하였지만, 그는 이러한 전통적 의식儀式에 대해서 그것을 보존, 유지하는 것까지 부정할 필요는 없다고 주장했다.

순자의 제례에 대한 생각은, "죽은 사람 섬기기를 산 사람 섬기듯 하는"(『순자』「예론禮論」) 것으로서, 이는 인간 정감을 정화하는 의식이라는 것이다. 그래서 "그것을 군자의 경우는 인도人道로 여기지만, 백성의 경우에는 귀신의 일로 여긴다."(『순자』「예론」)고 하였는데, 이는 합리적 사고로 이성적 판단을 하는 군자는 제례와 같은 의식을 사람의 일로 여기고 귀신의 일로 여기지 않지만, 이에 대한 합리적 사고를 하지 못하는 보통 사람은 귀신의 존재를 실제로 믿고 그 의식을 행한다는 것이다. 순자의 관점으로는, 유가에서는 제례를 행하나, 그것은 귀신이 존재해서가 아니라, 단지 일종의 '문文', 즉 문화적 수식의 의례로서 인도人道에 있어 필요할 뿐이라고 보았다. 인간은 희로애락의 자연적 감정, 즉 그가 말하는 '천정天情'이 있어서, 사랑하는 사람이 죽었을 때 비록 이성적으로는 그가 더 이상 존재하지 않게 되었음을 알지만, '천정'에 있어서는 마치 살아있는 듯이 대하고 싶은 마음의 표현이 상례나 제례라는 의례로 나타나므로, 이것이 인간의 감정상의 카타르시스로 승화하는 역할을 한다고 보는 것이다. 순자는 이러한 경우를 그가 중시하는 인간 중심적 인문주의의 일환으로 보는 것이다.

2. 순자荀子의 인식론

자연으로서의 하늘(天)에 대해서 사람(人)의 역할이 다르지만, 사람 역시 자연의 일부이므로 자연인 '천'에서 생성된다. 자연의 물질성이 곧 인간의 물질성으로서의 육체를 이룬다. 그런데 인간이 자신의 역할을 하는 인식 주체로서의 정신 능력은 바로 이 육체에서 유래한다는 것이 순자의 생각이다. 그는 말하기를, "천직天職이 세워져, 천공天功이 이루어지고 나면, 형체(形)가 갖추어져 정신(神)이 생겨나며, 좋아함(好), 미워함(惡), 기뻐함(喜), 성냄(怒), 슬퍼함(哀), 즐거워함(樂)이 거기에 내재하게 되는데, 이것을 일러 '천정天情'이라고 한다."(『순자』「천론」)고 하였는데, 즉 인간 주체에 내재된 자연성으로서의 선천적 감정인 '천정'으로 인간 주체의 정신 활동이 이루어진다는 것이다.

이러한 정신 활동은 외부 대상세계와 접촉함으로써 이루어진다. 그 통로가 감각기관이다. 순자는 이耳, 목目, 비鼻, 구口를 비롯한 여러 감각 기관을 '천관天官'이라고 불렀다. 이러한 감각기관인 '천관'의 각각은 당연히 그 기능이 달라서 서로 대체할 수 없는 것이다. 이러한, 각각 그 기능이 다르면서 서로 소통, 대체되지 않는 그 개별적인 기능마다의 감각자료를 얻으면, 그 감각자료를 종합하는 기관이 있으며 그것이 곧 인식주체로서의 '심心'인데, 이것은 여러 관리들을 통치하는 임금과 같다고 여겨, 이것을 순자는 '천군天君'이라 불렀다. 이는 칸트가 말한 '오성悟性'에 상당하며, 여러 감각자료를 종합통일하는 것은 그 '통각統覺'에 상당하는 것이다.

순자는 이러한 인식주체가 가진 인식능력을 '지知'라고 하였으며, 인식은 그 인식대상과 합치됨으로써(有所合) 이루어지는데, 인식대상인 외물外物과 합치되어서 이루어지는 인식을 '지智'라고 하였다. 여기서 한 걸음 더 나아가 인식주체인 '심'의 변별과 증명을 거친 인식을 특히 완전한 지식으로서의 '징지

徵知'라고 하였다. 이러한 인식의 출발은 오관五官으로 얻어지는 감각자료이지만, 최종적으로 완전한 지식이 얻어지는 것은 '심'에 의해서이다.

순자는 여러 가지 원인으로 인한 인식의 착오와 오류의 가능성도 강조하였는데, 그럼에도 '심'의 이러한 착오와 오류에 대한 교정 작용도 있다고 보았다. 그가 든 착오의 예 중 하나로 든 것 중에는 '귀鬼'에 대한 것이 있는데, 그는 귀신의 존재를 부정하므로, 사람이 귀신이 있다고 경험한 사례는 인심의 공포에 의해서 생긴 일종의 환각이라고 주장하였다. 사람의 마음은 착오로 인하여 본래 없는 것을 있다고 생각할 수도 있고, 본래 있는 것을 없다고 할 수도 있는데, 귀신의 경우는 본래 없는 것을 있다고 생각하는 사례로 든 것이다. 이는 묵자가 귀신이 있다고 주장하면서, 누군가 귀신을 보았다고 경험한 사례를 그 근거로 든 것에 대한 비판이기도 하다. 말하자면, 묵자의 주장은 환각에 의한 경험에 근거한 것이라는 것이 순자의 주장이다.

순자는, 인식은 궁극적으로는 실천과 연계되어야 한다는 것을 강조하였는데, 그는 "듣지 않음은 들음만 못하고, 들음은 봄만 못하고, 봄은 앎만 같지 못하고, 앎은 행함만 못하다. 배움은 행함에 이르러서 그친다."(『순자』「유효儒效」)라고 하면서, 들음, 봄이라는 감각적 경험에서 '지知'라는 인식을 이루고, 궁극적으로는 '행行'이라는 실천으로 나아가야 완전한 지식을 얻는 인식이 된다는 것이다.

순자는 인식론에 있어서 또 다른 논점도 제기했는데, 그것은 인식 과정상의 편면성과 주관성이다. 그는 이러한 면을 '폐蔽(가리움)'라고 말했다. 이러한 '폐'는 특정한, 치우치고 왜곡된 주관적 관점이며, 이로 인해 사람들이 진리에 도달할 수 없다고 주장하였다. 당시 제자백가의 수많은 주장이 있었지만, 순자 자신이 보기에는 각자 그들 확정편향의 시각에 의해 잘못된 인식과 판단을 하는 것이었으므로, 진리에 도달하려면 먼저 '해폐解蔽', 즉 '가리움에서 벗어나는 것'이 중요하다는 것이다. 그는, "사람들의 근심은 '일곡一曲'(한 국면)에 가리워 '대리大理'(큰 이치)에 어둡다는 것이다."(『순자』「해폐解蔽」)라고 하였는데, '일곡'은 지엽적인 것이고, '대리'는 전면적인 것이다.

순자는 인식주체가 인식을 하는 방법을 '심술心術'이라고 하고, 심술이 그 장애가 되는 '폐'를 벗어나는 '해폐'를 하려면, 대상을 일면적, 지엽적으로 보지 않고, 전면적으로 보아야 한다는 것, 이를테면 나무를 보지 않고 숲을 봐야 한다는 것이다. 그래서 그는 진리에 도달하려면 좋고 싫고도 없고, 시작도 마침도 없고, 가까움도 멂도 없고, 넓음도 얕음도 없고, 과거도 없고 현재도 없이 편견 없는 시각에서 만물을 균형 있게 종합하는 관점에 서야 한다고 했는데, 이러한 균형 잡힌 표준적 관점이 곧 '형衡', '권權', 즉 저울이다. 이는 곧 진리인 '도道'를 비유한 것으로서, 그는 '도'를 '정권正權'이라고 하였다. 이렇게 '폐'의 편견을 넘어서, '해폐'하여 균형 잡힌 관점으로 인식 주체인 '심'이 자신의 인식 능력을 발휘함에 필요한 조건의 상태를 그는 '허일이정虛壹而靜' 또는 '대청명大淸明'이라고 하였다.

3. 순자荀子의 정명론正名論

순자의 '정명론正名論'은 중국 철학 일반의 '명실론名實論'의 기초 위에 있으면서, 또한 공자의 정명론에서 시작된 유가적 전통에 서 있다. 이 이론은 그의 인식론과 논리사상과 관련 있다. 그러나 공자에서 이미 제기되었듯이 유가의 정명론은 정치, 윤리 사상과 관련되어 있어서, 순수하게 논리만을 말하지는 않는다. 순자의 경우도 그러한 측면이 중요하지만, 그래도 그의 경우는 논리사상의 성격이 다소 강화되었다.

순자에 있어서도 '명名'은 언어 표현 이전의 개념(concept)이면서, 언어로 표현된 명사名辭(term)이기도 하다. 순자는 '실實'에 대응되는 '명'을 4종으로 나누었는데, 첫째 '형명刑名'으로서 형법상의 명사이다. 둘째 '작명爵名'으로서 사회적 등급을 나누는 명사이다. 셋째 '문명文名'으로서 사회 예절에 사용되는 명사이다. 넷째 '산명散名'으로서 일반사물에 대한 이름이다. 이를 보면 그가 말하는 '명' 역시 주로 정치적, 사회적인 것임을 알 수 있다. 그래서 이러한 명이 있게 되는 이유와 목적도 그러한 것이어서, 그는 "명을 만들어 실을 지칭함은 위로는 귀천貴賤을 분별하고, 아래로는 동이同異를 분별하는 것이다. 이것이 명이 존재하는 이유이다."(『순자』「정명正名」)라고 하였다.

순자는 공자의 '정명'에 관한 사례 범위인 "군군君君, 신신臣臣, 부부父父, 자자子子"를 보다 확대하여, "군군君君, 신신臣臣, 부부父父, 자자子子, 형형兄兄, 제제弟弟", "농농農農, 사사士士, 공공工工, 상상商商"(『순자』「왕제王制」)라고 하였지만, 어느 경우든 그 취지는 마찬가지이다. 순자는 다만 그 예를 더 세분하여 든 것일 뿐이다. 그러면서 특히 각 직업의 분류에 관한 사례를 더한 것이 특징이다. 이러한 나열은 단지 예例이므로, 세계 내 모든 존재로서의 '실'을 지칭하는 '명'을 논하는 것은 모든 존재에 다 해당된다. 그런데, 이러한 데 대한 판단은 인식 주체가 인식을 하여 지식을 얻음으로써 생기는 것으로서의 인식의 결과이다. 그 인식대상이 '실'이고 그로 인한 지식이 개념화한 것이 역시 '명'이다. 순자는 외물인 '실'에 있어서 각각 다른 실(異實)이면, 그에 대한 '명'도 다른 명(異名)이어야 하여, 동실同實에는 동명同名이 대응된다고 하였는데, 이는 너무나도 당연한 이야기이다.

순자의 명실론의 특징은 주로 '명'의 종류를 나눔에 있다. 이는 일반적으로 논리학의 서두에 나오는 '개념론'의 성격을 가지고 있는 것이다. 그는 먼저 '단명單名', '겸명兼名'을 나누었는데, 이는 한자漢字로 이루어진 중국어의 특성을 반영한 것으로서, 단명은 한 글자, 겸명은 두 글자로 이루어진 '명'이다. 그렇지만 한자의 특성을 떠나서, 전자는 단순개념이고, 후자는 복합개념이라고 할 수 있다. 즉 '조鳥'와 '백조白鳥', 나아가 '조수鳥獸'의 차이와 같은 것이기 때문이다.

순자 정명 이론의 보다 중요한 부분은 '공명共名'과 '별명別名'을 말함에 있다. 전자는 보편개념으로서 보편자를 지칭하고 후자는 개별개념으로서 개별자를 지칭하는 것이다. 즉, '나무'는, '소나무', '밤나무', '대추나무'에 대해서 보편개념인 '공명'이고, '소나무', '밤나무', '대추나무' 등은 '나무'에 대해서 개별개념으로서의 '별명'이다. 일반적으로 보편개념과 개별개념은 상위개념과 하위개념에 따라서 상대적인 것이다. 상위개념으로 갈수록 그 외연이 확장되고, 하위개념으로 갈수록 그 내포가 확장된다. 순자가 말하는 '공명'은 상위개념이고, '별명'은 하위개념이다. 그래서 최고의 상위개념으로 가서 모든 것을 포괄하는 보편개념이 되면 그것을 '대공명大共名'이라고 하였고, 그 반대로 개념을 세분해 가서 더 이상 세분하여 나눌 수 없는 개별개념을 '대별명大別名'이라고 하였다.

순자는, '명'과 '실'의 관계는 사회적 약속으로 이루어지므로, 한번 약속이 정해지면 그대로 지켜야 하며, 그렇지 않으면 혼란이 인다고 하였는데, '말[馬]'로 정해진 대상은 계속 '말'로 '소[牛]'로 정해진 대상은 계속 '소'로 대응시켜 사용해야 한다는 것이다. 사실상 이 주장은 순자의 경우가 아니더라도 지극히 당연하다. 즉 이것은 동실-동명, 이실-이명이 되어야 함에 따른 당연한 원칙이다. 예를 들어, 'AI'는 '인공지능'을 가리키는 약어로 사용될 때도 있고, '조류인플루엔자'를 가리키는 약어로 사용될 때도 있다. 이 경우는 동실-동명, 이실-이명의 원칙을 어겨 소통에 혼란을 줄 수 있는 것이다.

순자는 '명'과 '실'을 잘못 사용하여 혼란이 이는 오류, 특히 고의에 의한 오류인 궤변을 '혹惑'이라고 불렀는데, 이를 세 가지, 즉 '삼혹三惑'으로 들었다. 첫째 '명名으로써 명名을 어지럽히는 것', 예컨대 "도둑을 죽이는 것은 사람을 죽이는 것이 아니다."와 같은 것, 둘째 '실實로써 명名을 어지럽히는 것', 예컨대 "산山은 못[淵]과 같이 평평하다."(혜시惠施의 명제)와 같은 것, 셋째 '명名으로써 실實을 어지럽히는 것', 예컨대 "백마는 말이 아니다."(공손룡公孫龍의 명제)와 같은 것 등이 그것이다.

순자는 이러한 '명'의 제정 권한은 '왕王'에게 있다고 주장하였다. 그래서 '명'과 '실'의 관계를 어지럽히지 않고 그 사회적 약정도 지키도록 해야 한다는 것인데, 학문적 문제에 정치권력의 개입을 주장한 것이 특이하다. 사실상 순자의 주장을 떠나서 명실의 문제는 학문적인 데 한하지 않고, 실제 정치, 법률 문제에 있어서도 매우 중요하여, 그 개념의 혼란, 나아가 고의로 혼란시키는 것은 매우 큰 정치적, 법적, 윤리적 문제를 낳는다. 그래서 순자는 마음대로 '명'을 지음으로써 '정명'의 상태를 어지럽히는 자를 '대간大姦'이라고 규정하면서, 부절符節과 도량형을 혼란시키는 죄로 다스려야 한다고 주장하였다.

'정명론正名論'은 공자 당시 처음 생겨났을 때 정치윤리적 의미를 가졌다. 그런데 중간에 '명名'만의 세계를 다룬 명가名家에 의해 논리철학, 언어철학의 의미로 이행되었다. 그런 가운데 명가에 대해 부정적 견해를 가진 이들에 의해 명가의 논의는 단순한 말장난이거나 심지어 궤변으로 비판되기에 이르렀다. 순자 역시 명가의 '명'에 대한 논의를 비판적으로 보았는데, 그는 명가가 '명'의 진정한 의의에서 벗어난 논의를 하였다고 생각한 것이다.

4. 순자荀子의 사회사상

순자는, "물과 불은 '기氣'(물질성)는 있으나 '생生'(생명)이 없고, 초목草木은 '생'은 있으나 '지知'(지각능력)가 없으며, 금수는 '지'는 있으나 '의義'(도덕관념)가 없다. 사람은 '기'도 있고, '생'도 있고, '지'도 있고, 나아가 '의義'도 있다. 그러므로 천하에 가장 귀한 존재이다."(『순자』「왕제王制」)라고 함으로써, 인간이 다른 존재와 다른 것은 '의'가 있다는 것이라고 하였다. '의'는 도덕관념으로서, 인간의 본질은 도덕에 있다는 것이다. 순자에 있어서 이 '의'라는 것은 특히 사회적 관계에서 나타나는 것이다. 말하자면, 인간은 사회적 동물이며, 도덕적 동물이라는 것이다. 그는 인간이 만물 중 다른 존재와 차이나는 것을 '군群'(집단, 무리)을 이룸에 있다고 본 것이 바로 이 점을 말한다. 순자는, "사람은, 힘으로는 소만 못하고, 달리기로는 말만 못한데도, 소와 말을 부릴 수 있는 것은 무엇 때문인가? 그것은, 사람은 집단을 이룰 수 있고, 다른 존재들은 집단을 이룰 수 없기 때문이다. 사람은 어째서 집단을 이룰 수 있는가? 그것은 '분分'(구분, 직분, 분수)에 있다. '분'은 무엇으로써 행할 수 있는가? 그것은 '의義'이다. 그러므로 '의'로써 '분'을 이루면 조화를 이루게 되고, 조화를 이루면 하나로 되며, 하나로 되면 힘을 많이 모을 수 있고, 힘을 많이 모을 수 있으면, 강해지게 되고, 강해지면 다른 존재들을 이기게 된다."(『순자』「왕제」)고 하면서, 만일 무리를 이룰 수 없으면, 인간은 서로 다투면서 분리·와해되며, 결국 이로써 약하게 되어 다른 존재들을 이길 수 없게 된다고 한다.

순자는, 인간이 사회를 구성하여 조직을 이루는 또 하나의 이유로 사회적 분업을 들었다. 인간의 삶에는 수많은 요소를 필요로 하는데, 한 인간으로서 그 많은 것을 모두 겸하여 할 수 있는 능력이 있기는 어렵다. 그래서 서로 떨어져 살며 스스로 모든 것을 해결하려면 모두 궁핍하게 되기 때문에 사회를 이루는데, 이때 그 사회가 분업으로 조직화되지 않으면 분쟁이 생기므로, 사회조직을 만들어 서로 돕고 살아야 한다는 것이다.

또한, 이때 사회 구성원들의 욕망의 대상은 서로 같은데, 그것을 충족시킬 재화는 적을 수 있다. 그럴 경우 쟁탈이 생긴다. 순자는 이러한 상호 쟁탈을 해결하기 위해서는 우선 당연히 재화가 풍족하도록 생산을 증대하는 것이 있을 것이다. 이에는 국가공동체의 경제적 정책을 적절히 하도록 노력하는 것이 필요하다. 그리고 국가공동체의 부세賦稅를 경감하여 백성들의 부담을 줄여주어야 하는 것도 필요하다. 동시에 공동체 구성원으로서의 백성들 입장에서도 물산을 늘리기 위한 적극적 경제활동을 해야 할 것이며, 동시에 자신의 욕망을 절제하는 것도 필요하다. 그러나 인간의 욕망은 위태롭게 늘어갈 수 있기 때문에, 이것은 구성원 스스로 자발적으로 절제하기에만 기대할 수는 없다. 그래서 국가공동체 차원의 인위적 제도가 필요하게 된다. 이러한 절제는 각자의 분수(分)를 지키는 것을 기초로 한다. 즉 스스로의 분수와 직분을 지키고 그에 따른 한계를 넘지 않는 것이다. 이것이 제도화된 것이 곧 순자가 강조하는 '예禮'이다. 이것은 앞서 말한 인간의 '의義'라는 도덕원칙에 입각하여 만들어지는 사회질서가 제도화된 것이다. 순자가 말하는 '예'의 기원이 이러한 취지이다. 그는 말하기를, "예는 무엇으로부터 기원하는가? 그것을 말하자면, 사람은 나면서 욕망을 가지고 있게 되며, 욕망을 드러내어도 얻지 못하면, 추구하지 않음이 없다. 추구함에 한계를 두어 절제하지 않으면, 다투지 않을 수 없다. 다투면 혼란스럽게 되고, 혼란스럽게 되면 극단적 상황이 될 수 있다. 선왕先王은 이러한 혼란을 싫어하였으므로 예의禮義를 제정하여 그것을 나누고(分), 그럼으로써 사람의 욕망을 채워주고, 욕구를 실현시켜 주었다. 욕망으로 하여금 반드시 그 대상 물자를 다 소비하지 못하게 하고, 대상 물자가 반드시 욕망에 굽힐 만큼 적게 되지 않게 한다. 이 두 가지가 서로 버티어 자라나는 것이 '예'의 기원이다."(『순자』「예론禮論」)라고 하였다.

5. 순자荀子의 성악설性惡說과 교육 및 예禮의 문제

순자는 맹자孟子의 '성선설性善說'에 대해 인간의 본성을 악惡하다고 본 '성악설性惡說'로 유명하다. 순자가 보기에, 인간이 태어날 때의 '성性'은 '악惡'한데, 그럼에도 '선善'한 사람이 존재하는 것은 그 '성'을 인위적으로 교화하여 '선善'하게 하였기 때문이다. 그래서 그는 "인간의 '성性'은 악惡하다. 그것이 선善한 것은 '인위적으로 그렇게 된 것'(僞)이다(人之性惡, 其善者僞也)."(『순자』「성악性惡」)라고 하였다. 그가 인성人性을 악하다고 본 것은 인간의 가치를 폄하하여 그런 것이 아니다. 오히려 악함을 선하게 만드는 인간의 노력을 높이 평가한 것이다. 그 당시가 혼란한 악에 빠져 있는 것은, 그가 보기에 선으로 향해가는 적극적 노력이 부족한 데 원인이 있는 것이다. 그래서 그는 악을 선으로 교화시키는 교육을 매우 강조하였다. 맹자가 교육의 기능을 선한 본성을 잃어버리지 않는 데 두었다면, 순자는 그것을 악한 본성을 선하게 바꾸는 데

둔 것이다. 두 사람의 출발점과 과정을 다르나 그 목적은 같다. 순자 역시 인간의 교육목표를 최종적으로 '성인聖人'이 되는 데 두었으며, 맹자와 마찬가지로 누구나 이러한 성인이 될 수 있다고 보았다.

그런데, 사실상 맹자와 순자의 '성性'에 대한 개념 정의가 같은 것이라고는 할 수 없다. 즉 순자가 말한 바 두 사람의 '성'은 동실同實이 아니다. 이실異實임에도 동명同名을 붙인 것이라고 할 수 있다. 맹자의 '성'은 실존적 인간으로부터 그 현실적, 육체적 물질성을 사상捨象하고 논리적으로 추출한 이념적 '성'이다. 현실 속에서 독립적으로 존재할 수 없는, 마치 명가의 개념만의 '명名'과 같은 것이다. 이에 대해 순자의 '성'은 실존적 인간의 현실 속의 '성'이다. 그것은 육체적 물질성과 혼융되어 분리될 수 없는 '성'이다. 육체적 물질성은 맹자가 악의 기원으로 둔 것이므로, 순자의 '성'의 경우 최소한 악이 섞여 있는 것으로 볼 수밖에 없고 나아가서 그 자체가 '악'한 것이라고 주장하는 것이다. 이러한 맹자의 이념적 '성'이 훗날 성리학 시대의 '천지지성天地之性', '천명지성天命之性', '본연지성本然之性' 등으로 불리게 되는 것이고, 순자의 현실적 '성'이 그에 대해 '기질지성氣質之性'으로 불리게 되는 것과 철학사적 연계에 있는 것이다.

어쨌든 맹자와 순자는 각자가 생각하는 '성'에 대해서, 맹자는 선, 순자는 악으로 규정한 것이다. 이 두 성은 모두 하늘로부터 부여받은 것이지만, 맹자의 경우는 도덕적 하늘을 주장하였으므로, '성' 역시 '선'한 것으로 규정된다. 이것은 하늘이 선하다는 전제를 깔고 있는 것이다. 순자의 하늘은 자연적, 물질적 하늘이면서 그로부터 유래된 '성'이므로, 본래 '선악'을 말할 수 없는 자연법칙에 관련되는 것이다. 도덕 개념, 가치 개념은 인간에 관련된 것이기 때문이다. 순자는 그럼에도 이러한 자연성에 가치 개념적 정의를 한 문제가 있다. 자연성은 본래 무선무악이기 때문이다. 가치개념은 사실상 인간의 자각에 의한 것 또는 사회적 산물이다. 맹자든 순자든 모두 그들이 전제한 '성'의 개념에 선악개념을 각자 임의적으로 부여한 것이라고 할 수 있다.

어쨌든 순자가 생각하는 인간의 본성은 '악'하므로 이러한 인간이 구성하는 사회의 원초적 상태 역시 '악'하다. 그것이 사회의 혼란과 무질서이다. 그가 보기에 당시 사회의 혼란상 역시 근본적으로 인간의 악함에서 유래한다. 당시뿐만 아니라 인류사회가 처음부터 이러한 것이다. 만일 세상이 때로는 선한 사회가 되는 경우도 있다면, 이 역시 인간의 인위적 노력의 결과이며, 노력이 부족하면 자연상태 그대로 악에 머물러 있고, 그 노력이 성공하면 선하고 정의로운 사회가 되는 것이다. 맹자의 경우 인간이 선한데 도대체 인간과 사회의 악은 어디에서 오는가, 즉 악의 기원이 문제가 된다면, 순자의 경우는 인간이 악한데 도대체 인간과 사회의 선은 어디에서 유래하는가, 즉 선의 기원이 문제 된다. 순자가 보기에 인간에게는 혼란상태, 악의 상태가 바람직하지 않다고 판단하는 지적 능력이 있다. 이러한 인간의 지적 능력이 악의 상태를 선으로 바꾸려는 노력을 하게 된다는 것이다. 이것이 곧 순자의 '화성(이)기위化性(而)起僞'(『순자』「성악」)이다. 즉 타고난 '성'을 변화시켜서 인위적 결과를 만들어내는 것이다. 그가 자연으로서의 '천'에 인위적 노력을 하여 변화시키듯이, 자연으로부터 유래한 '성'도 인위적 노력을 하여 그 악을 선으로 변화시킨다는 동일한 논리선상에 있는 것이다.

순자가 생각하는 인간과 그 사회의 자연상태는 그 구성원 간의 악한 마음의 발로로 인한, 서로 투쟁하는 무질서상태일 뿐 아니라, 그로 인해 사회구성원은 원초적 고통 속에 놓이게 된다. 악한 상태가 자연스런 상태이지만, 이러한 고통을 면하려 하는 것 또한 인간존재의 자연스런 추이방향이다. 누구나 고통스런 상태에 있고 싶어 하지 않기 때문이다. 그렇다면 이러한 무질서의 고통을 면하려면 어떻게 해야 하는가. 인간은 서로가 협동단결해야 한다. 그래서 사회를 구성한다. 순자가 보기에, 인간은 육체적 능력으로는 다른 동물보다 약하기도 하지만 사회를 구성하여 단결함으로써 다른 동물을 오히려 부린다. 그리고 서로가 다양하게 가진 능력을 사회적 분업을 통해서 공유할 수 있다. 이렇게 사회를 구성하고 그것을 유지시키는 기능을 하는 것이 바로 '예

禮'이다. 개체로서의 인간에 대해 인위적으로 작용하여 선으로 향하게 하는 것이 교육이라면, 그 인간들이 구성하는 사회에 대해 인위적으로 작용하여 선과 정의를 실현하도록 하는 사회적 기능이 바로 '예禮'이다.

제11장

법가法家와 한비자韓非子

주周나라 초기의 봉건사회는 두 가지 사회적 규범으로 질서가 유지되었다. 그 한 가지는 '예禮'이고 또 다른 한 가지는 '형刑'이었다. '예'는 상층의 귀족들에게 적용되는 규범이었고, '형'은 하층의 일반 백성들에게 적용되는 규범이었다. 역사적으로 시대가 앞설수록 사회는 비교적 간단하고 시대가 뒤로 흘러갈수록 사회는 더욱 복잡다단해진다. 고대 중국사회에서 주대周代 역시 그 초기로부터 이후로 갈수록 사회는 복잡해졌으며, 특히 그 중에서도 주대 후반기인 이른바 '춘추전국시대春秋戰國時代'는 그 이전의 변화정도에 비해 훨씬 폭발적인 변화를 이루었다. 즉 대변화의 시기였다.

이러한 대변화의 시기가 도래하기 전 주대의 초기에는 사회가 비교적 안정적이어서 상층의 '예'와 하층의 '형'의 규범에 따라 어느 정도 사회가 유지될 수 있었다. 특히 상층은 주대의 봉건제도의 특성상 그 지배계층의 혈연관계에 따른 세습적 체제 속에서 그들의 기득권 체제를 유지하기 위한 사회적 협약의 성격으로서의 '예'도 비교적 잘 지켜질 수 있었다. 하층민에 대한 규범인 '형' 역시 이러한 상층의 지배세력의 안정된 지배력이 미치는 한 역시 잘 유지될 수 있었다. 그러나 이러한 사회질서가 무너지기 시작한 주대 후반부에 가서는 상황이 달라지기 시작했다. 상하의 신분을 떠나 '예'와 '형'을 포괄하는 새로운 규범인 '법法'이 부각되는 시대가 오고 있었다. 대변화의 시기인 춘추전국시대는 주대를 대표하는 사회질서 규범인 이 상층부의 '예禮'인 '주례周禮'가 붕괴됨을 말하는 것이었다. 그것은 그 사회질서의 핵심인 상하의 신분질서가 무너지는 것이다.

중국역사에서 철학의 시작이 이 시기에 시작된 것도 바로 이 대변화에 대한 지식인들의 새로운 사상적 모색으로 인한 것이었으며, 그 시작이 공자孔子에 의한 것이었다. 그런데 공자를 비롯한 제자백가의 사상 발현 초기에는 대체로 그 시대적 문제해결을 상고尙古와 복고復古에서 찾았다. 특히 공자와 같은 유가철학자는 이러한 기존질서의 붕괴를 도덕의 타락으로 간주하여, 주나라 초기질서인 '주례'로 되돌아갈 것을 주장하였다. 그러나 한편에서는 이러한 변화를 인정하고 변화된 사회에 맞는 새 질서를 구축할 제도를 마련해야 한다고 주장하는 사상가들이 나타나게 되었으며, 변화가 더욱 극심해진 전국시대의 격동의 시기에 이르러서는 이러한 사고가 더 힘을 얻게 되었다.

이러한 사고는 당시의 정치상황 속에서 자신의 나라가 천하의 패권을 쥐려고 꿈꾸는 권력자인 당시 제후들의 현실적 필요에도 부응하는 것이기도 하였다. 시대는 이제 보다 격화된 나라 간의 경쟁으로 기존의 주나라의 천자를 대체하여 새로운 왕조의 천자가 되려는 제후국 간 치열한 전쟁이 진행되는 상황으로 치달았으며, 당시 중국사회는 이러한 정치적 상황과 더불어 전반적 변화를 이끌기 위한 새로운 정치시스템을 추구하려는 분위기가 있게 되었다. 즉 전시라는 비상상황 속에서 자신이 다스리는 나라를 비상동원체제로 만들어 라이벌 나라들에 대해 우위를 점하는 부국강병富國强兵의 정치시스템을 갖추려는 제후들이 나타나게 된 것이다. 당시 제자백가 중 이러한 시대 상황에 부응하는 지식인들이 나타났는데, 총칭하여 법가法家로 부르게 된 사상가들이었다. 춘추전국시대 초기에 이미 이러한 법가적 사상가들이 나타나 현실정치에서 활동하였는데, 이러한 초기 법가 사상가들의 사상을 종합한 이가 전국시대 말에 등장했다. 그가 바로 한비자韓非子이다.

1. 한비자韓非子 이전의 법가法家 사상가

춘추전국시대를 종결하는 시점인 전국시대 말기에 나타나 법가사상을 종합체계화한 사상가는 한비자이다. 그런데 이 한비자 이전에 춘추전국시대라는 대변화의 시기에 그 시대의 변화에 적응하는 국가통치시스템을 주장하여 부국강병의 방법을 제시한 사상가들이 있었다. 그 대표적인 이들이 관중管仲,

신도愼到, 신불해申不害, 상앙商鞅이었다. 이들은 정치현실에 가장 직접적으로 효과 있고 현실적인 정책을 만드는 데 관심을 가진 사상가들이었다. 그리고 이들의 현실적인 제안과 충고에 귀를 기울인 군주들에 의해 정치고문이 되거나 어떤 경우에는 재상까지 되기도 했다. 당시 이러한 사람들을 '법술지사法術之士'라고 하였다. 이들을 '법술지사'라고 부른 것은 국가의 영토를 효율적으로 통치하는 방법을 개발한 이들이기 때문이었다.

그들의 통치방법은 신하나 백성보다는 통치자인 군주의 편에 서서 어떻게 국가권력을 고도로 집중시켜 국가를 일사불란하게 다스려 부국과 강병의 결과를 얻어내느냐 하는 것이었다. 그리고 통치자는 성인聖人, 군자君子일 필요도 없고 그 방법만 잘 장악하면 누구나 국가를 잘 다스릴 수 있다고 하는 것이다. 이들의 이러한 통치방법에 관한 사상이 곧 당시의 '법가法家' 사상이었다. 당시의 법가 사상은 오늘날의 법학法學과 같은 것은 아니다. 법가의 주장은 주로 조직론, 지도자론, 통치방법 등이었으며 이러한 것들을 어떻게 잘 구사하느냐 하는 통치술이었다. 법에 관한 것도 법 자체의 이론적 측면보다는 어떻게 법을 잘 운용하여 국가를 통치할 것인가에 관한 것이었다. 따라서, 학문으로 보면 오늘날의 법학, 행정학, 정치학, 경제학이 모두 아울러진 것이었다.

이러한 법가 사상가들 중 시대적으로 가장 먼저 거론할 사람은 관중管仲(?~B.C.645, 본명은 관이오管夷吾)이다. 관중은 공자보다 앞선 시기의 사람으로서, 사실상 철학자도 정치사상가도 아니다. 그는 춘추시대 제齊나라 환공桓公 때에 재상을 지낸 현실정치가였다. 그는 환공을 도와 제나라가 당시 천하의 패권을 쥐도록 하여, 환공을 역사 속에서 이른바 '춘추오패春秋五覇'의 한 사람이 되도록 하였다. 그의 저서를 표방하여 전해지는 『관자管子』가 있지만, 그 내용 중 실제 그의 사상을 말해주는 부분은 극히 일부분이거나 심지어 이 책은 후대 사람이 지어 그렇게 이름 붙였다고 하는 학설이 있어 전면적으로는 믿을 수 없다. 심지어 『노자老子』 속 사상과 같은 '도道'에 관한 사상도 있어서, 과연 어느 시기의 것인지 의심된다. 다만 이러한 점은 법가와 도가와의 관련성을 말해 주는 부분이 되기도 한다.

『관자』에서는 '법法'을 매우 강조하여, 임금은 이 법을 가지고 나라를 다스려야 하며, 이것을 신하에게 맡기면 나라는 멸망한다고 하였다. 또 임금은 법을 가지고 아무런 사심이나 감정도 없이 나라를 다스려야 하는데, 법은 자연의 법칙에서 나왔고 자연의 법칙은 아무런 사심이나 감정도 없기 때문이라고도 하였다. 『관자』에서 이처럼 법을 중시한 목적은 오로지 나라의 '부강富强'을 위한 것이었다. 그래서 그 책 가운데 정치·경제에 관한 논의가 많다. 그 책에 있는 "창고가 충실해야 예절禮節을 알고, 의식衣食이 충분해야 영욕榮辱을 안다."(『관자管子』「목민牧民」)는 말은 이러한 취지에서 유명하다.

한비자에게 직접적으로 영향을 끼친 법가사상가는 신도愼到, 신불해申不害, 상앙商鞅이다. 그 중 신도愼到(B.C.395~B.C.315)는 전국시대 조趙나라 사람으로서 제齊 선왕宣王에 의해 초빙된 바 있다고 『사기史記』에 적혀 있으니, 맹자孟子와 동시대 사람으로 생각된다. 그의 저서로 『신자愼子』가 있는데, 『사기』에는 그의 저서를 '12론論'으로 소개하고 있고, 유향劉向은 '41편', 반고班固의 『한서漢書』「예문지藝文志」에는 42편으로 되어 있는데, 현존하는 『신자愼子』에는 7편으로 합편되어 있다. 그래서 그의 사상을 총체적으로 명확히 알만한 자료가 부족하다.

신도愼到는 도가에서처럼 자연을 숭상하여 그 출발점이 비슷하지만, 그들의 귀결처는 크게 다르다. 신도는 천지가 위대하지만, 동시에 사람들은 자연과의 관계를 잘 처리할 수 있다고 생각하였다. 신도는 자연을 따름을 그 철학체계의 중요축으로 삼고, 그것을 정치에서 '법法', '술術', '세勢'의 이론으로 계통화하였다. 그 중에서 그의 통치사상의 핵심은 '세勢'로 알려져 있다. 그가 말하는 '세'는 정치생활의 권력으로서, 다른 사람을 지배할 수 있는 지위를 가리킨다.

신도는 '법'의 중요성을 강조하여, 인군人君은 마땅히 "법에 따라 일을 판단하여야 하고", "무위無爲로 다스려야 한다"고 하였다. 이것은 그의 법률관이

자 국가관의 결론이다. 그의 관점에서는, 천자, 임금 및 각급의 관리는 반드시 매사를 법에 맡기고, 법을 지키며, 오직 법에 근거해야 하는데, 이러한 것은 모두 천하, 국가에 기여하기 위해 세워져야 하는 것이다. 그는, 군주 자신은 나라를 위하여 '공公'의 입장에 서야 하며 '사私'를 행해서는 안 된다고 여겼다.

신도는 사물의 이치의 당연함을 근거로 하여 모두가 하나의 법을 정해서 이를 지키며, 법 밖에서 구하지 않고, 법 안에서도 느슨하게 하지 않으면서, 상하가 서로 마음을 놓고 청정하게 다스려야 한다고 했는데, 법이 행해지지 않는 데에서는 '형刑'으로써 바로잡아야 한다고 보았다. 그는 "법이 비록 좋지 못하더라도 법이 없는 것보다는 나으니, 이는 사람의 마음을 한결같이 하기 때문이다."(『신자愼子』「위덕威德」)라고 하고, "임금된 이가 법을 버리고 그 자신을 기준으로 해서 다스린다면, 죽이고 상주고 하는 등의 여탈與奪이 임금의 마음에서 나오게 된다. 그렇게 되면 상을 받는 자는 비록 마땅해도 많기를 바라고, 벌을 받는 자는 비록 마땅해도 가볍기를 바라마지 않는다."(『신자』「군인君人」)라고 하여, 임금이라도 임의의 통치를 하지 말고 정해진 법에 따르기를 주장하고, 또 "임금이 스스로 맡아 몸소 일을 한다면, 신하는 자신의 일을 하지 않을 것이니, 이는 임금과 신하가 자리가 바뀐 것이다."(『신자』「민잡民雜」)라고도 하여, 임금의 위치는 신하를 부리는 위치이고, 신하는 그 부림을 받는 위치임을 명확히 하였다.

신불해申不害(약 B.C.385~B.C.337)는 정鄭나라 사람으로서 '신자申子'로 일컬어지며, 『사기』에서는 그가 '황로지술黃老之術'를 전공하였다고 하고 있다. 전국시대 법가의 중요 창시자의 한 사람으로서, '술術'을 강조한 법가 사상가로 알려져 있으며, 저서에 『신자申子』가 있다. 그는 한韓나라가 정鄭나라를 멸망시킨 후, 한韓소후昭侯에 의해 승상丞相으로 중용되었으며, 한에서 개혁을 주도하여, 그가 승상을 맡은 지 15년 만에 나라가 다스려지고 군대가 강해져, 감히 한나라를 범하는 자가 없었다고 한다. 한소후를 도와 '법法'치와 '술術'치를 추진하여, 군주의 권력을 강화하고 국정을 안정시키며 귀족의 특권을 제한

하여, 백성의 생활이 점점 부유해졌다고 한다. 『사기』에는 그가 책 두 편을 짓고 『신자申子』라 이름 붙였다고 하고, 이후 문헌에 따라 6편이라는 등의 이야기가 있지만 이후 전하지 않았다. 다만 청淸대에 마국한馬國翰이 여러 책에서 수집하여 『신자申子』 한 권을 만들었지만 단편적이어서 그 사상의 전모를 알기는 어렵다. 그의 사상에서 가장 중요시된 것은 '술術'이라고 알려져 있으며, 그의 단편 속에서 알 수 있는 사상의 편린은, 그의 학문이 노자老子와 관련 있으며, '명名'에 의해 '실實'을 책責하고, 정치를 하는 데 정실에 구애되지 않고 오직 법에 의거했으며, 군권君權을 중시하여 군주에로의 권력 집중과 법치를 주장했다고 알려져 있다.

신불해의 사상과 신도의 사상은 유사점이 있으면서 둘 다 모두 도가와 관련된다. 신불해는 자연의 운행에는 거스를 수 없는 법칙이 있다고 생각하였는데, 그가 생각하는 우주의 본질은 '정靜'이며, 그 운동의 법칙은 '상常'이라고 여겼다. 그는 모든 일을 대함에 '정靜'을 원칙으로 삼고, '인因'을 방법으로 삼았다. 이 '인'이란 '인순因循', 즉 '따름'을 말한다. 그가 '정靜'을 귀하게 여김은 바로 도가의 '무위無爲'와 관련되는 것이다. 신불해는 이러한 원칙을 인사人事에 적용하여 그의 사회철학 사상을 구성하였다. 그는 이러한 '정', '인', '무위'의 사상을 '권술權術'에 적용하였다.

신불해는 '술術'을 주로 하였지만, 그가 말하는 '술'은 '법'을 집행하는 전제하에서 사용되는 것이고, '법' 또한 군주의 통치권력을 공고히 하는 데 쓰이는 것이다. 그는 군주의 권세를 아주 중시하여, 당시 전국시대 제후들이 쟁패爭霸하는 상황에서 군주의 전제專制야말로 온 나라의 역량을 집중시킬 수 있는 정권의 형식이며, 다른 나라와 쟁패하면서 자국을 수호할 수 있는 가장 훌륭한 조직의 형식이라고 여겼다.

'술'은 군주의 전유물로서 신하를 부리는 방법이며, '법'은 공개적인 것으로서 신하와 백성의 행동 준칙이 되는 것이다. '술'은 군주의 마음속에 감추어져 있으면서, 대신大臣에게 전문적으로 대처하기 위한 것이다. 당시, 신하가 임금을 시해弑害하기도 하는 상황에서, 군주의 주된 위험은 백성이나 적국이 아니라 대신이었으며, 그래서 신불해는 군주에게 경고하기를, 군신관계에 대해서 명확한 인식이 있어야 하며, 모든 대신을 믿어서는 안 된다고 보았다. 그래서 군주는 생살生殺의 대권을 장악하여, 국가 정권의 독재적 지위에 있어야 함을 강조하고, 신하는 군주에게 절대적으로 복종하여야, 즉 '존군비신尊君卑臣'하여야 한다고 보았다. 군주는 이렇게 생살의 대권을 자신의 수중에 장악하여 절대 놓아서는 안 되며, 구체적인 일은 신하에게 맡기고, 군주는 직접 일을 할 필요는 없다고 주장하였다.

상앙商鞅(약 B.C.390~B.C.338)은 희姬성姓으로서 씨氏가 공손公孫이고 이름이 앙鞅이므로 공손公孫앙鞅이지만, 위衛나라 사람으로서 위衛의 공족이었으므로 위앙衛鞅이라고도 한다. 후에 진秦의 효공孝公에 의해 등용되어, 진 효공이 위魏나라(위魏혜왕惠王, 즉 양혜왕梁惠王 때)와의 전쟁으로 인한 공을 인정하여 위앙에게 상오商於[1] 지역에 15읍邑의 봉지封地를 내려 '상군商君'으로 불렀다. 이에 역사에서 '상앙商鞅'이라 일컫게 되었다. 상앙은 원래 위魏의 국상國相인 공숙좌公叔座를 모시면서 중서자中庶子를 맡았는데, 공숙좌가 자신이 병이 들자 위魏혜왕惠王에게 그를 국상으로 추천하였지만 받아들여지지 않았다. 그래서 상앙은 결국 진秦나라로 가서 효공에게 등용되어, 위나라와의 전쟁에서 술수를 써서 이기니, 위혜왕은 공숙좌의 말을 듣지 않아서 상앙을 등용하지 않은 것을 후회하게 되었다.

상앙이 처음 진에 갔을 때, 효공孝公에게 처음에는 '제도帝道' 다음 '왕도王道', 또 그 다음 '패도覇道'를 말하면서 단계적으로 주의를 끈 뒤, 마침내 부국강병富國强兵의 통치술로 유세하니, 효공은 크게 탄복하며 그를 좌서장左庶長에 임명하여 그에게 진나라를 개혁하기 위한 새로운 법을 정하도록 했다. 상앙은 효공의 신임을 얻어 '변법變法'을 시행했다.

상앙은 새로운 법을 제정하고 공포하기 전에, 백성들이 그 법의 권위를

1) 원래 오鄔였는데, 이름을 고쳐 상商이라 하였으며, 당시 '鄔'와 '於'가 동음이어서 후세에 점차로 '商於'로 합치면서 섞어 씀.

믿지 못할까 봐 도성의 시장 남문에 3장丈 높이의 나무를 세우고는, 이를 북문으로 옮기는 사람에게는 10금金을 준다고 공고했다. 백성들은 그렇게 단순한 일에 10금을 준다는 말을 믿지 않고 아무도 시도하지 않아서, 상앙이 상금을 50금으로 올렸고, 이에 한 사람이 시험 삼아 실행하니, 상앙이 과연 50금을 주었다. 그래서 국가에서 법을 반포할 경우에는 반드시 이를 지킴을 보여주어, 이후 새로운 법을 반포하고 강력하게 시행하였다는 에피소드가 있다.

상앙이 신법을 시행한 지 1년이 지났을 때, 진나라 사람들은 모두 법을 불편하다 여기고, 태자는 심지어 법을 어기기까지 하였다. 상앙은 이에 "법이 행해지지 않는 이유는 위에서부터 그것을 범하기 때문이다."라고 말하면서, 원래는 태자를 처벌해야 했지만, 태자의 신분이 존귀한 것을 고려하여, 태자의 스승 공자건公子虔과 공손가公孫賈를 처벌했다. 그러나 태자는 이를 모욕으로 여겼다. 이렇게 상앙이 법 적용에 예외를 두지 않자, 진나라 백성들은 신법에 복종하지 않을 수 없었으며, 10년 후에는 진나라 백성들이 모두 신법에 적응하여, "길에 떨어져 있는 물건을 가져가지 않고, 산에는 도적이 없어지고, 집집마다 풍족해졌으며, 백성들은 나라의 전쟁에 용감하고, 사사로운 싸움을 두려워하여, 향읍鄕邑이 크게 다스려졌다."고 한다.

상앙이 임금 효공의 지원 하에 그 법을 강력하게 시행함으로써, 진나라의 국정은 일사불란하게 운용되어 국력은 단숨에 상승하였다. 상앙의 신법은 이익의 재분배와 관련되었으며, 병농兵農을 겸함을 장려하고, 군공軍功에 대한 보상제를 실시하여, 평민이 상층으로 진입할 수 있는 통로를 열어, 진나라를 번영시키고 나날이 강대하게 만들었다. 그러나 수백 년간 이어져 온 귀족의 세습제를 깨뜨려 귀족 세력의 미움을 샀다. 또 상앙은 효공이 중병에 걸렸을 때 군정을 독점하여 진나라 내부의 권력 투쟁을 격화시켰다.

그래서 진 효공이 죽자 그 동안 불만을 가졌던 귀족 세력이 그에게 죄를 뒤집어씌워 역모로 꾸몄다. 태자 역시 상앙을 달가워하지 않았으므로, 그가 임금(즉 진혜왕秦惠王)으로 즉위하자 도피한 상앙을 잡도록 했다. 상앙은 변방으로 도망가 객사에서 묵으려고 하는데, 객사 주인은 그가 누구인 줄 모르고 증빙이 없는 객인은 관에 신고해야 하는 상군商君(상앙商鞅) 자신이 만든 법에 따라 관에 고하였다. 상앙은 할 수 없이 위魏나라로 도피하려 했으나, 위나라가 이전 전쟁의 감정으로 입국을 거부하자, 상앙은 결국 잡혀 수도 함양咸陽으로 옮겨져 거열형車裂刑에 처해지고, 동시에 상앙의 온 가족도 주멸되었다. 그런데, 상앙은 살해됐지만 그가 만든 신법은 폐지되지 않았다.

상앙은 "세상을 다스리는 데는 한 가지 길만 있는 것이 아니며, 국가를 편안히 하는 데는 굳이 옛 법을 본받을 필요가 없다. … 시대의 흐름에 맞게 법을 세우고 일마다의 상황에 따라 예를 제정한다."(『상군서商君書』「경법更法」) 고 주장했다. 그는 변법의 수단과 목적을 '치국治國', '부국富國', '강국强國', '왕도王道'로 개괄하였는데, '치국'의 핵심은 법으로 나라를 다스리는 것이며, '부국'의 핵심은 농경으로 나라를 부유하게 하는 것이고, '강국'의 핵심은 전쟁으로 강대국을 만드는 것이며, '왕도'는 천하의 왕이 되는 것을 말한다.

이러한 관점으로 실행된 그의 개혁은 다음과 같은 특징이 있다. 첫째, 중앙집권의 강화로 정치체제를 혁신하며 '현縣'을 두는 제도를 시행하고, 호적제도를 개혁하면서 십오연좌법什伍連坐法을 실행하였다. 둘째, 경제발전을 목표로 토지제도와 부역제도를 개혁하며, 경직耕織을 장려하고 중농억상重農抑商 정책을 폈다. 셋째, 기득권층의 세경세록世卿世祿의 제도로 인한 특권을 폐지하고, 군법에 군공軍功을 장려하는 이십급군공작위二十級軍功爵位의 제도를 실시하였으며, 넷째, 대가족제도를 철폐하고 일부일처의 핵가족제도로 개혁하여, 납세와 부역의 인구를 늘리기 위해, 백성 중 부모, 형제가 한 집에 거주하지 못하는 분호령分戶令을 집행하였다. 다섯째, 도량형度量衡을 통일하였으며, 여섯째, 시서詩書를 불사르고 법령法令을 밝혀 백성의 풍습을 개선하였다. 일곱째, 법제를 정비하고 법치를 시행하고, 여덟째, 도성을 기존의 역양櫟陽에서 함양咸陽으로 옮겼다. 아홉째, 토지국유제인 정전제井田制를 폐지하고 그 경계를 허물며, 황무지를 개간하면 개간자가 그 토지를 소유하게 하고, 매매도 허용하는 토지사유제를 실시하였으며, 열 번째 개인 간의 청탁을 금지하고, 부패하고 무위도식하는 자를 금하고, 경작하고 전투하는 자를 우대하였다.

이러한 상앙의 개혁을 계기로 후발주자이던 진나라는 당시 최강대국으로 자리매김하게 되었으며, 이후 진시황秦始皇의 천하통일의 기초를 닦게 되었다. 상앙의 저서는 『상군서商君書』라는 이름으로 전해진다.

2. 한비자韓非子와 그의 변법變法 역사관

한비자韓非子(약 B.C.280~B.C.233)는 성姓은 한韓이고 이름은 비非, 즉 한비韓非이다. 그는 법가를 종합한 대표적 인물로서 당시 한韓나라 귀족의 후예였다. 그는 훗날 진시황으로 일컬어진 당시 진왕秦王에게서 벼슬을 한 이사李斯와 더불어 순자荀子의 문하에서 공부하였다. 이사는 이때 그 자신이 한비보다 못하다고 여겼다고 『사기史記』에 기술되어 있다. 한비자는 글을 잘 썼으며 『한비자韓非子』라는 저서를 남겼다.

당시 한나라는 땅이 좁았으나 그 나라의 위치가 천하의 요충에 해당되어 다른 나라와 충돌할 가능성이 많았다. 한비자가 생각하기에, 이러한 상황에도 한나라는 문학유담文學遊談의 선비들만 중히 여겨, 그들의 관점으로 국가의 부강을 꾀하고 있었다. 그는 이러한 점을 개탄스럽게 생각하여 신불해申不害·상앙商鞅의 관점을 취하고, 한나라 왕에게 여러 차례 책을 지어 올려 시세를 논했으나 채택되지 못했다. 오히려 적국인 진秦나라의 왕이 그의 책을 읽고서 좋아했는데, 그것이 한비자가 지은 것임을 알고, 한비자를 얻고자 군대를 보내어 한韓나라를 공격했다. 그래서 한은 한비자를 진에 사자使者로 보내었고, 진왕은 그를 등용할 뜻이 있었으나, 이사李斯가 그를 시기하고 모함하여 마침내 옥사獄死하고 말았다.

한비자는 전국시대말 법가의 최후이자 최고의 이론가였다. 그는 그에 앞서는 법가사상가들의 사상을 종합하였는데, 당연히 세상을 바라보는 관점도 이들을 계승하였다. 즉 세상을 다스리는 방법은 시대의 변화에 따라 달리 적용해야 한다는 것이다. 한비자는 역사 발전을 중시하는 진晉나라 법가 계통이어서, 변법變法의 역사적 원인을 중시했다. 상앙商鞅의 경우도 역사를 중시하여, 그는 이전의 역사를 상세上世, 중세中世, 하세下世로 나누면서 시대적 특징을 이야기하기도 했다. 한비자는 상앙보다 더 나아가 역사가 변하는 원인과 법칙성을 인구와 관련지어서 설명했다. 한비자는 이전의 역사를 상고上古, 중고中古, 근고近古의 세 시기로 나누어 각 시기의 특징을 이야기했다.

한비자가 말하는 상고의 시기는, 사람이 적고 금수는 많아서, 사람이 금수의 위해로 인해 살기 힘든 시기였는데, 유소씨有巢氏라는 성인聖人이 나와서 주거지 문제를 해결해 주었고, 수인씨燧人氏라는 성인이 나와서는 불을 얻게 해주어 따뜻하게 살며 음식을 익혀 먹을 수 있게 해주었다고 하였다. 중고의 시기는 대홍수가 일어났지만, 곤鯀과 그 아들 우禹가 치수로 해결해 주었는데, 근고의 시기에는 걸주桀紂가 폭란暴亂하여, 탕무湯武가 그 폭란을 정벌하였다고 그 시대에 따른 특징을 이야기하였다.(『한비자韓非子』「오두五蠹」)

이러한 전제에서 한비자는 다시 이야기하기를, 만일 시대가 이미 '중고'의 시대에 진입하였는데도, 사람들이 유소씨나, 수인씨 시대의 일을 하자고 한다면, 반드시 곤과 우의 웃음거리가 될 것이라고 하였다. 또 한비자 당시의 사람들이 만일 고대의 요, 순, 탕, 무의 공덕과 사업을 찬양한다면, 이 또한 반드시 새로운 성인의 웃음거리가 될 것이라고 하였다. 즉 시대가 다르면, 생활 중에 해결해야 할 문제 역시 달라지고, 문제가 다르면 그 해결 방법 역시 달라져야 한다는 것이다. 그래서 그는 말하기를, "성인은 옛 법을 그대로 따르기를 바라지 않고, 옛 관례가 언제나 옳다면서 그것을 본뜨려고 하지 않으며, 당대의 일을 연구하여 그에 상응하는 조치를 한다."(『한비자』「오두」)라고 하면서, 일은 시대의 변화에 근거하고, 조치는 일의 상황에 맞추어야 함을 주장하였다. 그가 지어낸 우화의 성어인 '수주대토守株待兎'는 이러한 점을 말하는 풍자이다.

유가와 도가는 모두 옛날을 높이 평가하고 지금을 낮게 평가하여, 고대인들은 모두 높은 도덕성을 가지고 있지만, 역사의 변천에 따라 그 도덕성이 갈수록 낮아졌다고 말한다. 한비자는 이러한 퇴화론적인 역사관을 비판한다. 농경사회였던 당시 중국사회의 관점은, 자연의 사계절이 순환하여 동일하거나 유사한 상황이 매년 반복되는 것에서 얻은 바의, 세월이 흘러도 과거의 경험이 세상에 유용하다는 생각이 지배하고 있었다. 그래서 통치방식도 과거의 경험자의 생각을 존중하는 것이 당연시된 것이다. 이러한 관점에서 철학사상이 형성된 대표적인 것이 유가, 묵가, 도가였다. 이들은 모두 과거를 황금시대로 여기고, 과거의 훌륭한 통치자를 찬양하였으며, 세상은 황금시대로부터 점차 퇴보하여 그 당시의 혼란함이 생겨났다고 보아, 과거로 돌아가기를 주장하는 복고적 성향을 띠었다. 세상을 다스리는 이상적 표준은 과거에 있다는 것이었다.

그러나 법가는 이러한 역사관에 반대하였다. 과거의 사람들이 실제로 순박하고 욕심이 적어 분쟁도 적었지만, 이러한 것은 과거의 사람들이 더 선했기 때문이 아니라, 물질적인 환경 때문이었다고 보았다. 한비자는 "옛날에는 백성의 수가 적고 재산은 넉넉하여 백성들이 다투지 않았다."(『한비자』「오두」)고 보았다. 요堯나 순舜이 쉽사리 천자의 자리를 물려주었던 것도 옛날에는 천자의 지위가 그다지 존귀하지 않았기 때문이라고 주장했다. 옛날과 지금은 그 상황이 다르기 때문에, 옛날에 쓰던 방법을 지금도 그대로 쓸 수는 없다고 보았다.

3. 한비자韓非子의 세勢, 술術, 법法

한비자는 그의 변법론적變法論的 역사관에 바탕해서, 세상의 문제를 해결하는 기본관점을 그 이전 법가사상가들의 사상을 계승, 종합함으로써 세웠다. 그는 '세勢'를 중시한 신도愼到, '술術'을 중시한 신불해申不害, '법法'을 중시한 상앙商鞅의 계통을 모두 종합하였는데, 그는 이 세 가지 중 어느 하나도 빼놓을 수 없다고 주장하였다. 그는, 총명한 군주는 법에 따라 공평무사하게 행동하는데 이것이 '법'의 기능이며, 귀신과 같이 은밀하게 백성을 통치하여 백성들은 자신들이 어떻게 지배당하고 있는지도 모르도록 하는데 이것이 '술'의 기능이며, '법'을 강력하게 실행시킬 수 있는 위세를 가지고 있는데 이것이 '세'의 기능이라고 생각하였다. 이 세 가지는 모두 제왕의 도구로서 어느 하나라도 소홀히 할 수 없다고 여겼다. 이러한 것은 모두 군주의 입장에서 어떻게 신하와 백성을 엄격히 잘 통제하며 국가를 효율적으로 다스리느냐에 있다고 본 것이다.

한비자는, 한 나라의 정권이 그 법령을 추진하려면, 반드시 독재적 권력이 있어야 한다고 주장하였는데, 이러한 권력이 바로 '세勢'이다. 그는 말하기를, "재材(재능)가 있더라도 세勢가 없으면, 비록 현자賢者라도 불초자不肖者를 제압할 수 없다. 그러므로 한 자밖에 안 되는 재材도 고산高山 위에 있으면 천인千仞의 시냇물을 내려다 볼 수 있으니, 그것은 재材가 길어서가 아니라 위位가 높기 때문이다. 걸桀이 천자가 되어 천하를 제압할 수 있었던 것은 그가 현賢하기 때문이 아니라 세勢가 중重하였기 때문이며, 요堯가 필부匹夫였다면 세 집도 바로잡을 수 없었을 것이니, 그가 불초不肖하기 때문이 아니라 위位가 낮기 때문이다."(『한비자』「공명功名」)라고 하였다. 여기서 말하는 '위位'는 국가조직 중의 지위이면서, 그에 수반되어 있게 되는 권력이다.

한비자가 보기에, 군주가 '세勢'를 구체적으로 표현하는 방법은 당근인 '상賞'과 채찍인 '벌罰'이다. 그는 '상'과 '벌'을 군주의 '이병二柄'이라고 불렀다. '병柄'은 '손잡이', '자루'이다. 즉 군주가 바로 이 '상'과 '벌'이라는 두 자루를 쥐고 그의 '세'를 표현하면 그의 신하들을 확실하게 부릴 수 있다는 것이다. 이 두 자루는 곧 '세'의 자루인 것이다.

한비자는 이러한 '상벌'의 시행은 명확하고 대공大公무사無私해야 하며, 상을 주어야 할 사람에게는 반드시 상을 주고, 벌을 주어야 하는 사람에게는 반드시 벌을 주어야 한다고 주장했다. 상을 받아야 할 사람이 상을 받지 못하고, 벌을 받아야 할 사람이 벌을 받지 않는다면 상과 벌의 효용을 잃게 된다. 그래서 상과 벌을 잘 운용하면 신하와 백성은 상을 받고 벌을 피하기 위해 노력하게 되는데, 상을 받고 벌을 피함이 신하와 백성의 큰 이익이고, 그들이 그렇게 최선을 다함으로써 부국강병이 이루어짐은 군주의 큰 이익이 된다고 하였다. 이러한 것은 결국 인간이란 손해와 고통을 피하고 이익과 즐거움을 추구하는 본성이 있기 때문이라는 것이며, 군주는 이것을 잘 이용하여야 한다는 것이다.

한비자는 인간을 보는 관점에 있어서 순자荀子의 성악설性惡說을 계승하였다. 그러므로 신하와 백성을 보는 관점도 이러한 성악설을 바탕으로 하므로, 신하와 백성은 군주에게 있어서는 신뢰의 대상이기보다는 통제의 대상이 될 뿐이다. 국가가 잘 운영되려면 신하와 백성을 군주의 입장에서 일사불란하게 잘 통제되도록 해야 한다. 성악설의 입장에서 인간을 보면, 인간의 본성은 이익을 추구하고 손해를 피하려고 하는 것이다. 이러한 관점에 따라 한비자는 신하에게 '상'과 '벌'을 잘 구사해야 한다고 본 것이다. 순자는 성악설을 주장하였어도 인간을 교화敎化의 대상으로 보았지만, 한비자는 그런 기대는 하지 않고 오로지 통제의 대상으로만 본 것이다.

이러한 상벌이 적용되는 기준은 한비자의 관점에서의 '정명正名'이다. 신하들은 군주 앞에서 자신의 능력을 과장할 수가 있다. 그래서 한비자는, 신하가 자신이 할 수 있다고 한 일을 그 결과에 따라 판단한다면 이러한 문제를 해결할 수 있다고 보았다. 신하가 어떤 관직을 맡아 어떤 일을 할 수 있다고 할 때, 맡기고 나서 그에 대한 책임을 지우고, 그 공功이 이루어지면 상을 주고 그렇지 않으면 벌을 준다면, 무능력자는 관직을 준다 해도 맡지 않으려 할 것이라고 한비자는 생각했다. 이때 신하들이 자신이 할 수 있다고 한 것이

'명名'이고 그 공이 '실實'이 된다. 즉 '실'을 보아 그 '실'이 '명'에 부합하면 '상'을 주고 부합하지 않으면 '벌'을 준다는 것이다. 한비자는, 만일 군주가 이처럼 '명'과 '실'의 상응 여부에 따라 '상'과 '벌'을 행하는 권위만 잘 지키고 있으면, '아무 것도 하지 않아도 잘 다스려진다.'고 보았다.

이러한 '세'나 '술'은 '법'을 운용하기 위한 것이다. '법'은 국가공동체를 운영하는 원칙이요 기준이다. 이러한 기준 없이 통치자의 마음에 따라 임의로 운영하면 훌륭한 덕을 가진 통치자라도 작은 나라조차 제대로 다스릴 수 없다는 것이 한비자와 같은 법가사상가의 생각이다. 그래서 한비자는 "법法과 술術을 놓아두고 심치心治에 맡긴다면 요堯라 하더라도 한 나라도 바로 다스릴 수 없다. 규구規矩를 버리고 추측만을 함부로 사용한다면, (수레 잘 만드는 장인인) 해중奚仲이라 하더라도 하나의 수레바퀴조차도 완성할 수 없을 것이다." (『한비자』『용인用人』)라고 하였다.

4. 법가法家와 도가道家, 그리고 한비자韓非子와 『노자老子』

유가儒家의 순자荀子가 자연상태의 혼란한 사회를 질서잡기 위해서 주장한 '예禮'가 법가法家인 한비자韓非子에 있어서 더 구체적으로 변모되어 제재를 동반한 것이 '법法'이라 할 수 있다. '법'은 국가공동체의 통제를 위해 쓰이는 국가통치의 방법이요 도구이다. 그런데 이러한 통제를 근본적으로 싫어하는 사상이 '도가道家'이다. 말하자면 '도가'와 '법가'는 극과 극의 사상이다. 현실참여의 정도로 봐서 도가의 반대편 극에 있는 사상에는 '묵가墨家'도 있다. 묵가와 법가 모두 도가의 극단적 반대에 있지만, 그 취지가 다르다. 묵가는 유가의 '인仁'과는 다르지만 역시 사랑을 주장하는 '겸애兼愛'를 말하지만, 법가는 현실참여에 이러한 전제가 없다. 공동체 유지를 위한 효율적 시스템만을 강조한다. 그 구체화가 바로 '법'이라는 것이다. 그런데 극과 극인 도가와 법가가 서로 통하는 면이 있는 아이러니가 있다.

‘아무 것도 하지 않아도 잘 다스려진다(無爲而無不爲)’는 것은 『노자老子』에서 말하는 ‘도가’의 사상이다. 그렇지만 동시에 ‘법가’의 사상으로 이야기되기도 한다. 어떤 사회적 통제로부터도 벗어나길 주장하는 도가의 사상과 극단적 통제를 주장하는 법가가 만나는 것은 이처럼 아이러니하다는 것이다. 그러나 그 취지는 다르다. 도가는 이러한 사상을 인간 사회 구성원 일반에게 주장했지만, 법가는 이를 군주에게만 적용했다. 앞에서 본 바대로 군주는 남에게 일을 시키는 것 외에는 어떤 일도 스스로 해서는 안 된다. 그는 자신 외의 공동체 구성원인 신하와 백성을 오로지 통제만 하면 된다.

그럼에도 도가서인 『장자莊子』에 법가의 취지와 비슷한 부분이 있어서, 군주는 ‘무위無爲’의 입장에서 천하를 부리고, 천하의 신하와 백성은 ‘유위有爲’로 부림을 당하는 것이라 했는데, 법가 역시 마찬가지이다. 두 사상은 완전히 다른 듯하면서도 공통된 부분이 있는 것이다. 실제 앞서의 법가사상가들과 한비자는 도가적 내용을 많이 이야기하였고, 『한비자』 속에는 『노자老子』에 관해 자기 나름대로 해석한 편들도 있다. 그것이 「해로解老」와 「유로喩老」이다. 한비자의 이러한 『노자』 해석은 『노자』의 원래 의미이기보다는 그 내용을 인용해석하면서 그의 법가적 통치술을 말하려 한 것이다.

제12장

『예기禮記』「예운禮運」

『예기』는 '예禮'에 관한 기록이다. '예'는 중국 고대의, 사회 질서를 유지하는 제도를 말한다. '예'는 사회구성원 개인이 처신해야 할 구체적 행위규범에서 시작하여 그러한 규범의 총체적 제도를 말하지만, 더 나아가서 그러한 제도를 있게 만들고 정당화하는 체제(regime·system)로서 그 체제의 배경이 되는 이념(ideology)의 현실화이기도 하다.

공자孔子 이후 한대漢代에 이르기까지 공자의 근본사상을 기초로 한 이념과 그것의 구체적 표현이 ['예禮'의 기록(기記)]이라는 형태로 문헌화되었는데, 이것이 곧 『예기禮記』이다. 이 『예기』는 주나라의 체제질서인 '주례'의 문헌적 기술인 또 다른 두 예서禮書 『주례周禮』와 『의례儀禮』를 부연·설명한 기록이라는 의미도 가지며, 역사 속에서 이 셋을 합칭하여 '삼례三禮'라고 한다.

한대漢代에는 국가적으로 유교경전으로서의 '오경五經'이 중시되었는데 『예기』는 그 하나였다. 『예기』라는 문헌이 이루어진 데는 하나의 과정이 있었다. '예'를 중시한 공자는 '예'를 익히고 실천하는 데 심혈을 기울였고, 제자들에게도 그렇게 가르쳤다. 공자 사후에 공자의 가르침은 그 후학들, 즉 그의 제자, 제자의 제자 및 또 각각의 문하 학자들에 의해 '예'에 관한 설說들이 누적되어 감으로써 한대에 이르게 되었다. 한대가 되어서는 '유교'가 통치이념으로 되어 당연히 이러한 기록들을 종합적으로 정리할 필요가 생겼다.

지금 통상 말하는 『예기』는 '소대小戴'의 『예기』, 즉 『소대小戴예기禮記』를 말한다. 이 『소대예기』는 한대漢代의 원제元帝, 성제成帝 시기에 활동한 대성戴聖이 편찬한 것이다. 이 문헌명은 '대대大戴'의 『예기』, 즉 『대대大戴예기禮記』와 구분하여 일컫는 말이다. 『대대예기』는 대성의 숙부 대덕戴德이 편찬한 것이다. 오늘날 보는 『예기』 49편은 대성의 『소대예기』(또는 『소대례小戴禮』라고도 함)를 말한다.

공자 이후 한대 전기까지 공자의 후학들은 공자의 사상에 기초해서 유학의 내용을 보다 풍부하게 확대·발전시켰으며, '예'는 그러한 내용을 총칭하는 의미로서의 역할도 한다. 그래서 대덕과 대성이 그들의 시점에 그러한 내용을 종합하면서, 이른바 『예기』라는 문헌명을 사용하게 되었다. 그 문헌들은 당시까지의 유학의 총집總集으로서 유학의 백과전서 및 백과사전의 역할을 한 것이라 할 수 있다. 대덕과 대성이 당시까지의 유학 내용을 집대성하게 된 것은, 선진先秦 이후 '예'로 일컬어지는 유학의 범주에 관한 자료가 수많은 단편으로 흩어진 글로서 전해져, 당시 유학을 통치이데올로기로 삼았던 한조漢朝가 국가의 경영에 필요한 유학의 내용을 일목요연하게 정리할 필요가 있었기 때문이었다.

『예기』의 대부분의 편篇들은 그 시대적 의미를 지닌 제도적, 문물적 기록이다. 따라서 오늘날의 관점에서는 이전의 제도가 어떠하였구나 하는 역사적 의미를 지닐 뿐인 것이 대부분이다. 그런데 그 중에는 단순한 제도, 문물의 기록이 아니라 이러한 제도, 문물의 사상, 이념적 토대 역할을 하는 통론의 부분도 적지 않게 있는데, 그 중에서도 유교학술사에서 가장 주목을 받는 것이 「대학大學」편과 「중용中庸」편이다. 이때 「대학」과 「중용」만큼은 많이 거론되는 것은 아니지만, 이 「대학」과 「중용」이 지향하는 목표를 제시한 편이 있는데, 그것이 바로 '대동大同'과 '소강小康'을 이야기하는 「예운禮運」이다. 그리고 공자는 '예禮'와 '악樂'을 중시했는데, 이때 '악'의 예술철학과 그 정치철학과의 관련성을 언급한 「악기樂記」 역시 철학사에서 중요한 역할을 하였다. 여기서는 우선 「예운」에 대해서 이야기한다.

1. 『예기禮記』「예운禮運」의 대동大同사회 – 유가의 이상적 목표

『예기』「예운」에서는 유가의 이상적 목표를 말하고 있다. 그 처음은 이러한 내용으로 시작된다.

공자孔子가 그의 고국 노魯나라에서 벼슬할 때의 일이다. 당시의 제도로는 매달 해당되는 신을 제사지내다가 한 해의 끝인 12월에는 종묘에서 여러 신을 합하여 제사지내는 사제蜡祭를 지내는데, 공자가 어느 해의 사제에 빈객賓客으로 참석한 일이 있었다. 그때 사제를 마치고 밖으로 나와 성문의 관觀에서 쉬고 있었다. 잠시 생각에 잠겨 있던 그는 "아!"하고 탄식하였다. 이에 공자를 곁에서 수행하고 있던 제자 언언言偃(B.C.506~B.C.445?. 언언言偃은 본명. 자字는 자유子游)이 의아하게 여겨 물었다. "선생님께서는 무엇을 탄식하십니까?"

제자의 이 한 마디의 물음에 공자는 마치 기다렸다는 듯 가슴 속에 담고 있던 바를 술회하기 시작했다.

> 옛날 큰 도(대도大道)가 행하여진 때가 있었다. 바로 요堯임금과 순舜임금의 때이다. 그리고 그 후 우禹임금으로부터 시작된 하夏나라가, 이후 탕湯임금으로부터 시작된 商나라(은殷나라)가 있었고, 이어서 무武임금으로부터 주周나라가 시작되었다. 바로 우리가 삼대三代라고 부르는 시대이다. 그런데 그 큰 도가 행하여진 상황과 삼대의 영현英賢한 이들에 대해서 내가 직접 겪지는 못하였지만, 그에 관한 기록은 남아 있어 그 내용을 말할 수가 있다.
>
> 그 기록에 따르면, 큰 도가 행하여졌을 때는 천하天下를 개인이나 어떤 가문의 사적私的인 것이 아닌, 모두의 소유인 공적公的인 것으로 보았다. 그래서 천하를 이끌어갈 인재를 발탁함에도 혈연이나 지연 등의 사적인 관계에 의하지 않고, 어디까지나 현명한 이와 능력 있는 이를 뽑아 등용하여, 천하를 이끌어가는 인재 구성원 상호의 신뢰를 도모하고, 그들 사이의 화목을 지속시킴을 사회 지도의 원칙으로 삼았다.
>
> 이처럼 사회지도층이 천하를 공개념으로 이끌어가기 때문에 자연히 천하사회의 모든 구성원들은 자신의 부모만을 부모로 여기지

않고 모두의 부모를 자신의 부모처럼 여겼으며, 자신의 자식만을 자식으로 여기지 않고 모두의 자식을 자신의 자식처럼 여겼다. 이러한 세상에서는 소외되는 사람 없이 구성원 모두 보살핌과 배려를 받았고, 또 천하 사람들은 모두 한 가족과 같아서, 가족 중 약한 이들이 특히 보살핌을 받아야 하는 것처럼 천하사람 중 특히 그 처지가 어려운 약자들이 보살핌을 받았다.

먼저 각 세대별로 보면, 노인들에게는 편안히 노후의 여생을 마칠 수 있도록 복지혜택을 주고, 청장년에게는 일자리를 마련해 주어 경제활동을 보장하고, 어린이들에게는 어려움 없이 잘 자랄 수 있는 여건과 환경을 마련해 주었다. 그리고 사회에서 소외되기 쉬운 사회적 약자 특히 홀아비, 과부, 고아, 독거노인과 같이 가족관계에 있어서 외로운 사람 그리고 사회적 배려를 받아야 할 장애인 등이 모두 생계보장을 받았다. 이렇게 어려운 사람들을 우선 배려하면서, 사회 전반적으로 볼 때 성년이 되면 남자들에게는 각자가 맡을 직분을 주고, 여자들은 결혼할 수 있도록 하였다.

사회의 경제정의 측면에서는 공동소유와 공동생산이 원칙이었다. 사회의 경제가 유지되려면 재화와 노동이 있어야 하는데, 그 중 재화는 누군가는 써야 하더라도 땅에 버려지듯 헛되이 낭비되는 것을 싫어하였다. 그렇다고 해서 꼭 특정인들이 독점하여 소유하도록 하지는 않았다. 또 노동은 누군가는 해야 하므로 누군가의 신체에서 나오지 않아서 아무도 노동하지 않는 상태를 싫어하였다. 그렇다고 해서 그 노동이 꼭 어떤 특정인의 이익을 위해서 사용되도록 하지는 않았다.

이렇게 재화와 노동이 모두를 위한 것으로 간주되어 사적 욕심이 일어날 수 없게 되니, 교활한 꾀가 닫혀서 일어나지 않고, 도둑질이나 조직 폭력이 일어나지 않았다. 이런 까닭으로 문을 밖으로 내어

놓고도 닫지 않는 세상이 되었다. 이러한 세상을 두고 '대동大同'이라 고 이른다.

공자는 이렇게 이상적인 천하였던 때를 그렸다. 그때는 바로 요임금과 순임금이 천하를 다스렸던 때였다. 태초에 천지가 생기고, 사람 사는 세상인 천하가 사회공동체로서 이루어져, 처음의 원시 자연 상태에서 점차로 인간적 질서가 마련되었다. 이 질서가 가장 이상적으로 된 상태가 곧 모두가 크게 한마음 한 뜻으로 하나로 된 '대동大同'의 시대였다. 그때는 여러 전설적 지도자의 시기를 거쳐, 마침내 가장 이상적 인격자로서의 성인聖人인 요임금과 순임금이 천하를 다스리던 때였다.

천하는 한 개인과 한 가문의 것이 아닌 모두를 위한 공公천하였다. 요임금과 순임금은 천하를 모두의 것으로 생각했으므로, 요는 자신의 자식이 아닌 순임금에게 물려주었다. 혈통에 따라 세습하지 않고 천하를 맡을 덕이 있는 이를 찾아 천하를 맡기는 이른바 '선양禪讓'이었다. 순임금 역시 자신의 자식이 아닌 우임금을 발탁해 천하를 맡겼다.

천하사람 모두가 이렇게 자신의 가족만을 가족으로 여기지 않고, 천하사람 모두를 한 가족으로 여겼다. 모두를 위해 노동하고 모두가 함께 소유했다. 모두의 것인 재화는 탐낼 사람도 없고 탐낼 필요도 없으니 자연히 도둑도 없어 문을 열어 놓고 있어도 걱정이 없었다. 서로를 배려하고, 특히 사회적 약자를 더 배려하였다. 성인인 요임금과 순임금은 백성을 강압적으로 다스리지 않았으므로, 백성들은 임금의 정치적 권력을 권위적으로 느끼지 못하였다. 대동사회가 이러하다는 것은 유가사상의 사랑인 '인仁'의 덕이 천하에 행해지고 있었다는 의미다.

그런데 「예운」에 따르면 이 대동사회는 오래 지속되지 않았다. 그보다 못한 사회가 도래하였기 때문이다. 그것은 곧 '소강小康'사회이다.

2. 유가의 차선의 목표, 소강小康사회

순임금의 선양으로 천하를 물려받아 다스리게 된 우임금부터는 자식에게 임금 자리를 물려주는 세습의 시대가 되었다. 우임금의 혈통으로 이어지는 왕조가 시작되었다. 그 왕조가 바로 하夏나라이다. 천하는 이제 더 이상 공공公共의 것이 아니게 되었다. 공公천하에서 사私천하, 가家천하가 되었다. 공자는 이러한 상태를 대도가 숨어버린 것으로 규정하였다. 그는 이상적인 대동사회가 쇠락한 뒤 오는 이러한 사회를 다음과 같이 묘사했다.

> 이제는 큰 도가 숨어버려 천하를 한 집안(家)의 것으로 간주하게 되었다. 그래서 천하사람들은 각자 자신의 부모만을 부모로 여기고, 자신의 자식만을 자식으로 여기게 되었으며, 재화와 노동은 자신만을 위해 사용하게 되었다. 지배자들은 세습을 예禮로 규정하여 천하와 각자의 나라를 사유화하는 제도를 만들었다. 그들은 성곽을 쌓고 그 둘레에 못을 만들어 그들의 사적 소유를 공고히 하여 지켰으며, 예禮와 의義라는 명분을 내세워 그러한 것을 천하와 나라의 체제를 유지하는 기강紀綱으로 삼았다.
>
> 그래서 이 예와 의라는 명분으로써 임금과 신하의 신분질서를 바로잡고, 아버지와 아들의 관계를 돈독히 하였으며, 형과 아우를 화목하게 하고, 남편과 아내를 화합하게 하려 하였다. 또, 이 예와 의라는 명분으로 그들의 이익을 위한 제도를 베풀고, 토지와 마을을 구획하였으며, 용맹스러움과 지혜로움을 높이 평가하고, 자신을 위하는 행위를 공功으로 여겼다. 그러므로 모략이 이를 틈타 생겨나고, 전쟁이 이로 말미암아 발생하게 되었다.

하나라의 우임금, 은나라의 탕임금, 지금 주나라의 문왕文王(주무왕의 아버지. 성姓은 희姬. 이름은 창昌), 무왕, 성왕成王(무왕의 아들로서 주나라의 두 번째 왕. 이름은 송誦), 주공周公(문왕의 아들이며 무왕의 동생. 이름은 단旦)은 바로 이 예禮를 잘 운용했다는 이유로 높이 평가받는다. 이 여섯 군자들은 모두 예를 삼가지 않은 이가 없었다.

그래서 예를 가지고 그들이 생각하는 의를 드러내었으며, 또 예를 가지고 그들이 생각하는 신의를 검증하고, 잘못이 있는 자들을 드러냄에 인仁을 기준으로 하여 겸양을 말하며, 백성들에게 변치 않는 규범이 있음을 보여 주었다. 만약 이 규범을 따르지 않는 자가 있으면, 비록 그가 권세 영역에 진입해 있는 자라 하더라도 그를 제거하여, 민중들이 이를 재앙으로 여기었다. 이러한 세상을 두고 '소강小康'이라고 이른다.

소강의 사회가 시작된 시기는, 대동의 공적 사회가 사라지고 사적 관념이 비롯된 시기이다. 이 시기는 대동의 이상사회였던 요임금과 순임금의 시기 다음인 우임금 시기부터라고 공자는 말한다. 우임금 때부터 천하를 한 가문의 것으로 간주하는 가家천하의 시대가 시작된 것이다. 요임금 때 시작된 황하의 9년 홍수를, 요임금의 명으로 우의 아버지 곤鯀이 다스리다 실패하여 벌을 받고 죽은 바 있었다.

그런데 그 아들인 우가 다시 순임금의 명을 받아 천하를 위해서 큰 희생정신을 발휘하여 홍수를 해결했다. 그는 홍수에 시달리는 천하 백성을 구제하려고 노력하면서 자신의 집 앞을 세 번이나 지나가면서도 들르지 않을 정도로 희생적으로 인仁을 실천하여 순임금으로부터 천하를 선양받게 되었다. 그 또한 백익伯益이라는 사람에게 선양했다. 그러나 이후 백익이 사양하고 피해 살아, 우임금 사후 결국은 우의 아들 계啓가 임금자리를 물려받게 되어, 천하가 아들에게 세습되는 결과가 되었다고 전해진다. 계 이후에는 본격적으로 세습의 시대가 되었다.

「예운」에서는, 이러한 소강사회는 대동사회의 큰 도가 숨어버려 이상적 상태가 퇴락해 버린 사회로 진단한다. 그런데 만일 이상적 상태가 어렵다면 우선 그 차선을 생각할 수 있다. 그 차선은 이 소강사회라 할 수 있다. 실제 대동사회보다는 못하지만 그나마 훌륭한 지도자들로 평가받고 있는 이들이 다스렸던 사회상태이기도 하다. 그런데 이 소강사회는 대동사회에 비해 단순한 차선은 아니다. 근본적, 본질적 문제를 안고 있다. 무슨 문제인가. 그것은 대동의 큰 도가 무너져 생기는 문제, 곧 '세습'으로 인한 것이다.

3. 소강사회의 본질적 모순 - 세습世襲

유교의 역사상 우임금은 성왕聖王의 한 사람으로 평가받지만, 그는 결과적으로는 대동사회와 소강사회를 큰 획으로 가름하는 불평등한 세습왕조의 시작인 하왕조의 시조가 되었다. 그 후대에 성왕聖王으로 평가 받는 은왕조의 탕임금이나 주왕조의 문왕, 무왕, 성왕成王, 주공 등은 모두 소강시대의 훌륭한 지도자들이다. 그런데 이들의 시대가 요순시대와 근본적으로 다른 점은 세습시대라는 점이다. 세습시대, 상속시대는 그 체제에서 이득을 보는 기득권계급이 형성된다는 의미다. 이러한 사회를 유지시키는 기본질서가 곧 그들이 내세운 '예禮'이다.

세습을 사회체제의 기본전제로 하는 소강사회는 그 사회의 기득권을 장악한 세력들이 세습 및 그와 관련한 상속에 관한 제도인 예로써 그들의 기득권을 유지, 확대하는 사회이다. 대동사회에서 소강사회로의 이행은 대동사회에서 이루어졌던 정치권력과 경제이익에 대한 공적 개념 및 그러한 관념을 바탕으로 한 대동적 복지를 쇠퇴시키거나 포기함을 의미한다. 만일 소강사회로부터 더 발전하여 대동사회로 진입하는 것을 이야기한다면 소강사회는 이상적 대동사회로 발전하는 전단계의 가치를 지니고 있지만, 그 반대로 대동사회에서 소강사회로 이행함은 심각한 퇴보이다.

이러한 상황에서는 다시 대동사회를 꿈꾼다 하더라도 그 회복은 지극히 어려운 이상이 된다. 왜냐하면 일단 사적 욕심이 전제되어 세습적 사유제를 인정한 상황이 되면 사회는 더욱더 욕심에 빠져들 가능성이 있기 때문이다. 그리고 사회구성원들 간에 이기심으로 인한 물욕이 팽배해져 사적 소유물에 대한 쟁탈전이 벌어지게 된다. 이러한 측면은 나라 간, 집안 간, 개인 간에 모두 일어날 수 있어서, 맹자孟子가 지적한 바대로 한 나라의 위아래에서 모두 서로 이익을 추구하면 온 나라가 그로 인해 위태로워지는 상황이 되는 것이 인간사회의 현실모습이다.(『맹자孟子』「양혜왕梁惠王상上」 첫머리의 내용)

그런데 소강사회의 첫 번째 최고통치자였던 우임금의 경우처럼 비록 성왕의 평가를 받을 만큼 덕이 있었다 하더라도, 이후 세습이 계속된다면, 그 아들이 아버지만큼 훌륭한 덕을 가진 통치자가 못되라는 법은 없지만, 아버지가 훌륭하다고 해서 아들이 반드시 훌륭하다는 법이 없는 것이 인간사회의 현실이다. 실제로 세습을 거듭할수록 그 전대보다 못한 통치자가 나올 현실적 가능성은 더 커져서, 급기야는 하왕조 말에 그 이름도 유명한 폭군 걸왕桀王이 출현한다. 세습의 모순과 문제점이 가장 극대화된 것이다.

4. 소강사회 세습 모순의 급진적 해결방법 – 혁명革命

역사적으로 이러한 모순을 해결하는 방법으로 실행되고, 그것이 유가사상가들에 의해 이론적으로 정당화된 것이 곧 '혁명革命'이다. 이 혁명의 첫 번째가 하夏왕조의 걸왕을 몰아내고 은殷왕조를 세운 사건이다. 이 첫 혁명의 주인공이 은왕조의 첫 번째 임금인 탕湯임금이다. 혁명의 '명命'은 곧 '천명天命'이다. 이는, 왕권은 하늘이 주는 것이라는 왕권천수王權天授의 사상을 정당화시키는 것이다. 왕권뿐 아니라 그 사회의 왕권 이하 하위의 기득권 역시 하늘에 의해 주어진 것으로 정당화되게 된다. '혁革'은 바꾼다는 의미이다. 하늘이 천명을 바꾼다는 의미가 곧 '혁명'이다.

주나라 초기는 유가사상에 있어서 중요한 의미를 가진다. 세상이 혼란하지 않도록 질서를 잡고 그 질서를 제도화한 것이 '예禮'이다. 유가사상의 원조인 공자는 이 예를 중시했다. 그는 주왕조 시대의 초기 질서가 무너져 내리던 춘추전국시대의 춘추 말에 주나라의 지방정부인 노魯나라에서 태어났다. 그는, 그가 살던 당시 세상을 두고 그 세상 유지를 위한 기본질서인 예가 지켜지지 않는 혼란한 시대라고 보았다. 그가 기준으로 삼았던 예는 주나라 초기에 만들어진 '주례周禮'였다.

5. 대동大同, 소강小康, 난세亂世

공자의 관점으로는 주례로서의 기존 질서가 살아 있는 상태가 치세治世이다. 그리고 이것이 무너진 상태를 난세亂世로 규정한다. 공자는 당시의 난세를 치세로 돌리려고 노력했던 것인데, 그것이 곧 주례를 회복하려는 것이었다. 이 치세의 상태는 군군, 신신, 부부, 자자의 '명'의 '정함'이 실현된 사회인데, 난세는 이러한 질서가 무너진 '명부정名不正'의 사회상태이다. 그래서 이러한 명부정의 난세를 난신적자亂臣賊子가 횡행하는 사회, 즉 신하가 임금을 죽이고, 아들이 아비를 죽이는 패륜의 극단적 상황이 나타난 사회라고 하는 것이고, 이것을 공자가 『춘추春秋』를 통해 비판한 것이다.

이처럼 공자시대에 사회의 문제를 진단함에서 나타나는 사회상태의 구분은 우선 치세와 난세이다. 그런데 「예운」에서는 이 두 사회상태 중 치세는 소강에 해당되고, 난세는 명확한 명칭 없이 '소강'의 질서가 깨진 상태로 추정적으로 규정된다. 오히려 소강을 넘어선 이상인 '대동'이 강조된다. 사회상태에 대한 이론이 명확해지는 것은 이후 한대漢代의 유가사상가들에 의한 것이었다.

대동은 궁극적 이상이다. 그러므로 지극히 실현하기 어렵다. 소강사회는 유가사상의 입장에서는 일종의 아亞이상사회이다. 실제 현실에서 논의되기가 쉽다. 사실상 현실에서 이야기될 수 있는 사회적 상황은 소강과 난세로 볼 수 있다. 이때의 소강이 흔히 말하는 치세이므로, 일반적으로 치세와 난세로 말할 수 있는 것을 소강과 난세로 말할 수 있다. 현실사회는 기본적으로 치세와 난세를 거듭 반복한다.

유가사상의 중요한 축을 담당하고 있는 『주역周易』의 입장에서는 이렇게 본다. 양陽으로 상징되는 군자君子가 사회주도권을 잡으면 치세이고, 음陰으로 상징되는 소인小人이 주도권을 잡으면 난세이다. 유가사상의 관점에서 세상은 군자와 소인의 투쟁으로 치세와 난세를 반복한다. 이 대립을 넘어서는 이상사회는 성인이 다스리는 사회이다. 「예운」에서 말하는 '대동'이 곧 이러한 사회이다. 공자의 관점으로 보면, 군자가 중심이 되어 주례를 실현하는 세상이 소강사회의 치세이다. 그렇지 못한 공자 당시의 세상, 즉 소인이 횡행하여 주례를 파괴한 세상이 난세이다.

그러나 유가사상 밖에서 본다면, 소강의 치세는 기존 질서인 주례의 적용으로 이익을 얻을 수 있는 기득권계급의 이익이 순조롭게 잘 실현되는 세상이라 볼 수도 있다. 특히 세습과 상속을 인정한 측면은 소강사회가 기득권의 유지를 위한 사회임을 더욱 잘 말하고 있다. 당시 시대만 보더라도, 법가法家사상가들은 공자처럼 옛 질서로 돌아가려 하지 않았다. 새로운 시대에 새로운 질서가 필요하다고 주장했다. 앞 장에서 말한, 법가사상의 대표자인 한비자韓非子는, 시대는 변했는데 유가사상가처럼 옛 질서를 부여잡고 있는 이들을 비꼬아서 '수주대토守株待兎(그루터기를 지키며 토끼를 기다림)'(『한비자韓非子』 「오두五蠹」)하는 이들과 같다고 하였다.

이러한 소강사회에 대해 대동사회는 혈연조차도 초월하여 천하구성원이

가족이라는 범주를 넘어서서 서로를 사랑하고 이익을 나누는 사회이다. 소강 사회는 이러한 보편적 사랑이 쇠퇴하여 그 사랑이 혈연을 넘어서지 못하는 사회이다. 그래서 그 사랑과 이익이 혈연에 한정되어 세습되고 상속된다. 즉 제 가족만을 사랑하는 것이다. 혈연을 중심으로 만들어진 주의 종법宗法제도가 그것을 상징적으로 말해준다.

난세는 사랑이 더 축소되어 자신만을 사랑하는 사회이다. 부모도 자식도 자신의 이익과 탐욕을 위하여 서로 다투고, 부모는 자식을 버리고 자식은 부모를 버리며, 급기야 서로 죽일 수 있는 사회이다. 요즘 식으로 말하면 오로지 탐욕적 자본의 논리만이 지배하는 사회이다. 이러한 상황은 공자가 보기에 주의 종법제도의 와해이며 난세였다. 「예운」 속의 공자는, 처음에는 먼저 이상인 대동을 말하고 그 상태가 무너져 내리는 과정을 말하였다. 그러다가 이어서 대동 이전의 원시상태부터 대동으로 진화·발전하는 과정도 이야기한다. 대동은 오히려 정점이고, 대동 이전에서 대동으로 발전하고, 대동 이후에 난세로 퇴화·붕괴되어 간다.

6. 공자가 꿈꾸었던 세상

『예기』「예운」의 사상은 그 등장인물로 봐서 공자의 사상으로 표방되어 있다. 그런데, 우리가 『논어』, 『춘추』와 『예기』「예운」을 비교해 볼 때 이러한 문헌자료의 모든 내용의 사상이 공자라는 한 사람의 것으로 보려고 할 경우 생기는 의문이 있다. 그 내용들의 차이 때문이다. 「예운」에는 공자가 이상으로 생각하는 사회상태가 '대동'인 것처럼 되어 있다. 그런데 『논어』나 『춘추』의 취지는 '주례'를 사회의 기본질서로 삼으려는 것이다. 이 사회상태는 '소강'이다.

공자는 『논어』에서도 요堯·순舜을 언급하지만, 요순의 시대를 주공의 주례를 기준으로 한 세상만큼 강조하지는 않는다. 대동이니 소강이니 하는 말도 없다. 사실상 「예운」의 대동사회가 실제 공자의 생각인지는 알 수 없다. 공자는, 제자인 자공子貢(B.C.520?~B.C.456?. 성姓은 단목端木. 이름은 사賜)이 '백성에게 널리 베풀고 민중을 구제함', 즉 '박시제중博施濟衆'을 '인仁'으로 볼 수 있는지에 대해 묻자, 그것은 '인仁'을 넘어서 '성聖'이라고까지 이야기한다. 그러면서 그러한 것은 요임금과 순임금도 이루기 위해 근심했던 목표라고 한다.

그 취지로 볼 때, '백성에게 널리 베풀고 민중을 구제함'이 곧 대동의 이상 같아 보인다. 이 정도지 요순시대가 큰 도가 행해진 대동의 시대라는 말은 없다. 공자는 또 제자인 자로子路(B.C.543~B.C.480. 본명은 중유仲由. 자字는 자로子路 또는 계로季路. 흔히 자인 자로로 많이 일컬어짐)의 한 물음에 대해서는, 요순이 이루기 위해 근심했던 또 다른 목표로 '자신을 닦음으로써 다른 사람을 편안하게 한다'는 '수기이안인(修己以安人)'을 넘어서, '자신을 닦음으로써 백성을 편안하게 한다'는 '수기이안백성(修己以安百姓)'을 제시했다.

이러한 '박시제중(博施濟衆)'과 '수기이안인(修己以安百姓)'이 대동의 이념과 관련되는 것일까. '박시제중'의 문자적 의미만을 두고 볼 때, 그것이 대동사회를 묘사하는 내용과 부합한다고 볼 수는 있다. 그렇지만 『논어』의 말들은 공자의 것이지만 「예운」의 내용까지 공자가 말했을까 하는 의문이 든다. 왜냐하면 동일한 인물이라면 그 표현에 있어서도 어느 정도 연관성이 있을 것이기 때문이다. 아마도 「예운」의 대동사상은 '박시제중'의 공자 이념을 후대에 재해석하여 정립한 것으로 보인다.

'박시제중'과 '수기이안백성'은 대동의 큰 도가 행해지는 자연스런 통치의 사회분위기와 연계된다고 볼 수 있는데, 그것은 공자가 순임금의 통치스타일을 말한 데서 표현된 것이다. 공자는, "아무런 통치행위를 하지 않으면서도 다스림을 이룬 이는 순舜이었던가(無爲而治者其舜也與)! 무엇을 행할 것이 있겠는가(夫何爲哉)? 자신의 몸가짐을 공손히 하며 똑바로 남쪽을 향하여 자리했을 뿐이다(恭己正南面而已矣)"(『논어』「위영공衛靈公」)라 했다.

그러면 유가적 이상사회에 대하여 『논어』에 제시된 공자의 주장과 「예운」 속의 공자의 주장은 어떤 관련성을 가질까. 유가사상은 공자에 의해 비롯되었으므로 고대의 유가사상 문헌들에 대해 공자를 들먹이며 그에 저자문제를 관련시키는 경우가 많았다. 그런데 중국의 고대 저술 중 많은 부분이 그 저자로 표방된 사람이 실제 저자가 아닌 경우가 많다. 후대의 저술가가 쓴 책이지만 자신을 저자로 내세우지 않고 이전의 권위 있는 사상가, 지식인의 이름을 내세우는 것이다.

공자의 경우를 보면, 그는 자신 이전까지의 중국 문화를 '시詩', '서書', '역易', '예禮', '악樂', '춘추春秋'의 여섯 범주로 나누어 정리하였는데, 이것이 이른바 훗날 '육경六經'으로 불리게 되었다. 그래서 이들 범주에 관련된 문헌들 속에 공자가 등장할 경우 그러한 문헌들이 공자의 저술이라고 믿어져 온 경우가 많았다. 그러나 후대 학자들의 연구 결과 많은 부분이 공자의 이름에 가탁한 후대의 저술이라고 주장되기도 한다. 심지어 가장 명확하게 공자의 사상을 반영하고 있는 문헌은 『논어』 뿐이라고 주장하는 경우도 있다. 그러면, 『예기』 「예운」의 경우는 어떤가.

공자가 지향하는 이상으로서의 대동과 차선으로서의 소강을 담고 있는 「예운」은 그 내용 구성이 공자가 『논어』에서 이야기한 정도의 막연하고 산발적인 정도를 넘어선다. 『논어』의 내용보다 더 구체적이고 그 구성도 더 치밀하다. 이 점은 두 문헌의 내용이 동일한 시간적 상황에서 이루어진 것이 아님을 반증한다. 가장 극단적으로 이야기한다면, 「예운」의 내용은 공자의 것이 아닐 수가 있다는 것이다.

「예운」의 내용구성은 아마도 한대에 이루어졌을 가능성이 크다. 사상적 배경정황도 그렇다. 대동사상은 천하통일과 평등관념의 분위기가 있는 사상이다. 비록 그 내용은 요순시대를 이야기하지만 사실상은 진의 천하통일 이후의 분위기를 반영하고 있다. 진의 천하통일 이전에는 각 지역이 할거하고 있어서 천하를 통일적 관점으로 보는 사상이 미약했다. 그리고 그 당시는 상고

시대부터 기득권을 획득한 계층을 중심으로 형성되어 온 기존의 신분제가 춘추전국시대라는 대전환시기를 맞이한 상황이었다. 그래서 그때는 기존질서를 추구하는 세력과 새로운 질서를 추구하는 세력 간의 투쟁과 갈등으로 격동하는 사회분위기였다.

중국전체를 통일적 관점으로 보게 된 것은 진의 천하통일 이후이다. 그리고 또 주목할 것은 신분제 측면이다. 당시 진왕조에 반기를 들고 반란을 일으킨 진승陳勝과 오광吳廣의 "왕과 제후와 장군과 재상에 어찌 씨가 따로 있는가!"라는 선동문에서 표출된 정치의식은, 이 반란이 비록 성공하지는 못하였지만, 기존 신분질서에 대한 반기이며, 일종의 평등사상이다. '주례'로 대변되는 소강적 질서가 무너진 춘추전국시대를 거치면서 당시 사회는 기존의 신분질서가 고정불변의 것이 아니라는 의식이 싹튼 것이다. 이것은 당시 시대적 분위기의 일단으로 볼 수 있다. '대동'의 평등사상은 아마도 이러한 시기를 거치면서 확립된 것으로 보인다.

제13장

『예기禮記』「대학大學」

훗날 단행본화된 『대학大學』은 본래 『예기禮記』 49편 중의 제42편, 즉 『예기』「대학」편이었다. 그런데 이 「대학」편이 구체적 '예禮'를 다룬 다른 편들과 달리 유교의 이념을 다룬 통론적 성격을 지니고 있음이 일찍부터 주목받았다. 「대학」의 내용이 유교사상에서 중요한 의미로 거론되기 시작한 것은 당대唐代의 한유韓愈(768~824. 자字는 퇴지退之)에 의해서였다고 할 수 있다. 그는 「원도原道」란 글에서 요堯·순舜에서 공자孔子·맹자孟子에 이르는 유교의 주요 인물의 맥을 유교의 도통道統으로 이야기하면서, 「대학」의 정치철학적 취지를 당시 세력을 떨치던 불교佛教와 도교道教에 맞설 수 있는 기본 사상논리로 삼았다. 이어 한유의 벗이면서 제자인 이고李翱(772~841. 자字는 습지習之)도 역시 『예기禮記』의 한 편인 「중용中庸」, 그리고 『주역周易』과 함께 「대학」을 중시하였다.

「대학」이 철학사에서 본격적으로 주목받게 된 것은 사실상 송대宋代(북송北宋)에 이르러서이다. 『예기』의 한 편인 「대학」이 단행본 『대학』으로 독립적으로 다루어진 첫 사례는 북송의 사마광司馬光(1019~1086. 자字는 군실君實. 세칭 속수涑水선생)의 『대학광의大學廣義』이다(그는 「중용」에 대해서도 『중용광의中庸廣義』를 지었다.).

그리고 이어 사마광과 같은 시기에 활동한 정이程頤(1033~1107. 자字는 정숙正叔. 세칭 이천伊川 선생. 형 정호程顥와 더불어 이정二程으로 일컬어짐)가 「대학」을 유가철학의 중요 연구 대상으로 삼으면서, 이 문헌은 특히 송대 성리학性理學(리학理學)의 핵심적 문헌의 하나로 자리 잡게 되었다. 그는 「대학」을 '공씨孔氏의 유서遺書', 즉 공씨가 남긴 책이라고 하면서, 이 책은 '처음 배우는 이가 덕에 들어가는 문門(初學入德之門)'이라는 견해를 내었다.

정이의 「대학」에 관한 입장은 뒤이어 세상에서 주자朱子로 일컫는 남송의 주희朱熹(1130~1200. 자字는 원회元晦, 중회仲晦. 호號는 회암晦庵, 회옹晦翁)에 의해 채택·수용됨으로써 이른바 '정주학程朱學'의 기본입장이 되었다.

「대학」이 유교철학사에서 핵심 역할을 하게 된 것은 이 주희에 의해서이다. 주희는 『대학장구大學章句』, 『대학혹문大學或問』을 짓고, 「대학」을 『논어』, 『맹자』, 「중용」과 함께 '사서四書'라고 불러서, '오경五經' 중심이던 유교경전이 이후 새로운 국면을 맞았다. 주자학적 성리학에서 이렇게 이 '사서'를 중시함으로 인해서 자연 「대학」의 위치도 부각되었을 뿐 아니라, 주희는 말년까지 이 「대학」의 연구에 심혈을 기울여, 그의 학문 체계 자체가 이 「대학」이 기본틀로 되었다.

이후 명대明代에 이르러서는, 세상에서 왕양명王陽明으로 일컬어지는 왕수인王守仁(1472~1529. 자字는 백안伯安. 스스로 양명자陽明子라 하여 세상에서 양명陽明선생이라 함)이 이 「대학」의 해석을 두고 주희의 견해와 대립함으로 인해, 「대학」은 주자학朱子學과 양명학陽明學의 차이를 가름하는 지표가 되었다.

「대학」의 저자에 대해서는, 정이는 '공씨孔氏의 유서遺書'라고만 했는데, 주희는 저자에 관한 문제를 더 구체화했다. 주희는 자신이 생각하는 「대학」의 내용상의 논리에 따라 당시 전해진 판본의 순서를 고쳐 잡은 후, 전체를 '경經' 1장, '전傳' 10장으로 나누어 '경'은 공자의 사상을 제자 중 증자曾子(B.C.506~B.C.436. 본명은 증삼曾參. 자字는 자여子輿)가 기술한 것이라 하고, '전'은 증자의 생각을 그의 문인이 기록한 것이라 주장하였다.

1. '대학大學'의 의미와 '대학지도大學之道'

'대학'은 원래 고대의 교육기관이었으며 이것은 '소학小學'이라는 그 아래급의 교육기관을 마친 학생들이 들어가는 곳이다. 사실상 고대에는 지배계층의 자제들, 즉 임금의 자제들과 귀족의 자제들이 주로 들어갔다. 임금의 자제들을 중심으로 생각하면 장차 통치자가 되기 위해 습득하는 통치학으로서의 제왕학帝王學을 배우는 곳이라고 말하기도 한다. 이때 '대大'는 '태太'와 통용되어 이전에는 '태학太學'이라 일컬었다.

'대학'이라는 명칭은 하나의 교육기관일 뿐 아니라 그 교육기관의 교육과정이나 그 교재의 의미를 가지고도 있었다. 그런데 이후 그러한 의미를 뛰어넘는 학술적 의의를 가지게 된다. 「대학」이 유가철학정신의 핵심을 담고 있다는 이유에서다. 그래서 이후 교육기관이나 교육과정이라는 구체적인 것을 넘어서서 추상적인 의미로 '대학'을 해석하게 되었는데, 그것은 주희가 "'대학'이란 '대인大人의 학문'이다"라고 해석함에서 잘 드러난다. 주희와 각을 세웠던 왕수인도 이를 따랐다.

여기서 '대인'은 덕을 가진 인격체의 한 명칭이다. 그런데, 어떤 이는 주희가 말한 대인은 소학을 배우는 어린이와 다른 '어른'이고, 왕수인의 경우가 도덕수양과 관련된 인격체로서의 대인을 말한다고 보기도 한다. 그러나 주희나 왕수인이나 모두 도덕수양의 인격체로 보기는 마찬가지라고 해야 한다. 그것은 그 시대에 대인을 보는 시각과 관련지어 보면 알 수 있다. 대인이 일상생활 속에서는 어린이에 대한 '성인成人'을 말하기도 하고, 중국전통사회에서는 관리를 존칭해서 부르는 말이기도 하지만, 주희가 말한 대인은 고대로부터 말해져 온 도덕적 인격체를 말하는 것이다. 그러한 의미의 '대인'은 이미 고대의 문헌인 『주역』에 이미 있었다.

『주역』「건괘문언乾卦文言」에 "'대인大人'이란 하늘·땅과 그 덕을 합하고, 해·달과 그 밝음을 합하며, 사계절과 그 차례를 합하고, 귀신과 그 길흉을 합한다(夫'大人'者, 與天地合其德, 與日月合其明, 與四時合其序, 與鬼神合其吉凶)"고 하였는데, 이후 북송대 주돈이周惇頤(1017~1073. 자字는 무숙茂叔. 세칭 염계濂溪 선생)는 그의 『태극도설太極圖說』에서 이 부분 중의 '대인'을 '성인聖人'으로 바꿔 인용하였다. 즉 주돈이는 『주역』의 '대인大人'을 '성인聖人'으로 이해했던 것이다. 그리고 주희朱熹는 주돈이의 사상을 수용하였으므로, 이 사상 계통에서는, 「대학」의 수신의 완성자, 그리하여 궁극적으로 평천하할 수 있는 인격체 역시

‘대인’ 또는 ‘성인’이라 할 수 있으므로, ‘대학’은 ‘대인의 학문’이라 하는 것이다.

왕수인王守仁은 “대인이란 천지만물을 한몸(일체一體)으로 삼는 존재”라고 하였는데, ‘대학’이란 ‘대인의 학문’이라고 한 주희의 견해를 부정하지 않으면서, 다만 그의 철학관점에 따른 방식으로 대인을 정의한 것이다. 그가 보는 ‘대인’ 역시 도덕적 인격체이다. 하지만 그래도 우리가 생각해야 할 것은, 주희나 왕수인처럼 ‘대학’의 의의를 규정한 것이 그 시대, 그 나름의 철학적 의의는 있을지는 모르나, 그것이 문헌인 『예기』「대학」이 성립될 당시의 의의라고 단정 지을 수는 없다.

‘대학지도大學之道’의 ‘도’는 길이다. 즉 어떤 목표를 향해 가는 길로서, 결국 방법이 된다. ‘도’라고 하면, 이 ‘도’라는 명칭을 전용으로 쓰는 도가道家가 있지만, 유가의 도는 도가의 도와는 다르다. 도가의 도를 잘 나타내는 『노자老子』의 ‘도’는 현상세계처럼 감각으로 인식할 수 있는, 그러기에 말로 표현할 수 있는 그러한 것이 아닌, 만물을 초월하면서 만물을 생성해 내는, 인식과 언어의 대상을 넘어선 형이상학적 원리이다.

그런데 유가의 도는 그렇지 않다. 공자가 “아침에 도를 들으면 저녁에 죽어도 좋다(朝聞道, 夕死可矣)”(『논어』「이인里仁」)고 한 그 도는 곧 ‘길’이다. 사람이 가야 할 길, 행해야 할 길이다. 달리 말한다면 도덕적 진리이다. 그런데 그 진리는 형이상학적 진리가 아니라, 인간행위에 관한 방법적 진리이다. ‘대학의 도’가 곧 그러한 것이다. 『대학』에서는 이러한 도가 ‘명명덕明明德’, ‘친민親民’, ‘지어지선止於至善’의 세 가지에 있다고 하였다. 이 세 가지 길을 가면 천하를 화평하게 할 수 있다는 것이다. 그래서 「대학」의 처음은 다음과 같이 시작한다.

> 대학의 도는 명덕明德을 밝힘에 있고, 백성을 친親함에 있고, 지선至善에 머묾에 있다.(「대학」 경일장經一章)
>
> 大學之道, 在明明德, 在親民, 在止於至善.

‘명명덕明明德’, ‘친민親民’, ‘지어지선止於至善’은 주희가 말하는 ‘삼강령三綱領’이다. 주희가 분석한 「대학」의 철학적 주제들은 학술사에 유명하여 훗날의 유가철학사가 이 관점의 영향을 크게 받았다. 그것은 그가 말한 ‘경’의 주내용이자 『대학』의 핵심사상인 11개의 주제이다. 곧 방금 말한 ‘삼강령’, 그리고 뒤에 말할 ‘팔조목八條目’이다. 흔히 이러한 분류와 그 명칭을 편의상 쓰고 있지만, 원래 「대학」 저자의 것이 아닌 주희의 것임을 감안해야 한다.

2. 삼강령三綱領의 의의

삼강령 중 제일 먼저 나오는 ‘명명덕’에서 ‘명明’이라는 글자가 두 번 연속해서 나오지만, 앞의 ‘명’과 뒤의 ‘명’은 그 품사가 다르다. ‘명명덕’은 ‘명’+‘명덕’으로서 앞의 명은 동사 그것도 목적어를 취하는 타동사로서 ‘밝히다’의 뜻이다. 그 목적어가 ‘명덕’이다. ‘명덕’은 ‘밝은 덕’이다. 이 ‘명덕’의 ‘명’은 명사인 ‘덕’을 수식하는 형용사이다. ‘명명덕’은 ‘밝은 덕을 밝히다’로 해석된다.

『논어』에 보면 공자가 “위정이덕爲政以德(덕으로써 정치를 한다)”(『논어』「위정爲政」)이라 하고 있다. 그래서 흔히 유가의 정치사상을 덕치주의라고 한다. 법가는 법치주의고 오늘날의 정치도 법치주의다. 이것은 정치의 기준을 무엇으로 삼는가 하는 문제다. 덕치주의는 덕을 그 기준으로 삼아 정치를 하는 것이고, 법치주의는 법을 그 기준으로 삼아 정치를 하는 것이다. 덕치주의는 위정자의 덕이 정치의 관건이 된다. 유가에서는 법령이라는 외부적 규제로 백성을 다스리면, 백성은 그냥 법망을 피해가려고만 할 뿐 도덕적 양심을 찾기는 어렵다고 본다. 그 도덕적 근거가 내면의 덕으로서, 정치적으로는 위정자가 백성에게 도덕적으로 영향을 미치는 힘이라는 것이다.

한대漢代(후한後漢)의 정현鄭玄(127~200. 자字는 강성康成)은 이 명덕을 ‘지극한 덕(지덕至德)’이란 의미로 이해했고, 주희는 “명덕이란 사람이 하늘로부터 얻어서, 비어있듯 신령하고 어둡지 않아서, 온갖 리理가 갖추어져 만사萬事에 응하는 것"이라 하였다. 왕수인의 경우는 이러한 취지를 더 강화하여, "명덕은 이 마음의 덕으로서, 바로 인仁이다. 인이란 천지만물을 한 몸으로 삼는 것인데, 한 사물이라도 제자리를 잃게 하면 바로 우리의 인에 다하지 못한 곳이 있는 셈이다"라고 한다.

삼강령의 두 번째 '친민親民'에서 '친민'의 '친親'은 '친하다', '친애親愛하다'는 뜻이다. 그래서 '친민'은 '백성과 친하다', '백성을 친애하다'의 뜻이다. '명명덕'은 통치자 자신의 내면의 도덕성 함양과 관계되고, '친민'은 덕치주의의 유가적 입장에서 그 함양된 도덕성, 즉 도덕적 감화력으로서의 덕의 공능功能이 통치의 대상인 백성에게 그 효과로 나타나고 발휘되는 것이다.

그런데 이 '친민'의 해석에 논란이 생기게 되는데, 그것은 북송대의 정이가 제기하여 이후 주희가 받아들인 입장 때문이다. 정이가 '親民'의 '친親'자字를 '신新'자字로 봐야 한다고 주장했기 때문이다. 즉, '친민親民'이 아니라 '신민新民'이라는 것이다. '신민'은 '백성을 새롭게 한다'는 뜻이다. 그런데 정이, 주희와 대립하고 있는 왕수인王守仁은 그들과 달리 원래 판본대로 '친민'이 맞는다고 주장한다.

삼강령의 세 번째인 '지어지선止於至善'은 '지선至善에 머문다(止)'는 말이다. 여기서 '머물다'의 의미인 '지止'를, 주희는 '반드시 이에 이르러 옮기지 않음의 뜻'으로 풀이했다. '지止'는 이렇게 '마땅함'을 포함한 '머무름'의 도리의 관점에서 해석된다. 그래서 '지어지선'은 그 번역에 있어서 외견상 '마땅함'이란 표현을 생략한다 하더라도 그 안에 '마땅함'이 포함되어 있고, 「대학」에서는 그 점을 강조하고 있다. 즉, '지어지선'은 '지선'에 '마땅히 머무름'이 되는 것이다.

여기서 '지선至善'은 그 말뜻으로는 '지극한 선'이다. 더할 나위 없는 최고의 선이다. 주희는 '지선'을 '사리당연지극事理當然之極'이라 풀이했다. '일의 이치가 마땅한 정도의 최고준칙'이란 말이다. 그는 이 의미를 앞의 '명명덕', '신민'(그에 있어서는 '친민'이 아닌)과 결부시켜 말하였다. '명명덕', '신민'이 마땅히 이르러 옮기지 않아야 할 최고수준의 준칙을 '지선'으로 보았다.

주희가 이렇게 본 것은, '명명덕'과 '신민'을 실현함에 있어서 그러한 것이 지극히 선한 정도가 되어야, 그가 흔히 말하는 천리天理의 지극함을 다하여 털끝만큼의 인욕人欲의 사사로움(私)이 없게 되기 때문이란다. '명명덕'과 '신민'이 현실에서 제대로 실현되지 않는 것은 '인욕' 때문이므로, '지선'이라는, 선의 최고수준에 이를 때라야만 인욕이 따라붙지 못한다는 것이다.

그런데 왕수인은 그의 심학적 전제에서 해석한다. 심학은 도덕실천자로서의 인간의 도덕주체성을 자각하는 철학이다. 왕수인 심학에 있어서 그 도덕주체성의 핵심주체는 맹자의 마음(心)이며 양지良知인데, 이는 맹자의 사상과 「대학」의 사상을 연계한 것이다. 왕수인은 "지선이란 마음의 본체이다"라고 한다. 핵심주체로서의 '마음(心)' 안의 더 깊숙한 핵심이 '지선'이다. '명덕'과 '친민'도 이에 근거한다.

3. '팔조목八條目'의 분류

주희의 분류를 기준으로 할 때, '삼강령' 다음은 '팔조목八條目'이라는 것이다. 팔조목에 관한 내용은 이렇게 시작된다.

> 옛날의, 천하에 밝은 덕을 밝히려 하는 이는 먼저 그 나라를 다스린다. 그 나라를 다스리려 하는 이는 먼저 그 집안을 가지런히 한다. 그 집안을 가지런히 하려 하는 이는 먼저 그 몸을 닦는다. 그 몸을 닦으려 하는 이는 먼저 그 마음을 바르게 한다. 그 마음을 바르게 하려는 이는 먼저 그 뜻을 성실하게 한다. 그 뜻을 성실하게 하려는 이는 먼저 그 지를 이르게 한다. 그 지를 이르게 함은 물을 격함에 있다.(「대학」 경1장)

古之欲明明德於天下者，先治其國．欲治其國者，先齊其家．欲齊其家者，先修其身．欲修其身者，先正其心．欲正其心者，先誠其意．欲誠其意者，先致其知．致知在格物．

그리고 「대학」에서는, 최초선결조건인 '격물'이 이루어지고 나서, 또 그 다음 '치지'가 이루어지며, 그러고 나서 계속 그 다음 단계가 행해지는 것을 앞에서 이야기한 역순으로, 이 또한 연쇄적으로 이야기하고 있다. 그것이 바로 다음의 글이다.

> 물이 격해지고 난 후에 지가 이르게 된다. 지가 이르고 난 후에 뜻이 성실하게 된다. 뜻이 성실하게 된 후에 마음이 바르게 된다. 마음이 바르게 되고 난 후에 몸이 닦여진다. 몸이 닦여지고 난 후에 집안이 가지런해진다. 집안이 가지런해지고 난 후에 나라가 다스려진다. 나라가 다스려지고 난 후에 천하가 화평해진다.(「대학」경1장)
>
> 物格而后知至．知至而后意誠．意誠而后心正．心正而后身修．身修而后家齊．家齊而后國治．國治而后天下平．

4. 격물格物과 치지致知

'팔조목'은 천하 문제부터 이야기가 시작된다. 그렇지만 곧 바로 그 선결문제를 제기함으로써 계속 그 최초의 선결조건으로 거슬러 올라가게 된다. 그 최초의 선결과제가 '격물'이다. 천하에 밝은 덕을 밝히려면, 즉 천하를 화평하게 하려면 '격물'부터 시작해야 하기 때문이다. 그런데 바로 이 '격물'부터 철학적 논란거리에 직면하게 된다. 「대학」을 자신들 사상의 핵심으로 둔 주희와 왕수인은 이 '격물'에서부터 각자 자기류의 해석을 하게 된다.

주희의 '격물치지' 이론 역시 정이 이론의 계승이다. 정이는 '격格'을 '이르다(至)'로 보았다. 즉 '격물格物'을 '물物에 이르다'는 의미로 본 것이다. 이는 곧 대상사물인 '물物'에 다가가 경험하는 것이다. 이 견해를 주희가 그대로 이어받았다. 주희는 '격물'을 '즉물卽物', 곧 '物에 나아감(卽)'으로 해석했는데, 이는 정이의 견해를 계승한 것이다. 그런데 이렇게 '물'에 나아가는 주된 목적은 그 다음의 '궁리窮理', 즉 '리를 궁구함'에 있다. 그에 있어서 '치지致知'는 '궁리'로서 '지知'는 대상세계에 대한 지식이자 이치이다. '궁리'라는 말은 『주역』「설괘전說卦傳」의 "窮理盡性以至於命(리를 궁구하고 성을 다함으로써 명에 이른다)"에서 나왔지 「대학」 자체에는 없으므로 「대학」의 원취지라고는 할 수 없다.

왕수인은 정이와 주희의 '격물'방법이 '물리物理(물의 리)'와 '오심吾心(내 마음, 도덕주체)'을 둘로 나누고 있다고 말하는데, 이것은 객관세계와 도덕주체, 지식세계와 도덕세계를 둘로 나눈다는 의미이다. 왕수인의 관심은 오직 도덕철학의 건립에 있다. 왕수인이 보기에 "물物은 사事이다. 의意가 발하는 곳에는 반드시 그 사事가 있다. 의意가 있는 사事를 물物이라 이른다. '격格'이란 '정正(바로잡음)'이다. 그 '부정不正(바르지 못함)'을 '정正(바로잡아)'하여 '정正(바름)'으로 돌아가게 함을 이른다"는 것이다. 물物은 의意[뜻]의 대상으로서의 도덕적 대상이다. 도덕과 무관한 단순한 존재를 말하는 객관세계 중의 어떤 사물이 아니다. 따라서 물物에 대해서는 선과 악, 정과 부정을 말할 수 있을 뿐이다. 왕수인에 있어서 '격물'은 선을 행하고 악을 제거하는 것이며, 부정을 정으로 돌아가게 하는 것이다.

왕수인은 '치지致知'의 '지知'를 '양지良知'로 본다. 그러므로 그에 있어서 '치지致知'는 곧 '치양지致良知'다. '양지'는 원래 맹자가 만든 용어다. 왕수인은, 맹자에서 쓰인 의미를 자기 나름대로 발전적으로 해석하여 '양지'를 일종의 '선험적인 도덕의식'의 의미로 쓰고 있다. 그의 양지는 경험적인 것에 대해서 선험적이며, 또 인간이 날 때부터 가지고 나오므로 선천적으로 고유한, 지선至善의 도덕능력이다.

5. 성의誠意와 정심正心

'격물'과 '치지'가 제대로 이루어지고 나면 그 다음은 '성의誠意'의 단계가 된다. '성의誠意'는, 말 뜻 그대로는 '뜻을 성실히 함'이다. 여기서의 '뜻', 즉 '의' 라는 말이 하나의 철학적 개념이 되는데, 그것을 목적어로 삼아서 동사로 사용된 '성誠'도 「중용」에서 명사화되어 그 대표적 사상범주의 하나로 된다. 여기서 「대학」과 「중용」이 만나고 있는 것이다.

우리가 행위를 할 때 그 행위의 도덕주체는 「대학」에서 볼 때 '심心', 즉 '마음'이다. 그런데 행위를 할 때 행위를 시동시키는 그 행위의 동기가 있다. 그것이 '뜻[意]'이다. 이 '뜻'이 선하면 선한 행위가 나오고, 불선하면 불선한 행위가 나온다. 그래서 도덕실천자의 대표인 군자는 이 도덕적 동기를 선하게 해야 하는 것이다. 그것은 곧 그 도덕적 동기를 성실히 하는 것이다. 그러면 구체적으로 어떻게 하는 것이 뜻을 성실히 하는 것인가. 그것은 '자신을 속이지 않는 것(毋自欺)'에서 시작한다. 도덕적 동기를 선하게 하는 데는 우선 남을 속이지 않는 것이 필요할 것이다. 그런데 '성의'가 자신을 속이지 않는 것이란 말은 철저히 도덕적 동기를 성실하게 하는 것이다.

그래서 「대학」은 '신독愼獨'을 이야기한다. 이 '신독'은 「중용」에도 나온다. 즉 '신독'으로도 「대학」과 「중용」은 만나고 있다. 이 '신독'을 이야기하면서 「대학」에서는 '군자君子'와 '소인小人'을 논한다. 유가 도덕수양의 주인공이 역시 '군자'임을 표명하는 것이다. '성의'를 위해서 "군자는 반드시 그 홀로 있음을 삼간다"고 하는 것이다.

「대학」에서는 이에 군자의 인간상과 소인의 인간상을 비교함을 통해 '성의', 그리고 그것을 위한 방법으로서 '신독'의 구체적 내용을 이야기한다. 「대학」에서는 이렇게 말한다.

> 소인은 혼자 조용히 있을 때면 불선不善을 행하는데, (그렇게 함이) 이르지 못할 것이 없는 정도이다. (그러다가) 군자를 본 뒤엔 슬며시 시치미를 떼며 그 불선한 면을 감추고 선하게 보이는 면을 드러낸다. (그렇지만) 남이 자기를 보는 것이 마치 그 자신의 폐와 간을 보는 것 같은데, 그렇게 된다면 (자신에게) 무슨 이익이 있겠는가? 이것을 두고 내면에서 성실하면(誠) 밖으로 드러난다(誠於中, 形於外)고 하는 것이다. 그러므로 군자는 반드시 그 홀로 있음을 삼간다.(「대학」 전6장)

소인의 이런 행태는 그 '위선僞善'적 면모를 말한 것이다. 소인에게는, 「대학」의 기준으로는 그 뜻이 성실하지 않아서 내면에 불선함, 나아가서 악함이 있다. 그리고 이 악함은 언제나 자신의 이익 실현을 위한 행동으로 나온다. 그러나 겉으로는 마치 정의로운 사람인 것처럼 포장하여 말하고 행동한다.

그렇다면 군자는 언제나 일관되게 '신독'할 수 있는가. 군자에게는 조금도 위선적인 면이 없는가. 이론상 완벽한 존재는 '성인聖人'이며, 「대학」을 '대인지학'이라고 말한다면 그 '대인大人'이다. 군자는 이러한 인격적 상태를 '지향'하는 존재다. 군자에게도 위선적인 면이 전혀 없을 수 없다. 그러나 내면에서 갈등하고 자신의 사욕과 투쟁하고, 잘못하면 양심의 가책을 느끼고 반성하고 회개한다. 반면 소인은 잘못을 잘못인 줄 모르니 반성, 회개도 없다.

'성의誠意' 다음은 '정심'이다. 「대학」의 '정심'은 말 그대로 '마음을 바로잡는 것'이다. '정심'의 선결조건은 앞에서 말한 '성의'이다. 그리고 이 '정심'은 다음의 '수신修身'의 선결조건이다. '수신'은 도덕적 문제인데, 그 선결조건으로서 '정심', 즉 '마음을 바로 잡음'을 거론하는 것 역시 '수신'이라는 도덕적 문제에 대해 '정심'이라는 도덕적 답을 내었다는 것이다. 그런데 「대학」에서는 이러한 도덕적 사안을 '분치忿懥'(화냄, 분노함), '공구恐懼(두려워함)', '호요好樂(좋아함)', '우환憂患(근심걱정함)' 등의 감정적 요소에 결부시켜, 이러한 감정을 어떻게 조절하느냐와 관련시켰다. 이러한 점은 「중용」에서도 마찬가지인데, 「중용」은 첫머리부터 감정의 조절, 즉 '희로애락喜怒哀樂'의 조절을 말하고 있어서 역시 「대학」과 「중용」은 서로 통하고 있음을 알 수 있다.

6. 수신修身과 제가齊家

「대학」에서는 이렇게 말하고 있는 부분이 있다. "천자天子로부터 서인庶人에 이르기까지 한결같이 모두 수신修身을 근본으로 삼는다." '수신'은 '팔조목'의 중간에 위치한다. 「대학」에서는 '천하'의 문제에서 그 선결조건으로 '나라'의 문제, 또 그 선결조건으로 '집안'의 문제를 거론하여 결국 '물物'의 문제로 거슬러 올라가, '격물格物'을 가장 최초의 선결조건으로 삼는다. 그럼에도 중간에 있는 '수신'을 근본으로 삼는다. '격물'에서 '수신'까지는 '수기修己'를 말하고, '제가', '치국', '평천하'는 '치인治人'을 말한다. 이 '치인'을 위한 조건이 '수기'인데, 그 '수기'의 단계를 포괄적으로 대표하는 것이 '수신'이라 볼 수 있다.

더불어 이 부분은, 「대학」의 내용이 단지 지배층 자제를 위한 교과목에 한하지 않고, 서인에 이르기까지 보편성을 지닌 것임을 말하는 의의도 가지고 있다. 인간이라면 누구나 '수신'을 근본으로 삼아 자기수양을 해야 한다는 것이다. 「대학」의 최종목적은 '평천하'인데, '평천하'할 수 있을 정도로 '수신'이 된 존재가 '성인聖人'이므로, 결국 인간은 누구나 요堯·순舜과 같은 성인이 될 수 있다는 유가사상의 취지를 말하는 것이라 볼 수 있다. '수신'의 바로 앞 선결조건은 이미 말한 '정심'이다. 그리고 「대학」에서는 '수신'이 선결조건 역할을 하는 '수신' 다음 단계인 '제가齊家(집안을 가지런히 함)'를 '수신'과 결부시킨다.

「대학」에서 말하는 '가家'라는 '집안'은 원래 평범한 일반 백성의 간단한 소규모 가정을 말하는 것은 아니다. 고대 봉건제도하 중앙정권 및 지방정권의 통치자나, 지배층에 속하는 귀족의 집안을 말한다. 「대학」이 성립된 시기가 불명확하므로 연원상 어느 시점의 '가家'를 말하는지 역시 불명확하다. 그러나 그 당시의 '가'의 단위는 지배층의 혈연관계의 사람들뿐만 아니라, 그 안에서 아랫사람으로 일하는 가신家臣들을 비롯하여, 그 '가'에 예속된 각종 신분의 노동자들을 포함하는 일정규모의 공동체라는 것을 생각해야 한다.

따라서 그 가장은 지금의 매우 작은 규모의 가족단위에 필요한 정도를 넘어서는 경영관리능력이 필요하였다. 즉 이때의 가정은 한 나라의 축소판이라 볼 수 있다. 「대학」에서 말하는 '가'와 '국' 사이에는 규모만 다르면서 경영관리의 원칙은 공유되는 유비類比관계가 있다. 이 점은 가장 큰 공동체인 '천하'의 단계에 가서도 마찬가지다. 그렇다면 가장의 '가' 구성원들에 대한 사랑과 미움, 외경과 긍휼의 감정을 본다면, 가장에게는 상당한 정도의 경영능력이 필요하며, 이를 위해 가장이 그 공동체의 구성원들을 관리할 때는 공정한 마음 다스림이 필요하다고 할 수 있다. 또 가장이 '가'를 가지런히 함은, 한 나라의 수장이 한 나라를 다스리는 통치원칙을 미리 연습해 보는 사전 시뮬레이션의 역할을 한다고 볼 수 있다. 그리고 그 모든 다스림의 관건은 '수신'이라고 주장함이 「대학」의 기본사상이다.

7. 제가齊家, 치국治國, 평천하平天下

「대학」의 다른 부분처럼, '치인' 부분도 역시 연쇄논법을 구사하여, '제가'를 말하면 곧 '치국'을 언급해야 하고, '치국'을 언급하면 이내 '평천하'를 논해야 한다. 더구나 '가', '국', '천하'라는 공동체는 '가'에서 비롯된 가족공동체 관념의 확장이다. 즉, '가'와 '국'과 '천하'는 유비적 관계에 있다. '국'은 중규모의, '천하'는 대규모의 '가'인 셈이다.

「대학」에서 말하는 '평천하'는, 춘추전국시대의 각 나라처럼 '힘'으로써가 아닌 '덕'으로 천하를 평정하는 것, 곧 천하를 '화평'하게 하는 것이다. 그것이

천하에 밝은 덕을 밝히는 것이고, 이를 위한 로드맵을 제시한 것이 곧 「대학」이다. 이 단계적 과정이 곧 '격물'에서부터 이어와 마침내 '제가', '치국', '평천하'까지를 논하게 된 것이다. 그런데 이 「대학」에서 그러한 정치행위의 대상이 되어지는 '가', '국', '천하'는 이미 말한 대로 유비적으로 확대되어지는 가족공동체의 의미를 담고 있다.

「대학」을 마무리 짓는 마지막 부분은 이제 마침내 '평천하'의 문제, 「대학」의 첫머리에서 이야기한 '명명덕어천하'의 문제가 된다. 이것은 유가의 이상사회인 '대동'사회를 이루는 목표점이다. 천하天下는 말 그대로 '하늘 아래'이다. 그러면 지금 현재로 말하면 지구의 세계 전체를 말하는 의미가 된다. 그러나 「대학」이 나온 당시의 지리 지식과 정치적 관심영역은 당시 중국의 영역을 말한다.

「대학」의 마무리 부분이 되는 '평천하'의 문제, 이 역시 '가'에서 '국'을 거쳐 온, 가족공동체 관념의 확장판이다. 그래서 '치국'의 문제가 '제가'에 그 관건이 있듯이, '평천하'의 문제 역시 '치국'의 문제에 그 관건이 있어서, 결국 '제가', '치국'으로 점차 확대되어 온, 가족공동체의 확장관념에 '평천하'의 관건이 있다. 그래서 「대학」에서는 "이른바 천하를 화평하게 함이 그 나라를 다스림에 있다는 것"의 의의를 설명하며 마무리하고 있다.

8. 혈구지도絜矩之道

그런데 「대학」 텍스트가 마무리되는 부분 중에 유가사상에서 의미 있는 부분들이 몇 가지 있다. 그 중에서도 대표적인 것이 '혈구지도絜矩之道'에 관한 것이다. '혈구지도'는 공자의 유명한 '己所不欲, 勿施於人(자기가 하고 싶지 않은 것을 남에게 베풀지 말라)'(『논어』「안연顔淵」 및 「위영공衛靈公」)이라는 정언명제이다. 이는 그의 '서恕'의 사상과 관련되는 유가의 중요한 사상용어의 하나이다. 「대학」에서는 '혈구지도'란 말을 이렇게 꺼내고 있다.

> 이른바 천하를 화평하게 함이 그 나라를 다스림에 있다는 것은 위에서 노인을 노인으로 대접하면 백성들이 효孝를 일으키며, 위에서 어른을 어른으로 대접하면 백성들이 제弟를 일으키며, 위에서 고孤를 불쌍하게 여기면 백성들이 배반하지 않게 된다. 이래서 군자는 '혈구지도絜矩之道'를 지니는 것이다.(「대학」 전10장)

여기서 주된 핵심은 위정자, 지도층의 솔선수범에 있다. 지도층이 먼저 덕을 닦고 그 덕을 베풀어야 일반 백성들이 그 본을 본다는 말이다. 지도층이 먼저 잘해야 한다는 것은, 초기 로마 사회 지도층의 솔선수범의 도덕의식에서부터 유래된 '노블레스 오블리주(noblesse oblige)'를 연상케 한다. 그런데 '노블레스 오블리주'가 '의무'라는 말을 드러내어, 전쟁과 같은 국가적 일에 지도층이 앞장 서는 등 희생적인 면이 있는 데 대해, 「대학」에서 말하는 바의 위의 글은 사랑을 베푸는 일에 지도층이 앞장 서야 한다는 면을 말하고 있다. 하지만 그 지향하는 바는 결국 마찬가지이다.

공자의 '충서忠恕' 사상은 '인仁'을 실천하는 방법인데, '충'은 '내가 서고 싶으면 남을 먼저 서게 하고, 내가 다다르고 싶으면 남을 먼저 다다르게 하라'는 적극적인 면을, '서'는 '내가 하기 싫은 바를 남에게 먼저 베풀지 말라'는 소극적인 면을 말한다. 여기서 '서'는 곧 하기 싫은 일이나 궂은 일은 남보다 먼저 나서서 하라는 것이다. 이 '서'는 바로 다음에 이어서 나오는 '혈구지도絜矩之道'를 정의하는 말에서 구체적으로 표현된다. 「대학」에서는 '혈구지도'를 이렇게 말하고 있다.

> 윗사람이 싫어하는 바로써 아래를 부리지 말 것이며, 아랫사람이 싫어하는 바로써 윗사람을 섬기지 말 것이며, 앞사람이 싫어하는 바

로써 뒷사람에게 내세우지 말 것이며, 뒷사람이 싫어하는 바로써 앞 사람을 따르게 하지 말 것이며, 오른쪽 사람이 싫어하는 바로써 왼쪽 사람과 교류하지 말 것이며, 왼쪽 사람이 싫어하는 바로써 오른쪽 사람과 교류하지 말 것이다. 이것을 일러 '혈구지도'라고 한다.(「대학」 전10장)

'혈구지도'의 '혈絜'은 '헤아리다, 재다'의 뜻이고, '구矩'는 원래 네모난 것의 기준이 되는 잣대의 의미에서 '법도', '규칙'의 의미도 가지게 되었다. 그래서 '혈구지도'는 '행위의 준칙을 규정하는 대원칙'이라는 말이 된다. 이러한 대원칙은 아주 복잡하고 어려운 것이 아니다. '역지사지易地思之', 즉 입장 바꿔 생각해 보면 된다는 것이다. '혈구지도'는 공자의 '충·서' 중 '서'를 상세히 설명한 것이 되는데, 「대학」의 문장 자체만 보면 '혈구지도'는 '서'를 말하는 것이다. 그래도 그 취지를 볼 때 '충·서' 모두를 지칭한다고 볼 수 있다. 원래 '충·서' 자체가 동전의 양면이기 때문이다.

'혈구지도'는 보통사람의 일상생활에서뿐만 아니라, 나라와 천하 경영의 대원칙이 되어야 한다는 것이 「대학」의 주장이다. 그래야 천하를 화평하게 할 수 있다. 그것이 밝은 덕을 천하에 밝히는 것이다. 즉, 유가의 이상사회인 대동사회가 이러해야 한다는 것이다.

제14장

『예기禮記』 「중용中庸」

훗날 단행본화된 『중용中庸』은 원래 『예기禮記』 49편 중의 제31편 즉 『예기』 「중용」 편이었다. 「중용」 편은 「대학大學」 편과 함께 『예기』 속의 여타의 편들과는 다른 성격의 글이라는 이유로 특별한 주목을 받았다. 그래서 「중용」 편은 「대학」 편이 그랬듯이 『예기』로부터 단행본으로 독립되어 중요한 유교경전이 되었는데, 별도로 다루어지기 시작한 것은 「대학」 편보다 앞선 한대漢代부터로 보인다.

그 후 당대唐代에 이고李翺가 「대학」과 더불어 「중용」을 중시하였지만, 본격적으로 크게 주목받은 것은 「대학」의 경우와 마찬가지로 북송대北宋代에 들어와서라고 할 수 있다. 북송의 사마광司馬光은 「중용」에 대해서 『중용광의中庸廣義』를 지어 『중용』으로서 독립적으로 다루었다. 하지만 「중용」이 진정으로 유가철학의 역사에서 중요하게 자리매김한 것은 역시 북송대의 학자인 정호程顥·정이程頤의 이정二程 형제에 의해서였다.

이 두 형제와 이들을 이은 남송南宋의 주희朱熹는 '중용'을 공문孔門에서 전수된 심법으로 선언하고 「중용」을 매우 중시하였다. 주희는 이 「중용」에 대해서 『중용장구中庸章句』, 『중용혹문中庸或問』을 짓고, 『논어論語』, 『맹자孟子』, 「대학」과 함께 '사서四書'로 삼아 유교경전을 '오경五經' 위주의 상황에서 '사서四書' 위주의 상황으로 만들었다. 「중용」은 특히 오경 중의 『주역周易』과 더불어 송대 성리학性理學의 형이상학과 심성론 체계에 중요한 역할을 하였다. 「중용」에 대한 중시는 정주학程朱學적 성리학뿐만 아니라 이후 육왕학陸王學적 심학心學에서도 이어져, 「중용」은 유가철학의 핵심이 되었다.

이러한 「중용」의 저자에 대해서는 학술사에서 지금껏 논란이 있어 왔다. 유가철학사에 있어서 「중용」의 저자는 공자孔子의 손자인 공급孔伋(B.C.483?~B.C.402?. 자字인 자사子思로 주로 알려짐. 공자의 손자) 즉 자사子思라고 알려져 온 것이 일반적인 상황이다. 학자들은 그 근거로 한대漢代 사마천司馬遷의

『사기史記』「공자세가孔子世家」에서 자사子思가 「중용」을 지었다 했고, 당대唐代에 공영달孔穎達 등이 임금의 지시로 『오경정의五經正義』를 편찬하였는데, 그 중 『예기정의禮記正義』에 인용된 한대漢代 정현鄭玄의 「예기목록禮記目錄」 부분에, 공자의 손자 자사子思가 「중용」을 지어 성조聖祖의 덕德을 밝혔다고 한 것 등을 든다. 이런 정황으로 유가의 학술사를 통해 「중용」이 '자사'의 저술이라는 것이 통설이 되어 왔다.

그러나 청대淸代에 이르러 문헌 고증考證을 중시하는 고증학考證學이 일어나 이전 문헌의 저자 문제가 연구대상이 되면서, 「중용」의 저자 문제도 표면에 떠올랐다. 『순자荀子』「비십이자非十二子」 편篇」에서 자사와 맹자를 연결(子思唱之, 孟軻和之. … 子思孟軻之罪也)하여 거론한 것처럼, 이전부터 흔히 자사와 맹자를 연계하여 '사맹학파思孟學派'라 일컬으며 이 두 사람을 연관시키고, 또 맹자가 자사의 문인에게서 배웠다고 말하여 왔다. 그렇지만 원매袁枚(1716~1797), 최술崔述(1740~1816), 유월兪樾(1821~1906) 등은 기존의 설을 의심하여, 「중용」 저자가 자사가 아니라거나, 심지어 그 시기도 춘추전국시대 상황이 아닌, 진秦이 당시 중국 천하를 통일한 후인 진시황 때의 상황이라 보기도 했다. 또 이후 후스胡適(호적)(1891~1962), 첸무錢穆(전목)(1895~1990) 등의 학자들의 주장처럼 「중용」은 진한대秦漢代 사이에 이름을 알 수 없는 누군가의 저술이라는 견해가 있게 되었다. 그런데, 1993년 10월 중국 호북성湖北省 형문시荊門市 인근 곽점郭店 1호號 초묘楚墓에서 여러 부장품과 함께 고문서를 담은 다량의 죽간竹簡이 발굴되었는데, 여기서 나온 「중용」에 관한 자료들을 근거로 '중용자사저작설'의 타당성을 주장하는 학자들도 있다.

1. '중용中庸'이란 무엇인가

우리에게 일상적으로 익숙한 말인 '중용'의 사상은 유가사상에서는 문헌

「중용」에 담겨졌고, 이 문헌은 유가사상이 유교화되어서는 '경전經典'으로 존중받았다. '중용'은 유가사상이 발생한 중국에서만 이야기된 것은 아니다. 서양에서도 이야기되는, 영어로 표현할 때 흔히 'golden mean'이라 하는 것이다. 서양의 철학자 아리스토텔레스도 '중용'을 강조했다.

'중용'의 의미에 대해서, 북송의 정이程頤는 "치우치지 않음을 '중中'이라 하고, 바뀌지 않음을 '용庸'이라 한다."고 하였다. 이의 연장선상에서 주희는 『중용장구中庸章句』의 첫머리에서 "'중용'이란 치우치지도 않고 기대지도 않으며, 지나침도 미치지 못함도 없으면서(과불급過不及이 없으면서) 평상인 리理다."는 정의를 하였다.

'중용'은 이렇게 어떤 상황에 '딱 알맞게' 행동하는 것이다. 이 '알맞음'에 관련되는 유가의 도덕철학적 용어는 '의義'이다. 공자는, "군자는 의義를 밝히고, 소인은 리利를 밝힌다(君子喩於義, 小人喩於利)"(『논어』「이인里仁」)고 하였다. 그리고 또 "군자는 중용中庸이요, 소인은 반중용反中庸이다."(「중용」 제2장)고도 하였다. 그러므로 '중용'으로서의 '알맞음'은 곧 '의'인 것이다.

공자는 자기희생을 해서라도 도덕적 진리인 '인仁'을 이룰 것을 주장했다. 지사志士, 인인仁人, 군자君子는 모두 도덕실천자이다. 인仁을 이루는 현실적 실천 덕목이 '의義'다. 유가사상의 최고 덕목인 '인'은 유가적 사랑이다. 이 사랑이 현실에서 구체화될 때 그것은 '의'가 된다. '의'는 '옳음', '마땅함'으로도 해석된다. 매 상황마다 그 상황의 '옳음', '마땅함'이 있다. 이것이 바로 매 상황마다의 '알맞음'으로서의 '중용'인 것이다. 그러므로 이러한 '옳음', '마땅함'인 '중용'은 때로는 결과적으로 중간으로 되는 경우가 있을 수는 있지만, 반드시 중간이 되는 것은 아니다.

저울을 가지고 말해 보자. 저울은 공평함, 공정함의 상징이다. 지레의 원리를 이용한 대저울로 물건의 무게를 달 때, 우리는 달려는 물건의 무게에 따라 저울추를 옮기고, 대가 평형을 이룰 때 그에 따른 눈금으로 무게를 잰다. 그 저울추를 '권權'이라 한다. 이에 대해 공평함·공정함의 원리·원칙은 '경經'

이라 한다. 이 '경'은 현실 속에서 그 상황에 따라 적절하게 운용되는 '권'으로 나타난다. '권'은 권력, 권세의 의미를 가지기도 하는데, 현실 속에서 그러한 것을 가지면 저울을 사용할 때 무거움과 가벼움을 적절하게, 즉 공평하고 공정하게 사용하듯이 그러한 것을 사용해야 한다는 취지다. '중용'은 이렇게 저울추처럼 현실에서 그 상황에 맞게 적절함을 유지하는 것이지 수학적 중간은 아니다.

2. 때의 중용中庸 - 시중時中

'중용'은 특히 그것의 시간적 의미를 강조한 '시중時中'이 중요한데, '시중'은 '때의 중용', 더 구체적으로 표현하면 '때에 맞는 중용'이다. 일상생활을 두고 '시중'을 말한다면, 간단히 말해서 여름에 여름옷을 입고 겨울에 겨울옷을 입는 것과 같은 것으로 지극히 당연한 것이다. 만일 그 반대로 하면 지극히 비정상이 되는 것이다. '시중'이라 해서 시간적 의미를 강조했지만, 사실상 본래 '중용'의 의미 자체에서부터 시간적인 것이 매우 중요하다. 그래서 '시중'은 '중용'을 대표하여 공간적 중용을 포함할 뿐만 아니라, 행위주체의 특정한 입장과 처지에 따른 '중용'도 포함한다.

북송대 정이程頤는 우禹와 직稷의 때에 천하를 위하여 일하느라 8년 동안 밖으로 돌아다니면서 자기 집 문 앞을 세 번이나 지나가면서도 들어가지 않은 것(우禹의 경우)과 안자顏子(공자의 제자 안회顏回)가 누항陋巷(누추한 동네, 빈민촌)에 살았던 것을 두고, 이 세 사람의 행동은 모두 각각의 처한 바에 따른 '중'의 행동이어서, 우와 직이 당시에 안자처럼 행동하거나 안자가 당시에 우와 직처럼 행동하는 것이 '중'이 아님을 말하였다. 처지와 때에 따라 그에 맞는 '중용'이 있다는 것이다.

난세로 일컬어졌던 춘추전국시대 당시 중국 천하를 어떻게 하면 바로 잡을까 하는 지식인들의 입장차가 있었다. 그것이 제자백가諸子百家 사상의 다양성으로 나타났다. 당시 이들의 입장차 중 처세태도로서의 현실참여의 정도차가 크게 부각되었다. 이 입장차의 측면에서 거론될 수 있는 대표적 학파가 유가儒家, 묵가墨家, 도가道家이다. 우선 묵자墨子, 즉 묵적墨翟의 묵가는 극단적 현실참여이다. 그런데 이와는 반대의 대척점에 있는 도가는, 모두가 세상에 너무 간섭하기 때문에 천하는 오히려 더 혼란해진다고 여겼다. 그 선구자들이 '은자隱者'들이고 이러한 도가의 선구자들 중에 그 당시에 부각된 인물이 양주楊朱이다. 그는 묵적墨翟과는 반대로 내 몸의 털 하나를 뽑아서 천하를 이롭게 할 수 있다 해도 하지 않겠다는 처세태도를 보였다.

맹자는, 이 두 사람의 사상은 양쪽 극단을 이루고 있다고 여겼다. 그러면 이 양극단이 아닌 '중용'의 입장은 어떤가. 양극단의 '중간'을 취하면 되는가. 그런데 당시 실제 그런 사람이 있었다. 자막子莫이란 사람이었다. 당시 노魯나라의 현인賢人으로 알려진 자막은, 양주와 묵적이 '중'을 잃은 양극단이라 생각하여 그 '중간'을 택하였다. 즉 '중을 잡음', 즉 '집중執中'을, 양극단을 배제한 합당한 처세라 생각했다. 그러나 맹자는, 이 '집중'이 양주와 묵적의 양극단보다는 '도에 가깝지만', 융통성 없이 기계적으로 단순한 '중간'을 취한다면, 어느 특정한 하나를 선택하는 '집일執一'(하나를 잡음)이나 마찬가지라고 보았다. '집일', 즉 '하나를 잡음'은 그 하나 때문에 다른 모든 것을 없애버려 결과적으로 '도'를 해친다는 것이다. 즉 단순한 '중간'은 '중용'이 아니라는 것이다.

한편 '중용' 특히 '시중'은 결국 때에 따라 그 행위가 다를 수 있다는 것이다. 그런데 '기회주의' 역시 때에 따라 행동이 다를 수 있다. 그런데 양자의 기준이 다르다. '중용'은 무엇이 '의로운가'가 기준이고, '기회주의'는 무엇이 '이利로운가'가 기준임이 그 차이이다.

3. '중용中庸'의 근원적 의미

> 하늘이 명한 것을 '성性'이라 하고, '성'을 따르는 것을 '도道'라 하고, '도'를 닦는 것을 '교敎'라 한다.(天命之謂性, 率性之謂道, 修道之謂敎.) (「중용」 제1장)

이것은, 「중용」 첫머리에 나오는, '성性', '도道', '교敎' 세 개의 개념을 정의하는 명제들이다. '성性', 이것은 유가철학에서는 고대로부터 그 학술사에 있어서 매우 중요한 철학용어이다. 「중용」에서는 이렇게 이 '성'을 하늘이 '명命'한 것, 즉 '천명天命'으로 정의했다. 그런데 중국 봉건사회에서는 최고통치자를 '천자天子' 곧 '하늘의 아들'이라 부르고, 이 천자가 바로 '천명'을 받아 '하늘 아래' 곧 '천하天下'를 다스린다는 명분을 가졌다 했다. 그래서 이 '천명'은 곧 천자의 권력의 근원이 되는 것이고, 그 통치권의 정당성 여부를 결정하는 것이다.

이에 대해 「중용」 첫 머리의 선언은 획기적인 것이다. '성性'을 철학적으로 정의하는 데 '천명'을 말하면서, 하늘이 명한 것을 '통치권'이라고 정의하지 않고 '존재의 본성'이라고 정의한 것이다. 제정일치 사회의, 종교와 정치권력의 결탁에서 비롯된 천명의 의미에서 정치신학적 의미를 배제하고 철학적 의미를 부여한 것이다.

이렇게 하늘에서 유래한 인간의 본질, 그것도 도덕본질을 거론하는 것은 다름 아니라 그로부터 도덕원칙을 마련하겠다는 것이다. 그것이 '도道'이다. 그런데, 인간의 도덕본질을 벗어난 도덕원칙이란 옳지 못하고, 또 있을 수도 없다고 「중용」의 저자는 생각한다. 그 도덕본질을 따르는 것이 곧 도덕원칙이 된다.

그래서, 「중용」에서는 그 다음으로 "성을 따르는 것을 도道라고 한다."는 명제를 선언한다. '성'을 따르는 것이 도덕원칙이지만, 이 도덕원칙은 지식만의 도덕원칙이 아니다. '따름(率)'이라는 실천성을 함유한 것이다. 도덕은 실천 행위이기 때문이다. 이 실천 행위의 모범적 모델이 곧 '중용'이다.

이러한 도를 세상 현실에 적용할 때 "도를 닦음(修)을 교敎라 한다."는 명제가 나온다. 이 닦음이라는 말 '수修'는 앞의 「대학」에서 '수신修身'을 말할 때 나왔다. 수신에서의 '수'의 대상은 도덕주체였다. 그런데 여기서의 '수'의 대상은 그 도덕주체가 행할 행위의 모범인 도덕원칙이다. 수신의 '수'는 몸을 갈고 닦는 연마이다. 그래서 몸의 사용능력, 그 중에서도 도덕적 능력을 높이는 것이다.

'중용'의 도는 실제 현실 생활 속에서 사회 구성원의 각자 역할에 따른 규범이다. 이것은 행위주체가 항상 따라야 하는 것으로서, 행위주체인 우리 자신과 항상 함께 하는 것이다. 그러므로 이러한 현실적 주체인 우리 자신과 동떨어지고 비현실적이며 공허한 도는 진정한 '도'라고 할 수 없다. 이에 「중용」은 "도라는 것은 잠시라도 떨어질 수 없다. 떨어질 수 있다면 (진정한) 도가 아니다."(「중용」 제1장)라고 말한다.

그런데 그 다음은 이렇게 말하고 있다. "이런 까닭으로 군자는 (남에게) 그가 보이지 않는 바에서 삼가며, (남에게) 그가 들리지 않는 바에서 두려워한다. 숨어 있는 것보다 더 잘 드러나는 것은 없고, 미세한 것보다 더 잘 나타나는 것은 없다. 그러므로, 군자는 그 홀로 있을 때를 삼가는 것이다."(「중용」 제1장) 즉, '신독愼獨'을 말하는 것이다.

'신독愼獨'이란 군자의 치열한 도덕적 삶을 단적으로 표현하는 말로서 「대학」에도 나온다. 「대학」에서는 '성의誠意', 즉 '뜻을 성실히 함'의 의의를 말할 때 이 '신독'이 거론된다. 「대학」에서의 '신독'은 '성의'를 설명하고 그 필요성을 논증하는 것인데, 「중용」에서 '신독'의 당위성을 말하는 대목은 「대학」의 '성의'와 연계될 수 있다. 「대학」에서는 이처럼 '성의'한 다음에 '정심', 즉 '마음 바로하기'를 한다.

그런데 「대학」에서는 활동하는 마음을 바로잡는 이야기를 하지, 활동하는 것이 구체적으로 어떤 것인지는 말하지 않는다. 「중용」에서는 이 마음의 활동, 그것도 그 구체적인 내용을 말한다. 그 마음의 활동이란 곧 '희로애락喜怒哀樂'의 활동이다. 여기서 「중용」의 핵심인 '중화中和'가 나온다.

4. '중화中和' - '중용'의 정수精髓

「중용」에서는 '중용'이 구현된 마음의 활동 상태를 도덕주체인 심의 '중中'과 '화和'로 말한다. 그래서 「중용」에서 말하는 다음의 두 명제는 '중용'이 무엇인지에 관한 정수精髓이다.

> 기뻐하고 화내고 슬퍼하고 즐거워함이 아직 활동하지 않은 상태를 '중中'이라 이른다. (그러한 것들이) 활동하였으되 모두 절도에 맞는 상태를 '화和'라 이른다.(「중용」 제1장)
>
> 喜怒哀樂之未發，謂之中．發而皆中節，謂之和.

「중용」에서 말하는 심의 활동은 이처럼 감정의 발동으로서의 활동이다. 그런데 이러한 감정이 아직 나타나지 않은 상태를 '중'이라 하였다. 이 '중'은 심이 그 대상을 만나지 않았을 때의 '선험적 중용'이다. 이것이 곧 순수한 '중용'이다. 그런데 이 심은, 살아있는 한 그 대상을 만날 수 있고, 그럴 때 감정이 발동하여 발현된다는 것이다.

「중용」에서는 대상을 만나면 그에 대해 인식주체 또는 도덕주체의 감정이 발현된다고 보는데, 이 감정이 발현되고 난 후가 문제다. 이때 현실적인 경험계 속에서의 '중용' 여부가 말해진다. 경험계 속의 '중용'은 다름 아닌 감정의 적절한 발현이다. 그것을 「중용」에서는 '희로애락'과 같은 감정의 절도에 맞는 발현이라고 하였다. 이것을 '화和', 즉 조화라 불렀다.

감정이 발현하기 전의 상태 즉 선험적 중용을 '중中'이라 했는데, 이것은 명사이다. 그런데 대상을 만난 경험적 측면에서 말하는 '중절'의 '중'은 명사 '중'이 현실에서 실현되는 측면으로 동사화한 것이다. 동사 '중中'은 '맞다', '맞추다', '맞히다'의 의미이다. 명사 '중' 역시 이 의미의 명사적 측면이다. 곧 '선험적 중용'의 '중'은 선험적으로 '맞음'의 상태이다. 그 '맞음'의 상태는 감정이 경험적 상태 이전에 원초적 평형을 이룬 상태이다. 이것은 경험계의 경우와는 다르다. 경험계에서의 '중용'은 평형이라기보다는 '조화'이다.

'중용'을 '중화'로 보는 이러한 기본 관점은 유가 정치 철학의 토대이다. 그래서 주희는 이러한 관점의 연원을 말하여, 그의 『중용장구』 첫머리에서 이 『예기』「중용」편을 공자 문하에서 전수되어 온 마음 다스리는 방법인 '심법心法'이라고 했다. 주희가 말하는 이때의 '심법'의 기원은 요堯임금 때로 거슬러 올라간다. 요임금은 순舜임금에게 천자 자리를 선양禪讓하며, '진실로 그 중을 잡으라'(윤집궐중允執厥中)는 심법의 요체要諦를 전하였다 한다.

또 순임금은 우禹임금에게 역시 천자 자리를 선양하며 세 마디를 더 붙여 '人心惟危, 道心惟微, 惟精惟一, 允執厥中(사람의 마음은 오직 위태롭기만 하고, 도의 마음은 오직 미세하기만 하니, 오직 정밀하고 한결같이 집중하여, 진실로 그 중을 잡으라)'이라는 말을 전하였다 한다. 즉 요순의 '대동'사회는 '중용'의 도로 다스린 사회라는 취지이다. 그 방법은 결국 주체인 마음에서 발생하는 감정을 잘 다스림에 있는 것이다.

「중용」에서 거론하는 감정은 '喜(희, 기뻐함)', '怒(노, 화냄)', '哀(애, 슬퍼함)', '樂(락, 즐거워함)'이다. 우리의 감정은 이보다 더 다양하지만 「중용」에서 '희로애락'만을 이야기한 것은 우리의 감정 중 대표성을 띤 것만을 이야기한 것일 뿐이다. 『예기』「예운」에서는 '喜·怒·哀·懼·愛·惡·欲'의 칠정七情을 이야기하고 있다. 즉, '기뻐함(희喜)', '화냄(노怒)', '슬퍼함(애哀)', '두려워함(구懼)', '사랑함(애愛)', '미워함(오惡)', '욕구함(욕欲)'이다. 한편, 『예기』 중 「악기

樂記」는 유가철학 중의 음악에 관한 미학사상을 담고 있는 부분이다. 공자는 '예禮'와 더불어 '악樂'을 중시했다. 이 「악기」에서도 인간의 감정을 이야기하고 있다. 음악은 인간의 감정에 관한 것이기 때문이다.

'중용'의 감정표현은 중간의 감정표현이 아니다. 인간적으로, 상황에 맞는 적절함을 취하는 것이다. 세상 사람이 '중용'을 지키기 어려운 것은 이 적절한 정도를 취하지 못하기 때문이라는 것이다. 이 적절한 정도가 '절도'이다. 이 절도는 각자가 처한 마땅함에 따른 것이고, 이것이 그 시대, 그 사회의 '예禮'에서 각자가 맡고 있는 바이다. 그리고 이러한 감정의 조절 상태가 바로 '화' 즉 조화라는 것이다. 그래서 '중용'의 정치는 '화'의 원칙에 따른 정치가 된다.

그런데 중국 고대에는 정치원칙에 관하여 말함에 '조화'인 이 '화和'를 '같음'인 '동同'과 비교하는 논의가 있었다. 공자 당시에 제齊나라의 안영晏嬰(?~B.C.500. 자字는 중仲. 안자晏子라고 존칭되기도 한다)은 군신관계의 '화和'와 '동'의 차이에 대해서 이를 요리에 비유하여, '화'는 여러 가지 맛이 어울린 조화이고 '동'은 단지 같은 맛을 추가한 것으로 말하면서, 신하가 임금에게 다른 의견을 내면서도 조화하여야 함을 말하고, 단지 같은 의견으로 맞추어주는 것의 잘못을 말했다. 즉 '화'는 사람마다 다를 수 있는 생각과 의견의 조화를 말한다. 그는 생각이나 의견의 획일을 지양止揚하여 조화를 추구한 것이다. 안영이 비판한 '동'은 획일이기 때문이다.

공자 역시 안영과 비슷한 취지의 말을 하였다. 그는 '군자'와 '소인'을 이렇게 비교하기도 하였다. 군자는 "'화'하나 '동'하지 않고, 소인은 '동'하나 '화'하지 않는다(君子和而不同, 小人同而不和)."(『논어』「자로子路」)라고 하였고, 또 그는 매사에 옳고 그름을 분명하게 따지지 않고, 대인관계나 처세를 원만하게 하여, 어느 쪽으로부터도 원망을 사지 않고, 나아가 사람들의 칭송을 받는 사람인 '향원鄉原'을 덕을 해지는 자라 하였다(鄉原, 德之賊也.)(『논어』「양화陽貨」).

경험계의 '중용'을 말하는 '화'는 이미 그 안에 절도로서의 '예'를 함유하고 있다. 따라서 선험계의 '중'과 경험계의 '화'를 말하는 '중화'는 「중용」의 요체다.

「대학」에서 말하는 최고의 목적인 평천하, 곧 천하에 밝은 덕을 밝힘은 「중용」으로 보면 이 '중화'를 실현하는 것이다. '수신'은 한 개인의 '중화'요, '제가'는 한 집안의 '중화'며, '치국'은 한 나라의 '중화'요, '평천하'는 천하에 '중화'를 이룬 것이다. 나아가 이 '중화'의 원리는 천지, 우주로 확장되어 갈 수 있다.

5. '중용'의 어려움

공자는 "군자는 '중용'을 취하고, 소인은 '중용'에 반反한다"(「중용」 제2장)고 말했는데, 소인은 '중용'에 관심을 갖지 않는다는 정도로 말한 것이 아니라, 아예 '중용'에 '반反한다'고 한 것이다. 그리고 이어서 말하기를, "군자의 '중용'은 군자로서 때에 알맞게 하지만(時中), 소인의 '중용'은 소인으로서 거리낌 없이 행동함이다."(「중용」 제2장)라고 하였다.

세상의 사람 중에는 마치 어떤 도리를 깨달은 듯, 그래서 걸림이 없이 행동하는 듯, 기탄없이 마음대로 행동하는 것을 타인에 대해 마치 자신이 경지가 높아서 그런 양 하는 위선자가 있다. 이러한 자들은 절도를 지키지 않으면서 호탕한 듯, 융통성을 내세우며 세상을 속이고 군자를 고지식하다고 비웃는다. 공자는 이러한 소인의 '가짜 중용'을 비판한 것이다. 인심은 위태롭고, 도심은 미세하므로, 인심의 이러한 위태로움으로 인해 '중용'은 어려운 것이다. 그래서 공자는 "중용, 그 지극함이여! 백성들 중에 행할 수 있는 이가 드물어진지 오래도다!"(「중용」 제3장)라고 하였다. 이렇게 어려운 '중용'이기에 공자는 "천하와 나라와 집안도 고르게 할 수 있고, 작록爵祿도 사양할 수 있고, 흰 칼날도 밟을 수 있지만 '중용'은 능히 할 수 없다."(「중용」 제9장)고까지 말한다.

그러면서 공자는, 자신이 가장 아끼던 제자 안회顔回가 '중용' 지킴에 있어서 일반 사람들과 다름을 말한다. "안회의 사람됨은 '중용'을 택하여 하나의 선善을 얻으면 그것을 꼭 받들어 가슴에 지니고서는 잃지 않았다."(「중용」제8장)고 하며, 안회를 '중용'에 대한 강한 실천의지를 보이는 사람의 예例로 들었다. 그리고 안회 같은 제자와 상반되는 이미지를 보이는 중유仲由, 즉 자로子路(중유의 자字) 같이 외견상 강해 보이는 제자의 예를 들며, 무인武人적인 자로류의 저돌적 강함을 나무라고, '한 대그릇 밥과 한 표주박 물로 누추한 거리에 살면서도' 그 어려움을 감내하면서 도를 지키는 안회와 같은 강함이 '중용'의 도를 지키는 진정한 강함이라고 평가하였다.

그리고 용기에 관해서도 자로가 추구하는 무인적인 용기보다 의로움을 지향하여 '중용'을 추구하는 군자의 용기를 더 높이 평가하여, "삼군三軍에서 장수를 빼앗을 수는 있어도, 필부에게서 그 뜻을 빼앗을 수는 없다."(『논어』「자한子罕」)고 하였다. 이러한 '중용'은 지속성이 중요하여 그 지속을 위하여 굳건한 의지와 용기를 필요로 한다. '중용'은 어려운 것이라도 중도에 포기하지 않고 지속해야 하며, 그것은 도덕실천자로서의 군자의 의무이다.

또, '중용'은 행하기 어렵지만, 그러나 그것은 일상적이고 상식적인 것을 벗어난 것은 아니다. 그래서 '중용'은 자신을 남보다 더 잘 드러내 보이려고 별난 행동을 하는 사람들의 행동 같은 것이 아닌, 합리적이고 상식적이며 평범한 것임도 공자는 강조했다. 그러면서도 심오함이 있는 것이다. 그래서 「중용」에서는, "군자君子의 도道는 넓게 쓰이면서도 은미하다(費而隱). 보통 부부의 어리석음으로도 더불어 알 수 있기도 하지만, 그 지극함에 이르러서는 비록 성인聖人이라도 알 수 없는 부분이 있고, 보통 부부의 불초不肖함으로도 행할 수 있기도 하지만, 그 지극함에 이르러서는 비록 성인이라도 행할 수 없는 부분이 있다."고도 한다.

이러한 '중용'의 도는 실천과정의 측면에서는 군자의 도이지만, 그 완성된 목표의 측면에서는 성인의 도이다. 그래서 가까운 듯하면서도 먼 듯도 하다. 그 가까운 측면에서 「중용」에서는 다음처럼 공자의 말을 인용하였다.

> 도道는 사람에게서 멀지 않다. 사람이 도를 행하면서 사람에게서 멀리 한다면 그것을 도로 삼을 수 없다. 『시詩』(『시경詩經』)에 이르길, "도끼자루를 베도다, 도끼자루를 베도다. 그 법칙이 멀지 않도다."라고 하였다. 도끼자루를 잡고서 도끼자루를 베면서 겨누어 보고서도 오히려 멀다고 여긴다. 그러므로 군자는 사람으로써 사람을 다스리다가 고쳐지거든 그친다. 충忠과 서恕는 도에서 멀지 않다. 자신에게 베풀어보고서 원치 않는 것은 역시 남에게 베풀지 말아야 한다.(「중용」 제13장)

'중용의 도'는 사람의 삶에 가까운 바인 사람과 사람의 관계에서 쓰이는 것이다. 이는 다른 사람을 어떻게 대할까 하는 데서 주로 나타나며, 그 방법은 자신과 남의 입장을 바꿔 생각해 보는 것이다. 「대학」에 나오는 '혈구지도絜矩之道'라는 말이 이 의미다. 이 '혈구지도'가 곧 '충忠'과 '서恕'이다.

「중용」에서는, '중용'을 지키려는 군자의 도는 지극히 간단하고 지극히 당연한 이치에서 출발한다고 본다. 먼 곳을 가려면 가까운 데서, 높은 곳에 올라가려면 낮은 곳에서 시작함은 너무나 뻔한 말이지만, 이처럼 뻔한 이치가 '중용'의 도라는 것이다. 그런데 그 시작점, 즉 비유에 해당하는 가까운 곳, 낮은 곳을 가정(家)에 두었다. 「대학」의 치국, 평천하를 위해 수신, 제가에서 시작한다는 논리 같은 것이다.

6. '성誠'과 '성지誠之' 그리고 성인聖人되는 방법

「중용」에서는 우선 인간의 실천과 그 노력의 근거로서는 물론이고, 그 이전에 모든 존재의 근원으로서 '하늘의 도'(천도天道)를 말한다. 「중용」에서는 이미 서두에서 하늘이 명한 존재의 본성, 특히 인간의 입장에서 인간 존재의 본성인 '성性'을 따르는 것을 바로 '도'라 명명하였다. 이 '성'을 따르는 행위를 하는 주체가 사람이므로, 이 도는 '사람의 도', '인도人道'이다. 이것은 도덕원리인데, 이 도덕원리가 그 타당성을 부여받는 근거가 바로 '천도天道'이다. 그래서 「중용」의 도덕철학의 핵심은 이 '천도'와 '인도'의 관련성이 된다. 「중용」은 하늘과 사람의 관계를, 하늘이 부여한 '성性'을 따르는 것을 '도'라고 하면서 말했던 것을, 표현을 바꾸어 '성誠'과 '성지誠之'로 말한다.

> '성誠'이란 하늘의 도이고, '성誠하려고 하는 것'은 사람의 도이다. '성誠'이란 힘쓰지 않아도 '중中'하고, 생각하지 않아도 얻어지며, 가만히 도에 맞으니(中), '성인聖人'이다. '성誠하려고 하는 것'은 선善을 골라서 그것을 굳게 잡는 것이다.(「중용」 제20장)

'성誠'은 끊임없이 쉬지 않고 운행하는 자연에서 취한 이미지다. 자연을 보면, 낮이 오고 밤이 오고, 또 다시 낮이 오며, 그리고 봄, 여름, 가을, 겨울을 순환하며 끊임없이 운행하고 있다. 자연에 이러한 성실함이 없다면 우주는 사라진다. 그래서 하늘의 도를 '성誠'이라고 한 것이다. 그런데 인간도 이 자연의 일부이다. 그래서 자연의 원리를 인간의 원리로 받아들여 함께 하는 것이다. 천도인 '성誠'을 인도로 받아들이는 것이다. 그것을 「중용」에서 '성지誠之'로 표현했다. 이는 하늘의 자연법칙을 능동적, 적극적으로 사람의 도덕법칙으로 받아들이는 것이다. 그러면서 '성誠'이란 '힘쓰지 않아도 중中하다' 했다. 이렇게 '성'을 '중'에 연결시킴은 하늘의 원리가 '성'인 동시에 '중'이라는 취지다. 또 "생각하지 않아도 얻어지며, 가만히 도에 '중中'하니(맞으니), 성인聖人이다."는 것은 하늘의 원리인 '성誠'과 인간의 이상적 표준인 '성인'을 일치시킨 것이다.

'성誠'한다는 것은 도덕적인 삶의 태도를 유지하는 것이다. '중용'의 실천적 삶이 이러한 것이다. 그래서 「중용」에서는 '자신을 성실하게 하는 것', 즉 '성신誠身'하는 방법은 '선善'에 밝은 것이라 하였고, 또 '성지誠之'를 '선善을 골라서 그것을 굳게 잡는 것이라 정의하는 것이다.

그런데 하늘과 성인은 모두 '중용'의 도가 실현된 상태이다. 이러한 하늘이면서 성인의 상태를 지향하는 것이 '성지'인데, 이 '성지'하는 주체는 도덕실천자인 군자이다. 「중용」은 이렇게 '성지'하는 실천행위를 보다 구체화하여 제시하고 있다. 그것은 바로 이어서 나오는 구체적 실천조목이다. "博學之(박학지), 審問之(심문지), 愼思之(신사지), 明辨之(명변지), 篤行之(독행지)"(「중용」 제20장) 곧 "그것(善)을 널리 배우고, 그것을 자세히 묻고, 그것을 신중하게 생각하고, 그것을 밝게 분별하고, 그것을 독실하게 행동한다."는 것이다. 앞의 넷은 '지知'에 관한 것이고, 맨 뒤는 '행行'이다. 그런데, 「대학」에서 '지어지선止於至善'이라 했는데, 역시 「중용」에서도 지향하는 바가 '선善'이다. 이 '선善'을 알 수 있는 과정이 이 다섯 조목이다.

그리고 이러한 목표를 이룸에 사람마다 개인차가 있어서, 날 때부터 아주 출중한 사람도 있고, 배워서 아는 사람들도 있지만, 목표를 이루고 나면 다 마찬가지라는 점을 「중용」은, "성誠으로부터 시작하여 명明해짐을 '성性'이라 하고, 명明으로부터 시작하여 성誠해짐을 '교敎'라 한다. (그렇지만) 성誠하면 명明하고, 명明하면 성誠하다.(自誠明, 謂之性; 自明誠, 謂之敎. 誠則明矣, 明則誠矣.)(「중용」 제21장)라고 하였다.

즉, 태어나면서부터 하늘의 도인 성誠을 얻은 사람이 현실적 삶에서 밝음(명明)인 지혜를 가지는 경우는 그 선천적 본성에 따라 그러한 것이며, 후천적인 밝음인 지혜로부터 시작하여 하늘의 도인 성誠에 도달하는 경우는 가르침(교敎)에 의한 것인데, 어느 쪽에서 시작하든 '성誠'과 '명明'은 결국 상호 교차되는 것이어서, 타고난 개인적 자질의 차이가 있더라도 누구나 노력하면 성인이 될 수 있고, 그렇게 해서 성인이 된 상태는 결국은 다 마찬가지란 것이다.

이렇게 우리가 '중용'을 행하기 위해서 하늘의 도인 '성誠'에 도달하려고 '성지誠之'의 노력을 경주했다고 하자. 그러면 그 최고 단계는 당연히 '성聖'을 획득한 상태인 '성인聖人'의 경지다. '성誠'의 상태가 곧 '성인聖人'의 상태인 '성

聖'이기 때문이다. 이렇게 도달한 최고의 경지는 곧 최고의 '성誠'의 상태인 '지극한 성誠', 즉 '지성至誠'이다. 유교의 성인되는 방법은 이 성실한 삶의 방법으로서의 '성誠'이고 동시에 그 목표도 '성誠'이다. 이 '성誠'의 상태가 되면 매사에 '중용'을 지킬 수 있는, 즉 '희로애락'이 발하여 언제나 절도에 맞는 '화和'의 상태가 되는 것이다. 그 최고의 상태가 바로 '지성至誠'이며 동시에 '지성至聖'이기도 하다.

제15장

『예기禮記』「악기樂記」

「악기樂記」가 속해 있는 『예기禮記』는 '예禮'에 관한 기록이다. 그런데 이 '예禮'는 '악樂'과 서로 밀접한 관련을 가지고 있다. 공자孔子 이전 이미 '예'와 '악'은 병행해서 국가공동체의 체제와 그 제도로 설계되었고, 공자는 그의 사상 속에 이 '예'와 '악'의 상관성을 누누이 강조하여, 그 병행을 말하였다. 그래서 「악기」가 『예기』 속에 있는 것도 당연한 것이라고 볼 수 있다. 「악기」는 중국의 전통적 음악예술이론서로 그 저변의 음악에 관한 예술철학사상, 미학사상이라는 관점에서 볼 수 있지만, 그 본질적 목적은 오히려 한 국가공동체의 체제와 그 유지를 위한 제도와 관련 있고, 이 중의 '악'도 그러한 정치적 목적과 관련되어 있다.

구체적으로 말하면, 「악기樂記」에서 말하는 '악樂'은 순수예술 자체만의 의미를 가지고 있는 것이 아니므로 반드시 '예'와 병행해서 이해해야 한다는 것이다. 즉 도덕적이지 않은 예술은 예술이 아니며, 그리고 이 도덕은 도덕일반이기보다는 한 사회공동체의 정치시스템을 유지하기 위한 정치적 목적의 도덕이며, 그것이 곧 '예禮'이다. 「악기」의 관점에서는, 정치적으로 '예'에 맞으면 '치세治世'이고, '예'에 맞지 않으면 '난세亂世'이며, '예'가 완전히 무너지면 '망국亡國'이므로 '악'도 그에 병행한다.

1. 문헌 「악기樂記」에 관한 문제들

『예기』에는 유가에서 중시하는 문화, 문물에 관한 것을 포함하고 있는데, 음악 역시 이 범주 안에 있으므로, 이에 관한 「악기」가 그 안에 있는 것이다. 실로 '예禮'와 그에 관한 기록인 '기記'는 매우 광범하므로 『예기』라는 문헌 내에 포함되는 분야도 광범한 것이다. 그런데 『대대大戴 예기禮記』보다는 『소대

小戴 예기禮記』가 선호되어 『소대 예기』가 『예기』를 대표하게 되었으므로, 이후 전해지는 「악기」는 이 『소대 예기』에 속한 것을 말한다.

그런데 현전하는 「악기」는 원래의 문헌 그대로가 아니라 중간에 사라진 일문佚文이 있어서, 오늘날 완전한 형태 모두를 볼 수는 없다. 그런데 그 망일亡佚된 상태가 중간에 어떤 일부분이 사라지는 식의 불규칙한 상태가 아니라, 현전하는 부분과 망일된 부분이 분명하다. 즉 원래 「악기」의 전반부는 온전히 존재하고, 후반부만 내용 없이 그 편명만이 존재하여 내용이 명료하다는 점이다. 현전하는 전반부는 모두 11편이고, 일실된 후반부는 모두 12편으로서 명확히 구분된다.

「악기」의 일실된 후12편은 그 내용이 악기樂器와 공연에 관한 것으로서 기물器物, 도수度數, 기교技巧를 주로 하여, 통치자는 중시하지 않고, 보통의 백성은 이해하기 어려워, 조정에서든 민간에서든 소홀히 다루어져 점차 사라졌을 수도 있다. 이에 비해 전11편은 '악樂'의 생성, 본질, 품격, 공용功用 등의 악언樂言과 악의樂義에 관한 것이어서 번잡하지 않았다. 그래서 단순히 기물의 사용과 공연의 기교를 말하는 후12편보다 통치자의 특별한 주목을 받을 수 있어서 전해지기에 유리하였다고 보기도 한다.

「악기」의 작자는 중국 고대 문헌의 많은 사례처럼 한 사람으로 고정하기 어렵다. 「악기」의 작자를 한 사람으로 고정해 볼 경우에는 전국시대 초기의, 공자의 재전제자再傳弟子인 공손니자公孫尼子라는 설, 한漢 경제景帝의 둘째 아들 하간헌왕河間獻王 유덕劉德이라는 설, 또는 순자荀子라는 설 등이 있다. 하지만 선진先秦 고적古籍의 통례 상황을 볼 때 「악기」의 작자 역시 결코 한 사람이 아닐 가능성이 높다. 「악기」 자체는 제자諸子들이 '악樂'을 말한 잡찬雜纂의 작품으로서, 문장의 작성과 그 구조가 깔끔하지도 않다고 평가되기도 한다.

『한서漢書』는, 「악기」가 하간헌왕과 모생毛生 등이 그 작자라고 보고, 『송서宋書』「악지樂志」도 같은 취지이다. 그 사이의 『수서隋書』「음악지音樂志」는 한漢 무제武帝 때 하간헌왕과 모생 등이 함께 『주관周官』과 제자諸子의, 악사樂事

에 관해서 말한 것을 채집하여 「악기」를 편찬하였다고 하였다. 이 말은 하간 헌왕과 모생이 그 전적인 작자라기보다는 그들이 이전 사람들이 연구한 내용을 기초로 그 장점들을 취합하여 마지막으로 하나의 저작을 이루었다는 것이다. 현대의 많은 학자들의 「악기」 작자에 대한 견해는 위 문헌들에 근거하는데, 그 근거하는 문헌은 대동소이하지만 그로부터 얻어내는 결론은 관점에 따라 다르다.

종합하면, 「악기」의 싹은 처음 공손니자로부터 비롯되었지만, 현전하는 「악기」의 온전한 작자는 아니며, 이후 긴 시간적 과정을 거치면서 점차 현전하는 문헌으로 성립되었는데, 이에 관여한 가장 중요한 인물이 하간헌왕 유덕과 모생이라고 볼 수 있다. 게다가 한대 당시에 유학의 통치지위를 확립하려던 시대 상황에서 전통 아악雅樂에 관한 경학經學화가 필요하기도 했으므로, 유가사상을 기초로 제가의 사상을 종합하는 성격을 띤 「악기」가 성립되었을 수 있다.

현전하는 「악기」 11편은 한대 선제宣帝 때에 대성戴聖에 의해서 그의 『예기』, 즉 『소대小戴 예기禮記』에 수록되었으며, 일문佚文이 있는 「악기」의 판본 중 현재까지 보존된 「악기」의 문장 중에서 가장 많다. 대성은 선제 원년에 경학박사經學博士가 되어 국가 소장의 자료를 볼 수 있었을 것으로 추정된다.

소대의 『예기』는 모두 49편이며, 그 중 제19편이 바로 「악기」이다. 원래 「악기」를 구성하고 있던 내용이라고 전해지는 23편 중 사라진 후반 12편을 제외한 전반 11편을 하나의 편으로 모두 보존하고 있다. 이 11편은 '악본樂本', '악론樂論', '악례樂禮', '악시樂施', '악언樂言', '악상樂象', '악정樂情', '위문후魏文侯', '빈모가賓牟賈', '악화樂化', '사을師乙'로 나누어진다. 내용 없이 그 편명만 남은 후반 12편은 서한 성제成帝에서 동한 말년 사이에 망일亡佚된 것으로 추정되기도 한다.

한편, 문헌 「악기」에는 편차篇次, 즉 편篇의 순서 문제도 있어 왔다. 예로부터 「악기」의 편차는 통일되어 있지 않고, 그 편명의 유래도 명확하지 않다.

「악기」의 편차와 내용 구성 등이 통일되지 않고 혼란스러운 것은, 이 문헌이 어떤 한 사람이 독자적 관점으로 내용을 구성하며 집필한 것이 아니기 때문이며, 뒤집어 말하면 이 점이 곧 「악기」가 특정한 사람의 저작이 아닌, 시간적 과정을 거치면서 여러 사람의 관여에 의해 만들어진 총집總集임을 말하는 증거이기도 하다.

2. 「악기樂記」의 음악이론과 그 정치성

「악기」의 맨 처음인 '악본樂本'에 나오는 첫 문장들은 음악에 관한 「악기」의 가장 기본적인 개념들과 관점에 대해서 이야기한다.

> 대개 '음音'이 일어나는 것은 '인심人心'에서 발생한다. '인심'의 움직임은 '물物'이 인심으로 하여금 그렇게 되도록 하는 것이다. ('인심'이) '물'에 느껴 움직이기 때문에 '성聲'으로 표현된다. '성'이 서로 응하기 때문에 변화가 생기고, 변화가 규칙적으로 되면 그것을 '음音'이라 이른다. '음'에 맞추어 그것을 즐거워하며 간척干戚과 우모羽旄와 함께 어울리면 그것을 '악樂'이라 이른다.(凡音之起, 由人心生也. 人心之動, 物使之然也. 感於物而動, 故形於聲. 聲相應, 故生變, 變成方, 謂之音. 比音而樂之, 及干戚羽旄, 謂之樂)('악본樂本')

음악적 의미를 지니는 기본 요소는 '음音'인데, 이 '음'은 인심人心으로 말미암아 생겨난다. 음악적 감흥이 일어나는 주체가 '인심'인 것이다. 그런데 '악본'에서는 다시 이 '음'이 일어나는 전 단계부터 시작한다. 먼저 인심에 음악적 감흥으로 인한 음악적 정서를 일으키는 계기가 되는 것은 외부대상인 '물物'이다. 인심이 움직이는 것은 '물'로 인한 것이다. 그래서 인심이 이 '물'에

'감感'하여 '동動'하는, '감동感動'의 작용이 있게 되어 그것이 '성聲'으로 나타난다.

이 '성'은 아직 음악적 정서를 이야기하기 전 단계의 단순한 소리에 불과하다. 여러 가지의 '성'이 서로 응하는 변화가 일어나고, 이 변화가 어떤 규칙(방方)을 가지게 되면 비로소 음악적 의미를 가지는 '음音'이 된다. 만일 규칙이 없이 제멋대로의 소리가 표출된다면 음악적 의미를 가지지 못할 뿐 아니라 소음이 되기도 할 것이다. 즉 '성聲'끼리 어울려 규칙적 멜로디를 가진 화음和音을 형성해야 비로소 '음音'이 되는 것이다. 이 '음'이 오늘날 현대어로 말하는 '음악音樂'이다. 그런데 「악기」에서 말하는 음악에는 그 다음 단계가 있다. 즉 이 '음'에 맞추어 행하는 음악적 행위가 있는데 곧 '음악에 맞추어(比音) 그것을 즐거워함으로써(樂之)', 그 행위가 음악적 도구인 '간척干戚'[1]이나 우모羽旄[2]와 더불어 행해지는 것으로서, 그것을 '악樂'이라 한다.[3]

이렇게 되면 여기서 나타나는 개념인 '성聲', '음音', '악樂'이 현대어와 다름을 알 수 있다. 여기서 '성'은 '음'을 이루는 단위가 되는 소리이다. '성'에 조화로움이 없이 그저 그 부조화한 집합으로만 이루어져서는 음악이라 할 수 없다. 각 '성'들이 서로 응하면서 어울려야 비로소 음악이라 할 수 있는 것이다. 현대어로서 '성음聲音', '음성音聲'이라는 조어와 「악기」에서 '성聲', '음音'이라는 말로 단독으로 쓰일 경우는 같은 의미가 아니다.

그 다음 더 주의해야 할 것은 오늘날 쓰고 있는 '음악'이라는 말, 그리고 「악기」가 음악에 대해서 말하고 있다고 할 때의 '음악音樂'은 지금의 현대어이다. 그런데 「악기」의 이 부분에서 쓰이는 '음악音樂'은 '음音'과 '악樂'으로서 별개의 두 개념이다. 즉 여기서 말하는 '음'이 현대어의 '음악'이고, '악'은 그 음악에 맞추어 음악적 도구와 더불어 몸으로 퍼포먼스를 하는 '춤', '무용舞踊'이

---

1) '무武'를 상징하는 무무武舞에 쓰이는 도구로서의 방패(干)와 도끼(戚). 실제 전투에 쓰이는 것이 아닌 예술 공연용의 방패와 도끼.

2) '문文'을 상징하는 문무文舞에 쓰이는 적우翟羽와 우미牛尾.

3) 「악기」에서 말하는 '악'은 음악적 주체인 '인심人心'이 대상세계의 '물物'과 만남으로써 발생하는 것이다. 그것은 실로 우리 마음의 산물이지만, 마음만으로 발생하는 것이 아닌, 우리 인간이 만사萬事만물萬物과 교접交接한 결과이고, 우리 마음이 외계와 교감交感할 때 생기는 정감情感의 결과이다.

며, 더 나아가 종합예술적 성격을 갖고 있는 것이다.

그래서 엄밀히 말한다면, 「악기」는 단순히 중국 고대 '음악' 이론과 그 미학, 예술철학에 대해서 말하는 문헌이라고만은 할 수 없다. '중국 고대의 음악과 그와 더불어 행해지는 종합예술'에 관한 이론이라 해야 할 것이다. 그런데, '악본'의 첫머리에는 이렇게 개념규정을 하고서도 '악'과 '음'이 그 밀접성으로 인해 그에 관한 의미도 서로 연동됨을 말함으로써 명확히 구분 짓지 않기도 한다.

> '악樂'이란 '음音'으로 말미암아 생기는데, 그 근본은 '인심人心'이 '물物'에 느낌에 있다. 그러므로 그 '애심哀心'으로 느낀 경우는 그 '성聲'이 조급하면서 약하다. 그 '낙심樂心'으로 느낀 경우는 그 '성'이 느슨하면서도 느릿하다. 그 '희심喜心'으로 느낀 경우는 그 '성'이 들뜨면서도 흩어지듯 한다. 그 '노심怒心'으로 느낀 경우는 그 '성'이 거칠고도 매섭다. 그 '경심敬心'으로 느낀 경우는 그 '성'이 곧으면서 단정하다. 그 '애심愛心'으로 느낀 경우는 그 '성'이 온화하고 부드럽다. 이 여섯 가지 경우는 '본성(性)' 자체로 인한 것이 아니고 '물'에 느낀 후에 움직인 것이다.(樂者, 音之所由生也, 其本在人心之感於物也. 是故其哀心感者, 其聲噍以殺. 其樂心感者, 其聲嘽以緩. 其喜心感者, 其聲發以散. 其怒心感者, 其聲粗以厲. 其敬心感者, 其聲直以廉. 其愛心感者, 其聲和以柔. 六者非性也, 感於物而后動." ('악본樂本')

'인심'이 '물'에 감하여 '애哀', '락樂', '희喜', '노怒', '경敬', '애愛'의 여섯 감정이 일어나서 겉으로 표출됨은 앞에서 말한 개념 규정으로는 '성聲'이다. 그래서 이것이 규칙성(方)을 가질 때 '음音'이 되고, 나아가 무용 도구를 사용함에까지 이르면 '악樂'이 되는 것이므로, 하나하나 구분하면 나뉠 수 있지만, 예술 공연 현장에서는 엄밀히 분리되지 않으므로 포괄적으로 말하기도 한다.

그런데 「악기」에서는 이처럼 마치 순수음악이론처럼 시작하다가, 이내 음악적 주체의 도덕성과 결부되는 쪽으로 넘어가게 된다. 그래서 「악기」에 철학사에서 유명한 다음의 글이 나온다.

> 사람이 나면서 (그 마음이) 고요한 상태는 천성天性이다. (그런데 인심이) '물物'에 느껴 움직임은 '성性'의 욕망(欲)의 측면이다. '물'이 이르러서 지각주체가 지각작용을 하게 된 후에 좋아함과 싫어함의 감정이 드러난다. (그런데) 좋아함과 싫어함의 감정이 내면에서 절도가 없으면서 지각주체가 외부의 유혹을 받아서 자신을 반성할 줄 모르면 '천리天理'가 사라진다. '물'이 사람을 느끼게 함이 한이 없으면서 사람의 좋아함과 싫어함의 감정에 절도가 없으면, 이는 '물'이 이름에 사람이 '물'에 이끌려 변하는 것이다. 사람이 '물'에 이끌려 변함이란 '천리'를 사라지게 하고 '인욕人欲'을 한껏 부리는 것이다.(人生而靜, 天之性也. 感於物而動, 性之欲也. 物至知知, 然後好惡形焉. 好惡無節於內, 知誘於外, 不能反躬, 天理滅矣. 夫物之感人無窮, 而人之好惡無節, 則是物至而人化物也. 人化物也者, 滅天理而窮人欲者也."('악본樂本')

이 글은 '악본樂本' 첫 머리에서 말한, 최초 '인심人心'이 '물物'에 동動하여 성聲이 표출됨을 말한 것을 그 근원부터 탐구하는 것이다. '人生而靜, 天之性也'가 그 '인심'의 근원적 상태를 말한다. 이 '천성[天(之)性]'의 실존적 주체의 측면인 '인심'이 '물'에 감感하여 동動하는 것은 이 '성性'의 '욕欲'이다. 그런데 그 대상인 '물'이 이르면(物至) 지각주체(知)가 지각작용을 한다(知)(知知).

그런 후에 대상인 '물'에 대한 감정으로서의 '호好', 즉 '좋아함'과 '오惡', 즉 '싫어함'이 발생하는데, 이 '호·오'의 감정이 내면에서 그 절도를 갖지 못하면, 지각주체인 '지知'가 바깥 대상에 이끌려 현혹되어 자신을 돌이켜 반성할 줄 모르게 되어 '천리天理'가 사라지게 된다. 그런데 대상 사물이 사람으로 하여

금 감정을 갖게 함이 한이 없고, 사람의 호오의 감정이 스스로 절제함이 없으면, 사물이 이를 때 사람이 주체가 되지 못하고 대상인 사물에 그 주도권을, 나아가 그 주체성을 빼앗기고 소외된다. 이렇게 되면 '천리天理를 멸하여 인욕人欲을 다하는(滅天理而窮人欲)' 상태가 된다.[4]

이러한 관점은 음악의 순수예술적 측면보다는 음악적 주체가 '천리'에 따르는가 '인욕'에 따르는가에 따라 그에 따른 음악의 성격이 다르다는 도덕적 측면과 관련짓는 것이 되는 것이다. 음악에 옳고 그름의 문제가 개입되게 되는 것이다. 말하자면, 음악에도 옳고 그름, 바름과 바르지 못함이 있어서, 음악적 주체가 '천리'를 따라서 만드는 음악은 옳고 바른 음악이 될 것이고, '인욕'에 따름으로써 '천리'를 사라지게 하면 그렇지 못한 음악이 된다는 관점인 것이다.

그런데 「악기」의 이런 도덕적 음악론은 이내 정치적 음악론으로 넘어가게 된다. 왜냐하면 '천리'는 정치적으로는 체제가 요구하는 사회공동체의 이념이기도 하여 체제 내의 구성원 됨의 근거가 되며, 그에 따른다는 것은 사회공동체가 따르는 바람직한 정치적 이념을 따르는 것이므로, 음악도 그러한 이념이 반영된 음악으로 표출되어야 하는 것이기 때문이다. '천리'가 사회공동체 속에서 도덕적 영향을 미친다는 것은 그 이념에 따른 제도가 마련된다는 것이다. 이것이 곧 '예禮'이다. 그래서 이제 「악기」의 음악이론은 음악이 '예'에 맞아야 한다는 것으로 진행된다. 이것이 곧 「악기」의 핵심내용이자 나아가서 유가사상의 중요한 골격을 형성하는 '예'와 '악'의 병행사상이다.

음악을 정치에 결부시키는 「악기」는 정치를 올바르게 함과 올바르지 못하게 함과 결부하여 바른 '인심'으로 건전한 음악을 내느냐, 바르지 못한 '인

---

4) 이 문장들은 철학사에서 성리학性理學과 심학心學에 영향을 준다. 특히 주희朱熹(주자朱子)가 종합한 성리학의 중요한 캐치프레이즈인 '存天理滅人欲'이 바로 「악기」의 이 부분으로 인한 것이며, 심학의 왕수인王守仁(왕양명王陽明)도 기본적으로 이 점을 수용하였다. 그렇지만 「악기」의 원래 취지는 음악에 관한 것이다. 그런데, 음악에 관한 문장치고는 도덕철학적 성격을 보인다. '樂'이 도덕질서의 측면인 '禮'와 결부되어 있기 때문이다.

심'으로 불건전한 음악을 내느냐로 그 논점을 옮겨 간다. 「악기」는 음악의 수준을 세 종류로 나누어, 건전한 음악을 '치세지음治世之音'으로 말하고, 이러한 상태가 되지 못하는 세상에서는 '난세지음亂世之音'의 음악이 나오며, 최악의 경우는 '망국지음亡國之音'이 된다고 한다. 그래서 「악기」에서는 음악의 원리인 "'성음聲音'의 도는 정치와 통한다"('악본')고 말한다.

'난세지음'과 '망국지음'이 나타나는 근원은 인심이 바르지 못함에 있으며, 그것이 음악에서 표현되는 측면은 궁宮·상商·각角·치徵·우羽의 다섯 가지가 모두 어지럽게(亂) 되는 경우이다. 사례를 들면 정鄭나라와 위衛나라의 음악인 '정위지음鄭衛之音'이 '난세지음'의 경우이고, '상간복상지음桑間濮上之音'이 '망국지음'의 경우이다. 그리고는 음악의 본질이 도덕과 정치에 관련됨을 아는 수준에 따라 음악적 주체의 격이 다름을 이렇게 말한다.

> '악'이란 윤리倫理를 통하게 하는 것이다. 그래서 '성聲'은 알지만 '음音'은 알지 못하는 존재는 짐승이다. '음'은 알지만 '악樂'은 알지 못하는 존재는 중서衆庶이다. 오직 군자君子만이 '악'을 알 수 있다. 그러므로 '성'을 살펴 '음'을 알고, '음'을 살펴 '악'을 알며, '악'을 살펴 '정政'을 알게 되어서 다스림의 도가 갖추어진다.(樂者, 通倫理者也. 是故知聲而不知音者, 禽獸是也. 知音而不知樂者, 衆庶是也. 唯君子爲能知樂. 是故審聲以知音, 審音以知樂, 審樂以知政, 而治道備矣.)('악본')

'성聲'과 '음音'의 단계를 넘어 그러한 요소가 '예禮'와 결부될 때 '악樂'이 되므로, '악'이란 '윤리倫理'에 통하는 것이라 하는 것이다. 이 말은, '악'의 단계에 이르지 못한 경우는 '예'와 결부되지 않아서 윤리와 통하지 않은 것이다. '악'의 전 단계인 '음音'조차 이루지 못한 경우는 단지 '성聲'일뿐으로서, 이는 단지 '금수禽獸'의 '성聲'과 진배없는 것이다. 만일 '성'의 단계를 넘어 '음'에 이르러 음악(현대어로서의 음악)을 알 뿐, '예'와 결부된 정치적 의미를 띤 '악'

을 알지 못하면 '중서衆庶', 즉 그냥 일반 백성의 무리일 뿐이다.

오직 세상을 이끌어가는 지도자의 자질을 가진 군자君子만이 '예'와 합일되는 '악'을 알 수 있다. 이렇게 '성'과 '음'을 넘어 '악'을 음미할 수 있음으로써 진정한 정치의 의미를 알 수가 있어서 치도治道가 갖추어지는 것이며, '악'을 안다는 것은 곧 그럼으로써 '예'에 가까워지는 것이다. 이렇게 '예'와 '악'을 모두 얻은 경우를 '덕德이 있다'고 말하는 것이며, 이때 '덕'이 곧 '득得－얻음'의 의미이다.

이때 인간이 군자가 되지 못하고 중서衆庶의 단계에 있는 까닭은 인간의 단순한 욕망을 충족함에 머물기 때문이다. 그래서, '예'와 '악'의 목적을 이렇게 말한다.

> 선왕先王이 '예'와 '악'을 제정하는 목적은 '입과 배와 귀와 눈의 욕망(口腹耳目之欲)'을 다하기 위해서가 아니라, 백성으로 하여금 좋아함과 싫어함의 감정을 고르게 하도록 교도하여 인도人道의 바름으로 돌아가도록 하기 위해서이다.('악본')

'예'와 '악'이 있는 것은 그 욕망을 극복함에 있다. 이는 공자가 말하는 극기복례(克己復禮)와 통하는 의미다. 그러므로 선왕이 '예·악'을 제정하는 목적은 인간의 단순한 욕망, 즉 '구복이목지욕口腹耳目之欲'을 다하는 데 있지 않고, '예·악'으로써 백성으로 하여금 '호오好惡'의 감정을 고르게 하여 인도人道의 바름(正)으로 되돌리려는 것이다.

3. 「악기樂記」와 '예禮'·'악樂'의 상관성

「악기」의 '예'와 '악'의 문제를 『논어論語』「팔일八佾」 첫머리에 나오는 말로써 시작해 보자. 거기에 이렇게 되어 있다. "공자가 계씨季氏를 두고 말하기를, '뜰에서 팔일무八佾舞를 추게 하니, 이러한 행위를 감히 하는데, 무슨 짓인들 못하겠는가?'라고 하였다(孔子謂季氏: 八佾舞於庭, 是可忍也, 孰不可忍也?)."

이때의 '팔일무八佾舞', 즉 '팔일'의 춤은 '예禮'에 따르면 본래 천자天子의 행사에 해당된다. 그런데, 당시 노魯 대부大夫인 계손씨季孫氏가, 대부는 '사일무四佾舞'가 그 신분에 맞음에도 감히 천자에 해당되는 '팔일무'의 의전행사를 시행했음을 공자가 비판하는 것이다. 이 역시 넓게 보면 '음音'에서 나아가 '무舞'를 포함한 '악樂'의 행사임을 말한다 할 수 있다. 그런데 「악기」에서 '예'와 '악'은 대비되면서 서로 병행되는 것으로서, '예'는 사회구성원이 그 역할과 지위에 맞게 행하는 것이고, 이는 '악'을 행함과 병행하는 것이기 때문이다. 그러므로 계손씨가 '팔일무'를 시행한 것은 그가 '예'에 맞지 않은 '악'을 행했음을 말한 것이라 할 수 있다.

말하자면 계손씨가 '팔일무'를 시행함은 '예'를 어긴 것이고, 그것은 '인심'의 발동 단계에서 문제를 일으킨 것이다. 그래서 "선왕先王은 느끼도록 하는 원인을 신중히 살펴, '예禮'로써 그 '지志'를 인도하고, '악樂'으로써 그 '성聲'을 조화롭게 하며, '정政'으로써 그 '행行'을 한결같이 하고, '형刑'으로써 그 '간姦'을 막는다. '예'·'악'·'형'·'정'의 궁극 목표는 하나인데, 민심을 통일하고 다스리는 도에 나아가도록 하는 것이다."('악본')라고 한다.

그 마음이 생기는 단계인 '지志', 즉 도덕적 동기로서의 '뜻'을 '예'로써 올바로 이끌어야 하고, '악'으로써 그 첫 단계인 '성聲'부터 조화롭게 해야 하는 것이며, 이는 곧 실제 정치와 바로 결부되어, '정政－정령'으로 구성원의 행동을 한결같이 하고, 만일 어겨 계손씨처럼 참월僭越하는 행위를 하면, 그 간사함을 '형刑'으로써 막아야 하는 것이다.

그런데 「악기」에서 '예'와 '악'의 상관성을 말하는 관점은 『주역』을 해석한 「역전易傳」과 기본적으로 동일하다. 「악기」의 글 속에는 「역전」 중의 「계사전繫辭傳」과 유사한 문장들이 있기 때문이다. 「역전」은 음양陰陽·강유剛柔의 대대對待관계에 바탕한 역학적 변증론으로 세계와 인생을 말한다. 「악기」 역시 그런 관점을 가지고 있는데, 세계의 운동과 변화작용을 말하는 부분은 비록 「계사전」과 표현이 같거나, 다소 다른 면이 있어도 결국은 대대관계로 세계를 설명하는 점에서는 동일하다.

그래서, 음양·강유의 역학적 세계관이 인간사회에서는 '예'와 그 속성인 '별別', '악'과 그 속성인 '화和'라는, 일종의 '예악禮樂대대對待관계'로 치환된다. 이로써 「악기」와 「역전」의 바탕에 있는 사상적 토대가 같음을 알 수 있다. 이처럼 「역전」의 '음양대대관계陰陽對待關係'의 논리처럼 「악기」는 '예악대대관계禮樂對待關係'의 논리를 말함으로써, 「악기」에서는 '예'와 '악'을 분리할 수 없는 관계로 말하고 있는 것이다.

'예'와 '악'의 상관성은 「악기」에서, 나아가 유가 철학사상에서 그 뼈대를 이룰 만큼 중요한 의미를 가지고 있다. '예'는 공동체의 질서요, 그 질서를 유지하기 위한 제도이며, 나아가 그 제도로 유지되는 체제, 정치시스템이다. 개인 간의 구체적 행위규율로서의 예절의 '예'도 최상위의 체제의 의미로서의 '예'의 실제적 적용이다. 이 체제의 배경이 되는 이념이 앞에서 말한 '천리'이다. 유가에서 가장 중시하여 거론하는 공동체의 체제 사례는 '주례周禮'이다. '주례'의 세부적 내용은 구체화된 제도의 집합이지만, 총체적 관점에서는 그 사회질서를 유지하기 위해 주공周公이 만든 주나라의 체제이다.

공자는 당시 사회질서가 무너진 것을 '주례'의 붕괴로 보았고, 이를 치세의 난세화로 간주하였다. 다시 치세로 돌림이 곧 '주례'의 회복이고, 그래서 '주례'를 확립한 주공을 존경하였다. '주례'를 지킴은 주나라 사회공동체 구성원이 각자 자기 역할을 다하고 다른 역할을 침월侵越하지 않는 것이다. 그런데 이러한 주나라의 '예', 즉 주나라 사회공동체의 제도적 질서를 어기게 되는 원인은 「악기」의 주장대로라면 '천리天理'를 멸滅하고 '인욕人欲'을 다하기 때문이다. 그래서 공자가 말한 극기복례克己復禮는 곧 자신의 인욕을 극복하고 천리에 따른 '예'를 회복함이며, 이것이 유가의 '인仁'이다. 주나라의 경우는 '주례'

를 지키는 것이지만, 일반화하면 어느 시대든 그 시대의 '예'를 지키는 것이기도 하다.

한 사회 공동체에서 '예'는 각 구성원의 역할의 다름을 구분하는 것이다. 그런데 너무 이 다름만을 강조하면 구성원들이 소원해진다. 그래서 '예'만을 지나치게 강조할 때 유발되는 부정적 요소를 완화하기 위해서 말해지는 것이 '악'이다. '악'은 사회구성원의 동질성을 강조하는 것이다. 그렇다고 해서 지나치게 '악'만을 강조하면 사회가 문란해지고 무질서해진다. 그래서 '예'와 '악'은 어느 한 쪽이 더 지나침이 없이 병행되어야 하는 것이고, 이럴 때 '악'은 단순한 동질성만을 말하는 것이 아닌 '예'의 구별 속에서 소원해짐을 지양하는 조화인 '화和'로서 말해진다.('화和'를 중시한 유가철학 문헌 중 가장 대표적인 것은 역시 『예기』의 한 편인 「중용中庸」이다.) '악'은 구성원들의 조화로운 소통과 결속을 의미한다.

'예'와 '악'은, 그것이 표현되는 측면은 구체적 제도와 작품 공연으로 나타나지만, 그 이전에 그 정신을 말한다. '예'와 '악'의 기본적 정신은 이렇게 요약된다.

> '악'이란 (다름 가운데서) 같음을 추구하는 것이고, '예'란 (같음 가운데) 다름을 추구하는 것이다. 같음을 추구하면 서로 친해지고, 다름을 추구하면 서로 공경한다. (그렇지만) '악'이 한도를 넘어서면 무질서로 흐르고, '예'가 한도를 넘어서면 마음이 떠나 소원해진다.(樂者爲同, 禮者爲異. 同則相親, 異則相敬. 樂勝則流, 禮勝則離.)('악론樂論')
>
> '예'란 하늘과 땅 사이 존재의 구별이다. … '악'이란 하늘과 땅 사이 존재의 조화이다.(禮者天地之別也. … 乐者天地之和也.)('악례樂禮')

그런데 한 사회공동체에서 이러한 정신을 이상적으로 구현할 '예'와 '악'을 만들기는 쉽지 않다. 아무나 '예'와 '악'을 만들 수 있는 것이 아니다. 그렇게 할 수 있는 경지가 전제되는데, 「악기」에서는 이를 '성聖'으로 평가한다. 그리고 그것을 계승할 수 있는 경지를 '명明'으로 평가한다. 다음의 글이 그것을 말한다.

> '예'와 '악'의 내적 본질을 아는 이어야 '작作'할 수 있고, '예'와 '악'의 외적 형식을 이해하는 이어야 '술述'할 수 있다. '작作'하는 이를 일러 '성聖'이라 하고, '술述'하는 이를 일러 '명明'이라 한다.(知禮樂之情者能作, 識禮樂之文者能述. 作者之謂聖, 述者之謂明.")('악론樂論')

공자는 자신을 낮추어 '술이부작述而不作'이라고 했다. '작作'은 처음으로 만드는 것이다. 더 명확히 말하면 '창작創作'인 셈이다. '술述'은 '작作'한 것을 이어 받아 계승하는 것이다. '작'하는 경지가 '성聖'이고 '술'하는 경지는 '명明'이다.[5] 공자는 스스로를 두고 '작'할 만한 '성聖'의 경지는 안 되고, 다만 계승할 수 있는 '술'의 '명明' 정도의 경지라고 겸손하게 말했다. 그 시대의 입장에서 말하면, 주나라 초기 창업자인 무왕武王과 그를 도와 '주례'를 만든 주공周公이 곧 '작'한 존재이고, 자신은 그 시대에 그 '주례'를 '술'할 소명을 가지고 있다고 자평한 것이다.

그런데, '예'와 '악'을 처음으로 '작'함은 누구에게서 어떻게 이루어지는가. 「악기」의 다음 말에서 알 수 있다.

> '왕자王者'는 공功이 이루어지면 '악樂'을 '작作'하고, 통치가 안정되면 '예禮'를 '제制'한다. 그 공이 큰 이에게는 그 '악'이 갖추어지고(備), 그 통치력이 두루 미치는 이에게는 그 '예'가 갖추어진다(具).(王者功成作樂, 治定制禮. 其功大者其樂備, 其治辯者其禮具.)('악례樂禮')

5) 여기서 말하는 '성聖'과 '명明'의 관계는 「중용中庸」의 '성誠'과 '명明'의 관계에 대비된다.

유가에서 말하는 바로는, 요堯, 순舜, 우禹, 탕湯, 문文, 무武, 주공周公 등 한 왕조를 개창하여 한 시대를 시작한 '왕자王者'가 곧 그들의 공이 이루어지면 그에 따른 '예'와 '악'을 만든다는 것이다.

그러나 각 시대마다 그 시대의 정신이 있고, 그 시대정신에 따라 새 왕조를 창업하여 그에 따른 '예'와 '악'을 '작'하는 왕자가 있다. 그리고 진정한 '예'와 '악'은 조악하여 편협하거나 지나쳐서 근심거리가 되는 것이어서는 안 된다. 그래서 「악기」는 이렇게 말한다.

> 오제五帝는 시대를 달리하므로 '악樂'을 서로가 계속 사용하지 않는다. 삼왕三王은 세대를 달리하므로 '예禮'를 서로가 계승하지 않는다. '악'이 극단적이 되면 근심이 되고, '예'가 조악하면 편파적이 된다. '악'을 두텁게 하여 근심거리가 발생하지 않게 하고, '예'가 제대로 갖추어지도록 하여 편파적이지 않게 할 수 있는 이는 위대한 성인뿐이리라!('악례樂禮')

'오제五帝'와 '삼왕三王'은 유가에서 성인聖人으로 평가받는 이들이다. 그들이 곧 '예'와 '악'을 '작作'하는 경지에 있는 이들이다. 그들이 만드는 '예'와 '악'은 그저 겉보기의 행사나 그 행사에 쓰이는 도구에 있지 않고 그것을 통해 구현하는 그 정신에 있다. 이것은 피상적으로 '예'와 '악'을 흉내나 내는 경우와 다르다는 것이다. 다음의 말은 이 점을 명확히 한 것이다.

> '악'이란 황종黃鐘이나 대려大呂의 율律을 고르거나 현악기에 맞춰 노래하거나 간干·양揚(척戚의 의미)을 들고 춤추거나 함을 말하는 것이 아니다. (이러한 것은) '악'의 말절末節에 불과하므로 어린 아이를 춤추게 시켜도 된다. 연석筵席을 깔고 준조樽俎나 변두籩豆 같은 제기를 진설하고, 오르내리는 절차에 따라 '예禮'를 행하는 것은 '예禮'의 말절

末節에 불과하므로 유사有司가 관장하도록 시켜도 된다.('악정樂情')

그리고 '오제五帝'와 '삼왕三王'과 같은 성인聖人이 '예'와 '악'을 조악하지도 편파적이지도 않게 이상적으로 만들 수 있는 것은, 그들이 인간 세상의 '예'와 '악'을 자연 세계와 동조화되도록 하기 때문이다. 그래서 이렇게 말한다.

> 성인은 '악'을 '작作'하여 하늘에 응하고, '예'를 '제制'하여 땅에 짝한다. '예'와 '악'이 명확히 갖추어지면 하늘과 땅이 제 역할을 하게 된다.('악례樂禮')

당시의 소박한 자연학적 관점으로는, 하늘과 땅, 즉 천지天地는 곧 우주宇宙이다. 이 우주는 조화와 질서를 그 속성으로 한다. 「악기」에서는 이 천지우주의 조화와 질서의 원리를 인간사회에 동일하게 적용시켰다. 그러한 점을 이상적 인간상인 성인聖人이 실현하는 것이 곧 '예'와 '악'을 만듦이다. 이때 '악'은 '천天'에 '예'는 '지地'에 상응시켰다.

성인聖人이 '예'를 만들고 그에 병행해서 '악'을 만드는 근본정신은, '예'의 경우는 체제의 질서를 확립하여 사회구성원이 각자가 처한 지위와 그 맡은 임무에 충실하고 다른 지위를 넘보지 않도록 체제 안정을 기하는 것이고, '악'의 경우는 '예'에서 올 수 있는 구성원 간의 소원함을 완화하여 동질성을 강조하며 구성원을 위무慰撫하는 것이다. 그리하여 그 정신에 따라 한 시대에 한 체제가 정립되면 그것을 홍보하고 나아가 미화美化·찬양하기 위한, 실제 표현되는 '악樂'이 만들어지고 이로써 아랫사람을 포상한다. 이런 방식으로 구성원과의 결속을 다지는 것이 '악樂'의 정신이다.

제16장

한조漢朝의 통치이념과 동중서董仲舒

전국시대戰國時代의 긴 전쟁 시대는 결국 진秦의 승리로 돌아가서 제국帝國으로 통일되었다. 그러나 그 승리자 진시황秦始皇은 자신의 왕조가 영원하기를 바랐지만, 2대만에 망하고 한漢왕조로 교체되었다. 한조漢朝에 이르러 그 강력하던 진조秦朝가 왜 2대만에 급격히 멸망했는지 이유를 알고 교훈을 얻고자 했다. 나아가 자신들 왕조의 통치를 합리화하고, 그 왕조가 굳건하게 유지될 대책을 마련하려 했다. 그것이 한조漢朝의 통치이념을 마련하는 것이었는데, 이는 한漢 무제武帝가 통치권 확립을 위해 제기한 것이며, 이에 참여한 대표적 사상가가 바로 동중서董仲舒로서, 그 통치이념과 동중서의 사상은 밀접한 관계를 가진다.

한조漢朝의 통치이념은 바로 앞 왕조인 진秦왕조를 대체하여 권력을 획득·유지함에 대한 명분이다. 이것은 그 앞 왕조인 진秦왕조도, 다시 그 앞 왕조인 주周왕조도 마찬가지다. 이러한 왕조마다의 이념은 우선 그 타도대상인 직전 왕조가 안고 있던 자체 모순과 실정을 빌미 삼고, 그것을 이유로 새로운 해당 왕조가 성립할 수밖에 없는 정당성의 주장으로 형성된다. 이러한 의미에서 한조 통치이념에까지 진입하는 데는, 한조의 성립시기와 가까운 시기를 기준으로, 의미 있는 세 단계의 형성과정을 거쳤다.

먼저 첫 번째 단계는, 은殷왕조를 극복하고 주周왕조를 건립할 때의 이념적 명분과 그에 따른 제도, 즉 '주례周禮'의 확립이며, 이는 이후의 유가적 사고와 관련된다. 두 번째 단계는, 춘추전국시대에 본격화된, 주례에 따른 기존 질서의 붕괴 및 경제질서의 재편이며, 이는 법가적 사고와 관련된다. 이 단계는 결국 법가적 이념의 대표인 진秦왕조의 통일로 이어진다. 이 두 단계가 한조 통치이념 형성의 전 단계이다. 세 번째 단계는 한조 통치이념의 직접적 형성단계로서, 법가적 통치방식으로 성공한 진왕조가 지나친 엄혹함으로 인하여 급작스럽게 멸망한 후, 이를 이은 한왕조가 그들의 통치이념과 통치방식을 확립하면서 진왕조의 과오를 반면교사로 삼아 평가하여, 그들의 시대상황이 요청하는 새로운 통치이념을 확립하는 단계이다.

한조漢朝 통치이념의 필요성은 한무제로부터 제기되었다. 물론 최고통치자로서 무제 자신이 자신의 권력을 공고히 하면서 대내외적으로 자신이 추진하는 정책들을 합리화할 명분이 필요하기도 했지만, 당시 시대상황에서 자신을 떠받치고 있는 정치경제적 기득권층과 이익을 공유하면서도 그들을 적절히 통제하는 이념적 구조, 특히 진왕조 이후 이어져 온 통일적 국가시스템, 즉 '대일통大一統'의 체제이론이 필요했던 것이다. 이를 위해 그는 당시 지식인들의 이론적 도움을 필요로 했다. 이에 '현량문학賢良文學'의 선비들, 즉 엘리트 지식인을 뽑도록 하여, 그 지식인들을 그가 직접 시험하였는데, 이것이 바로 이른바 '책문冊問'(또는 '책문策問')이었다. 그리고 이에 대한 그들의 대답이 곧 이른바 '대책對策'이었고, 이들 중 무제의 관심을 가장 크게 끈 이가 동중서董仲舒였다.

1. 한조漢朝 통치이념 형성의 기본 토대

춘추전국의 제자백가시대는 합리적 사고를 본격화한 시대이다. 유가사상의 경우 공자孔子, 맹자孟子를 거치면서 종교성이 희석되었고, 전국 말에는 순자荀子와 같은 무신론자도 나타났다. 순자의 제자 중 한 사람이었다는 한비자韓非子는 법가사상을 종합한 대표자다. 법가사상은 무신론적 사상이다. 법가사상을 현실에 적용한 대표적 나라인 진秦의 관련인물로 전국시대 진秦의 효공孝公과 그때 등용된 상앙商鞅이 유명하며, 그 클라이맥스는 전국시대의 마지막 진왕秦王이자 통일왕조의 첫 번째 황제, 즉 시황제始皇帝인 진시황秦始皇(제帝)이었다.

그런데 진시황 자신은 진왕조의 통치 유지를 위해 하늘이 군권을 부여했다는 관념을 놓지 않았다. 그러면서도 음양가의 오덕종시설五德終始說에 따른 기계론적 왕조교체를 믿기도 했다. 진왕조의 통치이념은 현실적으로는 무신론인 법가이다. 그러나 통치자 자신은 종교적 목적론과 반종교적 기계론 모두로 권력을 합리화하였다. 그러면서도 권력에 대한 자신감이 있던 진시황은, 권력은 인간이 만드는 것으로, 그 자신과 같은 강한 권력자의 정치적 노력에 의한 것으로 여긴 것이다. 그리고 자신을 '황제皇帝'라 일컫도록 한 것은 차라리 자신이 신과 같은 권능을 가지려 한 것이라 할 수 있다.

진시황의 정치권력 근거에 대한 관점은 일면 주왕조의 종교적 천명론의 계승이면서도, 일면 법가와 음양가와 관련된 비종교적이며 기계론적 무신론인 양면성이 있었다. 그러나 진시황을 모신 법가적 대신들은 반종교적 무신론의 입장이었다. 진왕조의 주왕조에 대한 부정은, 이러한 천명사상의 이념을 계승한 상태에서 그 현실적 측면에서는 법가를 채용한, 유가적 주례에 대한 부정이었다.

진이 주의 체제를 부정하고 비판하였듯이, 한 역시 그 통치이념 형성의 본격 단계는 진의 체제에 대한 부정에서 시작되었다. 이에 한고조漢高祖는 당시 진의 멸망 원인과 과오에 대한 문제를 제기하였다. 왜냐하면 통치계급은 통치이념을 확립할 필요가 있기도 했지만, 당시 진왕조가 원래 서쪽 변방에서 작게 시작해서 기존의 제후국들 모두를 정복, 마침내 천하를 통일하는 대성공을 이루었음에도 통일 직후 너무나 빨리 멸망하였으므로, 그 원인이 당시의 큰 의문이었기 때문이다.

진왕조의 과오는 통일 전 전쟁 상황에서 유효하던 통치방법을 통일 후 전쟁이 끝난 상황에도 여전히 사용했다는 점이 거론되었다. 진왕조는 춘추전국시대라는 비상한 시기에 국내 상황을 보다 효율적으로 통제·관리하기 위한 방법으로 법가적 방법을 사용하였다. 이 법가적 방법은 국가를 비상동원체제로 만들어 구성원을 일사불란하게 움직이게 하는 데 효율적이었다. 백성들도 전시라는 비상상황에서는 감내할 수밖에 없었다. 그러나 진왕조는 전쟁 후에도 여전히 엄혹한 법으로 백성을 옥죄었다. 진왕조를 망하게 한 당시의 반란은 국가구성원의 인내심이 한계에 이르러 폭발한 것이라고 볼 수 있다.

진왕조의 과오는 한고조 당시 지식인인 육가陸賈에 의해 극명하게 표현된다. 육가는, 진의 실패 원인과 한이 앞으로 어찌 해야 하는가에 대한 한고조의 물음에 이렇게 답한다. "말 위에서 천하를 얻었다고 해서 어찌 말 위에서 천하를 다스릴 수 있겠습니까? 탕왕湯王과 무왕武王은 '역逆(무력武力)'의 방법으로 천하를 얻었지만, '순順(문치文治)'의 방법으로 천하를 지켰습니다. 문文와 무武를 아울러 쓰는 것이 장구長久할 수 있는 방법입니다." 이 점은, 진나라가 사용했던 가혹한 법을 비상시에는 백성들이 마지못해 감내했으나 평화 시에도 계속 그러기는 어렵다는 점도 반영한다. 한고조는 이에 진의 가혹한 법을 없애는 방법으로 대응했다. 이후 문제文帝, 경제景帝까지도 이러한 통치기조가 계속되었다. 즉 도가道家의 '무위지치無爲之治'를 행한다는 것이었다. 이것이 한초의 '황로학黃老學'으로서, 그 당시 시대상황에 적응하려는 이념적 시도이다.

진나라의 성공과 실패에 대한 원인을 논한 유명한 논설이 또 있다. 그것은 바로 문제文帝 때의 가의賈誼가 진왕조의 잘못을 논한 「과진론過秦論」이다. 가의 역시 진왕조가 통일 전후의 상황이 변하였음에도 전략은 동일하였음을 들었다. 즉 진나라가 천하를 통일하기 전의 전략은 '공격(攻)'이었다. 그런데 진나라는 자신들이 승자가 되어 통일한 후 형세가 변하여 자신들이 이제는 '방어(守)'의 입장에 서야 함에도 여전히 '공격'의 폭력적 전략을 썼다는 것이다. 춘추전국시대의 방어 입장에 선 세력은 주왕조 주례체제의 기득권 세력이다. 이때의 경제체제는 정전제적 체제이다. 주례에 따라 경제적 이익이 분점되고 분배되는 구조이다. 당시의 주례체제에 대한 도전세력 역시 원래는 주례체제에 이득을 보는 지방의 제후들이었다. 그렇지만 그들은 정전제적 경계에 따른 경제체제를 허물고, 그에 따라 제후국 간의 정치적 경계도 허물어 새로운 통일적 정치경제체제로 나아가려 하였다.

이때 피통치자들은 정전제적 경제체제하에서는 경제적 소유권 없이 단지 노동만 제공하는 노예였지만, 제후가 중앙정권에 도전하면서 형성된 탈정전제적 경제체제하에서는 지주에 대해 '세稅'를 내는 소작농의 지위가 된다. 그래서 피통치자인 백성들은, 처음에는 기존체제에 대한 저항적 입장에서 지주경제체제를 지향하는 제후정권과 더불어 기존체제에 대해 함께 공격하는 입장이었지만, 지주경제체제의 새로운 진의 정권이 천하를 통일한 후에는 지주세력에 대해서 저항하는 입장이 된다. 이에 지주세력인 진의 정권은 승자로서 방어적 전략으로 전환되어야 했지만, 판단착오를 하여 여전히 공격의 전략을 지켰다는 것이다. 이것이 가의賈誼의 「과진론過秦論」의 의미이다.

2. 한漢 무제武帝의 과제와 통치이념 건립

한조 초기의 통치방침은 우선 황로학黃老學의 '무위지치無爲之治'였지만, 이러한 상황은 일정 기간이 지난 후 또 바뀌었다. 또는 이후 집권한 새로운 통치자의 통치관점이 달랐다고도 할 수 있는데, 그 새로운 통치자가 바로 무제武帝이다. 그래서 이 무제에 이르러 바야흐로 역사 속에서 한을 대표하는 통치이념이 형성되게 되었다. 무제는 스스로 아주 적극적으로 통치이념을 확립하려 하였고, 이 통치이념은 우선 그의 집권과 통치에 명분을 마련하고자 하는 것이며, 동시에 그 당시에 그가 직면한 정치현실의 과제를 해결하기 위한 것이기도 하였다. 당시 무제가 직면한 한조의 과제는, 밖으로는 흉노匈奴의 침입을 막고, 안으로는 중앙집권화를 강화하며, 당시 상인의 경제적 이권 농단을 막는 것이었다.

그렇다면, 이러한 과제들을 해결하기 위해 국가제도를 어떤 방식으로 할 것인가. 이미 앞 왕조 진이 법가적 방법을 지나치게 시행하여, 이에 무제 이전은 도가적 분위기가 되었다. 그렇다고 법가적 방식을 버리지는 않았다. 흔히 한왕조의 통치이념은 '유교儒教'이며, 그 확립은 무제 때였다고 한다. 그런데 실제로 한왕조 성립 후 처음으로 국가의 제도를 제정할 때, 당시 숙손통叔孫通은 고례古禮뿐 아니라 진의秦儀도 그 채택 대상으로 건의하여, 한漢은 바로 진秦의 통치방식을 거의 그대로 계승했다. 진이 처음 중국천하를 통일하였을 때, 나머지 육국六國의 예의禮儀를 수용하면서 이른바 '존군억신尊君抑臣'하는 것을 채택하였는데, 한왕조가 되어서 숙손통이 처음 한의 예禮를 만들 때 '모두 진秦의 옛 것을 따랐다.'는 것이다.

그리고 유가사상이 이념화한 '유교'가 된 무제에 이르러서도, 당시의 국가 주도의 현실적 과제 해결을 위한 제도는, 중앙집권적 국가정책을 시행하기에 용이한, 진왕조의 법가적 정책을 계승하였으며, 심지어 그 법의 적용과 시행이 진왕조보다 더 가혹한 경우도 있었다. 무제 때에도 역시 국가의 구체적 행정·사법은 법가적이었다. 그렇다면 한조에서 유가사상은 어떻게 쓰였는가. 진의 법가 통치방식을 승계한 상황에서 상부구조인 이념적 부분으로 쓰인 것이다.

사실상 진이, 주의 유가 성향의 천명사상과 주례에 대한 부정논리에 바탕하여 통일왕조를 이루었다면, 한은 다시 진의 이러한 이념논리에 반反하였다. 그런데 무제에 이르러 한은 유가사상을 복구하려 하였으므로, 다시 유가적 천명사상과 주례가 복구될 상황이 되었고, 실제 그 시도가 이루어졌다. 그런데, 이 중 천명사상은 정치신학적 종교성을 띤 '춘추공양학春秋公羊學'을 통해서 재조명된다. 그러나 국가운영시스템은 주례가 그대로 복구되기보다는 진의 법가적 제도의 연장이 되었다. 그래도 법가 성향의 제도 역시 그 명분은 유가적인 정신, 즉 주례와 관련되는 『춘추春秋』의 이념에서 찾았다.

말하자면, 진이 주에 대한 반反이라면, 한 역시 진에 대한 반反이지만, 단순히 기계적인 반反이 아닌, 주의 천명사상, 유가적 춘추이념, 진의 법가적 제도의 추이과정의 요소를 아우르는 구조적 종합이었다. 그리고 이 구조적 종합을 이룬 데 핵심적 역할을 한 이는, 그 이념에 대한 정치적 요청자인 한무제漢武帝에 호응한 동중서董仲舒(B.C.179~B.C.104, 광천廣川 – 현 하북성河北省 경현

景縣 광천廣川 - 사람. 한漢 경제景帝 때 박사博士에 임명됨.)였다.

3. 한漢 무제武帝의 통치이념 건립제기와 동중서董仲舒의 등장

한무제는 앞서 말한 책문 시험의 첫 번째 시험에서 이런 질문을 했다. "짐朕은 선제의 아름다운 덕을 계승하여 무궁하게 전하고 한없이 베풀려 하니 … 이를 위해 만사萬事의 온 줄기를 영원히 생각하여, … '대도大道의 요要'와 '지론至論의 극極'을 들으려 하노라."(『한서漢書』「동중서전董仲舒傳」) 이 '대도의 요'가 바로 통치이념이며, '지론의 극'은 그것을 합리화할 이론체계이다. 최고 통치자가 직접 통치이념을 만들기를 지시한 것이다. 그는 단순히 무전제로 위임한 것이 아니라, 그 성격과 방향성까지도 미리 규정하여 가이드라인으로 제시한 것이다. 그러고는, "삼대三代(하夏 · 은殷 · 주周)가 (천天)명命을 받은 바의 그 부符(징표)는 어디에 있는가? 재이災異의 변變은 무엇에 근거하여 일어나는가? 인격과 생명의 실상에 있어, 생명이 요절하기도 하고 장수하기도 하며, 인격이 인자하기도 하고 비루하기도 한데, 그에 대한 명칭은 익히 들었으나, 그 이치는 아직 이해하지 못하였다."(『한서』「동중서전」)라고 하여, 천명사상을 거론하였다.

한무제는 두 번째 시험에서는, 요堯 · 순舜과 문왕文王 중 전자는 '무위無爲'하여 '안일(逸)'하였고, 후자는 '유위有爲'하여 '노고(勞)'하면서도 양쪽 다 태평하였던 차이를 물었다. 이것은 곧 도가와 유가의 차이에 관한 것이다. 이것은 한초에 시행되어 무제의 아버지 경제景帝까지 견지되어 왔던 도가적 정치술, 즉 '황로지술黃老之術'에 대한 무제의 불만을 표출한 것이다. 특히 무제 즉위 시까지도 태황태후太皇太后로서 정치에 간섭했던 그의 할머니 두태후竇太后도 무위의 황로지술을 견지하려 했던 것이어서, 무제 입장에서는 이전의 정치 방식을 청산하고 유위의 방법으로 자신의 황제로서의 실권을 확고히 하려는 의 도가 있었다. 이에 동중서는 '무위(逸)'와 '유위(勞)'의 차이는 시대의 차이에 따라 다르게 적용되어야 한다는 취지로 답하였다. 이 말은 당시 무제의 시대는 이제 유위의 관점에서 천하를 다스려야 한다는 취지였던 것이다.

이런 기조에서 동중서는 무제와 의기투합할 수 있는 주장을 세 번째 대책에서 밝혔는데, 그의 사상이 현실정책에 반영되기를 바라는 가장 중요한 부분이면서, 사실상 무제가 말해 주기를 바라는 것이었다. 그것은 유가를 중시하는 건의였는데, 그는 특히 『춘추』의 '대일통大一統'에 대해 말하였다.

> 『춘추春秋』의 '대일통大一統'이란 (공간적으로) 천지天地의 상경常經(영원한 원칙)이며 (시간적으로) 고금古今의 통의通誼(공통된 이치)입니다. 현재 학자마다 그 지향하는 진리가 다르고, 사람마다 그 주장하는 이론이 다르며, 온갖 학파가 방향을 달리하면서 그 취지도 같지 않으니, 이 때문에 윗사람은 '일통一統'을 지킬 방법이 없고, 법제가 자주 변하여 아래 백성들은 지켜야 할 것을 알지 못합니다. 신의 어리석음으로 생각건대, 육예六藝의 과목과 공자孔子의 학술에 속하지 않는 것들은 모두 금지하여 병진竝進하지 못하도록 해야 합니다. 사벽邪辟한 설說이 멸식滅息되고 난 후에야 학술계통이 하나로 될 수 있고, 법도가 밝혀질 수 있어서 백성이 따를 바를 알게 됩니다.(『한서』「동중서전」)

이 '대일통大一統'의 사상은 춘추공양학春秋公羊學의 사상으로서 당시의 한무제의 대내외적 정책과도 관련된다. 한무제는, 안으로는 진의 통일국가를 이어받은 상태에서 중앙집권제를 확립하고, 밖으로는 영토 확장에 노력했다.

4. 춘추공양학春秋公羊學과 동중서董仲舒 사상의 종교성

춘추시대는 공자의 사상으로 표방된 『예기禮記』「예운禮運」편에서 이상사회로 표현된 요堯·순舜의 대동大同사회가 한 번 무너져 된 소강小康의 사회가 또 다시 무너진 상태이다. 주의 주례가 잘 지켜지는 사회는 소강에 속한다. 그 소강의 상태가 무너진 춘추시대에, 공자는 미래에 다시 이상의 상태가 회복될 것을 예언했다는 것이 『춘추공양전』의 관점인데, 그 회복의 시기가 '한조漢朝'라는 것이다. 그것이 춘추공양학과 동중서가 주장하는 '대일통'의 상태이며 이 '대일통'이 한무제 때에 실현된다는 것이다.

『춘추공양전』은 유가사상의 종교화와 관련되어 있다. 그 종교화는 국가통치이념의 근거를 마련하는 것으로서, 시기적으로 한조의 통치이념 성립과 무관하지 않다. 그것도 하필 한조의 통치이념 확립을 본격화한 무제에 가서, 또 동중서라는 공양학자에 의해 부각된 것이다. 동중서의 저작 중 현존하는 것은 『춘추번로春秋繁露』이다. 이 책은 『춘추』의 내용에 대한 동중서의 해석관점을, 그것도 공양학의 해석관점을 여러 사례로 보이고 있음과 동시에 그와 연계된 동중서의 종교성을 띤 철학사상을 담고 있다. 이는 종교적 천명天命 사상의 강조와 관련 있다.

동중서는 기본적으로 종교적 '천天'을 사상의 축으로 하는 정치신학적 입장에서 최고통치자인 천자의 왕권을 근거지우는 데서 출발한다. 그는, "명命을 받은 임금은 천의天意로 주어진 존재이다. 그러므로 '천자天子'라고 불리는 사람은 마땅히 하늘을 아버지같이 보아 효도孝道로써 하늘을 섬겨야 한다." (『춘추번로春秋繁露』「심찰명호深察名號」)고 하여, 최고통치자의 통치권의 근거가 천명이며, 동시에 그 최고통치자가 '천자'로 불리는 이유까지도 결부시켰다.

동중서의 사상과 관련되는 공양학도 기본적으로 종교적 '천'의 존재에 기반한다. 공양춘추는 두 개의 토대를 가지고 있다. 먼저 공자의 『춘추』를 해석하는 것이므로 『춘추』의 역사관점에 한 토대를 둔다. 공양춘추는 또 하나의 토대인 종교적 토대도 가지고 있다. 이러한 특성이 한조의 지배층이, 특히 무제가 필요로 하는 통치이념의 성격에 잘 들어맞았다. 즉 공자라는 이의 철학사상적 권위뿐 아니라, 통치권력자의 권력에 도전하지 못하도록 하는 데 유용한 종교적 권능의 양 측면을 모두 갖춘 것이다. 이 관점에서, 공자는 훗날 한조가 성립될 것을 예언한 하늘이 보낸 예언자요 선지자다. 나아가서 하늘이 보낸 진정한 통치자이지만 현실이 따라 주지 못하여 현실 권력을 가지지 못한 성왕聖王이다.(이런 측면에서 성왕의 덕은 갖추었으나 실제 왕이 되지 못하였다는 의미에서 공자를 '소왕素王'이라 일컬었다.) 그 이전 중국 역사를 말할 때, 하나라 말과 은나라 말에 폭군이 나타나 난세가 되었을 때는 세상을 구제한 성왕이 나타났다고 한다. 하나라의 폭군 걸왕桀王을 밀어내고 은나라를 세운 성왕인 탕왕湯王, 그리고 은나라의 폭군 주왕紂王을 밀어내고 주나라를 세운 문왕文王 · 무왕武王이 그들이다.

만일 이러한 것이 일정한 패턴이며 주왕조 말이 난세가 된 상황이라면, 또 하늘이 세상을 구제할 성왕을 보내야 할 것이다. 그래서 실제 보낸 성왕이 공자라는 말인데, 현실은 그러지 못하였다고 한다. 이전의 성왕은 덕과 현실 권력을 모두 겸비하였는데, 공자의 경우는 덕은 갖추었으나 현실권력은 가지지 못한 이였다는 것이다. 공자가 당시 메시아로서 나타났지만 그 당시 사람들은 그를 알아주지 않았다는 것이다.[1)]

춘추공양학에서 이렇게 보는 것은 『춘추』의 마지막 부분의 '서수획린西狩獲麟'에 대한 관점에서 선명하게 나타난다. 공양학에서는, 하늘이 성왕을 보낼 때는 사전에 어떤 신호로서의 '수명지부受命之符'를 보낸다고 보는데, 이는 '천

1) 마치 예수가 하늘에서 이스라엘을 다스리고 세상을 구제할 '왕 중 왕(King of Kings)'으로서 세상에 왔지만 박해받은 것과 같다. 예수로 인해 있게 된 기독교는 이후 박해를 극복하고 콘스탄티누스 1세 때 공인되기에 이른다. 공자의 사상도 진왕조의 '분서갱유焚書坑儒'와 같은 박해를 극복하고 한조에서 통치이념으로 공인되기에 이르니, 두 경우가 비슷한 인상을 준다.

명을 받은 징표' 곧 하늘이 내린 계시나 신탁의 징표이다. 공자 당시에 보낸 신호로서의 징표가 바로 전설적이고 신성한 동물인 '기린麒麟'이었다는 것이다. 그런데 이 기린을 어떤 나무꾼이 포살捕殺하였다. 이에 대해 『춘추공양전』에서는 이렇게 말한다.

> 14년 봄, 서쪽에서 사냥을 하다가 기린을 잡았다(西狩獲麟). 왜 이 일을 기록하였는가? 괴이한 일을 기록하기 위해서다. 무슨 괴이함인가? 중국中國의 짐승이 아니기 때문이다. 그렇다면 누가 그것을 사냥했는가(狩)? 나무꾼이다. 나무꾼은 미천한(微) 신분의 사람이다. 무엇 때문에 '사냥(狩)'이라고 말하는가? 그것을 큰일(大)로 간주하기 때문이다. 왜 그것을 큰일로 간주하는가? 기린을 잡은 것을 크게 여기는 것이다. 왜 기린을 잡은 것을 크게 여기는가? 기린이란 인수仁獸로서, 왕자王者가 있게 되면 나타나고, 왕자가 없으면 나타나지 않기 때문이다.(『춘추공양전春秋公羊傳』「애공哀公14년조年條」)

여기서 말하는 왕자王者는 공자孔子다. 즉 하늘이 당시 난세를 구할 왕자인 공자를 보냈으며, 그 계시·신탁의 징표로서 '기린'을 나타내 보였다는 것이다. 『공양전』에서는, 『춘추』는 간결한 표현으로 은밀하게 하늘의 계시를 code로서 감추어 놓았다고 본다. 이 간결하고도 사소해 보이는 표현이 '미微'이며, 중요한 하늘의 계시로서의 code, 즉 하늘의 큰 뜻이 '대大'인데, 이러한 사소한 표현의 말로써 하늘의 큰 뜻을 나타내는 것을 '미언대의微言大義'라고 한다. 그 중에 가장 대표적인 것이 바로 이 '서수획린西狩獲麟'이다.

공자는 노魯나라 역사서인 『춘추』의 사료史料를 사례史例로 하여 주례에 근거한 정명론적 도덕판단을 내렸다. 공자는 비록 붓으로써 행한 것이지만 그의 도덕적 평가로 난신적자亂臣賊子를 처단하였다는데(맹자의 관점), 역사적 사실로는 주로 권력을 가진 제후임금이나 대신들이었다. 그런데 이들을 처단

할 수 있는 자격을 가진 이는 천자天子이다. 당시 공자의 신분상 이러한 행위는 '참월僭越'이다. 그렇지만 『공양전』은 공자를 천자의 덕을 가진 이로 보므로 그러한 행위가 정당함을 변호한 것이다. 이는 『공양전』의 취지일 뿐만 아니라 동중서 사상의 취지이기도 하다.

동중서의 이런 사상은 그의 '천인감응天人感應'의 천인天人관계론과 연계된다. 그래서 그의 사상에서 중요한 핵심인 천은 인과 어떤 관계에 있을까가 중요해진다. 고대 중국에서 최고의 종교적 존재는 하늘이다. 하늘은 자신의 뜻을 명命으로서, 즉 이른바 천명天命으로서 내려 준다. 그런데 하늘의 뜻이나 명命은 상징으로서 나타난다고 주장되기도 했다. 그래서 황하黃河에서 거북이 등에 하늘의 계시를 담은 문양을 가지고 출현하기도 하고, 낙수洛水에서 하늘의 계시를 상징하는 문양이 표시된 용마龍馬가 출현하기도 하였다 한다.(전자를 「하도河圖」, 후자를 「낙서洛書」라고 한다.) 『춘추』의 기린 역시 이러한 의미라는 것이다. 이러한 신비적 상징으로 하늘의 뜻을 알 수 있다는 사상은 '참위讖緯' 사상과 관련되기도 한다.

5. 동중서董仲舒의 종교적 천인天人관계론

동중서는 하늘과 인간 사이는 원래 교감, 소통할 수 있도록 되어 있다고 한다. 그러한 입장을 '천인감응天人感應'이라는 말로 부르며, 동중서가 그 대표자다. 동중서의 이러한 '천'은 종교적 존재이다. 그가 말하는 '천'은, 중국상고시대의 상제上帝에서 유래된 인격적 최고신으로서 종교적 관념의 총합체이다. 이는 철학시대 이전의 원시종교적 관념이었다. 그러다가 철학시대 후 합리적 사고를 가진 지식인들에 의한 이성적 유가사상이 전개되고 난 후에도 여전히 종교 관념을 가졌던 묵자墨子와 같은 사람의 '천' 관념이 있었는데, 이러한 것이 한대에 와서 다시 부각된 것이다.

동중서는 "하늘이란 만물의 할아비로서, 만물은 하늘이 아니면 생겨날 수 없다"(『춘추번로春秋繁露』「순명順命」), "사람을 만든 존재는 하늘이다. 사람이 사람임은 하늘에 근본하기 때문이며, 하늘 역시 사람의 증조부다. 이것이 사람이 위로 하늘과 류類를 같이 하는 근거이다."(『춘추번로』「위인자천爲人者天」)라고 하면서 천의 종교성을 드러내는데, 그의 이러한 종교적 성격의 '천'은 '대일통'을 추구하는 한조의 정치적 권위를 확보하는 데 적합했다. 현실정치 속의 피통치자들에 대한 최고통치자가 임금이듯이, 종교관념세계의 최고통치자는 곧 하늘이다. 그래서 그는 "하늘이란 모든 신의 임금이며, 왕자王者가 가장 높이는 존재이다",(『춘추번로』「교의郊義」) "하늘이란 모든 신의 대군大君이다."(『춘추번로』「교의」)라고 한다.

이런 하늘이 사람과 감응할 수 있는 근거는 하늘과 사람의 유비적 관계에 있다. 이런 유비적 관계는 정치적 유비지만, 본래 이런 유비를 일반적으로 가능하게 하는 것은 하늘과 사람의 존재성이 근본적으로 동류同類의 유비관계를 가지기 때문이라고 본다. 즉 '천인동류天人同類'이다. 동중서는 사람을 하늘의 복사판으로 생각했다. 기독교에서도 신이 인간을 자신의 모습으로 창조하였다고 하였지만, 동중서의 경우는 우주론적이다. 동중서의 하늘은 창조주임과 동시에 우주 그 자체이기도 하다. 다음과 같은 동중서의 말이 이러한 천인동류의 생각을 나타낸다.

> 사람의 형체形體는 천수天數의 응용으로 이루어졌고, 사람의 혈기血氣는 천지天志의 응용으로 인仁하며, 사람의 덕행은 천리天理의 응용으로 의義롭다. 사람의 호오好惡는 하늘의 따뜻하고 시원함을 응용한 것이며, 사람의 희로喜怒는 하늘의 추위와 더위를 응용한 것이며, 사람의 운명은 하늘의 사시四時를 응용한 것이다. 사람이 나면서 희로애락喜怒哀樂의 응답이 있음은 춘추동하春秋冬夏의 류類이다. 희喜는 춘春에의 응답이요, 노怒는 추秋에의 응답이며, 락樂은 하夏에의 응답이요,

애哀는 동冬에의 응답이니, 하늘의 부본副本이 사람에게 있는 것이다.
(『춘추번로』「위인자천」)

동중서는 이렇게 사람을 우주의 축소판 또는 소우주로, 우주는 사람의 확대판이나 '큰 사람'으로 보았는데, 이러한 생각은 동중서뿐만 아니라 그 당시 중국인들이 일반적으로 가졌던 생각이기도 하다.

6. 동중서董仲舒의 음양론陰陽論

이러한 천인동류적 관계에서 하늘과 사람의 교감을 가능하게 하는 근거는 무엇인가. 그것은 '기氣'이다. 그는 이렇게 말한다.

> 천지天地 사이에는 음양陰陽의 기氣가 가득 차 있는데, 언제나 사람을 적시고 있는 점이 물이 언제나 물고기를 적시고 있는 것과 같다. (기가) 물과 다른 점은 볼 수 있음과 볼 수 없음의 차이뿐으로 모두 그저 고요하다. 그렇다면 사람이 천지 사이에 존재하는 것은 물고기가 물에 잠겨있는 것과 한가지다.(『춘추번로』「천지음양天地陰陽」)

동중서는 그의 천인동류적 상응의 관점을 이 '기氣'의 두 양태인 '음양陰陽'의 관계에도 적용시켜, 양은 양끼리 음은 음끼리 상응한다고 주장하였다. 이러한 음양의 상응관계는 다음과 같이 천인의 상응관계에 적용된다.

> 하늘에도 음양이 있고, 사람에도 음양이 있다. 천지의 음기가 일어나면 사람의 음기가 그에 응하여 일어나고, 사람의 음기가 일어나면 천지의 음기 역시 당연히 그에 응하여 일어나니 그 원리가 같기

때문이다.(『춘추번로』「동류상동同類相動」)

음양관은 『주역周易』과 같은 문헌에 나오지만, 본래 중국고대의 일반적 전통관념에서 유래한 것이기도 하다. 동중서는 이러한 음양 관점을 특히 당시 사회의 신분질서를 설명하는 데에 사용했다. 그는,

> 군신君臣 · 부자父子 · 부부夫婦의 의義는 모두 그것을 음양의 도道에서 취한다. 군君은 양陽이고 신臣은 음陰이며, 부父는 양陽이고 자子는 음陰이며, 부夫는 양陽이고 처妻는 음陰이다.(『춘추번로』「기의基義」)

라고 말하였는데, 이는 당시 고대봉건사회의 신분질서의 핵심인 군신君臣, 부자父子, 부부夫婦(부처夫妻)에 음양관념을 적용한 것이다.

그런데 동중서는 군신, 부자, 부부의 각각의 전자가 양이고 각각의 후자가 음임을 부각함과 동시에, 나아가 "악惡의 무리는 다 음이고, 선善의 무리는 다 양陽이다."(『춘추번로』「양존음비陽尊陰卑」)라고까지 하여, 그가 구상하는 당시의 통치이념에 그의 봉건가치로 해석된 음양론을 편입시켰다. 그의 이러한 관념이 상징적으로 표출된 것이 그의 봉건적 신분질서관념인 이른바 '삼강三綱', 즉 '군위신강君爲臣綱', '부위자강父爲子綱', '부위처(부)강夫爲妻(婦)綱'이라는 사상이다.

이러한 부분은 표면상 유가사상인 것처럼 보이지만, 여기에는 통치자의 지위를 우선하는 법가적 사고가 그 이면에 깔려 있다. 법가를 유가로 포장하면서도 양자가 융합되어 있는 것이다. 그러면서도, 그는 유가적인 면을 강조하여,

> 양陽이란 하늘의 덕德인 반면 음陰이란 하늘의 형刑이다. … 그러므로 통치자의 길에는 몸에서 하늘과 같은 점을 사용하는 것보다 명

> 철한 것은 없으니, 희로喜怒를 반드시 의義에 맞게 냄을 마치 한서寒暑가 반드시 때에 맞게 발하듯이 하고, 덕德을 형刑보다 후하게 함을 마치 양陽을 음陰보다 많게 하듯이 하는 것이다.(『춘추번로』「음양의陰陽義」)

라고도 하였다. 동중서는, 양에 속하는 쪽은 사회의 주도권을 잡은 쪽으로서 선의 편이고, 음에 속하는 쪽은 사회의 종속적 입장에 속한 쪽으로서 악의 편이어서, 양의 쪽에서 음의 쪽을 통치, 지배하여야 한다는 봉건이데올로기를 말하지만, 그러면서도 통치자가 하늘과 함께 하는 정치를 함에 있어서 양인 덕德 위주의 정치를 할 것을 주장하는데, 진秦의 형刑 위주의 통치방법과 다른 덕德 위주의 유가적 통치방법을 내세운 것이다.

이러한 동중서의 천인동류적 천인감응설은 종교성을 띤 정치철학인데, 그가 보기에, 인간이 하는 행위는 하늘의 반응을 가져오게 하여, 인간의 선악에 따라 하늘은 상과 벌로 반응한다고 하며, 그럼에도 하늘은 덕 위주의 즉 상 위주의 긍정적 반응을 중시한다고 한다. 하지만 그의 사상의 기본 기조는 그 벌에 해당하는 '재이災異'를 강조하여 정치적 권력의 견제를 도모한다. 그래서 그는 '대책문'에서 이렇게 말하였다.

> 신臣이 삼가 『춘추』의 기록을 보건대, 전대에 있었던 일을 봄으로써 하늘과 사람이 상호작용하는 것을 관찰할 수 있음은 매우 두려운 일입니다. 나라와 집안에 도덕을 잃는 망가뜨림이 있으려 하면 하늘은 이에 먼저 재해災害를 냄으로써 그 점을 견고譴告합니다. (그럼에도) 자성自省할 줄 모르면 또 괴이怪異를 내림으로써 그 점을 놀라게 하며 겁을 줍니다. 그럼에도 변할 줄 모르면 상패傷敗함이 곧 이르게 됩니다. 이로써 천심이 인군人君을 인애仁愛하여 그 란亂를 그치게 하려함을 보게 됩니다.(『한서』「동중서전」)

여기서 인간의 비교적 작은 잘못은 '재해災害'로 나타나고, 비교적 큰 잘못은 '괴이怪異'로 나타난다는데, 이 둘을 합쳐서 '재이災異'라 한다. 그가 말하는 인간의 행위는 모든 인간에 다 해당될 수 있으나 여기서는 특히 통치자의 경우를 말한다. 이렇게 동중서는 재이견고설災異譴告說로써 천자의 권력을 하늘의 통제 하에 두려 했다.

7. 동중서董仲舒의 오행론五行論

한대 사상의 일반적 경향 중의 하나가 선진시대에 독립적으로 출발한 음양陰陽과 오행五行의 사상을 하나의 체계 속에 결합하는 것이다. 그래서 이후 중국의 자연철학은 '음양오행陰陽五行'을 병칭하는 구조로 나아가게 되었고, 이는 인사人事에도 적용되어 자연과 인간 모두에 '음양오행'의 범주체계를 적용하게 된다. 이처럼 양 범주의 결합에 공헌한 사상가 중의 대표가 동중서이다. 그는 천인감응의 매개체로서의 기氣를 음양陰陽의 관점 뿐 아니라 오행五行의 관점에서도 파악하였다.

오행五行은 『서경書經』「홍범洪範」에서 유래한 바이지만, 이후 전국시대 추연鄒衍의 오행상생상승설五行相生相勝說로 인해 오행에 그 상호관계로 인한 순환적 작용규칙이 있음이 주장되었다. 오행의 '행行'에 '운행'의 의미가 있음을 말한 것이다. 동중서는 이 학설을 계승하여 "행行이라는 것은 운행(行)이니, 그 운행이 같지 않으므로 이를 '오행五行'이라 이르는 것이다."라고 하였다. 그는 오행을 개괄하여 말하기를, "하늘에 오행五行이 있는데, 첫째 목木이고, 둘째 화火이며, 셋째, 토土이고, 넷째 금金이며, 다섯째 수水이다."라고 한 바, 이는 오행의 상생설相生說에 의거한 순서이다. 나아가 그는, "목木은 오행의 시작이고, 수水는 오행의 마침이며, 토土는 오행의 가운데이다. 이것은 하늘이 차례지운 순서이다. 목木은 화火를 생하고, 화火는 토土를 생하고, 토土는 금金을 생하며, 금金은 수水를 생하고 수水는 목木을 생하나니, 이러한 것은 그 (순서상 전후는) 부자父子의 관계이다."라고 하여 이를 분명히 하였다. 그는 오행상생상승설의 규칙을 "(순서에 따라) 인접한 것은 상생하며 (그 순서) 사이를 건너뛴 것은 상승한다."는 것으로 표현하였다.

이러한 오행은 천인감응에 어떻게 작용하는가? 동중서는 바로 앞의 말에 뒤이어 "그러므로 다스림에 있어서, 그것을 거스르면 어지러워지고, 그것을 따르면 다스려진다."라고 하였는데, 이것이 오행이 천인감응에 작용하는 일반 원칙이다. 즉 위정자가 정치를 함에 있어서 오행의 규칙을 따라야 한다는 것이다. 그는 "오행五行이란 오관五官"이라고 생각하였는데, 오관五官은 사농司農, 사마司馬, 사영司營, 사도司徒, 사구司寇의 다섯 관직이다. 동중서에 따르면, 오행은 목, 화, 토, 금, 수의 순서에 따라, 동방, 남방, 중앙, 서방, 북방의 방위가 배당되고, 또 인仁, 지智, 신信, 의義, 례禮의 덕이 배당되는데, 그가 생각하기에 오관五官이 이 배당 원칙에 따라 직무를 잘 수행해야 세상이 잘 다스려지고 그렇지 않으면 세상이 어지러워진다고 보았다.

그런데 천인감응설의 핵심은 궁극적으로는 최고통치자인 임금에 관한 것이므로, 동중서는 임금의 실정失政에 대해 하늘이 어떻게 감응하여 어떤 결과가 초래되는가를 오행의 규칙에 의거하여 말하였다. 그 중 '목木'에 관한 것을 제시하면 다음과 같다.

> 만일 임금이 나가고 들어옴이 때에 맞지 않아서, 사냥개나 시험용 말을 데리고 말달리기를 하면서 궁실로 돌아올 생각을 하지 않거나, 음란한 음악을 좋아하고, 주색에 빠져 헤어나지 못하며, 방자하게 굴며 정치를 돌보지 않고, 역사役事를 많이 일으켜 백성의 시간을 빼앗고, 여러 가지로 궁리하여 세금을 늘려 백성의 재물을 빼앗는다면, 백성들은 피부병이 나서 긁게 되고, 몸에 열이 나며, 발과 정강이가 아프게 된다. 재앙이 나무에 미치면 무성하던 나무가 시들어 마르고,

공장工匠이 만든 수레바퀴가 부서지는 일이 많게 된다. 독수毒水가 무리에 엄습하고, 저수지를 쳐내고 물고기를 잡으며, 재앙이 비늘 있는 동물에 미치면 물고기가 자라지 못하고, 용龍의 무리가 깊이 숨고, 고래가 출현한다.(『춘추번로』「오행순역五行順逆」)

또 위정자인 임금은 마땅히 오행의 순서에 맞추어 정치를 해야 하는데 만일 그렇지 못하면 자연에 이변이 발생한다. 이를 위한 해결책은 '덕德'에 의한 정치이다. 그래서, 동중서는 말하기를,

> 오행의 변고가 발생하면 그것을 마땅히 덕德으로 구제해야 하니, 천하에 그 정책을 실시하면 재앙이 사라진다. 덕으로써 구제하지 않으면 3년이 되기도 전에 하늘에서 돌이 내리게 될 것이다.(『춘추번로』「오행변구五行變救」)

라고 하였다. 그리고 이어서 이러한 원칙에 따른 구체적 문제점과 해결방안을 오행의 각각에 따라 열거하였다. 그 중 '목木'에 관한 것을 예로 들면 다음과 같다.

> 목木에 변고가 발생하면 봄에 (식물이) 시들고, (반대로) 가을에 (식물이) 번성한다. 가을에 나무에 얼음이 맺히고 봄에 비가 많이 내린다. 이것은 요역繇役이 너무 많고 세금이 무겁고 백성이 빈궁하여 (살던 터전을) 등지고 떠나며, 길에는 굶주린 사람이 많게 되기 때문이다. 이를 구제하려면 요역을 줄이고 세금을 가볍게 하며, 나라의 창고 곡식을 내어 곤궁한 이들을 구휼해야 한다.(『춘추번로』「오행변구」)

동중서는 이처럼 재해의 원인이 하늘의 법칙인 오행에 따른 정치를 하지 않아서 그런 것에 있는 것처럼 말하면서도, 동시에 위정자가 행한 정치 자체의 문제인 것처럼 말하기도 하여, 그 해결방안을 결국 덕치에 두기도 하는 점을 보인다.

제17장

왕충王充

왕충王充(27~약 97)의 자字는 중임仲任이며, 동한東漢(후한後漢)시대 사람으로서, 회계會稽 상우上虞(지금의 절강성 소흥紹興) 지역 사람이다. 그의 집안은 그의 증조부 때 공을 세워 회계양정후會稽陽亭侯로 봉해진 바 있으나, 그 후 집안이 가난해져 농사와 양잠업과 장사에 종사하였다. 왕충 자신도 작은 현의 관리를 지내다가 나중에 관직을 잃어서 생활이 빈곤해졌다. 왕충은 어려서부터 총명하고 학문을 좋아하여, 많은 책을 두루 읽었으며, 변론을 잘하였다. 자라서는 고향을 떠나 수도 낙양洛陽으로 가서 태학太學에서 공부하며, 반표班彪에게서 배웠다. 책을 살 돈이 없어서 낙양 시내 책방을 돌아다니며 책을 읽었으며, 기억력이 좋아 책을 보곤 외울 수 있을 정도였다. 부귀를 탐하지 않고 고관高官을 부러워하지 않았다고 한다.

왕충王充은 그가 살던 앞 시기인 서한西漢(전한前漢) 때의 동중서董仲舒와 같은 사상가들에 의해 유가사상에 뿌려진 종교적 신비성에 반대하며, 철저히 합리적인 사상을 추구하였다. 그는 신비적이고 불합리한 것을 매우 싫어하였고, 전통과 권위를 인정하지 않아서 세속의 의견이나 기성 학설을 덮어 놓고 따르는 것을 싫어하는 성향을 가지고 있었다. 그의 그러한 작업의 대표적 결과물이 그의 저서인 『논형論衡』이다. 그가 『논형』의 취지를 한 마디로 "허망을 미워함(疾虛妄)"이라 한 것이 그의 사상적 성향을 말해주는 것이다. 그가 허망한 것으로 규정하여 비판한 것은 사회 일반의 미신적인 참위讖緯사상 같은 것과 당시 사회의 통치 이념에 내재된, 동중서의 사상과 같은 천인감응설天人感應說 같은 것이었지만, 나아가서 유교 경전이나 유교에서 존중되는 인물인 공자孔子와 맹자孟子도 그 비판 대상이 될 정도로 그 사상적 소신이 철저했다.

한무제漢武帝가 당시 동중서董仲舒를 대표로 하는 유학자들로 하여금 유학을 국가이데올로기로 만들도록 하여 등장한 서한 시기의 유학을 '금문경학今文經學'이라고 일컫는다. 금문경학은 진秦왕조에 의해서 말살된 유학을 당시

문자언어로 복구하였으므로 일컬어지는 것이며, 유학의 회복 과정에서 당시 사상 성향인 천인감응설과 신학목적론神學目的論이 결부되었다. 그리고 사회적으로 미신적 음양재이설陰陽災異說과 자연현상을 정치적으로 이용하는 참위讖緯의 풍조가 사회에 만연하게 되었다. 선진시대 공자孔子로부터 시작된 유가철학정신에 역행하는 철학적 퇴행이었다. 이후 이러한 신학적인 금문경학에 대해 반발이 있게 되었고, 이러한 반발이 학술화된 것이 곧 '고문경학古文經學이다'. 이는 고문경古文經을 연구하는 학문으로서, 고문경이란 진시황의 분서焚書를 피하여 민간의 유생들이 숨겨둔 것을 한漢 경제景帝 때에 하간河間헌왕獻王이 민간에서 수집한 것과 무제武帝 때 노공왕魯恭王이 공자의 고택故宅 벽 사이에서 발견하였다는 문헌이다. 그래서 금문경학과 고문경학은 그 근거로 하는 문헌이 다르다는 것이다. 고문경학은 서한西漢과 동한東漢의 교체기에서 동한에 이르기까지 형성되었고, 왕충은 그 고문경학의 대표자이다.

1. 왕충王充의 천인감응설天人感應說적 천인天人관계 비판

앞 장의 동중서董仲舒의 사상을 말하면서 이미 거론하였듯이, 하늘과 사람은 서로 감응하는 관계에 있다는 것이 '천인감응설'의 '천인'관계이다. 그 당시 사회 분위기가 이러한 생각을 믿는 상황이었지만, 왕충은 그러한 '천인관계'에 관한 이론을 허망하여 믿기 어렵다고 비판하였다. 동중서 사상에서 보았듯이, 천인감응설에 있는 재이설災異說 같은 것은 인간사회의 정치적 문제나 선악행위에 관한 것은 하늘의 자연현상과 상관관계에 있고, 하늘도 인간사회에 계시적 정보를 내리며, 나아가 인간의 행위에 대해 상벌을 내리는 권위를 보이고, 인간도 자신의 행위로 하늘에 보답을 기원하는 사고를 가지고 있는 것이다. 그러나 왕충은 자연 현상은 단지 물리적 현상일 뿐 인간의 일과는 상관이 없다고 주장한다.

왕충은, 하늘의 운행은 무슨 목적을 가진 것이 아니라, 단지 자연自然 그대로라고 주장했다. 또 그는, '자연'은 무목적, 무의식의 상태로 보았다. 이는 도가에서 도道가 '무위자연無爲自然'이라고 하는 관점에서 유래된 것이다. 이렇게 그의 사상에는 도가적 요소도 있었는데, 원래 그의 사상은 반유반도半儒半道의 성격을 지니고 있는 측면이 있다. 그렇지만 엄밀히 말하면 그는 유가도 도가도 아니다. 유가로 보기에는 공자와 맹자, 그리고 이전의 유교 경전의 권위도 무턱대고 인정하는 것을 거부하였으며, 도가로 보기에는 노자와 장자의 사상을 그대로 수용하지도 않았다. 단지 당시 유행하던 황로黃老 사상의 부분적 요소만을 표출했을 뿐이다. 즉 그는 기존 사상 모두에 대해서 자신의 관점에 따라 해석하고 비판하는 독자적인 성향의 사상을 가지고 있었다고 할 수 있다. 따라서 그의 사상에 대한 평가는 주장하는 내용 하나하나에 대해 개별적으로 행해져야 하는 것이다.

왕충은 또, 천지天地가 사람을 생生한다는 사고를 비판하여, 천지는 다만 '기氣'를 합할 뿐으로서, 사람은 우연히 스스로 생生한다고 봤다. 왕충이 보기에, 천인감응론자들이, 임금이 기뻐하면(喜) 기후가 따뜻해지고, 화를 내면(怒) 추워진다고 하면서, 기뻐하고 화를 냄이 가슴 속에서 발생한 후에 밖으로 행해져 상賞과 벌罰을 이룬다며, 상과 벌은 기뻐함과 화냄의 효과라고 보아, 통치자의 희로喜怒의 기氣가 직접 외계 기후의 변화를 일으킨다고 하지만, 왕충은 이에 반박하여 통치자의 희로가 밖으로 영향을 미치려면, 먼저 자신의 신체 변화부터 있어서, 기뻐하면 높게 열이 나고, 화를 내면 차가와져야 하는데, 실상은 결코 그렇지 않다고 주장했다. 이처럼 통치자가 자신의 가슴 속의 기의 변화도 일으키지 못하는데, 어떻게 외계 기후의 변화를 일으키겠는가 하며 비판했다.

또, 천인감응설에 따르면, 사람의 선악善惡 행위에 대해서 하늘은 사람에게 상과 벌을 준다고 하여, 어떤 사람이 벼락을 맞는 것은 그가 악하여 벌을 받는 것이라고 주장하지만, 왕충은 벼락은 하늘과 땅 사이의 기가 충돌한 단순한 자연현상으로서, 사람이 그 사이에서 죽게 되는 것은 단지 우연일 뿐이라고 주장하였다. 즉 이는 사람과 하늘은 무관하여, 하늘은 사람의 선악에 대해서 상벌을 내릴 수 없다고 하는 것이다. 또, 동중서 방식의 천인감응설은, 인군人君이 정치에서 도를 잃으면 하늘은 재이災異로써 그에게 견고譴告하고 하늘이 인군에게 견고함은 인군이 신하를 문책하며 노하는 것과 같다고 생각하는 것이지만, 왕충은 이에 반박하여, "천도天道자연自然은 무위無爲이고, 사람에게 견고하는 것은 유위有爲로서 자연이 아니다."(『논형論衡』「견고譴告」)라며 구분했다.

왕충은, '천'은 하나의 물질적 실체로서 옥玉이나 석石의 종류와 같은 것이라고 주장했다. 또 그는 사람을 포함한 만물은 '천'이 낳는 것이 아니라, 자연으로서의 천지 사이의 기氣로써 생성되는 것이라고 주장했다. 사람도 만물의 하나로서, 사람이든 그 외 만물이든 모두 원기元氣를 받아서 사람이 되기도 하고 짐승이 되기도 하니, 만물의 생성은 모두 기의 응취凝聚로 말미암은 것으로서, 마치 물이 응결하여 얼음이 되는 것과 같다고 하였다. 왕충에 따르면, 만물은 천지의 기氣가 합하여 스스로 생한다는 것이다. 기가 모이면 삶(생生)이 되고 흩어지면 죽음(사死)이 된다. 이렇게 만물은 생장과 소멸의 과정을 밟지만, 그 근원적 물질인 기氣는 영원하다. 이러한 기는 아무런 의지가 없는 자연일 뿐이다.

이러한 '기'에 관한 학설은 동중서 등의 신비주의 관점을 반박하여 그로부터 벗어난 것이다. 왕충의 '천'은 천문학과 같은 자연과학적 '천'이면서 동시에 철학적 '천'이다. 두 관점 모두 물질적 천으로서, 아무런 목적이나 의식, 그리고 도덕적 속성이 있을 수 없는 것이다. 왕충의 논리에 따르면, 천인감응설이나 그에 바탕한 '견고譴告'설은 인간사회의 사정을 근거로 삼아 자연계를 상상하고, 사회 중의 도리를 자연계에 억지로 보탠 것이며, 이는 자연계를 의인화한 것이라는 취지이다. 왕충은, '천도天道'는 '무위無爲'하고, '인도人道'는 '유위有爲'하다고 하면서, 천天과 인人을 구별하였는데, 이는 역시 동중서의 '천인감응설'에 대한 반대로서, 천지의 운행도 무목적이고, 그 사이의 만물과 사람도 무목적이라는 것이다. 즉 유신론적有神論的 목적론目的論에 대한 무신론적無神論的 기계론機械論을 주장한 것으로 볼 수 있는 것이다.

왕충은, '천'은 천문학에서 말하는 '천'이고, 종교에서 말하는 인격을 가지고 의지를 가지는 '천'이 아니라고 하면서, 그는 당시의 천문학적 지식으로 그가 이해하는 하늘의 성격을 규정하였다. 이는 곧 자연과학적 천으로서, 순자荀子의 '천'에 대한 관점, 특히 무신론적 유물론의 계승으로 보는 견해도 있지만, 인간의 지위에 있어서는 순자와 다르다. 순자는 인간의 지위를 하늘과 땅에 함께 참여할 수 있는 정도로 격상하였지만, 왕충은 천인 사이에 아무런 영향을 주고받는 상관관계가 없다는 자연론적인 유물론적 관점을 지극히 하다 보니, 인간의 지위도 단지 자연 속 만물의 일부로 보아 오히려 초라한 위치에 두었다. 그러면서 자연적 하늘이야말로 만물에 영향을 줄 수 있지만, 그 역逆은 가능하지 않다는 점을 강조하였다. 즉, "하늘은 사물을 움직일 수 있지만, 사물이 어찌 하늘을 움직일 수가 있는가? 무슨 말인가? 사람과 사물은 하늘에 매여 있어서, 하늘은 사람과 사물의 주主가 되기 때문이다."(『논형論衡』「변동變動」)라고 한 것이다. 그래서 이어 말하기를, "사람이 하늘과 땅 사이에 있는 것은 벼룩과 이가 옷 속에 있는 것이나 땅강아지와 개미가 구멍 속에 있는 것과 마찬가지이다. 벼룩과 이, 땅강아지와 개미가 이리저리 아무리 다녀도 옷이나 구멍의 기氣를 변동變動시킬 수 있겠는가? 벼룩과 이, 땅강아지와 개미가 할 수 없는데 사람만이 할 수 있다고 말하는 것은 사물의 기氣에 대한 이치에 도달하지 못한 것이다."(『논형』「변동」)라고 주장하였다.

한편, 당시 세속에서는 사람이 죽은 후에 '형形', 즉 육체가 없이 '신神', 즉 정신만 존재할 수 있다고 생각하였으며, 이러한 생각은 당시 이전은 물론이고, 오늘날까지도 각자의 생각과 나아가서 종교에 따라 믿고 안 믿고가 다르기도 하다. 즉 이것은 무신론의 '영혼멸'의 생각과 유신론의 '영혼불멸'의 생각의 차이이다. 중국 문화 속에서는 사후에 정신인 '신神'만 남아 존재하는 것을

'귀鬼'로 보았다.

이러한 세속적 주장에 대해 당시 왕충과 같은 시기이면서 50여 세 더 앞의 환담桓譚(약 B.C.23~56)은 장작과 불의 관계로 육체와 정신의 관계를 설명하였는데, 그는 이러한 비유로써 육체와 정신은 분리할 수 없음을 말하였다. 그는, 정신은 육체에 의존하여서만 존재할 수 있다고 보았다. 즉 불이 장작을 떠나서는 존재할 수 없으며, 장작이 있어야만 불이 존재할 수 있는 것과 같이 정신은 육체를 떠나서는 존재할 수 없으며, 육체가 있어야만 정신이 존재할 수 있다고 하였다. 그래서 육체가 없는 정신으로서의 영혼은 존재할 수 없다는 것이다. 영혼불멸설을 부정하는 영혼멸설인 것이다. 이에 사용된 환담의 이 비유는 이후 영혼불멸설로서의 '신불멸神不滅'을 주장한 불교의 혜원慧遠에 의해서 역逆으로 이용되기도 했다.

당시 왕충 역시 환담과 마찬가지의 주장을 하였는데, 왕충은, 사람이 죽으면 정신도 존재하지 않으므로, 사람이 귀신이 된다는 것은 아무런 근거가 없다고 생각하였다. 그래서 사람은 정기精氣를 품수하여 태어나는데, "정기가 될 수 있는 것은 혈맥이다. 사람이 죽은 후에 혈맥은 고갈되고, 혈맥이 고갈되면 정기는 존재하지 않으며, 정기가 존재하지 않으면 형체가 썩고, 형체가 썩으면 회토灰土가 되는데, 어찌 귀鬼로 변하겠는가?"(『논형』「논사論死」)라고 하였다. 왕충은 또 '기氣'와 '물物'의 기초 위에서 인간의 정신 현상이 발생하고 존재한다고 생각하였다. '기'는 인간의 형체를 구성하며, 이로 인해 인간의 형체에 정신현상이 발생하게 되는데, 사람이 일단 죽으면 정신현상도 따라서 소멸되어 더 이상 존재하지 않게 된다고 보았다. 왕충은 환담의 주장처럼 사람의 죽음을 불의 꺼짐으로 비유하여, 인간의 육체 존재가 정신 존재의 전제임을 설명하였다. 사람이 죽은 후에도 불멸하는 정신은 존재하지 않으며, 더욱이 귀신이 존재하여 현실의 사람들에게 영향을 미칠 수는 없다고 하였다. 그는 이러한 귀신론의 황당함을 비판함과 동시에, 귀신을 보았다는 것은 사람의 병으로 인한 정신 착란이거나 또는 죽은 사람에 대한 그리움으로 인한 것이라고 보았다. 그는, 사람이 병이 들면 두려워하고, 두려워하면 귀신이 보이게 된다고 하였다.

2. 왕충王充의 '명命'과 '성性'

선진先秦 유가철학에서는 모든 존재의 근원과 가치의 근원을 하늘에 두었다. 그래서 인간 존재가 생기고, 가치 관념에 따른 도덕 문제는 하늘이 제공하는 것이 되는 것이며, 이는 종교적 하늘을 상정하는 사상에는 있을 수밖에 없는 것이다. 그런데 만일 하늘을 철학적 원리로 규정한다면, 이 경우에도 역시 그 존재의 근원과 가치의 근원을 하늘에 둘 수밖에 없지만, 이때 도덕철학이 마련될 경우는 사실과 가치의 근원을 동일하게 보는 도덕형이상학이 생기게 된다. 『중용中庸』의 '천명지위성天命之謂性'의 명제의 경우 하늘이 '명命'한 것이 '성性'으로 되어, 본성의 가치문제는 하늘이 부여한다는 의미의 '명命'한 것이 되므로, 이때 가치문제도 하늘이 부여한 것이 된다. 다만 이후의 한대 철학처럼 종교적 하늘이 아닌 철학적 하늘이라는 점이 다르다. 『중용』은 하늘이 '성誠'하다는, 존재이면서 가치인 개념을 통해 도덕문제를 거론한다. 하지만 이때 사실명제에서 가치명제, 당위명제를 도출하는 '자연주의적 오류'[1]를 감수해야 한다. 이때 왕충처럼 하늘을 가치문제와 무관한 자연의 하늘로 간주하면 또 다른 문제가 생긴다. 단지 존재법칙에 관한 사실개념만을 말할 수밖에 없어서 도덕문제를 논할 가치개념의 근거가 없어지게 되는 것이다. 즉 자연과학적 법칙에서 가치개념이나 나아가서 도덕관념에 따른 도덕법칙을 도출할 수는 없기 때문이다.

---

1) 이것은 무어(George Edward Moore, 1873~1958)가 말한 바로서, 사실판단에서 가치판단을 도출할 때의 문제이다. 중국철학사에서 이 문제는 성리학 시대까지도 계속되다가, 심학에서 본격적 해소가 시도된다. 무어는, 가치는 사실에서 도출되는 것이 아니라 직각적으로 얻어진다고 했는데, '심학心學'의 취지가 그러한 것이다.

그런데 왕충의 경우는, 『노자』의 '천지불인天地不仁'처럼 도가적 관념과 같은 자연주의적 사상을 전개했으므로, 이때의 자연적 하늘에서 '명命'도 '성性'도 모두 도출되고, 나아가서 이 두 개념 간의 구분도 엄격히 하지 않는 사상 형태가 된다. 그가 '명'과 '성'을 구분함은 존재의 측면에 따른 구분이다. 그래서 인간 존재의 경우, 빈부나 귀천은 '명'의 문제에, 지혜나 품행 같은 것은 '성'에다 귀속시켰다. 그러나 근본적 분리가 되지는 않았으므로 양자는 실존적 인간 존재에 있어서는 상호 연계되어 있는 것이 된다. 그러면서 '성'은 오히려 '명'에 의존되어 있는 양상으로 설명한다. 이것은 그의 결정론, 숙명론으로 말할 수 있는 성격의 사상으로 전개되게 되는 것이다. 즉 인간의 삶이 인간주체의 자유의지보다는 결정된 운명에 따른다는 것으로 되는 것이다. 그에게 있어서 인간의 길흉화복吉凶禍福이나 성패득실成敗得失은 모두 운명으로 결정된다는 것이다. 그리고 그는, 인간존재의 '성'도 역시 '명'으로 결정되어 있으며, 이러한 '성'이 전통적으로 말해 온 선악 문제에 있어서도, 맹자나 순자처럼 선천적으로 동일한 것도 아닌, 실존적 존재에 따라 달리 타고나며, 그것은 '명'으로 정해져 타고나는 것으로 말했다. 그는 인성의 선악 문제이든 인간 존재에 있어서 각자의 재능의 문제이든 빈부귀천의 문제이든 이렇게 말했다.

> 사람의 '성性'에 선善도 있고 악惡도 있음은 사람의 재능에 높음도 있고 낮음도 있음과 같다. 높은 것은 낮아질 수 없고, 낮은 것은 높아질 수 없다.(『논형』「본성本性」)
>
> '성性'을 품부받고 '명命'을 부여받는 것은 같은 실체이다. '명'에는 귀천貴賤이 있고, '성'에는 선악善惡이 있는데, '성'에 선악이 없다고 말하는 것은 사람의 '명'에 귀천이 없다고 말하는 것이다.(『논형』「본성」)

이 말은 '성'과 '명'을 나란히 두고 거론한 것이지만, 사실상 이러한 제반 요소가 결국 '명'으로 귀결된다는 것이 왕충의 취지이다. 그러면서도, "인간의

'성'을 논하면 반드시 선도 있고 악도 있다. 그 선한 자는 본래 선하고, 그 악한 자는 그러한 이유 때문에 가르쳐 알려주고 이끌어 독려해 주어 선하게 만드는 것이다."(『논형』「솔성率性」)라고 말함으로써, 이전 인성론의 요소를 자신의 관점대로 절충한 모습도 보이고 있다. 그래서 그의 인성론은 이전 인성론들을 절충한 '선善', '무선무악無善無惡', '악惡'의 세 등급이 있다고 주장한 학설로 평가되면서, 비록 타고난 인성일지라도 생활환경에 따라 개선될 수도 있다고 하여, "중인中人의 '성'은 후천적 학습에 있는데, 선을 익히면 선하게 되고, 악을 익히면 악하게 된다."(『논형』「본성」)고도 하여 가변성을 인정하기도 했다.

그리고 그는 선악의 문제가 현실 속에서 기대하는 바의 길흉의 문제와 일치하지 않음에 대해서 이렇게 말했다.

> '성'은 '명'과 다르다. 어떤 이는 '성'이 선하지만 '명'이 흉하고, 어떤 이는 '성'이 악하지만 '명'이 길하다. 조행操行과 선악은 '성'의 문제이고, 화복과 길흉은 '명'의 문제이다. … '성'에는 본래 선악이 있고, '명'에는 본래 길흉이 있는데, '명'이 길한 사람으로 하여금 비록 선을 행하게 해도 꼭 복이 없으라는 경우는 없고, '명'이 흉한 사람으로 하여금 비록 조행操行에 힘쓰게 해도 꼭 화가 없으라는 경우는 없다. (『논형』「명의命義」)

3. 왕충王充의 공자孔子에 대한 비판

한漢왕조의 금문경학적 유학자들은 그들의 이론과 방법을 높이고 퍼뜨리며 정당화하기 위해 공자孔子와 맹자孟子 같은 유가의 원조철학자들을 신비화시켰다. 그리고 이들과 관련된 문헌들도 경전經典으로 삼아 역시 신비화시켰다. 왕충은 이러한 점에 불만을 가졌다. 그는 공자, 맹자 같이 신격화, 신비화된 인물이나 그들과 관련된 문헌들 자체가 결코 완전무결한 것도 아니며 신격화, 신비화될 것도 아님을 역설하였다. 『춘추春秋』의 한 해석판인 『춘추공양전春秋公羊傳』을 학설의 축으로 하는 금문경학자들은 공자를 메시아로 신비화시키고 나아가 신격화시켰다. 왕충은 기본적으로는 공자와 그의 학설이 당시 중국사회와 중국문화에 남긴 가치를 인정하였다. 『춘추』의 중요성에 대한 기본인식은 금문경학을 비판하는 왕충 역시 마찬가지다. 그는 기본적으로 『춘추』에 대한 공자의 업적을 인정하였다. 그래서 그는 "『춘추春秋』는 한나라의 경전인데, 공자가 제작하여 한나라에 남겨주었다."(『논형』「정재程材」)라고 하였다.

왕충이 보기에, 한漢왕조는 명분상 유학을 그 통치이념으로 하므로 오경五經의 도가 사회현실에 반영되는 제도를 성립시켜야 하고, 그런 의미에서 공자는 한왕조에 공헌했다고 보았다. 즉, 공자는 한왕조에 나라를 세우는 기본틀과 치국평천하의 도를 만들어 준 것인데, 이것이 곧 한왕조의 통치이념이었던 것이다. 실제 대표적 관변학자인 동중서董仲舒는 춘추공양학파春秋公羊學派로서, 그는 『춘추』를 한왕조의 이념적 기틀로 삼았다. 그런데 여기서 주목되는 것은 한왕조가 법가사상을 국가운영의 실무적 기초로 삼았고, 이 점에 있어서는 동중서나 왕충이 같은 인식을 가졌다는 점이다. 그렇지만 공자의 『춘추』에 나타나는 도덕적 기준은, 왕충의 입장에서는 한왕조 지배세력의 봉건전제주의 통치를 공고히 하는 데 큰 공헌을 한 것이었다. 왕충이 보기에, 공자는 그 당시에는 의도하지 않았지만 훗날 한왕조에 의해서 이용된 한왕조의 이념적 왕이었던 것이다.

이렇게 왕충은 비록 기본적으로는 공자를 높이고 그 학설의 사회적 가치를 인정하였지만, 한편 공자가 완전무결하여 비판의 여지가 없는 신성불가침의 존재는 절대로 아니라고 생각하였다. 이러한 입장은 일반적인 유학자가 가질 수 없는 생각이다. 역사적으로 공자는 유가사상에 있어서는 유가적 진리의 표상으로서 아무도 범접하지 못하는 지위를 가지고 있었다. 특히 정치적 목적으로 공자를 신격화시킨 한왕조 통치하에서는 더욱 그랬다. 이렇게 볼 때 왕충의 생각은 가히 혁명적인 것이다. 그는 공자를 신성불가침의 존재가 아니라고 생각했기 때문에 공자에 대해서 비판하는 『논형論衡』의 「문공問孔」편篇을 지었다. 그는 이렇게 말한 바 있다. "진실로 이해할 수 없는 의문이 있다면 공자에게 추난追難한다고 해서 의로움에 무슨 손상이 있겠는가? 진실로 성업聖業을 전할 지혜가 있다면 공자의 설說을 비판한다고 해서 진리에 무슨 위배됨이 있겠는가?"(『논형』「문공問孔」)라고 하였다.

그런데 세상의 학자들은 스승의 학설을 그대로 믿고 비판하지 않는 경우가 많아 진리가 가려져 발전이 없는 경우가 있다. 왕충은 스승의 학설, 나아가 성인聖人으로 평가되는 이의 학설이라 하더라도 오류가 있을 수 있으므로 철저히 검증해야 한다는 합리적 학문태도를 가졌다. 그는 말하기를, "세유학자世儒學者는 스승을 믿기를 좋아하고 옛것을 옳다 여기며, 현성賢聖의 말은 모두 잘못됨이 없다고 생각하여, 정신을 기울여 공부하며 난문難問할 줄 모른다. 저 현성賢聖들이 붓으로 글을 지음에 그 뜻을 서술함이 자세히 살핀 경우라 해도 다 진실을 얻었다 할 수 없는데, 하물며 창졸간에 말을 뱉은 것을 어찌 다 옳다 할 수 있겠는가? 다 옳다 할 수 없는데도 사람들은 추문追問할 줄 모른다. 또는 뜻이 감춰져 보기 어려워도 사람들은 추문할 줄 모른다. 그렇지만 현성賢聖들의 말을 고찰해 보면 위아래가 서로 어긋난 부분이 많고, 그 글의 앞뒤가 서로 모순되는 부분이 많다."(『논형』「문공」)고 하였다.

왕충의 이러한 태도는, 훗날의 유학자들이 신성불가침의 영역으로 두고 다만 그 본뜻이 무엇일까 하는 데 있어서 주석의 형태로 견해의 차이만 피력했던 공자의 학설에 대해서도 예외 없이 적용된다. 그는 공자의 언론 중에도 앞뒤가 모순되는 점이 많다고 여겼고, 이런 경우에는 공자라도 예외 없이 그 문제점을 지적, 비판하였다. 예를 들어, 공자가 위衛나라에 갔을 때 그 나라에 인구가 많음을 감탄하자, 염유冉有가 인구가 많으면 그 다음엔 무엇을 해야 하는가를 물은 적이 있다. 이때 공자는 백성을 '부유하게 해 주어라'고 했고, 또 그 다음엔 어떻게 해야 하는가를 묻는 염유에게 '가르치라'고 했다.(『논어論語』

「자로子路」) 즉 먼저 경제적 토대를 갖추고 난 후에 그들을 교화해야 한다는 것이다. 그러나 자공子貢이 정치에 대해서 물었을 때는 '식량(食)', '군비(兵)', '신뢰(信)'를 3대 요건으로 들고는 그 중에서 신뢰가 가장 중요하다고 하면서 "백성에게 신뢰가 없으면 (나라가) 존립할 수 없다."고 말하였다.(『논어』「안연顔淵」) 전자의 대화는 경제가 도덕보다 중요하다고 말한 것이고, 후자의 대화는 오히려 도덕이 국정의 기초라고 본 것이다. 왕충은 이 점을 따지면서, "두 제자에 대한 가르침도 다르고, 중시한 것도 같지 않으니, 공자가 나라를 다스리는 의도는 어떻게 결정되는가?"(『논형』「문공」)라고 하였다.

왕충은, 공자의 언론도 전후모순될 뿐만 아니라, 말과 행동도 모순된다고 보았다. 그 예로 노魯나라 대부大夫 계손씨季孫氏의 가신인 공산불요公山弗擾가 비읍費邑에서 반란을 일으키고는 공자를 초빙하였을 때 공자는 거기로 가서 자리를 얻고 싶어 한 적이 있다. 이에 공자의 제자 자로子路가 언짢아하며 만류하자, 공자는 "나를 부름이 어찌 까닭이 없겠는가? 만약 나를 써주는 사람이 있다면 나는 (노魯나라를) 동주東周처럼 만들겠다."(『논어』「양화陽貨」)고 하며 스스로의 행동을 합리화하였다. 또, 진晉나라 한 대부大夫의 속관屬官인 필힐佛肹이 중모中牟에서 반란을 일으키고는 공자를 초빙하자 이때도 공자는 가서 벼슬하고 싶어 하였다. 이에 자로는, 그의 스승 공자가 일찍이 "자발적으로 불선不善한 무리들 틈에 군자는 들어가지 않는다."라고 한 것을 상기시키면서 공자를 비판하였다. 이때 공자는 "내가 어찌 조롱박이겠느냐! 어찌 달려만 있으면서 먹지 못하는 사물과 같겠는가?"라면서 자신을 변호하였다.

이런 사실을 두고 왕충은 공자를 비판하여 말하기를, "동주東周처럼 만들겠다는 것은 도를 행하고자 함이다. 공산과 필힐은 모두 반란을 일으킨 자들인데, 공산에게서 도를 행하려 하고 필힐에게서 녹을 구하려고 하다니, 공자의 말에 정해진 방향이 없다. 말에 정해진 방향이 없으면 행동에 일정한 궤도가 없는 것이다. 천하를 두루 돌아다녔는데도 쓰이지 않았는데 어찌 까닭이 없었겠는가? 양화陽貨가 그를 만나고자 했으나 만나지 않았고, 그를 불러서 벼슬을 시키려고 했으나 벼슬하지 않았으니, 그 얼마나 고결한가! 공산과 필힐이 부르자 가려고 하였으니 그 얼마나 비열한가! 공산불요公山弗擾와 양호陽虎(양화陽貨)는 모두 반란을 일으켰고 (노魯나라 대부大夫) 계환자季桓子를 잡아 가두었다. 두 사람이 똑같은 나쁜 짓을 했고, (공자를) 부른 예禮도 같았는데, 공산만을 만나보려 하고 양호는 만나려 하지 않았으니, 어째서 공산은 되고 양호는 안 되는가? 자로가 공산의 일에 관해 책난했다면, 공자는 마땅히 (공산이) 필힐만큼 그다지 악하지는 않다는 정황을 들어 해명해야 했다."(『논형』「문공」)고 하였다.

왕충은, 공자가 "내가 어찌 조롱박이겠느냐! 어찌 달려만 있으면서 먹지 못하는 사물과 같겠는가?"라고 한 자기변호에 대해서도 공자를 비판하여, "'달려만 있으면서 먹지 못한다'고 했으니, 공자가 벼슬함은 도를 행하기 위함이 아니라 단지 먹을 것을 구하기 위함이다."(『논형』「문공」)고 하며, "공자의 말은 인정을 솔직히 표현하여 애매모호하게 말할 의도가 없었고, 의리義理의 이름을 빌지 않았으니, 이 사람은 속인俗人이지 군자君子는 아니다."(『논형』「문공」)라고 하는 등, 공자에 대해 폄하하였다.

왕충은 공자의 특정 개념 사용에 따른 주장에도 일관성이 없음을 지적했다. 그는 말하기를, "공자는 '죽음과 삶에는 명命이 있고, 부유함과 귀함은 하늘에 달렸다.'[2](『논어』「안연」)고 했다. 그렇다면 사람의 생사는 자연히 길고 짧음이 있는 것이지 행실의 선악에 달린 것은 아니다."(『논형』「문공」)고 했다. 왕충은 공자의 말을 거론하면서 길흉화복과 선악이 무관하며 공자도 그 점을 말한 것으로 보았다. 특히 그 길흉화복 중 중요한 점 중의 하나인 생사의 명과 부귀의 여부가 선악과 무관하다는 것이다. 그렇지만 공자가 자주 거론하는 자신의 제자 안연顔淵의 경우는 어떤가. 왕충은 이렇게 이야기한다. "안연이 일찍 죽었을 때 공자는 '명이 짧다'고 했다. 따라서 명이 짧아 일찍 죽은 사람이라고 반드시 사악한 행동을 한 것이 아님을 알 수 있다."(『논형』「문공」)

2) 그런데, 이것은 공자의 제자 자하子夏(본명 복상卜商)가 말한 것이다.

4. 왕충王充의 맹자孟子에 대한 비판

왕충王充은 유가의 다른 대표 인물인 맹자孟子에 대해서도 비판을 가한다. 그가 보기에 맹자에게도 문제가 적지 않게 있어서 이에 대한 비판을 위해 그는 『논형論衡』의 「자맹刺孟」 편篇을 지었다. 왕충은 『맹자』의 맨 처음에 나오는 「양혜왕편梁惠王篇」의 '하필왈리何必曰利' 부분부터 문제 삼았다. 양혜왕은 맹자가 그의 나라에 와서 이익(利)이 될까 기대하였다. 그러나 맹자는 '하필이면 이익을 말하십니까?'라면서 양혜왕을 무안케 하고는, 이익보다는 인의仁義가 중요하다고 역설한다. 그런데 이 점에 있어 왕충은 "이익에는 두 가지가 있다. 화재貨財의 이익이 있고 안길安吉의 이익이 있다."(『논형』「자맹」)고 한다. 그리하여 왕충은, 양혜왕이 맹자에게 이로움을 물은 것이 안길의 이익이 아니고 화재의 이익인지 어떻게 알고 경솔하게 양혜왕이 화재의 이익을 추구하는 것으로 매도할 수 있는지를 묻는다.

화재貨財의 이익은 탐욕의 대상이지만 안길安吉의 이익은 국가공동체와 그 구성원의 평안과 행복에 관한 이익으로서 유가에서 본질적으로 추구하는 목표에 속한다고 할 수 있다. 왕충은 유가경전인 『역易』(주역)에 두루 나오는 '리利'와 『서書』(서경)에서 백성의 '리利'를 말하는 것은 모두 안길安吉의 이익이라고 보았다. 맹자가, 양혜왕이 인의에 관심을 두지 않고 오로지 리利에만 집착한다고 비판했지만, 왕충은 "인의를 행하면 안길의 이익을 얻는다."(『논형』「자맹」)고 보았다. 즉 만일 양혜왕이 안길의 이익을 두고 말했다면 맹자의 취지와 같은 것이 되는데도, 맹자孟子는 경솔하게 양혜왕에 대해 비판부터 먼저 했다는 것이다.

여기서 왕충은 상대방의 취지를 제대로 확인하지 않은 맹자의 경솔함을 탓함과 아울러, 여러 의미를 함축한 특정 용어를 사용할 때 올 수 있는 '애매어의 오류'를 말한 것이기도 하다. 즉 왕충이 보기에 맹자는 토론의 원칙도 제대로 지키지 않은 것이 된다. 맹자는 먼저 양혜왕이 말하는 이익이 어떤 이익인지부터 확인했어야 했다는 것이다. 그래서 왕충은 말하기를, "맹자는 또 혜왕惠王에게 '내 나라에 이롭다는 것은 무엇을 말합니까?'라고 묻지 않았다. 혜왕이 화재貨財의 이익이라고 말한 경우에만 그와 같은 답을 할 수 있다. 혜왕의 질문이 무슨 취지인지도 몰랐다면, 맹자는 화재의 이익으로 속단하여 답한 것이다. 혜왕이 화재에 대해 물었는지 맹자는 증명할 근거가 없다."(『논형』「자맹」)라고 하였다. 그래서 양혜왕이 안길安吉의 이익에 대해 물었는데 맹자가 화재貨財의 이익으로 듣고 대답했다면, 양혜왕이 묻는 논점을 일탈한 '논점 일탈의 오류'를 범한 것이고, 동시에 군주에 대한 예의에도 맞지 않은 행동이 된다는 취지로 비판하였다.

이처럼 맹자는 양혜왕에 대해 자신이 도덕적 우위에 서있는 것처럼 양혜왕을 탐욕을 추구하는 자로 몰아붙이지만, 왕충이 보기에 맹자는 탐욕의 대상인 화재貨財의 이익에 대해 불명확하고 모순된 태도를 취하였다고 비판하였다. 예를 들어, 맹자는 제齊나라의 왕이 금金 백 일鎰을 준 것을 받지 않았으면서, 송宋에서 칠십 일을 주니 받고, 설薛에서 오십 일을 주니 받은 바 있었는데, 이들 두고 맹자의 제자 진진陳臻은, 받음이 옳으면 다 받고 그르면 다 거부할 것이지, 받을 때도 있고 안 받을 때도 있는 것은 일관성이 없다고 한 적이 있다. 이에 대해 맹자는 여비나 병기의 마련을 위해 준다는 이유가 있는 경우에는 받았지만, 아무 말 없이 주는 것은 단지 환심 사려는 것이므로 의도가 좋지 못하다는 이유로 받지 않았다고 했다. 이에 대해 왕충은 "금을 보낼 때 받든 받지 않든 모두 까닭이 있다면, 받았을 때는 자신이 탐한 것이고 받지 않았을 때는 자신이 탐하지 않은 것을 말하는 것이 아니다."(『논형』「자맹」)고 하였다. 즉 명분이 받고 안 받고의 이유가 된다면 재물을 탐하는 문제와는 다르다는 것이다.

한편 맹자는 제나라 왕이 집과 만 종鍾의 녹을 주려함에 대해 이전에 십만 종을 거절하고 만 종을 받았으니 부를 바라는 것이 아님을 말하였다. 왕충은 이 점을 두고, 이때는 받지 않음을 명분으로 말하지 않고, 부를 탐하지 않는 이유를 대니 일관성이 없다고 보았다. 즉 앞의 경우처럼 명분을 말하려면, "자신에게 공이 없다."(『논형』「자맹」) 또는 "이미 벼슬을 그만 둬서 집을 받는 것이 도리가 아니다."(『논형』「자맹」)는 등과 같이 말해야 된다는 것이다. 또한 이전에 십만 종을 사양한 일이 만 종을 거절하는 이유가 된다는 것도 이치에 맞지 않다고 보았다.

왕충은 재물에 관해서 탐하는 문제와 명분의 문제는 별개임을 맹자가 분별하지 못했다는 것이다. 그리고 맹자가 십만 종을 사양한 것은 겸양의 도리에도 위배된다고 왕충은 지적했다. 이때 왕충은, 공자의 "부귀는 사람이 바라는 것이지만 정당한 방법으로 얻지 않으면 처하지 않는다."(『논어』「이인里仁」)는 말을 인용하며, "군자는 작위와 녹봉에 대해 사양하는 것과 사양하지 않는 것이 있다."(『논형』「자맹」)고 하면서, 작위와 녹봉 자체가 문제가 아니라 정당성 여부가 문제임을 지적한다. 그런데 맹자는 정당성 여부보다는 자신이 부귀를 탐하지 않음을 이유로 들었다고 왕충은 지적한다. 그래서 왕충은 "어째서 자신이 부귀를 탐하지 않는다는 이유로 받아야 할 하사품을 거역하는가?"(『논형』「자맹」)라고 하면서, 정당성 여부를 따지지 않고 자신의 청렴성을 이유로 든 것은 겸양의 도리를 위배한 것이라고 지적한 것이다.

또, '명命'의 문제에 있어서, 맹자는 "모든 것이 '명命'이지만 그 중에서 바른 것을 순순히 따라야 한다. 그러므로 '명'을 아는 자는 높은 담 아래에 서지 않는다. 도리를 다하고 죽는 것이 바른 '명'이며 질곡에 매여 죽는 것은 바른 '명'이 아니다."(『맹자孟子』「진심盡心하下」)라고 한 바 있다. 맹자의 이 말은 모두 세 가지 명제로 요약된다. 첫째, 모든 것은 '명'이다. 둘째, '명'을 아는 자는 불의의 사고에 대비한다. 셋째, 도덕적 죽음이 바른 '명'이다.

모든 것이 '명'이라면, 불의의 사고든 아니든, 도덕적 죽음이든 아니든 어차피 '명'이다. 그럼에도 맹자는 불의의 사고를 피할 수 있는 가능성과 도덕적 측면에서 선택가능한 자유의지에 따른 행위를 인정하고 있다. 맹자의 이 부분의 말은 전후가 모순된다. 이 부분에 대해서 왕충은 이렇게 분석한다. "맹자의 말은 사람에게 불의의 사고로 죽는 '명'이 없다는 것이다. 좋은 행실을 하는 자는 바른 '명'을 얻고, 함부로 행동하고 구차히 행위한 자는 바른 '명'이 아닌 것을 얻으니, 이는 하늘의 '명'이 행실에 달렸다는 것이다."(『논형』「자맹」) 그리고는 공자, 안연을 비롯하여 비간比干, 자로 등의 불운을 거론하며, 그들이 행실이 좋지 않았든가? 왜 올바른 명을 얻지 못했는가? 라고 반문하면서, 사람이 생명을 받을 때 불운한 일을 겪어 죽을 운명이라면 "비록 행실을 삼가고 닦는다 해도 무슨 도움이 되겠는가?"(『논형』「자맹」)라고 되묻는다.

왕충은 또, 맹자가 '천명天命'을 사칭한다고 보았는데, 그 예로 맹자가 "저 하늘은 아직 천하를 화평하게 다스리려 하지 않는 것이지, 만일 천하를 화평하게 다스리려 한다면, 오늘날의 세상에 나를 버려두고 그 누구이겠는가?"(『맹자』「공손추하」)라고 한 것을 들었다. 또 노魯나라 평공平公이 맹자를 만나려 하자 폐인嬖人 장창臧倉이 맹자를 비방하며 평공을 말렸다. 맹자는 이 때문에 평공을 만날 수 없었다. 맹자의 제자인 악정자樂正子가 이 일을 맹자에게 고하니, 이를 두고 맹자는, "가는 것도 어떤 힘이 그렇게 시킨 것이고, 그만두는 것도 어떤 힘이 그렇게 한 것이다. 가고 말고는 사람의 힘으로 할 수 있는 것이 아니다. 내가 노후魯侯를 만나지 못하는 것은 하늘의 뜻이다!"(『맹자』「양혜왕梁惠王하下」)라고 하였다. 그런데 맹자는 이후 제齊나라에서도 푸대접 받고 중용되지 못한 적이 있는데, 이때는 오히려 불쾌한 기색을 드러내었다.

이러한 것을 두고 왕충은, "전에는 하늘에 돌리고 이제는 왕에게 돌린다면 맹자의 주장은 결국 무엇에 따라 정해지는 것인가?"(『논형』「자맹」)라고 하면서, 맹자의 일관성 없는 언행을 비판하였다. 또 맹자는 제나라에서 곧바로 떠나지 않고 삼일을 더 머물렀었는데, 이를 두고 왕충은, "떠나려면 어째서 서둘러 가지 않고 삼일을 더 머물렀는가? 천명을 제나라에서 만나지 못하여 왕이 그의 말을 쓰지 않았다면 하늘이 어찌 삼일 사이에 명을 바꿔서 그가 기회를 만나게 하겠는가? 노나라에서는 하늘 탓으로 돌리며 뜻을 끊고 기대를 않더니, 제나라에서는 왕의 탓으로 돌리며 희망이 있기를 기대했다. 그렇다면 기회를 만나지 못한 것에 대한 논의는 전적으로 사람에게 달린 셈이다."(『논형』「자맹」)며 비판하였다. 그러면서 왕충은, 맹자가 "기회를 만나지 못해 제나라를 떠날 때 불쾌한 기색을 보인 것은 맹자가 현명하다는 증거가 아니라 속유俗儒와 다를 바 없다는 증거다."(『논형』「자맹」)라고 비판하였다.

제18장

위진현학

魏晋玄學

(1)

동한東漢(후한後漢) 말 왕조의 부패와 황건적黃巾賊의 난을 계기로 하여, 한漢 왕조는 그 통치체제가 무너지게 되었다. 이 상황에서 지방의 군웅群雄들이 할거割據하여 역사에 유명한 위魏(조위曹魏), 촉蜀, 오吳의 삼국三國이 정립鼎立하는 이른바 '삼국시대三國時代'가 형성되었다. 이 상황은 결국 삼국 중에 우세했던 위魏가 사마씨司馬氏에 의해 찬탈되어 진晉 왕조가 세워짐으로 이어졌다. 초기의 진晉은 혼란과 북방 민족의 남하로 결국 장강長江 남쪽으로 옮겨갔는데, 역사에서 전자를 서진西晉, 후자를 동진東晉이라 부른다.

이렇게 위魏에서 서진西晉, 동진東晉에 걸친 시기를 위진魏晉시대라 하고, 이때 북방을 차지한 유목민족들이 흥망을 거듭한 왕조들을 북조北朝라 함에 대해, 한족漢族의 위진魏晉 이후 이어진 왕조들, 즉 송宋, 제齊, 양梁, 진陳의 왕조들을 남조南朝라 하며, 역사에서는 이 전체를 총칭하여 위진남북조시대魏晉南北朝時代라고 한다. 이러한 시대 중 위진시대에 나타난 새로운 성향의 도가적 철학을 '현학玄學'이라 부르며, 시대명과 합칭하여 '위진魏晉현학玄學'이라 하는 것이다.

'현학玄學'은 중국 역사에서 위진시대에 나타난 하나의 시대사조의 이름이지, 철학에 있어서 어떤 학파의 이름은 아니다. 철학사에서 어떤 특정 시기의 시대사조에는 그에 해당하는 특수한 철학적 중심 문제가 있다. 현학의 철학 중심 문제의 하나는 '유有'와 '무無'의 문제에 관한 것이다. 그것의 특수한 사상 방법은 '명리名理'이며, '귀무론貴無論'과 '숭유론崇有論'의 파별派別로 나타났다.

이들 파별의 토론 주제는 보편과 개별, 일반과 특수 사이의 관계 문제이며, 동서고금 철학의 중요한 공통 주제이기도 하다. 현학의 이러한 논의는 중국철학사가 한층 고도화 단계로 도약함을 말하는 것이기도 하며, 중세적 형이상학의 본격화 단계에 진입한 것이기도 하다. 서양철학사에서 볼 때 그 중세 철학 중 보편자의 존재 문제와 개별자의 관계 문제에 대한 보편논쟁과 같은 철학적 이슈의 단계에 진입한 것이다. 중국철학사에 있어서, 이미 유가儒家 정명론正名論의 명실론名實論 이후 명가名家에 있어서의 '명名'에 대한 추상작업의 극대화, 나아가 '무명無名'의 '도道'를 말한 『노자老子』 및 법가法家의 정명론에 이르기까지도 이미 이 시대를 위한 그 철학적 준비의 의미도 되는 그러한 논의들이 위진현학시대에 이루어졌다.

1. 위진魏晉 현학玄學의 기본적 문제의식

'현학'은 『노자老子』, 『장자莊子』 등에서 말하는 도가적 논의를 이어받은 사조로서 그 명칭 자체가 이전의 도가 사상과 관련이 있다. 『노자』의 '도'의 의의에 있어서, 일체 만물의 존재적 속성을 추상화하여 현상적 존재로부터 일컫는 말은 '유有'이다. 즉 이 개념은 현상적 존재 쪽에서 바라보는 최고 유개념이므로, 논리적으로 외연外延상 '지대至大무외無外'이다. 그러나 '도'는 그 내포內包에 있어서는 '0'에 수렴하는 바의, 말하기 어려운, 무규정성의 초월적 최고 범주이다. 그래서 존재하는 일체를 말하는 '유有'는 오히려 아무 것도 존재하는 것이 없는 듯이 말하는 '무無'가 된다. 즉 최고로 추상화된 '유'는 곧 '무'라는 것이다. 규정할 수 없는 '무'이기 때문에 말할 수 없다고 하는 '무명無名'인 것을 '도'라고 하는 것이다. 『노자』 1장의 "이 둘은 같은 데서 나와 이름을 달리하지만, 그것을 함께 일러 '현玄'이라 하는데, 그것을 '현玄'으로 사유하고도 거듭 '현'으로 사유함이 온갖 오묘함의 문門이다(此兩者, 同出而異名, 同謂之玄, 玄之又玄, 衆妙之門.)"라 함은 곧 '유'와 '무'가 결국 같은 것의 양 측면으로서, 이를 말하는 것이 '현玄'이라는 것이고, 여기에서 '현학'의 '현'이라는 글자가 유래한 것이다. '실實'의 세계의 총체인 만물을 추상화한 것이 '유'이지만 결국 그것은 '무'임을 말하는 것은, 명가의 개념 세계 분석의 연장선이다.

『노자』의 '도', '무', '무명'은 '실'의 세계를 추상화하여 논리적으로 개념적 사유활동을 통해 본체론적으로 도달한 것이지만, 『노자』에서는 이것을 다시 그 역순으로 우주발생론으로 활용한다. 그것이 곧 『노자』의 "천하만물은 '유'에서 생하고, '유'는 '무'에서 생한다(天下萬物生於有, 有生於無)."는 것이다. 『노자』의 저자는 이러한 측면을 명확히 구분하지 않았지만, 이에 관한 과제가 표면화된 것이 곧 '현학'의 시대이고, '귀무론貴無論'[1]과 '숭유론崇有論'[2]이 그 중의 중요한 내용을 대변하고 있다.

현학의 이러한 철학적 논변에 관한 방법은 '변명석리辯名析理'(간칭하여 '명리名理')의 사변활동이다. '변명석리'의 사변활동 내상인 '명名'과 '리理'는 그 전의 '명名'과 '실實'을 논하는 것에서, '실'에 대한 추상적 '리'를 논하는 활동으로 옮겨간 것이다. 여기서 '리'는 하나의 개념을 일컫는 '명'의 대상이 되는 사물을 규정하는 내포이다. '변명석리'는 그 명을 변별하여 그에 대한 개념의 내포를 분석해내는 것으로서, 이후 이야기하게 될 현학의 대표적 철학자인 곽상郭象이 그의 『장자주莊子注』에서 말한 것이다. 그는 『장자』「천하天下」편 중 명가를 평론하면서 이 말을 하였는데, 곧 이러한 철학 활동이 위로 명가의 철학 활동과 관련된다는 것이다. 명가는 '실'과 분리된 개념의 세계로서의 '명'을 논의했는데, 이것이 형이상학의 선구가 됨이 현학의 형이상학적 사유활동과 연계됨을 말하는 것이다. 즉 이러한 사유활동은, 실제세계에서 추상한 순수 개념을 그 내포와 외연의 측면에서 논리적으로 분석하여 형이상학적 정신경지로서 논하여 말하는 것이다.

위진시대의 유명 지식인들 이른바 '명사名士'들은 이러한 변론을 즐겨했는데, 이를 '청언淸言', '청담淸談' 또는 '현담玄談'이라고 일컬었다. 이러한 기풍은 '정시正始'(삼국시대 조위曹魏의 폐제廢帝인 제왕齊王 조방曹芳의 첫 번째 연호이면서, 조위曹魏 정권의 다섯 번째 연호. 240~249)의 시기에 시작되었는데, 이때는 하안何晏과 왕필王弼의 활동 시기였으며, 이러한 시대적 풍조를 '정시지음正始之音'이라고 한다. 그렇지만 이후 현학의 말미에 등장한 곽상郭象은 초기

1) '무無'를 귀하게 여겨 높이는 이론.
2) '유有'를 숭상하는 이론.

의 이러한 '변명석리'의 사변활동을 세상을 다스리는 데 도움이 되지 않는 유희와 같은 것으로 보고, 그것을 '무용지담無用之談', 즉 쓸데없는 담론이라고 평가하는 취지로 말했지만, 오히려 이 표현은 그 시대사조를 잘 말하는 용어가 되었다.

현학의 사조는 이러한 분별의 활동인 '변명석리'에 그치는 것이 아니라 이를 사다리로 해서 궁극적으로는 이러한 분별을 넘어서 원시 '혼돈混沌'(『장자莊子』「응제왕應帝王」의 '혼돈混沌')의 '무無'의 정신경지를 체득하는 데 이르려고 하였다. 이러한 분별이 없는 정신경지는 분별의 '변명석리'와 대립되는 것이지만, 이 과정을 거쳐서 얻는 부정의 부정으로 인한 결과로서의 자각적 경지라고도 할 수 있는 것이었다. 즉 '변명석리'를 거치기 전에는 개념을 분별하지 못하는 '무지無知'의 혼돈 상태이지만, 이를 넘어서서 분별의 '변명석리'를 거치는 부정이 있고, 다시 또 그에 대한 부정인 '부정의 부정'의 정신 경지로서의 '혼돈'인 '무'의 체득, 즉 '체무體無'가 있는 것이다. 장자가 말한 '혼돈의 죽음' 후 분별의 세계가 있지만, 다시 무분별의 '혼돈'으로 되돌아간다는 것이다.

한편 위진시대의 현학시기 당시 지식인 엘리트인 이른바 '명사名士'들로 일컬어지는 이들이 이 시기 중요한 시대적 역할을 했다. 곧 '정시명사正始名士', '죽림명사竹林名士', '중조명사中朝名士'이다. 이들은 곧 현학의 3가지 단계로 평가되는 사람들이다. 첫 단계는 '정시'와 '죽림'으로서 '귀무론' 단계이다. '죽림명사'의 대표인물은 완적阮籍과 혜강嵇康이다. 그들은 "명교를 초월하여 자연에 맡김(越名教而任自然)"을 주장했다. '정시명사'의 대표인물은 하안과 왕필인데, 그들은 자연관 방면의 '귀무파'이며, 완적, 혜강은 사회사상 방면의 '귀무파'이다. 그들 모두는 '명교名教'를 비판하면서, 서로 보충적 역할을 하였다.

'중조中朝명사'의 '중조'는 서진西晉의 중기中期를 가리키는데, 이 시기에 배위의 '숭유론'과 곽상의 '무무론無無論'[3]이 출현했다. 배위의 '숭유론'은 '귀무론'의 자연관을 부정하면서, '무는 유를 생할 수 없다(無不能生有)'라고 주장하

3) '무무無無', 즉 '무無'는 없다는 이론.

였다. 또 '귀무론'의 사회정치이론을 부정하면서 '명교는 뛰어 넘어서는 안 됨(名教不可越)'을 주장하였다. 곽상의 '무무론'은 '귀무론'의 자연관을 부정하였지만, '귀무론'의 '현원玄遠'의 정신경지는 부정하지 않고, 자연과 명교는 대립적인 것이 아니라, 통일적인 것이라고 생각하고, '자연에 맡기지만 명교를 초월할 필요는 없다(任自然不必越名教)'고 생각했다. 이러한 위진 현학 발전의 첫단계는 '귀무론'이고, 두 번째 단계는 '숭유론'이며, 세 번째 단계는 '무무론'인데, '귀무론'은 '긍정', '숭유론'은 '부정', '무무론'은 '부정의 부정'이라 할 수 있다. 그래서 최종 단계에 해당하는 곽상의 『장자주莊子注』는 위진현학 발전의 높은 봉우리라 할 수 있는데, 곽상의 '무무론'이 '부정의 부정' 단계가 되는 것이다.

또한 전국시대부터 노자老子와 황제黃帝는 병칭되기 시작하여, '황로지언黃老之言'이라는 말이 있게 되고, 한초漢初에서 한말漢末까지 이 풍조는 지속되면서 『노자老子』의 영향은 커졌다. 후에 흔히 도가사상의 대표사상을 '노장老莊사상'이라 일컫게 되었지만, 이때만 해도 '황로黃老'를 병칭하였으며, 하안과 왕필 역시 『장자莊子』를 말하지 않고, 『노자』만을 말하였던 것이다. 혜강嵇康과 완적阮籍이 비로소 『장자』를 말하기 시작하고, 상수向秀[4]와 곽상郭象이 『장자』의 영향을 더 확대시키면서, 이후 사람들이 『장자』와 『노자』를 병칭하여 '노장老莊'이라 일컫게 되었다. '황로'에서 '노장'으로 관심이 옮아감이 당시 사상계의 작지 않은 변화였다.

2. 하안何晏과 왕필王弼 및 '귀무론貴無論'

하안何晏(?~249, 자字는 평숙平叔으로서 남양군南陽郡 완현宛縣 사람)과 왕필王弼(226~249, 자字는 보사輔嗣로서 산양군山陽郡 고평현高平縣 사람)은 위진

4) '向秀'의 '向'은 사람의 성姓일 때는 '향'이 아닌 '상'으로 읽는다. 그래서 '향수'가 아닌 '상수'이다. 제갈량諸葛亮의 『출사표出師表』에 나오는 같은 시기의 장군將軍인 '向寵'을 '상총'이라 읽음과 같다.

시대 새로운 철학의 주요한 창시자들이다. 당시 조상曹爽과 사마의司馬懿가 정권을 다툴 때, 하안은 조상 쪽 집권파의 한 사람이었다. 위魏나라 정시正始 10년(서기 249년)에 조상이 권력 장악에 실패하자 하안은 사마의에 의해 죽임을 당했다. 정치적으로 왕필은 하안과 함께 하였다. 그의 정치적 지위는 그다지 높지 않아서, 이후 면직되었고 같은 해에 병사病死하였는데, 당시 겨우 24세였다. 하안과 왕필 두 사람은 모두 '정시正始 현풍玄風'의 주요 인물이었다.

하안의 저작에는 『논어집해論語集解』가 있다. 남조南朝의 송宋나라 사람 유의경劉義慶이 편찬한 일화집인 『세설신어世說新語』「문학文學」에 따르면, 하안은 『노자』에 관한 주注도 완성해 두었지만, 왕필의 『노자주老子注』를 보고는 자신이 거기에 미치지 못한다고 여기고는, 그 주를 '도덕이론道德二論(즉 도론道論과 덕론德論)'으로 고쳤다고 한다. 다른 이야기로는, 하안도 본래 『노자주』를 지으려고 하여 아직 완성되지 않은 상태에서, 한번은 왕필이 그의 『노자주』에 대한 대의大意를 말하는 것을 듣고는, 왕필의 견해가 자신보다 고명高明하다고 느끼고 자신의 원래 계획을 포기하고는, 『도덕론道德論』 한 편만을 지었다고도 한다.

왕필의 저작에는 『주역주周易注』, 『주역약례周易略例』, 『노자주老子注』, 『노자지략老子指略』 등이 있고, 그 외 전해지지 않는 『주역대연론周易大演論』, 『논어석의論語釋疑』도 있었다고 한다. 『노자주』와 『주역주』는 각 텍스트에 주해注解를 한 것이고, 『노자지략』과 『주역약례』는 『노자』와 『주역』의 주요 사상에 대해 왕필의 생각을 서술한 통론이다.

하안과 왕필은 이처럼 『논어』와 『주역』 그리고 『노자』에 대해서 연구하였으며, 두 사람 다 이들 경전을 빌어 그들 자신의 철학사상을 발휘하면서 자신들의 철학체계를 세우고, 동시에 이들 문헌에 새로운 내용을 더하였다. 이 경전들에 대한 이들의 해석 관점은 형식에 있어서는 앞 시대인 한대漢代 '경학經學'의 번쇄한 방식을 반대하고, 내용에 있어서는 참위讖緯의 미신적 요소를 폐기하였으며, 한편으로는 공자의 경전을 『노자』화하기도 하였다. 이들의 이러한 관점이 바로 새로운 경학으로서의 '현학玄學'이었던 것이다.

왕필이 말하는 '도道'는 '무형無形', '무명無名'한 것이어야 한다. '유명有名'한 것은 '유형有形'한 것이다. 왜냐하면 '명名'은 '형形'에서 발생하기 때문이다. 그래서 어떤 '명'이 있으면 반드시 '형'이 있고, 어떤 '형'이 있으며, 반드시 그에 해당하는 '분分'이 있다. '명'에는 상응하는 '실實'이 있는데, 이 '실'은 대상 세계의 개체이다. 왕필이 말하는 '만물'은 모든 '실'을 포괄하는 것이다. 왕필은 생각하기를, 만물이 있으면 반드시 어떤 '만물지종萬物之宗(만물의 종)'(『노자』 제4장의 용어), 즉 만물의 근본 종주宗主가 있다. 이 '만물지종'은 그것이 '만물지종'이기 때문에 만물 중의 한 '물物'일 수는 없다. 왜냐하면 그 개념 정의定義상 그것이 만물 중의 한 물이라면 '만물지종'일 수가 없다. 그리고 그것은 반드시 '무형無形'이어야 한다. 왜냐하면 '형形'이 있으면 반드시 '분分'이 있게 된다고 그는 생각한다. 이것은 이것이고 저것은 저것으로서 겸할 수 없는 것이며, 이것이 곧 '분分'이다. 또 어떤 '형'이 있으면 거기에는 일정한 '명名'이 있는데, 이 '명'이란 '형'으로 인하여 발생한다. 그런데, '만물지종'은 '무형'이므로, 당연히 '무명'이기도 한 것이다. 왕필은 또 생각하기를, 만약 '만물지종'이 다만 '무형무명'한 것이기만 하다면, 아직 그것이 '만물지종'임을 나타내기에는 부족하다. '만물지종'이 '만물지종'인 까닭은 만물이 있기 때문이다. 만약 만물이 없다면 '만물지종'은 '만물지종'으로서 성립될 수 없는 것이다. '도'가 바로 이러한 '만물의 종'인 것이다.

왕필은 이러한 것을 '모母'와 '자子'의 관계로 설명하기도 하였는데, 만물이 아직 있지 않았을 때 만물은 '도'에서 비롯되었고, 만물이 있고 난 후에도, '도'는 어머니가 자식을 낳고 난 후에도 자식에게 언제나 관심을 가지듯이, 만물을 언제나 보호하고 양육함에 빗대었다. 나아가 왕필은 '모母'를 '본本'에 '자子'를 '말末'에 대응시켜, 이로써 '도'와 '만물', '무'와 '유'의 관계를 설명하기도 하였지만, 모자 관계와 본말 관계가 완전히 같지 않을 뿐 아니라, 특히 모자 관계의 비유처럼 '생生'을 말할 경우는 만물생성론의 관점을 말하는 것이 된다. 그래서 '무'와 '유'의 관계, '도'와 '만물'의 관계에 시간적 선후가 있게 되고, '무'와 '유', '도'와 '만물'은 별개가 될 수 있어서, 논리적 관계가 아니게 된다. 그러므로 사실상 『노자』에서나 왕필에서나 당시인들이 이러한 개념들 간의 명확한 철학적, 논리적 구분을 염두에 두지 않았다는 것으로 볼 수 있다.

왕필은 또 '체體'와 '용用'의 관계로 '도'와 '만물', '무'와 '유'의 관계를 설명하기도 하였다. 중국철학에 있어서, '체'는 어떤 존재 그 자체로서 사물의 본질을 말하고, '용'은 그 존재의 쓰임새로서 그 사물의 본질로 인해 발생하는 '작용'을 말한다. 왕필은 '도'와 '만물'에 있어서 '도'를 '체'로, '만물'을 도의 '체'로 인해 발생하는 '용', 즉 '작용'으로 본 것이다. 마찬가지로, '무'를 '체'로, '유'를 '용'으로 본 것이기도 하다. 그런데, 그는 '무'를 '용'으로 보기도 하고, '무'를 '용'의 '모母'로 보기도 하였는데, 이때는 '무'가 '체', '유'가 '용'이 되기도 하여 이 방면의 개념 구분이 불명확하다.

왕필의 사상 중 '일一'과 '다多'의 문제도 비교적 유명하다. 이 점은 특히 그의 『주역』에 관한 사상에 드러나는데, 그의 『주역약례』에서 이 점을 말하고 있다. 여기서 그는 "'다수(衆)'는 '소수(寡)'를 다스릴 수 없고, '다수'를 다스리는 것은 지극한 '소수'이다. 움직이는 것은 움직이는 것을 제어할 수 없고, 천하의 움직이는 것을 제어하는 것은 저 '하나(一)'를 바로하는 것이다."라고 하였다. 그는, '일一'은 '다多'를 거느릴 수 있고, '정靜'은 '동動'을 제어할 수 있다고 보았는데, 이것은 형이상학적이고 근원적인 부동不動의 '일자一者'가 '다자多者'인 변화하는 삼라만상을 다스릴 수 있다는 것으로서, 훗날 성리학 시대의 '태극太極'과 만물의 관계와 상응할 수 있는 것이다. 또 정치적 측면 등 인간사회의 속성을 반영하는 것으로 해석될 수도 있는 것이어서, 한 사람의 군주가 다수의 신臣과 민民을 다스리고 통제하여야 한다는 법가法家사상과도 연계될 수 있는 황로학黃老學의 특성을 말하는 것으로 해석될 수도 있다.

왕필의 이상과 같은 사상은 그의 사회사상과 상응한다. 왕필은 사회와 인생의 문제에 있어서도 일반과 특수의 관계 문제를 염두에 두었다. 사회공동체의 사람들은 모두 각각 그 공동체에 있어서 하나의 특수한 개체의 지위를 가지고 있고, 이들 사회 속 개체로서의 사람들은 인류 속 개별자, 특수자임과 동시에 천치만물이라는 대류大類 속 개별자, 특수자이기도 하다. 그런데 이러한 개체들에게는 그들의 집합 전체에 대한 근원으로서의 '종주宗主'가 있는데, 곧 '만물지종'으로서의 '도'이다. 이는 또한 인류에게도 적용되는 이치가 되는 것이다.

한편, 당시 현학가들 사이에는 유가의 이상적 모델인 '성인聖人'이 '유정有情'한가, 즉 '정'이 있는가, 아니면 '무정無情'한가, 즉 '정'이 없는가 하는 논의가 있었다. 『논어論語』「선진先進」에 "회回는 거의 (도에) 가까웠으니, 자주 비었다(回也其庶乎, 屢空)."라는, 공자의 안회顔回에 대한 평이 있는데, 여기서의 '屢空(자주 비었음)'을 훗날 주희朱熹는, 안회가 가난하여 자주 식량 담는 궤匱가 '비었음(空)'으로 해석하였고, 이런 상황에서도 부를 구하는 마음을 갖지 않고 안빈安貧하였으므로, 그 경지가 도에 가까웠다고 평하였다고 보았다. 그런데, 주희 이전 시대인 현학 시대 사람들의 생각은 달랐다.

하안何晏은, '공空'을 '허중虛中', 즉 마음속 내면이 텅 빔을 의미한다고 보았다. 그런데 '누공屢空'이므로, 안회가 늘 '공'할 수는 없었고, 단지 자주 '공'하였을 뿐이라고 해석하였다. 즉 성인聖人은 마음을 '늘' 비울 수 있는 경지에 있었는데, 현인賢人인 안회는 단지 '자주' 비울 수 있는 경지 정도였다는 것이다. 이 말은, '현인'은 '성인'처럼 마음속에 어떠한 욕망도 없는 상태를 추구하지만 이러한 추구 역시 일종의 욕망이므로 그 마음속에는 아직도 욕망이 있지만, 성인은 이러한 욕망조차도 없으므로 마음속은 진정으로 아무런 욕망이 없는 경지라고 보았다는 것이다. 그래서 성인은 '상공常空', 즉 '늘 공함'이지만, 현인은 '누공屢空'이라는 것이다. 이때 말하는 '현인'은 안회이고 '성인'은 공자를 말하는 것이다.

위진시대 이전 전한대 공양학적 금문경학에서는 공자를 신격화시켜 공자를 종교적 교주로까지 숭배하기도 했지만, 후한대 고문경학시대 및 이때의 현학시대에는 공자 역시 사람으로 간주하였고, 다만 공자는 사람 중에서 보통 사람과 달리 '성인'의 경지에 든 사람이라는 것이다. 이러한 차이점을 두고 말하면서 성인은 '무정無情', 즉 희로애락喜怒哀樂 등의 감정이 없다는 견해가 제기된 것이다. 성인이 '유정'이냐 '무정'이냐는 위진시대 명사名士들, 즉 지식인들이 일상적으로 토론하던 문제 중 하나였다. 당시의 명사들은 '무정'은 '유정'보다 높은 경지라고 여겼고, 일반의 현학가들도 이렇게 말하였는데, 그들은, 성인은 '무無'와 동체同體이기 때문에, 일체의 욕망과 감정 역시 모두 '무'로 된 것이라 생각했다. 이것이 바로 '허중虛中'으로서의 '공空'이란 것이다.

하안이 '성인에게는 희로애락이 없다'고 한 것은, 역시 '현인'에게는 아직 희로애락이 있다는 뜻이다. 다만 안회와 같은 현인은 『논어』에 나오듯이 "不遷怒, 不貳過(노함을 옮기지 않고, 허물을 두 번 하지 않음)"(『논어』「옹야雍也」) 하였다는 것인데, 하안은 이를 두고, 안회가 보통 사람과 다른 점은 그가 어떤 경우에도 노하지 않는다는 데 있는 것이 결코 아니고, 그의 '노함은 그 이치에 합당하여', '노함이 지나치지 않을 수' 있다는 데 있다는 것이다. 즉 '이치(理)'상 마땅히 분노할 때가 되어야 분노하고, 분노는 그에 합당한 정도가 되어야 하는 것이며, 분노가 지나침은 '이치에 맞지 않음'이라는 것이다.

그런데, 만일 성인이 '무정'하다면, 성인의 마음은 기왓장이나 돌덩이 같은 것인가 하는 의문이 생길 수 있다. 왕필은 이에 대한 답으로, '유정'과 '무정'의 통일을 기도企圖했다. 왕필은, 성인이 보통 사람보다 뛰어난 점은 그의 지혜에 있지만, 정감에 있어서는 본래 보통 사람들과 같다고 생각했다. 정감에 있어서 외물과 접촉할 때, 성인도 마찬가지로 그에 대해 반응함이 있다. 그렇지만 비록 반응함이 있다 하더라도 정감의 방해를 받지 않는다는 것이다. 즉, 그의 정신적 경지는 그대로 평정하면서 '무'와 서로 같은 상태라는 것이다. 이것은 외물에 반응하면서도 그에 누累됨이 없도록 할 수 있다는 것이다. 왕필은, 성인에게도 정감이 있기 때문에 그도 여전히 정감에 누되는 바가 있어서 정신 경지가 평정할 수 없다고 생각하는 것은 잘못된 견해라고 생각하였다.

또, 성인의 정신 경지는 언제나 평정하기 때문에 그가 외물과 접촉할 때는 정감상에 있어서도 전혀 반응이 없다고 생각하는 것 역시 잘못된 견해라고 생각하였다.

3. 죽림명사竹林名士 혜강嵇康과 완적阮籍

『노자老子』의 사상은 한편으로는 한비자韓非子와 같은 법가 사상가와 관련되면서 '황로학黃老學'으로 연결되고, 이는 자연철학적 경향을 띠면서 한왕조 동안 줄곧 이어졌다. 이때는 훗날 도가 사상의 대표적 상징으로 일컬어졌던 '노장老莊'이라는 말은 쓰이지 않고, '황로黃老'라는 말이 유행했다. 이후 한왕조에 이은 위진시대의 현학사상가들에 의해 비로소 '노자老子'와 '장자莊子'를 병칭하여 '노장老莊'이라는 말로 쓰이게 되었고, 이때가 되어서는 오히려 더 이상 '황로'라는 말을 쓰지 않게 되었다. 죽림 명사의 한 사람인 혜강嵇康은 "노자老子와 장주莊周는 나의 스승이다."라고 하면서 '노자'와 '장자'를 병칭하였다. 역시 죽림명사의 한 사람인 완적阮籍은 『달장론達莊論』, 『통로론通老論』, 『통역론通易論』을 지었는데, 이 시기 이후 『주역周易』, 『노자』, 『장자』가 이른바 '삼현三玄'으로서 현학가의 중요 문헌이 된 것이다. 앞의 왕필과 하안이 『주역』과 『노자』를 현학의 주요한 문헌으로 삼은 데 이어, 여기에 완적이 『장자』를 보탠 것이다.

혜강은 당시 '명교名敎'와 '예법禮法'이라는 전통적 제도와 규율의 틀로부터의 '방放', 즉 '해방'을 부르짖었는데, 이것은 위진현학의 주요한 특징 중 하나로서 당시 죽림명사들의 성향을 상징하는 것이며, 이러한 데에 영향을 준 사상이, 『노자』와 더불어 특히 『장자』의 사상이었다. 『세설신어世說新語』에 따르면, 당시 진류陳留 사람 완적阮籍, 초국譙國 사람 혜강嵇康, 하내河內 사람 산도山濤, 폐국沛國 사람 유령劉伶, 진류陳留 사람 완함阮咸, 하내河內 사람 상수向秀, 낭야琅琊 사람 왕융王戎의 일곱 사람이 언제나 죽림竹林 아래에 모여 자유분방하게 교유하여, 세상에서 이들을 '죽림칠현竹林七賢'이라고 불렀다고 한다. 그들이 예제를 벗어나 '방放'의 태도를 보인 예例를 보면, 완적은 모친상 중에도 평소에 하던 대로 술을 마시고 고기를 먹으면서 태연자약하게 행동하여, 하증何曾이란 사람에게 '성정性情'을 마음 내키는 대로 하는 '패속지인敗俗之人'이라는 비판을 받았는데, 이러한 태도가 곧 '방'의 내용이다. 또 유령劉伶은 언제나 술을 마음껏 마시며 방달放達의 삶을 살았는데, 어떤 때에는 옷을 다 벗고 나신으로 집안에 있다가, 다른 사람이 보고 비난하자, 그는 말하기를, "나는 천지를 집으로 삼고, 방을 겉옷으로 삼고 있는데, 그대들은 어찌하여 내 겉옷 속에 들어와 있는가?"라고 하였다 한다.

이러한 '죽림명사'들의 '방放'의 생활은 보통 사람과 다른 점이었는데, '정시명사正始名士'인 왕필이나 하안의 생활은 이런 점이 전혀 없이 지식인의 관례에 따라 당시의 정치활동과 정치투쟁에 참가하였고, 그들이 참가한 정치집단의 몰락에 따라 그들도 역시 몰락하였다. 그들에게는 유가적 측면도 있어서 『노자』의 사상에 대해서 이론적 탐구는 했지만, 삶의 방식까지 수용한 것은 아니었던 것이다. 그런데 '죽림명사'는 그렇지 않아서, 그들은 노장의 사상에 대해서 말로만 그친 것이 아니라 삶의 방식에서도 노장을 수용했던 것이었다. 이것이 그들의 '방'의 태도였다. 즉 그들은 노장의 정신 경지에까지 이르려 하였던 것이다.

이들 중 혜강嵇康의 정신 경지를 말하는 것은 한 마디로 "명교를 초월하여 자연에 맡김(越名教而任自然)"이다. 혜강(224~263 또는 223~262, 자字는 숙야叔夜로서, 초국군譙國郡 질현銍縣 사람)은 조위曹魏 시기의 유명한 문학가이면서 사상가였다. 벼슬은 중산대부中散大夫에까지 이르러, 후세에서 혜중산嵇中散이라고 일컬었다. 당시 정치 상황에서 사마씨와 조씨 간의 정권 쟁탈 와중에, 사마의司馬懿가 정변을 일으켜 조상曹爽을 죽이고 정권을 빼자, 왕필과 하안은 조상의 정치집단에 속했다가 하안이 사마의에 의해서 죽었는데, 혜강은 조씨의 친척이어서, 그 역시 당시 정권을 장악한 사마의의 아들인 진왕 사마소司馬昭에게 죽었다. 그의 저작이 후인들에 의해 편집되어 『혜강집嵇康集』 또는 『혜중산집嵇中散集』이라 불린다.

혜강은, 육경六經은 사람의 욕망에 대해서 인도引導함도 억제함도 있지만, 사람의 욕망 자체를 두고 말하면, 그것은 인도 받기를 원치 않으며, 억제 받기는 더 원치 않는다고 하면서, 사람이 좋아하는 것은 바로 '종심소욕從心所欲(마음이 하고자 하는 바)'[5]으로서, '종심소욕'할 수 있으면 자연을 얻으므로, 사람의 정욕情欲을 위반하는 예율禮律은 쓸모가 없다고 주장했다. 혜강의 이러한 주장은 명교와 자연의 대립을 개괄한 것이다.

혜강은 '인성은 종욕從欲을 즐거움으로 삼음(人性以從欲爲歡)'을 추구했는데, 그 한 사례에 이러한 것이 있다. 당시의 대명사大名士이면서 귀공자였던 종회鍾會가 혜강을 방문하였을 때, 마침 혜강이 그의 뜰안 버드나무 아래에서 상수向秀와 대장간에서 쇠 두들기는 일을 하고 있었고, 본래 혜강에게는 그러한 취미가 있어서 종종 그로써 소일하기도 했다. 그런데 그때 종회가 왔지만, 혜강은 종회를 거들떠보지도 않아서, 종회는 할 수 없이 그냥 가려 했는데, 이때에서야 혜강은 도리어 종회에게 말을 걸면서, "무얼 듣고 왔으며, 무얼 보고 가는가?"라고 물으니, 종회가 "들을 걸 듣고 왔고, 볼 걸 보고 가노라."라고 대답했다고 한다. 종회는 당시의 귀공자이면서 대명사였지만 그의 방문에 대해서 혜강은 아랑곳하지 않았는데, 이것은 세속의 예법에 어긋나는 것이었다. 그렇다고 해서 혜강이 종회를 무시해서 이렇게 했다고 할 수는 없다. 그는 아마도 쇠 두들기는 일의 흥취에 흠뻑 빠져들어 그만 두려 해도 그만 둘 수가 없었던 것이다. 그는 예절상의 응수應酬 때문에 그의 흥취를 그만둘 수 없었던 것이며, 이것이 바로 "종욕從欲을 즐거움으로 삼음"이며 동시에 "마음을 시비是非에 두지 않음(心無措乎是非)"이기도 한 것이다.

『세설신어』에 실린 죽림칠현의 한 사람 완함阮咸은 어느 때 그의 족인族人

5) 공자의 70세의 정신 경지인 '종심소욕불유구從心所欲不踰矩'에서 유래.

을 연회에 초청하여, 대분大盆에 술을 가득 담고, 모두 그 대분을 둘러싸고 술을 마셨다. 그때 그의 집의 돼지도 와서 술을 마셨는데, 그들은 돼지와 함께 마셨으며, 여기에 "혼연히 만물과 함께 행동함(混乎與萬物并行)"의 뜻이 있는데, 즉 자신을 만물 사이에 두고 만물 가운데의 일물一物이 되는 것이다.

혜강은 세속의 사람들을 두고 비평하기를, 세속 사람들은 자신의 정情을 하고자 하는 바(소욕所欲)의 욕망 대상에 매어 둠으로 인하여 '바깥(外)'의 속박을 받고 바깥으로 달려 나간다고 하였는데, 세속인들이 세속의 즐거움에 연연하는 이유는 그들이 내면에 득의得意의 부분이 없기 때문이라고 생각한 것이다. 혜강은 '무락無樂'이 '지락至樂'이라고 생각했는데, 예컨대 부모가 병이 들었다가 낫게 되어 이것이 기쁨이 되는 즐거움을 얻기보다 애초에 부모가 병이 들지 않는 것이 더 나은 것과 같다는 것이다. 그는 오히려 이러한 세속의 어떤 특정의 즐거움보다는 애당초 초월을 목적으로 하였는데, 이것은 『장자』의 사상 취지와 부합하려는 뜻이다. 이렇게 함으로써 사회 속에서 장자의 '소요逍遙'함을 얻을 수 있다는 것이다. 만일 정情이 '소욕所欲', 즉 '욕망 대상'에 얽매이면 외물의 구속 상태를 벗어날 수가 없으니, 이러한 것도 벗어나야 완전한 초월로서의 진정한 '소요'라는 것이다.

혜강의 이러한 사상, 특히 "월명교이임자연越名教而任自然"으로 묘사되는 그의 사상은 당시 세태, 특히 정치적인 상황과 부합될 수는 없었다. 그는 "늘 탕왕湯王과 무왕武王을 비판하고 주공과 공자를 폄하(每非湯武而薄周孔)"하면서, 당시 사회에서 중시하던 관념과 조화하지 못했고, 나아가 당시 정치상황을 비판하였다. 혜강은 당시의 사마씨와 조씨의 정치투쟁의 소용돌이 속에서 사마소에게 피살되었다. 그의 죽음은 직접적으로는 당시의 특정한 정치투쟁 속 상황과 관련되지만(게다가 혜강의 아내는 조위曹魏의 종실宗室 여자였다), 그의 사상 역시 당시 통치자에게 용납되지 않았던 것이다. 그 스스로도 "세교世教에 용납되지 않음"이라고 말하면서, 자신의 사상이 세상과 조화될 수 없음을 느꼈다.

죽림칠현竹林七賢 중 사상적으로 역시 중요 인물로서 완적阮籍(210~263)은 있다. 그의 자字는 숙야叔夜로서, 진류군陳留郡 위씨현尉氏縣 사람이며, 위진시대의 주요한 '명사'였다. 전해지기로는, 당시 보병영步兵营의 주방에는 좋은 술이 아주 많았는데, 그 주방에는 술을 잘 만드는 요리사가 있었다고 한다. 완적은 술 마시기를 좋아해서 보병교위步兵校尉가 되기를 희망하였다. 후세에 그를 완보병阮步兵이라고 일컫기도 하여, 그의 저작집을 일명 『완보병집阮步兵集』이라고도 하였다. 완적의 주요 저작은 『대인선생전大人先生傳』인데, 그 속에 그의 철학사상이 표현되어 있다. 그 저작은 소문산蘇門山의 한 은자隱者의 말에 가탁하는 형식이었지만, 실상은 자신의 사상을 적은 것이다.

완적의 『대인선생전』은 모두 다섯 부분으로 나누어져 있는데, 각 부분마다 하나의 사상이 표현되어 있다. 첫 번째 부분에서는 당시의 예법이 지나치게 틀에 박혀 있는 점과 그러한 예법을 봉행奉行하는 '사군자士君子'들을 비판하고 조롱하였다. 두 번째 부분에서는 당시의 정치를 비판하였다. 세 번째 부분에서는 은사隱士의 말로 의탁하여 은사의 사상을 표현하였다. 네 번째 부분에서는 나무꾼(樵夫)의 말에 의탁하여 사생死生을 동일시하는 사상을 표현하였다. 다섯 번째 부분에서는 그가 생각하는 최고의 정신 경지를 논술하였다. 이 다섯 사상은 모두 현학가들이 흔히 가지고 있는 사상의 요소들이기도 하다. 예법의 형식적 틀을 반대하고 그러한 것을 사수하는 '사군자'를 조롱하는 것은 현학가들의 공동의 태도였다.

『대인선생전大人先生傳』의 앞쪽 세 부분은 모두 사람과 사회의 관계에 대하여 말한 것이고, 뒤쪽 두 부분은 정신 경지의 측면에서 말한 것이다. 정신 경지의 관점에서 볼 때, '대인선생'은 은자隱者의 사상을 비판하면서, 이러한 사상은 "상대편을 싫어하고 나를 좋아하며, 자신은 옳고 남을 그르다 여기는 것"이면서, "시비의 구별과 선악의 차이"도 있고, 분별함도 추구함도 있는 것이다. 그가 추구하는 정신 경지에는 시비의 분별도 삶과 죽음의 분별도 없어서 최종적으로는 다섯 번째 부분에서 무엇이 진정한 '대인'의 '큼[대大]'인가를 말한다. 이 부분에서 '대인선생'은 도처에 유람하면서, 그 정신 경지가 밖이 없는 우주와 같이 광활하고, 무궁한 시간과 같이 장구함에 이른다. 완적은 이것이야말로 최고의 정신 경지라고 생각하였다.

『달장론達莊論』에서 그는 "천지는 자연에서 생하고, 만물은 천지에서 생한다. 자연이란 '밖이 없음(無外)'이므로, 천지로 그것을 이름 하였다. 천지란 '안이 있음(有內)'이므로 만물로 그것을 이름 하였다."고 하였다. 완적은 여기서 하나의 우주생성의 순서를 말하여, 자연이 천지를 생하고, 천지가 만물을 생하였음을 말하지만, 천지는 곧 자연의 별명이며, 만물은 곧 천지의 내용임을 말하고 있다. 완적은 '무외'이건 '유내'이건 모든 사물은 천지 안에 포괄되므로 '일체一體'라고 말할 수 있다고 여겼는데, 이러한 '만물일체'가 『달장론』의 주제이다.

완적은 생각하기를, 사람은 천지 가운데에서 생겨나서, 자연의 한 체현자로서, 그의 신체는 곧 음양의 기가 쌓여 이루어진 것이며, 사람의 본성은 곧 오행五行의 본성이고, 사람의 감정은 곧 영혼이 변동해 가는 욕망이며, 사람의 정신(神)은 곧 천지를 주재하는 것이라고 여겼다.

완적은 어떤 것이든 모두 다른 측면에서 보면 마치 사람의 수염과 눈썹의 다른 이름이 있는 것이고, 같은 측면에서 보면 몸에 있는 하나의 털로서 같은 것이라고 보아, 어떤 사물도 모두 그 전체와 부분이 있어서, 전자의 측면에서 볼 수도 후자의 측면에서 볼 수도 있으니, 자연과 사회도 모두 그렇게 볼 수 있다고 여겼다. 그가 보기에 공자가 관심을 둔 '육경'은 자연과 사회를 부분으로 나누어 본 것이고, 『장자』는 자연과 사회를 전체로서 본 것이다. 그래서 공자, 노자, 장자가 말하는 도리는 결코 서로 배치되는 것이 아닌, 서로 보충적인 것이라고 여겼다. 즉 공자의 '명교名教'와 노장의 '자연自然'은 서로 배치되지 않고 보충적인 것이라는 것이다.

제19장

위진현학

魏晉玄學

(2)

'현학玄學'의 파별派別은 셋으로 나눌 수 있는데, 그것은 '유有'와 '무無'에 관한 입장 차이에 의한 것이다. 먼저 앞서 말한 하안何晏과 왕필王弼은 '무'를 중시하여 이들과 같은 입장을 '귀무론貴無論'이라 함에 대해 '유'를 중시하는 입장의 대표는 배위裴頠인데, 이러한 입장을 '숭유론崇有論'이라고 한다. 또 역시 '유'를 중시하면서 '무'의 입론을 부정함을 강조하는, "'무無'라는 것은 없다"는 '무무無無'의 입장을 '무무론無無論'이라고 하는데, 현학의 총괄적 위치에 있는 곽상郭象이 그 대표이다.

인간의 인식과정은 먼저 현상세계의 만물로부터 '유'를 추상해낸다. 그리고 그 '유'로부터 '무'를 분석해낸다. 『노자』에서는 이러한 과정에서 얻은 '무'를 '도'라고 이름하였다. 그러나 그것은 원래 이름지을 수 없는 것을 억지로 이름한 것이므로 '무명'이기도 하다. 이렇게 얻어진 '무' 또는 '도'가 그 역순으로서 『노자』에서 만물생성론으로 나타난다. 이것이 곧 "천하만물은 '유'에서 생하고, '유'는 '무'에서 생한다(天下萬物生於有, 有生於無)."(『노자』제40장)이며, 또 『노자』의 "도道는 하나를 낳고, 하나는 둘을 낳고, 둘은 셋을 낳고, 셋은 만물萬物을 낳는다(道生一, 一生二, 二生三, 三生萬物)."(『노자』제42장)이다. 이러한 '무' 또는 '도'는 인식의 과정상 맨 뒤에 나오는 것이지만, 발생론에서는 처음으로 전제된다. 그럼에도 이것은 현상계 만물의 근원으로서 현상보다 앞서는 것으로 말해진다. 그래서 종교에서 조물주로서의 '제帝'로 지칭되는 종교적 실체보다 더 앞서는 것으로 말해진다. 곧 『노자』에서 말한 "象帝之先"(『노자』제4장)의 '제帝의 앞(帝之先)'인 것이다.

이 말은, '도'가 종교적인 것보다 앞설 뿐만 아니라 모든 것에서 앞서는 형이상학적 원리가 된다는 것이다. 그러나 이것은 '도'가 시간적으로 먼저 있고 현상의 만물이 있다는 것이 아니라, 실제로는 현상의 원리로서 있는 것이기 때문에, '도'는 만물에 대해서 시간적 선재先在가 아니라 논리적 선재가 되는 것이다. 인식의 결과이면서도 논리적으로 앞서는 것으로 전제되는 '도' 곧 '무'를 우선시하는 것이 현학의 '귀무론'이다. 그리고 이에 반대하는 것이 곧 '숭유론'이다. '귀무론'의 이론을 뒤집어 '유'를 높여 중시하므로 '숭유론'인 것이다. 이에서 더 나아가 '도'라든가 '무'라든가 하는 것을 하나의 실체로 인정하지 않고, 천지만물이란 모두 '자연自然'에서 생겨나오며, 종교적이든 철학적이든 조물주를 인정하지 않는 것이 '무무론'으로서 곽상郭象이 그 대표이다. '숭유론'과 '무무론'은 이 측면에서는 결국 같은 입장이다.

1. 배위裴頠와 『숭유론崇有論』

배위裴頠(267~300)의 자字는 일민逸民으로서, 하동군河東郡 문희현聞喜縣 사람이다. 그는 진조晉朝의 명사名士로서, 역시 정치적으로 중요한 인물이었다. 당시의 각 정파의 정권 투쟁 와중에 조왕趙王 사마륜司馬倫에 의해 죽임을 당하였다. 그의 저작에는 『숭유론崇有論』이 있고, 당시 토론 소재이던 '재성才性'의 문제를 다룰 예정이던 『변재론辯才論』이 있었지만, 완성되기 전에 죽게 되어, 현재 단지 『숭유론』만 『진서晉書』의 그의 전傳에 수록되어 전해진다.

배위는 당시 세속에서 '허무虛無의 리理'를 숭상함을 싫어하여, 『숭유론』을 지었다고 전해지며, 여기에 그의 철학사상이 포괄적으로 나타난다. 그의 『숭유론』은 하안何晏과 왕필王弼의 사상을 반대한 것으로서, 그들의 '귀무론貴無論'과 대립하였지만, 역시 현학의 범주 안에 있다. 즉 그의 '귀무론'과의 사상투쟁은 현학 내부의 투쟁인 것이다. 왜냐하면 그의 『숭유론』에 쓰인 방법 역시 현학의 방법인 '변명석리辯名析理'이며, 그 토론 문제는 현학의 주요 문제였던 '유有'와 '무無'의 문제였기 때문이다.

현학에 있어서 '유', '무'의 문제는 '정시正始명사名士'들에 의해 중요한 철학 의의를 갖고 토론이 이루어지다가, '죽림竹林명사名士'에 이르러 그것에 사회적 의의가 더해졌는데, 혜강의 이른바 "越名教而任自然"이 그 점을 상징한다. 그래서 '월명교越名教'하는 이들은 '무'를 주장하고, '명교'를 옹호하는 이들은 '유'를 주장하는 특징을 보였다. 배위는 당시의 상황을 두고 『숭유론』에서 "上及造化, 下被萬事, 莫不貴無(위로 조화造化에 이르고, 아래도 만사萬事에 미쳐서 모두가 '귀무貴無'하지 않음이 없다)."라고 하면서, 당시 세상에 만연한 '귀무론'을 비판하였다. 그의 『숭유론』은 철학적 성격과 정치적 성격을 같이 지니고 있는 것이었다. 배위 역시 사족士族 가정 출신이었는데, 특이한 점은 그의 가성은 과학을 연구하는 전통이 있어서, 그의 아버지 배수裴秀는 지도 제작법을 고안하여 지리학 전문 저술을 하였고, 배위는 의학에 대한 연구를 하였으니, 가정 분위기가 현상적 존재에 관한 경험과학을 중시하여, 이 점은 그가 '유'를 중시함과 관련이 있다고 할 수 있다.

배위는 『숭유론』 첫머리에서 "夫總混群本, 宗極之道也(만물의 근본을 취합하는 것은 지고무상至高無上의 도道이다)"라고 시작하였는데, '종극지도宗極之道'라는 말은 현학 중의 중요한 개념이다. 이는 일체 존재를 포괄하고 주재하는 궁극의 원리라는 말이다. 동서의 철학에서 흔히 말하는 일체 존재의 근원이다. '귀무론'에서는 '무'를 '종극지도'라고 생각한다. 배위의 경우는 '총혼군본總混群本'이 '종극지도'라는 것이다. 이 점이 그의 철학사상을 '귀무론'과 근본적으로 구분하여 대립시키는 것이다. '총總'이라는 글자와 '혼混'이라는 글자는 모두 중요한 의미를 지니고 있는데, '혼'은 천차만별한 모든 사물을 섞는다는 말이고, '총'은 총체적으로 말한다는 것이다. 배위가 말하는 '종극지도'는 '총명總名'이며, 그것의 내용은 '군본群本'으로서의 '군유群有'이다. '군유'는 '유'이지만, 이 '유'는 현상의 개별적이고 구체적인 '유'이지 추상적 '유'가 아니다. 추상적 '유'는 곧 '무'이다.

추상적 '유有'는 '류類'의 관점으로부터 나오는 것이다. '류'의 관점에서 사물을 관찰하면, 추상적 '유'를 도출해 낼 수 있고, 추상적 '유'는 '무'를 도출해 낼 수 있다. '유'의 가장 분명한 표현은 개체의 사물이다. 개체의 사물 하나하나는 모두 '유'의 일부분이다. 즉 '유'는 다른 것이 아니고 개체 사물과 그 형상形象이다.

모든 사물은 한 '류'에만 속한 것이 아니고, 다양한 성질에 따른 다양한 '류'에 속해 있어서, 사물 사이에는 일정한 접촉, 연계, 상호 영향이 있으며, 여러 가지 복잡하고 뒤섞인 관계를 가지고 있다. 그런데 모든 개체의 사물이 수많은 '류'에 속해 있어도 그것은 주된 성질을 가지고 있어서, 우주 전체와 비교할 때 치우친(偏) 바가 있다. 치우친 바가 있으므로, 각 현상적 개체 존재는 다른 존재에 의존하여야 존재할 수 있고, 이러한 의존 대상의 존재를 배위는 '외자外資'라고 하였다.

이렇게 서로 '외자'로서의 다른 의존 대상이 있는 현상의 각 존재들은 서로 다른 의존 대상과 일정한 관계를 가지고 있으며, 이들 관계에서 일정한 규율을 찾을 수 있다. 이러한 각 존재의 성질, 그 사이의 관계의 규율이 곧 '리理'이다. 그런데 이 '리'는 그저 허공 속에 존재하지 않고, 반드시 구체 사물 가운데에 존재해야 한다. 그래서 "리가 체현된 것이 이른바 '유有'이다(理之所體, 所謂有也)."라고 한다. '리'는 반드시 형상화된 사물에 체현되어야 '유'가 된다는 것이다. 이러한 구체적 사물이 곧 '리'의 '적迹(자취)'이다. 이렇게 현상적 각 존재로서의 '유'는 서로에게 필요한 '자資'가 되어 자신과 다른 사물 존재로서의 '외자外資'와 상호 의존하면서 그 필요성에 따라 그 '마땅함(宜)'을 기준으로 선택하여 상호 존재하면서 그 생존을 유지하는 것이다.

이렇게 '유'를 중시한 배위는, 『노자』에서 비록 '무'를 귀하게 여겼지만, 사실상 그 목적은 '전유全有'에 있으면서도 다만 단면만 보고 있는 오류가 있다고 보았다. 그래서 근거 없는 '有生於無'의 '허虛'를 위주로 하는 주장을 했다는 것이다.

『노자』의 사상과 관련 있는 '귀무론'에 대해 배위는, '귀무론'은 현상세계의 사물이 발생하고 발전하는 원인과 법칙을 연구하지 않고, 단지 미사여구만 늘어놓으면서, '공무空無'를 찬미하기만 한다는 점을 비판하였다. 사물의 발생,

발전에 관한 원인과 법칙은 말하기 쉽지 않으며, 말할 경우에는 반드시 실제적인 증거가 있어야 하고, 반드시 실제에서 검증을 받아야 하지만, '공무空無'는 마음대로 말할 수 있는 것이라 보았다. 왜냐하면 '공무'를 말할 경우에는 실제에서의 증거가 필요하지 않고, 실제 중의 검증을 거칠 필요가 없어서, 아무 말이나 그저 내뱉으면 되기 때문이다. 그러면서도 '귀무론'의 이러한 미사여구는 세상 사람들의 환심을 사서 사이비의 도리를 말하며 혹세무민하는 것이라고 배위는 주장한다.

'귀무론'의 이러한 사고는 사회에도 영향을 미쳐 당시의 문벌사족들은 '귀무론'의 사상적 명분에 힘입어, 부패하고 방탕한 상황을 연출함을 배위는 비판하였다. 그들은 자신들의 방종의 언행을 '현묘玄妙'니, '아원雅遠'이니, '광달曠達'이니 하면서 미화하지만, 실상은 당시 사회의 '명교'와 '예법'을 무시하고 마음가는대로 행동하는 것임을 배위는 비판하였다. 배위는 이러한 '귀무론'에 대해 '숭유론'을 주장하여 그러한 병폐를 바로잡으려 한 것이다.

2. '언의지변言意之辯'

현학가들이 늘 토론하던 문제 중에 '언의지변言意之辯', 즉 '언言'과 '의意'에 관한 변론이란 것이 있었다. 이것은, '언어'는 사람의 '의사'를 완전히 표현, 전달할 수 있는가 그렇지 않은가 하는 것이다. 완전히 표달할 수 없다는 입장, 즉 '말'은 '뜻'을 다할 수 없다는 것을 당시에 '언부진의론言不盡意論'이라고 하였고, 완전히 표달할 수 있다는 입장을 '언진의론言盡意論'이라고 하였다. 표면적으로 볼 때, 이 변론은 단지 언어의 작용 문제이지만, 실제로는 철학상의 변론으로서, 양자의 대립은 '귀무'와 '숭유'의 사상 노선 투쟁의 표현이기도 하였다.

당시 현학가 중 순찬荀粲(210~238, 자字는 봉천奉倩, 영천군潁川郡 영음현潁

陰縣 사람)이라는 이는, 그의 형들이 평소 유술儒術을 논하였지만, 그는 그 형들과 달리 혼자 '도'를 말하기를 좋아했다. 그러면서 언제나 말하기를, 『논어』에서 자공子貢이 '부자夫子(즉 공자孔子)'께서 '성性'과 '천도天道'를 말씀하시는 것을 듣지 못했다고 하니, 그렇다면 육경의 서적이 비록 존재하나 결국 성인의 찌꺼기에 불과하다고 하였다. 이에 대해 그의 형들 중 순오荀俁는 이를 비판하여, 『역易』에서 말하듯, 성인이 '상象'을 세워 '의意'를 다하고(盡), '사辭'를 달아 '언言'을 다하면, 미언微言을 어찌 얻어서 듣고 보고 할 수 없겠느냐고 반박하였다. 이에 순찬은, '리理'의 미세함(微)은 물상物象으로 거론할 바가 아니며, '상'을 세워 '의'를 다한다고 한 것은 '의'의 밖에까지 통할 수 있는 것은 아니며, '사'를 달아 '언'을 다한다고 한 것은 그렇게 말은 단 것 이외는 말하는 것이 아니라는 것이라면서, '상' 밖의 '뜻'과 '사'를 단 겉의 말은 본래 깊이 감추어져 드러나지 않는다고 답하였다.

요컨대 순오는 '언진의言盡意'를 주장하여 『주역周易』「계사전繫辭傳」을 그 근거로 들었고, 순찬은 '언부진의言不盡意'를 주장하였는데, 그의 취지는 언어로 표달할 수 있는 것은 단지 거칠고 투박한 것일뿐, 미세한 '리理'는 언어로 표현, 전달할 수 없다는 것이었다. 그래서 공자의 육경에서 말한 것은 단지 그의 사상의 거친 부분이고, 그의 사상의 미세한 부분, 즉 '성명性命', '천도天道'와 같이 인생과 우주의 근본 원리에 관한 것은 언어로 표달할 수 없다고 주장한 것이다. 말하자면, 미세한 '리'는 말로 표현할 수 없을 뿐만 아니라, 불가사의하기도 한 것이라는 것이다.

이러한 두 입장 중 '언진의'의 입장을 주장한 당시의 대표자는 구양건歐陽建(?~300, 자는 견석堅石으로서 발해군渤海郡 남피현南皮縣 사람)으로서, 그도 당시의 '명사名士'였다. 그는 당시의 문벌 사족 당파의 정권쟁탈 투쟁에서 조왕趙王 사마륜司馬倫에게 죽임을 당했다. 그의 철학 저작이 곧 『언진의론言盡意論』이다.

구양건歐陽建의 『언진의론』은 매우 짧은 글이다. 그렇지만 그 속에서 그의 기본 철학 관점을 나타내고 있다. 당시 현학의 '귀무론'의 영향으로 아주 많은 사람들이 '언부진의言不盡意'를 주장하고 있었는데, 구양건은 그의 글 속에서 이러한 사람들을 '뇌동군자雷同君子'로, 그는 '위중선생違衆先生'으로 자칭하여, 당시 유행하는 '언부진의言不盡意'의 사조에 부화뇌동附和雷同하는 지식인들에 반대하는, 세상의 다수와 생각을 달리하는(違衆) 자신의 사상을 주장하였다. 당시에 '재성才性'을 논하는 대다수의 지식인들은 사람의 지식과 재능은 주로 그의 천부적 본질에 따라 결정된다는 선험론적 관점을 주장하였다. 구양건은 '뇌동군자'와 '위중선생'이라는 두 허구직 이름으로 이러한 관점에 반대하는 자신의 사상적 관점을 설명하였다.

구양건은 중국철학사에서 이어온 전통적 논제인 '명名'과 '실實'의 문제에 있어서 실제 객관적 세계인 '실'을 주된 것으로, 그것을 지칭하는 '명'을 부차적인 것으로 보았다. '실'은 객관적으로 존재하는 것으로서 '명'에 의존하여 존재하는 것이 아니며, 오히려 '명'이 이러한 '실'이 있고난 후에 존재하는 것이라 보았다. 어떤 '실'을 지칭하는 '명'이 있건 없건 '실'은 존재하는 것이며, '실'의 세계에 내재하는 '리理'에 대해서도 그것을 객관적으로 존재하는 것이라 생각하여, 그 '리'를 언표하는 명제가 있건 없건 그 '리'는 존재하는 것이라 생각하였다.

구양건은 언어에 관해서 '명名'과 '언言'을 구별하였다. '명'은 논리학에 있어서 사실(fact)의 세계인 '실'의 특정 사물을 지칭하는 언어에서의 '名辭(term)'이며, 관념 속에서의 해당 개념(concept)이다. '언'은 그 사실 간의 관계에 대한 판단(judgement)을 언표한 명제(proposition)이다. 따라서 '명'이든 '언'이든 언어는 '실'에 대해 아무런 것도 추가할 수도, 어떤 작용도 할 수 없다고 보았다. 그러나 비록 언어가 객관적 '실'의 세계에 영향을 미칠 수 없다 하더라도, 이러한 객관 존재의 인식에 대해서는 반드시 '명'과 '언'이라는 언어에 의존해야 한다고 하였다.

객관 존재에 대한 사람의 인식은 곧 객관 존재의, 사람의 의식 속의 반영으로 본 구양건은 이러한 반영을 '감식鑑識'이라고 불렀다. 이러한 인식과정에서 얻어진 개념이 생기면, 이를 언표하는 '명사'로서의 '명'이 있어야 그러한 개념이 분별(辯=辨)될 수 있다면서 언어의 중요성을 말하였다. 이렇게 인식주체(心)에 '실'의 세계의 법칙인 '리'가 인식됨이 '리가 마음에 얻어짐(理得於心)'으로서의 판단이며, 이러한 판단을 명확히 하려면 '언'으로 표현된 명제가 없으면 안 된다고 보아, 그는 이를 두고 "리가 마음에 얻어짐은 '언言'이 아니면 표현할 수 없다(理得於心, 非言不暢)."라고 하였다. 언어는 이처럼 인식에 있어서 필수불가결할 뿐만 아니라, 더불어 인식주체 간의 소통, 즉 사람과 사람 간의 소통에 있어서도 필수불가결하다고 보았다.

구양건에게 있어서는, 비록 객관세계인 '실'의 세계가 주된 것이고, '명'과 '언'으로서의 언어의 세계가 그에 따른 부차적인 것이지만, 양자의 관계는 분리될 수 없는 것이다. 그런데, 이러한 '명'과 '언'을 내용으로 하는 의식의 총체적인 면이 곧 '의意'이므로, '명'과 '언'과 같은 언어는 '의'와 분리될 수가 없으므로, '언'은 곧 '진의盡意', 즉 '뜻을 다한다'고 할 수 있으며, '언부진의言不盡意', 즉 '언'이 '뜻을 다할 수 없다'고 할 수 없다는 것이다. 그렇지만 '언부진의言不盡意'론이라 하더라도 모든 명제가 모두 '언부진의'라는 것은 아니어서, 이러한 대립은 단지 인식론과 언어의 문제에 한정될 수는 없는 것이고, 본래는 그들의 기본 철학 관점의 차이에 대한 것이다. 특히 왕필, 하안 등이 말하는 '무명지역無名之域'(이름지을 수 없고, 말로 표현할 수 없는 영역)에 대한 이들 양파의 대립과 같은 것이 근본적인 것이며, 이러한 것이 '언부진의론'과 '귀무론', '언진의론'과 '숭유론'의 관련성 및 그 양쪽 진영의 대립으로 드러난 것이다.

왕필의 경우, 사실상 '언진의론'이라고 할 수 있다. 그는 『주역』을 설명하면서, 그 역시 '언言'과 '의意'의 관계를 말했지만, 그 사이에 '상象'을 말하였다. 『주역』의 학문인 역학易學에서 왕필 이전 한대漢代의 상수역象數易에서는 역易의 상象을 중시하였다. 상수역을 반대한 왕필은 그의 『주역』 해석에 있어 이에 관한 것을 표명하였다. 그는 『주역약례』에서, "'의意'를 다함에는 '상象'만한 것이 없고, '상'을 다하는 데는 '언言'만한 것이 없다."라고 하면서, "'의'로써 '상'을 다하고, '상'으로써 '언'을 다할 수 있다."고 하였다. 그런데, 그의 궁극 목적은 '의', '상', '언'의 관계보다, 그것을 넘어서서 '득의망언得意忘言', 즉 '뜻을 얻으면 말을 잊음'에 있었다. 그래서 그는 "'언'을 잊은 자는 '상'을 얻은 자이다. 이를 얻음은 '상'을 잊음에 있고, '상'을 얻음은 '언'을 잊음에 있다."고 하였다. 토끼를 얻으면 올가미를 잊고, 물고기를 얻으면 통발을 잊는다는 『장자』의 비유에 관련되는 것으로서, 비트겐슈타인이 언어를 사다리로 비유하여 사다리로 지붕에 올라가는 목적을 달성하고 나면 사다리는 더 이상 필요 없는 것으로 보는 것과 같다. 그 최종 목적은 '무명지역'이면서, '혼돈混沌'의 경지로서, 이는 이후 중국 불교 선종禪宗에서의 언어의 역할과 언어로 표현될 수 없는 '불립문자不立文字'의 경지와의 관계로 이어진다고 할 수 있다.

'귀무론'에 말하는 '무'는 그 이론상의 우주발생론의 영역이기도 하다. '귀무론'에서는 '무'를 우주발생의 한 부분으로 삼는다. 그런데 '숭유론'에서는 '귀무론'의 '무'를 부정하며, 동시에 그 '무명지역'도 부정한다. 그런데 다음에 거론할 현학의 최종 단계의 대표자인 곽상郭象은 '귀무론'의 '무'는 부정하지만 그 '무명지역', '혼돈'은 인정한다. 그것은 그가 말하는 궁극적 경지인 '명극冥極', '현명지경玄冥之境'이다. 이에 관한 것이 그의 '무무론無無論'이다. 그의 '무무론'은 배위의 '숭유론'과 같은 철학 기반에 서 있지만, 그는 나아가 '귀무론'과 '숭유론'을 변증법으로 종합하는 위치에 있다. 또한 이후, 시대를 지나 북송대北宋代 장재張載의, 또 다른 측면의 '무무론'으로도 이어진다.

3. 곽상郭象의 '무무론無無論'

곽상郭象(약 252~312)의 자字는 자현子玄으로서 하남河南 낙양洛陽 사람이다. 그 역시 당시의 대명사大名士였다. 그는 정치적으로는 동해왕東海王 사마월

司馬越의 신임을 얻어 일시적으로 권세를 얻기도 하였다. 그의 최대의 저작은 『장자주莊子注』로서 이후 중국철학사에서 『장자莊子』에 대한 표준적인 주해로 평가되어 왔다. 그러나 실제적으로는 단순한 『장자』의 주해가 아니라 그 자신의 철학사상을 기술한 하나의 철학 저작이라고 할 수 있다. 그는 현학시대의 마지막 철학자라고 할 수 있으며, 그 외의 저작으로는 유실된 『논어석의論語釋疑』도 있었다.

곽상의 『장자주』를 말할 때면 통상 거론되는 인물이 상수向秀(약 227~272, 자字는 자기子期, 하내군河內郡 회현懷縣 사람)이다. 곽상의 『장자주』가 원래 상수의 것이라는 주장 때문이다. 그는 혜강嵇康, 여안呂安의 친한 친구로서 '죽림칠현竹林七賢'의 한 사람이다. 그도 『장자』를 주해했다고 하며, 그가 『장자』를 주해하기 시작할 때 혜강과 의논하였는데, 혜강은 왜 귀찮은 일을 사서 하느냐고 하였다.

곽상의 『장자주』와 상수의 『장자주』의 관계에는 두 가지 견해가 있다. 『진서晉書』「상수전向秀傳」에는, 상수가 『장자주』를 지었고, 곽상이 '그것을 이어받아 넓혔다(述而廣之)'는데, 즉 곽상이 상수의 주를 바탕으로 발전시켰다는 말이다. 그런데 『진서晉書』「곽상전郭象傳」에 따르면, 상수는 『장자주』를 지음에 있어, 「추수秋水」와 「지락至樂」의 두 편은 완성하지 못한 채 세상을 떠났는데, 그의 원고가 세상에 유전流傳되기 전에 곽상이 몰래 자신의 것으로 만들어 「추수」와 「지락」의 두 편을 보충하고, 거기다가 「마제馬蹄」편의 주를 고치고, 나머지 편들의 주는 모두 상수의 원래 주해대로 하고, 곽상은 단지 몇 글자만 고쳤다고 한다. 이 견해대로라면, 곽상은 상수의 『장자주』를 발전시킨 것이 아니라 그것을 직접 베꼈다는 것이다. 이러한 두 견해 중 어느 쪽으로든 명확히 확정할 수는 없다. 그럼에도 상수의 『장자주』를 토대로 곽상이 '술이광지述而廣之'했다는 「상수전」이 더 신빙성이 있어 보인다. 더구나 죽림칠현의 사상 성향 상 그에 속하는 상수의 사상 성향이 곽상의 『장자주』의 사상 성향, 특히 '유'를 중시하는 사상 성향과 일치할지도 의문이 들기 때문이다. 또는 당시의 현학 사상가들은 『장자』에 대해서 관심을 가지면서 서로 영향을 주고받았는데, 이 과정에서 먼저 상수의 주해가 있고, 곽상이 더 추가하여 발전시켰을 가능성이 있다.

만일 저자를 확정할 수 없다면 차라리 『장자주』 저자의 사상이라고 볼 수도 있다. 어쨌든 여기서는 곽상의 『장자주』로 말하면서, 곽상이 그 이전의 『장자주』를 자신의 사상관점에서 종합한 것으로 본다. 즉, 곽상 이전의 『장자주』는 곽상의 『장자주』에 통합되었다고 할 수 있다는 것이다.

배위의 『숭유론』이 나온 이후 '숭유'와 '귀무'의 대립이 있었는데, 곽상은 '숭유' 입장의 연장선상에서 이 둘을 종합했다고 할 수 있다. 곽상의 입장은 우선, '무'란 아무 것도 존재하지 않음을 말하는 것이며, 그렇다면 아무 것도 없는 것이 '있음(유有)'을 어떻게 낳을 수 있는가라고 문제를 제기하였다. 그래서 '유'도 생기지 않았으니 그것도 무엇을 낳을 수 없는데, 만물은 도대체 누가 '생生'했는가라고 하였다. 그의 생각으로는, 그렇기 때문에 만물은 누가 '생'한 것이 아니라, '자생自生', 즉 스스로(를) '생'하는 것이라는 것이다. '자생'은 곧 '독화獨化', 즉 어떤 외적인 힘이나 원인도 없이 만물이 각자 독립적으로 변화한다는 것이다. '독화'라고 할 경우 더 이상 '무'란 표현을 쓸 필요가 없다. 그래서 '무무', 즉 '무란 없다'는 것이 곽상의 주장이다.

곽상은 나아가서 모든 사물은 '자이自爾', 즉 '절로', '저절로' 생기고 존재한다고 하였다. 그는, 어떤 사물의 비근卑近한 경우는 그것이 왜 그러한가 하는 원인을 알 수도 있지만, 차츰 그 원인의 원인을 묻고, 이렇게 계속 물어나가면 결국 그것은 아무런 원인 없이 '저절로' 그런 거라고 할 수밖에 없게 된다고 주장하였다. '저절로' 그런 거라면 차라리 더 이상 아무 것도 그 원인을 물을 필요 없이 단지 그것이 그러한 것에 따르기만 하면 된다고 하였다. 여기서 이 '자이自爾'와 '자생自生', 그리고 '자연自然'은 서로 통하는 뜻이라고 할 수 있다.

곽상은 이렇게도 말했다.

> 천지라는 것은 만물의 총명總名이다. 천지는 만물을 체體로 삼고, 만물은 반드시 자연을 '바름(正)'으로 삼는다. 자연이라는 것은 작위하지 않아도 '저절로 그러한(自然)' 것이다. 그러므로 대붕大鵬이 높이 날 수 있는 것과 척안斥鷃이 낮게 날 수 있는 것과 춘목椿木이 길게 살 수 있는 것과 조균朝菌이 짧게 살 수 있는 것, 이 모든 것이 '자연自然'으로 그렇게 할 수 있지, '작위作爲'하여 그렇게 할 수 있는 것이 아니다. '작위'하지 않고도 저절로 할 수 있는 것이 '바름'인 까닭이다.

이는 곽상이 보기에, '자연'은 만물이 스스로 그러한 것이지, 어떤 존재가 있어서 그것으로 하여금 '생'하게 하고, 그것으로 하여금 그러한 모양이 되게 한 것이 아니라는 것이다. 그것은 저절로 '생'하고 스스로 그런 모양인 것이다. 이것은 '자연', 또는 '천연天然'이라고 한다. 『장자莊子』「소요유逍遙遊」의 대붕大鵬, 척안斥鷃(메추라기), 춘목椿木, 조균朝菌과 같은 존재들이 다 각각 그러한 삶의 양태를 보이는 것은 모두 '자연自然'하게 그러한 것이지 '조물주' 같은 어떤 존재가 있어서 그렇게 하도록 하거나, 만물 각자 스스로 의식적으로 그런 것이 아닌 '자연'한 것이며, 이러한 것이 사물의 각 존재들이 생장변화하는 정도正道라는 것이다.

곽상은 심지어 이렇게도 생각하였다. 일반적으로 '그림자', 즉 '영影'과 그림자 주위의 희미한 '그림자의 그림자'인 '망량罔兩(魍魎)'의 관계에 있어서, 이 '망량'은 '영影'에 의존하는 존재라 여긴다. 나아가, '영影'은 '형形'의 존재에 의존하고, '형'은 '조물자造物者', 즉 조물주에 의존한다고 여긴다. 그런데 곽상은 이런 논리로 반문한다. 즉, 이러한 조물주는 과연 있는가 없는가? 만약 없다면, 없는 존재가 어떻게 '조물'할 수 있는가? 만약 있다면, 그것은 '만물' 중의 '일물一物'에 불과한데, 어떻게 다른 '물物'을 만들 수 있는가 라는 의문을 제기했다. 그래서 그는 "조물造物에는 주主가 없이, 물物은 각각 스스로를 만든다(造)."고 주장했다. 그는 이것을 '독화獨化'라고 불렀다. 이 '독화'의 의미는 만물은 각각 스스로를 만드는데, 사물마다 자신이 자신을 만들며, 스스로 발전하고, 스스로 변화하며 모두 자신 이외의 다른 사물에 의존하지 않는다고 주장했다. 그래서 앞서 말한, '형形'과 '영影', '영影'과 '망량罔兩'도 겉으로 보기에는 마치 밀접한 관계가 있는 것 같지만, 실제로는 각자가 동시에 생겨 나옴에 불과할 뿐, 누구도 누구에게 의존하지 않는다고 보았다.

만물은 모두 모여서 삼라만상의 현상계를 이루지만, 모두가 각자 스스로를 표현하면서도 그들 사이에는 기묘한 배합配合이 있으며, 우주 안 사물 간의 관계는 이런 식으로 모든 것들이 모여서 총체總體를 이루는데, 그 총체를 '천天'이라고 부른다고 보았다. 이러한 총체 중에서 각 사물은 각각 자신을 표현하여, '망량'은 '영'의 부림을 받지 않고, '영'도 '형'의 명령을 받지 않으며, '형'도 '무'에서 생겨나오지도 않고, 조물주가 만들지도 않는다고 본 것이다. 그리고 이러한 '물物'에 앞서 존재하는 어떤 것도 없이 '물物'은 모두 스스로 생겨나오고, 스스로 그런 모양을 가지며, 그것을 그런 모양이게 하는 조물주, 주재자와 같은 어떤 존재도 없다고 하여, 만물에게는 아무런 원인이 없다고 생각하였다. 이는 '귀무론'처럼 '무'를 만물을 초월하는 우주발생의 조물주로 보는 사상과 대립하는 것이다. 곽상은, 자연계 중 각 개체는 각각 '유시有始유종有終'하나, 자연계 전체의 측면에서 볼 때 그 총체는 '무고無古무금無今', '무시無始무종無終'한 것으로 보아, '유'는 언제나 존재하는 것이고, 아무 것도 없었던 때는 없으니 '무는 없다'(無無)고 생각하였다.

그리고 자연계 속의 각 개체는 모두 '독화獨化'하여 각자는 스스로 존재하지 다른 것을 위해 존재하지 않는다고 주장했는데, 즉 각 존재는 자기가 존재하는 방식대로 존재하며, 자기가 가고 싶은 방향대로 가지만, 서로 의도하지 않았는데도 그렇게 배합된다고 하였다. 예컨대 "순망즉치한脣亡則齒寒"이라고 하여, 입술이 없으면 이가 시리다고 하지만, 입술은 이를 위하여 존재하지는 않고 그저 자신을 위해서 존재하지만 이에 대한 보호 작용을 하는 상황이 된다고 한다. 이도 입술도 모두 자신만을 위하여 존재하는데도, 의도치 않게 서로에게 어떤 작용을 하는 결과처럼 보이게 된다는 것이다. 신체의 다른 기관들도 모두 마찬가지이며, 우주 내 모든 존재가 그러하다는 것이 곧 '독화'이다.

'귀무론'에서 귀하게 여긴 '무'는 천지만물의 '종극宗極'이며, 동시에 사람에게 있어서 일종의 정신 경지이다. '숭유론'의 배위는 '종극'의 측면에서만 '귀무론'에서 말하는 '무'를 논파하였지, 정신 경지의 측면에서의 '무'는 명확히 비판하지 않았다. 곽상은 '종극'의 방면에서 '귀무론'에서 말하는 '무'를 부정하면서 '무무론'을 주장했지만, '귀무론'에서 말하는 정신 경지에 대해서는 부정하지 않고, 그에 대해서 나름대로의 진전된 발휘를 하였다.

곽상은, 사물은 본래 모두 "'현명玄冥'에서 '독화獨化'한다(獨化於玄冥)"고 했는데, 이를 '자연'이라 불렀다. '현명'은 말로 표현할 수 없으므로, 자연도 말로 표현할 수 없는 것으로서, 그는 이를 '무언지지無言之地'라고 했는데, 즉 그것은 말로 표현할 수 없는 영역이며, 그러한 정신 경지이다. 그리고 이 '무언지지'는 모든 사물이 본래 자신과 다른 사물 사이의 관계를 의식하지 않는 것이다.

그래서 곽상은, '대붕大鵬'은 본래 자기와 '작은 새(小鳥)' 사이의 차별을 의식하지 않고, 본래 자기의 큼이 작은 새의 작음보다 우월하다고 생각하지 않고, 작은 새도 자기와 대붕 사이의 차별을 의식하지 않아서, 자기의 작음이 대붕의 큼보다 열등하다고 생각하지 않는다고 생각하였다. 그는, 대붕의 몸은 나면서부터 그렇게 커서 반드시 큰 공간에서 운행해야 하는 것, 이것은 그 이치가 본래 스스로 그러한 것이다. 이렇게 운행할 수 있는 것이 곧 '소요逍遙'이고, 그러한 것이 그에게 편한 것이다. 대붕과 작은 새는 몸의 크기가 다르므로, 그들의 성향도 다르다. 이것은 결코 그들이 이런 다른 점을 의식하고 일부러 다르게 하는 것이 아니다. 왜 다른가? 그들 자신도 모른다. 그들은 모두 그 '소이연所以然'을 모르고 그런 것이니, 이것이 바로 '자연'이다. 그들은 그 '자연'에 따라 행하니, 이에 모두 '소요逍遙'를 얻은 것이라고 했다. 이런 것은 모두 그들의 '성性'과 '명命'이 다르기 때문이다. 사물의 '성'과 '명'은 본래 한 가지 일인데, 우주의 측면에서 보면 '명命'이라 부르고, '독화獨化'의 측면에서 보면 '성性'이라고 부른다고 한다. 사물은 모두 '자연'한 것이어서 그렇지 않을 수 없다고 말할 수 있는데, 그러면서도 그 '소이연'을 알지 못하고, 동시에 그 '소이연'을 묻지도 않으니, 이러한 상황이 바로 '현명玄冥'이며, 이는 곧 그러한 정신 경지이다.

곽상은 생각하기를, 장자의 취지는 '명극冥極으로 돌아가는 것'이며, 그 방법은 바로 '무심無心'이요 '무위無爲'라고 하였는데, 이러한 정신 경지가 곧 '성聖'이고, 이러한 정신 경지의 내용은 '현명玄冥의 영역에서 독화獨化하면서', '태허太虛를 선너 홀황惚恍의 뜰에서 노니는' 것이다. 그리고, 이러한 경지에 이른 존재가 그가 '지덕지인至德之人'이라고 보는 '성인聖人'이다.

제20장

중국불교철학

中國佛教哲學

(1)

공자孔子가 개창한 유가儒家 철학을 시작으로 제자백가諸子百家의 다양한 사상이 전개되면서 중국철학사가 시작된 이후, 한대漢代에 이르러 중국철학사는 새로운 국면을 맞게 된다. 처음으로 외래사상이 전래된 것이다. 그것은 '불교佛教'였다. 인류의 문화문명이 전개되는 데 있어서, 그 권역 간의 교류로 인해 본래 그 배경을 달리하는 문화 간의 만남은 순조로운 경우도 있지만, 크게 이질적인 경우는 갈등과 충돌이 빚어지기도 한다. 서양의 그리스·로마 문화인 헬레니즘과 유대·기독교 문화인 헤브라이즘이 그 대표적인 경우로서, 당시 두 문화의 만남은 심각한 충돌을 낳아, 기독교는 박해와 순교를 거치고 나서야 로마제국에서 공인되었다.

마침 우연히 중국의 경우도 비슷한 시기에 중국문화권과 인도문화권이 만나게 된 것이며, 정치 상황도 서양과 비교할 때 양쪽 모두 제국帝國의 시대였다. 다만 중국의 경우는 불교의 박해에 해당되는 4번의 '폐불廢佛' 사건이 있었지만, 서양 로마시대의 양 문화만큼의 충돌과 박해는 없었다. 불교는 한대에 전래되었지만, 위진남북조魏晉南北朝시대부터 본격적으로 전파되며, 이후 수당隋唐시대에 그 융성의 절정에 이른다.

불교의 전래로 인한 이질적인 양 문화의 만남에서의 문제는 주로 그 사상의 수용 과정에서 있게 되는 이해의 문제였다. 문화적 배경과 역사적 경험도 다르고, 인간 사회의 정치경제적 환경도 다르니 지극히 당연한 상황인 것이다. 중국에서의 전래 초기 불교 문제는, 다른 문화권에서 전래된 사상의 문제이니 무엇보다도 그 사상을 이해하는 데 있어서의 개념과 그 표현인 언어의 문제였다. 중국에서 불교가 안착되기 위해서는 우선 이러한 문제가 해결되어야 했다. 그래서 그 과정에서 나타난 것이 '격의格義'의 문제였고, 이 과정을 거쳐서 점차로 불교는 중국에 뿌리내리게 되어 그 토착화의 단계로 나아가게 된 것이다.[1)]

1) 본 장과 다음 장에서 다루는 '중국불교철학'을 말하는 근거는 '불교'로부터 비롯된다. 그런데 '불교'는 종교이다. '종교'은 '신앙信仰'을 바탕으로 한다. 그런데 '철학'은 '이

1. 격의格義의 문제

철학이든 종교든 한 언어권의 사상이 다른 언어권으로 전해질 때는 그 언어의 장벽을 넘어야 한다. 사상은 결국 말로 표현되어 논의될 수밖에 없고, 언어가 다를 경우 본래의 사상이 다른 언어로 번역될 때 그 본질이 제대로 전달될 것인가가 언제나 문제가 되기 때문이다. 그러한 경우의 단적인 예가 '불교佛敎'의 경우이고, 이 불교의 경우는 인류 문화에 있어서 언어권 간의 사상 전달 문제의 시금석으로 볼 수도 있다. 예컨대 지금도 서양의 사상이 동양으로, 동양의 사상이 서양으로, 보다 구체적으로는 각 국가마다 그 언어로 번역될 때의 문제에 참고가 될 수도 있는 것이다.

불교가 중국에 처음 들어 왔을 때 당시의 중국인들은 인도의 언어로 표현된 불교의 사상을 이해함에 있어서 그에 직접 해당되는 개념을 표현하는 언어가 정확히 일치하는지에 대한 문제를 안고 있었고, 그에 대한 방편으로 우선 중국 철학에 본래 있던 용어를 이용해 불교의 용어를 중국어로 번역하였고, 그를 통해 불교 사상에 대한 이해를 시도하였다. 이러한 방법을 당시 중국인들은 '격의格義'라 불렀다. '격의'의 '격格'에는 '비교' 또는 '헤아림'의 뜻이 있고, '의義'의 함의는 '명칭', '항목' 또는 '개념'이다. 그래서 '격의'란 '이름'

성理性'을 바탕으로 한다. '철학'은 '이성'을 사용하여 모든 것을 의심하며 철저한 검증을 함을 전제로 하므로, '신앙', 즉 '믿음'과는 논리적으로 모순관계이다. 그래서 '불교철학'이란 언어 조합은 모순적 표현이라 할 수 있다. '기독교철학', '이슬람교철학'이라고 표현할 경우도 같은 것이다. 이러한 표현이 가능하다면, 그것은 '불교'의 사상 중 '철학'의 요소가 포함된다는 전제하에서 그 중의 '철학' 요소만 거론하는 경우이다. 따라서 '불교철학'은 '불교사상 중의 철학 요소'의 의미가 되어야 할 것이다. 그래서 '불교철학' 대신 '불학佛學'이란 말을 쓰기도 한다. 그러나 이 경우도 완전하다고는 할 수 없다. 이 표현은 기독교나 이슬람교의 '신학神學'의 취지를 말하는 표현처럼 되기 때문이다. '신학'이 '철학'과 같지 않듯이, '불학'도 '철학'과 같다고는 할 수 없는 것이다. 따라서 본서에서 '불교佛敎'니 '불학佛學'이니 하는 표현이 현실적, 관행적 이유로 쓰인다 하더라도, 지금 말하는 취지를 감안해서 이해해야 할 것이다.

을 돌아보아 '의미'를 생각하는 것으로서, '비교'와 '유비類比'(analogy)의 방법을 사용하여 문화배경이 다른 개념을 해석하고 이해하는 것이다.

당시 이러한 방법은, 비록 먼저 불교 사상의 내용을 이해한 사람이라 할지라도, 그것을 다른 자국인에게 전달할 경우 그들이 이해할 수 있는 자국의 개념 언어를 쓰는 방편의 차원인 것이다. 당시에 실제 중국 대중들에게 불교를 이해시키려는 이들 중에는 그 사상의 유형과 속성이 도가 철학사상인 '장자莊子의 사상'과 유사하다는 이유로, 양측을 연계하여서 불교에 대한 설명을 시도했고, 그로 인해 청중들이 보다 쉽게 이해할 수 있었다 하며, 이로 인해 도가 철학으로 불교 철학을 이해하는 것이 불교 도입 초기의 한 경향이 되었다. 마침 당시 중국 사상계는 이미 도가철학의 그 시대적 변용인 '현학玄學'이 전개된 상황이었고, 중국의 다른 철학에 비해, 당시의 '현학'으로서의 도가철학의 사상 개념이 불교와 상대적으로 더 근접하여 있다는 인식이 있었던 것이다. 이때의 불교를 '격의불교格義佛教'라 일컫게 된 것이다.

이러한 '격의'는 일종의 '의역意譯'의 취지이다. 그런데 불교에 대한 연구가 보다 깊어질수록 불교사상과 현학사상 사이의 차이도 부각될 수밖에 없어서, '격의'와 같은 방식의 의역의 한계도 드러나게 되었고, 이후에는 점차로 '직역直譯'으로 바뀌어 가면서 '격의'의 방식을 통하지 않고 중요한 불교 개념을 '음역音譯'하기도 하였다.

2. 승조僧肇의 사상

'격의' 불교의 과정에서 우선 거론되는 인물은 동진東晉시대의 승조僧肇(384~414, 속성俗姓은 장張)이다. 그는 본래 빈한한 가정환경에서 다른 사람들에게 책을 베껴 주는 일(抄書)로 생활을 하였다. 그러한 일을 하는 과정에서 그는 아주 많은 책을 보게 되었다. 젊은 시절 그는 '현리玄理'를 좋아하여 『노자老子』,

『장자莊子』를 가까이하였지만, 노장老莊이 자신이 생각한 근본적 문제를 다 말해 주지는 않는다고 여겼다. 그래서 이후에 그는 구마라집鳩摩羅什(343~413, 동진東晉 16국十六國시기 후진後秦의 고승高僧. 중국명은 동수童壽)[2]이 번역한 『유마힐소설경維摩詰所說經』을 보고 아주 기뻐하며, 당시의 대번역가였던 구마라집에게서 불교에 대해서 배우면서, 그의 대제자 중 한 사람이 되었다. 그의 저작에는 『유마경주維摩經注』와 『조론肇論』이 있다.

『조론』은 그의 철학 논문 성격의 글인데, 원래 『반야무지론般若無知論』,『부진공론不眞空論』, 『물불천론物不遷論』, 『열반무명론涅槃無名論』의 네 논문 저작이던 것이 그의 사후 하나로 합편되어 『조론肇論』이라 명명되었다. 거기서 그는 먼저 『종본의宗本義』를 말하면서 그의 근본 논점을 세우고는, 이후 4개의 제목을 나누어 그것을 구체적으로 서술하면서 그의 철학체계를 구성하였다.

승조의 『종본의』 속에는 '유有'와 '무無'에 대한 논의가 나오는데, 이 개념들은 앞의 '현학玄學' 부분에서 보았듯이 그 분야 사상체계에서 논의되었던 것이다. 불교가 중국에 전래될 때 이 개념들과 '격의格義'가 시도되었는데, 이는 곧 '불교'와 '현학'이 연계되었다는 것이다. 그런데 양자의 '무'는 같은 것이라고 할 수는 없다. 현학에서 말하는 '무'는 추상화된 '유'이지만, 승조의 경우는, 불교의 이론 전제대로 일체 사물은 '연緣'이라는 조건이 만나면 생生하고, 그 '연'이 떨어져 나가면 '멸滅'하므로, 일체 사물은 모두 오래 머물러 있을 수가 없어서 '무상無常'한 것이므로, 일체 사물은 모두 허환부실虛幻不實하여 '공空'한 것이 '제법실상諸法實相'이라는 것으로서, 그러한 '공空'으로서의 취지인 '무無'가 그의 '무無'이다. 이는 현상계의 구체적 사물을 두고 말한 것으로서, '도道'라는 본체계 보편자의 속성을 말하는 '현학'의 '무無'와는 다르다.

승조의 『종본의』를 말함에는 『물불천론物不遷論』이라는 잘 알려진 제목의 글이 있다. 여기서 그가 말하는 입장은 이러하다. 즉, 세상 사람들은, 사람과

---

2) 원래는 쿠차Kucha(구자국龜玆國 또는 굴지국屈支國) 사람. 현장玄奘 이전의 '구역舊譯' 시대를 대표하는 불경 번역가. 현장과 그 이후의 번역을 '구역'에 대해 '신역新譯'이라 한다.

사물은 모두 언제나 유동流動하여 변화하는 가운데 있다고 여기지만, 그는 그에 반대하면서, 모든 사물은 유동하지도 변화하지도 않는다고 주장했다. 그는 말하기를, "사람들이 말하는 '동動'이란 과거의 사물이 현재에까지 이르지 않기 때문에 '동'하여 '정靜'함이 아니라고 말한다. (그러나) 내가 말하는 '정'이란 것도 역시 과거의 사물이 현재에까지 이르지 않으므로 '정'하여 '동'함이 아니라고 말하는 것이다."라고 하였다. '동'이든 '정'이든 포괄하여 말하면 변화이다. 그는, 세상의 일반적 사람들은 과거의 사물이 현재에 이르지 않으므로, 이것은 '사물이 변한 것'이라고 생각하지만, 승조도 오히려 과거의 사물이 현재에 이르지 않으므로 '사물이 변하지 않은 것'이라고 주장한다. 왜냐하면 과거의 사물은 과거의 사물이고 현재의 사물은 현재의 사물이어서, 양자는 본래 다른 것이기 때문이라는 것이다.

이러한 점에 대해 승조는 이렇게 말한다. "지나간 사물이 이미 (현재로) 오지 않는데, 현재의 사물이 어디로 갈 것인가", "폭풍이 불어 산악을 넘어뜨려도 언제나 고요하고, 강하江河가 다투어 쏟아져도 흐르지 않으며, 아지랑이 아롱져 요동쳐도 움직이지 않고, 일월이 하늘을 운행해도 다 돌지 못한다", "하늘과 땅이 뒤집혀도 고요하지 않다 말할 것이 없고, 큰물이 져 하늘까지 넘쳐도 움직인다 말할 것이 없다." 그래서 그는 과거가 현재로 오지도 현재가 과거로 가지도 않으므로, 변화를 탐구하여서 진리에 이를 수는 없다는 것이며, '동'이든 '정'이든 그러한 변화는 실체가 없이 무상함을 깨달아 '도'를 이루고, '연緣'이 떠남을 깨달아 진리에 이르기를 추구해야 한다고 주장하였다.

이 주장은 그의 다음 글 '부진공의不眞空義'의 근거가 되는 것이다. '부진공不眞空'은 '부진不眞'이므로 '공空'이라는 뜻으로서, 사람이든 사물이든 모두 생멸生滅하는 존재로서 연緣이 모이면 생生하고, 연緣이 떠나면 멸滅하므로 모두 허환虛幻하여 진실眞實하지 않아서 '공空'이라는 것이다. 승조는 여기서 '유有'와 '무無'의 문제를 제기한다. 이때 사용한 유명한 비유가 '환화인幻化人'의 비유이다. 그는 『부진공론不眞空論』에서 『방광경放光經』을 인용하여 말하기를, "비유하자면 '환화인幻化人'[3]과 같은데, '환화인'은 없는 것이 아니라, 다만 '환화인'은 진짜 사람이 아닌 것이다."라고 했다. 환화인은 '유'이고 진짜 사람은 '무'라는 것으로서, 승조는 이러한 비유로 '유', '무'를 설명했다. 승조는, 모든 사물은 '유'이기도 하고 '무'이기도 하며, '유'가 아니기도 하고 '무'가 아니기도 하다고 하였는데, 이것이 '제법실상諸法實相', 즉 '모든 사물의 진실한 정황'이라는 것이다. 그가 말한 '유', '무'의 문제는 모든 사물의 현상적 면을 '유'로, 그 본체적 면을 '무'로 보는 현학과는 달리, 모든 현상적 사물의 존재를 '유'로도 '무'로도 획일적으로 말할 수 없는 점을 말한 것이지만, 그 사용한 용어가 같아서 '격의' 불교의 단계에서 뒤섞여 논의된 면이 있는 것이었다.

승조는 『중론中論』의 "제법불유불무諸法不有不無", 즉 "모든 현상은 있는 것도 아니고 없는 것도 아니다."라는 말을 인용하면서, 현상 세계는 '위僞'의 세계, 즉 '가유假有'이지만 동시에 '환화인'처럼 '진인眞人'이 아닐 뿐 '무無'는 아니라는 것, 즉 '진유眞有'는 아니지만 없다고는 할 수 없는 것이라는 논리이다. "비록 있으면서도 없으므로(雖有而無) 이른바 '비유非有'이며", "비록 없으면서도 있으므로(雖無而有) 이른바 '비무非無'이다."고 한다. 다시 말해, 사물이 없는 것이 아니라(非無物), 그 사물이 진짜가 아닌 것이다(物非眞物). 마치 사이버 세계의 존재와 같이 진짜는 아니지만, 사이버 존재로서는 있기 때문에 그것을 없다할 수는 없는 것과 같은 것이다.

승조는 여기서 또 한 가지 중국철학사에서 볼 때 의미 있는 말을 한다. 그것은 다음과 같은 말이다. "'명名'으로써 사물을 찾으면, 사물에는 그 '명'에 맞는 '실實'이 없다. 사물로써 '명'을 찾으면, 그 '명'에는 사물을 얻을 공능이 없다. 사물에는 '명'에 맞는 '실'이 없으니, 사물이 아니며, '명'에는 사물을 얻을 공능이 없으니, '명'이 아니다. 그러므로 '명'은 '실'에 맞지 않고, '실'은 '명'과 맞지 않다. '명'과 '실'에 맞는 것이 없으니, 만물은 어디에 있는가?"

이것은 공자의 정명론正名論에서 시작한 '명名'과 '실實'의 일치 여부에 대

---

3) 마술사가 속임수로 연출한 환상의 사람.

한 오랜 논의의 연장선에서, 그 논의와 불교가 만난 것이다. 특히 '명'과 '실'의 일치라는 전제에서 벗어나 '명'만의 개념적 세계를 구축하려 한 '명가名家'의 논의를 연상시키면서도, 승조에 의해 불교적 관심 주제로 그 논의가 전환되고 있다.

3. 혜원慧遠의 『신불멸론神不滅論』

남북조南北朝 시기에 '신멸神滅'과 '신불멸神不滅'에 관한 변론이 있었다. 당시 불교에서는 '신불멸'을 말하였는데, 이 '신불멸론'에서 말하는 '신神'은 개체의 '신'으로서, 중국철학사 속에서는 앞서 말한 동한東漢 시기 환담, 왕충 등이 논의한 육체로서의 '형'에 대한 정신인 '신'이며, 이미 그러한 '신'이 '형'이 소멸된 후에도 존재할 수 있는가 하는 문제가 논의되었다. '신'은 불교에서 말하는 인과보응과 생사윤회의 주체인 개인을 두고 하는 말이다. 이 논란이 있을 때 불교의 '신불멸론神不滅論'을 적극적으로 주장한 사람이 동진東晉 시기 정토종淨土宗의 시조인 혜원慧遠(334~416, 속성은 가賈. 산서山西 안문군雁門郡 누번현樓煩縣 사람)이다. 그는 젊은 시절 당시 불교의 큰 인물 중 한 사람인 하북河北의 도안道安(312~385, 속성은 위衛. 상산군常山郡 부류현扶柳縣 사람)을 따라서 중국의 북방 지역에서 불학을 공부했는데, 나중에 남방의 여산廬山으로 가서 한 불교 단체를 조직하여 당시 사회에 큰 영향이 있었다. 그는 불학의 주제들에 대해 논하는 많은 글을 썼는데, 그 중에 불자는 제왕에게 예배할 필요가 없다고 주장한 『사문불경왕자론沙門不敬王者論』이 있다. 이 '론論' 중의 다섯 번째에서 '형形이 다해도 신神은 소멸되지 않음(形盡神不滅)'을 말하였는데, 이 주장은 중국철학사에서 이전부터 논란이 되어 온 난제를 그의 관점에서 끌어낸 것이다.

중국철학사에서는 이전부터 세계의 존재와 변화를 '음陰'과 '양陽'의 대대

對待관계에 따라 설명해 왔는데, 인간의 정신과 육체에 대해서도 이러한 관점이 적용되었다. '혼백魂魄'에 대한 것이 그것으로서 '혼魂'은 '양陽'에 해당하고, '백魄'은 '음陰'에 해당하여, 살아 있을 때는 '혼'과 '백'이 결합된 상태이지만, 죽음이란 이 '혼백'이 분리되어 '혼'은 '양'의 근거인 '천天'으로 흩어져 가고, '백'은 '음'의 근거인 '지地'로 묻힌다고 보았다. 음양은 물질인 '기氣'의 두 양태이므로, 결국 정신에 해당되는 혼이든지 육체에 해당되는 백이든지 모두 물질이라는 유물론적 바탕에서 정신과 육체의 문제가 이야기된 것이다.

그래서 물질이 아닌 순수 관념인 정신을 주장하는 것은 또 다른 논리의 주장이 된다. 그것은 '형形'과 '신神'으로 구분하여 보는 것이다. 이러한 주장에서는 '형'이 육체를, '신'이 정신을 말하는 것이 된다. 사람의 정신과 육체를 '혼백'으로 파악함은 모두를 물질성의 '기'로 보는 것이지만, '형'과 '신'으로 본다 해도, 중국의 기존 관점에서는 '형'과 '신'이 살아 있을 때는 그 둘이 결합된 상태이지만, 죽은 상태란 이 '형'과 '신'이 모두 사라져서, 육체인 '형' 없이 정신만이 존재하는 '신'은 있을 수 없다고 보는 것이다. 이러한 관점은 합리적 사고를 추구하는 지식인의 주장의 경우이지만, 세속에서는 사후에 '형'이 없이 '신'만 존재하는 것을 주장하기도 하였는데, 중국 문화 속에서는 사후에 정신인 '신'만 남아 존재하는 것을 '귀鬼'로 보았다.

앞서 왕충王充의 사상을 이야기 한 부분에서 이미 말하였듯이, 이러한 세속적 주장에 대해 후한의 환담桓譚은 장작과 불의 관계로 육체와 정신의 관계를 설명하였다. 그는 이러한 비유로써 육체와 정신은 분리할 수 없으며, 정신은 육체에 의존하여서만 존재할 수 있다고 보았다. 더불어 왕충王充 역시 마찬가지의 논조였음도 이야기하였다. 이러한 환담과 왕충의 주장은 육체가 없는 정신으로서의 영혼은 존재할 수 없다는 것으로서, '영혼불멸설'을 부정하는 '영혼멸설'인 것이다. 이에 사용된 환담의 이 비유는 이후 '영혼불멸설'로서의 '신불멸'을 주장한 이 동진東晉의 혜원慧遠에 의해서 다시 사용되는데, 혜원은 오히려 이 비유를 '신불멸'을 주장하는 데 이용하였다.

중국의 불교 도입 과정에서 불교를 이해하고 설명함에 현학적 도가설을 이용한 '격의' 불교의 이론이 현학과 닮은 점도 많았지만, 적어도 생사 문제에 대한 견해는 달랐다. 현학은 앞서의 환담, 왕충 같은 기존의 중국 철학의 지식인들을 기조를 이어나간 것이다. 현학에서는, 사람의 생사는 '기氣'의 모임(聚)과 흩어짐(散)으로서, 삶을 '기'가 모인 상태로, 죽음을 '기'가 흩어진 상태로 여겼다. 정신이든 육체든 모두 같은 '기'로서, 다만 정신은 정밀한 기이고 육체는 거친 기라는 차이로 보았다. 그래서 기가 흩어지면 육체인 '형'과 정신인 '신'은 모두 사라져서 존재할 수 없다는 것이다. 정신과 육체의 관계는 환담이 말한 대로 불과 연료의 관계로서, 정신은 육체에 의탁할 수밖에 없어서, 연료가 다 타면 불도 사라지듯 육체가 소멸하면 정신도 소멸한다고 보았다. 생사 문제는 '일기一氣'의 취산聚散일 뿐으로서, 한 생애가 끝날 때는 육체든 정신이든 모두 사라진다는 것이다.

혜원은 이러한 기존의 '영혼멸설'로서의 '신멸설'에 대해 반대론을 편 불교 쪽의 대표적 주장자이다. 혜원은 정신으로서의 '신神'은 원래 무생無生, 무명無名한 것으로서, 사물에 '감感'하여 '동動'하고, 일정한 규율에 따라 작용한다고 보았다. 여기서 '감'은 정신적 주체가 대상 사물에 대해서 영향 받는 작용이지만, 불교의 관점으로는 대상 사물을 포함하여 일체는 오직 '마음'이 만든 것이므로, 주체 스스로 구현한 대상에 다시 주체가 영향 받는 것이다. 혜원의 취지에 따르면, 결국 대상 사물이 비록 존재하지 않게 되어도 주체인 '신神'은 여전히 존재하고, 그 과정에 영향을 끼치는 일정한 현상 세계의 법칙이 있게 되지만, 이후 그 법칙이 사라져도 '신'은 여전히 존재한다.

혜원은 이러한 자신의 이론적 바탕 하에 '신神'과 '형形'의 문제에 있어서, 이전에 환담이 사용한 비유, 즉 '신神'을 불[火]에 '형形'을 연료로서의 장작(薪)에 대응시키는 비유를 사용하였는데, 그러면서도 그 비유는 환담의 '신멸神滅'의 주장을 반대하는 데 역이용하여 오히려 '신불멸神不滅'을 증명하는 데 사용하였다. 그는 말하기를, "불이 장작에서 옮겨가는 것은 '신神'이 '형形'에서 옮겨가는 것과 같다. 불이 다른 장작으로 옮겨가는 것은 '신神'이 다른 '형形'으로 옮겨가는 것과 같다. (그런데) 앞의 장작은 뒤의 장작이 아니지만, 손가락으로 다하는 기술의 오묘함을 알 수 있다. 앞의 '형'은 뒤의 '형'이 아니지만, 감정이 헤아리는 느낌의 깊이를 깨달을 수 있다. 미혹한 사람은 일생을 통해 '형'이 낡아지는 것을 보고 정신과 감정이 함께 사라지는 것으로 생각하는데, 하나의 나무에서 불이 다하는 것을 보고 마침내 모든 것이 다 사라지는 것이라 말하는 것과 같다."라고 하였다.

이 비유는 육체가 죽으면 정신도 사라진다는 '형사신멸形死神滅'을 증명하는 데도 쓰였고, 반대로 육체가 죽어도 정신은 사라지지 않는다는 '형사신불멸形死神不滅'을 증명하는 데도 쓰였으므로, 비유를 각각 아전인수격으로 사용하여 이론 그 자체보다는 비유에 집중한 것이다. 사실상 비유보다는 각각 주장하는 그 이론 자체가 중요하다. 전자는 하나의 장작이 다 타고 나면 더 이상 불은 존재하지 않는다는 점에 착안하여, 형체 없는 정신은 더 이상 존재할 수 없이 다 같이 소멸됨을 주장하고, 후자는 하나의 장작이 다 타도 그 불이 다른 장작에 옮겨 붙어서 같은 불로서 계속 탈 수 있으므로, 하나의 형체가 사라져도 그 정신은 또 다른 형체로 옮겨 가서 같은 정신이 계속될 수 있어서, 이것이 곧 불교에서 말하는 윤회의 주체가 될 수 있다는 것이다. 그런데 이 비유는 환담으로부터 비롯된 것이 아니라, 본래 『장자莊子』「양생주養生主」의 "指窮於爲薪, 火傳也, 不知其盡也"에서 유래한 것으로서, 이후 도교道敎의 '양생養生'과 관련된 것이다. 그런데 양생에서 생각하는 '형形'으로서의 육체는 지금 이 '생'을 지속시켜려 함이지, 윤회하여 다른 육체로 옮겨감을 전제한 것은 아니다.

혜원은 또 "불과 나무의 비유도 성전聖典에서 유래하는 것이다."라고 하며 불교의 것이라고 말하였는데, 이 '성전'은 구마라집이 번역한 인도 용수龍樹(약 150~250)의 『중론中論』을 말하는 것이며, 그 중의 「연가연품燃可燃品」에서 말하는 것이다. 어쨌든 이 '신불멸론'은 그 비유의 적절성이 어떠하든 불교의 인과응보의 이론을 말하기 위한 바 윤회 주체의 지속을 말하려 함이다.

한편, 이러한 '신멸'과 '신불멸'에 관한 논란은 중국철학사의 전개 과정상에서 볼 때, 혜원 이후 신불멸에 반대하여 '신멸'의 주장을 한 인물에 남조南朝 시기 후량後梁의 범진范縝(약 450~515, 자字는 자진子眞. 남향南鄕 무음舞陰 사람)이 있다. 범진의 주요한 철학 저작에 『신멸론神滅論』이 있는데, 이것이 곧 혜원의 '영혼불멸설'을 반대하여 '영혼멸'로서의 '신멸'을 주장하는 것이다. 범진은 '형'과 '신'은 분리될 수 없다고 주장하여, "신은 곧 형이고, 형은 곧 신이다. 그래서 형이 존재하면 신이 존재하고, 형이 시들면 신은 없어진다."라고 하였다. 이 주장은 당시 불교 쪽의 조사문曹思文, 소침蕭琛, 소연蕭衍(양梁의 무제武帝)의 반박을 받으면서 격렬한 논쟁이 이어지기도 했다.

4. 삼론종三論宗과 길장吉藏

남북조南北朝 시대 이후 불교는 많은 종파로 나뉘었고, 종파마다 그 조사祖師가 있어서 각각 세력을 가지고 서로 비판했다. 각 종파는 불교에서의 한 경전을 신봉하면서 그들의 교의敎義로 삼고 각자의 독립적 사상 기반을 마련하는 단계로 접어들었는데, 이는 중국의 불교가 '격의'의 단계를 벗어나는 의의를 가진다. 그 중 하나인 '삼론종三論宗'의 이론이 철학적으로 상당한 의의가 있다.

삼론종의 조사는 길장吉藏(549~623, 속성은 안安)인데, 그는 본래 안식安息(지금의 신장 지역) 사람이다. 그와 그의 스승인 법랑法朗(507~581, 또는 도랑道朗, 속성은 주周. 서주徐州 패군沛郡 사람)은 모두 진陳, 수隋 두 왕조의 유명한 승려였으며, 길장은 당대 초기까지 계속 황제의 존중을 받았다. '삼론'이란 말은 인도의 용수龍樹의 『중론中論』, 『십이문론十二門論』, 그리고 용수의 제자인 인도의 제바提婆(약 200~225, 일설에는 170~270)의 『백론百論』을 말하는데,

이들 론들이 이 종파가 근거로 삼는 세 불교 경전이므로 '삼론종三論宗'이라 일컫는다.

불교에는 그 진리를 인식하고 전달하는 두 가지 방법이 있는데, 하나는 '차전遮詮'이고, 다른 하나는 '표전表詮'이다. '차전'은 불교의 진리가 '어떤 것이 아니다'는 것을 강조하고, '표전'은 불교의 진리가 '어떤 것이다'는 것을 강조하는 방법이다. 일반적으로 한 사물에 대해서 말할 때, 그 사물의 속성을 규정하는 두 방법이 있는데, 하나는 정면正面으로부터 말하는 것으로서, '그것은 무엇이다'라고 말할 수도 있고, 다른 하나는 반면反面으로부터 말하는 것으로서 '그것은 무엇이 아니다'라고 말할 수도 있다. 전자는 긍정 명제를 사용하여 직접적으로 어떤 사물의 속성을 말하는 것이고, 후자는 부정 명제를 사용하여 어떤 사물의 속성이 아닌 것을 말하는 것으로서, 이는 그 사물이 무엇인가를 간접적으로 말하는 것이 된다.

어떤 사물을 정의하면서 그 속성을 긍정 명제로 나열하는 방법을 쓰더라도 아직 그 속성을 남김없이 다 나열하지 못하여 아직 말하지 않은 무엇이 남아 있을 수 있고, 반대로 그 속성에 속하지 않는 것을 부정 명제로 나열하더라도 그 속성에 속하지 않는 것을 다 나열하지 못하여 역시 아직 말하지 않은 무엇이 남아 있을 수 있다. 그 사물을 인식할 때부터 그런 문제가 있고, 언어로 전달할 때 역시 그러하다. 그래서 양 방면을 다 사용하더라도 그 사물의 본질적 속성을 말하는 데 다만 가까워질 수만 있을 뿐이다. 인식을 넘어서고, 말로 표현할 수 없는 궁극적 진리를 말하는 경우는 더욱 말할 것도 없다.

긍정 명제를 쓰든 부정 명제를 쓰든 언어를 사용하는 것이 '표전'이라면, 이에 대한 '차전'은 아무 것도 말하지 않는 것이다. 그래서 『노자』 제1장의 "도를 도라고 말할 수 있는 도는 영원한 도가 아니다."라고 하는 것은 말로 표현할 수 있는 도를 부정하는 명제이면서도 그것을 말로 표현한다는 측면에서 '표전'이다. 이에 대해 비트겐슈타인이 말하듯, 말로 표현할 수 없는 것에는 침묵을 하는 방법도 있는데, 이것은 일종의 '차전'이다. 그래서 어떠한 언어적 표현도 결국 웅변은 '표전'이며, 침묵은 '차전'이다. 불교의, 말로 표현된 온갖 교의, 법설은 '표전'이며, 이에 대한 '차전'은 침묵이다.

길장吉藏에게는 『이제의二諦義』라는 저작이 있는데, '이제二諦'라는 것은 속제俗諦(또는 세제世諦)와 진제眞諦이다. 속제는 세속의 진리이고, 진제는 성제聖諦, 또는 제일의제第一義諦로서의 최고 진리이다.

길장은, '이제二諦'에는 삼종이 있는데, 제1단계에서는 '유有'를 '세제世諦'로, '무無'를 진제眞諦로 말하며, 이는 객관적 세계 및 주관적 심리현상은 본래 모두 진실하다는 것으로서, 불교에서는 이것을 일반인의 '미혹迷惑'이라고 생각한다. 이러한 미혹을 깨뜨리기 위해 '제법諸法이 모두 공空'임을 말하는데, '공空'은 곧 '무無'이다. 이렇게 하면, 사람들로 하여금 생사의 윤회를 벗어나서 열반을 얻을 수 있다고 한다. 그러나 이러한 '이제'는 '유'와 '무', '생사生死'와 '열반涅槃'을 대립하여 '이변二邊'으로 되게 하므로, 이 또한 바르지 못한 것이다. 그래서 제2단계의 '이제'에서는 이러한 '이변'의 견해는 모두 '세제'가 되고, '비유非有', '비무非無', '비생사非生死', '비열반非涅槃'이라는 '불이중도不二中道'는 '이변'이 아니어서, 이것이 비로소 '제일의제'이다. 그러나 이러한 '제일의제' 역시 '불이不二'와 '이二'를 대립하므로, 이 역시 진정한 '불이중도不二中道'가 아니라, 여전히 '이변'이 있음이다. 그래서 제3단계의 '제이제의第二諦義' 중에서 '이二'를 말함과 '불이不二'를 말함 모두가 '세제'이게 되고, '비이非二', '비불이非不二'가 비로소 '제일의제第一義諦'이게 된다. 이렇게 해서 한층 한층 벗겨가서, 최후에는 '무언無言'으로 귀착된다. 다시 말하면, 제일은 '유'를 세제로 하고, 무를 진제로 한 것이고, 제이는 '이二'를 세제로 하고, '불이不二'를 진제로 하며, 제삼은 '이'와 '불이'를 세제로 하고, '비이非二'와 '비불이非不二'를 진제로 하는 것이다.

길장의 이러한 삼종의 이제는 '미집迷執'을 점차로 버려가는 의의를 가진다. 불교에서는, 객관세계든 주관세계든 모두 무상하여 허환虛幻한 것이라고 여기지만, 일반 사람들은 그것을 실유實有라고 본다. 그래서 이러한 '미집'을 깨트리기 위해 '무', '공'을 말하려하지만, 만약 '무', '공'을 '유'에 대립시켜 상대적으로 보아 '유' 외에 또 하나의 '무'가 있다고 생각한다면, 이 또한 '미집'이다. 그래서 이 '미집'을 깨트리기 위해 '불이중도'를 말하게 된다. 그러나 만약 '불이'와 '이'를 대립시킨다면, 이 또한 하나의 '미집'이므로 이러한 '미집'도 깨트려야 하는 것이다. '삼종이제'는 모두 '차전'이지만, 만약 집착이 생겨 이 하나의 '차전' 명제가 하나의 '표전' 명제가 되면, 또 다른 하나의 '차전' 명제를 사용하여 그것을 깨트려야 한다는 것이다.

그런데 중요한 것은 '미집'이다. '미집'이 없다면 더 이상 깨트릴 것도 없다. 일체 현상적 사물은 모두 수많은 인연이 모여서 이루어진 것으로서 진실한 것이 아니므로, 이러한 인식을 가지면 일체 사물에 대해서 집착을 가지지 않게 된다. 그래서 어떤 사물과 접촉하든지 그것이 '본성공적本性空寂'한 것이라는 것을 알아서 일체 사물의 이러한 진실한 상황을 인식하게 되면, 이른바 '촉사개진觸事皆眞', 즉 '경험하는 모든 일이 다 그대로 참'인 것이 되어, 무슨 말을 하든지 무슨 행동을 하든지 다 괜찮은 것이다. 이는 이후 선종禪宗의 경지로 나타난다.

삼론종의 근거 경전 중 하나인 『중론中論』은 "불생역불멸不生亦不滅, 불상역부단不常亦不斷, 불일역불이不一亦不異, 불래역불출不來亦不出"이라고 하며, 이 사구四句는 '팔불八不'이라고 한다. '팔불'은 집착함이 있는 모든 사람에 대해 말하는 것인데, 이러한 집착함이 있는 사람들은 '생生멸滅', '상常단斷', '일一이異', '래來출出'의 한쪽에 대해서 긍정하는 집착을 가진다. 즉, 어떤 사람들은, 우주는 유시유종有始有終이라 여기고, 또 어떤 사람들은 무시무종無始無終이라 여기는데, 이것은 생멸生滅과 래출來出의 문제이다. 또한, 어떤 사람들은 우주가 변한다고 여기고 어떤 사람들은 불변한다고 여기는데, 이것은 '상단常斷'의 문제이다. 또한, 어떤 사람들은 우주가 일원一元적이라고 여기고, 어떤 사람들은 다원多元적이라고 여기는데, 이것은 '일이一異'의 문제이다. 『중론』에서는 이러한 견해들을 개념의 유희로서의 '희론戱論'으로 보고, '팔불'로써 이들 희론을 깨트려야 한다고 한다. 삼론종에서는 이러한 희론을 깨트린 후에는 일체 사물의 진실한 정황이 자연히 드러난다고 본다. 이러한 논리는, 일체 사물의 진실 정황은 오직 '차전遮詮'으로 표시해야 하며, '표전表詮'으로 설명할 수 없으며, 만약 '표전'으로 설명하면, 오해를 불러일으켜 사람들의 집착을 오히려 증가시킨다고 본다. 길장의 이러한 주장 속에는 아직도 '현학'과 관련되는 '격의'의 측면이 있어서, 그 역시 과도적 인물로 볼 수 있다.

5. 현장玄奘의 『성유식론成唯識論』

현장玄奘(602~664, 속성은 진陳)은 낙주洛州(낙양洛陽) 구씨緱氏 사람으로서, 수대隋代 말에 태어났으며, 13세에 출가했다. 그는 일찍이 여러 스승을 두루 찾아 그들의 말을 들어보고 그 뜻을 자세히 고찰해 보았으나, 그들의 주장이 제각각이어서 성전聖典으로 검증해 보았지만, 역시 천차만별하여 어느 쪽을 따라야 할지 몰랐다. 그래서 서방西方(즉 인도)으로 유학하여 그 의문을 해결해 보리라 맹세하고는 마침내 인도로 떠났다.

현장은 당唐 태종太宗 정관貞觀 3년(629년)에 인도로 갔다가 정관 19년(645년)에 장안長安으로 돌아왔으며, 당 고종高宗 인덕麟德 원년(664년)에 세상을 떠났다. 그는 귀국할 때 한 더미의 불교 경전을 가지고 와서 그것들을 중국어로 번역했다. 그런데 주목할 것은 그가 당시 인도에서 유행하던 불교 저작들을 선별하여 그것들을 번역 편집한 이른바 『성유식론成唯識論』을 집필했다는 점이다. 이것이 그의 오랫동안의 인도 유학의 성과이며, 동시에 그가 당시 중국 불교에서 논쟁하던 문제들을 해결하는 데 쓰인 저작이기도 하였다.

『성유식론』은 현장이 인도의 유식학唯識學을 도입함으로써 집필된 책으로서, 그의 제자 규기窺基(632~682, 속성은 위지尉遲. 장안長安 사람)는 이에 대해 『성유식론술기成唯識論述記』를 지었으며, 법상종法相宗(또는 유식종唯識宗, 자은

종慈恩宗)을 열었다. 『성유식론』이라는 제목이 곧 이 책의 종지宗旨를 표명하는 것인데, 이것은 곧 일체 현상계의 사물은 '식識'이 변한 바(所變)라는 유식학의 핵심 종지를 말하는 것이다. 이 '변變' 가운데에 '식識'은 주체로서의 '능변能變'이며, 이 식識의 대상은 '경境'으로서 이 경境이 '소변所變'이다.

원래 '유식'의 이론은 대승大乘의 경론 가운데 묘유妙有를 말한 이론으로서, 소승小乘 상좌부上座部의 일체유부一切有部의 설이 대승반야교의大乘般若敎義와 관련되면서 발전된 것인데, 비록 '유'를 말하여도 소승의 '유'에 집착하지 않는다는 취지로 '묘유妙有'라고 한다. 불교에서는 '고苦'를 떠나 불생불멸의 궁극 진리를 깨닫는 것을 종지로 삼아서, 주체인 자아와 그 해탈에 대한 것이 강조되어, 대상 세계에 대해서는 말하려 하지 않았다. 대상 세계인 현상계로서의 일체 제법은 '공空'하다는 것이 강조되는 것이다. 그러나 '유식'에서는 이러한 '공성空性'을 인정한다 해도, 즉 '환화인幻化人'이 '진인眞人'이 아니라 해도 존재하므로, 현상 세계의 속성과 구조는 알아야, 그에 집착하는 이유와 그것을 깨트릴 수 있는 이치도 알 수 있다는 것이다.

그래서 먼저 주체가 허망한 현상 세계에 집착하는 이치와 그것을 깨트려 벗어나는 이치에 대해 말하는데, 이에 '삼자성三自性'을 말한다. '삼자성'은 '변계소집성遍計所執性', '의타기성依他起性', '원성실성圓成實性'이다. 앞의 둘은 현상 세계에 집착하는 이치요, '원성실성'은 허망을 깨트린 뒤에 드러나는 참된 이치이다. '변계소집성'이란 '변계', 즉 '두루 계산하여 헤아림'에 의해 집착하는 바가 생긴 이치를 말한다. 우리가 경험하는 일체의 현상적 대상 세계는 이러한 '변계'로 인한 집착의 경험적 의식 활동에 불과하다는 것을 이해하여 대상 세계의 허망함을 알아야 한다는 것이다. '의타기성'은 일체의 현상은 본래 모두 인연으로 인해 생겨나서 독립된 실체가 없이 타자에 의해서 발생된 것이란 이치이다. 이러한 '의타기성'으로서의 이치를 알아서 '변계소집성'을 다스려야 한다는 것이다. 이렇게 해서, 허망을 깨고 깨달아서 드러난 참됨의 경지 그 자체의 이치가 '원성실성'이다. 그런데, 이 '삼자성'은 결코 주체를 떠나서 스스로 존재하는 이치가 아니라 단지 주체의 세 가지 활동을 말하는 것일 뿐이다. 그러므로 '삼자성'이 주체를 떠난 독립적 존재성을 말하는 것이 아님을 말하기 위해 '삼무성三無性'을 말하는데, 곧 '상무자성성相無自性性', '생무자성성生無自性性', '승의무자성성勝義無自性性'이다.

유식의 이론은 '식'에 의해 전개되는 현상계의 구조를 말하는데, 현상계 일체법을 다섯 가지로 나누었다. 첫째, 마음인 '심법心法', 둘째, 마음이 가지고 있는, 그 작용으로서의 법인 '심소유법心所有法', 셋째, 마음이 드러낸 경험적 대상 세계에 관한 법인 '색법色法', 넷째, 앞의 세 법의 상호 관계에 따른 추상적 형식개념인, 마음과 상응하지 않고서 운행되는 법인 '심불상응행법心不相應行法'이고, 나아가 이러한 모든 현상을 떠나서 초월한 '무위법無爲法'이 그 다섯 번째이다.

이 중 유식에서 가장 유명한 이론 요소는 역시 '심법心法'에 관한 것이다. 이 '심법'은 8가지로 나누어지는데, 이것이 '팔식八識'이라는 것이다. 이 '팔식'은 곧 '안식眼識', '이식耳識', '비식鼻識', '설식舌識', '신식身識', '의식意識', '말나식末那識(Manas)', '아뢰야식阿賴耶識(Alaya)'이다. 앞의 오식五識, 즉 '안식', '이식', '비식', '설식', '신식'은 감각 기관 및 그 능력을 말하고, '의식'은 심리 활동으로서 앞의 '오식'과 합쳐 '육식六識'이라 한다. 제7식第七識인 '말나식'은 '아집我執'을 낳는 의식 활동이다. 이 '말나식'은 앞의 '여섯 가지 식'과 다음의 아뢰야식 사이에서 매개 역할을 하여, 끊임없이 이들 '육식'이 일어나게 하는데, '아뢰야식'에 저장된 종자種子를 이끌어 내어, 현행의 인식이 이루어지게 하고 생각이 끊임없이 일어나게 한다. 이 '말나식'은 '아뢰야식'을 잡고서 '자아自我'라고 여기므로, 일체의 허망함이 이 '말나식'에서 생겨나온다고 볼 수 있다. 유식의 가장 대표적 식인 제팔식第八識으로서의 '아뢰야식'은 없어지지 않고 저장되므로, '장식藏識'이라고도 하며, '종자식種子識'이라고도 한다.

이러한 여덟 가지 '식'은 현상 변화와 인식 작용의 주체로서의 '능변能變'이 된다. 『성유식론』에서는 '능변'을 세 가지로 말한다.

제일 능변은 '아뢰야식'이다. 이 식을 '장식藏識'이라고 이름 하는 것은, 그것이 종자 보관의 주체로서의 '능장能藏', 종자 보관의 대상으로서의 '소장所藏', '말나식'이 '자아'로 오인하여 집착하는 대상으로서의 '집장執藏'의 뜻을 가지기 때문이다. 또 '이숙식異熟識'이라고도 이름 하는데, 그것이 '이숙과異熟果'를 인생引生하기 때문이다. '이숙'이란 말은 변이變異하여 숙熟하고, 때를 달리 하여 숙熟하고, 류類를 달리 하여 숙熟함을 이른다. '이숙과異熟果'란 그 '소숙所熟'의 과果로서, 곧 그것이 변이變異로 인한 '소숙'이면서 또 그것이 때를 달리 하고, 류를 달리 함으로 인한 것이기 때문이다. 또 '종자식種子識'이라고도 이름 하는 것은, 그 가운데에 제법, 즉 세간 및 출세간의 일체 사물의 종자를 장유藏有하기 때문이다. 즉, 아뢰야식 가운데 일체 사물의 종자를 장유藏有하고 있다는 것이다. 그것은 '장藏'의 주체이므로 '능장能藏'이기도 하고, '장'의 대상이 되는 '소장所藏'이기도 하므로 '장식藏識'이라 한다. 그러나 이 종자들은 당시 바로 성숙하는 것이 아니라 어느 때, 어느 곳임이 일정치 않고, 여러 연緣이 모여서 합하여야 비로소 과실果實이 되므로, 이들 과실 역시 '이숙과'가 된다.

모든 중생은 각 개체마다 모두 그 자신의 '아뢰야식'을 가지고, 그 자신의 '아뢰야식'으로부터 그 자신의 일체 사물을 생출한다고 한다. '아뢰야식'은 가장 근원적 심층의 식으로서 앞의 7가지 식에 의한 모든 '업業'으로서의 정보를 훈습熏習하여 오염된 종자, 이른바 '유루종자有漏種子'를 저장하여 결국 윤회의 주체가 되는 것이다. 즉 업으로 인해 윤회하며 잡염雜染의 현상을 전개해내는 '아뢰야阿賴耶연기緣起'의 '염법染法'의 주체이다. 그러나 한편으로는 깨끗한 종자, 이른바 '무루종자無漏種子'를 저장하여 해탈解脫열반涅槃의 능력도 갖추고 있는 '정법淨法'의 주체이기도 하다. 이러한 측면을 강조한 것이 『대승기신론大乘起信論』인데, 여기서는 전자를 두고 '아뢰야식'의 자리가 '일심一心'의 '생멸문生滅門'임을 말하며, 그로 말미암아 삼라만상이 전개된다고 보고, 후자의 경우는 '일심'의 '진여문眞如門'으로 보아, 깨달음의 근거로 보는 '아뢰야식'의 양 측면을 말하였다. 제이 능변은 '말나식'으로서, 이는 곧 제7식第七識이고, 제삼 능변은 '전육식前六識'이다.

주체인 '아我'와 대상인 모든 '법法'은 이 세 능변能變의 소변所變이다. 이 세 능변은 이 '실아實我'와 '실법實法'으로 여기는 것을 변화시키며, 제이, 제삼의 능변은 또 이것에 집착하여 그것을 '실유實有'로 여긴다. '실아'로 여겨 '실유'로 집착하므로, '아집我執'이라고 이름하며, '실법'으로 여겨 '실유'로 집착하므로 '법집法執이라고 이름 한다.

『성유식론』에 따르면, 제칠식은 제팔식에 의해서 일어나는 자심상自心相을 '실아' 및 '실법'으로 삼고, 세육식은 '소변所變'의 '오온五蘊'의 상相을 '실아'로 집착하고, 또 식識에 의해 소변所變한 온처계蘊處界, 즉 오온五蘊 · 십이처十二處 · 십팔계十八界의 모든 현상으로서의 상相, 즉 산하대지 등을 '실법'으로 집착하는데, 이 두 식은 사실 '이집二執'으로 말미암아 일어난 것이다. 『성유식론』은, 만약 이 '이집二執'이 없으면, '아'와 '법'이 모두 '실유實有'가 아님을 알 수 있다고 생각한다. 『성유식론』은 요컨대 이른바 '유식唯識'이란 '식 외에 사물이 없음(識外無物)'을 말한다. 이는 어떤 사물도 '식識'을 떠나서는 존재할 수 없다는 말이다.

제21장

중국불교철학

中國佛敎哲學

(2)

인도의 불교가 중국으로 전래되는 과정은 세 단계를 거쳤다. 사실상 이러한 과정은 한 문화권의 사상이 다른 문화권에 전해지는 자연스런 과정의 형태라고 볼 수도 있다. 불교의 중국 전래 과정과 같은 것은 다른 경우에서도 문화권 사이에서 비슷하게 발생할 수 있는 것이기 때문이다. 앞 장에서 말한 대로 그 첫 단계는 '격의格義'의 단계였다. 한 번도 접하여 경험해보지 않은 이질적 문화 요소가 들어 왔을 때, 그 외래문화가 그것의 본질과 성격이 전혀 왜곡되지 않은 상태로 이해되기는 지극히 어려운 일이다. 자연히 익숙한 자신의 문화에서의 관점에서 이해하려고 시도하게 될 수 있는 것이다. 그것이 '격의'의 방식이었던 것이다.

그렇지만, '격의'의 방식이 한계가 있음도 당연할 수 있는 것이고, 일정 시간이 지나면 이러한 한계를 인식하게 되는 단계가 옴도 자연스런 일이다. 그래서 자문화의 색안경을 끼고 타문화를 이해하는, 각색된 상태를 벗어나서 그 문화의 본질을 직접 경험하려는 시도가 있게 되는 것이다. 말하자면, 직접 그 문화권에 가서 '직수입'하는 것이다. 그러한 시도의 대표자가 바로 '현장玄奘'이었다. 하나의 사상은 그 사상이 발생한 문화권의 '산품産品'이다. '격의'의 단계는 불교라는 '산품'이 중국 문화권에서의 이해도의 실정에 대한 고려 없이 일방적으로 전해진 상황으로서, 이를테면 준비 없는 상태에서 그 '산품'에 대한 작동법, 사용법을 자신의 문화권의 유사한 '산품'을 작동하고 사용하는 방법에 준하여 작동, 사용을 시도한 것이다. 그러나 그에 따른 한계를 절감하고, 직접 산지 현장에 가서 그 '산품'에 대한 것을 직접 배우는 단계로 된 셈이다.

이러한 두 단계를 거쳐 최종적으로 이른 단계가 바로 맞춤형으로서의 토착화의 단계이다. 이 단계는 앞의 두 단계의 종합 단계이기도 하다. 두 번째 단계에서 '산품'에 대한 작동법, 사용법을 배웠지만, 그 '산품'이 자국의 문화

배경과 풍토에 완전히 일치할 수는 없으므로, 자국의 실정에 맞게 '국산화'하는 단계이다. 불교에 관심을 가지고 그 사상을 도입하는 데 관심을 가진 이들의 궁극 목적이 비록 인도에서 발생한 불교의 원형이라 하더라도, 그 내용 모두가 중국인의 주된 관심 영역이 되기는 어렵다. 중국은 중국의 기존 문화 배경과 풍토가 있다. 특히 철학사, 사상사의 배경이 있다. 그러므로 불교 사상 중에서 오래 전부터 가져 왔던 그들의 철학적, 사상적 관심사의 연장선상에 있는 요소들과 같거나 유사한 요소들이 자연히 더 주목받게 되는 것이다. 이것은 '격의'와는 다른 문제이다. 관심 주제들에 대한 선택과 집중의 문제이다. 이것이, 인도의 불교에서 유래했지만 이제는 중국문화의 필요에 따라 중국화된 중국 불교가 된 불교의 중국적 토착화인 것이다. 이렇게 중국적 특징을 지니고 발생한 '중국불교中國佛敎'가 곧 '천태종天台宗', '화엄종華嚴宗', '선종禪宗'의 사상이다.

1. 천태종天台宗

'천태종'은 중국 불교의 특징을 가지고 있는 한 종파로서, 이 이름은 수隋대의 지의智顗가 절강浙江 천태산天台山에서 개종開宗하였기 때문에 붙여졌다. 이 종파가 중심으로 하는 이른바 소의경전은 『묘법연화경妙法蓮華經』(약칭 『법화경法華經』) 및 『대열반경大涅槃經』이다. 실제 개종자는 지의이지만, 불교에서는 흔히 이전의 옛사람에게 연원을 두는 형식을 취하므로, 그 초조는 인도의 용수龍樹로 하고, 이어 혜문慧文(慧聞이라고도 함), 혜사慧思(515~577, 속성은 이李. 하남河南 상채上蔡 사람)로 종통宗統을 잇고, 지의는 제4조로 삼는다. 북제北齊 사람인 혜문이 천태종 이론의 하나인 '일심삼관一心三觀'의 취지를 세웠으며, 혜사가 비로소 『법화경法華經』을 중시하고, '정定'과 '혜慧'를 같이 닦는 이른바 '정혜쌍수定慧雙修'의 경지를 얻었으며, 훗날의 '지관止觀'설의 근본을 세웠는데, 지의는 그의 제자이다. 그러나 천태 이론은 역시 지자智者대사 지의智顗에 의해서 비로소 크게 세워진다.

지의智顗(538~597, 지자대사智者大師로 일컬어짐)는 남조南朝 진陳나라 말에 천태산 수선사修禪寺에 거처하면서 수행, 설법하고, 이후 진나라가 수隋나라에게 망하자, 여러 곳을 다니면서 설법하다가 세상을 떠났다. 그가 직접 글을 쓰지는 않았지만, 그가 강론한 것을 제자들이 정리한 천태종의 중요 문헌인 『법화현의法華玄義』, 『마하지관摩訶止觀』, 『법화문구기法華文句記』가 그의 3대 주요 저작, 이른바 '삼대부三大部'로 남아 있다. 천태종은 이후 당대唐代에 구조九祖 담연湛然에 이르러 다시 흥해졌는데, 그의 저작이 매우 많았고, 다른 종파들과 논변을 하며 천태의 교의를 보위하는 데 크게 공헌했다.

천태의 교의는 지의, 즉 지자智者의 이론이 그 기본을 구성하고 있어서, 그의 '삼대부三大部'에 그 내용이 기술되고 있다. 지자를 이야기할 때 흔히 거론되는 점은 그가 행한 '교상판석敎相判釋'(줄여서 교판敎判, 판교判敎)이다. 이것은 불교의 각종 교의에 대한 지위를 여러 범주로 분류하여 체계적으로 파악하는 설이다. 특히 중국 입장에서는, 인도에서 여러 시기를 두고 성립된 불교 이론이 한꺼번에 들어 와서 그 의미를 이론적으로 분별할 필요가 있었는데, 그 대표적 시도자가 지자였던 것이다. 그의 이른바 '오시팔교五時八敎'가 그것이다. 그리고, 지자가 대표하는 천태의 이론 중 그 대의가 되는 주요한 것에는 '일념삼천一念三千'과 '일심삼관一心三觀'이 있다.

'일념삼천一念三千'이란 '백계천여百界千如'의 설에서 유래되었다. 『법화경』은 열 가지 '여시如是'라는 말로써 일체법을 통섭하는데, 열 가지 '여시'는 이른바 '여시성如是性', '여시상如是相', '여시체如是體', '여시력如是力', '여시작如是作', '여시인如是因', '여시연如是緣', '여시과如是果', '여시보如是報', '여시본말구경如是本末究竟'이다. 이는 우주 삼라만상의 온 세계가 이 열 가지 범주, 즉 '성性', '상相', '체體', '력力', '작作', '인因', '연緣', '과果', '보報', '본말구경本末究竟'으로 '여시如是하게' 존재한다는 천태종의 기본 세계관이다.

'백계천여百界千如'는 이 '십여十如'에 '십계十界'를 배당하여 얻은 것이다. 이른바 '십계十界'는 자아경계 또는 생명 등급을 10층으로 나누어, 그 중 최상의 사계四界를 '불佛', '보살菩薩', '연각緣覺', '성문聲聞'으로 하여 '사성四聖'으로 일컫고, 이하 육계六界를 '천天', '인人', '아수라阿修羅', '축생畜生', '아귀餓鬼', '지옥地獄'으로 하여 '육범六凡'으로 한 것으로서, 이 모두를 일컬어 '십계十界'라는 것이다. 이 '십계'는 번뇌의 정도나 깨달음의 정도에서 구분되지만, 하나의 법계가 전체의 법계를 포섭할 수 있다고 하는데, 그 근거가 '십여시十如是'이다. 즉, 매 일계一界마다 그 밖의 구계九界로 통하며, 일계에 '십여시'가 있게 되고, 십계十界는 서로 통하여 백계百界가 있게 되며, 마침내 '백계천여百界千如'를 이룬다는 것이다.

그리고 매 일계一界 중의 자아自我에게는 열 가지 가능성이 있어서, 우선 자신이 속한 계界를 지킴이 하나의 가능성이 되는데, 나아가 그 밖의 구계九界와 통하여 아홉 가지 가능성이 있게 된다. 그러므로 합하여 말하면, 매 일계마다 '십계十界'가 되는 것이다. 이에 '십계'는 마침내 '백계'로 구현된다. 그런데, 일계마다 '십여시十如是'가 있으므로, 백계에는 '천여시千如是'가 있게 되는 것이다. 이른바 '삼천三千'이란 것은 곧 '천여시千如是'에 '삼세간三世間'의 관념을 더하여 얻게 되는 것인데, 천千에 삼三을 곱한 수이다. '삼세간'이란 '중생세간衆生世間', '국토세간國土世間', '오음세간五陰世間'이다.

'일념삼천一念三千'이란 말 중의 '일념'은 자아이며 '삼천'은 곧 이러한 자아가 존재하는 세계를 분류한 것이다. 그런데 이러한 '일념'인 자아는 어떤 경계 중에 있더라도 모두 그 밖의 어떤 경계와도 다 통할 수 있다고 한다. 그렇지만 그 어디로 올라가고 내려오든 또 그 어디로 나아가고 물러나든 모두 '일념'으로 돌아간다.

그런데 이러한 '일념'인 자아는 절대 자유의 상태에 있으면서, 그 있는 경계에 고정 불변한 상태는 없이 영원히 무제약의 상태이고, 현재 있는 상태에 언제까지나 계속 있다는 보장도 없다. 그래서 '성聖'도 될 수 있고, '범凡'도 될 수 있어서, '성聖'이라도 '범凡'으로 떨어질 수가 있는데, 념념念念의 사이에 자아는 수시로 오르고 내린다. 따라서 어떤 상태든 그 가능태로서 전제되어 자유의 상태에 있는 만큼, 수행 역시 게을리 할 수가 없는 것이다. 또 '일념삼천'은 만법으로서의 세계가 '일념'으로서의 주체 자아로 인해 생긴 것이라는 불교의 기본 관념에 토대를 두어, 그 '삼천'은 '일념'으로 인해 펼쳐진 세계임을 말하는 것이다.

한편, 앞서 말한 대로, 천태의 교의에 '일심삼관一心三觀'이 있다. 천태종에서는 '지止'와 '관觀'을 말하는데, 지의는 그의 『마하지관』에서 이에 대해 상세히 분류, 고찰하였다. '지'는 정신을 집중하여 마음을 고요하게 하는 바, 즉 '선정禪定'을 말한다. 그래서 '지'는 곧 '정定'이다. '관'은 대상을 관찰하여 그 실상을 그대로 파악하여 보는 것을 말한다. 그래서 '관'은 곧 '지혜'인 '혜慧'이다. 즉 '지관止觀'은 곧 '정혜定慧'이다. '지'는 모든 망념을 그치게 하는 수행이므로, 이를 통해 얻은 밝은 지혜로써 사물을 올바르게 보는 것이 '관'이다. 그래서 '지'와 '관'은 서로 밀접한 관계에 있는 것이다. '일심삼관一心三觀'의 '관觀'이 곧 여기서의 '관'이다. 천태종에서는 우주만유는 모두 '공空', '가假', '중中' 세 진리를 갖추고 있고, 이 세 진리는 서로 갖추고 서로 융섭하므로, '공'이 곧 '가중', 이고, '가'가 곧 '공중'이며, '중'이 곧 '공가'이다. 그래서 '일심一心' 가운데서 이 세 방면을 '관觀'함이 '일심삼관一心三觀'인 것이다.

여기서의 '공空', '가假', '중中'의 세 '관觀'이 곧 '삼관三觀'인데, 먼저 '공관空觀'은 일체 우주 만유 삼라만상이 모두 '공空'하여 무엇도 그 실체가 없음을 '관'하는 것이다. '가관假觀'은 그 삼라만상이 모두 실체가 없지만, 현상적으로는 비록 '가유假有'라 하더라도 그래도 분명히 '있음(有)'임을 '관'하는 것이다. 그래서 '공관'에 의해 그 이치만 집착한 채 만상의 차별상을 통찰하지 못하는 것을 막으려는 것이다. 그런데 모든 법이 '공'이라고만도 할 수 없고, '유'라고만도 할 수 없어서, '공'이면서 '유'요 '유'이면서 '공'임을 알아서 '공'이나 '가'의 한쪽으로만 집착하지 않도록 중도적 입장으로 '관'함이 곧 '중관中觀'이다.

이러한 '삼관三觀'을 '일심一心'에서 이룸이 '일심삼관一心三觀'이다.

2. 화엄종華嚴宗

'화엄종'의 교의는 당연하게도 『대방광불화엄경大方廣佛華嚴經』, 약칭 『화엄경華嚴經』에 의해서 세워졌다. 중국에서 성립된 화엄종을 확립한 사람은 현수賢首이다. 그런데 화엄종의 초조는 법순法順인데, 그의 세속의 성이 두씨杜氏여서 흔히 두순杜順(557 또는 558~640, 옹주雍州 사람)이라고도 일컫는다. 그는 수隋나라 개황開皇 13년인 593년에 화엄 이론으로 제자를 매우 많이 얻었는데, 당시 천태종의 지자智者가 이미 개종한 때였다. 당唐 왕조가 되고 난 정관貞觀 14년인 640년에 세상을 떠났다. 그의 저서인 『법계관문法界觀門』, 『오교지관五教止觀』, 『설십현문說十玄門』은 뒷날 현수賢首 이론의 기초가 되었다.

화엄종의 이조二祖는 지엄智儼(602 또는 600~668)으로서 속성이 조씨趙氏이다. 그는 12세에 출가하여 두순杜順에게서 배웠다. 저서에 『수현기搜玄記』, 『공목장孔目章』, 『오십요문답五十要問答』, 『일승십현문一乘十玄門』이 있어서, 다음의 현수에 의한 화엄 교의 확립의 초석을 닦았다.

현수賢首(643~712, 이름은 법장法藏)는 화엄종을 정식으로 세워 그 이론을 확립한 사람이다. 그 선조는 중앙아시아의 옛 나라인 강거康居 사람이었는데, 후에 중국으로 이주하여 강康을 성으로 삼았다. 현수는 17세에 지엄의 경전 강의를 듣고서 지엄을 스승으로 섬기며 화엄경을 익혔다. 그가 26세 때 지엄이 세상을 떠나고, 그는 28세가 되어서야 출가했다.

현수는 695년 실차난타實叉難陀와 5년에 걸쳐 화엄경을 번역했는데, 이것이 당대唐代에 번역된 화엄경인 『팔십화엄八十華嚴』이다. 그 후 그가 불수기사佛授記寺에서 화엄경을 강론할 때 수천의 청중이 운집하였다. 현수의 저작은 화엄 이론 관련으로 『화엄일승교의분제장華嚴一乘教義分齊章』, 『화엄지귀華嚴旨歸』,

『망진환원관妄盡還源觀』, 『금사자장金獅子章』을 비롯하여 매우 많았으며, 그 외의 경론經論을 풀이한 저작도 많다.

화엄종에서 현수의 역할은 천태종에서의 지의智顗의 그것과 비슷하다. 그러나 지의 이후 그 제자들은 모두 그들의 스승의 설을 따랐지만, 현수의 제자 혜원慧苑은 현수가 세상을 떠난 뒤 얼마 후 이설異說을 세웠다. 그러나 그 뒤에 징관澄觀이 혜원의 설을 물리치고 다시 현수의 뜻을 널리 펴서, 혜원의 설은 이후 영향력을 잃었다.

징관澄觀은 세속의 성씨가 하후씨夏侯氏며 월越 사람이다. 서기 737년에 태어나 서기 833년에 세상을 떠났으므로 향수享壽함이 102세였다. 징관의 화엄종에서의 지위는 마치 천태종의 담연湛然과 유사하다. 그의 주요 저작에는 『화엄대소초華嚴大疏鈔』가 있는데, 혜원의 설에 반박하는 것이 주요 취지이다. 또 그는 『사십화엄四十華嚴』의 번역에 참여하였고, 청량淸凉이란 호를 하사 받았으며, 당시 정치적 영향력도 큰 승려가 되었다. 그에게는 『사십화엄』을 풀이한 『화엄행원품소華嚴行願品疏』라는 저작도 있다. 징관은 혜원을 물리치고 현수의 이론을 계승하였으므로, 그가 화엄종의 4조라고 할 수 있다.

징관 이후에 종밀宗密(780~842)이 있는데, 규봉圭峰에 거처하여 규봉대사라고 일컬어졌다. 종밀은 사천四川 사람으로서 본래 성은 하씨何氏이다. 종밀은 화엄종의 5조로 존중받고, 『화엄론관華嚴論貫』이란 저작이 있었으나 이후 송대宋代에 가서 실전失傳되었다.

화엄종은 이후 당唐 무종武宗 때 회창법난會昌法難을 겪으면서 쇠퇴하다가, 송초에 자선子璿(965~1038)이 다시 화엄종을 일으키고, 또 그 문인 중에 정원淨源(1011~1088)이 있어 화엄종이 약간 진흥된 바 있었다. 이때 고려 승려 의천義天(1055~1101)이 고려에 유전流傳하던 『화엄대소초華嚴大疏鈔』를 가지고 와서 정원을 만난 일도 있었다. 천태종의 지자가 교판敎判(교상판석敎相判釋)을 행한 것처럼 화엄종에서는 그 대표자 격인 현수가 그것을 행하였는데, 그것이 '오교십종五敎十宗'이란 것이다.

화엄종의 이론은 다음과 같은 몇 가지로 나누어 설명할 수 있다.

〈법계관法界觀〉

'법계法界'란 일체 존재의 현상과 그 본질을 두루 일컫는 것이다. 제법諸法은 천차만별하게 달라서 각각 그 분계分界가 있으므로, '법계'라고 이름한 것이다. 그 우주 현상계의 전체를 가리켜서는 '사법계事法界'라 하는데, 이때의 '계界'는 '분分'의 의미로서, 사상事相 간의 무한한 차별성과 다양성을 표시하기 때문이다. 또한 우주만유의 정신적 본체를 가리켜서는 '리법계理法界'라고 일컫는데, 이때의 '계界'는 '성性'의 의미로서, 무한한 사법 간의 동일성을 표시하기 때문이다. 불교의 취지로는 이러한 현상과 본체로서의 '법계'는 결국 '일심一心'이 만들어낸 것이다. 그래서 화엄에서는 '법계연기法界緣起'가 말해지는데, 이는 현상세계와 본체로서의 진리세계의 조화를 말하려 하는 것이다. '법계관法界觀'이란 이러한 '법계'를 '관觀'의 대상으로 삼아, 만법의 전체 영역이 생겨남에 대해 해설하려는 것이다.

이러한 '사법계事法界', '리법계理法界'는 현수가 그의 '사법계四法界' 이론에서 말한 것인데, 그는 이 이론에서 이 '사법계', '리법계'의 관계를 말한다. 우선 '리사무애법계理事無礙法界'이다. '리사무애理事無礙'란 '리理'와 '사事'는 걸림이 없다는 것으로서, 이는 현상과 진여眞如의 실상이 떨어지지 않음을 말하는 것이다. 현상은 비록 실상은 아니지만, 실상으로부터 생겨난 것이다. 실상은 비록 현상은 아니지만 현상이 있는 그대로 드러남을 통해서 드러난다. 즉, '리'와 '사'는 하나이지도 않으며 다르지도 않아서 융통하면서 걸림이 없다는 것이다. 이때 진여眞如의 실상은 단지 진여라고만 해도 결국 진여심眞如心의 드러남이므로, 객관적 형이상학의 본체를 말하는 것은 아니고, 역시 불교의 일체유심一切唯心의 기본 취지에서 구축된 것이다.

현수의 '사법계四法界' 이론에서는 다음으로 '사사무애법계事事無礙法界'를 말한다. 이는 현상과 실상이 걸림도 없고 떨어짐도 없으면서도, 모든 현상의 하나하나 사이도 동일한 진여에서 생겨난 것이므로, 그러한 것들 사이도 비록 천차만별함을 드러내지만, 그렇게 차별화되면서도 그 상호간에 피차 융화하고 포섭한다는 것이다. 그 현상 중 하나를 아무 것이나 임의로 취해 보면, 그 어떠한 현상도 모두 진여 자체를 드러내고, 동시에 다른 현상 일체를 드러낼 수도 있어서, 하나가 모든 것을 포섭하고, 모든 것이 하나를 포섭한다는 이론이다. 이는 현수가 말한 '인다라망은 겹겹이 다함이 없다(因陀羅網, 重重無盡)'는 것이다.

〈십현문十玄門〉

현수는 앞에서 말한 사법계四法界 중 '사사무애법계事事無礙法界'를 법계연기로 파악하며 모든 현상이 걸림이 없이 서로서로 융합함을 열 가지의 방면에서 설명했는데, 이러한 관점을 곧 '십현문十玄門'이라 하며 이로써 설명되는 것이 '십현연기十玄緣起'이다. 이러한 열 가지가 서로 연緣이 되어 일어나므로 '십현연기'라 하며, 그것이 곧 다음과 같은 열 가지이다. 처음 지엄智儼이 두순杜順을 계승하여 말한 '고십현古十玄'을, 이후 현수가 다음처럼 수정하였는데, 곧 '신십현新十玄'이다.

(1) 동시구족상응문(同時具足相應門): 제법으로서의 각각의 현상은 동시에 모든 것을 충분히 갖추고 서로 조화롭게 응하고 있음을 말함.
(2) 광협자재무애문(廣狹自在無礙門): 제법에 넓음과 좁음이 있으나 자유자재하여 서로 걸림이 없음을 말함.
(3) 일다상용부동문(一多相容不同門): 하나(一)와 많음(多)이 차이를 서로 용납하면서도 각각의 특징을 잃지 않고 그 본성을 유지함을 말함.
(4) 제법상즉자재문(諸法相卽自在門): 제법이 현상적으로 차별상으로 나타나나, 본체에서는 하나로서 서로 걸림이 없이 자유자재함을 말함.
(5) 은밀현료구성문(隱密顯了俱成門): 숨은 것(隱密)과 드러난 것(顯了)이 함께 이루어져 있어서, 하나와 많음이 서로 포섭하면서, 숨고 드러남에

둘 사이에 선후가 없음을 말함.

(6) 미세상용안립문(微細相容安立門): 미세한 현상들끼리 서로서로 다른 현상을 포용하고 포용되면서도 서로 방해하지 않고 편안히 존재하여 질서 정연함을 말함.

(7) 인다라망경계문(因陀羅網境界門): 인다라망因陀羅網, 즉 인드라(Indra인다라因陀羅, 제석천帝釋天)가 사는 궁전에 쳐져 있는 보배 그물의 하나하나마다 달려 있는 보석 구슬이 서로가 서로를 거듭 반사하면서도 서로 마찰 없이 빛나며 무궁무진하듯이, 모든 현상은 서로를 끝없이 포용하고 포용됨을 말함.

(8) 탁사현법생해문(託事顯法生解門): 천차만별한 현상(事)에 의탁하여 무궁한 진리(法)를 드러냄으로써, 사람으로 하여금 요해의 지혜(解)가 생기도록 함을 말함.

(9) 십세격법이성문(十世隔法異成門): 과거 · 현재 · 미래의 각각에 삼세三世가 있음을 말하는 구세九世가 결국 한 생각에 지나지 않으므로, 구세와 한 생각을 합하여 말하는 '십세十世'의 제법이 또 각각 뚜렷이 구별되어 이루어짐을 말함.

(10) 주반원명구덕문(主伴圓明具德門): 제법의 어느 하나도 스스로 생겨나거나 독립해서 존재함이 없이, 서로서로 주체가 되고 동반자가 되어, 원만하고 밝게 모두가 덕을 갖추고 있음을 말함.

〈육상원융六相圓融〉

한편, '사사무애법계事事無礙法界'의 연기설을 설명하는 데 사용되는 이론에 '육상원융六相圓融'의 설이 있다. 이 설은, 모든 존재는 '총상總相', '별상別相', '동상同相', '이상異相', '성상成相', '괴상壞相'의 여섯 가지 모습, 즉 '육상六相'의 범주로 설명될 수 있다는 것이다. 여기서 이 여섯 가지는 그 중 하나가 다른 다섯을 포함하면서도, 여섯이 각각의 상태를 잃지 않고, 서로 걸림 없이 '원융

圓融'하게 조화를 이룬다고 하여 '육상원융六相圓融'이라고 한다.

(1) 총상總相: 여러 특성을 포함하는 존재 전체의 모습.

(2) 별상別相: 전체를 구성하고 있는 부분 각각이 가진 특성에 따른 다른 모습.

(3) 동상同相: 여러 부분이 하나의 목적에 따라 서로 어울려 이루어진 전체의 모습.

(4) 이상異相: 여러 부분이 각각의 고유한 역할을 하면서 가지는 각각의 다른 모습.

(5) 성상成相: 여러 부분의 역할이 모여 서로 의지해 이루는 전체의 모습.

(6) 괴상壞相: 여러 역할이 모여 동일한 전체를 이루면서도 유지되고 있는 각각의 모습.

〈『금사자장金師子章』〉

현수는 당시의 여황제 칙천무후則天武后[1]를 위하여 이상의 화엄 이론에 대해 설법을 한 적이 있었다. 그런데 그녀가 이해하지 못하자, 그는 당시 궁전 앞에 있던 한 쌍의 금사자를 가지고 비근하고 통속적인 비유로 이해시키려 하였고, 후에 제자에 의해 『화엄금사자장華嚴金師子章』으로 정리되었다.

그 취지는 이러하다. 현수는, 금사자의 본질을 금으로, 그 금으로 만든 사자의 모습을 현상으로 비유했다. 그 금사자의 모양은 허무하여 실체가 없고 늘 변하며, 진실로 존재하는 것은 금으로서, 그 금으로써 다른 짐승 모습을 만들 수도 있다. 그래서 현상은 변하나 본질은 변하지 않는다. 하지만, 그 본질이란 것도 결국은 현상을 통해서 드러난다. 마치 금사자의 모습이 없다면 그 금의 존재를 알 수 없음과 같이, 육체가 없으면 인간의 본질도 드러날 수 없다. 그러

1) '則天武后'의 '則'을 '측'으로 읽는 이들이 많은데, 여기서의 '則'은 '본받다, 모범으로 삼다, 법칙으로 삼다'는 뜻인 (타)동사이다. 따라서, '則天'은 '하늘을 법칙으로 삼다, 하늘을 본받다'의 뜻이므로, '則天武后'의 '則'의 음은 '칙'으로서, '則天武后'는 '칙천무후'라고 읽어야지, '측천무후'로 읽을 아무런 근거가 없다.

므로 모든 일[事]와 원리(理)는 서로 의존하고 보완하는 관계이다. 이 설명을 듣고 칙천무후는 감탄하였고, 법장法藏에게 『화엄경』의 현수보살賢首菩薩의 이름을 본떠 '현수賢首'의 칭호를 하사하여, 법장法藏이 '현수賢首'로 불리게 되었다.

3. 선종禪宗

앞에서, 어떤 사물을 정의하면서 그 속성을 긍정 명제로 나열하든 그 속성에 속하지 않는 것을 부정 명제로 나열하든, 아직 말하지 않은 무엇이 남아 있을 수 있다고 했다. 또한 양 방면을 다 사용하더라도 그 사물의 본질적 속성을 말하는 데 다만 가까워질 수만 있을 뿐이며, 인식을 넘어서고 말로 표현할 수 없는 궁극적 진리를 말하는 경우는 더욱 말할 것도 없다고 했다. 그래서 긍정 명제를 쓰든 부정 명제를 쓰든 언어를 사용하는 것이 '표전表詮'이라면, 이에 대한 '차전遮詮'은 아무 것도 말하지 않는 것이며, 어떠한 언어적 표현도 결국 웅변은 '표전'이며, 침묵은 '차전'으로 볼 수 있어서, 불교의 말로 표현된 온갖 교의, 법설은 '표전'이며, 이에 대한 '차전'은 침묵이라고 했다. '속제俗諦'와 '진제眞諦'의 이제二諦를 말함에서 시작하여 한층 한층 벗겨가서, 최후에는 '무언無言'으로 귀착됨도 그러한 것이다. 말로 표현된 '표전'에 대한 불교의 교의가 교종敎宗의 것이라면 '침묵'의, '무언'의 교의가 곧 '선종禪宗'의 것이라 할 수 있다. 이제 흔히 '불립문자不立文字', 즉 문자로 세울 수 없는, 말로 표현할 수 없는 진리를, 침묵으로 '말하는', '교종敎宗'에서 말하는 '교敎' 외에 따로 전하는 바의 '교외별전敎外別傳'의 '선종'을 말할 순서이다.

'선종'은 '선禪'[2]을 통하여 언어를 넘어선 궁극적 진리를 깨달음을 추구하

---

2) '선禪'은, 범어로는 'dhya-na', 팔리어로는 'jha-na'에서 유래된 말인데, 이를 음역하여 '선나禪那'라 하며, '선禪'은 '선나禪那'의 준말이다. 따라서 '선禪'이란 원래의 한자는 인도의 말 및 불교와 무관하다. '선禪'의 원래 중국의 한자의 의미로는, '봉선封禪', 즉 흙을 쌓아 올려 하늘에 지내는 제사를 '봉封', 땅을 깨끗이 하고 산천에 지내

는 종파이다. 이는 언어로써 진리를 말하는 가르침 외에 따로 마음에서 마음으로 진리를 전하는(以心傳心) 방법으로 진리를 전하는 이른바 '교외별전敎外別傳'의 계통을 말한다. 그래서 경전의 해석을 중시하는 교종敎宗에 대비되는 종파이다. 그 방법이 '선정禪定'을 통하므로 '선종禪宗'이다. 그렇지만 이 종파에서만 '선정'을 중시한 것은 아니다. '선정禪定'의 방법은 초기 불교에서부터 있었는데, 이는 생각을 수렴하여 의지를 단련시키는 공부이다. 중국에 불교가 도입된 초기부터도 승려들이 종파에 한정되지 않고 하는 '선정' 공부는 있었다. 그런데 중국 불교에서 '선종'이라 이름 하게 된 종파는 이러한 공부를 통하여 깨달음을 추구함을 그 특징으로 한다. 중국에서 역사적으로 '선종'을 대표하는 사람은 혜능慧能(惠能이라고도 함)이다. 그러나 이 종파는 인도에서 온 달마達磨(達摩)를 초조로 삼는다.

보리달마菩提達磨라고 일컬어지는 선종의 초조 달마는 남인도(남천축국南天竺國) 사람으로서 양梁나라 때 중국 남방에 왔다고 한다. 선종이 '교외별전'의 종파라고 해서 경전을 도외시하는 것은 아니어서, 특히 초기에는 『능가경楞伽經』이나 『금강경金剛經』을 중시했다고 한다. 달마가 선종의 이조二祖로 일컬어지는 혜가慧可(487~593, 속성은 희姬. 낙양洛陽 호뢰虎牢 사람)에게 『능가경』을 전했다고 하는 이야기도 이런 맥락이라 할 수 있다. 달마는 그 후 중국의 북방으로 가서, 낙양洛陽, 숭산嵩山 등지에서 선교禪敎의 학을 전하였으며, 그의 '면벽구년面壁九年'으로서의 좌선坐禪이 유명하다. 그러다 낙양 부근에서 세상을 떠났다고 한다(536년). 달마 이후 중국 선종의 대표로 일컬어지는 육조六祖 혜능慧能까지의 전승 과정은, <달마達磨-혜가慧可-승찬僧璨-도신道信-홍인弘忍-혜능慧能>이다.

그런데 오조五祖 홍인弘忍(602~675, 속성은 주周. 호북湖北 기주蘄州 황매黃梅 사람)에서 혜능으로 전해지는 과정에 인구에 회자되는 이야기가 있다. 그

는 제사를 '선禪'이라 할 때의 의미와, '선양禪讓', 즉 통치자가 살아 있을 때 그 자리를 다른 사람에게 넘겨준다는 의미에서 사용하였다. '선양禪讓'의 '선禪'은 '조상의 면전에서 힘써 추천함'의 의미이다.

것은 홍인에게는 원래 그의 의발衣鉢을 이어받을 가능성이 높았던 상좌上座인 신수神秀(606~706, 속성은 이李. 변주汴州 위씨尉氏 사람)가 있었는데, 결과는 혜능으로 이어진 것이다. 이는 혜능의 자서전적 문헌인 『육조단경六祖壇經』(『육조법보단경六祖法寶壇經』)에 쓰여 있다. 이 책은 혜능이 육조의 위치에 이르기까지의 과정과 그의 설법이 수록된 것으로서, 그 자신이 쓴 것은 아니고, 초기의 구본舊本은 제자 법해法海가 혜능이 말한 것을 기록한 것이고, 이후 증보되었다고 한다.

혜능의 말에 따르면, 그의 부친은 원래 범양范陽에서 벼슬하고 있었으나 영남嶺南 신주神州(지금의 광동성廣東省 신흥현新興縣)로 좌천되어 평민이 되었다고 한다. 그가 어렸을 때 부친이 세상을 떠나고 나서 모친과 함께 남해군南海郡으로 이주했다. 당시 매우 가난하여 땔나무를 팔아서 모친을 봉양했는데, 우연히 어떤 이가 『금강경金剛經』을 읽는 소리를 듣고, 마음이 개운해짐을 느꼈다. 그를 통해 홍인弘忍의 존재를 알고, 마침내 노모에게 말씀드리고는 홍인을 뵙게 되었다고 한다.

홍인이, 그에게 어디서 온 누구이며, 무엇을 구하려느냐고 물어, 그는 영남 신주에서 온 백성으로서 부처가 되는 길을 구하려고 왔다고 하였다. 이에, 홍인은 남쪽의 오랑캐가 어찌 부처가 되겠느냐고 하여, 혜능은 "인종에 남북의 차이가 있으나, 불성에 어찌 차이가 있겠습니까?"라고 대답하였다. 이후 홍인은 혜능에게 그곳에서 장작패기와 방아를 찧는 일을 시켰다.

8개월여가 지난 어느 날 홍인이 제자들에게, 너희들이 자성自性을 잃고 있으니 자성반야自性般若의 지혜에 따라 게偈를 지어볼 것을 명했다. 그래서 잘 지은 제자에게 법法과 의발衣鉢를 물려주어 6대 조사를 삼겠다고 했다. 그런데, 당시 제자들은 모두의 선배이자 교수사教授師였던 신수神秀 상좌上座를 가장 학문이 높다고 인정하였고, 이에 신수가 다음과 같은 게偈를 지어 벽에 붙였다.

身是菩提樹(몸은 보리수요)
心爲明鏡臺(마음은 명경대니)
時時勤拂拭(때때로 힘써 닦아)
勿使惹塵埃(티끌을 묻지 않게 하리)

이는, 사람의 몸을 한 그루 지혜의 나무로, 사람의 마음을 하나의 밝은 거울로 비유한 것으로서, 시시각각으로 열심히 닦아서 먼지가 묻지 않게 수행한다는 것이다.

그런데, 혜능이 방아를 찧다가 누가 이 게를 읽는 것을 듣고는, 자신도 게를 하나 짓겠다고 하였지만, 그는 글을 모르는 문맹이었다. 그래서 글을 쓸 줄 아는 한 사람에게 부탁하여 그도 역시 벽에다 자신의 게를 붙였다.

菩提本無樹(보리에는 본래 나무가 없고)
明鏡亦非臺(명경도 대가 아니다)
本來無一物(본래 한 사물도 없는데)
何處惹塵埃(어디에 티끌이 묻겠는가)

즉, 본래 무슨 지혜의 나무란 것도 없고, 무슨 광명한 거울이란 것도 없다. 본래 아무 것도 없는데, 어느 곳에서 티끌이 묻을 일이 있을까라는 것이다.

다른 사람들은 혜능의 게를 보고 노여워하였지만, 홍인은 그 취지를 알았다. 그는 그날 밤 혜능을 불러 『금강경』을 설해 주었고, 혜능은 이에 곧 깨달았다. 홍인은 혜능에게 의발衣鉢을 전해 주고 그를 후계로 삼아 6조로 삼았다. 그리고는 혜능이 위해를 당할까 남모르게 혜능으로 하여금 그 절을 떠나 남쪽으로 돌아가도록 했다. 그리고 법을 얻은 사람은 목숨이 위태로우니, 적어도 3년 동안은 이 돈교頓敎를 설하지 말라고 하였다. 과연 수백명이 그를 좇아와 그를 죽이고 의발을 뺏으려 했지만 성공하지 못했다. 이후 혜능은 광동 지방에서 선종사상을 선양하였다. 이러한 이야기들은 『육조단경』의 「자서품自序品」에 보이는 것이다. 따라서 저간의 이야기는 혜능 쪽의 주장임이 감안되어야 할 것이다.

홍인으로 이어진 선종의 계보는 이후 혜능 쪽으로 이어지는 것으로 되어 있지만, 당시로서는 이 계통이 남북으로 나뉘어 북쪽은 이른바 북종선北宗禪으로서 신수神秀 쪽의, 남쪽은 남종선南宗禪으로서 혜능 쪽의 계통이 된다. 혜능의 계통은 '돈오頓悟'(문득 깨달음)를 특징으로 하고, 신수의 계통은 '점수漸修'(점진적 수행)를 특징으로 하지만, 이후 선종의 역사에서 남종선이 더 융성하게 되고, 북종선은 그 명맥이 제대로 이어지지 못하였다. 혜능 이후의 남종선은 훗날 다섯 갈래로 나뉘었는데, 이른바 '선종오가禪宗五家'이다.

〈혜능慧能의 사상〉

앞에서 말한 대로 혜능慧能은 그의 부친이 좌천된 지역인 영남嶺南 신주神州(지금의 광동성廣東省 남해南海 신흥현新興縣) 사람이다. 그의 본성은 노盧이며, 638년 당唐 정관貞觀 12년에 태어나, 713년 당 선천先天 2년(이때 연호를 바꾸어 개원開元 원년)에 세상을 떠났다.

혜능은 석가모니가 영취산靈鷲山에서 가섭迦葉과 연꽃의 상징으로 소통한 '이심전심以心傳心', '불립문자不立文字'의 취지를 구현하려는 사상을 보였다고 할 수 있는데, 이는 어느 한 경론의 전통과 권위에 의거하는 교종敎宗과 다르다고 보아 '교외별전敎外別傳'이라고 일컬을 수 있는 것이다. 그는 '자성自性을 보면 성불成佛할 수 있다'는 사상으로 가르쳐, 모든 경經과 론論은 부수적인 것으로 보았다. 즉 문자에 구애되어 근본을 잃고 지엽말단에 사로잡혀서는 안 된다는 것이며, 그가 문자를 모른다는 점은 다만 개인적 우연일 뿐이라고 할 수 있다.

그래서 혜능은 "삼세三世의 제불諸佛과 십이부경十二部經은 인성人性 중에 본래 갖추어져 있다. 스스로 깨달을 수 없으면 모름지기 선지식善知識의 지시

指示를 구하여야 비로소 보이게 된다. 스스로 깨닫는 자는 밖에서 구함에 의존하지 말 것이다."라고 하였는데, 마치 이전 맹자의 "만물개비어아의萬物皆備於我矣"의 선언과, 이후 남송南宋의 심학心學의 개창자 육구연陸九淵의 "육경六經이 모두 내 마음의 주각註脚이다."라고 한 주장과 유사한 점이 있어서, 유불儒佛을 통틀어 중국철학사 속의 어떤 계통적 연속성을 보이기도 한다. 이러한 그의 사상 중 대표적 특징을 다음과 같이 요약하여 말할 수 있다.

(1) 견성성불見性成佛

혜능은 이렇게 말했다.

"반야의 지혜에는 크고 작음이 없으나, 일체 중생은 그 미오迷悟가 같지 않아서, 미심迷心으로 밖에서 보고는, 수행修行하며 부처를 찾는데, 자성自性을 아직 깨닫지 못하니 곧 소근小根이다. 만약 돈교頓教를 개오開悟하여 밖의 수행에 집착하지 않고, 다만 자신의 마음에서 항상 정견正見을 일으켜, 번뇌진로煩惱塵勞가 항상 물들지 않으면 이것이 바로 견성見性이다."(『육조단경六祖壇經』「반야품般若品」)

원시불교에서 말하는 '자성自性'은 '제법무자성諸法無自性'의 자성이지만, 여기서 혜능이 말하는 '자성自性'은 오히려 불성佛性을 말한다. 혜능은, "깨닫지 못하면 부처가 중생이요, 한 생각을 깨달을 때는 중생이 부처이다."라고 하고, 또 "세상 사람들은 종일 입으로 반야般若를 말하지만 자성반야自性般若를 알지 못하니, 마치 먹기를 말하고도 배부르지 않음과 같다", "만약 자성을 알고 한 번 깨달으면 곧 불지佛地에 이르게 된다"고 하였다. 이는 본성으로서의 '자성'을 보면 곧 부처가 되고, 그렇지 않으면 중생으로 머문다는 것이다. 그 관건은 모두 자기 자신에게 있는 것이다. 즉 본래 중생이나 부처가 따로 있는 것이 아니라, 한 주체의 다른 경지의 차이이지, 중생 외에 따로 부처가 있는 것이 아니라는 것이다. 곧 '번뇌'를 떠나 '보리'가 있지 않다는 것이다. 그래서 '견성성불見性成佛'을 말하는데, 하나의 동일한 주체가 '자성'을 보고 깨달으면 곧 부처가 되는 것이다.

(2) 정혜불이定慧不二

혜능은 또 이렇게 말했다.

"나의 이 법문法門은 정혜定慧를 근본으로 삼는다. 대중은 '정定'과 '혜慧'를 따로 말하는 것에 미혹되지 말 것이다. '정'과 '혜'는 일체一體이지 둘이 아니다. '정定'은 '혜慧'의 '체體'요, '혜'는 '정'의 '용用'이다. '혜'의 상태에 있을 때는 '정'이 '혜'에 있고, '정'의 상태에 있을 때는 '혜'가 '정'에 있는 것이다."(『육조단경』「정혜품定慧品」)

혜능은 '정'과 '혜'를 일체로 보면서 그 둘을 '체용'의 관계로 보았다. 그리고 둘 중 어느 한 쪽의 상태에 있을 때는 그 한 쪽에 집중되어 말해질 뿐이다. 혜능은 이 둘의 관계를 '등광燈光'의 비유로 설명하기도 하였다. 즉, "등燈이 있으면 빛나고(光), 등이 없으면 어둡다(暗). '등燈'은 '광光'의 체體요, '광'은 '등'의 용用이다. 이름에 비록 둘이 있으나, 동일체이다. '정혜'의 법도 이러하다."라고 하였다. 이는 신수 쪽이 몸을 움직이지 않고 선정禪定에 집중하는 '점수漸修'의 방법을 중시함에 대한 비판이기도 하다.

선종禪宗이 지향하는 진리에 대해서, 그리고 그 대표자인 혜능慧能이 추구하는 바에 대해서, 이상과 같은 몇 마디 말은 그들의 의중을 진정으로 표현할 수 있는 것은 아니다. 그들 스스로 말로 표현할 수 없는 진리를 지향하는데, 어찌 그들의 취지를 말로 표현할 것인가. 오히려 췌언贅言이 될 것이다.

『노자老子』제1장에서는 말할 수 없는 '도道'에 대해서 언급하는 것은 오히려 이미 진정한 도가 아니게 됨을 말한다. 이는 초월적, 객관적 진리로서의 형이상학적 '도'로서, 그것은 언어를 넘어서므로 말로 표현할 수는 없다. 말로 표현하는 순간 이미 말하려고 하던 그 도는 아니게 되는 것이다. 객관적 관념론에서 말하는 형이상학적 진리는 말할 수 없는 것이다. 비트겐슈타인의 『논리철학논고』의 마지막은 이렇게 되어 있다. "말할 수 없는 것에 대해서는 침묵해야 한다(Wovon man nicht sprechen kann, darüber muß man schweigen)."

그런데, 불교와 같은 주관적 관념론에서 말하는 마음의 진리 역시 그 자체는 말로 표현할 수 없다. 그 마음의 진리는 말 밖의 진리이다. 그래서 석가모니는 연꽃이라는 상징으로 보이기만 했다. 그 말 밖의 진리를, 가섭迦葉은 이심전심以心傳心으로 깨달았다. 진리의 전달, 특히 마음의 진리는 그럴 수밖에 없음을 선종은 가섭의 마음으로 '말한다'. 이러한 말은 직설적이지 않고, 상징적이고, 비유적이며, 우회적이다. 말하려는 주체도 마음이고, 그 대상도 마음이다.

혜능이 광주廣州에 있을 때의 일이다. 그가 한 절에서 어떤 사람이 경을 강론하는 것을 듣고 있을 때, 바람이 불어 깃대위의 깃발을 휘날렸다. 그때 어떤 사람은 바람이 움직인다고 말하고, 또 어떤 사람은 깃발이 움직인다고 말하였다. 그러자 혜능은 말하기를, "바람이 움직이는 것도 아니고, 깃발이 움직이는 것도 아니며, 그대들의 마음이 움직이는 것이다."(『육조단경』「자서품自序品」)라고 하였다.

제22장

주돈이 周惇頤

중국철학사는 공자孔子와 더불어 시작되었고, 이는 동시에 유가儒家 철학의 시작을 의미하기도 한다. 그 후속적 사상 전개를 대표하는 이들이 맹자孟子와 순자荀子와 같은 철학자들이다. 이들에 의한 초기 유가철학, 즉 원시原始 유가철학은 진秦의 천하통일 이전의 철학을 말하므로, 선진先秦 유가철학이라고 하기도 한다. 그런데 법가를 통치이념으로 하는 진에 의한 통일은 유가에게는 수난을 의미했다. 역사에서 너무나도 유명한 '분서갱유焚書坑儒'란 말이 그러한 상황에 대한 극명한 상징어이다.

하지만 지나치게 경직된 법가적 통치는 이세二世만에 진왕조의 멸망을 가져온 중요한 요인의 하나가 되기도 했다. 이어서 새로운 통일 왕조로 등장한 한漢왕조가 황로학黃老學적 도가로 통치한 초기의 기간을 보낸 후 등극한 무제武帝 시기 이후 유가철학이 '유교儒教'로 표방되며 회복되는 듯하였다. 그렇지만, 이때의 이른바 '유교'는 통치이념으로서의 종교적 정치 신학이며, 선진시대의 철학성의 회복을 말하기는 어려움을 앞에서 이미 살펴보았다. 이러한 측면에 상응하여 한 왕조 초기부터 이미 시도된 선진 시대의 유가 문헌의 경전적 지위 확보를 위한 복구 사업도 이 영향하에 있었던 것이다. 특히 그것은 깊이 있는 철학적 탐구보다는 문자적 천착에 치중한다고 평가되는 '훈고학訓詁學'의 경향으로 이야기되는 학적 경향이었다.

이러한 한대漢代의 철학사 전개 과정 중에 원시종교적 민간 신앙이 선진 도가철학을 이용한 '도교道教'가 조직되기 시작했고, 이 와중에 외래 사상인 '불교佛教'가 전래되는 등 사상의 새로운 격변 상황이 전개되기도 했다. 이러한 종교보다는 상대적으로 철학적 순수성을 띠는 사상이 위진魏晉시대 동안 '현학玄學'으로 등장하여 유가와 도가를 함께 이야기했지만 결국 도가 중심의 철학을 말하였고, 이후 수당隋唐시대의 사상계는 불교가 두각을 드러내었다. 사상계는 이렇게 흘러 송대宋代에 이르게 된 것이다. 이 과정 중에 유가는 이처럼 크나 큰 외부적 도전 속에 있었지만, 그 내부는 사상적으로 매우 취약한 상황이었다. 유가의 사상은, 비록 출세간적인 도가나 불교와 달리 국가의 현실 정치와 행정을 담당하는 기능을 가지는 현실적 효용 가치가 있었지만, 다른 경쟁 사상들에 비해 깊은 철학적 성찰의 부족함을 드러내면서, 단지 문장을 짓고 쓰는 글짓기 속성의 '사장학詞章學'의 수준에 머물고 있었다. 이런 상황에서 당시 청년과 지식인들은 상대적으로 사상 수준이 높아 보이는 도가, 불교에 더 관심을 가지고 그리로 몰려가는 상황이었다. 이와 더불어 현실적 이권의 측면에서도 이들 사상이 개입되어, 특히 당대唐代 당시에는 불교의 경우 왕실의 비호를 받으면서 경제적 세력을 확장하여 사원 경제가 유례없는 발전을 이루었다. 사원은 많은 토지와 노동력을 가질 뿐만 아니라, 사원과 그 구성원인 승려들은 면세免稅와 면역免役의 특권을 누리기도 하여 국가의 재정 수입 감소를 초래하기도 하였다.

유가의 지식인 입장에서 이러한 현실적 상황을 보고, 앞서 문제의식을 가진 지식인은 당대唐代의 한유韓愈(768~824, 자字는 퇴지退之, 하남河南 하양河陽 사람)와 이고李翱(772~841, 자字는 습지習之, 롱서隴西 성기成紀 사람)와 같은 사람들이었다. 그들은 유가의 안팎의 상황에 문제의식을 가지고, 도가, 불교 등 다른 사상에 대항하여 유가사상을 이론적으로 재정비하려고 시도하여, 이들은 곧 말하게 될 북송 유가철학자들의 선구로 평가되기도 한다.

이 중 한유는 유가의 전통적 전승 계통을 확립하기 위하여 '도통道統'의 설을 제기하기도 하였는데, 이는 유가의 도道가 전승되는 과정이다. 그가 말하는 도통은 요堯－순舜－우禹－탕湯－문文·무武·주공周公－공자孔子－맹가孟軻(맹자孟子)의 계통으로서, 그는 맹자 이후 도가 전해지지 않았다고 하였는데, 이는 선진 유가 이후 그에 이르기까지 유가는 제대로 된 철학 수준을 보여주지 못하였음을 말한 것이다. 한유는 이 과정에서 맹자를 존숭하는 태도를 보였다. 한유는 당시의 시대 상황을 목도하고 특히 불교를 비판적으로 보아 배척하였다. 그는 왕공과 일반 백성들이 불교에 경도되어 시주하고 공양하여 사원과 승려를 배불리는 상황을 개탄하여, 불교를 격렬히 비판하는 『논불골표論佛骨表』를 짓기도 했다.

이러한 상황은 송대宋代까지 지속되었는데, 송대의 전반기, 즉 북송대北宋代의 유가적 지식인들이 직면한 상황이 바로 이러한 것이었다. 북송대의 지식인들은 이러한 시대적 상황, 즉 유가가 처한 외부적 도전과 그럼에도 유가 내부적으로는 제대로 된 철학적 수준을 갖추고 있지 못한 상황을 철저히 반성하여, 한유과 이고 등이 시도하였으나 제대로 이루지 못하고 그들에게 남긴 과제인, 그들이 생각하는 진정한 유가철학의 부흥을 새롭게 시도하였다. 이러한 시기가 중국철학사에서 훗날 새로운 유학 운동으로 일컬어지게 되는 '성리학性理學(리학理學)'의 시기로서, 그 전반기의 사상적 구축이 북송대에 이루어졌다. 그러한 시도를 한 대표 인물이, 곧 주돈이周惇頤, 소옹邵雍, 장재張載, 정호程顥, 정이程頤이다. 이들 중 당시 유가철학 부흥의 서막을 연 이가 바로 주돈이周惇頤이다.

주돈이周惇頤[1](1017~1073)의 또 다른 이름은 주원호周元皓이며, 원래의 이름은 주돈실周敦實이었으나,[2] 후에 송宋 영종英宗의 옛 휘諱를 피하여 '돈이'로 개명하였다고 한다. 그의 자字는 무숙茂叔이며, 시호諡號는 '원공元公'이다. 주돈이의 호號는 '염(렴)계濂溪'로서 세칭 '염계선생濂溪先生'인데, 그가 말년에 강서江西의 여(려)산廬山 연화봉蓮花峰 기슭으로 옮겨 살면서 봉우리 앞의 '시내(溪)'에 '염계濂溪'라는 이름을 붙이고, 그 곁에 서당을 열어 학생들을 가르쳤기 때문에 일컬어진 것이다. '염계濂溪'는 원래 주돈이의 고향인 지금의 호남성湖南省 도방령都龐嶺 기슭의 물 이름인데, 주돈이가 그 이름을 따와서 여산廬山 연화봉 기슭의 개울 이름으로 사용한 것이다.

주돈이周惇頤는 북송北宋에서 시작된 성리학性理學의 선두 주자로 평가받는

1) 그의 이름자 중 '惇'을 '敦'으로 표기하는 경우가 많다. 그러나 노사광勞思光은 '惇'으로 쓰는 것이 타당하다고 주장하고, 풍우란馮友蘭은 그가 초년에 쓴 『중국철학사中國哲學史』에서는 '敦'으로 표기했으나, 그가 만년에 쓴 『중국철학사신편中國哲學史新編』에서는 '惇'을 앞세워 쓰고 괄호 안에 '敦'으로도 쓴다고 하였다.
2) 이 경우도 '周惇實'로 표기해야 할 수도 있다.

다. 물론 주돈이를 비롯하여 이후 말할 소옹, 장재, 정호, 정이 등 북송의 대표적 다섯 철학자들이 동시대에 거의 비슷하게 철학 활동을 했음에도 그가 이렇게 평가받는 것은 그만큼 그의 철학 취지가 그 시작점의 대표성을 띠기 때문이다. 주돈이의 주저는 『태극도설太極圖說』과 『통서通書』인데, 전자는 『주역周易』 사상을 근거로 하여, 자연철학을 중심으로 하면서 도덕철학을 지향하고, 후자는 『중용中庸』 사상을 토대로 하여 이미 자연철학에서 유래된 가치의식에 따른 도덕철학이 중심이 된다.

1. 『태극도설太極圖說』 속 자연철학과 도덕철학

『태극도설』은 매우 짧은 글이지만, 이 간략한 글이 주돈이 자신의 철학사상은 물론 향후 성리학의 방향을 제시한다. 이 글은, 『태극도太極圖』라는 그림에 대한 설명으로서, 내용상 4개층으로 이루어진다.

[제1층]

無極而太極. 太極動而生陽, 動極而靜, 靜而生陰, 靜極復動. 一動一靜, 互爲其根. 分陰分陽, 兩儀立焉. 陽變陰合, 而生水火木金土, 五氣順布, 四時行焉. 五行一陰陽也, 陰陽一太極也, 太極本無極也.

무극無極이면서 태극太極이다. 태극이 움직여 양陽을 낳고, 움직임이 지극하여 고요하게 되는데, 고요하게 되어 음陰을 낳으며, 고요함이 지극하여 다시 움직이게 된다. 한 번은 움직이고, 한 번은 고요해짐이 서로 그 뿌리가 된다. 음을 나누고 양을 나누어 양의兩儀가 세워진다. 양이 변하고 음이 합하여, 수水, 화火, 목木, 금金, 토土를 낳고, 이 오기五氣가 순조롭게 펼쳐져 사철이 운행된다. 오행五行은 하나의 음양이요, 음양은 하나의 태극이며, 태극은 본래 무극이다.

[太極圖]

無極而太極

陽動 陰靜

火 水 土 木 金

乾道成男 坤道成女

萬物化生

[제2층]

五行之生也, 各一其性. 無極之眞, 二五之精, 妙合而凝. 乾道成男, 坤道成女. 二氣交感, 化生萬物. 萬物生生, 而變化無窮焉.

오행의 생겨남은 각각 그 성질을 하나씩 가진다. 무극의 진수와 이二(음양)와 오五(오행)의 정수가 오묘하게 결합한다. 건도乾道는 남男을 이루고, 곤도坤道는 여女를 이룬다. 이기二氣가 교감하여 만물을 변화시키고 낳는다. 만물이 생겨나고 또 생겨남을 거듭하면서, 변화가 거기에서 한없이 이루어진다.

[제3층]

惟人也, 得其秀而最靈. 形旣生矣, 神發知矣, 五性感動, 而善惡分, 萬事出矣. 聖人定之以中正仁義(自注 : 聖人之道, 仁義中正而已矣), 而主靜(自注 : 無欲故靜), 立人極焉. 故聖人與天地合其德, 日月合其明, 四時合其序, 鬼神合其吉凶. 君子修之吉, 小人悖之凶.

오직 사람만이 그 빼어남을 얻어 가장 영묘하다. 형체가 생겨나고 나서 정신이 지각작용을 발휘하며, 다섯 성질이 느껴져 발동함으로써 선善과 악惡

이 나뉘고, 이에 온갖 일이 발생한다. 성인聖人은 중정인의中正仁義를 정하여(자주自注: 성인의 도는 인의중정일 뿐이다), 이에 고요함을 주로 함으로써(자주: 무욕無欲하기 때문에 고요하다), 인극人極을 거기에 세운다. 그러므로 성인은 천지天地와 더불어 그 덕을 합하고, 일월日月과 더불어 그 밝음을 합하며, 사시四時와 더불어 그 순서를 합하고, 귀신鬼神과 더불어 그 길흉吉凶을 합한다. 군자君子는 그것을 닦으니 길하고, 소인小人은 그것을 어기니 흉하다.

[제4층]

故曰 : "立天之道, 曰陰與陽, 立地之道, 曰柔與剛, 立人之道, 曰仁與義." 又曰 : "原始反終, 故知死生之說." 大哉! 易也. 斯其至矣.

그러므로 (『주역』에) 말하기를, "하늘의 도를 세워 음陰과 양陽이라고 하고, 땅의 도를 세워 유柔와 강剛이라고 하고, 사람의 도를 세워 인仁과 의義라고 한다."고 하며, 또 말하기를, "시작의 근원을 찾으면서 끝으로 돌아가므로, 죽음과 삶의 설說을 안다."고 하였다. 크도다! 역易이여. 이것이 그 지극함이다.

[제1층] 존재의 본질을 말하는 4가지 개념

『태극도설』의 가장 처음을 장식하는 '무극이태극無極而太極'이란 주사主辭 없는 하나의 명제는 기로 구성되는 현상에 대한 그 근원체의 본질 자체에 대한 표현이다. '무극이태극'이란, 이 본질은 '그 궁극을 말할 수 없으면서도 지극히 궁극적인 것이다.'라는 것이다. 『태극도설』의 그 다음은 이 '태극'의 동과 정을 통해 양과 음이 발생하고, 그 다음으로는 이 기가 질적으로 다섯 가지 종류로 나뉨을 말한다. 그것은 수水 · 화火 · 목木 · 금金 · 토土의 '오기五氣'이며 그 운행이 '오행'이다. 이 '무극', '태극', '음양', '오행'의 범주들로 만물의 근원에서 현상적 만물로 전개되는 이론의 기초가 확립된다. 그런데 이 범주들은 단지 논리적 전개 과정의 개념적 구분일 뿐 실제로는 존재세계 일체는 하나이므로, 이 점을 오해하지 않도록 오행은 음양이고, 음양은 태극이며, 태극은 본래 무극이라고 말하면서, 무극으로부터 오행으로 개념을 전개하여 갔다가, 오행으로부터 무극으로 다시 수습해 들어온다.

[제2층] 존재본질의 현상화

기로 구성된 일체 존재의 근원인 태극의 구체적 활동은 오기五氣의 운행運行인 오행五行의 작용으로 전개된다. 오기가 운행할 때 그것들은 각각 그 고유한 속성을 유지한 채로 현상전개에 참여하면서 동시에 그 고유한 속성을 발휘한다. 그러나 만상의 전개는 오행으로써만 이루어지는 것은 아니다. 이미 말한 음양, 태극, 무극이 모두 관계된다. 원래 일체 존재 세계는 오직 하나의 '생명력' 총체, 즉 '일기一氣'만이 있을 뿐이다. '일기'의 자체 활동으로 만상이 전개됨을 각각 측면에 따라 구분하여 개념화한 것이 무극, 태극, 음양, 오행이므로, 이러한 전개를 체계적으로 개념화하여 설명하려면 이상의 개념을 모두 적용하여야 한다.

이상의 각 개념들이 총체적으로 적용되어질 때에야 비로소 현상적 경험세계 만물의 전개와 변화에 대하여 말할 수가 있는데, 현상적 경험세계의 변화·운동을 설명하는 기본 개념이 곧 『주역』의 대표적 두 원리인 '건도乾道'와 '곤도坤道'이다. 건도와 곤도는 음양양의陰陽兩儀의 현실 적용상의 범주이다. 그러나 여기에는 이미 무극, 태극, 음양, 오행이 모두 반영되어 있다. 건도는 양으로 규정되는 현실의 모든 사사물물事事物物을 포괄한다. 곤도는 음으로 규정되는 현실의 모든 사사물물을 포괄한다. 건乾의 기氣와 곤坤의 기氣가 각각 그 원리가 되는 건도와 곤도에 의하여 남男과 여女를 이룬다. 그 다음 이 두 기가 상호작용하여 현상의 만물을 전개해 내고, 이렇게 전개된 현상세계의 만물의 운동·변화는 무궁하게 지속됨을 말한다.

[제3층] 세계 속의 인간존재의 의의와 도덕문제

주돈이는 인류도 다른 만물과 마찬가지로 음양 두 기의 교감交感으로 생겨난다고 하는데, 여기서 그는 인류와 다른 만물과의 차이를 서술하고 있다. 오직 사람만이 그 빼어난 것, 즉 '수秀'를 얻어 가장 신령스럽다는 것이다. 그리고 이 '수秀'를 얻은 결과로 '최령最靈'하다고 말한다. 그런데 두 기氣의 교감交感으로 만물이 생성되어 만물 각각이 개별자로 구체화되는 것은 그것이 형체화됨으로써이다. 이것이 '형形'이며 인간에서는 육체이다. 이때 정신은 '신神'으로 표현된다. 그리고는 '신' 자체의 활동으로 마침내 '앎[知]'이라는 활동이 있게 된다.

이어 주돈이는 이제 명확히 가치 개념으로 볼 수 있는 말을 한다. 그것은 '五性이 感動하여 善惡이 나뉘고, 萬事가 나온다.'는 것이다. 즉 이 단계에서 선악이라는 도덕 개념과 그로 인한 온갖 도덕적 사안으로서의 '만사'가 출현하게 되는데, 이미 도덕문제에 대한 논의로 진입하였다면, 이제 가장 마땅함으로서의 도덕적 표준인 도덕 법칙을 끌어내는 일이 있어야 할 것이다.

주돈이는 우선 가장 이상적 삶을 사는 인간형을 '성인聖人'으로 규정하면서 인간형의 이상적 표준을 말하였다. 그렇다면 가장 이상적 도덕 법칙은 성인이 사는 삶의 방식일 것이고, 우리가 이상적 삶의 방식을 좇는다는 것은 성인이 사는 삶의 방식을 좇는 것이 된다. 이에 주돈이는 이상적 인간형인 성인이 이상적 도덕법칙으로서 '중정인의中正仁義'를 정하였다고 하면서, 그는 이 단계에서 만사萬事를 중정인의로 정하되, 주정主靜하여 인극人極을 세운다고 하였다. '정靜'은 기로 이루어진 인간 주체의 원초적 상태를 표현한 것이다. 이것은 그의 입장에서는 '무욕無欲' 상태를 말한다. 이 무욕의 상태에서 정한 도덕적 표준으로서의 도덕법칙이 '인극人極'이다.

이상은 모두 존재법칙과 당위법칙을 하나의 원칙으로 합치시킨 것이다. 이것은 사실문제와 가치문제가 동일한 근원에서 나옴을 말한다. 곧 자연법칙과 도덕법칙을 하나로 한다는 것인데 이에 대한 표현을 다음과 같이 하고 있다. 즉, "그러므로, 성인聖人은 천지天地와 그 덕德을 합合하고, 일월日月과 그 밝음을 합合하며, 사시四時와 그 순서를 합合하고, 귀신鬼神과 그 길흉吉凶을 합合한다."는 것이다.

이처럼 '성인'을 이상적 상태로 규정할 때, 성인을 따를 경우와 따르지 않을 경우를 상정할 수 있을 것이다. 하나의 도덕법칙이 정립되면, 이를 따르는가 따르지 않는가 하는 문제가 발생하는데, 여기서 따르려 하는 존재를 '군자君子'라고 하고, 그렇게 하지 않는 존재를 '소인小人'이라고 본다. 즉, 자연법칙과 도덕법칙의 합일상태인 성인을 지향하는 도덕 실천자인 존재가 '군자'이고, 그렇지 못한 존재가 '소인'이다.

[제4층] 존재법칙과 도덕법칙의 정립

이렇게 하여 주돈이는 『태극도설』의 끝부분에서 『주역』의 말을 인용하여 자연법칙과 도덕법칙을 구분해서 제시한다. 그는, 『주역』「설괘전說卦傳」의 "하늘의 도道를 세워서 음陰과 양陽이라고 하고, 땅의 도道를 세워서 유柔와 강剛이라고 하고, 사람의 도道를 세워서 인仁과 의義라고 한다."라는 부분을 인용하는데, 이것은 일기 생명력 자체의 근원과 운동에 인간이 참여하는 것을 말함이고, 그 참여가 인간에게 있어서는 도덕의 문제가 되는 것이다.

2. 『통서通書』의 도덕이상道德理想: 성誠과 성聖

주돈이周惇頤의 철학적 전제에 따르면, 도덕 판단을 하는 인간도 자연철학적으로는 '태극太極'으로부터 생성되었으므로 당연히 그 근원은 태극에 있다. 그런데 주돈이에 있어서 모든 가치판단의 근거가 되는 도덕의 근원 역시 태극에 있다. 그렇다면 태극은 존재의 근원인 동시에 도덕의 근원인 셈이고, 존재법칙과 더불어 도덕법칙까지도 태극으로부터 구해야 할 것이다. 주돈이는 아직 도덕주체로부터 도덕법칙의 근거를 구하지는 않았다.[3] 그래서 도덕법칙 역시 존재세계의 근원으로부터 구하여 존재와 도덕의 세계를 근원에서 일치시키고자 하였다.

『태극도설』에서는, '태극'은 일기一氣의 생명력을 단지 존재의 측면에서 말하기에 유용한 개념이었으므로, 존재와 당위를 두 층으로 나누어 존재에서 출발하였다. 그러면서도 대부분 존재의 문제에 치중하여, 당위의 문제는 끝부분에서 간략히 언급하고 있다. 『태극도설』에서 간단히 언급되었던 당위의 도덕문제는 『통서』에서 '성誠'을 도입함으로써 설명한다. '성誠'은 생명력의 근본속성을 잘 나타내는 말이다. 일기一氣의 생명력은 쉼 없는 존재의 자기 활동력이다. 만일 쉼이 있으면 생명력의 근본속성에 어긋나서, 일체의 존재를 말할 수조차 없다. 『중용』에서는 이를 '성誠하지 않으면 존재는 없다(不誠無物)'라고 하였다.

주돈이가 보기에 '성誠'은 언어적으로 이중성을 띠고 있는 것이다. 이것은 『중용』에서 하늘의 도道로 정의한 것이다. 이때 이것은 존재법칙이다. 그런데 이 하늘의 도인 성誠은 사람이 이어서 추구해야 할 도덕적 이상理想의 근거로 된다. 『중용』에서 "성誠하려고 하는 것은 사람의 도道이다.(誠之者, 人之道也.)"라고 한 것이 이것이다.

이때 그가 이용하려 한 것은 '성誠'이라는 글자가 가진 의미의 이중성이다. 이 '성誠'은 한편으로는 끊임없이 생성·변화하는 자연세계의 존재법칙적 속성을 지님과 동시에, 또 한편으로는 인간이 체득하여 자신의 도덕적 이상으로 삼는 바의 목적대상이 되는, 양면성을 지닌 언어이다. 주돈이는 『통서』에서 이 점을 활용하여 그가 『태극도설』에서 '태극'으로는 말하기 어려웠던 도덕의 근원문제를 해결하려 한 것이다. 즉 '성誠'은, 존재의 문제로는 '태극'의 다른 이름이면서, 동시에 도덕의 근원역할도 하는 것이다.[4]

---

3) 이것은 육구연陸九淵과 왕수인王守仁의 심학心學에서 본격화되는 철학경향이다.

4) 이러한 것은 비록 미봉적이기는 하지만 윤리학상의 '자연주의적 오류'를 해소하는 시도이기도 하다.

먼저 '성誠'이 '태극'처럼 존재근원으로 역할 하는 측면을 보자. 그는, "적연부동寂然不動한 것이 성誠이다."(『통서通書』「성聖4」)라고 하였는데, 이 '寂然不動', 즉 고요하여 움직임이 없는 상태는 통상 『주역』에서 태극을 묘사하는 것으로 해석되는 것이다. 주돈이는 '성'과 '태극'을 존재근원의 측면에서 동일시하면서 『중용』과 『주역』의 사상을 자신의 사상체계 속에서 융합하려 하였다.

이러한 성誠은 또 다른 측면인 도덕근원의 속성도 지니고 있다. 이 도덕근원이 곧 도덕이상道德理想이다. 도덕이상은 도덕적 가치로 말할 때 순수한 최고선最高善으로 말해질 수 있다. 그래서 그는 성誠은 '순수지선純粹至善한 것'(『통서』「성誠상上1」)이라고 말한다. 그런데 도덕의 근원과 이상은 모든 덕德과 도덕적 행위의 표준으로서의 근원이다.

'성誠'은 존재의 근원이요 가치의 이상이다. '성聖'은 인간이 얻은 이상적 상태이다. 그 이상적 상태를 얻은 존재가 '성인'이며, 이 이상적 상태의 내용을 주돈이는 '성인지도聖人之道'라고 하였다. 그리고 이 '성인지도'의 구체적 내용을 그는 『태극도설』과 연계하여 '인의중정仁義中正'(『통서』「도道6」)이라고 하였다. 또 "성인지도는 지공至公일 따름이다."(『통서』「공公37」)라고도 하였다. 이렇게 하여, 주돈이는 '태극'에서 만물의 전개를 끌어내듯이, '성誠'·'성聖' 합일체에서 사실과 가치가 합일된 상태의 도덕적 현상을 풀어낸다.

3. 이상理想에서 현실現實로

존재의 근원인 '태극'은 그 자체 사적死寂의 체體가 아니므로 반드시 운동하여 만물로서의 현상을 전개한다. 태극은 존재 측면의 성誠이기도 하다. 따라서 태극의 운동은 동시에 '성誠'체體의 운동이다. 태극이 현상을 전개하는 과정은 『태극도설』에 요약적으로 묘사되어 있고, '성체誠體'의 현상전개는 『통서』에 서술되어 있다. 『통서』에서 주돈이는 다음과 같이 말하고 있다.

적연부동寂然不動이란 성誠이다. 감이수통感而遂通이란 신神이다. 동動하되 유有와 무無의 사이에서 아직 드러나지 않은 상태가 기幾이다.(『통서』「성聖4」)

이 부분은 『주역』「계사전」에서 역체易體인 태극이 운동하여 현상을 전개하는 표현으로 해석되어 온, "寂然不動, 感而遂通天下之故."를 주돈이가 『중용』의 사상과 결부시켜 자신의 철학관점으로 해석한 것이다. 여기서 도입된 용어인 '신神' 역시 『주역』「계사전」의 용어이다. 주돈이의 철학 속에는 세계 밖에서 세계의 운동을 추동하는 원인은 없다. 그 동인動因은 세계 내부에 있으면서 세계를 운동케 한다. 그 자체가 운동하는 어떤 내적 힘을 따로 표현할 길 없어서 '신神'으로 묘사한 것이다. 이곳이 이후 주희朱熹가 이정二程, 즉 정호程顥와 정이程頤의 철학에 힘입어 표현한 '리理'로 발전한 사상적 싹이 있는 부분이다. '기幾'는 곧 태극 또는 성誠이 신神이라는 동인에 의해 현상화되어지는 순간(논리적 순간)이다. 이 용어 역시 『주역』「계사전繫辭傳」의 것이다. 신神의 힘에 의해 기幾라는 논리적 틈새이면서 갈림길을 거쳐 현상화된 결과가 곧 '물物'이다. 이 물物의 총화가 당연히 만물萬物이다.

그런데 여기서 주돈이는 '신神'과 '물物'에 대해 매우 간명하고도 적절한 표현을 하고 있다. 그는 다음과 같이 말하였다.

동動하여 정靜함이 없고, 정靜하여 동動함이 없는 것이 물物이다. 동動하면서도 동動함이 없고, 정靜하면서도 정靜함이 없음이 신神이다. <동動하면서도 동動함이 없고, 정靜하면서도 정靜함이 없음>이란 부동不動도 부정不靜도 아니다. 물物은 통通하지 않지만, 신神은 만물萬物을 묘妙하게 한다.(『통서』「동정動靜16」)

현상의 각 구체적 개별자인 '물物'은 모두 자신이 부여받은 속성에 제한되어 있어서 그것 외의 다른 종과 구별되는 배타성을 지닌다. 그것들은 모두 <그 자신 '아닌' 것>이 '아닌', 그 자신일 뿐이다. 동動한 것은 동動하고 정靜한 것은 정靜할 뿐이다. 그래서 그것은 다른 것과는 불통不通한 관계에 있다. 이에 대해 여기서 행한 신神에 대한 표현은 기氣 활동력의 무제한적 속성으로서 표현한 것이다.

'물物'은 구체적이고 특수하다. 물物은 '그렇게' 규정된 것이다. 그 규정은 기氣의 보편적 활동력에 대한 국면적인 한정에 의해서 이루어진다. 그것은 어떠한 상태로 고정됨을 말한다. 동動이면 동動, 정靜이면 정靜일 뿐이다. 그래서 '물物은 통通하지 않는다'고 한다. 이에 대해 보편적 생명력의 자유성을 표현하는 '신神'은 만물의 생명력 전체를 보편적으로 통하게 하는 측면에서 말한 것이므로 '신神은 만물萬物을 묘妙하게 한다'고 하였다. 이것은 생명력의 자유성이 제한적 만물에 총체적으로 작용함을 말한다.

이러한 본체의 작용이 현상화되는 과정은 가치에 있어서 이상理想이 현실화되는 것에 대응한다고 할 수 있다. 성誠은 존재의 본체이면서 가치의 본연이다. 가치의 본연으로서의 성誠은 도덕 행위의 측면에서 볼 때 하나의 이상이다. 그것은 구체적 행위가 있기 이전이다. 그래서, '성誠은 무위無爲이다'(『통서』「성기덕誠幾德3」)라고 한다. 그런데 이 성誠의 이상적 상태는 가치상으로 '순수지선純粹至善한 것'이다. 이것은 그 자체가 절대선인데, 이때는 '무위無爲'의 상태이다. 이것이 도덕적 활동의 상태로 들어가면 마침내 선善·악惡의 분기점이 생긴다. 이 분기점이 곧 '기幾'이다.

이 분기점을 거쳐 무위無爲한 성誠의 '순수지선'체純粹至善體가 그대로 실현될 때는 현실 속 상대적 선이 되지만, 그렇지 못할 때는 상대적 악이 된다. 만일 우리의 행위에 대한 동기가 선하여 행위까지도 선하게 되는 경로를 말한다면 그것은 무위無爲한 성誠이 자신을 드러내어 그 속성을 충분히 발휘함이 되는데, 그 드러남이 곧 '도道'이다(『노자』의 '도'가 아닌 변화과정으로서의

‘도’). 이 과정에서 성誠의 이상적인 면을 이어받는 것을 선善이라 하겠다.

4. 현실의 차별상과 악惡의 문제

『태극도설』에서 말하는 사실의 세계에 오기가 있듯이 가치의 세계에는 이른바 ‘오상五常’이라는 다섯 가지의 덕德이 있다. 이 중 사랑의 측면은 인仁이고, 마땅함의 측면은 의義이며, 질서의 측면은 예禮이고, 통합의 측면은 지智이며, 지킴의 측면은 신信이다. 이 오상은 성체誠體가 도덕적 행위주체인 인간에게 가치규범으로 적용되어 그것이 실현된 것이다. 마치 태극이나 사실 측면의 성誠이 오기五氣의 근본이듯이, 가치 측면의 “성誠은 오상五常의 근본이다.”(『통서』「성誠하下2」) 가치세계에서 이 ‘성’은 궁극적으로 온갖 행위로 전개된다. 그래서 ‘성’은 결국 “온갖 행위의 근원”(『통서』「성誠하下2」)인 것이다. 이러한 것은 『태극도설』의 “오성五性이 감동感動하여 선善과 악惡이 나뉘고, 만사萬事가 출현한다.”의 부분에 해당하는 것이다.

주돈이는 현실세계에서 선과 악이 나뉘는 것을 다음처럼 여러 가지로 분류하였다.

> 성性이란 강剛과 유柔와 선善과 악惡에서 그 중中일 따름이다. (중中에) 이르지 못한 상태를 보면, 강선剛善의 경우는 의義, 직直, 단斷, 엄의嚴毅, 간고幹固이고, (강剛)악惡의 경우는 맹猛, 애隘, 강량强梁이며, 유선柔善의 경우는 자慈, 순順, 손巽이고, (유柔)악惡의 경우는 나약懦弱, 무단無斷, 사녕邪佞이다. 오직 중中만이 화和한 것이고, 절도에 맞는(中節) 것이며, 천하天下의 달도達道이고, 성인聖人의 일이다.(『통서』「사師7」)

이 글은 오행의 기가 다양하게 배합되어 현상적 만물의 차별상을 드러내듯이, 인간에 있어서는 그 다양한 개별성을 드러냄을 말하는 것이다. 이로 인해 현실 속의 다양한 인간의 기질적 차이가 드러나고 동시에 온갖 다양한 현실의 도덕적 문제가 발생한다. 그는 인간의 다양한 기질적 차별상을 강유剛柔와 선악善惡의 조합으로 나타냈다. 즉 강剛이면서 선善, 강剛이면서 악惡, 유柔이면서 선善, 유柔이면서 악惡이라는 네 가지 개별성으로 분류하였다.

이미 말했듯이 본래 '성誠'은 순수지선純粹至善한 것이다. 그런데 이 '성誠'은 현실 속의 선과 악으로 차별화되는 다양한 인간상으로 전개된다. 그리고 이로 인해 현실 속의 선과 악이 존재한다. 성誠은 원래 순수지선하므로 현실 속에 선이 있음은 당연하다. 그런데 현실 속의 악惡은 어떻게 해서 생기는 것인가.

『주역』「계사전」에 "일음일양一陰一陽을 일러 도道라 한다. 그것을 잇는 것이 선善이요, 그것을 이루는 것이 성性이다."라고 하였는데, 주돈이는 이 부분을 『통서』에 인용하여 긍정하였다. 여기서 말하는 선은 존재법칙을 실현시키는 것이다. 그런데 한편 그 존재법칙을 이루는 것이 '성性'이라 하였는데, 이 '성'은 주돈이에 있어서 이미 말한바 강선剛善, 강악剛惡, 유선柔善, 유악柔惡으로 대별되는 것이다. 그렇다면 주돈이 입장에서는 악의 발생은 존재법칙을 잘 잇지 못해서인 것이다.

5. 현실現實에서 다시 이상理想으로: 선善의 회복과 악惡의 제거

주돈이는 현실의 악惡이 어떻게 생겨났든 그것을 선善으로 되돌리는 문제를 생각하였다. 이때 그가 생각한 것이 『중용中庸』의 '중中'이다. 주돈이가 보기에, 앞서 말한 강선과 유선도 진정한 선은 아니다. 오직 '중'만이 진정한 선이다. '중'이 아닌 개별성들은 모두 '중'에 도달치 못한 치우침이다. 주돈이는 '중'의 상태를 이상적으로 보고 그것을 진정한 선으로 본다.

한편 성誠은 온갖 행위의 근원이라 하였으므로, 성 나아가서 오상이 실현되지 못함은 행위에 있어서 악을 가져옴이 된다. 따라서 행위의 주체인 도덕주체에 있어서는 이 오상이 실현되지 못할 때 악이 된다. 그러면 선을 이루는 길은 무엇인가. 이상과 같은 치우침이 아닌 '중中'의 실현이다. 이 '중'의 현실적 실현은 곧 『중용』에서 말하는 '화和'이며 '중절中節'이다. 또 오상五常의 실현이기도 하다. 이러한 것이 인간에게 실현된 것이 곧 '성聖'이고 그것을 얻은 인간존재가 '성인聖人'이다. 그래서 '중中'에 관한 것을 '성인聖人의 일'이라고 한 것이다. 그리고 오상을 실현함 역시 성誠을 실현하는 이상적 존재로서의 성인의 일이며, 이러한 이상실현은 수양修養을 통해서 이루어진다.

주돈이는 인간의 존재유형에 대해, 수양修養의 최고 목표인 '성聖' 그리고 그 실현자인 '성인聖人'을 이상적 목표로 설정해 놓고, 그것과 더불어 현실적 존재를 『태극도설』과 『통서』를 통틀어 나름대로 다음과 같이 두 종류로 분류하였는데, 곧 '성(인)聖(人)', '현(인)賢(人)', '사士'로 분류된 것과 '성인聖人', '군자君子', '소인小人'으로 분류된 것이다. 성인, 군자, 소인의 경우, 성인은 최고의 이상이다. 그리고 군자는 그러한 상태를 목표로 하여 자신을 닦는(修) 존재이므로 일반적인 도덕 수양의 실천자이다. 소인은 그것을 거스르는(悖) 존재이므로 성인의 상태를 지향할 적극적 의사가 없음은 물론, 도리어 그에 반하거나 해로움을 끼치는 자이다.

그러므로 성인에 대한 범인凡人은 군자와 소인으로 나뉘며, 군자와 소인은 성인을 지향하느냐 아니면 그에 반하느냐에 따라 구별된다. 군자는 이상理想에 대한 계속적인 실천자이다. 군자는 아직 완전한 존재가 아니고 이상적인 상태인 성聖을 지향하는 미완성의 존재이다. 따라서 잘못이 있을 수도 있다. 그러나 중요한 것은 그것을 알면 고치려 하면서 성誠으로 한 걸음씩 나아가려 한다는 데에 있다. 그러면 '성聖', '현賢', '사士'의 분류는 어떤 의미를 지니고 있는가. 주돈이는 이렇게 말한 바 있다.

> 성聖은 하늘(天)을 바라고, 현賢은 성聖을 바라며, 사士는 현賢을 바란다. 이윤伊尹과 안연顔淵은 대현大賢이다. 이윤은 그 임금이 요堯·순舜처럼 되지 못하는 것과 한 사나이라도 그 마땅한 자리를 얻지 못하는 것을 마치 저자에서 매 맞는 것처럼 부끄럽게 여겼다. 안연은 분노를 옮기지 않고, 같은 잘못을 반복하여 저지르지 않았으며, 석 달 동안 인仁을 어기지 않았다. 이윤이 뜻한 바를 뜻하고 안자顔子가 배운 바를 배워, 그 경지를 넘어서면 성聖이고, 그 경지 정도까지 미치면 현賢이며, 그 경지에 미치지 못하더라도 아름다운 이름 정도는 잃지 않을 것이다.(『통서』「지학志學10」)

주돈이는 '성聖'을 인간 수양의 최고의 단계로, '현賢'을 '성'의 다음 가는 단계로, '사士'는 '현', 나아가서 '성'을 이루려 지향하는 도덕실천자의 단계로 말하였다. 그가 주로 맞추려는 초점은 '현賢'이다. 그래서 그 '현'이 어떠한 정도의 단계인가를 이윤과 안연의 예를 들어 설명하고 있다. '현'은 '성' 다음 가는 단계인데, 주돈이는 이를 '아성亞聖'이라고도 규정한다. 또 이때 '사士'는 표현된 대로 '현賢'을 바라고 추구하는 존재이다. 그런데 '현'이 '성'을, '성'이 '천天'을 바라므로, '사'는 연쇄논법에 의하여 역시 '성聖'과 '천天'을 바란다고 할 수 있다.

그렇다면 '성인', '군자', '소인'과 '성', '현', '사'의 두 분류는 어떤 관계를 가지고 있는가. '사'는 '현'·'성'을 바라고 '군자'는 '성인'을 바란다. 현은 아성의 정도까지 이른, 거의 수양의 결과로서 '성'에 근접한 정도를 표현한 것이지만, 논리상 아직 성인은 아니다. 따라서 굳이 대응시키자면, 군자는 사와 현 모두를 포괄하며 대응하는 개념이라고 할 수 있다.

6. 이상理想의 실현방법: 성인聖人되는 방법

유가儒家 철학을 개창한 공자로부터 맹자, 순자와 같은 선진先秦 철학자들은 덕이 있는 우수한 존재를 이상적 존재로서의 성인聖人으로 정형화하고, 그 예로서 요堯·순舜·우禹·탕湯 등을 들었다. 그런데 이 선진 철학자들은, 신화적 시대와는 달리 성인이란 어떤 특정한 계급에 한하여만 있을 수 있다고 보지 않고, 누구나 그렇게 될 수 있다는 진일보한 관점을 제기하였다. 맹자가 "요순堯舜도 보통 사람과 같다."(『맹자』「이루離婁하下」)고 하면서, 사람은 모두 요순이 될 수 있다고 본 것(『맹자』「고자告子하」 참조)이나, 순자가 "요堯나 우禹 같은 사람도 나면서부터 갖춘 이들이 아니다."(『순자荀子』「영욕榮辱」)라고 하며, "길가는 사람도 우禹와 같이 될 수 있다."(『순자』「성악性惡」)고 한 것 등이 그것이다.

그러나 진한대秦漢代를 거치면서 정치의 배후에 종교적 권위를 두는 정치신학적 입장이 오히려 더 강화되고, 이에 유가 사상내부에도 이상적 존재로서의 성인에 대한 종교적 관점이 나왔다. 한대 금문경학今文經學의 춘추공양학파春秋公羊學派 쪽에서 공자를 성인으로 추앙하다 못해 신격화시킨 것이 바로 그것이다. 그 후 이러한 관점에 반발하여 원시유가를 회복하자는 운동이 당대唐代에 이르러 한유韓愈, 이고李翺 등에 의해 제기되었지만 아직 미흡하였다.

그런데 송대宋代가 되자 유학의 새로운 운동이 시작되면서 성인에 대한 관점도 달라지게 되었다. 당시 이러한 관점의 대표인 주돈이는 이 이상적 존재로서의 성인에 대한 관점을 기존과 달리하여, 『통서』에 다음과 같은 문답의 형식으로 표현하고 있다.

성聖은 배울 수가 있는가?

말하기를, 그럴 수가 있다.

말하기를, 요점이 있는가?

말하기를, 있다.

청컨대 듣고자 한다.

말하기를, 하나(一)가 그 요점이다. 하나란 무욕無欲이다. 무욕이란 가만히 있을 때는 허虛한 상태로 있고, 행동할 때는 곧게 하는 것이다. 가만히 있을 때 허하면 밝게 되고, 밝게 되면 통通하게 된다. 행동할 때 곧게 하면 공公하고 공하면 두루 미친다. 밝고 통하고 공하고 두루 미치면 거의 (성聖에) 가까워지게 되리라.(『통서』「성학聖學20」)

여기서 주돈이는 '성聖'이 후천적인 배움을 통하여 가능함을 말하고 있다. 이러한 견해는 주돈이만 가진 것이 아니라 당시 새로운 유학을 시도하는 학자들 간에 이미 공감대가 형성되기 시작한 것이었다. 주돈이는 이러한 관점을 자신의 입장에서 서술한 것인데, '성인'이란 선천적으로 그러한 능력을 구비하여 나타나는 존재라기보다는, 후천적인 수양과 교육을 통해 이룰 수 있는 존재임을 강조한 것으로, 성인되는 학문으로서의 유학인 '성학聖學'의 보편화를 언명한 것이다.

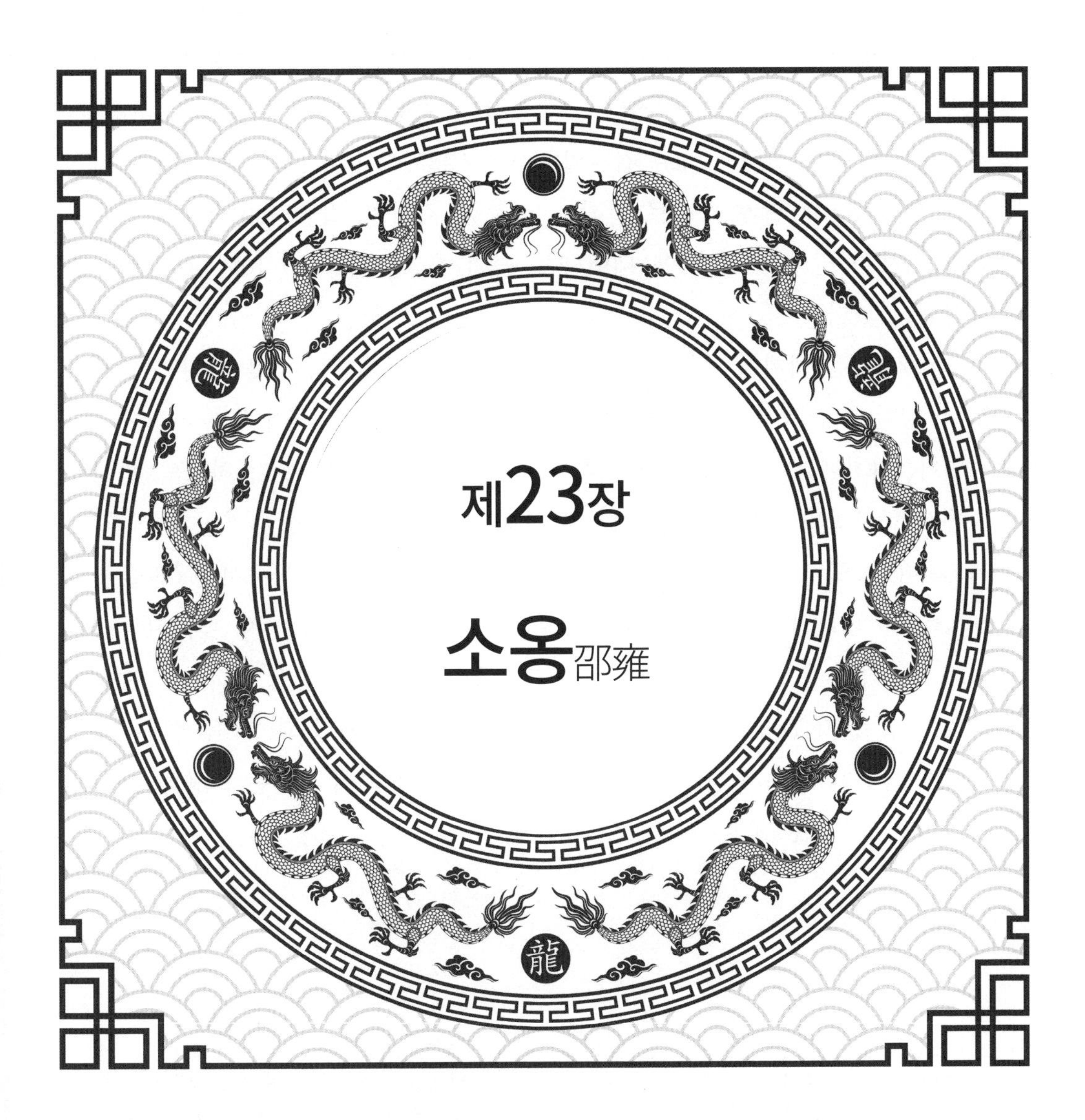

제23장

소옹邵雍

소옹邵雍은 자字가 요부堯夫이고, 자호自號는 안락선생安樂先生, 이천옹伊川翁[1] 등이며, 시호諡號는 강절康節로서, 세상에 이 시호로 많이 알려져 사후에 '강절선생康節先生'으로 일컬어졌다. 그는 1011年 송宋 진종眞宗 대중상부大中祥符 4년 신해년辛亥年 신축월辛丑月 갑자일甲子日(12月25日) 술시戌時(소옹 자신의 시詩인 '생일음生日吟'에서 스스로 신해년, 신축월, 갑자일, 갑술진甲戌辰에 태어났음을 자세히 말하고 있다.)에 태어나서 송 신종神宗 희령熙寧 10년(1077년)에 세상을 떠났다.

소옹邵雍은 세계를 나름대로 해석하고 인식하는 데에 관심을 가진 철학자로서, 그는 시간적인 면, 공간적인 면을 포괄하는 하나의 세계관을 정립하려 하였다. 거기에는 인간에 관한 문제까지도 포함하여 모든 것이 하나의 체계 속에서 구조화되도록 하였다. 이러한 그의 사상체계는 그의 주저인 『황극경세皇極經世』(또는 『황극경세서皇極經世書』)에 나타나고 있다. 이 저서는 「관물편觀物篇」과 「관물외편觀物外篇」으로 구성된다. 「관물편」은 소옹 자신의 저작이고, 「관물외편」은 그의 제자들이 그의 사상을 기술한 것이라고 한다.[2] 그런데 그의 사상이 기술된 것으로 보이는 「관물편」은 「관물외편」과 그 구성내용에 있어서 상당히 다른 측면도 내포하고 있다. 이 저작 속에 보이는 소옹의 사상은 흔히 '선천학先天學'이라고 일컬어진다.

1) '이천伊川'은 현재 하남성河南省 낙양시洛陽市 관할의 현縣의 지명이다. 북송 당시 소옹이 여기 살면서 자칭 '이천옹'이라 했지만, 역사에서는 역시 이곳과 연고가 있는 정이程頤를 세상에서 흔히 말하는 '이천선생伊川先生'이라 부른다.
2) 「관물편觀物篇」은 「관물내편觀物內篇」이라고도 하는데, 이것은 원래 그러한 이름이 었던 것이 아니고, 이후에 성립된 「관물외편觀物外篇」과 같이 편집되면서 붙여진 것이다.

1. 소옹邵雍 선천역학先天易學의 일반 범주

소옹의 선천역학의 핵심은 세계에 보편적으로 적용하는 자신의 독자적인 범주를 만들었다는 것이다. 이것은 그의 『황극경세皇極經世』「관물편觀物篇」에 보이는 것이다. 『황극경세』「관물편」의 전체는 이 범주를 각 방면에 적용한 예들을 보이고 있다. 각 방면에 모두 동일한 범주를 적용하였다는 것은 모든 존재와 그 존재의 각 방면이 동일한 범주가 적용될 동일한 원리와 체계에 따르고 있음을 주장하는 것이다.

소옹은 그의 삶을 통해 한편으로는 많은 문헌들을 읽고, 또 한편으로는 세상을 경험하여 자신 스스로의 관찰과 경험을 통하여 몇 가지 사례에서 일정하게 적용될 수 있는 어떤 일관된 원리를 발견하고는, 그것이 모든 경우에 적용될 수 있지 않을까 하는 가설을 스스로 만들고, 그 다음에 그것을 경험적으로 검증해 나갔다. 이것은 각각의 귀납적 사례를 경험함에서 출발하여, 모든 사례에 동일하게 적용되는 일관된 어떤 원리를 귀납적으로 일반화시키고, 그러고 나서 그 검증과정을 거치면서 그 원리를 일반원리로 받아들여, 나아가서는 그것을 다시 모든 사례에 적용하는 것이다.

소옹은 우선 그의 가설로서 이야기될 수 있는 범주 형식, 즉 순수 형식의 기초를 만들기 위해 다음처럼 생각하였다.

> 물物의 큰 것에 하늘과 땅만한 것이 없다. 그러나 이 또한 다함이 있다. 하늘의 큰 것은 음陰과 양陽으로 다 할 수 있다. 땅의 큰 것은 강剛과 유柔로 다 할 수 있다. 음과 양이 다하여 사시四時가 이루어진다. 강과 유가 다하여 사유四維가 이루어진다. 저 사시와 사유라는 것은 하늘과 땅의 지극히 큰 것을 이르는 것이다. 크다고 말하는 것은

모두 이것을 넘어 설 수는 없고, 또 크다는 것을 스스로 얻었다고 여긴 적도 없다. 그러므로 그 큼을 이룰 수 있는 것이니, 어찌 지극히 위대하다고 이르지 않겠는가.(『황극경세』「관물편51」)

여기서는 물物의 큼 전체를 하나로 보고, 그것을 하늘과 땅의 양 측면으로 볼 수 있다는 것인데, 여기서 다시 하늘을 음양, 땅은 강유의 두 측면을 가지게 되는 것으로 보게 되어, 하늘과 땅은 모두 네 가지 형식을 갖게 되는 것이다.[3] 또 음양은 사시四時로서의 네 가지 형식을 갖게 되고, 강유는 사유四維로서의 네 가지 형식을 갖게 되어, 전체는 여덟 가지의 형식으로 되게 된다. 이렇게 볼 때, 이것은 1, 2, 4, 8의 형식의 분화로서 이루어지는 논리적 과정을 거쳐, 이상과 같은 순수 형식만을 추출해 낼 수 있게 된다. 이러한 범주 형식은 『주역』「계사전」에 보이는 복희씨의 추리 방식과 같은 것이기도 하다. 그러나 그는 『주역』과는 다른 범주를 만든 것이다.

소옹은 『주역』「계사전」의 1, 2, 4, 8의 논리를 『주역』「설괘전說卦傳」의 명제들, 하늘의 도를 음양, 땅의 도를 강유(그리고 사람의 도를 인의)로 말하는 명제들(주돈이의 『태극도설』에서도 인용된 명제들이기도 하다.)과 결합하여 적용했는데, 그는 이러한 원리가 만유에 모두 만물제일성萬物齊一性의 원리로서 적용되는 것을 인정한 것이다. 소옹은 『주역』을 나름대로 해석하여, 8가지의 독자적 범주를 고안하였다. 그것은 『주역』「설괘전」의 '음양陰陽강유剛柔'를 4가지 범주로 간주하고, 이 범주들을 또 재분류하여 '태양太陽 · 태음太陰 · 소양少陽 · 소음少陰 · 태유太柔 · 태강太剛 · 소유少柔 · 소강少剛'의 8가지 범주를 제시하였다. 그래서, 이 4범주와 8범주는 소옹 철학체계의 기본 얼개가 된다.

---

3) 여기서의 음양陰陽과 강유剛柔는 『주역』「설괘전說卦傳」의 "하늘의 도道를 세워서 음陰과 양陽이라고 하고, 땅의 도를 세워서 유柔와 강剛이라고 하고, 사람의 도를 세워서 인仁과 의義라고 한다."라고 한 데서 끌어 온 것이다.

2. 소옹邵雍의 선천범주先天範疇의 적용

소옹은 그가 만든 앞의 범주들을 현상에 대응시켰다. '태양·태음·소양·소음·태유·태강·소유·소강'이라는 범주는 소옹의 입장에서는 모든 존재에 적용될 수 있는 보편적 범주이다. 이것은 궁극적으로는 모든 존재가 '대對'라는 양면성으로 설명될 수 있다는 것으로서, 8가지의 범주란 그 '대'라는 양면성의 범주에 대한 분할에 다름 아니다. 이것은 『주역』에서 말하고 있는 8괘와 유사한 것이다. 다만 『주역』의 사고 논리를 소옹 자신의 방식으로 소화시켜 응용한 것이다. 이들 범주는 경험적 현상에 적용되는 순수 논리적 범주이므로 '선천적 a priori'인 것이다.

소옹은 자신의 이 선천적 8범주를 보다 구체적인 현상에 적용시켜 나갔다. 그래서 먼저 그 범주를 자연현상에 적용하였다.

> 일日은 서暑가 되고, 월月은 한寒이 되고, 성星은 주晝가 되고, 신辰은 야夜가 된다. 서·한·주·야가 사귀어서 하늘의 변變이 다하게 된다. 수水는 우雨가 되고, 화火는 풍風이 되고, 토土는 로露가 되고, 석石은 뢰雷가 된다. 우·풍·로·뢰가 사귀어서 땅의 화化가 다하게 된다. (『황극경세』「관물편51」)

이 말은 '일·월·성·신·수·화·토·석'이 보다 더 구체적인 현상으로까지 전개되면서, 동시에 '태양 … 소강'의 8범주의 적용도 한 걸음 더 나아갔음을 말하는 것이다. 그는 이어서 하늘의 현상에 속하는 '서暑·한寒·주晝·야夜' 및 땅의 현상에 속하는 '우雨·풍風·로露·뢰雷'의 범주형식과 그가 전제한 동식물의 '성性·정情·형形·체體' 및 '주走·비飛·초草·목木'의 범주형식을 번갈아 대응시키면서, 그것을 감感과 응應이라는 상호작용의 형식과 번갈아 교차 대응시켜 현상의 변화를 설명한다. 앞에서 말한 8가지의 범주가 하늘과 땅 사이에서 벌어지는 구체적 현상활동에까지 적용된 것이다.

이러한 8가지 기본범주가 현상에 적용되는 방식은 모두 비록 그가 자연현상을 분류함으로써 구성한 것이지만, 이것은 현상에 대한 경험적 관찰을 바탕으로 하여 분류한 것이 아니라, 그가 이미 확립한 선천적 범주의 틀에 따라 현상을 끼워 맞춰 분류한 것이다. 역逆으로 봐서 만일 이를 우주론적으로 말한다면, 현상이란 선천적 범주의 후천적 실현인 것이다. 그런데 더 나아가면 인류의 문제도 제기되는데, 그래서 그는 말하기를,

> 사람이란 서暑·한寒·주晝·야夜에 변變하지 않음이 없고, 우雨·풍風·로露·뢰雷에 화化하지 않음이 없으며, 성性·정情·형形·체體에 감感하지 않음이 없고, 주走·비飛·초草·목木에 응應하지 않음이 없다. 그러므로, 목目은 만물의 색色에 잘 대응하고, 이耳는 만물의 성聲에 잘 대응하고, 비鼻는 만물의 기氣에 잘 대응하고, 구口는 만물의 미味에 잘 대응하니, 만물보다 신령스럽다고 함이 또한 마땅하지 않겠는가.(『황극경세』「관물편51」)
>
> 사람이 만물보다 신령스러울 수 있는 까닭은, 말하자면, 그의 목目은 만물의 색色을 능히 거두어들일 수 있고, 그의 이耳는 만물의 성聲을 능히 거두어들일 수 있고, 그의 비鼻는 만물의 기氣를 능히 거두어들일 수 있고, 그의 구口는 만물의 미味를 능히 거두어들일 수 있다는 것이다. 성聲·색色·기氣·미味란 만물의 체體이고, 이耳·목目·비鼻·구口란 만인의 용用이다. 체體에는 정해진 용用이란 없고, 오직 변變만이 용일 따름이다. 용에는 정해진 체란 없고, 오직 화化만이 체일 따름이다. 체와 용이 사귀어서 사람과 물物의 도가 이에 갖추어지게 된다.(『황극경세』「관물편52」)

라고 하였다. 이상의 말들은 인간의 인식주관과 그 대상과의 관계를 말하면서, 인식은 사람의 감각기관을 잘 활용함으로써 이루어짐을 말하는 것인데, 소옹은, 인간이 다른 생물에 비하여 자신의 감각기관을 그 대상에 따라 잘 활용함에서 그 신령스러운 우위성을 가지고 있는 것으로 보는 것이다. 그런데 여기에서 소옹은 다른 유학자들과 마찬가지로 성인聖人의 문제를 끄집어내고 있다. 그의 성인관은 물物과 사람의 관계를 말하는 논리의 연장선상에 있다. 그래서 그는 물物 중에서도 가장 우위에 있는 존재가 사람이고, 사람 중에서도 가장 우위에 있는 존재가 성인聖人이라고 말하면서, 사람이 다른 동식물과는 달리 모든 감각기관에 능하듯이, 성인도 다른 사람과는 달리 이러한 감각기관을 바탕으로 하여 사유함이 뛰어나다면서 성인을 다음과 같이 묘사한다.

> 그(성인聖人)는 능히 하나의 심心으로써 만심萬心을 보고(觀), 하나의 신身으로써 만신萬身을 보며, 하나의 물物로써 만물萬物을 보고, 하나의 세世로써 만세萬世를 볼 수 있는 존재라고 말할 수 있다. 또 그는 능히 심心으로써 천의天意에 대신하고, 구口로써 천언天言에 대신하고, 수手로써 천공天功에 대신하고, 신身으로써 천사天事에 대신할 수 있는 존재라고 말할 수 있다. 또 그는 그렇게 함으로써 능히 위로는 천시天時를 알고, 아래로는 지리地理를 다하며, 가운데로는 물정物情을 다하고 인사人事를 두루 비추어 볼 수 있는 존재라고 말할 수 있다. 또 그는 그렇게 함으로써 천지天地를 두루 포괄하고, 조화造化를 출입出入시키며, 고금古今을 진퇴進退시키고, 인人과 물物을 표리表裏할 수 있는 존재라고 말할 수 있다.(『황극경세』「관물편52」)

사실상 이러한 성인聖人은, 소옹에게 있어서, 그가 제시하는 선천적 범주를 꿰뚫어 알아서 일체의 존재에 적용할 수 있는 존재인 것이다. 따라서 이상적 인간으로서의 이상적인 인식은 대상으로부터 받아들인 감각자료에 선천적 범주를 바르게 적용하는 것이라고 할 수 있다.

이상은 소옹의 범주 적용에 있어서 현상의 공간적 측면인데, 그는 이 범주를 시간에도 적용시키면서 역사를 말한다. 소옹은 시간 및 역사에 범주를 적용하기 위하여, 우선 이미 설명된 현상에서부터 출발하여 그가 창안한 시간범주의 큰 틀을 말한다. 그 시간 범주의 큰 틀은 곧 그의 철학의 대표적 범주의 하나인 원元·회會·운運·세世이다. 그는 앞서 말한 일·월·성·신을 그가 제기한 이 시간범주인 원·회·운·세에 대응시키고 있다. 그는 말하기를,

> 일日은 하늘의 원元을 다스리고(經), 월月은 하늘의 회會를 다스리고, 성星은 하늘의 운運을 다스리고, 신辰은 하늘의 세世를 다스린다. (『황극경세』「관물편60」)

라고 한다. 그래서 일·월·성·신의 작용을 통해 시간범주인 원·회·운·세의 작용을 알 수 있게 된다는 것이다. 그래서 그는 또 말하기를,

> 일日로써 일日을 다스리면, 원元의 원元을 알 수 있다. 일日로써 월月을 다스리면, 원元의 회會를 알 수 있다. 일日로써 성星을 다스리면, 원元의 운運을 알 수 있다. 일日로써 신辰을 다스리면, 원元의 세世를 알 수 있다. 월月로써 일日을 다스리면, 회會의 원元을 알 수 있다. 월月로써 월月을 다스리면, 회會의 회會를 알 수 있다. 월月로써 성星을 다스리면, 회會의 운運을 알 수 있다. 월月로써 신辰을 다스리면, 회會의 세世를 알 수 있다. 성星으로써 일日을 다스리면, 운運의 원元을 알 수 있다. 성星으로써 월月을 다스리면, 운運의 회會를 알 수 있다. 성星으로써 성星을 다스리면, 운運의 운運을 알 수 있다. 성星으로써 신辰을 다스리면, 운運의 세世를 알 수 있다. 신辰으로써 일日을 다스리면, 세世의 원元을 알 수 있다. 신辰으로써 월月을 다스리면, 세世의 회會를

> 알 수 있다. 신辰으로써 성星을 다스리면, 세世의 운運을 알 수 있다. 신辰으로써 신辰을 다스리면, 세世의 세世를 알 수 있다.(『황극경세』「관물편60」)

라고 하였다. 이렇게 하여 일·월·성·신의 공간적 범주는 시간적 범주로 대치된다. 이러한 시간적 범주는 소옹 자신이 만든 하나의 긴 연표年表로 표시된다. 그 연표에서 그는 한 우주가 생겼다가 사라지는 것을 1원元으로 삼는 인간의 역사를 포함한 시간적 과정을 구체적으로 제시하여, 한 원元에서의 '개물開物'에서 '폐물閉物'까지를 나타내었다. 그의 연표에 있어서 1세世는 30년年인데, 그는 2세, 즉 60년을 한 단위로 하여 십간과 십이지의 조합인 60갑자甲子로써 표시하고 있다. 그의 사상적 전제에 따라 계산된 1원元은 129,600년年이 된다. 그리고 이러한 것은 단지 1원으로 끝나지 않고 무궁하게 그 과정이 계속 반복된다.

이상과 같은 '원元·회會·운運·세世'에 관한 이론은 먼저 '일日·월月·성星·신辰'으로 표현되는 공간적 범주에서 출발하였지만, 그의 사상의 성립과정으로 보면 역시 시간에 있어서의 유비추리에 의한 것이라고 볼 수 있다. 그것은 우주의 한 단위에 따른 '원·회·운·세'를 1년의 한 단위에 따른 '춘春·하夏·추秋·동冬'에 유비하여 대응시키고 있는 것이다. 또 이렇게 유비된 1원의 구성은 1년의 구성에 대응되어, 1원元이 12회會임은 1년年이 12월月임에 대응되고, 1회會가 30운運임은 1월月이 30일日임에 대응되고, 1운運이 12세世임은 1일日이 12시時임에 대응된다.

소옹의 역사에 관한 철학에는 가치판단이 개재된다. 그는 역사적인 평가에 있어서 당대의 통치자의 도덕적 역량에 따라 '황皇·제帝·왕王·패伯(霸)'로 나누었다. 이것은 도덕적 역량에 따른 가치판단의 개념이다. '황·제·왕·패'로 나뉘는 것은 통치자가 무엇에 의존하여 다스리는가에 따른 분류이다. 그는 통치자가 의존하는 통치의 방법을 '도道·덕德·공功·력力'으로 나눈다. 즉, 황

皇－도道, 제帝－덕德, 왕王－공功, 패伯－력力인 것인데, 이는 모두 가치판단에 의거한 것이다. 그에 있어서 역사의 흥망성쇠는 도덕의 흥망성쇠에 비례한다.

이상은 소옹의 「관물편觀物篇」에 따른 그의 선천역학 사상을 말한 것이다. 그런데 그의 저작으로 알려진, 그렇지만 후학들의 편집에 의한, 이와는 결이 다른 「관물외편觀物外篇」이 있다.

3. 「관물편觀物篇」과 「관물외편觀物外篇」의 차이

「관물편」과 「관물외편」은 내용상 다른 면을 내포하고 있다. 주로 쓰인 용어와 그 개념에도 차이가 있으며 그 논의영역도 다르다. 우선 양자 모두 '역易'의 사상에 근간을 둔 점은 같다. 그런데 「관물편」은 비록 『주역』「설괘전說卦傳」에서 아이디어를 빌었지만, 거기에서 그리는 전체적인 구도와 논의방식은 『주역』과 달라서 『주역』에서 쓰인 범주를 채택하지 않았다. 그 대신 소옹의 독창적인 범주가 제시, 적용되고 있다. 그러나 「관물외편」은 『주역』의 용어를 그대로 사용하면서, 그것을 토대로 하여 그와 관련된 역학이론을 논의해 가고 있다.[4)]

그렇다고 하여 「관물외편」이 전적으로 「관물편」과 무관하다는 것은 아니다. 그 중에는 「관물편」과 연관되는 부분도 있고, 또 그렇지 않은 부분도 있다. 「관물외편」을 굳이 「관물편」과의 연계성에 주목하여 말한다면, '역易'외의 별도 '역'인 「관물편」을 『주역』과 관련시켜 설명하려 한 것이라 말할 수 있다. 그러나 「관물외편」을 「관물편」과 다른 면을 중심으로 말한다면, 거기에는 「관물편」에서는 언급되지 않은 『주역』의 문장과 내용에 관한 많은 해설과 견해가 포함되어 있다는 것이다. 그리고 체제의 측면에서도 차이를 보인다. 「관

4) 『주역』의 용어와 개념을 위주로 사용하고 있는 「관물외편」과는 달리, 「관물편」은 역외易外의 별도의 역易이론이라 일컬을 수 있다. 그것은 소옹 자신이 『주역』의 영향을 받아 만들어낸 유사역학이론類似易學理論이라고 할 수 있다.

물편」은 한 사람의 저자가 계획을 가지고 저술한 것이므로, 전후가 상관성이 있고 정리된 모습을 띤다. 그러나 「관물외편」은 후학들의 단순편집이므로 그렇지 못하다.

세상에서는 여태까지 「관물편」과 「관물외편」의 사상을 모두 소옹의 역학사상으로 간주하여 왔다. 심지어 그 중에서도 「외편」을 보다 부각시켜 왔다. 왜냐하면 주희가 특히 이 부분을 자신 철학의 중요한 이론적 요소로 받아 들였기 때문이다. 그런데 「관물편」은 순수한 소옹의 저작인 반면, 「외편」의 내용은 꼭 그렇지는 않다. 『논어論語』가 후학의 편집이지만 공자孔子의 사상을 담은 것으로 보듯이, 「관물외편」도 당연히 소옹의 사상으로 볼 수는 있지만, 「관물외편」의 경우는 단순한 편집이 아니라 그 속에 소옹의 아들 소백온邵伯溫이나 소옹의 제자들의 견해가 상당부분 끼어들어 있을 수가 있다. 「관물외편」은 「관물편」에서 보이는 학설을 토대로 소백온과 소옹의 제자들이 그 취지에 따라 확충하여 해석한 것으로 볼 수도 있다.

이러한 생각을 다시 정리해 본다면 다음과 같다. 즉, 소옹은 그의 학문 출발시 당연히 기존의 '역易'인 『주역周易』에서 시작하였다. 그리고 그것을 나름대로 해석하였을 것이다. 그러다가 한 걸음 더 나아가서 독창적인 역 이론을 내세웠을 것이며, 그것을 저술화한 것이 「관물편觀物篇」일 것이다. 그러면서도 평소에 『주역』에 관한 언급도 하였을 것이고, 그것과 「관물편」과의 관련성도 이야기하였을 것이다. 그래서 「관물외편觀物外篇」에는, 소옹이 「관물편」을 이루기 전이든지 이루고 난 이후든지, 기존의 역인 『주역』에 대한 견해를 평소 아들과 후학들에게 강의한 내용이 상당 부분 포함되어 있을 것이고, 나아가 그 아들과 후학들이 소옹 사후에 소옹이 평소 강의한 내용에 근거하여, 그들의 관점을 포함시켜 확대해석한 부분도 포함되었을 것이다.

4. 「관물외편觀物外篇」의 괘卦

64괘의 연역과정에 대해서는 역학사易學史상 많은 견해가 있다. 그런데 그 중에서 가장 많이 알려진 것은 주희朱熹의 부각과 발휘로 인하여 유명해진 소옹의 견해이다. 소옹의 견해는 주희가 그의 『주역본의周易本義』와 『역학계몽易學啓蒙』에서 논함으로써 유명해졌다. 이 소옹의 견해라는 것이 바로 다음처럼 「관물외편」에 나타나는 것이다.

> 태극太極이 나뉘고 나면 양의兩儀가 선다. 양陽이 아래로 가 음陰과 사귀고, 음이 위로 가 양과 사귀어 사상四象이 생生한다. 양이 음과 사귀고 음이 양과 사귀어 천天의 사상을 생生하고, 강剛이 유柔와 사귀고 유가 강과 사귀어 지地의 사상을 生한다. 이에 팔괘八卦가 이루어진다. 팔괘가 서로 섞인(錯) 후에 만물이 생한다. 그러므로 1이 나뉘어 2가 되고, 2가 나뉘어 4가 되고, 4가 나뉘어 8이 되고, 8이 나뉘어 16이 되고, 16이 나뉘어 32가 되고, 32가 나뉘어 64가 된다.(『황극경세』「관물외편觀物外篇상上」)

그런데 이것은 「계사전」의 "易有太極, 是生兩儀, 兩儀生四象, 四象生八卦, 八卦定吉凶, 吉凶生大業."이라는 부분을 확대해석하여 괘 연역방법으로 삼은 것이다. 이러한 것은 태극을 존재전체를 지칭하는 범주로 삼아서, 이 범주를 단계적으로 분할하는 것으로서, 매우 단순한 논리의 발상이다. 그런데 여기에는 8괘까지의 단계만 있을 뿐 더 이상은 없다. 그러나 소옹은 이 분할의 방법을 더욱 확장해 나가서 64괘의 연역방법으로까지 삼고 있다. 64괘야 당연히 『주역』에서 실제적으로 운용되는 괘이지만, 이러한 분할과정상에서 「계사전」

에는 없는 16과 32의 단계가 자연히 나타나게 된다. 어떤 학자는 이 점을 들어 『주역』에 근거가 없고 명칭도 붙일 수 없는 16과 32의 단계만 보더라도 소옹의 괘 연역방법이 온당하지 못함을 말하기도 한다.

또한, 『주역』「계사전」의 "易有太極, 是生兩儀, 兩儀生四象, 四象生八卦."의 말은 흔히 각각의 전자가 후자를 생生함은 그 전자 외의 별물別物을 생함이 아닌 것으로 보고 있다. 즉 생함에 따라 그만큼 별물이 불어 가는 것이 아니라는 것이다. 그래서 64괘까지 이른다 해도 각각의 후자는 그 전자를 보다 세분하여 설명함에 불과한 것이 된다. 그래서 소옹 역시 만물 속에는 이러한 과정이 이미 내재하는 것으로 보아, "만물은 각각 태극, 양의, 사상, 팔괘의 차례도 가지고 있고, 고금古今의 상象도 가지고 있다."(『황극경세』「관물외편觀物外篇상上」)고 말한다. 이와 같은 논리는 이후 주희에 의해 수용된다.

5. 「관물외편觀物外篇」의 역易철학적 주제들

소옹은 자신의 학문 성격을 스스로 규정하고 있다. 그리고 이 규정은 훗날 후인들에 의해서도 그대로 쓰이고 있다. 그는 자신의 학문을 '선천학先天學'으로 일컬었다. 그는 자신의 선천학에 대해 다음과 같이 규정하고 있다.

> 선천학先天學은 심법心法이다. 그러므로 도圖가 모두 중中으로부터 일어나며, 온갖 변화와 온갖 일은 심心에서 생겨난다.(『황극경세』「관물외편觀物外篇하下」)

여기서 심心은 관념일반이다. 그래서 그의 선천학은 하나의 관념론임을 스스로 말한 것이 된다. 따라서 그가 이해하는 『주역』의 범주들은 모두 관념의 소산이며, 그 이론은 관념론이다. 동시에 그가 독자적으로 창출한 '역'에 관련된 이론 역시 관념론이다. 구체적으로 말한다면, 역의 괘전개는 관념의 전개이며, 그 전개 이전의 상태인 태극은 곧 관념 자체인 것이다. 그래서 그는 이렇게 말한다.

> 심心도 태극太極이고, 도道도 태극太極이라고 한다.(『황극경세』「관물외편觀物外篇상上」)

즉 심心의 전개는 곧 태극의 卦로의 전개인데, 동시에 만상의 근원이 만상으로 전개됨에 대응된다. 또 그는

> 선천학先天學은 성誠을 위주로 한다.(『황극경세』「관물외편觀物外篇하下」)

라고 하기도 하였는데, 이것은 『중용』의 "성誠이란 하늘의 도道이고, 성誠하려는 것은 사람의 도이다."라고 한 데서 근거하여, 객관적, 주관적 관념을 성誠으로 지향하고자 한 것이다. 또 그의 선천先天개념은 후천後天개념에 대응하는 것이다. 그래서 그는 선천학에 대해서 후천학後天學도 이야기하였다. 그는 말하기를,

> 선천先天의 학學은 심心이요, 후천後天의 학學은 적迹(현상)이다.(『황극경세』「관물외편觀物外篇하下」)

라고 하였는데, 선천학은 주관에 관한 학문이며, 후천학은 대상인 현상에 대한 학문임을 말한 것이다. 그런데 이 주관인 심은, 그로부터 전개된 선천적 범주인 괘와 그로부터 환산된 범주인 수數로써 자취(迹)인 현상을 인식하고 장악한다. 따라서 선천학은, 그 대상을 연구하는 후천학에 대해서 대상에 대

한 주도권을 장악하는 심과 심으로부터 전개되는 범주를 연구하는 학이다. 그는 이에 심의 주도적인 면을 강조하여,

> 심心은 하나여서 나누지 못하지만, 온갖 변화에 응할 수 있다. 이것이 군자가 심을 비워 움직이지 않게 하는 까닭이다.(『황극경세』「관물외편觀物外篇하下」)

라고 하기도 한다. 한편 소옹은 선천과 후천의 개념을 약간 다른 측면에서 이야기하기도 한다. 그는 말하기를,

> 요堯임금 이전은 선천先天이고, 요堯임금 이후는 후천後天이다. 후천은 바로 법法을 본받는 것일 뿐이다.(『황극경세』「관물외편觀物外篇상上」)

라고 하였다. 여기서는 요堯의 시대를 기준으로 해서 그 이전을 선천, 그 이후를 후천으로 하여 그 상대적인 면을 이야기하였다. 요의 시대는 「관물편」에서부터 이야기된 그의 원元·회會·운運·세世의 설에 의거해 볼 때, 우리가 살고 있는 이 시공적 영역의 한 원元, 즉 지금 이 우주의 한 단위에서 그 절정인 정점에 해당되는 것이다. 그래서 그 이전은 발전의 상승국면을 띠고, 그 이후는 하강국면을 띤다. 그 하강의 시대인 후천의 때에는 선천에서 제시된 법法을 본받아야 하는 것이다.

한편, 이 관념일반인 심이 범주를 전개하여 활동하는 것을 소옹은 '신神'으로 부른다. '신神'은 『주역』의 「계사전」이나 「설괘전」을 통해 거듭 나오는 용어이다. 이 용어는 『주역』에서의 원래 뜻이 무엇이든 간에 여러 송대 철학자들에 의해서 중요하게 취급되면서, 그 정의는 각자의 철학적 입장을 반영하였다. 이 개념은 주돈이周惇頤나 장재張載의 우주론적 철학에 의해서, 객관세계

에 내재되어 그 운동을 일으키는 역동적 힘으로 역할하는데, 이 개념은 향후 이정二程의 '리理'로 발전하는 단서가 되었다.

소옹이 말하는 신神은 주돈이나 장재의 그것과 비슷하다. 그것은 세계의 운동과 변화를 일으키는, 규정하기 어려운 어떤 힘을 말하는 것으로 이해될 수 있는 것이다. 그가 "태극은 1로서 움직이지 않다가 2를 낳는다. 2는 신神이다."(『황극경세』「관물외편觀物外篇하」)라고 할 때의 신神은 주돈이나 장재의 그것과 매우 닮았다. 그런데 그의 이론의 중심에는 심心이 있고 이 심은 곧 태극이다. 따라서 태극으로부터 전개되는 신神은 곧 논리상 심心으로부터 전개되는 것이 된다. 그래서 그의 신은 결국 관념적 심에 의해 통섭되는 것이다. 또 이 심을 인간의 주관으로 설정하여 말할 때, 당연히 신은 심의 전개로 드러나는 것이다.

그런데 이렇게 구체적 인간에서 이야기되던 '신神'도 결국은 이에만 머물지 않고, 보편적 심心과 더불어 보편적 신神으로 나아가며, 이러한 심心의 전개에서부터 신神으로의 활동은, 괘卦나 수數의 범주로 전개되어 현상세계로까지 나아간다. 즉, 심心의 전개인 신神의 활동은 궁극적으로 현상세계의 전개로 설명될 수 있다는 것이다. 그렇기 때문에 소옹의 역 철학의 주제는 자연스럽게 상象과 수數 및 그와 관련된 개념으로 전개되게 된다. 그래서 "군자는 역易에서 상象과 수數와 사辭와 의意를 완미하는"(『황극경세』「관물외편觀物外篇하」) 것이다.

이상에서 논의된 소옹의 역철학적 관점을 조금 요약하여, 그의 다음과 같은 말로 표현할 수 있다.

> 태극太極은 움직이지 않으니 존재의 본성을 말한다. 전개를 시작하면 신神하게 되고, 신神하면 수數가 있고, 수가 있으면 상象이 있고, 상이 있으면 기器가 있고, 기器가 변하여 다시 신神으로 돌아간다. (『황극경세』「관물외편觀物外篇하」)

이것은 소옹이 「관물외편」에서 보인 관념론적 우주론의 요약이다. 그 취지를 설명하면 다음과 같이 말할 수 있을 것이다. 즉 모든 존재의 최고 보편적 근원은 일자一者로서의 태극太極이며, 이 태극은 모든 존재의 근원적 본성이다. 이 태극은 그 자체는 운동하지 않지만, 운동변화가 있는 삼라만상을 전개해 낸다. 그 전개과정은 우선 이 태극의 일자一者가 둘을 생성하여 그 신神함을 드러내는데, 이것은 곧 다자多者로서의 삼라만상을 전개함이다. 이 다자의 존재성이 곧 수數이다. 이 수가 현상화되어 드러나는 측면이 곧 상象이다. 그리고 이 드러남의 구체화가 바로 삼라만상의 현상적 속성인 기器이다.

이 기器의 세계는 구체적 개별자들의 세계인데, 이 개별자들은 다시 신으로 돌아가게 된다. 이것은 곧 모든 현상적 존재는 그 근원이 있고, 그 생성은 근원으로부터 기인하여 다시 근원으로 돌아감을 말하는 것이다. 다만 태극으로 돌아간다고 말하지 않고 신으로 돌아간다고 말한 것은, 존재의 궁극적 근원은 비록 태극이지만 운동변화를 중심으로 말한다면, 운동변화의 신묘한 속성인 신神에 초점이 맞춰지기 때문으로 보여진다. 그렇지만 이러한 우주론은 결국 '심心'으로 환원하여 통섭되는 것이다.

제24장

장재張載

장재張載(1020~1077)의 자字는 자후子厚이며, 세칭 '횡거선생橫渠先生'이다. 그래서 후대에 흔히 장횡거張橫渠라고 일컫는다. 장재는 북송대 성리학의 주요한 설립자 중 한 사람인데, 특히 '관학關學'의 창시인으로 이야기되기도 한다. 그는 철학사 속에서는 기氣를 중시한 기 철학자로 많이 알려져 있다. 이른바 '관학關學'은 '관중關中'의 학學이다. '관중'은 특정 지역을 말한다. 그 곳이 함곡관函谷關(지금의 하남성河南省 영보시靈寶市에 위치) 이서以西, 대산관大散關(지금의 섬서성陝西省 보계시寶鷄市에 위치) 이동以東의, 두 관關의 가운데에 위치하고 있기 때문에 고대부터 '관중關中'으로 일컬었다.

중국은 고대부터 기氣라는 개념의 정립을 통해 세계의 구성 원질을 이야기해 왔다. 그런데 중국의 역대 사상가들은 이 경우 『주역』의 개념과 용어를 빌어서 논하는 경우가 많았다. 북송北宋 때의 장재張載 역시 그의 철학 사상의 토대를 『주역』을 비롯한 여러 유교 경전의 응용에다 두었다. 그의 사상의 기본틀은 특히 『주역』을 중심으로 하여, 그것과 여러 다른 문헌들을 자신의 관점과 이해 방식으로 구성한 것으로 이루어진다. 그의 이러한 사상은 주로 그의 주저인 『정몽正蒙』에 담겨 있다.

1. 세계구성의 원질로서의 기氣와 태허太虛 및 만물萬物과의 관계

장재張載를 언급할 때는 특히 그의 기氣철학을 떠올리게 되지만, 사실상 장재만 이 세계의 구성 원질을 '기氣'로 본 것은 아니다. 이 사고는 중국 고대부터 중국 문화에서 일반화된 것이며, 장재와 동시대의 정호程顥, 정이程頤처럼 '리理'와 같은 관념적인 개념을 중시하는 학자라 하더라도, 자연 세계 구성의 기본 원질을 기로 보기는 마찬가지이다. 그러나 그러한 사람들이 '리'에 비중을 두고 중시한 것에 대해, 장재는 상대적으로 '기'를 특히 중시하고 강조한 것이다.

장재가 기를 중시했다는 것은 단순히 현상화된 만물의 질료로서의 기만을 말한 것이 아니라, 현상화되기 전의 상태도 모두 기라고 본 것인데, 이 점이 그 전에 기를 말한 다른 사람들과 차별화되는 것이다. 다시 말해, 장재는 아직 경험적 감각으로 알 수 없는, 드러나지 않은 경우라 하더라도, 일체 만물의 현상이란 모두 근본적으로 기가 아님이 없다고 보았다. 그래서 장재는 이렇게 말한다.

> 천지天地의 기氣는 비록 모이고 흩어지며, 물리치고 취하는 작용이 온갖 과정으로 되지만, 그것의 이치의 성격은 순조롭고도 망령되지 않다. 기의 성질은, 흩어져 형태가 없는 상태로 들어가도 본질적 상태를 유지하며, 모여서 현상화(象)되어지는 경우에도 본래의 항상성을 잃지 않는다.(『정몽正蒙』「태화편太和篇」)

현상계 만물의 구성 원질이 기라는 것은 현상계의 구체적 사물은 모두 이 기의 응결이라는 것이다. 그리고 이렇게 응결의 결과로서 사물이 된 것도 자연법칙에 따라 생성과 소멸이 있기 때문이며, 응결로 생성이 있고 이후 그 수명이 다하면 다시 흩어져 기로 돌아간다는 것이 중국 철학의 전통적 생각인데, 이를 보다 구체화한 것이 장재의 생각이다. 그런데 장재 이전의 생각은 구체적 사물이 기로 구성되고 그것이 언젠가는 흩어져 사라진다는 정도이지만, 장재는 그 흩어져 돌아가는 곳을 뚜렷이 말하고 있다. 그것이 '태허太虛'이다. 그는 말하기를,

> 태허太虛의 형태가 없는 상태가 기氣의 본래의 상태(氣之本體)이니, 그것이 모이고 흩어지는 것은 변화의 일시적 상태(客感)일 따름이다.(『정몽』「태화편」)

라고 하였다. 만물의 원질은 기氣이지만 이 기의 시간적·공간적인 원초 상태는 '태허太虛'이다. 글자 그대로 '크게 비어 있음'이란 '태허'는 중국 전통의 자연철학에서건 자연과학에서건 만물이 존재의 장場으로 삼고 있는 텅 비어 광막한 우주 공간이다. 장재는 또 다음과 같이 말한다.

> 태허太虛에는 기氣가 없을 수 없고, 기는 모여서 만물萬物이 되지 않을 수 없고, 만물은 흩어져 태허太虛로 되지 않을 수 없다. 이러한 과정을 따라 나가고 들어오고 하는 것은 모두 부득이한 자연스런 것이다.(『정몽』「태화편」)

여기서 태허·기·만물 세 가지는 상호 전화轉化되어지는 것이다. 장재는, 이 전화는 지극히 자연스런 것이고 동시에 필연적인 것으로서, 어느 하나의 상태로만 영구히 있을 수는 없다고 본다. 그렇지만 어느 상태든지 이 세 가지의 본질은 동일한 것임을 말하였다. 그의 철학은, 이 세 개념 중 '기'가 중심 역할을 하므로, 세 가지의 본질은 결국 '기'로 귀결됨을 말하는 것이다.

장재는, 이 중 '태허'를 그 용어 유래의 연장선에서 '기'가 존재하게 된 시간과 공간의 우주론적 원초 상태라고 본다. 장재의 우주론적 철학에서 말하는 '태허'는 이후 말할 정호程顥와 정이程頤의 '리理'와는 분명히 다르고, 이를 받아들인 주희朱熹의 설과도 다르다. 비록 장재, 정호, 정이는 모두 동시대에 서로 학문을 토론하고 사적으로도 교류한 관계지만, 철학 발전 단계로는, 장재는 우주론의 단계이고, 정호, 정이의 경우에서야 비로소 형이상학의 단계가 된다.

만일 장재의 '태허'를 이해함에 있어서 그것을 주돈이周惇頤의 태극太極이나 이정二程(정호와 정이)의 리理, 또 그 둘을 동일시한 주희朱熹의 '태극즉리太極卽理'의 철학 이론적 지위와 같은 것으로 본다면, 장재의 의도를 오해한 것이다. 장재는 '태허'로서 어떤 실체를 세우려고 한 것이 아니라, 그는 일체를 기로 말하려고 했을 뿐이다. 장재가 '태허'를 말한 것은 도가의 『노자老子』 및 불교佛敎에 대한 그의 태도와 관계 지어 이해해야 한다. 장재는 다음과 같이 말하였다.

> 만약 '허虛'가 '기氣'를 낳을 수 있다고 말한다면, '허'는 무궁하고 '기'는 유한하여, 본체와 작용이 확연히 달라져서, 노씨老氏(즉 노자老子)의 '유有는 무無에서 생긴다.'라는 '자연自然'의 론論에 들어가게 되어, 이른바 유와 무는 하나로 혼융된 상태라는 항상된 이치를 알지 못하는 것이다. 만약 만상萬象이 태허 가운데에 나타난 사물이라고 말한다면, 사물과 허虛는 서로 관계없는 것으로 되어 형形은 그저 형形일 뿐이고, 성性은 그저 성性일 뿐인 것이 되어 형形과 성性 및 천天과 인人이 서로 관계없이 존재하는 것으로 되어, 불교도의, 산하山河와 대지大地를 견병見病으로 간주하는 설說에 빠지게 된다.(『정몽』「태화편」)

장재는 '유有는 무無에서 생긴다'(『노자老子』40장)는 『노자』의 설이나, 현상적 유有를 '가유假有', '환유幻有', Māyā로 보는 불교의 설을 모두 비판하였다. 그는 세계의 일체 존재를 '실유實有'로 봄과 동시에 그것은 '무無'에서 나오는 것도 아니며, 존재론적으로 어디까지나 '유有'임을 주장하였다. 그는 '무'라는 것은 처음부터 없다고 보았다. 우리의 경험적 감각에 포착되지 않는다고 해서 없다고 보지 말라는 것이다.

'태허太虛'라는 용어는 사실상 일상생활에서 거론되는 바의, 우리의 경험적 감각으로는 단지 '허공虛空'으로 보이는 것을 극대화한 개념을 말하는 것이다. 이 '허공'을 우주론적으로 확대하면 '태허'가 되는 것이다. 장재가 보기에, 먼저 태허 전 단계의 개념인 '허공虛空' 역시 당연히 '기氣'로 채워져 있는 것이므로, '허공虛空 그것이 곧 기氣'이다. '기氣'가 '유有'이므로 '허공'도 '무'가 아닌 것이다. '허공'이나 '태허'는 결국 본질적으로 같은 것이고, 태허는 다만 허공을 극대화한 개념이라는 것은, 장재가 한편으로는 "허공이 곧 기라는 것을 알면, 있음과 없음, 감춰짐과 드러남, 신神과 화化, 그리고 성性과 명命이 하나로 통하여 둘이 없다."라고 하면서, 또 한편으로는 "태허太虛가 곧 기氣임을 알면, '무無란 없는 것이다.'[1]"라고 하여, 양자 모두 상호 대체 가능한 취지임을 말한 점에서도 알 수 있다.

장재가 보기에 감각의 대상이 되어 누구라도 '유'의 상태라고 동의할 수 있는 경우는 바로 장재가 주장하는 '기'가 모여 응결된 상태의 물체로 화했을 경우이다. 이 경우에야말로 세상 사람들이 부인할 수 없을 만큼 구체적 존재가 있어서 감각 기관의 대상이 되는 것으로 인정되는 경우인데, 이 경우는 원래 없다가 있는 것이 아니라, 다만 기가 흩어져 있어서 감각 기관의 대상이 안 되던 것이 모여서 감각 기관의 대상이 된 것에 불과한 것이다. 그래서 그는 이렇게 말하였다.

> 기氣가 모이면 리명離明[2]이 베풂을 얻어 형태가 있게 되고, 기가 모이지 않으면 리명離明이 베풂을 얻지 못하여 형태가 없게 된다.(『정몽』「태화편」)

즉 기가 모여야 이처럼 감각 기관인 '리명離明'의 대상이 되어 누구라도 '유'라는 것을 알 수 있는 상태가 되고, 기가 모이지 않으면 현전하는 '리명'의 대상이 없으므로 실제 '유'인 기가 존재하고 있음에도 그 상태를 '무'라고 오인하게 되는 것이 일반인이나 견해 다른 전문 지식인의 오류라는 것이다.

그런데 현상은 영원하지 않아서 생성하고 소멸한다. 이렇게 생멸이 있다

---

1) '무무無無'. 위진현학의 곽상郭象의 '무무'와 비교된다.
2) 『주역』「설괘전說卦傳」에 '리離란 밝음(明)이다.'라고 하였다. 또 '리離'는 사람의 몸에 있어서는 '눈[目]'이라고도 하였다. 따라서 '리명離明'이란, 형태에 대한 감각으로서의 시각視覺을 지칭하는데, 여기서는 단순히 시각만이 아니라 형태가 있고난 후의 현상화된 만물을 감각할 수 있는 감각기관을 총칭하는 것이다.

는 것은 그 과정의 모든 상태가 '일시적'이라는 것이다. 생성함도 소멸함도 '일시적'이다. 그러한 '일시적인 상태'를 장재는 '객客'으로 표현했다. '객', 즉 '손님', '나그네'는 '주主', 즉 '주인'에 대해서 잠깐만 머무르는 '일시적인 존재'이다. 그래서 장재는 다음과 같이 말했다.

> 그것이 모이려 할 순간이라도 어찌 그것을 '객客'이라 하지 않을 수 있겠으며, 그것이 흩어지려는 순간이라도 어찌 그것을 성급하게 '무無'라고 이를 수가 있겠는가.(『정몽』「태화편」)

기가 모여서 된 모든 현상, 그래서 '리명'의 대상이 되는 모든 현상은 '나그네'의 상태이다. 언젠가는 이 현상계에서 소멸해 사라진다. 그렇지만 '객'으로서 그렇게 소멸된다고 하더라도, 그 소멸의 상태는 진정한 소멸이 아니다. 그러므로 "그것이 흩어지려는 순간이라도 어찌 그것을 성급하게 '무無'라고 이를 수가 있겠는가" 하는 것이다. 그것은 실제 존재론적으로 '무'의 상태가 아니라, 기가 흩어져 '리명'이라는 감각기관의 대상이 안 되어 있는 상태에 불과하다. 그래서 "태허太虛가 곧 기氣임을 알면, 무無란 없는 것이다(無無)."라고 한다.

장재는 현상화된 것과 현상화되지 않은 것은 다만 그 드러난 것과 드러나지 않은 것의 차이일 뿐, 본질적으로는 기氣를 원질로 한 유有이며, 드러나지 않은 것이라고 해서 무無라고 규정할 수는 없다고 보았다. 그래서 그는 『주역』「계사전」의 표현에 따라, 이러한 경우들을 '유幽'와 '명明'이라고 하여, 전자를 드러나지 않은 것, 후자를 드러난 것을 말하는 것으로 보았다.

2. 기氣의 현상화現象化와 건곤乾坤

앞서 『정몽』「태화편」의 "태허太虛에는 기氣가 없을 수 없고, 기는 모여서

萬物이 되지 않을 수 없고, 만물은 흩어져 태허로 되지 않을 수 없다."라는 말이 있었다. 이 말은 '태허', '기', '만물'은 '기'를 중심으로 하여 상호 소통되며 상호 전화轉化되는 개념들이란 것인데, 이에 장재는 '물[수水]'과 '얼음(氷)'의 비유를 든다. 즉 장재는 '태허'와 '기'의 관계를 말하면서, "기氣가 태허太虛에서 모이고 흩어짐은 얼음이 물에서 얼고 녹음과 같다."라고 한 것이다.

이때 '기'는 '태허', '만물'과의 관계에서 단순한 매개 역할이 아니라 오히려 주체적인 입장에 있다. '기'는 '만물'이 되지 않을 수 없는데, 그것은 '기'의 본래적 성질에 기인한다. 장재의 『정몽』 첫머리는 다음과 같은 말로 시작된다.

> 태화太和가 이른바 도道이다. 그 가운데에 뜨고 가라앉음, 올라가고 내려옴, 움직임과 고요함이 서로 감응하는 성질이 함유되어 있어서, 이것이 인온絪縕하여 서로 작용하고, 이기고 지고, 굽히고 펴고 하는 운동을 생성하는 시작이 된다.(『정몽』「태화편」)

여기서 장재가 가장 먼저 내세운 개념인 '태화太和'를 '도道'로 해석했는데, 이것은 우선 그가 줄곧 『노자』의 사상에 반대해 온 터라, 『노자』에서 말하는 것처럼 '도'가 어떤 형이상학적인 것이 아니라, '태화'라는 점을 우선 강조한 것이다. '태화'는 천지, 음양이 상호작용하는 그 지극한 조화로움을 말한다. 이것을 '도'라고 함은 『주역』「계사전」의 '일음일양지위도一陰一陽之謂道'와 연관시킨 것이다. '태화'라는 큰 조화는 태허의 기가 현상화되는 과정의 종합적 상태이다. 그것은 기의 두 양태인 음과 양의 대대對待 관계에서 일어나는 상호 작용에서 나타나는 것이다. 이 작용은 『주역』「계사전」의 표현으로 말하면 '인온絪縕'이기도 하다. 장재는 이러한 기의 만물로의 현상화와 그 운동변화 양상을 다음과 같이 묘사하기도 하였다.

> 기氣는 아득히 넓어 태허太虛의 상태이면서, 올라가기도 하고 내려가기도 하고, 날아오르기도 하면서, 머물러 쉰 적이 없으니, 『역易』에서 이르는 바의 '인온絪縕'이라는 상태이고, 또 장생莊生(즉 장자莊子)의 이른바 '만물萬物을 생성하면서 호흡으로 서로 불어대니', '야마野馬'라는 것인가! 이것은 허虛와 실實, 동動과 정靜의 기틀이고, 음陰과 양陽, 강剛과 유柔의 시작이다. 떠서 올라가는 것은 양陽의 맑음이고, 가라앉아 내려오는 것은 음陰의 흐림이다.(『정몽』「태화편」)

라고 하였다. 여기에서 표현된 허실虛實, 동정動靜, 음양陰陽, 강유剛柔, 취산聚散 등의 용어들은 그 표현의 다양성에도 불구하고, 그 중에서 일반화된 대표는 역시 『주역』에서 말하는 바의 음양陰陽이다. 음양처럼 기의 두 가지 양태의 상호 작용을 대표하는 말이 바로 『주역』「계사전」에 쓰인 바의 '인온絪縕'이다.[3] 동시에 그 상징적인 묘사어는 『장자莊子』「소요유편逍遙遊篇」에 쓰인 '야마野馬'(아지랑이)이다. 장재는 현상세계의 온갖 삼라만상이 바로 이 기의 '인온' 작용에 의해 이루어진다고 한다.

기氣의 대대 관계상의 작용으로 현상계의 만물이 전개될 때, 그 장場으로서의 세계가 요청되는 바, 이에 정립되는 개념이 바로 『주역』에서 말하는 '건곤乾坤'이다. 장재는 『정몽』「건칭편乾稱篇」에서는 '건곤乾坤'을 '천지天地'와 함께 '부모父母'에 대응시켜, 이 세 항을 일괄적으로 연결하였다. 이는 『주역』「설괘전說卦傳」의 "건乾은 하늘이므로 아버지라 일컫고, 곤坤은 땅이므로 어머니라 일컫는다."라는 말에서 취한 것이다. 「설괘전」은 이어서 건곤을 부모父母로 하여, 이의 괘획상卦畫上의 교합으로 전개되는 나머지 6卦에다, 부모의 6자식, 즉 장남長男, 장녀長女, 중남中男, 중녀中女, 소남少男, 소녀少女를 대응시키고 있는데, 장재는 이에 견주어 그의 천지를 장으로 하는 우주론적 사상을 가족관계에 대비시킴과 동시에 천지와 만물의 관계를 가족 관계로 보았는데, 이것은

3) 『주역』「계사전」: "天地絪縕, 萬物化醇. 男女構精, 萬物化生."

인간 사회로서는 사해동포주의四海同胞主義cosmopolitanism이며, 우주 만물로 확대하면 우주의 만물은 모두 한 가족이라는 만물일체설萬物一體說이다.

그래서 장재는 후일 『서명西銘』으로 독립된 『정몽』「건칭편乾稱篇」의 앞부분에서 계속하여 말하기를,

> 건乾은 아버지라 일컫고, 곤坤은 어머니라 일컫는다. 나는 여기에서 조그만 모습으로 이에 뒤섞여 그 가운데에 처한다. 그러므로, 하늘과 땅에 가득 찬 것을 나는 몸으로 삼고, 하늘과 땅이 거느리는 것을 나는 성性으로 삼는다. 백성은 나의 한 뱃속 형제이고, 만물은 나의 동료이다.[4]

라고 하였다.

3. 세계 운동의 근본 원동력 - 대대관계對待關係의 상호 융화 작용

'건곤乾坤'에 대응되는 천지天地·부모父母는 기氣의 물화物化 작용의 준비된 장場이다. 앞에서 이미 대대관계로 규정되는 양기陽氣, 음기陰氣를 이야기하였다. 우주 간의 만사만물이 이 대대관계로 규정되는데, 대대관계란 서로 마주보면서 또 서로 의존하는 관계이고, 하나는 다른 나머지 하나가 없이는 존재할 수 없는 관계이다. 그래서 장재는 말하기를,

> 조화造化에 의해 이루어진 것은 하나의 사물도 서로 닮은 것이 없다. 이러한 것으로 만물이 비록 많으나, 그 실상은 하나임을 알 수

4) 「건칭편」의 이 부분부터 일부분은 장재가 스스로 『정완訂頑』이라 불렀고, 이것을 정이程頤의 조언으로 이후 『서명西銘』으로 불러, 통상 독립시켜 말하기도 한다.

있다. 사물에는 음과 양이 없는 경우가 없다. 이러한 것으로 천지天地의 변화는 이단二端 뿐임을 안다.(『정몽』「태화편」)

천도天道는 다함이 없으나 추위와 더위일 따름이고, 온갖 운동은 다함이 없으나 굽히고 펴는 것일 따름이다. 귀신鬼神[5]의 실상은 이단二端을 넘어서지 않을 따름이다.(『정몽』「태화편」)

라고 하였다. 그래서 '둘'(二 또는 兩)로 말해진다. 하지만 이 '둘'은 인온絪縕의 작용을 통하여 궁극적으로 하나로 모인다. 둘이 하나로 인온絪縕하면서 융화融化(장재의 사상 내용상 '融和'라고도 할 수 있다)하는, 바로 이 관계로 말미암아 운동과 변화가 있게 된다. 그런데 이 운동을 있게 만드는 것은 무엇인가? 그것은 둘이 존재한다는 내부적 관계에 기인하는 것이지, 신神[6]과 같은 종교적 실체이든 철학상의 형이상학적 원리이든 외부에 그 작용인作用因이 있는 것이 아니다. 그래서 그는 말하기를,

모든 회전하는 사물은 운동에 있어 반드시 내적 계기(機)[7]가 있다. 이미 그것을 내적 계기라고 한 이상, 운동은 외부로부터 오는 것이 아니다.(『정몽』「삼량편參兩篇」)

라고 하였는데, 내부에 원인이 있는 이 운동은 본질적으로 상대하는 두 힘의 조화와 융화 작용 때문이다.

---

5) 장재가 말하는 '귀신鬼神'은, '영혼'의 의미를 띠는 어떤 관념적인 실체가 아니다. 그는 "귀신鬼神이란 그 기氣의 본래 갖추어진 작용력이다(鬼神者, 二氣之良能也)"(『정몽』「태화편」)라고 하였다.

6) 이 신神은 우리가 일상적으로 말하는 God, Gott인 '신神'이며, 『주역』「계사전」에서 유래한, 장재를 비롯한 성리학자들의 '신神'이 아니다.

7) 이 '기機'라는 것은 그 자체로서 운동이 가능한 하나의 체계나 조직으로서 어떤 외부의 작용인作用因을 필요로 하지 않는 것을 말한다.

4. 기氣 작용상의 신화神化

장재는 '신화神化'라고 병칭하기도 하는 '신神'과 '화化'라는 개념을 중시하였는데, 이 개념들은 운동과 변화의 측면을 특히 들어서 이야기할 때 쓰이는 것이다. 이 개념들은 『주역』에서 나온 것이며, 장재는 '신神'과 '화化'를 설명하기 위해 여러 가지 표현을 동원하였다. 그는 우선 『주역』「계사전」의 "신神은 정해진 장소가 없고, 역易은 고정된 상태가 없다."라는 말을 인용하였다. 그는 이러한 신神을 '하늘의 덕德(천덕天德)'이라고 정의하였다. '신神'이란 어떤 정해진 공간적 위치를 지정할 수 없는 하늘의 덕이며, 하늘의 덕이란 하늘이 지닌 능력이다. 여기서 어떤 정해진 공간적 위치를 지정할 수 없다는 것은 있지 않은 곳이 없음을 말한다.

앞에서 운동과 변화의 작용인은 외부에 있지 않고 내부에 있다고 하였는데, 이 내부적 작용인이 바로 '신神'이다. 그래서 신을 하늘이 지닌 바의 능력으로서의 덕이라 한 것이다. 모든 운동과 변화는 바로 이 신으로 인한 것이다. 앞에서 현상세계에는 반드시 대대관계가 있음을 말했다. 그런데 이 대대관계는 그 상태로 지속될 수 없다. 반드시 하나로 융화하는 작용이 있게 된다. 이때 둘의 대대관계를 하나로 함이 '신'이다.

이러한 '신'이라는 것은 대대관계를 하나로 융화하는 능력이라 할 수 있는데, 이러한 능력은 인간의 사고 작용으로서는 알 수가 없는 것이다. 『주역』「계사전」에서는 "음陰인지 양陽인지 헤아릴 수 없는 것을 일러 신神이라 한다."라고 하였다. 장재는 이에 따라, "하늘의 헤아릴 수 없는 측면을 신神이라 한다."(『정몽』「천도편天道篇」)라고 하고, 또, "맑게 통하여 현상화할 수 없는 것이 신神이다."(『정몽』「태화편」)라고 하였다.

이때 이 '신'의 힘으로 운동·변화하여 음과 양의 두 양태로 존재하던 대대관계의 양상을 융화해 나가는 과정이 거론되는데, 이것이 신神과 더불어 말한 '화化'이다. '화' 역시 '신'과 더불어 『주역』「계사전」에서 취한 개념이다. 『주역』「계사전」에서는, "한번은 음陰이 되었다가 한번은 양陽이 되었다가 하는 것을 일러 도道라고 한다."고 하여, 음양이 상호 전화하는 '과정'인 '도'를 말하는데, 장재는 이 '도'를 '화化'라는 개념과 연계 지었다. 즉, '화化'는 음기와 양기가 상호 전화하면서 현상이 운동·변화하는 과정이라고 본 것이다. 그러면서, 장재는 '신'과 '화'라는 두 개념의 관계를 두고서는, '신'을 하늘의 덕德이라 정의한 데에 대해, '화'는 하늘의 도道(천도天道)라고 하였다. 즉, 그가 말한, "신은 하늘의 덕이요, 화는 하늘의 도이다."라는 말이다.

이상에서 말한 '신神'과 '화化'는 자연의 운동과 변화에 나타나는 그 작용상의 내재된 힘과 과정에 관한 것이다. 이러한 것은 단순한 대상화로써 알 수 있는 것이 아니고, 그 자체에 자리 잡아야 가능하다. 그래서 범인凡人의 경우는 이를 파악하기 어렵고, 이를 파악하는 경지에 이른 존재를 장재는 성인聖人으로 규정한다. 장재는, "신화神化라는 것은 하늘이 본래부터 가지고 있는 능력이지, 사람의 능력은 아니기 때문에, 크게 하늘의 덕德에 자리 잡은 후에야, 능히 신을 다하고 화를 알(窮神知化)[8] 수 있는 것이다."(『정몽』「신화편神化篇」)라고 하여, '신'과 '화'에 관한 대표적 명제인 '궁신지화窮神知化'를 말하였다. 장재는 바로 이렇게 '궁신지화窮神知化'한 상태를 '성聖'이라 하고, 이러한 '성聖'을 이룬 존재를 '성인聖人'이라 하였다.

또 장재는 『주역』의 이치를 체득하여 현상의 기氣의 변화상황을 꿰뚫어 알아서 변화의 조짐(기幾)만으로도 변화를 예측하고, 매 상황마다 무엇이 도덕적으로 의로운가를 판단할 수 있는 지혜를 가지는 것이 곧 '궁신지화'의 경지임을 말하기도 하고, 또 도덕적으로 의로움에 대한 판단을 정밀하게 하여, 그것을 '신'에 들어갈 정도의 경지가 되도록 하여, 그에 따른 지혜를 얻을 수 있도록 내면을 수양해야 하는 것이 도덕 실천자로서의 '군자君子'가 마땅히 행

8) 이것은 『주역』「계사전」에 나오는 말로서, '신神'과 '화化'의 개념 자체가 『주역』에 주로 나오는 개념이다.

해야 할 것이라고 했다. 그리고 이러한 군자가 궁극적으로 추구하는 목표로서의 경지가 곧 '성聖'이고, 이러한 경지를 이룬 존재가 곧 '성인聖人'이라고도 주장한다.

5. 장재張載 철학의 '성性' 문제

앞의 내용들은 장재 철학의 도덕 영역에 대한 토대인데, 그 중 도덕 문제와 관련하여 핵심은 '성性'의 문제가 된다. 장재는 '성'에 대해 다음과 같이 말한다.

> 지극히 고요하여 감응이 없음(무감無感)이 성性의 연원이니, 의식의 작용과 지식이 있게 되는 것은 사물을 경험한 일시적인 감응(객감客感)일 따름이다. 일시적인 감응 및 일시적인 형태(객형客形)와 감응이 없음 및 형태가 없음(무형無形)은 오직 성性을 다하는 이만이 그들을 하나로 여길 수 있다.(『정몽』「태화편」)
>
> 모여도 나의 본질이 유지된 상태요, 흩어져도 나의 본질이 유지된 상태이니, 죽어도 사라지는 것이 아님을 아는 자와 더불어 성性을 말할 수가 있다.(『정몽』「태화편」)

장재 철학의 이론 구조상 '성性'의 문제를 제기함에 있어서 우선적으로 거론되는 것은 존재 세계의 '성性'이었다. 그리고 그가 제기한 '성性'은 그러한 존재 세계의 '기氣'의 '보편성'이다. 장재는 주돈이, 소옹이 크게 부각하지 않았던 '성性'의 보편성을 주장하였는데, 그 근거는 앞에서 논한 바의 '기氣'의 보편성인 것이다. 그 핵심은 '태허', '기', '만물'이 상태는 달라도 그 본질은 같다는 것으로서, 장재는 이러한 '성性'을 그의 도덕철학을 말하기 위한 토대로 삼았다.

『논어論語』 속의 말을 보면, 공자는 '성性'과 '천도天道'에 대해서는 그다지 말하지 않았다고 하지만, 그럼에도 그가 "性相近也, 習相遠也"(『논어』「양화陽貨」)라고 말한 것도 인구에 회자된다. 그러나, 도덕에 관련된 가치 개념을 함축한 '성'은 이후 맹자孟子 활동 시기에 가서 본격화된다. 맹자가 본성으로서의 '성'이 본래 선함을 말한 것이다. 그렇다면 악의 기원은 무엇인가. 그것은 '사체四體', 즉 사지四肢를 가진 육체에 그 원인이 있다고 주장한다. 그래서 본성이 사체를 잘 제어하여 선한 본성을 유지해야지 그렇지 않으면 악에 빠질 수 있다는 것이다.

장재와 같은 성리학자 시대에도 마찬가지이다. 더구나 성리학자들은 맹자의 사상을 계승한다고 내세운다. 맹자는 자신의 주장을 단지 간단하고 소박하게만 표현하였다. 그러나 성리학자들은 철학사 전개에 따라 시대가 흐른 만큼, 보다 세련되게 이론 구성을 할 필요가 있었다. 그러한 작업이 장재의 철학에서 이루어진 것이다. 장재는 이렇게 말한다.

> 성性은 사람에 있어서 선하지 않음이 없다. (그런데 그 관건은) 그가 (본성으로) 잘 돌아오는지 잘 돌아오지 않는지에 달려 있을 뿐이다.(『정몽』「성명편誠明篇」)

장재 철학의 경우 이 말은, 그가 말한 태허의 기가 응결하여 만물이 된 후, 그 중에서도 인간이 된 후, 다시 그 본성으로 돌아가는 의미가 함축된다. 앞에 말한 내용과 관련하면 이렇게 된다. 태허 속에 기가 가득 차 있다. 그 기는 응결하여 다양한 개별자로서의 만물이 되지 않을 수 없다. 그 중의 인간 존재 역시 마찬가지이다. 그런데 이러한 개별자들은 모두 별개의 '아我'가 아니다. 모두를 총괄하는 보편자인 '기'의 각기 다른 구현이다. 그 중 의식을 가진 인간의 경우, 개별자로서의 '아'에 집착하여 이기심을 발휘하면 이에 따라 악이 생긴다. 그러므로 모두가 '기'로서 동일하다는 보편성으로서의 본성을 자각하여 이에로 돌아가서 선한 본성을 회복해야 한다는 것이다.

한편 장재에게는 철학사에 기여한 하나의 중요한 업적이 있다. 그것은 그가 이전에 구체화되지 않았던, '성性'의 개념 구분을 하였다는 것이다. 그것은 이전 시대부터 논란을 벌여 온 '악惡'의 책임 소재를 표현상 분명히 하려 한 것이다. 그것은, 그의 말대로 사람의 본성은 선하지 않음이 없지만, 맹자의 주장처럼 본성 외의 다른 요인, 즉 육체에 의해 악이 발생한다는 이론을 구체화하여, 맹자가 말한 본성으로의 '성'과 악이 발생할 수 있는 사체인 육체에 관련된 '성'을 개념적으로 구분한 것이다. 그래서 그는 '생生' 이전의 순수한 '성性'과 '생' 이후의 실존적 상태 속의 '성'을 구분하였다. 이것이 바로 그의 유명한 '천지지성天地之性'과 '기질지성氣質之性'의 개념 구분이다. 그는 이렇게 말하였다.

> 형체가 있은 후에 '기질의 성(氣質之性)'이 있으니, 그것을 잘 돌이키면 '하늘과 땅의 성(천지지성天地之性)'이 보존되어진다. 그러므로, '기질의 성'은 군자가 성性으로 보지 않는 경우가 있다.(『정몽』「성명편」)

여기서 말하는 '하늘과 땅의 성', 즉 '천지지성'과 '기질의 성', 즉 '기질지성'의 개념을 구분하여 용어화시킨 것이 곧 그의 창안인 것이다. 여기서의 '천지지성'이 맹자가 말한 본래의 선한 '성'이다. 그리고 '기질지성'이 맹자가 말한 사체로서의 육체에 부여된 성이다. 즉 육체를 이루는 '기질'에 관련된 성이라는 것이다. 그런데 이 '기질지성'은 장재가 말한 대로 '형체가 있은 후에' 있게 되는 성이다. 그런데 '그것을 잘 돌이키면 하늘과 땅의 성이 보존되어진다'고 함은 곧 '형체가 있기 전' 상태를 회복하면 '천지지성'이 보존된다는 것이다.

장재가 말하는 형체가 있기 전이란, 당연히 태허의 기가 응결하여 개체화된 개별자가 있기 전 보편자의 속성으로 있을 때이다. 그러한 속성이 곧 보편성으로서의 '천지지성'이다. 도덕성 회복의 기준이 곧 '천지지성'이라는 것이며, 이 '천지지성'을 회복한 존재가 논리상 당연히 성인聖人이다. 그러므로 성인을 목표로 하는 군자는 '기질지성'을 진정한 성으로 보지 않는다. '기질지성'은 형체가 있은 후 악의 가능성이 있는, 악으로 오염될 수도 있는 성이다.

'기질지성'이란 '천지지성'이 형체를 얻은 상태로서 기질에 내재한 '성性'이다. 사실상 '천지지성'은 본질로서의 본성이고, '기질지성'은 실존 속의 본성이다. 그러므로 '천지지성'과 '기질지성'은 실제로 분리된 별개의 것이 아니다. 엄밀히 말해 순수 '천지지성'의 개념은 '기질지성' 속에 있는 '천지지성'을 논리적으로 추상하여 추출한 것이라고 할 수 있다. 이전 맹자의 '성' 역시 사체 속에 내재한 '성'을 이처럼 논리적으로 추상하여 추출한 개념이라고 할 수 있다.

장재의 이러한 논법은 동시대의 정호程顥, 정이程頤에게 영향을 주어 그들의 '리기론'과도 연관되게 되며, 당연히 남송南宋의 주희朱熹로 이어지게 된다. 그리고 용어도 이후 '천지지성'과 더불어 『중용中庸』의 첫 구절 "천명지위성天命之謂性"에 관련지어 '천명지성天命之性'이라 하기도 하고, 또는 '본연지성本然之性'이라고 일컫기도 하게 되었다.

제25장

정호程顥

정호程顥(1032~1085년)의 자字는 백순伯淳이고, 세칭 '명도선생明道先生'이다. 그는 호북湖北의 황주黃州 황피현黃陂縣(지금의 무한武漢 지역)에서 태어났는데, 이듬해에 그의 동생 정이程頤가 연년생으로 같은 곳에서 태어났다. 세상에서는 이 두 형제를 합쳐 '이정二程'이라 하였으므로, 두 사람은 '이정선생二程先生'으로 일컬어지게 되었다. 그의 아버지는 당시 현위縣尉를 맡고 있던 정향程珦인데, 훗날 그가 주돈이周惇頤를 찾아가 그의 아들들에 대한 가르침을 부탁해서, 주돈이와 이정 형제는 사제관계가 된다. 같은 환경에서 자란 두 사람은 철학사상의 측면에서 많은 부분을 공유하였으므로, 두 사람의 사상이 별 차이가 없다고 보아 '이정'의 철학으로 일컬어지지만, 그래도 두 사람의 사상에 각자의 특색과 차이가 있기 때문에 그 점을 나누어 봐야 할 측면도 있다. 두 사람은 나중에 낙양洛陽을 중심으로 활동하였으므로, 그들의 학문을 '낙학洛學'이라고 부른다.

중국철학사에 있어서 송대宋代는 중세 후기의 사유가 형성된 시기이다. 특히 그 중에서도 형이상학적 세계관이 형성된 것은 정호程顥와 정이程頤의 이른바 이정형제二程兄弟에 의해서이다. 그들은 중세적 사유의 특징 중 하나인 보편자와 개별자의 관계를 세움으로써 그러한 사유를 대변하고 있다. 정호는 아우인 정이와 함께 앞서의 주돈이, 소옹, 장재와 더불어 중국 송대 성리학의 기본 골격을 형성시키는 데 많은 역할을 하였다. 그리고 그 두 형제는 후대에 그들 사상의 영향을 드리웠는데, 후대에 끼친 그들의 영향은 각자 나름대로의 특징을 지니고 있다.

1. 정호程顥의 '성性'

정호에 있어서 성性, 즉 본성本性의 문제는 다른 철학자들처럼 중국철학사 속 이전 사상과 관련된다. 그 중에서 특히 맹자孟子의 학설과 관련 있다. 정호는 맹자가 고자告子와 나눈 대화 내용과 관련하여 다음과 같이 자신의 학설을 제기하고 있다.

> 고자告子가 생生을 일러 성性이라고 하는(생지위성生之謂性) 것은 옳다. 일반적으로 천지天地가 낳은 사물은 반드시 성性이라 해야 하는데, 그것을 모두 일러 성이라 함은 옳지만, 그 가운데 그래도 소의 성, 말의 성을 반드시 구별해야 한다. 그런데 그들은 단지 같은 측면만을 말하며, 예컨대 석가모니처럼 기어 다니는 벌레 같은 것도 영靈을 머금고 있어서 모두 불성佛性을 가지고 있다고 말한다면 옳지 않다. 하늘이 명命한 것을 일러 성性이라 하고 성性을 따르는(率) 것을 일러 도道라 하는 것은 하늘이 아래로 이러한 것을 내려서 만물이 유행流行하는 것이다. 각각의 성性과 명命을 그에 따라 바르게 하는 것이 이른바 성性이다. 그 성性을 따라서(循) 잃지 않는 것이 이른바 도道이다. 이 또한 사람과 사물을 포괄하여 말한 것이다. 성性을 따른다(循)는 것은, 즉 말은 말의 성이 되지 소의 성으로 되지는 않으며, 소는 소의 성이 되지 말의 성이 되지는 않는다는 것이다. 이것이 이른바 성性을 따른다(率)는 것이다.(『이정유서二程遺書』「2상」)

정호의 이러한 말은, 개별적 존재는 저마다의 고유성을 가지고 있으며, 나아가서 이 고유성이 바로 성性임을 말하는 것이다. 이것은 이미 맹자가 말한 바와 같다. 그런데, 정호는 동시에 고자의 주장도 인정하였다. 그렇다면 사람, 말, 소 등이 모두 '생生'이란 측면에서는 동일하여 구별이 없다. 이럴 경우의 성性은 각 개별성을 무시한 것으로 보인다. 그렇지만 정호가 '생지위성(生之謂性)'을 인정할 때의 '생生'은 각 개별성에 부가되어 있는 어떤 우연적인 속성이 아니라 각 구체적 개별성을 추상해 낼 때에 얻을 수 있는 일체 존재의 보편적 공동성이다. 그는 '생'에 대하여 다음과 같이 말하기도 하였다.

> 천지天地의 큰 덕德을 생生이라고 말하는데, 천지가 인온絪縕하여 만물이 변화되어 두텁게 생生함을 일러 성性이라 한다. 만물이 생生하려는 의지가 가장 볼만한 것이다.(『이정유서』11)

정호가 이렇게 말할 때의 '생生'은 천지만물의 보편적 공동성을 말하는 것이며 이러한 측면의 '생生'이 곧 그가 말하는 '성性'의 출발이다.

정호의 '성性'은 개별성을 말할 경우도 있고 보편성을 말할 경우도 있는데, 이러한 면을 보면 그는 이미 보편의 관념을 가지고 있었음을 알 수가 있다. 이러한 논의 속의 '성'은 사실개념이다. 그런데 이러한 사실적 존재본질로서의 '성'은 이내 가치개념인 '선악善惡'과 관련을 맺게 된다. 정호 사상체계의 성性의 선악善惡에 대한 문제 역시 맹자와 고자의 논의에서 시작해야 한다. 그는 다음과 같이 말하였다.

> 생生을 일러 '성性'이라고 한다(생지위성生之謂性). 성性은 곧 기氣이고, 기氣는 곧 성性이란 생生을 이르는 말이다. 사람의 생生함은 기氣의 품부인데, 이러한 이치 때문에 선함과 악함이 있다. 그러나 성 가운데에 이 두 가지가 있어서 서로 마주 보고 나오는 것은 아니다. 어려서부터 선한 경우도 있고 어려서부터 악한 경우도 있는데, 이러한 것은 기의 품부함에 그러함이 있기 때문이다. 선함이 본래 성이다.

그러나 악함도 성이라 이르지 않을 수가 없다. 대개 생을 일러 성이라 하는 것은 '인생이정(人生而靜)(사람이 생할 때에는 고요하다)' 이상은 말할 수가 없기 때문이다. '성'을 말하자마자 곧 이미 '성'이 아니게 된다.(『이정유서』1)

정호는 고자의 '생지위성(生之謂性)'이란 말을 '성性'의 현실성, 실존성을 강조하는 말로 수용하였다. "대개 생生을 일러 '성性'이라 하는 것은 '사람이 태어날(生) 때에는 고요하다(靜)'는 것 이상은 말할 수가 없기 때문이다. '성'을 말하자마자 곧 이미 '성'이 아니게 된다."라고 하는 것이 그것이다. 정호는 '성'의 본체의 말해질 수 없는 측면을 강조하였다. 그에게 있어서 '성'이란 언어표현의 대상이 되지 않는다. 언어로 표현하는 순간 이미 '성' 자체는 아니다. 그래서 "'성'을 말하자마자 곧 이미 '성'이 아니게 된다."라고 하였다. '인생이정(人生而靜)'은 『예기禮記』「악기樂記」에 나오는 철학사에서 유명한 명제이다.

그런데, 현실의 실존적 '성性'은 선악善惡이 개재된 것이다. 이것이 곧 '생지위성'이다. 여기서 말하는 '성'은 "'성'을 말하자마자 곧 이미 '성'이 아니게 된다."의 '성'이 아니다. 이것은 '성'을 현실적 작용상에서 말한 것이다. 현실의 '성'은 비록 선천적 '성' 자체는 아니지만, 선천적 '성'이 언어표현의 대상이 될 수 없음에 대하여 이것은 언어로 표현될 수 있으며, 오히려 언어로 표현될 때에는 선천적 '성' 자체가 아니라 이미 후천적 현실의 '성'이 된다. 또 현실의 '성'에는 선뿐만 아니라 악도 포함되어 있기 때문에, "그러나 악함도 '성'이라 이르지 않을 수가 없다."라고 하게 되는 것이다.

정호에게 있어서 고자의 학설은, 맹자도 인정한 바인 현실적 '성'의 선악이 있게 된 부분을 언어의 차원에서 설명하는 바의 그 표현이 취해졌을 뿐이다. 그리고 현실적 선악의 구분이 있게 된 것, 즉 선천적 선뿐 아니라 후천적인 현실의 악이 있게 된 원인을 찾는 데 있어서는 자신의 주장에 따른 표현을 썼다. 그것은 '기氣'때문이라는 것이다. "어려서부터 선한 경우도 있고 어려서부터 악한 경우도 있는데, 이러한 것은 '기'의 품부함에 그러함이 있기 때문이다."라고 말하는 것이 바로 그것이다.

그런데 정호에 있어서 선천적 '성性' 및 후천적이고 상대적인 '성性'에서의 선善·악惡 문제는 어떠한가? 정호는 다음과 같이 말하였다.

> 일반적으로 사람들이 성性을 말하는 경우는 단지 '그것을 잇는 것이 선善이다(繼之者善也).'[1]라고 말하는 것일 뿐이다. 맹자孟子가 '인성人性은 선善하다.'라고 말하는 것이 이것이다. 이른바 '그것을 잇는 것이 善이다.'라는 것은 물의 경우와 같다. 흘러서 아래로 내려가는 것은 모두 물이다. 흘러서 바다에 이르기까지 끝내 오염됨이 없는 경우가 있는데, 이것이 어찌 사람의 힘을 번거롭게 하여서 그런 것이겠는가. 흘러서 아직 멀리까지 가지도 않았는데도 이미 점차로 흐려지는 경우도 있다. 흘러 나가서 아주 멀리까지 가고 나서야 바야흐로 흐려지는 경우도 있다. 흐려지는 것이 많은 경우도 있고, 흐려지는 것이 적은 경우도 있다. 맑음과 흐림이 비록 다르나, 흐린 것을 물이 아니라고 할 수는 없다.(『이정유서』1)

정호는 이미 선천적인 '성性' 자체를 선善하다고 보았기 때문에, 현실에서의 상대적 선은 선천적 '성'의 선함을 그대로 살려 나간 것으로 보았다. 선천적 '성' 자체가 선한데, 후천적 현실의 '성'의 선함이 이외에 따로 다른 데서 가져와진 것일 필요는 없다. 그것을 그대로 유지하여 이어나가면 현실에서도 선하게 된다고 보았다.

그렇다면 상대적 선악이 있게 된 요인 특히 악이 있게 된 요인은 무엇인가. 그것은 이미 인용한 바 있는 정호의 말 속에서 찾을 수 있다. 그것은, 현실적인 개체로서의 인간 존재가 있게 되는 것은 '기氣'의 품부로 인한 것인데,

---

1) 『주역』「계사전」의 말.

이 때문에 현실적인 선善과 악惡이 존재하게 된다는 것이다. 따라서 상대적 선악, 나아가서 악의 존재는 기품 속에서 찾을 수밖에 없다. 그렇지만 이 상대적인 선악은 '성性' 가운데 있다가 서로 마주 보고 나온 것은 아니다. 선천적 선 그 자체는 절대적으로 선하기 때문이다.

여기서 정호의 '성'은 이제 두 가지로 구분된다. 먼저 '성性' 그 자체, 즉 이것은 장재張載가 말한 '천지지성天地之性'의 의미인 '천명지성天命之性'으로 이야기될 수 있는 것으로, 본래 선한 '성', 즉 맹자가 말한 '성'이다. 그 다음에는 '악함도 성性이라 이르지 않을 수 없다'는 측면의 '성', 즉 현실적인 상대적 선악의 '성'으로서 역시 장재가 말한 '기질지성氣質之性'으로 이야기될 수 있는 것이다. 이것은 고자의 '생지위성'이다. 정호의 입장에서는 맹자도 고자도 '성'의 한 측면만을 이야기한 것이다. 그래서 그는

> 성性을 논하면서 기氣를 논하지 않음은 갖추어지지 못한 것이고,
> 기氣를 논하면서 성性을 논하지 않음은 밝지 못한 것이다.(『이정유서』6)

라는 의미심장한 말을 하였다. 맹자는 '성性'만을 말하고 고자는 '기氣'만을 말하여, 양자는 모두 한 쪽만을 이야기하여 다 갖추지는 못했다는 것이다. 여기서 '성'은 물론 '성' 자체의 '천명지성'으로 말해질 수 있는 것이고, '기'는 '기질지성'으로 말해질 수 있는 것이다.

정호는 현실에 있어서 존재하는 악惡조차도 언어 표현상 '성性'의 범주에 넣을 수밖에 없다고 하였다. 그런데 진정한 의미의 '성'인 '성' 그 자체, 즉 정호에게 있어서는 말로 표현할 수 없는 '성'인 '인생이정(人生而靜)' 이상의 '성'이자 맹자의 '성'의 측면인 본래 선한 '성'이면서 현실적 상대적 선의 근거가 되는 '성'은 무엇에 근거하여 그것이 선함을 말할 수 있는가? 정호는 그것을 '리理'로 보았다.

2. 성선性善의 근거로서의 '리理'

중국철학사에 있어서 철학적 의미를 띤 '리理'가 앞서 나타나기는 맹자孟子의, "마음이 다 같이 그러하다고 여기는 것은 무엇인가? 리理이고 의義라 할 것이다."(『맹자』「고자告子상」)라고 한 말에서 시작하여, 순자荀子, 장자莊子, 한비자韓非子 등 先秦 시대에 각각 그들 나름대로의 의미로 사용되었는데, 대체로 구체적, 개별적 성격의 '리'를 말하였다.

이보다 더 상위의 유類개념으로서의 보편개념에 대한 사유를 진행한 것은 이후 위진魏晋 현학玄學의 왕필王弼이 '리理'를 우주만물의 '소이연所以然'을 보는 데서 나타났으며, 그 이후 최고의 보편 '리'는 불교에서 보다 선명하게 드러났는데, 당대唐代의 화엄종華嚴宗에서 세계를 형형색색形形色色의 현상세계로서의 '사법계事法界'와 청정淸淨한 본체세계를 가리키는 '리법계理法界'로 나눈 것이 그러한 것이다.

북송대의 유학에 있어서 보편 리를 처음으로 제기한 철학자는 바로 정호이다. 정호와 정이는 '리理'를 총일總一의 '리理'로 간주하고 우주의 본원으로 보면서 형이상화하였다. 그런데, 정호는 '천리天理'설을 내 놓았는데, 먼저 그는 "천天이란 리理이다."(『이정유서』11)라고 하였다. 그는 '리理'라는 용어와 더불어 '천리天理'라는 용어를 많이 사용하였는데, 정호는 그때까지도 계속되어져 오던 '상제上帝'로서의 '천天'을 원리原理로 해석한 것이다. 정호는 '천天'자字와 '리理'자字를 주어와 술어 관계로서 결합시켜, '천'을 '리'로 대체할 수 있음을 선언함과 동시에, '천天'자와 '리理'자를 한 명사名辭로 결합시켰다.

정호는 '천리天理'라는 개념을 스스로 만들어 낸 데 대하여, "나의 학문에 비록 받은 바가 있지만, '천리天理'라는 두 글자는 내 스스로 고민하여 낸 것이다."(『이정외서二程外書』12)라고 말할 정도로 만족해하였다. 물론 이 용어 자체를 그 자신이 최초로 사용한 것은 아니다. 당시에 장재도 쓴 바 있고, 이미 선진시대에만 해도 『장자莊子』, 『한비자韓非子』 등의 문헌에 나타나고 있으며, 그 후 유가철학의 입장에서 직접 관련되는 문헌은 『예기禮記』「악기樂記」이다. 다만 정호는 '천리'라는 말을 그의 철학체계 속에서 특별한 의의를 가지는 개념의 함축으로 획득했음을 말하는 것이다.

그런데, 정호는 이러한 '천리' 또는 '리'에 그 이전보다도 더 보편성을 부여하였다. 그에게 있어서 '천리'는 구체적 개별적인 경험적 특수자와는 상관없이 존재할 수 있는 것이다. 그래서 그는 "천리天理라고 하는 것은 … 요堯 때문에 존재하지도 않고, 걸桀 때문에 사라지지도 않는다."(『이정유서』2상)라고 하였다. 동시에 그러한 구체적 개별자 및 그 개별자의 모든 특수 리까지도 포괄하는 최고의 유개념이다. 그의 '천리' 또는 '리'는 세계의 운행질서를 가리키는데, 중국철학에서 세계의 운행질서를 말하는 대표적 이론은 '역易'의 사상이다. 정호가 생각하는 '리'도 '역'으로서의 '리'이다.

또, 정호는 "천지만물天地萬物의 리理에는 '독獨'이란 없고 반드시 '대對'가 있다."(『이정유서』11)라고도 하였는데, '역易'의 리는 곧 음과 양의 대대관계와 그것의 상호교합관계에 관한 리이므로, 그의 리가 역시 '역易'의 '리理'임이 분명하다. 그는 이러한 '리'를 깨닫고는, 아주 기쁘고 흡족하게 여겨, 심지어 이렇게 말할 정도였다.

> 천지만물天地萬物의 리理에는 독獨이란 없고 반드시 대對가 있다. 모두 스스로 그러한 듯이 그러한 것이지 안배함이 있지 않다. 날마다 한 밤중에 이것을 생각하면 손과 발이 덩실덩실 춤추는 줄도 모를 지경이다.(『이정유서』11)

그런데 정호는 세계전체의 생명활동을 중시하여, 천지세계가 하나의 거대한 생명체의 역할을 하면서 변화·운동해 나간다고 보았다. 그는 말하기를,

> '생生하고 생生하는 것을 일러 역易이라고 한다.'는 것은 천天의 도道됨이다. 천天은 다만 생生을 도道로 삼을 뿐이다. 이 생의 리를 잇는 것이 곧 선善이다.(『이정유서』2상)

라고 하였다. 이러한 생명활동은 만물을 살리는 활동이다. 만물을 살리는 덕은 바로 '인仁'이다. 정호의 '리理'가 생生의 '리'로서의 역易의 '리'라는 것은 '인仁'과 통한다. 따라서 정호의 리를 앎은 그의 '인仁'을 앎과 통한다. 그래서 그는 「식인편識仁篇」을 남겼다. 여기서 그는 말하기를,

> 배우는 이는 모름지기 먼저 인仁을 알아야 한다. 인仁이란 혼연히 물物과 함께 몸을 같이 하는 것이다. 의義, 례禮, 지知, 신信이 모두 인仁이다.(『이정유서』2상)

라고 하였다. 또 그는 말하기를,

> 의서醫書에서 손발이 마비되는 것을 불인不仁이라고 말한다고 하니, 이 말은 그 상태를 가장 잘 표현한 것이다. 인仁이란 천지 만물과 한 몸이 되어 자기가 아님이 없는 상태이다. 자기인 것으로 인정한다면 어디인들 이르지 못하겠는가? 만약 자기에게 있지 않아서 스스로 자기와 상관이 없게 되어 손발이 불인不仁한 것처럼 된다면, 기氣가 이미 관통하지 않아서 모두 자기에게 속하지 않게 되는 것이다.(『이정유서』2상)

라고 하였다. 이 말은 '인仁'이 세계의 모든 것과 한 몸이 되는 것이란 의미를 '인仁'의 부정否定의 의미를 통하여 보다 확실히 말하여 주고 있다. 요컨대, 정호는 자연의 전체 체계를 하나의 거대한 생명체로 보고, 그 내부의 생

명원리를 '천리天理'로 보았으며, 그 내부의 생명력의 활동을 '인仁'으로 묘사한 것인데, 이것을 또 다른 생명체인 사람 몸에 비유하여, 사람 몸 내부에 생명력이 두루 통함을 인仁으로 본 것이다. 이러한 맥락에서 또 그는 "맥脈을 짚어보면 인仁을 가장 잘 체험할 수 있다."(『이정유서』3)라고도 하였다.

정호의 '리理'가 '인仁'으로 말해질 수 있다는 것은 존재와 변화의 법칙으로서의 '천리天理' 또는 '리理'가 가치 술어로서 표현될 수 있음을 말한다. 즉 자연의 생명활동과 그로 인한 현상은 곧 인仁의 표현에 다름 아니며, 자연의 생명활동의 '리'가 곧 '인'임을 말한다. 이러한 것 또한 철학상의 의의가 있다. 처음 '천天'은 주재적 의미를 가지고 있었다. 그러한 것이 원리적 의미로 대체되면서, 여기서 한 걸음 더 나아가, 이러한 원리가 도덕주체의 가치실현이란 의미로 이행된다. 이전의 '천'은 정호에 있어서는 도덕원리로서 도덕주체에 내재화되는 것이다. 그가 말하는 '리'는 도덕주체 내부에서 찾아져야 할 것이지, 외부 대상세계에서 찾을 것이 아니다. 그래서 그는 맹자의 "만물萬物은 모두 나에게 갖추어져 있다(萬物皆備於我矣)."(『맹자』「진심盡心상」)라는 명제에 대하여 다음과 같이 말한다.

> '만물萬物은 모두 나에게 갖추어져 있다'는 것은 사람에게 뿐 아니라 사물도 모두 그렇다.(『이정유서』2상)

그런데, 그는 또 이렇게 말하였다.

> 만물은 모두 하나의 천리天理일 뿐이다.(『이정유서』2상)

그러므로, 이 논증으로 다음과 같은 결론을 얻게 되는 것이다.

자신을 반성할 수 없으면 천리天理는 사라진다. 천리라는 것은 온갖 리理가 갖추어져 있어서 원래 조금도 결여됨이 없음이다. 그러므로, 자신을 반성하여 성誠하다 함은 단지 자기에게서 얻음을 말하는 것일 뿐이며, 여기서 더 이상 말할 수가 없는데 무슨 말을 하리오!(『이정유서』2상)

그런데 도덕주체의 내부에 있는 '리理'의 내용은 '인仁'인데, 이것은 천지세계 전체의 생명활동의 덕德이다. 그런데 이 '인仁'이라는 가치술어는 도덕주체 속에서는 '성性'이라는 사실술어로 이야기된다. 다시 말해, '인仁'이라는 가치술어를 매개로 하여, '리理'와 '성性'은 하나의 개념으로 말해진다. 즉 도덕주체의 '성性'이든지 보편적 존재원리인 '리理'든지 모두 '인仁'이다. 따라서 '성性'은 곧 '리理'인 것이다.[2] '성性'이 선善함은 이 가치술어인 '인'을 매개로 하여 '리'에 그 근거를 두는 것이다.

3. 성즉리性卽理 또는 도즉성道卽性

정호程顥는 본성의 선善함을 보증하는 근거를 '리理'에서 찾았다. '성性'이 곧 '리理'이므로, '성'에 대한 일이나 '리'에 대한 일이 하나로 통한다. 정호는 『주역』「설괘전說卦傳」의 "窮理盡性以至於命(리理를 궁구하고 성性을 다하여 명命에 이른다)."이란 명제를 두고 다음과 같이 말하였다.

2) 이것은 '性卽理也.'라는 유명한 명제인데, 이 명제는 정이程頤가 보다 분명히 주장하였다.(『이정유서』22상) 그러나 정호도 이 명제를 같이 인정하였음은, 정호의 사상체계 전체의 맥락을 볼 때 분명하다. 정호는 이 명제와 유사하게 '道卽性也.'(『이정유서』1)라고 하였다.

> "窮理盡性以至於命"의 세 가지 일은 같이 이루어지지, 원래부터 순서가 없다. 궁리를 지知의 일로 간주해서는 안 된다. 만약에 실제로 리를 궁구할 수 있으면 성性과 명命도 이루어질 수 있다.(『이정유서』2상)

정호는 '궁리窮理'와 '진성盡性'과 '지명至命'을 한 가지 일로 보았다. 그것은 '리理'와 '성性'과 '명命'이 모두 하나라는 생각에서 나온 것이다. '명命'은 곧 '천명天命'이다. 『중용中庸』에 "천명지위성(天命之謂性)."이라고 하였다. 그리고 앞에서 '성性'은 곧 '리理'라고 하였다. 그러므로 '천명'은 '리'이고, '리'는 '성'이다. 이로 인하여 '궁리'와 '진성'과 '지명'은 한 가지 일이 되는 것이다. 또 그의 '리理'의 내용은 '인仁'과 같은 가치개념이 주가 된다. 따라서 당연히 '궁리' 행위도 어떤 사실개념에 대한 인식이라기보다는 가치개념에 대한 인식 아니 체득이다. 그래서 그는 '식인識仁'을 인仁의 체體를 얻는 것이라 보았다.

나아가서 이전에 그 순서로 봐서 '천天'으로부터 비롯한 '명命', 그리고 이 두 개념을 합친 '천명天命'에 이르는 일에 대해서조차도 논리적 순서로는 오히려 '궁리窮理', '진성盡性' 후에 '지어명至於命'한다고 하게 되는 것이고, 이 또한 한 가지 일로 보게 된 것이다. 그는 어떤 개념과 그러한 개념을 파악하는 행위를 의식적으로 구분하려 하지 않았다. 사실상 '리理'와 '성性'과 '명命'은 논리적으로 구분되는 개념이지만, 그는 의식적으로 그것을 구분하려 하지 않고, 오히려 그러한 구분은 도덕 주체 자각에 방해가 되는 것으로 보았다.

정호가 이상과 같은 일들을 모두 한 가지 일로 간주한 것은, 그러한 것이 단순히 한 가지라는 것을 말하고자 한 것이라기보다는, 오히려 그 주체를 외부에서 내부로 끌어 오려 한 것에 그 의도가 담겨 있다. 그래서 '천리'나 '천명'은 '성' 속에 담기게 되고, 그것을 '성' 속에서 찾아야 한다고 본 것이다. 그런데 『맹자』에는 다음과 같은 말이 있다.

그 심心을 다하는 이는 그 성性을 안다. 그 성性을 알면 천天을 안다.(『맹자』「진심盡心상」)

여기서 맹자는 '심心을 다함'(盡心)과 '성性을 앎'(知性)과 '천天을 앎'(知天)을 순차적으로 나열하면서, 주재적 천을 도덕주체로 끌어 들일 것을 주장하였다.

맹자 취지의 연장선에서, 정호는 '천리天理', '천명天命'을 '성性' 안으로 끌어 들인 것처럼, 동시에 '심心' 안으로도 끌어 들이려고 하였다. 그는 맹자의 말을 근거로 하면서도, 맹자보다 오히려 더 도덕주체성을 강조하고, 맹자가 말한 '진심盡心', '지성知性', '지천知天'을 『주역』「설괘전」의 '궁리窮理', '진성盡性', '지명至命'의 경우처럼 한 가지 일로 파악하고, 마찬가지로 '심心', '성性', '천天'을 한 가지 개념으로 보려고 한 것이다. 따라서 당연히 '리理'도 이러한 개념과 같은 것이 될 수밖에 없다. 그래서 그는

심心은 리理이고, 리理는 심心이다.(『이정유서』13)

라고 하였다. 정호에게 있어서는 개념상의 구분보다는 실제상의 합일이 더 중요했다. 왜냐하면 그의 사상은 도덕적 인격의 완성자를 목표로 삼는 것이므로, 어떤 구분을 두는 것은 이 목표에 장애가 될 뿐이기 때문이다. 즉 고원한 경지에 든 사람은 이 구분을 해소한 것이기 때문이다. 그가 생각하는 도덕적 완성자는 도덕주체를 확립한 사람으로서, 심성의 주체를 확립한 사람이다. 그에 있어서 '성인聖人'은 그 주체인 '성性'을 안정시킨 이이다. 그래서 그는 '식인識仁'과 동시에 '정성定性'을 말하였다. 이러한 '성인'이 되는 방법은 곧 수양이다.

4. 정호程顥의 수양론修養論

유가적 수양이란 도덕주체의 도덕역량을 기르는 것이다. 그래서 『대학』에서 '수신修身'이 가장 선결되어야 할 조건이고, 그런 후에야 '제가齊家', '치국治國', '평천하平天下'가 있게 되는 것이다. 정호에게 있어서 '수신'이란 도덕주체인 '성性'을 안정시키고, 그 도덕적 역량을 함양하는 것이다. 이것은 이미 앞에서 말한 후천적 '성性'의 상대적 악惡의 요소를 제거하는 것이다. 만일 이러한 상대적 악이 제거된다면 선천적이고 본연적인 '성'의 절대적 선이 회복되는 것이고, 이러한 상태가 완성된 존재가 '성인聖人'인 것이다.

정호는 근본적으로 '성性' 자체는 선善하다고 보고 있다. 그리고 악惡의 요소는 '성' 자체가 아닌 그 외부[3]에 있으면서 '성'에 영향을 미쳐 현실의 악을 만들어 내는 것이다. 그의 물의 비유에 따르면, 물 자체는 흐림이 없는 순전히 맑은 상태이지만, 흐리게 만드는 물 밖의 요소로 인하여 현실 속에서의 흐린 물이 존재하게 되는 것이다. 그래서 그는 앞에서 말한 물의 비유에 이어서 말하기를,

> 그렇다면 사람은 맑게 다스리는 공功을 들이지 않을 수가 없다. 그러므로 힘쓰는 것이 민첩하고 용감하면 빨리 맑아지고, 힘쓰는 것이 느리고 게으르면 천천히 맑아지는 것이다. (그러나) 그것이 맑아지고 나서는 단지 원초적인 물일 뿐이다. 맑은 것을 가지고 흐린 것을 바꾸는 것도 아니고, 흐린 것을 뽑아내서 한 쪽 구석으로 밀어 내두는 것도 아니다. 물이 맑은 것은 성性이 선善함을 말한다. 그러므로 선과 악이 성 가운데에서 두 가지가 상대하여 있다가 각각 나오는 것

3) 여기서 외부라고 하는 것은, 선천적 '성性'의 외부이지 현실적인 인간의 외부라는 말은 아니다. 정호 입장에서는 현실에서는 오히려 '性卽氣, 氣卽性.'이다.

이 아니다.(『이정유서』1)

라고 하였다. 그의 입장에서는 후천적인 현실의 악惡을 제거하기 위해서는 후천적인 노력을 가하지 않을 수가 없다. 이것이 수양이다. 그래서 수양을 열심히 하면 빨리 선善해지고 그것을 태만히 하면 천천히 선해진다. 그러나 결과적으로 이미 선해지고 나서는 원초적으로 선한 '성性' 그 자체가 된다. 이 경우 선을 가지고 악을 바꾸는 것도 아니고, 악을 뽑아내어 한 쪽 구석으로 밀어 내 두는 것도 아니다. 그것은 품부된 기질氣質의 변화로 이루어진다고 본다. 그의 입장에서는 보통사람과 성인聖人은 근본적으로는 구별이 없다. 구별하려는 각도에서 보면 그 차이는 '기질지성氣質之性' 때문이다. 그래서 '성인'이 되려면 기질을 변화시켜야 하는 것이다. 이러한 수양의 방법에는 '경敬'이 있다. 그는 말하기를,

> 경敬은 온갖 사악함을 이겨낸다.(『이정유서』11)

라고 하고, 또 말하기를,

> 만약 조금이라도 더러워져 훼손됨(汚壞)이 있으면 곧 경敬으로써 그것을 다스려 옛날과 같이 회복시켜야 한다. 옛날과 같이 만들 수 있는 것은 대개 스스로 본래부터 완전히 갖추고 있는 것이기 때문이다.(『이정유서』1)

라고 하였다.[4] 이 '경敬'의 다스림을 통하여, 더러워져 훼손된 것을 제거하고, '기질지성氣質之性'을 더러워져 훼손되기 전의 상태로 회복할 수가 있다는 것이다.

---

4) 이 '경敬'은 나중에 동생 정이程頤를 통해서 유가儒家의 보다 확고한 수양방법으로 자리 잡아 남송의 주희朱熹에 의해 계승된다.

5. 정성定性

장재는 정호에게 '정성定性'(주체를 안정시킴)[5]에 대해 토론하는 편지를 보낸 적이 있었다. 이에 정호는 『답횡거장자후선생서答橫渠張子厚先生書』를 써서 보냈다. 장재가 제기한 문제는 "정성定性하려 하나 결국 (내면이) 움직이지(動) 않을 수 없게 되고, 오히려 외물外物에 누累되고 만다."는 것이다.

정호는 답신에서, "이른바 '정定'이라는 것은 움직일(動) 때도 '정定'하고 고요할(靜) 때도 '정定'하여, 보내고 맞이함도 없고, 안과 밖도 없습니다. 외물을 바깥 것으로 보고 자신을 이끌어 그것에 따르는 것은 자신의 본성에 안팎의 구분이 있다고 생각하는 것입니다. 더구나 본성이 사물을 따라 밖으로 나갈 수 있다고 생각한다면, 본성이 밖에 남아 있을 때, 지금 이 순간 안에 있는 것은 무엇인가요? 이것은 외부의 유혹을 뿌리치려다 오히려 본성에 안팎의 구분이 없다는 것을 모르는 것입니다. 이미 본성을 안팎의 두 가지 근본으로 억지로 갈라놓고 나서 어떻게 성급하게 '정定'이라고 판단할 수 있겠습니까? 하늘과 땅은 언제나 그 마음으로 만물을 보편화하고 자신은 마음을 두지 않으며, 성인은 언제나 그 정情으로 만사를 따르되 자신은 정情을 두지 않습니다. 그러므로 군자의 학문에는 '텅 비듯 크게 공평하여(廓然而大公)' 사물이 오면 그에 순응하는 것 만한 것이 없습니다."라고 하였다. 정호가 말한 끝부분의 '확연이대공(廓然而大公)'은 천지와 성인의 모습을 표현한 것이다. 그들은 '확연이대공'하기 때문에 무슨 일이 일어나든 그 자연함에 따라서 반응한다. 이것이 바로 '순응'이며, 바로 인위적 사색이나 고려 없이 자발적으로 반응하는 것이다. 정호의 이 편지는 훗날 『정성서定性書』로 불리며 성리학의 중요한 이론 문헌이 되었다. 이 '정성'은 수양으로 얻어지는 것이라 할 수 있다.

---

5) 여기서의 '성性'은 '심心'의 의미로 봐야 하며, 주희도 그렇게 보았다. 사실상 성리학의 '성性'은 주체의 본질적 측면을 말하고, '심心'은 주체의 실존적 측면을 말한다.

제26장

정이 程頤

정이程頤(1033~1107년)는 정호가 태어난 이듬해인 송 인종仁宗 명도明道 2년에 태어나, 송 휘종徽宗 대관大觀 원년에 세상을 떠났다. 자字는 정숙正叔이며, 세칭 '이천선생伊川先生'이다. 국자감國子監교수敎授와 숭정전崇政殿설서說書 등을 지냈다. 그가 열네 살, 형 정호가 열다섯 살 때 주돈이에게서 배웠다. 태학太學에서 공부할 때 『안자소호하학론顔子所好何學論』을 썼는데, 태학을 주관한 호원胡瑗이 그 재능을 놀라워한 바 있다.

정이程頤는 그의 형 정호程顥처럼 맹자로부터 전개되어 온 인성 논의를 이어받아, '성性'과 '리理'를 논하고 '성즉리性卽理' 명제를 철학적 전제로 삼는 관점으로 주돈이를 비롯한 당시 성리학자들과 더불어 전기 성리학의 체계를 세웠다. 이들 북송대 철학자들의 사상은 다음 남송대의 주희朱熹(주자朱子)에 의해서 계승, 종합되는데, 주희는 특히 정이의 사상에 영향 받은 바 크다. 정이와 그의 형 정호, 즉 이정 형제는 상당 부분의 사상 내용을 함께 하지만, 그래도 구체적인 부분에 있어서는 각자 그들의 철학 이론적 구조와 철학 방법론을 달리 한다.

1. 정이程頤의 '성性'

정이는 정호처럼 고대철학의 유산을 살려, '성性'과 '심心' 그리고 '리理'의 논의를 그의 철학체계에 꾸려 넣어 그의 철학의 중심으로 삼았다. 그는 다음과 같이 말하였다.

> 성性의 근본(本)은 명命이고, 성性의 자연自然함은 천天이다.(『이정유서二程遺書』25)

정이의 이 말에서 그가 본질로서의 '성性'의 근원을 '명命'에 두었음과 그 '성'을 또 '천天'과 연결함을 볼 수 있다. 이것은 물론 원시종교시대의 잔재를 함유하고 있는 고대 유가사상의 '천명天命' 관념과 이어지는 것이라고 볼 수 있다. 이러한 표현들을 볼 때, 그의 철학은 형인 정호와 함께 철학사에 있어서 형이상학적 단계로 진입한 의의를 가지지만, 동시에 이것은 그에게 있어서도 나타나는 우주론적 인간발생기원의 한 단면임을 알 수 있다.

정이는 또, "'성性'이 형체화된 것을 일러 '심心'이라 한다."(『이정유서』25)고 했는데, 그는 본질로서의 '성性'을 '천명天命'에 근원을 두는 것으로부터 출발하였지만, 결국은 그것을 인간에게 내재화된 것에서 추구하였다. 이러한 것이 정이가 생각하는 인간 본질인 '성'의 유래이나, 여기서 논의하는 초점은 결국 정이의 입장에서 말하는 '성'의 선악善惡 여부이다. 정이는 맹자孟子의 학설을 이어 받아 '성性'을 선善한 것으로 보았다. 나아가서 그 성에 따른 후천적 행위도 선한 것으로 보았다. 그래서 그는 "성性으로부터 행하는 것은 모두 선善한 것이다."(『이정유서』25)라고 하였다.

그렇다면 '성性'이 선한 근거는 무엇인가. 맹자는 어린 아이가 우물에 빠지려 하는 것을 불시에 보게 되면, 사람마다 누구나 겁이 나고 측은한 마음을 가지게 된다는 데 착안하여, 그것을 근거로 사람은 누구나 '불인인지심不忍人之心', 즉 '남에게 차마 하지 못하는 마음'으로서의 선한 본성을 가지고 있다고 주장하였다. 그러나 철학의 발전이 보다 진행된 정이 당시에는 그 정도의 논증방법은 지극히 소박하고 단순한 것이 된다.

정이의 경우는 그 근거를 '성性'의 유래에서 찾았다. 이 방법은 역시 『맹자』나 『중용』의 사상에 근거한 것이지만, 정이는 그 자신의 독자적인 설명 방법으로 전개하였다. 그는 '성'의 유래를 『맹자』나 『중용』에서처럼 단순히 '천天'으로만 말하지 않고, 그의 형 정호程顥가 깨달은 '천리天理'라는 관념을 같이 채택하여 '성'이 '리理'에 유래하며 근거한다고 주장하였다. 이것이 곧 '성즉리性卽理'라는 명제로 표현되는 것이다. 정이는 '성'이 '리'에 근거하므로 선하다

고 한 것이다. 그는 말하기를,

> '성性'은 바로 '리理'이며, 이른바 '리理'란 '성性'이다. 천하의 리는 그것의 유래를 탐원해 보면 선善하지 않은 것이 없다. 기뻐하고 화내고 슬퍼하고 즐거워하는 것이 아직 발發하지 않았을 때에 어찌 선하지 않은 적이 있겠는가? 발하여 절도에 맞으면 모두 선하지 않음이 없지만, 발하여 절도에 맞지 않게 되고 나서야 선하지 않음이 있다. 그러므로, 일반적으로 선과 악을 말할 경우에는 모두 먼저 선하고 나중에 악하다 할 것이다.(『이정유서』22상)

라고 하였다. 여기서 그는 '리'를 이미 가치관념으로 받아들여, 그것에 '선善'이란 가치를 부여하였고, 이에 따라 '성'도 역시 선함을 말하였다. 동시에 현실의 '불선不善' 또는 '악惡'의 유래도 말하여, 선천적인 '성' 그 자체는 선하다고 할 수 있지만, 후천적이고 경험적인 현실의 상태에서는, 현실의 상황에서 절도에 맞을 때 곧 선이 되고, 그렇지 못할 때에 불선 또는 악이 된다고 하였다.

여기서 '성'을 선천적이며 본질 그 자체인 '성'과 그것이 현실 속에 있을 때의 경험적 '성'으로 나누는 사고 유형이 발견된다. 전자는 절대적으로 선한 것이고, 후자는 상대적인 선악으로 나타나는 것이다. 이것은 성리학사性理學史에 있어서 '천명지성天命之性(본연지성本然之性)'과 '기질지성氣質之性'으로 불리는 것으로서, 그 시발점은 장재張載가 구분한 '천지지성天地之性'과 '기질지성氣質之性'이다. 정이는 다음과 같이 말하였다.

> (공자는) '성性은 서로 가까우나 습習으로 인해 서로 멀어진다(性相近, 習相遠).'고 하였다. (그렇지만) 성은 하나인데, 무엇을 가지고 서로 가까움을 말하는가?

이것은 다만 기질지성氣質之性을 말하는 것일 따름이다. 속칭 성性이 급急하다 또는 성性이 느리다(緩)고 하는 것과 같다. 성性에 어찌 완급緩急이 있겠는가? 여기서 말하는 성性이란 (고자告子가 말한) '생生한 그대로를 성性이라 한다(生之謂性)'는 것이다.(『이정유서』18)

또 그는 말하기를,

일반적으로 '성性'을 말하는 경우에는, 반드시 주장자가 말한 의도가 어떠한가를 봐야 한다. 예컨대, '인성人性이 선善하다'라고 말하는 경우에, 그것은 성性의 근본을 말하는 경우이다. '생生한 그대로가 성性이라 한다(生之謂性)'라고 말하는 경우에는, 그 품부된 바를 논하는 것이다. 공자가 '성이 서로 가깝다'고 말하였지만, 만약 그 근본을 논한다면 어찌 서로 가깝다고 말할 수 있겠는가? 다만 그 품부된 바를 논하는 것일 뿐이다.(『이정유서』18)

라고 하였다. 그에게 있어서 본질로서의 '성性'은 역시 기질지성氣質之性을 말하는 것은 아니다. 그것은 '리理'에 근거를 두고 있는 선천적 '성' 그 자체이다.

2. 정이程頤의 '리理'

이정二程 형제는 모두 '성즉리性卽理'라는 명제를 제기하면서, '리理'를 '성性'과 연관시켰다. 『중용』에서는 "천명지위성天命之謂性"이라고 하는데, 정이의 논리로는 이에 결부하여 '천리'가 사람을 비롯한 특수한 개별자들에게 부여될 때, 그것은 '성性'이 된다고 말할 수 있다. 이정에게 있어서 대상세계는 하나의 법칙에 따라 지배되는 것이며, 그 법칙이 '리'이다. 이 '리'는 자연의 운행질서

이기 때문에 자연에 소속된 모든 존재가 이 영역을 벗어날 수는 없는 것이다. 이정 형제에 따르면, 이 '리'가 개별적 존재에게 부여된 것이 곧 '성性'이며, 이로 인해 말해지는 명제가 곧 '성즉리性卽理'이다.

정이의 입장에서, '성性'의 문제로 들어가기 위해 먼저 밟아야 할 순서는, 역시 세상의 현실을 바로 다스리는 과정에서 나타나는 바의 문제와 더불어 시작되는 것이다. 이 문제는 『대학大學』이 중점적으로 말하고 있고, 정이는 당시 『대학』을 특히 중시한 학자였다. 『대학』에 있어서 논의의 출발점은 '평천하平天下'인데, 이 '평천하'의 선결문제가 '치국治國'이다. 또 '치국' 이전에 '제가齊家', '제가' 이전에 '수신修身'이 요청되어, '평천하'를 목적으로 한다면 결국 '수신'으로부터 출발해야 하므로, '평천하'는 궁극적으로는 다스리는 주체인 인간 자신의 문제로 귀결된다.

『대학』에 있어서 다스리는 주체는 곧 도덕주체이고, 그 도덕주체란 결국 인간내면의 '심心'이 된다. 그래서 『대학』에서는 내면의 문제에 있어서 '수신修身'하려면 먼저 '정심正心'해야 한다고 하며, 다시 '정심'은 먼저 '성의誠意'로부터 출발한다고 한다. 또 『대학』에서는 '성의'하려면 먼저 '치지致知'해야 한다고 한다. '성의'는 하나의 도덕적 행위이다. 그런데 어떤 도덕적 행위에는 먼저 그 행위를 어떻게 할 것인가 하는 방침에 대한 도덕적 지식이 요구된다. 그렇기 때문에 '치지'가 요청된다. 『대학』은, 이 "'치지'는 '격물格物'에 있다(致知在格物)."고 한다. 말하자면, 밖을 다스림의 관건은 안을 다스림에 있는데, 그 안을 다스림의 관건은 다시 밖의 사물들에 관한 정보취득에 있다는 것이 정이의 입장이다.

정이에 있어서 밖의 사물에 대한 정보취득은 사물을 경험함으로 인한 것인데, 이렇게 사물을 경험함이 곧 '격물格物'이다. 그는 『대학』의 '격물格物'에서 '격格'을 '지至'로 해석하였는데, 이는 결국 대상에 나아가서 경험함을 뜻하는 것이다. 그래서 그에게 있어서는, 『대학』의 '치지致知는 격물格物에 있다'함은 대상사물의 '리'를 얻음이 그 대상사물을 경험함에 있다는 것으로 되는 것이다. 나아가 그는 『대학』의 '격물'을 『주역』「설괘전」의 '궁리窮理'로 해석하였다. 그에 의하면 대상사물의 정보란 곧 그 사물의 '리理'이다. 그래서 그는 이렇게 말하였다.

> 물物에 있는 것은 리理이고, 물物을 처리하는 것은 의義이다.(『이정수언二程粹言』상)

또, 말하기를,

> 천하의 물物은 모두 리理로 비추어 볼 수 있다. 물物이 있으면 반드시 법칙이 있다(有物有則).[1] 하나의 물物에는 반드시 하나의 리理가 있다.(『이정유서』18)

라고 하였다. 천하 만물마다 각각 하나의 '리'가 있음은, 천하 만물이 각각 모두 그 고유한 존재 본질로서의 원리를 가지고 있다는 것이다. 정이는 이러한 물物의 리를 획득하기 위한 것이 '격물格物'하여 '궁리窮理'함으로 본 것이다. 원래 『대학』에서는 '격물치지格物致知'를 말하고 있지만, 정이는 여기서의 '치지'를 '궁리'로 해석하였다. '궁리窮理'는 『주역』「설괘전」의 '궁리진성이지어명窮理盡性以至於命'에서 가져온 것이다. 정이의 입장에서는 이 두 문헌이 자신의 철학 이론을 표현하는 의도와 마침 딱 들어맞은 셈이다. 그래서 '격물치지'는 '격물궁리'가 된 것이다.

그런데, 이러한 '격물궁리'는 무엇 때문에 하는가? 그것은 방금 말한 『주역』「설괘전」의 주장대로 '진성盡性'하기 위해서이다. 물론 이 바탕에는 그의 '성즉리性卽理' 명제가 전제로서 깔려 있다. 그렇다면 무슨 근거로 천하 만물 각개의 '리'가 궁극적으로 우리의 인성과 관련되게 되는가? 만물의 '리'는 동시

---

1) 원래 『시경詩經』「大雅」의 "天生烝民, 有物有則." 즉 "하늘이 백성들을 낳으시고, 사물마다 법칙이 있게 하셨네."라는 말에서 유래.

에 만물의 '성性'이다. 그는 만물의 '리'이자 '성'을 앎으로써, 인간의 '리'이자 '성'을 알고자 하였다. 정이는 우리 자신의 '리'를 알려면 만물의 '리'를 알아야 한다고 생각하였다. 그런데 우리 자신의 '리'와 만물의 '리'가 무슨 상관이 있길래 이런 논리가 가능하다는 말인가. 즉 만물의 '리'를 알았다고 하더라도, 그것에 근거하여 어떻게 우리의 '리'를 알 수 있다는 것인가. 정이의 논리로는, 만물을 관통하는 '리'는 우리 인간 자신에게도 해당되는 것이다. 우리 인간 자신이 만물의 하나란 측면에서도 그러하고, 동시에 정이의 입장에서는 대상세계인 물物의 세계와 인간의 인식주관은 동일한 '리理'로 파악될 수 있다는 것이다. 그래서 그는 말하기를,

> 물物과 아我는 하나의 리理이다. 이것을 밝히면 저것을 다하게 되고, 저것을 다하면 이것과 통하므로, 안과 밖을 합하는 도道이다.(『이정수언二程粹言』하)

라고 한 것이다. 또 말하기를,

> '만물은 모두 나에게 갖추어져 있다'(『맹자』「진심盡心상」)고 함은 사람과 사물을 통틀어 말하는 것이다. 짐승은 사람과 서로 아주 비슷하다. 다만 추리를 할 수 없을 뿐이다.(『이정유서』2하)

라고 하였다. 정이의 입장에서는, 사람과 사물은 근본적으로 하늘로부터 부여받은 동일한 '리'에 포섭된다. 그러므로 사물의 '리'를 알면 곧 사람의 '리'도 알게 되는 것이다. 그런데 그가 전제한 '성즉리性卽理' 명제에 따라 사람의 '리'는 곧 사람의 '성性'이 되므로, 결국 사물의 '리'를 알면 사람의 '성'을 알 수 있게 된다는 것이다. 그러나 이때 말하는 사물의 '리'는 만물 각개 하나하나의 개별 '리'는 아니다. 사람 아닌 어떤 하나의 사물의 '리'를 알았다고 하여 곧

사람의 '성'을 알 수 있다는 말은 아니다. 사람의 '성'을 알려면 사람과 사물 전체를 포괄하여 사람과 사물을 연계하는 '보편 리'를 알아야 한다.

정이의 형 정호가 '리'를 말할 때, 그것을 특히 '천리天理'라는 이름으로 말할 때, 그것은 만물의 보편적 '리'를 가리킨다. 그런데 정이는 '리'를 개별적인 측면과 보편적인 측면으로 나누어 말하였다. 그는 이른바 '리일분수理一分殊'[2] 라는 명제를 주장하면서 보편과 개별의 관계를 말하였다. 그의 논리대로 하면, 개별리는 보편리의 다양한 전개이고, 동시에 소급하여 보면 개별리로부터 보편리를 얻을 수도 있다. 그러면 어떻게 천하 만물을 관통하는 보편 리를 얻을 수 있는가.

정이는 앞에서 '격물格物'의 방법을 제시하였다. 여기서 그는 앞에서 말한 대로, '격물格物'의 '격格'을 '이르다(至)'의 뜻으로 생각하여, '격물'을 사물에 이르러 경험함으로 생각하였다. 그래서 그가 '격물치지'를 '격물궁리'로 해석함은, 사물 하나하나에 이르러 경험함으로써 각개의 '리'를 안다는 것이 되는 것이다. 즉, 이러한 각개의 '리'를 귀납하면 궁극적으로 만물의 보편리를 알 수 있다는 것이다. 그러려면 만물 하나하나를 모두 경험해 보아야 할 것이다. 그러나 현실적으로 만물 하나하나를 모두 경험해 보는 것은 불가능하다. 정이도 만물 하나하나를 모두 경험해 볼 필요는 없다고 하였다. 그는 말하기를,

> 궁리窮理에 힘쓴다는 것은 반드시 천하의 리理를 모두 궁窮해야 함을 말하는 것도 아니요, 하나의 리를 얻으면 바로 된다고 말하는 것도 아니다. 다만 경험이 많이 누적된 후에 자연히 나타나게 될 뿐이다.(『이정유서』상)

라고 하였다. 정이는, 모든 물物의 각개 개별적 특수리는 하나의 보편리에 근거를 두며 동시에 하나의 보편리로부터 유래한다고 생각하였다. 그래서

---

2) 원래는 장재의 『서명西銘』에 대한 제자 양시楊時의 질문에 답한 말이다.

만물의 개별자들에 대한 경험적인 귀납적 궁리 작업을 계속해 나아가면, 어느 단계에 가서는 '자연제일성自然齊一性의 원리'에 따른 보편리를 일반화를 통해 확보하게 된다고 여겼다. 이것은 귀납추리상 일종의 '귀납적 비약'이다. 그래서 보편리를 확보하게 되면 그 다음부터는 궁리되지 않은 대상의 처리방법도 자연히 알게 될 것이다. 왜냐하면 모두가 그 보편리에 귀속되기 때문이다.

그러나 이러한 귀납추리 과정에서의 '성급한 일반화의 오류'를 피하기 위해서, "하나의 리를 얻으면 바로 된다고 말하는 것도 아니다."라고 덧붙이고 있다. 어느 정도로 충분한 만큼의 경험은 요구된다는 말이다. 그래서 "다만 경험이 많이 누적된 후에 자연히 나타나게 될 뿐이다."라고 한 것이다. 그는 이러한 귀납추리 과정에서 수반되는 귀납적 비약을 '탈연관통脫然貫通'이란 말로 표현하면서 다음과 같이 말하고 있다.

> 반드시 오늘 한 가지를 경험하고 내일 또 한 가지를 경험하면서, 그 경험이 누적됨이 많아지고 난 후에는 탈연脫然히 저절로 관통貫通하는 곳이 있게 된다.(『이정유서』18)

정이의 입장에서는, 이상과 같은 방법을 통해 얻은 보편리가 궁극적으로 인성을 아는 근거가 된다고 한다. 그렇다면 여기서 어떻게 인성의 선악이라는 가치문제를 다룰 수 있을 것인가.

3. 리理와 성性의 선악善惡 문제와 선善의 회복

천하 만물 각개는 만일 인간의 개입이 없다면 그것들은 다만 각각 그들 나름대로 존재할 뿐이다. 인간의 개입이 배제된 '리理'는 단지 사실적 존재의 '리'일 뿐이다. 그렇다면 어떻게 이러한 '리'로부터 가치 자각적 '성性'을 유추해 낼 수 있겠는가. 이 점은 논리적으로 건너기 힘든 강이다. 이른바 무어(G. E. Moore)의 '자연주의적 오류'의 문제가 있는 것이다.

이 경우 '심학心學'은 사실과 가치의 문제를 논리적으로 해결하려기보다는 주체의 가치 자각에 의해야 한다고 보지만, '성리학性理學'의 관점은 대상세계의 사실에 관한 '리'를 도덕주체가 가치 원리로 변환해 획득하려 한다. 다만 성리학자 중에서는 정호가 심학의 관점과 가까워서 직관적 도덕 자각을 추구하지만, 동생인 정이는 분석적 논리적으로 접근하여 대상 세계의 사실적 리를 결국은 가치의 리로 받아들인다. 정이의 이러한 관점이 남송의 주희朱熹(주자朱子)에 계승된다. 정호와 가까운 관점이, 주희와 강서江西의 '아호鵝湖'에서 논쟁을 벌인 육구연陸九淵의 관점이며, 그에 의해 심학이 개창된다.

정이의 관점에서는, 인간은 자신의 입장에서 사물에 가치를 매기고, 나아가서 그것을 어떻게 처리할 것인가를 생각한다. 비록 단순한 인식행위라 하더라도, 인간이 개입되는 한, 사물에 대한 가치 의식의 완전한 배제는 어렵다. 그래서 사물의 존재에 관한 '리'는 인간의 입장에서 가치와 당위의 '리'와 결부된다. 앞에 이미 인용한 다음과 같은 그의 말에서 그 점을 잘 알 수가 있다.

> 물物에 있는 것은 리理이고, 물物을 처리하는 것은 의義이다.

'의義'는 사물에 있는 객관적 리理를 감안하여 인간의 주관적 입장에서 어떻게 처리해야 마땅한가 하는 것으로서, 곧 당위를 말한다. 그래서 그는 말하기를,

> 군자君子가 짐승과 다른 까닭은 인의仁義의 성性이 있기 때문이다. (『이정유서』25)

라고 하였다. 인의仁義는 가치개념으로서, 인간의 도덕능력이다. 인간의

본질인 '성性' 속에는 바로 이 인의가 있다는 것이다. 그래서 그는 이 점을 보다 분명히 하여,

> 인仁 · 의義 · 예禮 · 지智 · 신信에 대해서는 '성性'에서 이 다섯 가지를 말해야 한다.(『이정유서』15)

라고 하였다. 나아가서 그는 이 '성性'의 근거가 되는 '리理'에 이미 가치 관념을 함유시키고 있다. 그는 말하기를,

> 성性은 바로 리理이며, 이른바 리理란 성性이다. 천하의 리는 그것의 유래를 탐원해 보면 선善하지 않은 것이 없다.(『이정유서』22상)

라고 하였다. 이것은 사실적 대상의 '리'를 이미 '성'의 입장에서 가치의 '리'로 획득하고 있는 것이다. 이상과 같은 것이 정이 철학에서의 '성'과 '리'의 관계이다. 정이는 이에 따라 '성'이 선善한 것임을 선언하였다.

그런데 현실의 제모순으로서의 '불선不善' 또는 '악惡'은 어디서 유래하는가. 정이의 생각으로는, '악'은 본성 밖에서 유래한다. 즉 인간의 본질은 선하나, 인간을 구성하는 요소 중 비본질적인 것에서 불선 또는 악이 유래한다는 것이다. 맹자의 사상구조로 보면 그것은 금수禽獸도 가지고 있는 부분이다. 정이는 그것을 '기氣'로 보았다. 그렇다고 해서 기가 곧 전적으로 악이라는 것은 아니다. 만일 악이 나온다면, 그것에서부터 나온다는 것이다. 기는 조건에 따라서 선일 수도 있고, 악 또는 불선일 수도 있다. 그는 다음과 같이 말하였다.

> 기氣에는 선善도 있고 불선不善도 있지만, 성性에는 선善하지 않음이 없다. 사람이 선을 알지 못하는 까닭은 기가 그것을 어둡게 하여 막기 때문일 뿐이다.(『이정유서』21하)

즉, 현실에 있어서 불선 또는 악은 현실적 인간존재를 구성하는 질료적 부분인 '기'의 '어둡게 하여 막음'이라는 것 때문에 있게 된다는 것이다. 그 때문에 본래의 '성'의 선함이 드러나지 않게 된다는 말이다. 이러한 정이의 생각은 근본적으로, 많이 알려져 있다시피, 그의 이원적 사상구조에 근거한다. 그의 입장에서는, 세계는 '리理'와 '기氣'로 구성되어 있고, 인간도 이러한 구조에 따른다. 그는 '리'에 근거하여 인간의 '성'이 있는 데에 대하여, '기'로부터 존재하게 되는 인간의 현실적 바탕을 '재才'라고 불렀다. 이러한 개념들의 관계에 대하여 그는 다음과 같이 말하였다.

> 성性은 선善하지 않음이 없는데, 선善하지 않음이 있는 것은 재才이다. 성性은 곧 리理이다. 리는 요堯나 순舜으로부터 길 가는 사람에 이르기까지 한결같다. 재才는 기氣로부터 부여된다. 기에는 맑음과 흐림이 있는데, 그것의 맑은 부분을 부여받은 이는 현인이 되고, 그것의 흐린 부분을 부여받은 이는 어리석은 사람이 된다.(『이정유서』18)

또, 말하기를,

> 성性은 하늘에서 나왔고, 재才는 기氣에서 나왔다. 기가 맑으면 재도 맑고, 기가 흐리면 재도 흐리다. 재에는 선함과 불선함이 있지만, 성에는 선하지 않음이 없다.(『이정유서』19)

라고 하였다. 즉, 세계를 구성하는 '리理'와 '기氣'는 인간에게 있어서는 '성性'과 '재才'에 대응되는데, '성'은 선하지 않음이 없고, '재'는 그것이 유래된 '기'의 맑음과 흐림에 따라 선하기도 불선하기도 하다. 정이는 이처럼 불선 또는 악이 본성에서 유래하는 것이 아니고, 기로 구성된 재에서 유래한다면, 악은 제거될 여지가 있다고 생각하여, 그것을 '재'의 순화에서 찾았다. 만일 인간주체의 현실적 악이 제거된다면, 그것은 『대학』의 논리에 따르면 '성의誠意' 하고 '정심正心'함이 되어, 궁극적으로 천하라는 대상세계의 악도 제거될 수 있을 것이다. 재才의 악惡은 '사邪'로 규정된다. 정이는, 이 '사邪'는 '경敬'이라는 수양방법으로 순화된다고 한다. 그는 선을 회복하려면 '사邪'를 제거하는 것이 필수적이라 생각하였다. 이 '사邪'의 제거를 위해서는 인식주체이면서 도덕주체인 심성心性을 수양하여야 한다. 이 수양의 방법으로 '경敬'을 든 것이다. 그는 '경敬'에 대하여 말하기를,

> 경敬은 사邪를 막는 방법이다. 사邪를 막는 것과 그 성誠을 보존하는 것은 비록 두 가지 일인 것 같지만, 결국은 다만 한 가지의 일이다. 사邪를 막으면 성誠이 저절로 보존되기 때문이다.(『이정유서』18)

라고 하였는데, 여기서 '성誠'은 『중용』이나 『맹자』의 '성誠'으로서 자연법칙이면서 동시에 인간이 본성 속에 지녀서 도덕법칙으로 삼아야 할 것이다. 동시에 이것은 『대학』의 '성의誠意'와 연결되어, 정이의 입장에서는 『중용』과 『맹자』의 취지가 『대학』 그리고 나아가서 『주역』의 "閑邪存其誠(사邪를 막아 그 성誠을 보존한다)."과 일치하게 되는 것이다. 종합하여 말한다면, 만일 인간이 '경敬'함으로써 '사邪'를 막아 성誠이 보존되면 자연히 건전한 인식능력과 도덕적 실천능력이 생기게 되어 '성의'하는 것이 되고, 이는 '정심'을 통해 궁극적으로 '평천하'에 이르게 될 것이다. 이를 위한 수양방법으로서의 '경'은 우리의 심성을 흐트러지지 않게 하나로 모아 '사邪'가 침입할 여지를 주지 않는 것이다. 그래서 정이는 이를 '주일主一'이라고 정의하였는데, 그러면서 또 이 '일一'을 '무적無適'이라고 정의하였다. 즉 '주일'은 일종의 정신집중으로서 정신을 하나에 모으는 것이며, 또 그 하나란, 다른 곳으로 정신을 산만하게 흩트리지 않으면서, 목적한 바에서 떠나지 않는 응집의 상태를 말한다. 그러므로 '경'은 결국 정신을 산만하게 흩트리지 않으면서, 목적한 바에서 떠나지 않고

응집시켜 집중하는 것이다.

정호와 더불어 정이 역시 수양방법으로 '경'을 제시하는 것은, 그들의 스승 주돈이周惇頤와 차별화되는 측면이 있다. 주돈이는 수양방법으로서 '정靜을 주로 함(주정主靜)'을 주장하였다. 그런데 이 '정靜'은 정호와 정이가 보기에는 유학의 정신을 나타내기 보다는 도가, 도교 또는 불교의 냄새가 나는 것이었다. 출세간出世間을 지향하는 이들 사상은 '무사無事'를 추구한다. 그러나 유가는 그럴 수 없고 그래서도 안 된다고 생각한다. 천하의 일에 항상 관여해야 하고, 천하에 문제가 있으면 언제라도 개입하여 해결하여야 한다.

그러므로 당장 현안이 없더라도 그런 경우에 대비하여 도덕주체의 정신은 겉으로 보기에 정靜한 듯, 즉 고요한 듯 있지만, 그 내면은 언제나 깨어있는 상태로 있으면서, 일이 있을 경우 그에 대응할 수 있는 자세로 있어야 한다. 이러한 마음상태, 마음자세가 바로 '경敬'이며, 동시에 이러한 마음상태, 마음자세를 가지려고 하는 수양의 방법 역시 '경'이다. 이것이 '경敬'과 '정靜'의 다른 점이다.

4. 정이程頤의 리理, 도道, 기氣의 관계

『주역』의 사상이나 이에서 유래한 사상에서는, 흔히 본체의 현상화 과정을 『주역』「계사전」의 "易有太極, 是生兩儀, 兩儀生四象, 四象生八卦 …" 운운하는 말에 따라 설명한다. 이는 특히 소옹의 「관물외편」에서 거론하여 훗날 주희가 수용한 것이기도 하다. 다른 방식으로는 주돈이가 역시 「계사전」과 관련하여 그의 「태극도설」에서 설명한 '만물화생萬物化生'의 방식이다. 그런데, 정이程頤는 '태극太極'이라는 용어를 중시하지 않았다. 그는 다만 '리理'와 '도道'라는 용어를 써서 형이상의 본체계를 설명하였다.

정이는 '리'와 '도'에 대해서 형이상形而上에서 형이하形而下로 내려오는 방법을 취하기보다는 음양陰陽에 즉卽해서 설명하고 있다. 그는 "음양을 떠나서 다시 도道는 없다. 음양된 소이所以가 도이다. 음양은 기氣이다. 기는 형이하자形而下者이다. 도는 형이상자形而上者이다. 형이상자는 바로 근원(密)이다."(『이정유서』)라고 한다. 도道와 기氣[3]는 서로 떨어질 수 없는 밀접한 관계를 가지고 있으나, 그렇다고 해서 음양인 기가 그대로 도인 것은 결코 아니다.

그래서 이 미묘한 점을 분명히 하기 위해서 그는, "한 번은 음이 되기도 하고, 또 한 번은 양이 되기도 하는 것을 도道라고 한다(一陰一陽之謂道). 도는 음양이 아니다. 한 번은 음이 되기도 하고, 또 한 번은 양이 되기도 하는 '소이所以'가 도이다. 한 번은 열고, 또 한 번은 닫기도 하는 것을 일러 '변變'이라고 하는 것과 같다."(『이정유서』)고 하였다.

음양은 기이므로 이것이 곧 도나 리가 아님은 분명하다. 그래서 실제상으로는 떨어질 수 없지만, 원리상, 개념상으로는 다른 차원이다. 변화하는 현상의 질료인 기와 그 변화의 원리는 떨어질 수 없는 관계이지만 개념상으로는 분명히 둘이며, 이 둘은 그 차원이 다르다. 그런데 이 두 차원들은 이러한 관계에서 결국은 삼라만상의 현상을 전개해 내는데, 그러면 어떻게 현상을 전개하는가. 정이는 이를 『주역』「계사전」의 "적연寂然하게 동動하지 않다가(寂然不動), 감感하여 마침내 천하의 일에 통한다(感而遂通天下之故)."는 말에 그 근거를 두고 설명을 시작한다. 이 말은 정이의 관점에서는 분명히 '기氣'의 차원이다. '도'나 '리'의 차원에서는 '감感'의 문제를 말할 수 없다. 그래서 그는, "'寂然不動, 感而遂通'이라고 하니, 이것은 사람의 일을 말한 것이다. 도를 논한다면, 만리萬理가 모두 갖추어져 있어 감感이니 미감未感이니 하는 것을 더 말할 수가 없다."라고 한다.

주돈이는 '기'의 근원을 '태극'으로 보았다. 정이는 어떤가. 정이는 이를 설명하는 자신의 개념 용어를 만들어냈다. 그것은 '진원지기眞元之氣'라는 것이다. 즉 장차 '감'하여 현상을 전개할 '기'이지만, 아직 '감'하지 않은(미감未感)

---

3) 또는 『주역』「계사전」에서 '형이상자形而上者'를 '도道'라 하고, '형이하자形而下者'를 '기器'라 하므로, '도道'에 대해서는 특히 '기器'라고 표현하기도 한다.

원초적 상태의 '기'를 '진원지기'라고 한 것이다. 이 "'진원지기'는 기가 말미암아 생기는 근원으로서 '외기外氣'와 섞이지 않은 것"이라고 정이는 말한다. 이 '진원지기'가 "적연부동할 때라도 그 안에 만물이 삼연森然하게 이미 갖추어져 있으며", "충막무짐沖漠無朕(공허·광막하여 조짐이 없음)할 때라도 만상萬象이 삼연하게 이미 갖추어져 있으니, 아직 응應하지 않았을 때라도 선先이 아니요, 이미 응하였을 때라도 후後가 아니다."라고 한다. 원초적 상태의 '기'인 '진원지기'가 만상을 전개하기 전에도, 그 안에는 향후에 전개되는 만상이 그 원리로서 이미 갖추어져 있고, 이 원리는 '기'를 통해 자신을 실현하는 것인데, 그렇다고 해서 이 원리의 차원은 어디까지나 논리적 차원으로서 시간적 차원의 선후가 있는 것은 아니라는 것이다.

한편, 정이는 형체의 최초 기원은 '기화氣化'라고 생각하면서, 이러한 '기화'의 과정은 '기'가 모여서 구체적 형체를 가진 존재가 되고, '기'가 흩어짐에 그 형체가 사라지는 것이라고 하였는데, 이러한 점은 장재張載와 큰 차이가 없다. 그런데 장재의 경우는 태허, 기, 만물이 계속 변화무궁하게 순환한다는 견해이지만, 정이의 경우는 기가 흩어져 형체가 소실되어 이미 돌아간 기는 다시 쓰이어 새롭게 형체가 되는 '기화'가 있게 되지는 않는다고 생각한 것이다. 그의 생각으로는, 천지의 변화가 생生하고 생生하여 다함이 없지만, 새로 생기는 존재는 모두 새로 생기는 기로서 원래의 기가 아니라는 것이다. 즉 새로 '기화'할 때는 다시 '진원지기'에서 계속 공급되어 이루어진다는 것이다. 그는, '진원지기'는 '기'의 근본이면서, '외기'의 근본으로서, '외기'를 생성할 수 있는 원초적 '기'라고 생각하였다.

제27장

주희 朱熹

주희朱熹(1130~1200)의 자字는 원회元晦, 중회仲晦이고, 호號는 회암晦庵이다. 역사 속에서 그를 존칭해 온 '주자朱子'로 더 많이 알려져 있다. 주희의 원적原籍은 휘주徽州 무원婺源(지금의 강서성江西省에 속함)이었지만, 그의 부친 주송朱松이 복건성福建省에서 벼슬하면서부터 복건성에서 살게 되었다.

주희는 복건성의 우계尤溪에서 태어나, 숭안崇安과 건양建陽에서 오랫동안 살면서 강학講學했다. 그의 학파를 전통적으로 '민학閩學'이라고 부르는데, 복건성 지역에 살던 옛날부터의 종족을 민족閩族이라 하고, 그 지역 역시 '민閩'이라는 글자로 상징하며, 그 지역을 흐르는 강이 민강閩江이라고 하는 데서 연유한다.

주희는 북송대北宋代의 주돈이周惇頤로부터 시작된 성리학性理學(리학理學)을 종합집대성하여 체계화한 남송대南宋代의 철학자이다. 주희, 즉 주자의 학문체계를 '주자학朱子學'이라 부르는데, 비록 그가 죽기 직전에는 그와 그의 학문이 탄압을 받는 '경원당금慶元黨禁'의 수난을 겪었지만, 그의 학문은 그의 사후 700년간 동아시아의 통치계급들이 채택하여 그 통치이념이 되었으며, 철학사적으로는 중국의 중세철학을 완성한 의미를 지닌다.

주요저작으로 『주역본의周易本義』, 『역학계몽易學啓蒙』, 『대학중용장구大學中庸章句』, 『사서혹문四書或問』, 『논어집주論語集注』, 『맹자집주孟子集注』, 『태극도설해太極圖說解』, 『통서해通書解』, 『서명해西銘解』, 『초사집주변정楚辭集注辨正』, 『참동계고이參同契考異』, 『자치통감강목資治通鑑綱目』, 『가례家禮』 등이 있다. 그리고 문집文集류와 문인門人들이 집록輯錄한 『주자어류朱子語類』가 있다.

1. 주희朱熹의 '태극즉리太極卽理'와 '리'理 · '기氣'의 선후先後

주희는 주돈이周惇頤의 '태극太極' 개념과 이정二程의 '리理' 개념을 연계하여 '태극즉리太極卽理'의 명제를 만들어냈다. 주돈이의 '태극'은 '기氣'로서, 그도 '리理'라는 용어를 쓰긴 했지만, 형이상학적 단계까지는 이르지 않았다. 주희는 주돈이의 『태극도설太極圖說』을 해석하면서, 주돈이의 의도와 상관없이 '태극'을 이정의 '리' 개념으로 해석하여 『태극도설』을 형이상학적으로 해석한 새로운 학설을 만들었다.

이정二程은 모든 사물에는 각각 그 '리'가 있다고 하여, 만물의 개별리를 말하였지만, 그것을 총괄하는 보편리를 말하는 뚜렷한 용어는 말하지 않고, '천리天理'가 그 의미로 쓰이기도 했다. 그런데 주희는 사물 각각에 개별리가 있음을 말하면서, 모든 개별리를 총괄한 보편리를 지칭하는 용어로 '태극太極'을 제시하였다. 이 '태극'은 『주역周易』「계사전繫辭傳」에서 유래하여, 주돈이가 그의 철학 용어로 채택한 것을 주희가 계승한 것이다.

이정二程의 '리' 개념을 계승한 주희는 그 연장선상에서 '리'를 한편으로는 사실법칙으로 또 한편으로는 도덕법칙으로 보았다. 그리고 이 둘은 그 근원에서 통일되는 것으로 보았다. 그 근원적 통일이 곧 '태극太極'이다. 그래서 '태극'은 사실법칙과 도덕법칙의 최고 근원이 되는 셈이다. 주돈이 역시 그렇게 생각했지만, 주희는 법칙을 말하는 '리'를 '태극'과 연계시켜 보다 분명히 했다.

이것은 주돈이의 철학에서 '태극'으로 자연철학을 세우고, '성誠'으로 사실법칙과 도덕법칙을 연계한 도덕철학을 세우면서 '태극'에 관한 이론과 통합한 것을, 주희가 '태극'을 '리'로 보아 종합한 의의를 지닌다. 이로써 북송대 주돈이, 소옹邵雍, 장재張載의 우주론적 성리학에서 시작한 이론이 이정二程에서 형이상학화한 성리학적 도덕철학을 종합적으로 완성하게 된 것이다. 그러면서도 본질적으로 주돈이 철학에서부터 함유하고 있던 윤리학상의 '자연주의적 오류'를 그대로 승계한 문제도 안고 있으며, 이는 형이상학적 도덕철학이 안고 있는 일반적 문제이기도 하다.

이러한 문제는 자연철학과 도덕철학을 통일적으로 일체화하여 자연과 인간을 통합적으로 설명하려는 의도를 담고 있는 것으로, '하늘'의 뜻을 '인간세상'에 실현한다는 명분으로 통치체제를 정당화하려는 동서 중세철학의 한 특징이기도 하다. 그래서 먼저 자연철학을 이야기하고, 그 이치를 도덕철학에도 적용하려는 것이다. 주희 역시 이를 위한 자연철학을 정립함에 있어서 먼저 주돈이, 소옹, 장재의 우주론적 철학을 형이상학적으로 해석함과 동시에, 먼저 형이상학적 도덕철학의 초석을 세운 이정이 말한 바, 모든 사물은 '리'와 '기'로 구성되어 있다는 사상을 계승하였다.

주희는 "형상이 있는 것은 모두 '기器'이다. 기器가 되는 까닭으로서의 理가 '도道'이다."라고 하며, 이정의 취지를 그대로 계승하였다. 이는, 『주역周易』「계사전繫辭傳」의 "형이상形而上의 것을 '도道'라 이르고, 형이하形而下의 것을 '기器'라 이른다(形而上者謂之道, 形而下者謂之器)."라는 명제를 해석한 것이다. 동시에 주희는 이정이 '리理'와 '도道', '기氣'와 '기器'를 연계시켜 말한 것을 계승했다. '리理'와 '도道'는 원리, 이념으로서의 형이상의 개념이며, 아리스토텔레스의 '형상形相'과 유사하며, '기氣'와 '기器'는 현상, 현실로서의 형이하의 개념이며, 아리스토텔레스의 '질료質料'와 유사하다.

'리'와 '기는' 현실 속 사물에서 개념적으로 구분할 수 있을 뿐, 실제로 분리할 수는 없다. 이는 '형상'과 '질료'의 관계와 같다. '리'와 '기'가 한 사물에서 분리될 수는 없지만, 논리적, 개념적으로는 구분될 수 있을 뿐만 아니라, 그 둘에는 선후先後 관계가 있는데, 주희는 '리'가 논리적으로 '기'에 앞선다고 보았다. 따라서, '리'는 아직 '기'를 상정할 수 없는 단계로서 사물이 생기기 전이라도 논리적으로 앞서 존재할 수 있다고 본다.

현상적 사물뿐만 아니라, 도덕적 사안도 그러하며, 주희와 같은 유가철학자들은 본래 도덕문제를 말함을 더 중시하여, 주희는 이러한 측면에서 예를 들기를, 임금과 신하가 있기 전이라도 이미 임금과 신하의 도리가 먼저 있고, 아버지와 아들이 있기 전이라도 이미 아버지와 아들의 도리가 먼저 있다고 하였다.

사실법칙의 측면에서 현상 속 만물이 있기 전에 그 '리'가 먼저 존재하고, 가치법칙과 도덕법칙의 측면에서 세상의 인간관계가 있기 전에 그 '리'가 먼저 존재한다는 것으로서, 당시 중국 중세 봉건사회를 규율하는 도덕윤리는 그러한 인간사회가 존재하기 전에 이미 먼저 존재하고 있다는 것이다. 이것은 당시 통치이념의 선험적 정당성, 당위성 그리고 그 영원불변성을 말하는 것이기도 하다. 자연세계의 '리'와 '기'의 관계를 말하면서 '리'가 '기'에 앞서 존재한다는 이론을 구성함은 결국 인간사회의 도덕적, 정치적 관계를 설명하고 정당화하기 위해 입안된 것이라고 할 수 있다.

그런데, '리'가 '기'에 앞섬은 논리적인 측면이지, 시간적인 측면이 아님을 주의해야 한다. 현실 속에서 이 둘은 동시에 존재하며 분리될 수 없다(理氣不相離). 그렇지만 그 둘은 형이상과 형이하의 다른 차원의 개념이므로 섞어서 말할 수도 없다(理氣不相雜). 현상계, 현실 속의 사물은 논리적으로 앞선 '리'가 '기'와 결부함으로써 존재한다. 한 사물에서 '리'는 그 사물이 사물인 바의 속성이다. 그러나 그 속성은 '기'가 없이는 현실에서 구현될 수가 없다. 그리고 만일 '기'만 존재한다면, 그것은 그저 '기'일뿐 이 사물과 저 사물이 구별될 아무런 것도 없는, 차별성 없는 '질료'일 뿐이다. 따라서 어떤 사물이 그 사물이기 위해서는 그 사물의 속성으로서의 '리'가 부여되어야 한다. 그 속성이 곧 원리로서의 '리理'이다. 주희는 이정의 '성즉리性卽理' 명제를 계승하였으므로, 이 '리'는 사물 속에 '성性'으로 부여되며, '기'를 품부 받아 형체가 있게 된다고 주장하였다. 이것이 한 사물의 속성으로서 부여되는 그 본질인 것이다.

2. '리理'와 '기氣'의 동정動靜

주돈이는 『태극도설』에서 '태극'이 운동하여 '양陽'과 '음陰'을 낳고 궁극적으로 만물을 낳는다고 하였다. 즉 '태극'이 운동한다는 것이다. 주돈이는 태극을 '기'라고 명백히 말하지는 않았으나, 정황상 '기'로 해석되어야 한다. '기'는 현상 속 질료로서 운동속성을 가지므로 '기'인 태극이 운동한다고 함은 당연한 주장이다. 그런데 주희는 태극을 '리'로 보면서, 여전히 주돈이의 『태극도설』의 사상을 계승하며 그에 대한 해석의 저술을 썼다. 그렇다면 '리'의 속성을 가지고 있는 '태극'이 운동하는 것이 되고, 또 역시 '리'가 운동함이 되는데, 원리, 법칙, 이념 그 자체가 운동할 수 있는가?

주희는 이에 대해, 태극 자체가 동정動靜하는, 즉 운동변화하는 것이 아니라, 그 '리'가 '기'의 동정을 있게 하는 '소이所以'가 된다고 한다. 다만 '리'는 보이지 않으므로, 음양의 '기'를 통해 그 존재를 알 수 있다고 설명했다. 그리고 비유하기를, 마치 사람이 말을 타고 있듯, 리가 기를 타고 있다고 하였다. 즉 움직이는 것은 말이지만, 그 말을 조종하여 움직이게 하는 것은 사람이듯이, 움직이는 것은 '기'지만 움직이게 하는 것은 '리'이므로, 말이 움직이면 사람도 같이 움직이듯, 기가 운동하면 리도 운동하는 것이 된다고 설명하였다. 이것은 정이가 '음양'은 '기氣'이고, '소이음양자所以陰陽者'를 '도道'라고 한 것이다. 비유하자면, '리'와 '기'의 관계는 소프트웨어로서의 프로그램과 그 프로그램에 따라 어떤 작용이 이루어지는 하드웨어의 관계이다.

3. 리일분수理一分殊 – 보편(일반)과 개별(특수)

성리학에는 '리일분수理一分殊'라는 유명한 명제가 있다. 이것은 원래 정이程頤가 장재張載의 「서명西銘」(장재의 저작 『정몽正蒙』의 한 부분으로 수록)에 대한 제자 양시楊時의 질문에 답하면서 한 말이지만, 정이程頤의 사상을 대표하는 명제 중 하나이다. 이것은 일반적인 도덕 원리는 서로 다른 구체적 규범으로 표현될 수 있으며, 서로 다른 구체적 규범에는 공통적인 도덕 원리가 함유되어 있음을 말하는 것이다. 주희는 이 명제를 자신의 사상의 중요한 요소로 활용하기 위해 계승하였다.

이 명제를 단지 자연철학적으로 보면, 일체 존재의 공통적이고 보편적인 원리는 하나이지만, 이 보편적 원리가 현상계의 개별 사물에서는 다양하게 구현된다는 것이다. 그러나 그 차별적 다양성은 근원적으로 동일한 원리의 전개이므로, 궁극적으로는 하나의 원리로 통섭된다는 것이다. 이는 불교의 '월인만천月印萬川', 즉 하늘의 달은 하나지만, 온갖 하천에 다양하게 비칠 수 있으면서도, 각 하천마다 온전한 달로서 구현된다는 것과 유사하다. 이 '리일분수'는 통합적 원리와 더불어 그 현상적으로 차이나는 다양성을 강조하고 있다.

이러한 자연철학적 의미는 결국 도덕철학적 의미, 특히 사회윤리로서의 통치이념적 정당성을 설명하는 이론을 전개하기 위한 것으로 나타난다. 그래서 주희는 이렇게 말하였다.

> 리는 오직 하나일 뿐이다. 도리는 같지만, 그 직분은 다르므로, 군신에게는 군신의 도리(리)가 있고, 부자에게는 부자의 도리(리)가 있다.

이는, 사회공동체 속 다양한 인간관계 속에서 지키는 도리는 달리 적용되지만, 그 최고 상위 범주로서의 보편리는 하나이며, 이 하나의 보편리가 현실 속 다양한 인간관계 속에서 다양하게 적용되어도 각각 모두 그 정당성을 가짐을 말하는 것이다. 그리고 사회공동체 속의 각각의 구성원은 각자 자신의 직분과 임무 속에서 활동하지만, 그것은 궁극적으로는 전체 사회의 존재 목적을 위해 복무하기 위해서, 그 속에서 하나의 조화를 구현해야 한다는 이론이 된다.

이러한 도덕적 의미를 만물에도 확장하여 말하여, 일체의 보편(일반)과 개별(특수)의 관계를 설명하는 데 사용한다. 그리고 이때 다음처럼 '태극'의 용어가 또 등장한다.

> 만물을 합하여 말하면 하나의 태극으로서 만물은 모두 하나이다. 그 근본에서 말단에 이르기까지 만물은 하나의 리를 나눠 가지며 그것을 본체로 삼는다. 그러므로 만물 안에는 각기 하나의 태극이 있게 된다.
>
> 합하여 말하면 만물 전체가 하나의 태극이고, 나눠 말하면 하나의 사물마다 각기 하나의 태극을 갖는다.

그리고 앞서 말한 불교의 '월인만천'과 같은 점을 직접 말하여,

> 본래는 하나의 태극일 뿐이지만, 만물은 각기 그것을 품부 받아 하나의 태극을 온전히 갖추게 된다. 예컨대 달은 하늘에 하나만 있을 뿐이지만, 온 세상 강과 호수에 흩어져 비친다. 그렇지만 달 자체가 나뉘어 있다고 말할 수는 없음과 같다.

라고 하였다.

주희의 이러한 말들은 보편리로서의 태극과 개별리인 만물 각각의 리의 관계를 말함이지만, 이는 정이의 '리일분수' 사상의 일반화된 확장인 것이다. 이렇게 보편과 개별의 관계를 말함은 서양 중세의 '보편논쟁'에서 보이듯 보편과 개별에 관심을 가진 중세사상의 특징인 것이다.

4. 격물궁리格物窮理

원래 『예기禮記』의 한 편이었던 「대학大學」은 송대에 와서 단행본 『대학』으로 다루어지게 되었는데, 이렇게 『대학』을 특히 중시한 대표적 학자가 정이程頤임이 앞서 상세히 말한 바 있다. 정이는 이 『대학』의 '격물格物'과 '치지致知'의 이론을 중심으로 인식론과 수양론을 이끌어 내었으며, 주희는 이러한 정이의 관점을 계승발전시켰다.

'격물'에 대해 주희는 이렇게 말한다.

> '격格'이란 '이른다(지至)'는 것이고, '물物'이란 '일(사事)'과 같다. 사물의 '리'를 끝까지 궁구하여, 그 지극한 곳에 이르지 못함이 없도록 하려는 것이다.
>
> '치지致知'의 방법은 일에 나아가 '리'를 살핌으로써 '물物'을 '격格'하는 데 있다. '격格'이란 지극한 것에 이른다는 말이다.

주희가 이해한 '격물格物'에는 세 요점이 있는데, 첫째, '물'에 나아간다는 것, 즉 사물과 접촉하여 경험하는 것이고, 둘째, '궁리窮理'한다는 것, 즉 사물의 '리'를 궁구하는 것이며, 셋째, 그러한 것을 지극함에 이르도록 한다는 것이다. 또 '치지致知'에 대해 주희는, "'치致'는 끝까지 밀고 나간다는 뜻이고, '지知'는 인식(식識)한다는 뜻과 같다. 나의 지식知識을 끝까지 밀고 나감으로써,

그 앎을 다하지 않음이 없도록 하려는 것이다."라고 하였다. 이러한 '격물치지格物致知'는 '궁리窮理'를 의미하여, '지知'를 추구함은 결국 '리理'를 궁구함이 된다.

주희가 생각할 때, '리'는 모든 사물 속에 보편적으로 존재하므로 '격물'의 대상은 그만큼 광범위한 것이다. 그것은 우주본체에서 풀 한 포기, 나무 한 그루에 이르기까지 모든 것이 연구 대상이 되어야 한다. 그 방법으로는 서적 읽기, 사물과의 접촉, 도덕 실천과 같은 것이 있다고 하였다. '격물'의 최종 목표는 사물의 '소이연所以然(그러한 까닭)'과 '소당연所當然(그러한 당위성)'을 이해하는 것이다. 이러한 것이 곧 '리'이다. 전자는 사물의 보편적 본질과 규율로서의 존재법칙이고, 후자는 사회의 윤리 원칙과 규범으로서의 당위법칙이다.

5. 주희朱熹의 『대학大學』 해석

주희는 '격물치지格物致知'의 개념이 유래한 『대학』을 특별히 중시하여 그의 사상을 구성하는 중요 요소로 삼아 연구하였는데, 이는 그가 생을 마칠 때까지 계속되었다. 주희는 『대학』이 유교의 다른 문헌에 대해서 가장 우선적으로 중요시되어야 할 문헌이라고 생각하였다. 주희가 『대학』을 중시한 측면은 무엇보다도 그 문헌에 있는 용어들을 자신의 철학체계 속에 핵심부분으로 받아들인 것이다. 그는 『대학』의 용어들에 그가 자신의 방식으로 의도한 개념을 부여하고, 그것을 자신의 학문체계, 즉 '주자학朱子學'의 중심으로 삼아서, 그의 다른 철학개념들을 이를 중심으로 엮어 간다.

주희는 전래된 원본 『대학』인 『고본대학古本大學』을 자신의 관점으로 재편하였다. 그는 기본적으로 북송北宋의 철학 선배인 정이程頤의 『대학』에 대한 관점을 받아들여 자신의 대학 재편 작업의 기초로 하였는데, 그는 『대학장구』 첫머리에 "『대학』은 공씨孔氏가 남긴 글로서, 처음 배워 덕에 들어가는 문이다. 현재 옛사람이 학문하는 차례를 볼 수 있는 것은 오직 이 편이 남아있음에 의존할 수밖에 없으며, 『논어』와 『맹자』는 그 다음이다."라는 정이의 말을 인용하고 있다.

주희의 『대학』에 대한 관점을 대표하는 것은 그가 분류·명명한 '삼강령三綱領'과 '팔조목八條目'이다. '삼강령'은 '명명덕明明德', '신민新民(원래 친민親民)', '지어지선止於至善'이고, '팔조목'은 '격물格物', '치지致知', '성의誠意', '정심正心', '수신修身', '제가齊家', '치국治國', '평천하平天下'이다. 주희가 이렇게 『대학』의 중요한 항목들을 일목요연하게 정리한 후, 이 학설은 후대에 지대한 영향을 미쳐, 주자학에서는 고쳐서는 안 될 금과옥조가 되었다.

주희는 먼저 『대학』을 '대인지학大人之學'으로 해석한다. 『맹자』에서는 "그 대체大體를 따르는 이는 대인大人이고, 그 소체小體를 따르는 이는 소인小人이다."라고 한다. '대인'은 『주역』의 중요한 인간상이기도 하다. 그런데, 성리학의 효시인 주돈이周惇頤는 그의 『태극도설』에서 『주역』「문언전文言傳」의 '대인'을 '성인聖人'으로 대체하였다. 주희가 『대학』을 '대인지학'으로 해석한 것은 『맹자』, 『주역』「문언전」 및 『태극도설』의 관점과 무관해 보이지는 않는다.

주희 『대학』 해석의 기본적 전제이며, 그의 성리학적 사고의 기본틀은 인간 본성과 그 근원의 관계에서 출발한다. 그것은 인간 본성이 하늘에 근원을 둔다는 것으로서, 『중용中庸』의 '천명지위성天命之謂性'의 명제가 성리학의 이론틀 속에 자리하게 된 것이다. 주희는 이러한 관념과 『대학』의 '명덕明德'을 연계하여 이렇게 말한다.

> '명덕明德'이란, 사람이 '천天'으로부터 얻은 것으로서, 허령虛靈하여 어둡지 않은(不昧) 속성으로서 온갖 리理를 갖추고서 만사萬事에 응하는 것이다. 그렇지만 기품氣稟에 얽매이거나 인욕人欲에 가려진 상태가 되면, 때로는 어두워지기도 한다. 그러나 그 본체의 밝음(明)은 사라진 적이 없다. 그러므로 배우는 이들은 마땅히 그 발현되는 바에 근거하여 그것을 밝힘으로써 그 처음을 회복하여야 한다(復其初).

여기서 그 처음은 인간 본질로서의 '성性'인 『대학』의 '명덕明德'이다. 이를 다시 회복하는 것이 삼강령의 첫 번째인 '명명덕'인데, 주희는 이를 그 자신의 방식으로 해석한 것이다.

주희는 이에 이어 『고본대학』의 원문에 '친민親民'으로 되어 있는 말에 대해, 그의 분류상 삼강령의 두 번째 항목에서 『고본대학』과 다른 견해를 낸다. 그것은 그가 새로 낸 견해가 아니라, 북송의 정이程頤가 '친민親民'의 '친親'자를 '신新'으로 고쳐 '신민新民'이라 한 것을 계승한 것이다. 주희는 '명명덕'으로 자신의 수양을 이루고 나서는 다시 그러한 공효를 남에게 이루어 혁신토록 하는 것이 '신민'으로서, '친민'보다 적합하다는 것이다. 이것이 삼강령의 두 번째다.

삼강령의 세 번째는 '지어지선止於至善'인데, 주희는 '지止'를 '반드시 이에 이르러 옮기지 않음'으로, '지선至善'은 사리事理의 당연함의 극치로 풀이하였다. 그래서 '지어지선'을 『대학』의 내용상 '명명덕', '신민'이 모두 마땅히 '지선'의 경지에 이르러 옮기지 않음으로 풀이했다. 주희는, 이 '지선'의 경지란 천리天理의 지극함을 다하여 인욕人欲의 사사로움이 털끝만큼도 없는 상태로 보았다.

이러한 삼강령은 그가 생각하는 도덕형이상학의 목적으로서, 이를 『대학』의 정치철학에 의거하여 내세운 것이다. 그의 도덕형이상학의 목적은 사실세계의 존재법칙인 '소이연지고所以然之故'를 올바로 인식하여 가치세계의 당위법칙인 '소당연지칙所當然之則'에 일치시키는 것인데, 삼강령은 그러한 철학의 『대학』을 통한 표현이다. 주희는, 이러한 목적을 실행하는 구체적 실천조목이 바로 '격물'에서 '평천하'에 이르는 '팔조목八條目'이라고 본다. 『대학』의 궁극목적은 '평천하平天下'이지만, 그 선결조건을 소급해 가는 과정에서, 그 최초의 선결조건이 '격물格物'이라는 데 도달함을 두고 제기된 『대학』의 8가지의 정치철학적 로드맵을 주희는 '팔조목'이라 규정한 것이다.

주희가 구상한 도덕형이상학은 체제이데올로기를 확립하는 것인데, 그 근거는 궁극적으로 하늘에 있다. 종교적 '천天'을 중심으로 삼아서 중국의 전기 중세철학의 의의를 가지는 한대漢代의 '천인감응설天人感應說'은, 종교성이 보다 부각된 정치신학으로서 그 이념적 기원은 인격적 '천天'에 있지만, 이 종교적 '천'을 보다 철학화시켜 후기 중세철학의 의의를 가지는 성리학은 우주론이 형이상학으로 진전된 사상으로서 그 이념적 근거를 형이상학적 원리에 둔다. 그래서 '천天'을 '리理'에 결부시킨 '천리天理'를 현실의 존재근거인 '소이연지고所以然之故'로 삼고, 그것을 당위의 도덕원리인 '소당연지칙所當然之則'으로 정당화한 것이다. 그래서 주희는, '천인감응설'이 계시로서의 '천의天意'를 알려한 것에 대해, 도덕주체가 '천리'를 인식함으로써 그것을 도덕의 근거로 삼아야 한다고 생각했다. 그 출발이 바로 그가 '팔조목'으로 규정한 최초의 선결조건인 '격물格物' 그리고 '치지致知'이다.

한편, 주희는 『고본대학』에 착간과 탈루가 있다고 판단하여, 자신의 관점에 따라 이를 재편하여 재구성하였다. 그것이 그가 말한 「경經1장章」과 「전傳10장章」이다. 그는, 전자는 공자孔子가 말한 것을 증자曾子가 기술한 것이고, 후자는 증자의 뜻을 그 문인이 기록한 것이라 주장했다. 그는, 「경1장」은 그가 '삼강령', '팔조목'으로 본 『대학』의 사상적 아이템을 총괄하여 제시한 것으로, 「전10장」은 그 각 아이템에 대해 예증하여 부연·설명한 것으로 책을 편제했다. 이렇게 보면, 전자는 총론, 후자는 각론이 되는 셈이다.

그런데, 이렇게 해석하고 보니, 『대학』의 편집체제가 그가 구상한 전제에 완전히는 부합하지 않게 되었다. 이에 그는 그 원인이 『대학』의 전승과정에서 빠뜨려진 부분이 있기 때문이라고 주장하고, 스스로 이에 대한 '전傳'을 만들었는데, 이것이 철학사에서 유명한 「격물치지보전格物致知補傳」이다. 그는 정자程子(정이程頤)의 뜻을 취하여 보완한다면서, 다음의 글을 새로 썼다.

> 이른바 '치지'가 '격물'에 있다는 것은, 나의 지知를 치致하려 함이란 물物에 나아가 그 리理를 궁구함에 있음을 말한다. 인심의 영묘함

에는 지知가 없을 수 없고, 천하의 물物에 리理가 없을 수 없으니, 오직 리理에 궁구하지 않음이 있기 때문에 그 지知에 다하지 못함이 있는 것이다. 이로써 『대학』이 처음 가르침에는, 반드시 배우는 이로 하여금 천하의 모든 물物에 나아가 그들이 이미 지知한 리理에 의거해 그것을 더욱 궁구하여 그 궁극에 이르기를 구하는 것이다. 힘씀이 오래되어 하루아침에 활연관통豁然貫通하게 되면, 중물衆物의 표리表裏와 정조精粗가 모두 이르러, 내 마음의 전체대용全體大用이 다 밝아진다. 이를 일러 '격물'이라 하고, 이를 일러 '지지지知之至'라 한다(此謂知之至也).

이상은 문체로 보나, 그 철학 이슈로 보나 당연히 『예기禮記』「대학大學」편 시대의 것일 수 없는 주희의 작품이다. 그리고 그 내용은 주로 정이程頤의 철학취지를 계승한 것이다. 정이가 이미 말하기도 한 이 내용의 취지는, 대상세계의 모든 사물에는 『시경詩經』의 '유물유칙有物有則'처럼 법칙, 이치가 있는 것이고, 그것이 인간주체가 알아야 할 정보라는 것이다. 그런데 궁극적으로 알아야하는 것은 보편리理인데 이 보편리를 바로 알 수는 없고, 개별 사물 하나하나에 나아가(卽) 그 리를 궁구하여 그 일정한 귀납적 자료축적이 이루어지면 어느 순간 귀납적 비약인 '활연관통豁然貫通'(정이는 '탈연관통脫然貫通'이라 함)을 이루어 보편리를 획득한다는 것이다. 이 부분은 『대학』의 빠진 부분을 보충한다는 취지이지만, 사실상 그의 사상을 요약적으로 표현한 의의가 있는 것이다.

6. 선지후행先知後行

중국철학의 중요한 주제 중 하나에 '지행知行' 문제가 있다. 이것은 주로 도덕의식과 도덕 실천의 관계 문제로서, 전자가 '지知' 후자가 '행行'의 문제이다. 이는 비록 도덕적 문제에 관한 것이기는 하지만, 도덕적 대상에 대한 인식의 문제도 포함하게 된다. 주희는 이러한 문제에 대해 '치지致知'와 '역행力行'을 논하면서, '지'와 '행'에 대해 다음과 같이 말한다.

> 선후先後를 논할 때는 치지致知를 우선해야 하고, 경중輕重을 논할 때는 역행力行을 중시해야 한다.
>
> 지와 행은 늘 서로 의존한다. … 선후를 논한다면 지를 우선해야 하고, 경중을 논한다면 행을 중시해야 한다.

이렇듯 주희는 '지'와 '행'의 양자를 그 측면에 따라 강조점을 달리 하여, '지'를 강조할 경우도 있고, '행'을 강조할 경우도 있다. 그런데, 주희는 '행'을 두고 모든 행위를 두루 가리키는 것이 아닌, 이미 가지고 있는 지식을 실행한다는 의미로 본다. 그리고 '지'는 지식으로서 지식 추구를 의미한다.

주희의 철학에서 '격물치지'는 일종의 행위이지만, 그 활동은 '리理'를 밝히고 지식을 추구하는 일에 속하지, '리'를 실행하고 따르는 것이 아니다. 그래서 '행'의 의미는 비교적 좁으며, 이미 가지고 있는 지식을 실행하는 것만을 가리키지만, '지'의 의미는 비교적 넓으며 지식을 추구하는 활동도 그 안에 포함된다. 그래서 논리적으로 말한다면, 상대적으로 '지'가 앞서고 '행'이 뒤가 되는 것(선지후행先知後行)으로 이해된다.

7. 미발未發과 이발已發

주희는 주체인 '심心'의 작용 문제를 철학사 속의 '미발未發'과 '이발已發'의 문제에 따라 제기하였는데, 이 문제는 『중용中庸』에 "기뻐하고(喜) 화내고(怒) 슬퍼하고(哀) 즐거워하는(樂) 감정이 '아직 발생하지 않은 상태'(未發)를 '중中'

이라 하고, '발생하여 모두 절도에 맞는 상태'(發而皆中節)를 '화和'라고 한다."는 말에서 유래한다. 주체가 대상을 만나 작용하기 전 선천의 상태를 '미발未發', 즉 아직 발생하지 않은 상태로, 주체가 대상을 만나 작용이 시작되고 난 상태를 '이발已發', 즉 이미 발생한 상태로 규정한 것이다. 전자는 대상을 아직 만나지 않아 그에 대한 감정이 발생하지 않은 상태로서, 주체가 아직 순전히 선善한 상태에 있는 것이고, 후자는 발생하고 난 후에도 그 감정이 모두 절도에 맞아서, 전자의 선善한 상태를 유지하는 상태이다.

그러나 만일 후자의 경우 발생하고 난 후에 감정이 절도에 맞지 않은 경우가 있게 된다면, 이것이 곧 '불선不善' 또는 '악惡'의 상태가 되므로, 현실의 '선'과 '악'이 어떻게 나뉘는가를 말한다. 그래서 '불선' 또는 '악'이 발생하지 않으려면, 먼저 '미발未發'의 상태에서 도덕주체의 순수하게 선함을 체험하는 수양을 하여, 감정의 '이발已發'의 상태, 즉 감정이 이미 발동한 상태에서도 계속 '순선純善', 즉 순수하게 선함을 유지하며, '불선' 또는 '악'에 빠지지 않도록 준비대기상태에 있어야 한다. 그래서 도덕주체가 '이발已發'의 상태에서는 '미발'의 선험적 순선함을 계속 유지할 수 있도록 현실 속에서도 역시 계속 수양해야 한다. 정주학 계통의 성리학에서는 『중용』에서 유래한 바로 이 문제를 가지고 도덕주체의 '선善'함을 위한 수양을 논의하였는데, 특히 정이의 제자 양시楊時 같은 사람이 이를 중시하였고 주희 역시 이의 영향을 받았다.

주희는 초기에 "심心은 이발已發이고, 성性은 미발未發이다."라고 하면서, '성'을 본체(체體)로 '심'을 작용(用)으로 여기고, 먼저 '찰식察識'하고 나중에 '함양涵養'해야 한다고 주장했는데, 이를 그의 '중화구설中和舊說'이라고 한다. 이것은 감정 발현의 전후를 기준으로 '미발'과 '이발'을 정의 내린 『중용』과 다른 입장으로서, 사실상 『중용』에서는 '성'과 '심'을 이러한 관점으로 분류하지는 않은 것이다.

주희는 40세에 이러한 관점을 바꿔서 이후 끝까지 견지하였는데, 이를 '중화신설中和新說'이라고 한다. 이는 다음과 같다.

즉, '미발'과 '이발'은 도덕 주체로서의 마음이 활동함에 있어서의 상이한 단계나 상태를 의미한다. 즉, 사려思慮가 아직 생기지 않았을 때의 마음 상태는 '미발'이고, 사려가 이미 생긴 뒤의 마음 상태는 '이발'이다. 요컨대 예전처럼 마음을 모두 '이발'로 주장하지 않고, "마음은 '이발'과 '미발'을 관통한다."고 하면서, 마음의 활동을 '이발' 시기와 '미발' 시기로 구분하였다. 그래서, 『중용』의 '중中'은 마음의 '미발' 상태를 뜻하는 것이지, '성性'을 의미하는 것이 아니라고 하여 『중용』의 취지에 따른 입장을 보였다. 이에 따라 수양도 두 측면으로 구분하여, '미발'일 때는 '주경함양主敬涵養'하여 '이발' 후 도덕적 상황에 대비하는 도덕주체의 상태를 유지하고, 도덕주체의 마음 활동이 있은 후, 즉 '이발'일 때는 도덕적 사안에 대해 '찰식察識', 즉 도덕적 상황과 사태를 살펴 파악하고, 그에 관한 상황에 따라 '격물치지格物致知'해야 한다고 하였다.

또한, '구설'에서 "심心은 이발已發이고, 성性은 미발未發이다"라고 한 것을 수정하여, '미발'은 '성性'이고, '이발'은 '정情'이라고 하였다. 주희에 있어서, '성性'은 주체의 본질적 범주로서 깊고 은미하여 그 자체로 발현되는 것이 아니고, 다만 현상적인 의식 활동을 통해서 표현될 수 있을 뿐이며, 이때 이러한 의식 활동이 곧 '정情'이다. 그래서, '정情'은 '성性'의 표현이고, '성性'은 '정情'의 근거이자 근원이라고 보았다. 이것은 장재의 '심통성정心統性情', 즉 '심이 성과 정을 거느린다(또는 통괄한다)'는 명제에 따르면서, '성즉리性卽理' 명제에 따라 '성'은 그 자체로 드러나는 것이 아닌 원리, 본질의 차원이며, 현상적 상황으로 나타나는 모습은 '정'으로 본 것이다.

8. 도심道心과 인심人心

유교 경전 중 『서경書經』에 "人心惟危(인심유위), 道心惟微(도심유미), 惟精惟一(유정유일), 允執厥中(윤집궐중)(인심은 오직 위태롭고, 도심은 오직 미세하니, 오직 세밀하고 오직 한결같이 하여, 진실로 그 '중中'을 잡으시오.)"이라는 말이 있다. 이는 앞서 『예기禮記』「중용中庸」의 철학을 이야기 할 때 언급한 바 있는 것으로서, 유교에서 이른바 '십육자전심결十六字傳心訣'로 일컬어지는 것이다. 이 말은 이후 이정이 새롭게 해석하고 나아가 주희의 발전적 해석을 통해, 이 중의 '인심'과 '도심' 개념을 중심으로 하는 '리학理學도통론道統論'의 기초가 된다.

주희의 해석관점으로 볼 때, '도심'은 도덕 원칙에 합치되는 의식이고, '인심'은 전적으로 개체의 욕구를 내용으로 하는 의식이다. 즉 '도심'은 사람의 도덕의식을 가리키고, '인심'은 사람의 감성적 욕구를 의미한다. 그런데, 도덕의식은 항상 심령의 깊은 곳에 잠재하고 있기 때문에 '미세하다(은미하다)'. 또 감성적 욕구는 전부 악한 것은 아니지만, 제어하지 않으면 선하지 않은 쪽으로 흐르기 때문에 '위태롭다'.

그래서 주희는, "반드시 도심으로 하여금 늘 자신을 주재하도록 하고, 인심으로 하여금 항상 그 도심에게서 명령받도록 한다면, 위태로운 것은 편안해질 것이고, 미세한 것은 뚜렷해질 것이며, 말하고 행동함에도 자연히 지나침과 모자람의 잘못이 없어질 것이다."고 하였다. 이러한 '인심'과 '도심'에 관한 이론은 『예기禮記』「악기樂記」에서 유래된 것을 명제화한 '존천리存天理거인욕去人欲(또는 멸인욕滅人欲)'의 명제와 더불어 당시 중세적 사회체제의 이념적 근거에 따른 사회전체의 이익과 그 체제 내 개인 차원의 사회구성원들의 다양한 욕망 사이의 충돌과 모순에 대한 성리학 특히 주자학의 시각을 보여 주는 것이다.

9. 심통성정心統性情

앞의 장재張載에 대해서 이야기할 때 말하지 않은, 그의 중요하고도 유명한 명제 중 하나에 주희에 의해 크게 부각된 것으로서 바로 앞에 말한 '심통성정心統性情'(심은 성과 정을 통괄한다)이란 명제가 있다. 주희의 견해에 '성性'은 '심心'의 본체이고, '정情'은 '심心'의 작용으로 보는 것이 있는데, 이는 바로 장재의 '심통성정心統性情'의 명제를 계승하여 발전시킨 것이다. 주희에 있어서, '성性'은 도덕주체의 현실 활동의 의식과 감정의 근원인 원리와 본질의 차원이고, 현실 속에 드러나는 도덕주체의 실존적 의식과 감정인 '정情'은 '성性'의 현상적 표현이다. 그래서 '정情'은 구체적인 활동양상으로 드러나는 것이고, '성性'은 '정'의 활동에 대해 근거가 되는 일반 원칙이다. 그런데 '심心'은 이러한 '성'과 '정'에 대해 그러한 것들을 포괄하는 것으로서 의식 활동을 총체적으로 가리키는 것임과 동시에 본질과 실존을 관통하는 도덕주체를 가리킨다. 또 한편으로 '심통성정'의 의미는 '심'이 '성'과 '정'을 주관, 주재하여 거느린다는 것이기도 하다.

10. 천명지성天命之性과 기질지성氣質之性

앞서 장재의 철학에서 그가 '천지지성天地之性' 및 '기질지성氣質之性'의 구분을 하여 철학사에 기여한 중요한 역할을 하였음을 말하였고, 이어 이정二程도 이러한 장재의 학설에 영향 받아 '천명지성天命之性' 및 '기질지성氣質之性'의 구분을 하였음을 말하였다. 주희 역시 이들 선배 철학자들의 학설을 계승하였는데, 그의 철학 구조상 당연한 것이기도 하다.

주희가 생각할 때, 천지 간에는 '리'도 있고 '기'도 있어서, 사람과 사물의 생성은 모두 천지의 기를 품부 받아 형체를 이루고, 천지의 리를 품부 받아 본성을 이룬다. 사람과 사물의 입장에서 인성人性과 물성物性은 모두 하늘로부터 품부 받아 생긴 것이고, 하늘의 입장에서는 하늘이 만물에게 '성性'을 부여한 것이다. 주희는 이것이 『중용』의 '천명지위성天命之謂性'의 의미라고 보았는데, 이것은 사실상 이정의 취지를 계승한 것이다.

장재와 이정이 이런 구분을 둔 것은 '천지지성'이나 '천명지성'이란 개념으로 사람이 선천적으로 선한 품성을 지녔음을 설명할 수는 있어도, 악의 기원을 말해주지는 않기 때문에 악한 품성의 이론적 설명을 위해서 그것이 기질로 인한 것임을 말하기 위해 도입한 것이다. 주희는 이러한 관점을 그대로 계승한 것이다.

주희는, "천지지성天地之性(천명지성天命之性 또는 본연지성本然之性)을 논할 때는 전적으로 '리'를 가리켜 말한 것이고, 기질지성을 논할 때는 '리'과 '기'를 섞어서 말하는 것이다."라고 하였다. '천명지성'은 '기질지성'의 본래 상태이고, '기질지성'은 '천명지성'이 기질의 영향을 받아 전화된 것이다. 주희는 "천명지성은 물과 같고, 기질지성은 소금물과 같다."고 비유하여 말하기도 하였다.

주희는, 앞 선배들의 관점대로 모든 사람의 '천명지성'은 동일하지만, 사람의 기질이 다르기 때문에 사람과 사람의 '기질지성'이 달라진다고 보았다. 이는 말할 것도 없이 전통적 인성론에 있어서 그의 선배들처럼 맹자의 관점을 이어받으면서 자신의 이론으로 보다 구체화한 것으로서, 전통적 인성론 중 이전의 '성악설性惡說'(순자荀子), '성선악혼설性善惡混說'(양웅揚雄), '성삼품설性三品說'(한유韓愈)과 같은 이론은 모두 '기질지성'을 두고 말한 것으로서, 장재에서부터 제기된 '천지지성'(또는 '천명지성)'과 '기질지성'의 구분으로 이러한 논쟁을 모두 설명할 수 있다고 보았다.

11. 주경함양主敬涵養

당시 학자들은 대체로 자기 나름의 수양 방법을 가지고 있었는데, 주희가 강조한 수양방법은 '주경함양主敬涵養'이다. 앞에서 주돈이의 '정靜'을 위주로 하는 '주정主靜'의 수양방법에 반대하여 정호와 정이가 새로이 제시한, '경敬'을 위주로 하는 '주경主敬'의 수양방법을 말하였는데, 주희의 이 '주경함양'은 곧 이정의 사상을 발전시키면서, 이정의 제자들의 생각과 자신의 수양 체험을 종합한 것이다.

주희의 '주경함양'은, 좁은 의미로는 '미발未發'일 때의 수양 공부를 가리키고, 넓은 의미로는 '미발'과 '이발已發'을 관통하여 행하는 수양 공부를 포괄적으로 가리킨다. 주희는 '주경主敬'에 대하여 이렇게 말하였는데, 사실상 정호와 정이의 관점에서 크게 벗어나지 않는 취지이다.

> '경敬'이란 어떤 것인가? 오직 '삼가 조심한다'는 말과 같다.
>
> '경敬'은 만사를 내버려 두는 상태를 말함이 아니다. 오직 일에 따라 전일專一하게 삼가 조심하면서 마음을 풀어 놓지 않는 것일 따름이다.
>
> '경敬'이란 오로지 늘 깨어 있는 방법이다.

비록 주희는 그의 입장에서 '경'에 대해서 정리하였지만, 사실상 이정의 취지를 거의 그대로 계승한 것이라 할 수 있다. 주희가 말한 '주경'을 정리하여 말하면, 우선 수렴收斂한다는 의미로서, 이는 심신을 안으로 거두어 방종하거나 산만하지 않도록 하여, 성리학에서 말하는 사회이념적 규범에서 벗어나지 않도록 하는 것이다. 또 내심을 늘 경외의 상태로 유지시켜, 삼가 조심하여 방심하지 않도록 하기 위해, 그러한 내심을 언제나 일종의 경각警覺, 경성警省의 상태로 유지시키면서, 마음을 한 곳에 집중하여(주일主一), 흐트러지지 않도록 하는 것이다. 이는 정호, 정이의 철학에서 이미 말한 언제나 현실적 사안에 대비하도록 주체의 마음가짐을 유지하는 것이어서, 이를 위해 현실 속에서 경험적이고 실존적으로 활동하는 주체의 태도를 언제나 정제엄숙整齊嚴肅하게 유지하는 것이기도 하다.

이상과 같은 남송南宋의 주희朱熹의 사상은 이른바 '주자학朱子學'이란 학문 명칭으로 북송北宋의 주돈이周惇頤, 소옹邵雍, 장재張載, 정호程顥, 정이程頤(때로는 사마광司馬光도 포함해서 거론)의 성리학性理學을 종합집대성한 것으로서, 성리학을 대표하는 의의를 지닌다.

이러한 '주자학'은 철학사적으로 중국철학사에 있어서 한대漢代의 동중서董仲舒 사상으로 대표되는 정치신학적 사상을 전기 중세철학으로 볼 때, 그 후기 중세철학의 의미를 지닌다. 전기 중세철학은 종교적 '천天'이 인간과 만물을 주재하고, 인간은 '천'의 계시로서의 '천명天命'에 따라 삶을 사는 의미를 가진다. 이때 그 주도적 지위는 '천'에 있고, 인간은 종속적이게 된다.

이러한 중국의 전기 중세철학은 서양 중세 철학의 교부철학과 유사한 철학사적 의의를 지닌다. 이에 대해 '주자학'으로 대표되는 중국의 후기 중세철학은 비록 전기 중세철학과는 달리 종교적이기 보다는 철학적인 측면이 더 강해졌지만, '천리天理'라는 용어에서 보듯이 철학적 '리理'가 역시 종교적 '천天'과 결부되어 있는 언어적 잔재가 있다.

그 사상적 취지 역시 여전히 그 '천리'가 '천명'으로서 인간에게 부여되고, 인간은 그 '천리'와 '천명'에 따른 행위 규범에 따라 삶을 살도록 규정되어지며, 인간으로서의 도덕주체 중심이기 보다는 여전히 외부에서 부여되는 '천리'와 '천명'이 중심이 된다. '주자학'으로 대표되는 이러한 성리학은 서양 철학의 스콜라철학과 유사한 철학사적 의의를 지니며, 주희는 철학사적으로 스콜라철학의 대표자인 토마스 아퀴나스와 같은 의의를 지닌다.

그런데 인간 밖에서 부여되는 도덕규범을 받아들이는 이러한 중세철학적 사상인 성리학이 '주자학'으로서 그 정점에 이를 때, 아이러니하게도 인간이 스스로 도덕주체로서의 자각과 반성을 통해 스스로 도덕규범을 정하는 근대의 정신이 성리학의 대표자인 '주자朱子(주희朱熹)'와 사상적으로 대립한 그 동시대의 육구연陸九淵에 의해서 시작되었다. 육구연은 새로운 철학을 전개하며 주희와 당시에 논쟁을 벌였고, 이후 명대明代에 그의 사상을 이어받은 왕수인

王守仁(왕양명王陽明)이 '심학心學'을 표방하며 그러한 철학경향을 종합하게 되는데, 이 철학사상은 중국철학사에 있어서 근대철학의 의의를 가지는 것이다.

제28장

진량陳亮

철학사 속에서의 각 철학자들은 자신이 사는 시대에 그의 철학적 태도를 나타내는데, 그것이 시대와 지역을 달리 하면서 나타나기도 하지만, 때로는 같은 시대 속에서 서로 비교되는 형태로 나타나기도 한다. 중국철학사 속에서 남송대 주희朱熹가 활동하던 시대에 나타난 이들도 그러하다. 앞에서 주희의 철학을 말했는데, 주희와 동시대에 주희와 사상을 달리하며 논쟁을 벌인 이들이 있었는데 바로 이 경우이다. 그 대표적인 이들이 진량陳亮과 육구연陸九淵이다. 주희를 중심으로 본다면, 이 두 사람이 당시의 주희의 대적자들이었다. 그 중 육구연은 주희에 비해 도덕적 주관성을 더 강조하여 '심心' 속에서 도덕법칙을 찾기를 주장한 철학자이다. 이에 비해 진량은 주희나 육구연류의 철학적 경향 모두를 거부하는 입장으로서 이른바 사공事功주의의 철학자이다.

철학사 속에서 사공주의 철학을 주장한 이들로 알려진 철학자에 영강永康학파의 이 진량陳亮(1143~1194, 자字는 동보同甫, 세칭 '용천선생龍川先生'. 무주婺州 영강永康 사람.)이 있고, 또 영가永嘉학파인 섭적葉適[1](1150~1223, 자字는 정칙正則, 세칭 '수심선생水心先生'. 온주溫州 영가永嘉 사람. 저서에 『수심문집水心文集』이 있음.)이 있다. 이들의 공통점은 사공事功 또는 공리功利를 중시하여 현실을 떠나서 관념을 중시하는 철학을 비판하며, 현실의 구체적 상황에서 윤리를 따져 실용을 추구한 특징을 가진다는 점이다.

여기서 말할 진량은 그 사승관계가 뚜렷하지는 않으며, 저술에 있어서도 전문적 철학논저는 없지만, 그의 다양한 견해를 실은 문집인 『용천집龍川集』이 전해지고 있다. 그리고 그는 주희와 논쟁을 하였기 때문에 주희의 글을 통해서도 그 사상의 일단을 알 수 있다. 그는 군사軍事 문제에 관심을 가져 병법兵法을 논하기를 좋아하였으며, 특히 금金에 의해 남쪽으로 쫓겨온 조국 송宋의 당시 상황에 울분을 가지고 고토故土를 수복하기를 주장하고, 남쪽에서 안

1) '葉'은 성姓과 같은 고유명사일 경우 '섭'으로 읽으므로, '葉適'은 '섭적'으로 표기한다. 불교의 '迦葉'도 '가섭'이라 읽는다.

일하게 지내려는 화의론和議論자에 대해 비판하였다. 그의 사상은 바로 당시 송의 이러한 현실적 상황과 관련이 있다.

진량은 철학사에 있어서 주희와 사상적으로 대립하여 유명한 '의리義利'와 '왕패王霸' 문제에 대해 논쟁을 벌인 일로 알려져 있으며, 이때 그는 통상 유교 철학에서 '의義'와 '리利', 그리고 '왕王'과 '패霸'는 각각의 전자가 후자보다 우위에 있는 것이 아니라, 각각의 둘은 모두 동시에 추구되어야 한다고 주장하였다. 이러한 그의 사상은 윤리학적으로 행위에 있어서 그 결과를 가치판단의 기준으로 삼은 것으로 평가할 수 있는데, 그의 기준에 따르면 이 결과는 어떤 실용적 이익(리利)을 가져오는 것이어야 한다. 그래서 그의 사공주의는 실용주의의 측면을 지닌다고 할 수 있다.

1. 중국철학사 중의 '의義'와 '리利'의 문제

중국철학사 속에서 '의義'는 어떤 상황에서 '행하여 마땅한 것'이다. 그러나 이 개념은 철학사 속에서 그 의의가 한결같지 않아서, 철학자마다 달리 정의하는 경우가 많다. 비록 '의'에 관한 견해가 다른 경우가 많다 하더라도, 철학사 속에서 가장 의의를 가지는 것은 역시 유가철학자들의 입장이다. 공자의 경우, '의'는 다만 인간이 행위할 때 그것에 따라야 되는 것이란 정도로 말해져, 현실에서 바람직한 인간상인 군자君子가 따르는 행위의 준칙으로 간주되었지만, 맹자에 이르면 그것은 내면에 있는 여러 덕들 중의 하나, 즉 '인仁', '례禮', '지智'와 더불어 인간의 본성에 함유되어 있는 중요한 덕들 중의 하나가 된다. 그래서 '의'는 어떤 행위를 하는 데 있어서 가치표준으로서, 어떤 행위를 결정짓는 동기의 역할을 하는 것이며, 이미 도덕주체 내면에 함축되어 있으면서 밖으로 드러나 바람직한 행위를 이끄는 기준이 된다. 그래서 공자, 맹자 등은 행위에 대한 판단을 그 결과에 따라 내리기보다는 동기로부터 구하였다. 나아가서 그들은 결과에 개의치 않는 태도까지 보였다. 그것은 인간행위에 있어서 '의義'와 '명命'을 대비하는 태도에서 드러난다. 어떤 행위를 할 때 어떤 가치관에 바탕하여 스스로 바람직하다고 생각되는 기준에 따라 자유의지로 행동하는 것이 '의'에 따른 행위라면, 그것에 의하여 그 행위가 결과 맺는 측면은 이미 자유의지의 영역을 넘어서서 한계로서의 '명'이 된다. 이때 명은 자유의지에 따른 인간의 힘으로서도 어찌할 수 없는 부분이다. 그래서 유가철학자들은 흔히 말하듯 '진인사대천명盡人事待天命'의 자세를 지니는 것이다. 그런데 마찬가지로 '명命'의 제약과 한계 속에 있으면서 인간의 행위를 결정짓는 동기로서 '의' 외에 다른 요소가 있는데, 그것이 곧 '리利'이다.

중국철학사 속에서 '리利'에 대한 논란도 분분하다. 그것은 종종 욕망으로서의 '인욕人欲'과 동일시되기도 했기 때문에 '악惡'을 초래하는 요인이 되는 것으로 간주되기도 했다. 그래서 그것은 '선善'한 행위를 위한 동기로서의 '의義'와 대립되는 것으로 여겨졌다. 하지만 그것은 정의하기에 따라서는 오히려 '의'와 양립가능한 것이기도 했다. 이러한 것에 관련되는 논란이 '의리지변義利之辨'이라 일컬어지는 것이다. '리利'가 욕망으로서의 '인욕'으로 취급되는 경우는 그것이 특히 개인적인 차원으로 머물 때이다. 이때 '리'는 하나의 수식어를 붙여 '사리私利'라고 한다. 사실상 '리' 중에서 '악'의 요인으로 치부되는 것은 바로 이 '사리'이다. 이것은 '리'를 자신만을 위하는 목적으로 추구하거나 자신이 속한 어떤 소집단만을 위하여 추구할 때이다. '의'를 추구하는 이들로부터 배척받는 의미의 '리'는 바로 이 '사리'이다. 그러나 이에 대해 '리'가 '의'와 배치되지 않는다고 주장하는 이들은 '의'를 정의할 때 '리'로 환원시킨다. 이때의 '리利'는 '공적公的인 리', 즉 '공리公利'가 되어 이러한 '리'를 추구하는 것은 나쁜 것이 아니게 된다.

역사적으로 '리利'를 나쁜 것으로 보고 경시하는 전통은 공자와 맹자로부터 비롯된다. 공자는 가급적 '리'를 언급하려 하지 않았으며["공자는 '리利'를 드물게 말하였다."(『논어論語』「자한子罕」)], "군자는 '의'에 밝고 소인은 '리'에 밝다."(『논어』「이인里仁」)라고 하여 의를 높이고 리를 낮추기도 하였지만, "리를 보면 의를 생각한다."(『논어』「헌문憲問」)고 함으로써, 의에 맞는 리를 인정하기도 했다. 맹자에 이르면 '리'보다 '의'를 높이는 경향이 더 강해진다. 맹자가 양혜왕梁惠王이 '리'를 언급함에 대해 "하필이면 '리'를 말하십니까? '인仁'과 '의義'가 있을 뿐입니다."(『맹자』「양혜왕」)라고 한 것이 그 상징이다.

그런데 후대의 '의리지변'에 본격적인 영향을 미친 것은 한대漢代의 동중서董仲舒에 의해서이다. 그는 "어진 사람은 그 '의誼'를 바르게 하되 그 '리利'를 꾀하지 않고, 그 '도道'를 밝히되 그 '공功'을 헤아리지 않는다. 그래서 중니仲尼의 학파에서는 오척五尺의 어린이도 오패五伯(오패五霸)를 일컫기를 부끄러이 여긴다. 왜냐하면 그들은 속임수와 힘을 앞세우고 '인仁'과 '의誼'를 뒤로 하였기 때문이다."(『한서漢書』「동중서전董仲舒傳」)라고 하여, 이후 사상가들이 '의'와 '리'에 대해서 논란할 때 곧잘 입에 올리는 명제를 제시하였다. 동중서의 말 중 '의誼'는 곧 '의宜'이며 결국 이것은 '의義'를 의미한다. 따라서 그는 '도道'·'의義'만을 강조하고 '공功'·'리利'를 백안시하는 태도를 보인 대표로 알려지게 되었다.

이렇듯 역사적으로 중심적 유교철학자들은 대체로 '공리'보다는 '도의'를 중시하는 태도를 보였으며, 이것은 유교윤리학의 기본 입장이라고 할 수 있다. 이러한 유교철학의 입장은 송대 유학에 있어서는 특히 의리학義理學으로 발달되게 되었으며, 주돈이周惇頤를 필두로 해서 유가의 의리학은 '의'를 중시하는 동기주의적 도덕철학적 입장을 전개하였다.

이러한 전통적 유교 의리학에서 북송 의리학을 거쳐 유교윤리학을 계승 종합한 이가 남송대 주희朱熹이며, 당시 주희와 철학적 관점이 달랐던 육구연陸九淵도 윤리학에 있어서는 도덕적 동기를 강조하기는 마찬가지였으며, 본심의 도덕주체성을 철학의 중심에 두어 오히려 이 입장을 더 강조했다. 그런데, 주희나 육구연과 같은 입장 모두를 반대하면서 전통적 유가의 윤리관념을 반대하고 결과주의의 입장을 취하여, 주희와 직접 대립하여 논쟁을 벌였던 학자가 바로 진량陳亮이다.

진량은 전통적 유가의 입장인, '의義'와 '천리天理' 및 '왕도王道'를 높이고 '리利'와 '인욕人欲' 및 '패도覇道'를 깎아 내리는 윤리학적 태도를 취하는 주희에 대해, "왕패王霸를 섞어 쓸 수 있다면, 천리天理와 인욕人欲을 병행竝行할 수 있다."면서, '의'와 '리利', '천리'와 '인욕', '왕도'와 '패도'는 동시에 추구해야 한다는 '의리쌍행義理雙行', '왕패병용王霸並用'의 주장을 폈다.

2. 진량陳亮의 '의리쌍행義理雙行'

진량은 전통적 유교철학자들이 '의義'를 중시하고 '리利'를 경시하는 태도에 반대하여 '의'와 '리'는 동시에 중시되어야 한다는 입장을 취하였다. 이것이 그의 '의리쌍행義理雙行'의 윤리관이다. 그의 '의리쌍행'은 '왕패병용王霸並用'의 주장과 짝을 이루고 있다. 사실상 '왕패병용'은 이론적인 측면에서 근본적으로 '의리쌍행'의 주장을 바탕으로 한다. 그래서 그의 주장들에 관한 논의는 '의리쌍행'의 관점에서 비롯해야 한다. 진량은 이러한 주장과 관련한 입장 차이 때문에 주희와 격렬한 논쟁을 많이 벌였다. 그들은 중국 역사 속의 구체적 예를 들어가면서 그들의 논지를 폈다. 그 대표적 예가 '삼대三代'와 '한당漢唐'에 관한 일들이다.

주희는 유가의 전통적 해석에 바탕 하여 '하夏'·'은殷(상商)'·'주周'의 '삼대三代'는 동기의 선善함에서 행해진 통치, 즉 '의義'에 따른 통치인 반면, '한당漢唐'은 '리利'에 따랐으니 그 동기가 '불순'하므로 올바른 통치가 아니었다고 주장하였다. 그가 보기에 한당의 정치는 '이욕利欲'의 발동에 의한 것이며, '이욕'을 동기로 한 통치행위는 선하지 못한 것으로 생각하였다. 그는 '의'와 '리'는 양립할 수 없는 것으로 간주하였으므로, '의'에 의하지 않은 행위, 더구나 '이욕'에 의거한 행위는 당연히 올바르지 못한 것이었다.

그러나 진량은 이러한 주희의 주장을 받아들일 수 없었다. 그가 보기에 '의'란 본질적으로 '리利'와 관련되어 있는 것이며, '리'를 충족시키는 것이 곧 '의'라는 것이다. 따라서 '의'와 '리' 나아가서 '공功'은 아울러 행해져야 하는 것으로서 두 가지는 양립가능 할 뿐 아니라 둘 중 하나라도 빠뜨릴 수 없는 것이라 보았다. 그는 "우禹에게 '공功'이 없었다면 어떻게 육부六府를 이룰 수 있었으며, '건乾'(건괘乾卦)에 '리利'가 없다면 어떻게 사덕四德(즉 원형이정元亨利貞)을 갖출 수 있을까? 어떻게 하여 그것들(공功과 리利)을 없앨 수 있겠는가?"라고 하여, 세상을 경영하고 그 세상의 변화를 이루는 데는 당연히 '리利'가 궁극적 표준이 되어야 한다고 보았다.

그런데 '리利'가 가치판단의 표준이 되면 자연히 어떤 행위에 있어서 아무래도 그 결과를 기다릴 수밖에 없다. 왜냐하면 '리'는 결과적 측면에서 효과의 발생을 두고 이야기해야 명확해지기 때문이다. 물론 어떤 행위의 동기가 결과로서의 '리'를 전제로 하여 그것을 기대하는 것일 수 있지만, '의'를 동기로 할 때보다는 결과의 실제 쓰임새(실용實用)의 효과로 드러나는 것에 관심이 치중되는 것이 '리'의 측면이다. 즉 실제로 어떤 이익이 발생하는 결과가 생겨나야 된다는 것이다. 따라서 '리'를 목적으로 중시하는 진량의 입장에서는 그 목적이 달성되는 쪽을 주목하여 '리'를 발생시키는 결과를 선으로 간주하게 되는 것이다. 이러한 경향은 자연히 결과만 선하면 그 동기나 과정 및 방법도 선으로 정당화되는 위험을 내포할 수 있다. 이 점 물론 당연히 주희의 비판을 받게 된다.

그런데 '리利'를 동기로 하는 것도 동기라 할 수 있지만, 윤리학적 측면에서는 '마땅함'이라는 당위의 측면에서 보는 것이 진정한 의미에서의 동기라고 할 수 있다는 것이 전통적 의리학의 입장이다. 그래서 진량의 경우는 결과적 마땅함(사실상 결과가 이로운 것으로 예측되기 때문에 정당함)을 추구하기 때문에 윤리학적 각도에서 본다면 결과주의라고 해야 할 것이다. 진량은 이러한 관점하에 한고조漢高祖 유방劉邦과 당태종唐太宗 이세민李世民 같은 이들을 예로 들면서, 이들이 생민生民의 '리利'를 가져왔다고 평가하여 그들의 정권획득과 통치행위를 정당한 것으로 주장하였다.

나아가서 그는, 인생은 그들과 같은 '성인成人'(여기서의 '성인成人'이란 『논어』「헌문」에 제시된 인간유형이지만, 진량의 경우는 『논어』의 이 용어를 채택하여, 여기에다 '성공한 사람'이라는 자기 나름의 의미를 부여하였다.), 즉 성공한 사람을 이상으로 삼아야 한다고 주장하면서, 성공을 곧 선이요 정의로 삼는 결론을 도출하게 된다. 그래서 그는 주희가 그에게 권고하듯이 순유醇儒, 즉 도덕적 군자가 됨에 이상을 두는 것을 반대하여, 오히려 주희에게 '성인成人'이 되는 것이 삶의 가치로운 목표라고 대응했던 것이다. 이렇게 볼 때 그는 '의리쌍행義理雙行'이라기보다는 오히려 '리利'를 더 중시한 것이라고 할 수 있다.

이렇게 진량이 한고조와 당태종 같은 이들을 바람직한 인간상으로 보는 데에 대해, 주희는 유가의 전통적 견해에 따라 '삼대三代'를 이상으로 보고, 그 시대의 통치자들은 올바른 도덕적 동기를 가지고 통치함으로써 '천리天理'가 실현되던 시대였는 데 반해, 그 이후의 시대인 '한당漢唐' 시대는 인간의 욕망 즉 '인욕人欲'에 따라 통치되는 시대로 간주하여, 그 대표적 통치자인 한고조, 당태종을 비판하였다. 그래서 주희는 말하기를,

> 노형老兄께서는 한고제漢高帝(즉 한고조漢高祖)와 당태종唐太宗이 한 일들을 보시고, 그들의 마음이 과연 의義에서 나왔는지 리利에서 나왔는지, 사邪에서 나왔는지 정正에서 나왔는지 살펴보십시오. 고제高帝의 경우는 사의私意의 부분이 그래도 그다지 치열하지는 않았지만 전혀 없었다고 할 수는 없을 것이며, 태종太宗의 마음은, 제 생각에 아마도 한 순간의 생각도 인욕人欲에서 나오지 않은 적이 없었던 것 같습니다. 다만 그들은 인仁과 의義를 가장할 줄 알았지만, 당시에 그들과 다투었던 자들의 재주, 능력, 지식 및 술수가 그들보다 한 수 아래이고 게다가 인仁과 의義로 가장할 줄 몰랐던 까닭에 저들(한고조와

당태종)이 이들(그들과 다투었던 자들)보다 선善한 것으로 되어 그 결과로 그 공功을 이룰 수 있게 되었을 뿐입니다.(『주자대전朱子大全·천天』「권卷36답진동보答陳同甫」)

라고 하였다. 하지만 진량은 주희의 이러한 견해에 반대하여, 한당도 삼대와 마찬가지로 '천리'가 실현되고 있었다고 보았다. 왜냐하면 그가 보기에 '천리'가 하루라도 쉰다는 것은 있을 수 없다고 여겨졌기 때문이다. 그래서 그는 말하기를,

근세近世의 학자들이 마침내 이르기를, 삼대三代는 오로지 천리天理로 행해졌고, 한당漢唐 때는 오로지 인욕人欲으로 행해졌으며, 그 사이에 천리와 우연히 일치한 적이 있었기 때문에 오래 지속될 수 있었다고 합니다. 만일 이 말을 믿는다면, 1,500년 동안 천지天地는 새는 곳에 대충 걸쳐놓듯 때를 지나쳤고, 인심人心도 적당히 끌어 붙이듯 날을 넘긴 셈이 되니, 그렇다면 만물은 어떻게 번성할 수 있었으며, 도道는 어떻게 늘 존재할 수 있었겠습니까? 그러므로 제 생각으로는 한당의 임금은 그 본령本領이 매우 크고 넓었으므로, 그 나라를 천지와 나란히 서게 할 수 있었으며, 사람과 사물들은 그에 의지해서 살아가고 자랄 수 있었던 것입니다.(『용천집龍川集』「권卷20우갑진답서又甲辰答書」)

라고 하였다. 이렇게 진량은 한당시대 또한 '천리'가 행해지고 있었고, 그러한 '천리'의 실행으로 만물이 번성했으며, 그러한 것은 한당의 위대한 패자霸者들 덕이라고 여긴 것이다.

그러나 주희는 한당시대에 이루어진 일들은 도덕적으로 올바른 동기에서 이루어지지 않았기 때문에 그것을 정당하다고 여길 수 없었다. 그래서 도덕적

으로 정당한 삼대와 감히 비교할 수 없다고 보았다. 주희가 보기에, 한당의 소위 영웅英雄호걸豪傑이란 이욕利欲을 동기로 하다가 어쩌다 부분적으로 좋은 결과를 가져 올 수 있기도 하였지만, 근본적으로 동기가 선한 삼대의 성현聖賢과는 다른 것이었다. 그래서 그는 말하기를,

> 옛날의 성현聖賢에게는 근본적으로 (『서書』에서 말하는) '유정유일惟精惟一'의 수양 공부가 있었으므로, 그 '중中'을 잡을 수 있어서 철두철미하게 모두 완전히 선하지 않음이 없었습니다. (그러나) 훗날의 이른바 영웅에게는 이러한 수양 공부가 있었던 적이 없이 단지 이욕利欲을 다투는 곳에서만 들락날락하였을 뿐이며, 그들의 좋은 측면이란 것도 우연의 일치로서 그 역할이 많고 적은 데에 따라 이루어질 수 있었을 뿐입니다. 그러나 어떤 것은 맞고 어떤 것은 맞지 않은 것도 완전히 선할 수 없었다는 점에서는 한 가지일 뿐입니다. 깨우쳐 주신 글의, 이른바 삼대는 다할 수 있었고, 한당은 다할 수 없었다는 말은 바로 이 점을 이른 것입니다.(『주자대전』「권36답진동보答陳同甫)

라고 하였다. 그러나 진량의 입장에서 주희는 도덕적 동기만을 따지는 지나친 원칙주의자, 그것도 불변의 원칙을 강조하는 이였다. 진량은 도덕적 동기보다는 결과를 중시한 데다가 원칙이란 상황에 따라 변할 수 있는 것이라 여겼다. 그가 보기에 모든 원칙은 현상세계를 초월하는 보편적 항구성을 지니는 것이 아니라, 만물의 세계 그 자체에 결부되어 있으면서 그 만물에 처하는 인간의 일용생활의 일과 밀접히 관련되어 있는 것이기 때문에, 일상의 변화와 더불어 변하는 것이었다. 그래서 진량은 변화를 강조하여 다음과 같이 말하였다.

> 우주에 가득 찬 것으로 물物 아닌 것이 없으며, 날로 쓰는 것으로 사事 아닌 것이 없다. 옛날의 제왕帝王은 홀로 사事와 물物의 까닭에

밝아, 이를 말로 표현하고 정사를 세워서, 백성의 마음을 따르고 시대의 마땅함을 따르며, 그 항상됨에 처해서는 게으르지 않고, 그 어떤 변고를 만나도 천하가 그를 편안케 여기게 된다.(『용천집龍川集』「권卷10 · 경서발제經書發題 · 서경書經」)

진량은 주희와 상대하여 옳고 그름을 논했지만, 그에 있어서 옳고 그름의 기준이 되는 원칙은 세계 속에서 세계의 만물과 더불어 변하는 것이다. 나아가서 그 만물이 인간사회 속에 반영될 때의 '사事'들 또한 당연히 변하는 것이고, 이것들은 역사 속에서 역사와 더불어 변하는 것이다. 그래서 진량의 입장에서 모든 원칙이란 그 시대의 적절함을 따라 변해야 하는 것이었다.

3. 진량陳亮과 주희朱熹의 '도道'에 관한 논쟁

이상과 같은 '의리쌍행義理雙行'의 논리는 자연히 '왕패병용王霸並用'으로 연결되게 되며, '왕패병용'은 '의리쌍행'이란 논리적 전제에서 끌어져 나온다. 즉 보다 엄격히 말한다면, 진량의 '리利' 중시의 사고는 '패霸' 중시의 사고로 귀결된다. 왜냐하면, 그의 입장에서 '패자霸者'란 결과적으로 '리利'를 가져오는 사람이기 때문이다. 진량이 '패자'를 높이 평가한 것은 사실상 당시 시대에 대한 그의 바람 때문이었다고 할 수 있다. 왜냐하면 당시에는 송宋이 군사적으로 북방민족보다 열세여서 남쪽으로 밀려나 있었기 때문에 뜻 있는 이들의 고토故土 회복에 대한 열망이 강했지만, 한편으로는 남쪽에서 그대로 안주하려는 안일한 태도를 지니고 있는 이들도 있는 상황이어서, 이러한 때에 진량은 당시 상황에 대해 비분강개하는 마음을 가짐과 동시에 그 시대를 구제하고픈 열망도 가지고 있었고, 그러한 현실 문제를 타개하기 위해서 '패자霸者'로서의 영웅이 요청된다고 생각하였기 때문이다. 그래서 그는 그러한 '패자'의 역사적 모범으로서 한고조漢高祖와 당태종唐太宗을 들고 이들이 한 행위를 정당하다고 옹호할 필요를 느꼈던 것이다.

그러나 주희의 입장에서는 앞에서와 같은 이유로 이들 패자들을 비판하였고, 이들이 통치하던 시대는 주희 자신이 생각하는 '도道'나 '천리天理'가 제대로 행해지지 않고 '인욕人欲'만 성했다고 보았다. 그래서 주희는 말하기를,

> 사람은 단지 이 사람일 뿐이고, 도道는 단지 이 도道일 뿐이지, 어찌 삼대三代와 한당漢唐의 구별이 있겠습니까. 그러나 유학儒學이 전해지지 못하여, 요堯·순舜·우禹·탕湯·문文·무武 이래로 계속 수수授受된 마음이 천하에 밝혀지지 못하였습니다. 그러므로 한당의 임금이 비록 (도道와) 우연히 일치한 때가 없을 수는 없었으나, 그 전체적인 측면은 여전히 단지 이욕利欲에 있었습니다. 이것이 요순堯舜·삼대三代는 본래 요순·삼대이고, 한고조漢高祖·당태종唐太宗은 본래 한고조·당태종이 될 수밖에 없어서 결국 하나로 합하여 볼 수 없는 까닭입니다.(『주자대전·천』「권36·답진동보」)

라고 하였고, 주희의 이러한 논리에 진량도 맞대응 하였으므로, 자연히 그들은 '도道'라는 같은 논거를 들게 되었으며, 나아가 이 '도'의 의미와 그 실현여부에 대한 논쟁을 벌이게 되었다. 진량은 한당 시대에는 '도'가 실현되지 않았다는 주희의 견해에 반박하면서 말하기를,

> (한당의) 1,500년간을 하나의 커다랗게 텅 빈틈으로 만들어 놓고, 인도人道가 다 없이 사라져도 천지의 일정한 운행에는 아무런 해가 없다고 보면서 자신만이 홀로 탁연히 올바른 견해를 가졌다고 여기니, 그 얼마나 고고한 태도입니까? 도저히 저는 심복心服할 수 없습니다.(『용천집龍川集』「권20·우서又書」)

라고 하였다. 이렇게 본다면 두 사람의 논지는 모두 '도'의 실현에 근거하면서도 그 결론을 달리 하고 있음을 알 수 있다. 즉, 주희의 입장에서는, 삼대는 '도'가 실현되었지만, 한당은 '도'가 제대로 실현되지 못하였거나 전혀 실현된 적이 없는 것처럼 되는 데에 반하여, 진량의 입장에서는 삼대뿐만 아니라 한당도 '도'가 실현된 것으로 보니, 이 두 사람은 근거하는 바가 다름이 나타난다. 여기에는 두 가지 가능성이 있다. 먼저 두 사람이 생각하는 '도'와 그 실현 기준이 같음에도 그 적용에 있어서 견해를 달리 하는 경우가 있고, 또 다른 가능성은 처음부터 '도'와 그 실현 기준에 대한 관점 자체가 다를 수가 있다. 그래서 주희와 진량이 생각하는 진리관인 '도'에 대한 견해를 살펴보지 않을 수 없다.

먼저 주희는 '도'의 항구적 보편성을 강조하면서 다음과 같이 말하였다.

> 만일 도가 언제나 존재한다는 측면을 논한다면, 이는 오히려 처음부터 사람이 관여할 수 있는 바가 아니라, 단지 본래 옛날부터 지금까지 항상 존재하면서 사라지지 않는 바로 그것이다. 비록 1,500년 동안 인간에 의해서 파괴되었지만 끝내 소멸시킬 수는 없었다.(『주자대전』「권36답진동보」)

주희가 이와 같이 말할 때의 '도'는 자연법칙인지 도덕법칙인지가 먼저 논의되어야 할 것인데, 여기서 얼핏 봐서는 분명하지 않은 것처럼 보이지만 사실상 명확히 도덕법칙임을 말하고 있다. 왜냐하면 '도'의 인간에 의한 파괴 가능성을 인정하고 있기 때문이다. 자연법칙은 근본적으로 인간에 의한 파괴가 가능하지 않다. 도덕법칙의 측면에서 볼 때에도 주희가 말하는 '도'에는 완전한 파괴라는 것이 있을 수 없다. 그에 있어서의 도덕법칙은 보편적이고 영원하기 때문이다. 중국의 중세적 사유가 반영되는 대목이기도 하다. 이러한 취지를 더욱 명확히 해 주는 것이 그의 다음 말이다.

삼재三才가 삼재三才인 까닭은 본래 두 개의 도가 있은 적이 없기 때문이다. 그러나 천지天地는 무심無心하나 사람에게는 욕망(欲)이 있으므로, 천지의 운행은 무궁하나 사람의 경우는 때때로 (천지와) 닮지 못한 측면이 있게 된다. 대개 의리義理의 마음이 잠시라도 없으면 인도人道가 쉬게 되고, 인도가 쉬게 되면 천지의 작용(用)은 비록 그칠 리 없겠지만 나에게 있어서는 이에 따라 행하여질 수 없게 된다. 둥그런 하늘은 언제나 위에서 운행하고 펼쳐진 땅은 언제나 아래에 있다는 사실을 가지고, 인도가 언제나 존재하면서 천지가 이에 의지해 존재하게 되는 증거로 삼을 수 있다.(『주자대전』「권36답진동보」)

여기서 알 수 있는 주희의 '도'란, 사람과 무관하게 존재할 수 있는 단순한 자연법칙도 아니고, 그렇다고 사람에 의해서만 좌우되는 도덕법칙만도 아니다. 그래서, 두 개의 도가 있지 않다고 하며 자연법칙과 도덕법칙을 하나로 말하면서도 사람과 무관하게 천지의 작용만으로 존재한다고도 하고, 더불어 사람을 떠나 존재할 수 없다고도 했다. 실로 주희의 '도'는 사실개념을 함유하는 존재법칙과 가치개념을 함유하는 당위법칙이 하나로 뭉뚱그려져 엄격히 분리되지 않는다. 주희의 철학으로 대표되는 성리학에서 말하는 원리나 법칙은 자연법칙만을 말할 때가 드물고 도덕법칙을 함유하고 있는 경우가 일반적이다. 엄밀히 말해서 자연법칙과 도덕법칙을 제대로 구분하지 않는 경우가 많다. 여기서 주희가 말하는 '도' 또한 일단 도덕법칙이긴 하지만 자연법칙을 전적으로 배제한다고 말할 수도 없다. 역시 무어(Moore, G. Edward)의 '자연주의적 오류'와 관련된다 할 것이다. 그렇지만 그는 내심 '인도'로서의 당위법칙을 강조하여 '도'와 사람의 불가분리성을 애써 주장한다.

그리고 주희는 계속 이어서 말하기를,

> 도道의 존망存亡은 사람에게 달려 있어서, 사람을 버리고서 도를 삼을 수 없다고 말하는 것은 바로 도란 일찍이 사라진 적이 없고, 사람이 그것을 실현함이 지극한가 지극하지 않은가에 달려 있을 뿐이기 때문이지, 이 몸이 있으면 도가 저절로 존재하고, 반드시 이 몸이 없게 된 후에야 도가 사라진다는 말은 아니다.(『주자대전』「권36답진동보」)

라고 함으로써, 그의 '도'는 다음 장에 말할 육구연陸九淵의 것과도 다르고, 여기서 말하는 진량陳亮의 것과도 다른 점을 부각했다. 이러한 주희의 '도'에 대한 관점에 반대하여 진량은 다음과 같이 말하였다.

> 도는 천하에 있어서 일용日用의 사이에서 고르게 베풀어지고 있으니, 성정性情의 올바름을 얻은 이는 본래 이를 알 수가 있다. 선왕先王의 때에 천하 사람들은 그 정情을 드러내면서도 예의禮義에 머물렀는데, 아마도 이것은 그러한 줄도 모르고도 (자연스럽게) 그런 것이리라. 선왕先王이 이미 민정民情의 흐름에서 멀어진 지 오래이지만, 이른바 일용의 사이에서 고르게 베풀어진다는 것은 생生과 더불어 함께 생生하여 본래부터 이를 떠날 수 없다는 말이다.(『용천집』「권10·경서발제經書發題·시경詩經」)

진량이 여기에서 말하는 바는 우선 '도'가 삶과 분리될 수 없는 일상의 평범한 것임을 강조한 것이다. 그는, '도'란 사람을 떠나서도 천지를 떠나서도 존재할 수 없는 것이므로, 사람과 세계로부터 불가분리한 '도'를 주장하였다. 그래서 그는 말하기를,

사람이 천지天地와 나란히 서서 셋이 될 수 있는 것은, 천지는 언제나 홀로 운행하는데도 사람이 하는 일에는 쉼이 있어 그런 것이 아니다. 사람이 서지 않으면 천지만이 홀로 운행할 수 없으며, 천지를 버린다면 도가 될 근거가 없다. '(도는) 요堯 때문에 존재하지도 않고 걸桀 때문에 없어지지도(亡) 않는다'는 것은 사람을 버리고는 도가 될 수 없음을 말한 것이 아니다. 만일 도의 존망이 사람이 관여할 수 있는 바가 아니라고 말한다면, 사람을 버리고도 도가 될 수 있다는 것이 된다.(『용천집』「권20 · 여주원회비서與朱元晦秘書」)

라고 하였다. 그의 이러한 주장은 인간이 존재하는 한, 그리고 인간사회가 형성되어 있는 한 '도'는 존재한다는 것인데, 그는 이렇게 주장함으로써 한당을 변호하였다. 왜냐하면 주희의 견해에 따른다면, '도'란 항상 존재하지만 인간이 그 '도'를 실현하려 하지 않으면 존재하지 않을 수도 있기 때문에, 한당과 같은 시대가 '도'에 맞지 않을 때 그 '도'는 존재하지 않을 수도 있음을 말한 것으로 진량은 이해한 것이다. 그래서 만일 '도'가 인간 및 인간사회와 더불어 존재해야 한다면, 인간과 인간사회가 존재하는 한 '도'는 존재해야 할 것이고, 따라서 한당이라는 시대가 존재하는 한, 그 시대에도 '도'는 사라지지 않고 존재해야 한다는 논리이다. 그의 입장에서 볼 때, 천지는 존재하는데 '도'만 사라지는 것은 인정할 수가 없었다. 그래서 삼대三代를 지나 한당漢唐 시대와 같은 때에도 여전히 천지는 존재하였는데, 어떻게 '도'가 없거나 겨우 있는 듯 마는 듯하다는 주장이 성립될 수 있는가라고 여겼다. 그가 보기에 이런 생각은 한당 시대 사람의 존재를 무의미하게 만드는 것이었다. 그래서 그는 다음과 같은 비유를 쓰면서 자신의 주장을 폈다.

천지 사이에 무엇이든 도가 아니겠습니까. 찬란한 태양이 허공에 떠올라 온 누리가 광명으로 가득 찼을 때, 눈을 감은 사람은 눈만 뜨면 되는데도 어찌 온 세상이 모두 장님으로서 이 광명을 함께 할 수 없겠습니까. … 2,000년 동안의 군자君子들은 모두 장님의 상태로 눈도 조금 씻지 못했으며, 2,000년 동안 천지와 일월은 있는 듯 마는 듯, 세계에는 모두 이욕利欲뿐이었고, 이 도만 겨우 실오라기처럼 끊어지지 않았을 뿐이라고 말합니다.(『용천집』「권20 · 우서又書 · 을사乙巳」)

여기서 2,000년 동안은 곧 한당의 시대를 말하는 것인데, 진량은 주희와 같은 사람들이 이 시대에는 오로지 이욕利欲만이 존재하여, 그들이 말하는 '도'는 그들의 노력으로 겨우 이어져 왔다고 하는 점을 비판했는데, 진량은, '도'란 찬란한 태양 빛이 온 누리에 가득 찬 것과 같아서 한당만이 이러한 것에 예외라는 점을 납득할 수 없다고 주장한 것이다.

이러한 견해에 대해 주희는 자신의 의견을 다시 가다듬어 표명하였다. 그는 자못 오해를 풀려는 의도로 말하기를,

도가 사라진 적은 없으나, 사람이 스스로 도를 사라지게 하는 것일 것입니다. 이른바 도가 사라진 것이 아니라, 유왕幽王과 여왕厲王이 이를 따르지 않았을 뿐이라는 말은 바로 이것을 두고 이르는 것일 뿐입니다.(『주자대전』「권36답진동보」)

라고 하여, 도덕법칙으로서의 '도' 또는 '천리'가 항존하지 않는다는 것이 아니라, 비록 항존한다 하더라도 그 도덕적 의미는 그것을 실천하는 도덕주체로서의 인간에 달려 있음을 말하였다. 그래서 한당 시대에도 비록 '도', 즉 도덕법칙이 존재하였으나, 그 도덕법칙을 한당의 패자霸者들이 실천하지 않았음이 주희 자신의 주장의 핵심임을 밝혔다. 게다가 한당의 군주들이 '도'를 지키는 경우가 있다고 하더라도, 그것은 어디까지나 그들의 동기와 무관하게 우연히 어쩌다 일치한 것이라고 주장하면서, 그 패자들의 동기란 오직 사리사욕에

근거한 것이라는 것이다. 그러나 진량은 여전히 자신의 입장을 고수하여,

> (한漢)고조高祖, (당唐)태종太宗 그리고 우리 송조宋朝의 태조太祖가 있어서 천지가 이들에 의지하여 언제나 운행하며 쉬지 않았고, 인기人紀도 이들에 의지하여 계속 이어지며 추락하지 않았으니, 도의 존망은 사람이 관여할 수 있는 바가 아니라는 말은 잘못된 것입니다.(『용천집』「권20여주원회비서」)

라고 하였다. 이러한 도에 대한 두 사람의 관점은 결국 역사 속의 통치자들에 대한 평가로 귀결되어 '왕자王者'와 '패자霸者'의 도덕적 정당성에 대한 논증의 전제로 사용되어졌다.

4. 진량陳亮의 '왕패병용王霸並用'

'왕자王者'와 '패자霸者'에 관한 논의는 중국 역사에서 오래된 것이다. 그 논의의 대표적인 것은 맹자孟子의 경우이다. 맹자는 '패자'를 비판하고, '왕자'가 올바른 통치자이며 당시의 임금들에게 '왕자'가 되기를 역설했다. '왕자'의 정치는 요순堯舜 및 하은주夏殷周 삼대三代의 초기 통치자인 우왕禹王, 탕왕湯王, 무왕武王의 정치로서, 이러한 정치를 '왕도王道' 정치라 불렀다. 그에 대해 자신이 살고 있는 후대의 군주들은 힘으로써 통치를 하는 '패자霸者'라고 평가하고 이들을 폄하하였다.

주희는 이러한 전통적 견해를 이어받아, 하은주의 삼대를 이상으로 보아 당시를 '왕자'에 의해 '왕도'의 '천리天理'가 실현된 시대로 보고, 그 이후의 시대인 한당漢唐 시대는 옳지 못한 '패도覇道'의 시대라고 보았으며, 이때의 대표적 통치자의 예인 한고조漢高祖와 당태종唐太宗을 비판하면서 이때는 '인욕人欲'

이 주도하던 시대라고 보았다.

그런데 진량의 관점에서는, '도'란 천지가 항상 존재하듯이 언제나 존재하는 것이므로, 어느 때이고 '도'가 실현되지 않으리란 법은 없으며, 그 속에 존재하는 통치자가 '왕자'이든 '패자'이든 상관없이 모두 그 '도'에 따르는 정당한 통치자이다. 이런 까닭에 삼대에 당시 통치자의 통치가 정당했던 것만큼, 한당 때의 통치자의 통치도 정당성을 지닌다는 것이다.

진량의 주장의 논거는 통치의 결과로서 '리利'를 가져오는가의 여부에 있었다. 그래서 그는 한고조와 당태종을 평가하여, "(한고조와 당태종은) 결국은 포학을 금지시키고 혼란을 그치게 하며, 사람을 사랑하고 사물을 이롭게 하는 데로 돌아가, 이러한 것(업적)을 덮을 수 없는 것은 바로 그들의 본령本領이 굉장히 크고 탁 트이고 열려 있었던 까닭입니다."(『용천집』「권20여주원회비서」)라고 한 것이다. 즉 진량은, 한당의 '패자'의 예로 든 한고조와 당태종의 통치 결과가 백성에게 '리利'를 가져왔으므로, 그 '공功'의 측면에서 위대하다 하지 않을 수 없다는 것이다. 이러한 논증의 근거는 오직 어떤 행위의 결과가 실용적으로 '리'를 가져왔는가 하는 것이며, 이 '리'를 가져온 결과가 곧 '공功'인 것이다. 그래서 한당의 '패자'들은 '리'를 가져온 결과로서의 '공'의 측면에서 삼대의 '왕자'들과 다를 바 없다는 것이다. 그리고 그는 맹자가 주장한 '왕도'도 근본적으로 '리'에 바탕한 것으로서, 맹자가 양혜왕에게 주장한 민생의 경제정책을 그 예로 들었다.

그런데 진량은 그 자신이 주희와 구별되는 특별한 논거인, 결과로서의 '리'를 들었으면서도, 한편으로는 주희와 마찬가지로 동기의 선함을 그 논증의 근거로 삼기도 하였다. 즉, 한고조와 당태종이 사람에 대한 사랑을 동기로 가졌으며, 이러한 동기로 말미암아 백성에게 결과적 '리'를 가져오도록 통치의 방침을 정하고, 그 결과로서 그러한 '공'을 세웠다는 것이다. 다만 주희와의 차이점이 있다면, 주희의 경우는 동중서가 주장한 명제를 이어받아 동기의 선함만을 주장하면서, 그 결과로서의 '리利'는 묻지 않고 '명命'에 맡기는 태도를 보였지만, 진량은 백성을 사랑하는 동기의 선함뿐만 아니라, 그 사랑이 직접적으로 가시적 결과로서의 실용적 효용가치를 가져올 것까지도 고려하는 태도를 보인 것이다. 그래서 결국 진량의 입장에서는, 평가의 표준은 결과의 '실용'이고 동기의 '선'함은 오히려 부차적인 것이 되는 것이다. 왜냐하면 아무리 백성을 사랑하는 선한 동기를 지녔을지라도, 결과적 실용의 '리利'를 가져오지 못하면 그에 의해 '패자'로서의 훌륭한 통치자로 평가받지 못할 것이기 때문이다.

그래서 실제로 한고조나 당태종이 아니라도 백성을 사랑했던 통치자는 있을 수 있을 것이지만, 그의 기준으로는 결과의 '실용'이 가장 중요한 척도였기 때문에 고려대상이 되지 않았던 것이다. 한편 진량은 한 걸음 더 나아가 주희가 이상으로 본 삼대의 '왕자'들을 폄하하기도 하였다. 그는, 주희와 같은 도학자道學者들은 중국 상고시대를 지나치게 높이 평가하고 있으며, 고전에 실려 있다거나, 공자와 같은 위대한 철학자들이 한 일이라는 이유로 어떤 것이 올바르고 위대하다고 주장하는 경향이 있다는 것이다. 만일 그렇다면 이는 '권위에 의거한 논증의 오류'인 셈이지만, 진량의 이러한 주장의 내면에는 단순히 삼대를 깎아내리기 위한 것만이 아니라, 삼대의 가치를 희석함으로써 상대적으로 한당의 가치를 높이려는 의도까지 있었던 것이라 할 수 있다. 진량이 한당의 영화에 대한 역사를 소환한 것은 사실상 자신이 사는 당시 송대宋代, 즉 거란과 서하西夏에 시달리던 북송대에 이어 급기야는 금金에 의해 남쪽으로 쫓겨 오고도 그 상황에 안주하는 남송대의 현실에 대한 비분강개가 그 바탕에 깔려 있었던 것이라고 할 수 있다.

제29장

육구연 陸九淵

육구연陸九淵(룩구연)(1139~1193)은 남송대南宋代 무주撫州 금계金溪 사람으로서, 자字는 자정子靜이고, 호號는 자칭 '상산옹象山翁'으로서, 세칭世稱 '상산선생象山先生'이다. 육구연陸九淵은 구세동거九世同居의 큰 집안에서 태어났다. 육구연의 아버지 육하陸賀는 모두 여섯 아들을 두었는데, 곧 구사九思, 구서九叙, 구고九皐, 구소九韶, 구령九齡, 구연九淵이다. 그들 모두 학식이 비범하고 탁월하였으며, 특히 그 중에서 구소九韶, 구령九齡과 구연九淵의 세 형제는 모두 남송의 저명한 학자로 알려져 사람들이 "금계삼륙金溪三陸"으로 일컬었다. 육구연은 직접적인 저술은 남기지 않았고, 그의 어록이 『상산선생전집象山先生全集』으로 모아졌으며, 근래에는 그것이 정리된 『육구연집陸九淵集』이 출간되었다.

주돈이周惇頤로부터 주희朱熹에 이르기까지의 송대宋代 성리학자들은 이전 종교적 의미의 '천天'을 철학적 의미의 '천리天理' 또는 단순한 '리理'로 대체시켜 사상계와 사회에 합리적 이성 중심의 철학이 그 역할을 증대시킬 수 있도록 하였다. 그래서 인간의 본성을 그 '리理'와 연계시켜 도덕주체의 합리성과 그에 따른 합리적 삶에 철학적 근거를 부여하였다.

그러나 이러한 성리학은 도덕주체의 합리적 삶의 근거를 대상적 '리理'에 두고 도덕주체가 그 리理를 탐구하는 철학적 과정을 설정함으로 인해 철학의 본질과 역할을 왜곡시켰다고 간주하는 철학자들이 있게 되었다. 즉 대상적 리理를 찾으려고 하면서, 인간의 가치와 당위의 관념에 관련되는 도덕적 리조차도 대상세계에서 찾고, 궁극적 근원도 밖에서 부여되는 천리에서 찾으려는 이러한 '리학理學'(성리학)에 반기를 들고 나서서, 도덕과 도덕적 삶은 도덕주체의 문제임을 주장한 학파가 그에 이어서 나타나게 되었는데, 그들의 학문을 바로 '심학心學'이라 부른다. 그 개창자가 곧 주희와 같은 시기에 활동하고 같이 논쟁을 벌인 육구연陸九淵이다.

육구연은 어릴 때부터 총명하고 배우기를 좋아하여, 질문을 하면 철저히 묻기를 좋아하면서 자신의 견해를 내었다. 3, 4세쯤에 그의 아버지에게 천지天地가 끝나는 곳은 어떠한가에 대해서 물었는데, 그의 아버지는 웃으면서 답하지 않자, 그는 밤낮으로 골똘히 생각하며 명상에 잠겼다고 한다. 장성한 후에 고서古書를 읽다가 '우주宇宙'라는 두 글자의 해설을 이르렀을 때, 마침내 그 가운데의 오묘함을 이해하게 되었다고 한다.

육구연은 "우주宇宙는 곧 내 마음이고, 내 마음은 곧 우주이다"(『육구연집陸九淵集』「연보年譜」), "육경六經은 모두 나의 주석이다."(『육구연집』「어록語錄 상上」)라는 유명한 말을 하면서, 우주의 본래 면목을 알려면, 우리 자신이 '본심本心'을 알기만 하면 된다는 취지의, 주체 중심의 '심학'을 세웠다. 그는 주희와 서신을 통해서 논쟁하였으며, 강서江西의 '아호鵝湖'에서 직접 만나 학술 논쟁을 벌이기도 하였다. 그의 철학사상은 명대明代의 왕수인王守仁(왕양명王陽明)에 의해 계승 발전되어 '정주학파程朱學派'와 대립되는 '육왕학파陸王學派'를 이루었다. 그는 당시 주희朱熹(주자朱子)와 이름을 나란히 하였는데, 학술적 견해가 크게 달랐으며, 정주학의 '성즉리性卽理' 명제에 대해 그의 철학을 대표적으로 상징하는 '심즉리心卽理' 명제를 내세우면서, 중국철학사에서 심학心學의 개조開祖가 되었다. 그의 등장에는, 주희에 의해 중국 후기 중세 철학인 성리학性理學이 종합집대성되던 시점에 중국철학사에 있어서 근대철학이 열린 철학사적 의의가 있다.

당시 육구연陸九淵의 철학적 대적자인 주희朱熹는 정이程頤의 영향 하에 객관세계의 '리理'를 탐구함을 도덕철학의 중요한 방법으로 삼았다. 정이·주희는 다른 사물들의 리를 탐구하여 이것을 귀납함으로써 보편리를 얻고, 나아가 이 보편리가 분유分有된 한 편에 있는 인간의 리, 특히 도덕 리, 즉 도덕법칙을 알고자 하였다. 이것이 정주학적程朱學的 도덕철학의 특징이다. 그러나 육구연陸九淵은 이에 반대하였다. 그는 정이의 이론이 "자신(我)을 상傷하게 하는 것 같음을 느꼈다."고 하였다. 육구연은 정주程朱에 비해 인간의 도덕주체를 보다 더 중시하였다. 그래서 도덕에 관한 모든 것을 인간 자신에게서 구해야 한다는 이론을 제기하였다. 이것이 그의 '심즉리心卽理' 명제로 나타났다. 이 명제는 도덕철학의 중심을 객체에서 주체로 대전환하는 주장이었다. 즉, 정주의 도덕철학이 객체로부터 출발하는 것이라면 육구연의 그것은 주체로부터 출발하는 것이었다.

이렇게 볼 때, 남송南宋 당시의 리학理學(성리학)과 심학心學[1]의 대립은 단순히 어떤 특정 두 경향의 학파대립을 의미하는 것 이상의 의미를 가지고 있다. 즉, 이 대립은 어떤 철학사적 의미전환의 분기점 역할도 한 것이다. 그것은 곧 주희로 대표되는 중국의 중세철학적 시대에서 근대철학적 정신이 태동되는 전환점의 역할도 한다. 육구연은 바로 중국에 있어서 근대적 자아를 주창한 철학자로 말해질 수 있기 때문이다.

1. 육구연陸九淵의 도덕주체로서의 '심心'·'본심本心'

육구연의 제자 중 양간楊簡이 부양현富陽縣의 주부主簿를 맡고 있었는데, 육구연이 부양현을 지날 때 양간은 육구연에게 '본심本心'이 무엇이냐고 물었다. 그러자 육구연은 맹자孟子가 말했던 '사단四端'(측은지심惻隱之心, 수오지심羞惡之心, 사양지심辭讓之心, 시비지심是非之心)이 '본심'이라고 대답하였다. 양간이 다시 묻기를, '사단'이 '본심'이라는 것은 어려서부터 이미 알고 있는데, 도대체 무엇이 '진정한 본심'이냐고 다시 물었다. 이때 어떤 부채 장수가 관아에 분규를 고발해 오자, 양간은 즉석에서 그 옳고 그름을 판가름하였다. 그러자 육구연은 "방금 그대가 송사를 판결할 때, 옳은 것에 대해 그 옳음을 알고, 그른 것에 대해 그 그름을 아는 것이 바로 그대의 '본심'이다."(『육구연집』「연보」)라

1) '심학心學'이라는 명칭은 이전에 불교와 도교에서도 쓰였으며, 심지어 유학의 성리학 쪽을 일컫기도 했다. 그런데 이후 육왕학 쪽의 학문을 일컫는 말이 되었는데, 이 경우는 사실상 양명학 이후의 일로서, 왕수인王守仁이 육구연의 문집 서문에서 일컫고 난 후였다.

고 말했다. 양간은 이 말을 듣고 크게 깨달았다고 한다.

육구연이 말하는 '본심本心'이란 인간의 타고난 기본적인 양심으로서, 양간이 즉각적으로 도덕적 판단을 할 수 있게 하는, 경험 이전의 선험적인 것이며, 시간과 공간에 상관없이 보편성을 띠는 것으로서, 내면에서 반성적 작용을 하는 도덕 주체이다. 육구연은 이 '본심'을 그냥 '심心'이라고만 부르기도 하였다. 그런데 그냥 '심'이라고 할 때, 육구연은 선험적 '심'이 아닌 경험적 '심'을 말하기도 하므로, 이러한 점은 그의 말을 기록해 놓은 글의 문맥에 따라 판단해야 한다.

육구연 학설의 특색은 그 '마음(心)' 관념에 있다. 이것이 바로 그의 학문이 후세에 '심학心學'이라고 일컬어지는 까닭이다. 말하자면 그는 '마음'을 중시하여 그의 철학의 가장 중심부에 그것을 놓았다. 따라서 그의 철학을 밝혀내는 데에 있어 사실상 이 '마음'보다 더 중요한 철학범주는 없다고 해도 과언이 아니다.

우리는 존재하는 우리 자신이 본질적으로 누구인가를 논할 때, 그것은 곧 생각하는 이 주체로서의 '마음'임을 흔히 이야기한다. 이 '마음'은, 곧 인식주체로도 말해지므로, 그것은 곧 생각하는 주체이다. 인식주체로서의 '마음'에 대한 인식의 대상은 단순한 대상 사물일 수도 있고 어떤 원리일 수도 있다. 그 원리는 사실개념에 관한 존재원리일 수도 있고 가치와 당위개념에 관한 도덕원리일 수도 있다. '마음'은 이러한 것들을 생각하고 인식한다. 그러나 '마음'은 특히 도덕에 관한 한, 그 도덕적 대상과 원리에 대한 인식의 주체일 뿐만 아니라 나아가서 행위의 주체이기도 하다.

도덕에 관한 한, '마음'은 가치기준을 정하는 주체이기도 하다. 그러나 이렇게 되면 각 개별적 인간마다 도덕주체인 자신의 '마음'으로 가치기준을 정할 수도 있어서, 이때의 '마음'은 개별심으로 되어 도덕주체는 각개마다 모두 상대적 존재에 처하게 된다. 이에 따라 인간도 상대적 인간만이 존재하게 되며, 나아가서 그러한 상대적 존재로서의 도덕주체가 정하는 도덕기준도 모두 상대적이게 되어 도덕상대주의에 빠지게 될 것이다. 이렇게 되면 옳고, 그름에 대한 보편적 기준도 정할 수가 없고, 나아가서 도덕적 책임도 따질 수 없게 될 것이다.

그러나 육구연의 입장에서는 이러한 것이 받아들여질 수 없었다. 그는 한때 스스로 깨달았다며 이런 말을 한 적이 있다.

> 우주宇宙 안의 일은 곧 내 자신 안의 일이며, 내 자신 안의 일은 곧 우주 안의 일이다.(『육구연집』「상산선생행장象山先生行狀」)

불교佛敎의 유심론唯心論과 같이 여겨질 수도 있는 이 명제는 사실상 선진先秦시대 孟子의 "만물萬物은 모두 나에게 갖추어져 있다."라는 명제에 그 사상적 연원을 둔다고 육구연은 말한다. 따라서 육구연의 위 명제는 불교적 유심론을 말하는 것이 아니라, 맹자의 명제와 같이 하늘 중심의 종교적 사고에 대해 인간중심의 철학적 사고로 무게 중심을 옮기는 선언이며, 동시에 모든 가치판단의 주체는 곧 인간 자신임을 주장하는 것이다.

다시 말해, 그가 우주의 일과 자신의 일을 동일시한 것은 곧 대상세계에 관한 모든 것은 도덕주체로서의 인간자신에 달려 있음을 선언한 것이다. 그리고 이때 말하는 우주는 도덕주체인 인간자신의 '마음'에 대한 보편화의 표현이다. 이때의 내 자신이란, 개별적 인간 저마다가 모두 별개의 가치기준을 제시하여 각개의 가치기준이 상대화되도록 하는 주체로서가 아니라, 개별적 '마음'을 초월한 보편적 '마음'으로서의 주체를 말하는 것이다. 그의 다음 말을 보면 그러한 취지가 보다 선명해진다.

> 동해에 성인聖人이 나도 이 마음은 같고 이 리理는 같다. 서해, 남해, 북해에 성인聖人이 나도 역시 그렇지 않음이 없다. 천백세 이전에 성인聖人이 나도 이 마음은 같고 이 리理는 같다. 천백세 이후에 성인

> 聖人이 나도 이 마음과 이 리理는 역시 같지 않을 수 없다.(『육구연집』「상산선생행장」)

여기서 그가 동해에 성인聖人… 운운한 것은 곧 도덕주체와 도덕법칙은 공간적으로 보편성을 지니고 있음을 말한 것이며, 천백세 이전에 성인聖人… 운운한 것은 곧 그것들이 시간적으로 보편성을 지니고 있음을 말한 것이다. 따라서 그의 주장에 따르면 도덕주체로서의 '마음'은 단순히 개별적인 차원에 머무는 것이 아니라 하나의 보편자이다. 즉 이때의 '마음'은 누구의 '마음' 또 누구의 '마음' 하는 그러한 개별적 '마음'이 아니라, 그러한 개별적 '마음'들의 개별적이고 상대적인 측면을 사상捨象하고 그 공동의 보편자를 추상한 측면에서 얻어지는 보편적인 '마음'인 것이다. 그래서 위와 비슷하게 그는 또 다음과 같이 말하였다.

> 마음은 단지 하나의 마음일 뿐이다. 나의 마음이나 내 벗의 마음이나, 위로 천백년 간의 성현聖賢의 마음이나. 아래로 천백년 간에 다시 한 성현聖賢이 있어도 그 마음은 역시 다만 이와 같을 뿐이다.(『육구연집』「어록하下」)

이렇게 추출해낸 '마음'이므로 이 '마음'은 당연히 모두가 지닌 것이 된다. 여기서 모두가 지닌다는 것은 개별적이고 상대적으로 다른 측면의 '마음'을 저마다가 지닌다는 것을 말하는 것이 아니다. 모두에게 보편적인 '마음', 즉 보편적인 도덕주체가 갖추어져 있다는 것이다. 이미 누구나 다 가지는 측면에서 추상해 내었으므로, 비록 동어반복적이지만, 당연히 이 '마음'은 인간이면 누구나 다 가진다고 해야 할 것이다.

그런데 육구연은 스스로 맹자孟子를 계승한다고 여겼기 때문에 곧잘 맹자의 말에 근거를 두었다. 그래서 그는 맹자가 사용한 용어를 사용하여 이러한 보편적 마음을 '본심本心'이라고 불러 보편적 도덕주체로 삼아 단순한 마음과 구별하려 하였다. 그리고 이 '본심'은 누구나 다 가지는 보편적인 것이라는 근거도 맹자의 말에서 가져 왔다. 또 그는 맹자의 취지를 살려서 이 '본심'이 도덕적 내용을 지니는 것임을 주장하여, "인仁과 의義라는 것은 사람의 '본심本心'이다."(『육구연집』「여조감與趙監」)라고 하였는데, 이것은 맹자孟子가 고자告子와 논쟁하면서 인仁과 의義라는 도덕적 개념이 외부에서 온 것이 아니라, 도덕주체의 가치자각에 의한 것이라고 주장한 것에 근거한 것이다. 말하자면 가치개념이라는 것은 사실개념과는 달리 인간이 도덕주체로서 그 개념을 자각함으로 인해서이지, 도덕주체가 없는 도덕개념이라는 것은 있을 수 없다는 것이다.

그래서 육구연은 이러한 맹자의 주장을 보다 적극적으로 해석하여 도덕주체인 '본심'과 가치개념을 일체화시켰다. 그리고 맹자의 "비록 사람에게 있는 것에 어찌 인仁과 의義의 마음이 없겠는가?"와 "인仁의義예禮지智는 밖에서부터 나에게로 녹여 오는 것이 아니라 내가 본래부터 가지고 있던 것인데 생각하지 않는 것일 따름이다." 그리고 "현명한 이만이 이 마음을 가진 것이 아니다. 사람은 누구나 다 이것을 가지고 있다. 현명한 이는 이것을 잃어버리지 않을 수 있을 뿐이기 때문이다."(이상 『맹자』「고자告子상上」)와 같은 말들을 결부시켜, '본심'의 보편적 고유성을 주장하였다.

그리고 육구연은 맹자로부터 채택한 '본심'을 역시 맹자의 용어인 '적자지심赤子之心'과 같은 것으로 간주하여, "사단四端이란 곧 이 마음이다. 하늘이 우리에게 부여한 것은 곧 이 마음으로서, 사람이면 누구나 다 이 마음을 가지고 있다."(『육구연집』「여이재與李宰」)라고 하면서, 동시에 도덕주체로서의 '본심本心', 또는 '적자지심赤子之心'의 보편적 고유성을 말하기도 하였다. 이러한 '본심'의 상태는 맹자의 주장대로 본래 '선善'한 것이다.

그런데 그 본래의 '마음' 상태는 선善한 것이지만, 현실 속의 다양한 개별심에는 선善과 악惡이 상대적으로 있다. 그렇지만, 이 현실 속의 선악의 상대성은 선이 적극적인 개념이고 악은 선에 반한다는 의미의 개념이다. 왜냐하면 '본심'은 절대적으로 선하므로 그것이 현실 속에서 상대화되어질 때라도 상대적 선이 절대적 선의 연장선상에 있는 적극적 개념이지 악이 선보다 적극적이거나 아니면 최소한 선만큼 적극적인 개념으로 상대하여 존재하는 것은 아니다. 악은 다만 선의 반대로서의 의미만 있는 것이다.

그래서 육구연은 다음과 같이 말하였다.

> 선善이 있으면 반드시 악惡이 있음은 손을 앞뒤로 뒤집는 것과 마찬가지이다. 그러나 선善이 스스로 본연의 상태이고, 악惡은 오히려 그에 반한다는 의미로서 비로소 존재하게 되는 것이다.(『육구연집』「어록」)

이러한 현실 속의 상대적 악惡은 우리 본연의 마음인 '본심'을 잃어버림으로써 비로소 생겨나게 된다. 나아가 현실 속의 모든 개별심이란 것은 이렇게 선악의 가치상대성으로 인해 다양하게 전개되는데, 이 모두가 '본심'의 상실로 인한 것이다. 따라서 우리가 도덕적인 측면에서 행위할 때, '본심'을 잃어버려서 존재하게 되는 각자의 이러한 개별심에 근거하면 도덕적으로 올바름을 보장받을 수가 없는 것이다.

2. '본심本心'의 상실

사람은 비록 누구나 나면서부터 선善한 '본심'을 지니고 있지만 현실 속에서는 저마다 개별심을 가지게 되는데, 이 개별심은 선한 '본심'을 그대로 유지하고 있는 상태가 아니다. 그래서 육구연은 말하기를,

> 사람이 하늘과 땅 사이에 나게 되면, 그 기氣에는 맑음과 흐림이 있고, 심心에는 지혜로움과 어리석음이 있으며, 행行에는 현명함과 불초不肖함이 있어서 반드시 두 길로 총괄할 수 있다. 그렇다면 마땅히 현명한 이의 심心은 반드시 지혜로울 것이고 그 기氣는 반드시 맑을 것이며, 불초不肖한 이의 심心은 반드시 어리석을 것이고 그 기氣는 반드시 흐릴 것이다.(『육구연집』「여포상도與包詳道」)

라고 하였다. 비록 여기서 육구연은 두 가지로 대별하였지만, 이것은 범주의 대별로서, 현실 속에 드러나는 양태는 이러한 두 범주의 정도 차에서 천차만별의 다양성을 이루게 될 것이다. 비록 개별심은 다양하나 모두가 '본심'을 잃었다는 것은 마찬가지이다. 다만 정도의 차이가 있을 뿐이다. 어쨌든 현실에 있어서의 선악이 뒤섞인 각 도덕주체의 다양성은 모두 '본심'의 상실로 인한 것이며, 현실의 모순도 '본심'이 상실된 그러한 도덕주체들이 연출해 내는 것이다. 또, 육구연의 다음 말을 보자.

> 주도周道의 쇠함은 백성이 기교機巧를숭상하고 공리功利에 탐닉하여 그 '본심本心'을 잃었기 때문이니, 명名을 추구하면 그 명名도 마침내 사라지고 리利를 추구하면 그 리利도 마침내 없어지는 것이다.(『육구연집』「여양수與楊守」)

이 말의 취지는 '본심'을 잃게 된 원인이 기교機巧와 공리功利에의 추구와 같은 것임을 말하는 것이다.

그리고 그는 '본심' 상실의 원인을 혼기昏氣와 악습惡習에 두기도 했다. '본심'의 본래 상태는 화평和平하고 안태安泰하지만, 우리가 방심하고 해이해져 선을 계속하지 못하고, 또 악을 제대로 막지 못한다면, 혼기昏氣와 악습惡習과 같은 나쁜 요소들이 발동하여 우리의 도덕주체인 '본심'을 지키지 못하는 상황이 초래되는 것이다. 이러한 주장들은 모두 우리의 '본심' 자체는 선하나 '본심'에 대한 외적 요소에 의해서 악이 섞이게 되니, 우리는 '본심' 지키기를 게을리 하지 말아야 한다는 것이다. 우리의 '본심'은 선천적으로 본래 가지고 있는 것이지만, 후천적이고 경험적인 악의 요소로 인해 언제라도 손상되거나 상실될 수 있다는 것이다.

그런데 후천적 개별심은 현실세계에 있어 각 인간존재자의 양태에 따라서 다양하게 나타난다. 그래서 그 구체적 '본심' 상실의 원인도 다르다. 그는 말하기를,

> 어리석은 자들은 그에 미치지 못하여서 물욕物欲에 가려(蔽) 그 '본심'을 잃어버리고, 현자賢者나 지자智者는 너무 지나쳐서 의견意見에 가려(蔽) 그 '본심'을 잃어버리게 된다.(『육구연집』「여조감」)

라고 하였는데, 비록 그 양태를 다양하게 말하고, 그에 따른 '본심' 상실의 원인도 다양하게 말하였지만, 우리의 도덕적 존재본질인 '본심'의 확립을 저해하는 비본질적인 것들을 거론하는 점에서는 마찬가지이다. 이러한 비본질적 요소들은, 우리의 본질로서의 도덕주체인 '본심'을 오히려 비본질화시켜, 주체적 위치에서 소외시키고, 그것들이 본질인 것처럼 주인행세를 하는 것이다. 육구연의 입장으로 보면, 우리의 현실세계에 악이 횡행하는 것은 바로 이러한 것 때문이다.

3. 육구연陸九淵에 있어서 도덕원리로서의 '리理'

'리학理學(성리학)'에 대해 이른바 '심학心學'으로 불리는 학술경향의 제창자로 평가되는 육구연의 '리理'는 보다 주체지향적인 것이고, 나아가서는 도덕

주체인 '심心(본심本心)' 속에서 구해야 하는 것으로 이야기 된다. 리학理學과 마찬가지로 심학心學도 또한 리理를 중시했지만, 이 학문경향이 심학心學이라 불리는 것은 그만큼 심心을 중시하여 그 중심에 심心을 두고 리理 또한 심心으로 끌어들이는 철학체계를 갖추었기 때문이다. 따라서 자연히 심학心學의 리理는 리학理學의 리理와 다른 속성을 지니게 된다. 육구연은 자신이 말하는 리理에 대해 다음과 같이 표현하였다.

> 이 리理는 우주宇宙 사이에 있어서 일찍이 은둔할 곳이 있은 적이 없다. 하늘과 땅이 하늘과 땅인 까닭은 이 리理를 따르면서 거기에 사私함이 없을 뿐이기 때문이다. … 이 리理는 우주宇宙에 가득 차 있어서 하늘, 땅, 귀신鬼神도 어길 수 없는데 하물며 사람에게 있어서랴. 진실로 이 리理를 알면 마땅히 저쪽과 자기라는 사私가 없어져서 선善이 남에게 있음도 자기에게 있음과 같다. 그러므로 다른 사람에게 선善함이 있음은 자기에게 그것이 있음과 같다.(『육구연집』「여주제도與朱濟道」)

육구연의 이러한 주장들은 우주宇宙 속의 어떠한 존재도 이 리理에 포섭되지 않을 수 없다는 것인데, 이렇게 될 때 리理는 모든 존재에 대하여 보편성을 가짐과 동시에 모든 존재를 초월하는 절대적 지위까지도 가지게 된다고 할 수 있다. 리理의 이러한 측면은 사실상 정주학程朱學의 그것과 그다지 차이가 없는 것이라고 할 수 있다.

그런데 리理가 절대화되어지면, 우리 개별적 존재는 그 인식능력의 한계로 인해 리理의 총체적인 면모는 인식하기가 어렵다. 그것은 리학理學의 입장에서 특히 그러한데, 그 경우 절대적 리理는 꾸준한 격물格物을 거듭하여 어느 순간 활연관통豁然貫通함으로써 이를 수 있는 것이다. 육구연의 입장에서도 총체적 리理를 다 인식하기는 어려운 것이다. 그래서 그는 말하기를,

비록 부자夫子(즉 공자孔子)의 성聖함이라도 천하의 리理가 모두 다 밝혀져 더 이상 밝혀질 만한 리理가 없게 되는 것은 아니다.(『육구연집』「여조립지與曹立之」)

라고 하여, 모든 리理를 밝히기가 어려움을 말하고 있다. 이것은 리를 절대화시킬 때 필연적으로 있게 되는 결론이다. 이미 말한 바대로 개별자로서의 인간은 한계가 있는데, 리는 그것을 초월하여 한계가 없기 때문이다. 그래서 그는 다음과 같이 말하기도 하였다.

우주에 꽉 찬 것은 하나의 리理일 뿐이다. 배우는 자가 배울 바는 이 리理를 밝히려는 것일 뿐이다. 이 리理의 큼에 어찌 한량限量이 있겠는가.(『육구연집』「여조영도與趙詠道」)

그런데 육구연은 이러한 리를 단순히 사실적 존재법칙으로서의 리로 머물게 두지 않고 그것을 인간행위와 관련시켰는데, 이렇게 되면 이는 곧 도덕법칙과 관련되게 되는 것이다.

정주학적 리학理學의 리理는 일차적으로 대상세계의 리로서 출발한다. 그리고 그것은 우선 개별적 리로서 인식의 전면에 나선다. 우리 인식의 주체는 먼저 이 대상세계를 격물格物함으로써, 즉 대상세계의 개별적 사물의 리를 탐구함으로써 리의 세계와 만난다. 우리는 이 세계의 다양한 사물의 리들을 경험하고 그러한 리들을 귀납함으로써 비로소 보편적 리를 얻게 되고, 그리고 나서 그 리의 도덕적 의미를 얻게 된다.

그런데 육구연이 말하는 리理는 바로 자기자신에 근본한다는 것이다. 이것이 심학心學의 리학理學과의 차이점이고 동시에 심학心學의 특징이기도 하다. 리가 자기자신에 근본한다는 말은 곧 자신의 '심心', 즉 '본심本心'에 근본한다는 말이다. 이것이 곧 맹자의 "만물은 모두 나에게 갖추어져 있다."는 취지를 발양하는 것이다. 육구연의 이 입장은 바로 '심心'과 '리理'를 직접 연결시키는 것으로 드러난다. 그것이 곧 '심즉리心卽理'이다.

4. '심즉리心卽理'의 의의

육구연陸九淵의 '심즉리心卽理' 명제는 이정二程의 '성즉리性卽理' 명제와 대응, 비교될 수 있다. 그러나 육구연의 '심즉리'가 그 철학체계 속에서 가지는 의의는 이정의 '성즉리'의 논리적 구조와 완전히 같지는 않다. 그것은 육구연의 철학적 특징과 관련을 가진다.

'성즉리性卽理'는 어떤 존재의 본질은 곧 그 존재의 원리이며, 바꾸어 말해 어떤 존재의 원리는 그 존재의 본질인 '성性'으로 깃든다는 것이다. 그래서 '성性이 곧 리理이다.'라고 할 수 있다. 그러나 육구연의 '심즉리心卽理'는 비록 '성즉리性卽理' 명제와 그 문법적 구조는 같아서 '심心이 곧 리理이다.'라고 번역할 수는 있으나, 육구연 철학 속에서의 의미는 그 이상이다. 즉 단순히 주어와 술어의 개념이 지칭하는 바가 서로 일치한다는 의미는 아니다.

육구연은 이렇게 말한다.

> 사단四端이란 곧 이 심心이요, 하늘이 나에게 준 것도 곧 이 심心이니 사람마다 모두 이 심心을 가지고 있고, 심心마다 모두 이 리理를 갖추고 있으니, '심즉리心卽理'이다.(『육구연집』「여이재」)

여기서 육구연이 분명히 밝히고 있는 바는 '심心'마다 모두 이 '리理'를 갖추고 있다는 것이다. 그래서 '심즉리'라고 한다는 것이다. 즉 심心이 리理를 갖추고 있는 것이지, 심心과 리理가 개념적 동일성을 가지고 있다는 것은 아니다.

달리 말하면 심心 속에 리理가 있다는 것으로, 우리가 리理를 찾으려면 심

心에서 찾아야 한다는 것이다. 여기서의 '즉卽'은 단순한 논리적 계사가 아니다. 이것은 의미상 오히려 장소 또는 그 장소에 나아감을 지칭하는 것이라 할 수 있다. 말하자면 심心이란 곳에 리理가 있다는 것이며, 그 곳으로 나아가서 리理를 찾으라는 것이다. 그래서 이것은 리理를 심心밖에서 찾으려 하지 말라는 주장이 도출될 수 있는 근거가 된다. 그렇다면 왜 심心 속에 리理가 있다고 하는가?

정주程朱의 리학理學에서는 리理를 밖의 사물을 탐구함으로써, 즉 격물格物함으로써 구한다. 리학理學에서 말하는 바의 리理는 우선은 마치 존재법칙으로서의 리인 것 같으나, 궁극적으로는 당위법칙인 도덕법칙으로서의 리이다. 그런데 도덕법칙은 인간행위를 규율하는 것이며, 도덕은 인간자체에 관한 것이다. 말하자면 가치와 당위의 도덕개념은 도덕주체인 인간에 관한 것으로서 인간존재로부터 발생한다. 그것은 대상세계의 사실개념에 관한 존재법칙과는 성격이 다르다. 만일 사실개념으로 구성된 명제로부터 가치 및 당위개념으로 구성된 명제를 도출해 내면 이른바 윤리학에 있어서의 '자연주의적 오류'를 범할 수 있다.

육구연이 심心에서 리理를 구하려 함은 이상과 같은 문제를 해결하고자 하는 것이라 할 수 있다. 그의 '심心'은 바로 도덕주체이고, 그의 '리理'는 도덕법칙이다. 그는 말하기를,

> 인의仁義란 사람의 '본심本心'이다. 맹자孟子가 말하기를, '사람에게 보존되어 있는 것에 어찌 인의仁義의 심心이 없겠는가.'하고, 또 말하기를 '내가 본래부터 가지고 있는 것이지 밖에서 나를 녹여 들어오는 것은 아니다.'라고 한 것이다.(『육구연집』「여조감」)

라고 하였는데, 여기서 그는 사람의 도덕주체인 '본심本心'이 하늘과 땅에 관한 도인 음양陰陽이나 유강柔剛과는 달리 인의仁義라는 도덕임을 말한 것이

다. 그래서 맹자의 말을 인용하여 그것은 도덕주체 내면에 선천적으로 본래부터 갖추고 있는 것이라고 한 것이다. 육구연의 취지는, '리'가 바로 도덕주체인 '본심' 속에 갖추어져 있으므로, 다른 데서 구할 필요가 없을 뿐 아니라, 그렇게 해서도 안 된다는 것이다. 그가 말한 '심즉리心卽理'는 바로 우리의 '본심本心' 속에 도덕법칙인 '리理' 또는 '도道'가 있으므로 그 곳에서 '리理(도道)'를 찾아야 된다는 것이다.

리학理學에서는 리理를 구하기 위해 이전 성현들의 말을 기록해 놓은 경전인 '육경六經'의 공부를 통해야 한다고도 한다. 그런데, 육구연이 생각하기로는, 육경이란 그저 '심'의 운용에 대한 각종 예증을 기록하고 있는 것에 불과한 것이다. 그러므로 우리는 직접 자신의 '심'에서 '리'를 찾아 자신의 도덕주체를 확립하면 된다는 것이다.

그래서 한 번은 육구연의 제자가 "선생님께서는 어째서 책을 쓰지 않습니까?"라고 묻자, 그는 "육경이 나를 주석하는데, 내가 왜 육경을 주석하겠는가?"라고 대답하였다. 육구연이 말하는 '리理'는 경전을 읽음 보다는 도덕주체의 자각과 반성을 통해서 얻을 수 있다는 것이다. 이는 곧 '본심本心'으로서의 '심心'의 도덕적 자각에 의해서 얻는다는 것인데, 여기서 자각으로 해석함은 바로 '리理'는 대상세계에서 구할 것이 아니라 도덕주체 자신에게서 스스로 깨달아야 하기 때문이다. 왜냐하면 처음부터 '본심'을 상실한 것도 자기자신이며 '본심' 속에 '리'가 있음을 깨닫지 못하는 것도 자기자신이기 때문이다. 그래서 육구연은,

> 이 리理가 우주 사이에 있음에 어찌 막힌 적이 있었던가? 너 스스로 가라앉히고 파묻어 버렸기 때문이고, 너 스스로 덮어 가렸기 때문이며, 몰래 함정 속에 들어 가 있기 때문이다.(『육구연집』「어록」)

라고 한 것이다.

5. '본심本心'의 회복

우리에게 만일 악이 개재되어 있어서 현재 어두워져 있거나 그럴 가능성이 있는 어떤 특수한 상황일 때, 그러한 상황 속의 경험적 개별심에서 도덕법칙을 구한다면 그것은 바른 것이 아닐 것이다. 말하자면 현실의 어떤 사람, 즉 아직 진정한 도덕적 인격체로 말해질 만큼 어떤 수양을 이루지 못한 사람이 자신의 생각만이 옳다고 보아, 그에 따라 어떤 행위의 기준을 마련하여 자신의 삶을 꾸려 나가며, 나아가서 다른 사람에게 어떤 도덕원칙을 내세우면서 인간은 마땅히 이렇게 살아야 한다고 주장한다면, 그것은 도덕적 오류를 면치 못할 가능성이 있다. 또한 우리 인간들이 만일 서로가 아직 경험적 마음 속에서 진정한 도덕적 인격체가 되지 못한 상태에서 인간은 어떻게 살아야 마땅한가를 논한다면, 그 논의의 결과 또한 오류를 면치 못할 수가 있는 것이다. 그래서 육구연은, 우리의 도덕원칙을 어두워질 수도 있는 후천적 개별심에서 찾아야 되는 것이 아니라 보편적 자각심인 '본심本心'에서 찾아서 회복해야 함을 주장하였다.

그러면 이러한 '본심本心'은 어떻게 회복하는가. 이 '본심'을 회복하는 주체는 또 누구인가. 역설적이긴 하지만 이 또한 '본심'이다. '본심'을 잃어버린 주체도 자기자신인 '본심'이요, 그것을 되찾는 주체도 '본심'이다. 자신이 잃어버렸으므로 자신이 찾아야 할 책임이 있고 사실상 그 어느 누구도 찾아줄 수 없다. 이것이 대상적 사물하고 다른 마음의 특성이다. 그리고 사실상 엄밀한 의미에서 잃어버린 '본심'은 실제 없어진 것이 아니라, 가려져 왜곡되어 있는 도덕주체이다. 그 회복은 이 가려져 있는 도덕주체가 자각을 통해 드러나는 것이다. 그 가려져 있는 것을 벗겨 '본심'을 회복하려는 첫 시도가 맹자孟子의 "먼저 그 큰 것을 세움(先立乎其大者)"이다.

이것은 육구연이 도덕수양에서 가장 우선하는 단계로서 중시한 것이다. 모든 도덕수양은 도덕주체인 '본심' 바로 세움에서 시작해야 한다는 것이다. 이렇게 해서 되살려지는 '본심'은 마음만 먹으면 금방 되는 것이다. 왜냐하면 없던 것을 가져오는 것이 아니라 본래부터 있는 것을 회복하는 것이기 때문이다. 이렇게 '본심'이 회복되게 됨이 곧 그 속의 도덕법칙을 밝혀 얻게 되는 것이며, 이것이 곧 '심즉리心卽理'인 것이다.

이 결과로 우리 인간은 진정한 도덕주체로 다시 서게 되어 선과 악을 분별하는 올바른 도덕 판단을 할 줄 알게 된다. 그래서 구체적 현실상황에서 의義와 리利를 분별하여, 리利보다는 의義에 입각한 행동을 할 수 있게 되는 것이다. 이것은 인간이 비본질적인 것에 의해 자신을 삶의 의사결정 중심에서 소외시키고, 나아가 자신의 삶을 왜곡시킨 데에서 벗어나, 스스로 자유의지를 가지고 자신이 삶의 중심에 서서 올바른 삶을 이끌어 가는 것이다. 이렇게 '본심本心'의 회복이 지극해지면 곧 유학儒學에서 말하는 가장 이상적 존재인 '성인聖人'이 된다. 그는 말하기를,

> 가리움(蔽)이 풀리고 미혹됨(惑)이 제거되면, 이 심心과 이 리理는 내가 본래부터 가지고 있던 것으로서, 이른바 '만물은 모두 나에게 갖추어져 있다'는 것이다. 옛날의 성현聖賢은 나의 심心과 같은 면을 먼저 얻은 것일 뿐이다.(『육구연집』「여질손준與姪孫濬」)

라고 하였는데, 이것은 옛 성인聖人과 현인賢人도 이 '본심'을 밝힌 것이어서 다만 그것을 우리 자신보다 먼저 이루었다는 것이며, 우리 자신도 '본심'을 밝히면 성인과 현인이 될 수 있다는 것이다. 그는 성인聖人은 누구나 다 될 수 있다고 여겼는데, 그것은 그가 '본심'으로서의 '심心'과 그 속에 갖추어진 '리理'는 누구에게나 다 있다고 했으므로 당연한 결론이다. 그래서 그는 말하기를,

> 성인聖人은 나와 동류同類이니, 이 심心과 이 리理를 누가 다르게 할 수 있겠는가. 맹자孟子는 "사람은 모두 요堯·순舜이 될 수 있다"고 말하고, 또 "심心의 경우에 있어서 홀로 같은 바가 없겠는가."라고 말하였다.(『육구연집』「여곽방일與郭邦逸」)

라고 하였다. 요堯와 순舜은 유학에서의 성인聖人의 이상적 표준으로서 항상 거론되는 바이므로, 이 말은 곧 누구나 다 '본심本心'만 회복하면 성인聖人이 될 수 있다는 것이다. 그리고 그의 '심즉리心卽理' 명제의 의의가 진정으로 귀결되는 바인 것이다.

6. 아호鵝湖의 만남(鵝湖之會)

순희淳熙2년(1175년)(육구연 37세) 5월에, 여조겸呂祖謙(려조겸)(1137~1181, 당시 39세)이 절강浙江의 동양東陽에서 주희朱熹(당시 46세)를 방문하러 와, 한천정사寒泉精舍에서 한 달 반 동안 모여 『근사록近思錄』을 편찬하였는데, 주희가 여조겸을 배웅하면서 신주信州의 아호사鵝湖寺(지금의 아호서원鵝湖書院 내)에 이르렀다. 여기서 육구령陸九齡, 육구연陸九淵 형제 및 유청지劉清之 등을 만났다. 역사에서는 이를 '아호지회鵝湖之會'라고 일컫는다. 이 모임은 여조겸이 이 기회를 이용하여 주륙朱陸 학설 사이의 모순을 조화시키려고 한 것이다. 주희와 육씨 형제의 논변과 강학은 열흘 동안 이어졌다.

이 논쟁의 초점은 '존덕성尊德性'과 '도문학道問學'에 있다.(이 말들은 『중용中庸』에서 유래됨) 주희는 여러 서적을 박람博覽함과 외물外物에 대한 관찰을 통해서 내심內心의 지식을 계발할 수 있다고 주장한 반면, 육구연은 먼저 사람의 본심本心을 밝힌 후에 그 본심으로 하여금 박람하게 해야 한다는 이른바 '심즉시리心卽是理'를 주장하며, 독서讀書와 궁리窮理에 지나치게 힘을 써서는 안 된다고 하였다. 주희는 '도문학道問學'을 중시했고, 육구연은 '존덕성尊德性'을 중시한 것이다. 이때 육구연은 시 한 수를 지어 자신과 주희의 학문 특성을 평하여, 자신의 학문은 쉽고 간단한데(易簡), 주희의 학문은 지리支離하다고 한 반면, 주희는 육구연의 학문을 지나치게 간단하다(太簡)고 했다. 그런데 이 아호의 만남은 이와 같은 유가철학 내부적 의의를 넘어서, 중국의 철학사 전체 흐름으로 볼 때, 중세적 사고의 절정에 있는 주희와 근대적 사고의 시작을 알리는 육구연의 만남으로서, 중세와 근대의 만남이라고 할 수 있다.

7. '무극無極'과 '태극太極'에 대한 논쟁

이 논쟁은 주돈이周惇頤의 『태극도설太極圖說』이 원래 『주역周易』의 사상에 근거를 두면서도, 『주역』에 없는 '무극無極'이라는 용어로 시작됨에 관련된 것인데, 이에 관한 논쟁은 주륙朱陸의 본체론에 관한 논쟁으로서, 그들의 아호鵝湖의 만남을 이어 행한 것이다.

'무극無極'과 '태극太極'의 문제는 본래 육구연의 형 중 한 사람인 육구소陸九韶가 제기한 것이다. 그는 『태극도설』이 주돈이가 지은 것이 아닐 수 있다는 의심을 하고는, 이 문제에 대해서 주희에게 의문을 제기한 것인데, 주희는 그 기회를 빌어 자신의 '천리天理'에 관한 관점을 발휘하여, "태극太極이란 형체는 없으면서 리理는 존재하고 있음"이라고 주장하였다.

이 말이 육구연의 불만을 야기하여, 그는 주희에게 보낸 편지에서, '리'에 대한 문제의 관건은 언어로 어떻게 그것을 표현할 수 있는가에 있으니, 그것의 실재성을 인식함은 진실된 주체 자신의 체험에 있다고 주장하였다. 즉 주희는 '리'에 대한 '인식'을 중시하였고, 육구연은 '리'에 대한 '체험'을 중시한 것이다.

양측이 '태극'에 대한 해석을 달리 한 것은 사실상 '리'에 대한 다른 관점을 표현한 것이다. 주희가 '리'를 말함은 우주자연의 '소이연所以然'을 탐구함에 치중한 것이고, 육구연이 '리'를 말함은 인생의 윤리에 더 치중한 것이다. 주희는 '극極'을 '지극至極'으로 해석하여, '태극'은 곧 '리'의 총회總匯로 보면서 아울러 그것을 '무극無極'이라고도 칭하였는데, 사실상 '리理'와 '물物'에 형이상形而上과 형이하形而下의 분별이 있음을 표명한 것이다. 육구연은 '극極'을 '중中'으로 해석하여, '태극'은 '실리實理'라고 생각하였다. 그는, '리'가 말하는 것은 인생에서 날마다 쓰는 바의 '리'로서, 성인聖人이 주목한 것은 어떻게 도덕을 실천하는가이니, 어떠한 문자의 수식도 '리'에 대한 인식에 무익하다고 여겼다.

또, 주희는 본체를 지칭하는 용어에 '태극'과 더불어 '무극'이라는 용어를 사용하는 것을 변호하여, '태극'만 있고 '무극'이 없으면 '태극'은 현상계의 '일물一物'에 떨어지고, '무극'만 있고 '태극'이 없으면 '무극'은 '공적空寂'에 빠지니 둘 다 있어야 된다고 했다. 이에 반해 육구연은, '무극'이라는 말은 『노자老子』 제28장(「지기웅장知其雄章」) 중의 '복귀어무극復歸於無極'에 나오는 것으로서, '유有는 무無에서 나온다'는 노자의 관점에 따른 것이며, '무극이태극無極而太極'은 바로 이러한 관점을 관철하는 것이라 주장했다. 즉 '무극'이라는 용어는 유가의 것이 아닌 도가의 것이며, 본체를 이야기함에는 '태극'만 있으면 된다고 주장한 것이다.

제30장

왕수인王守仁

육구연陸九淵의 '심학心學'을 계승하여 발전시킨 철학자는 명대明代의 왕수인王守仁(1472~1509)이다. 왕수인의 자字는 백안伯安이며, 세칭 '양명선생陽明先生'이다. 절강浙江 회계산會稽山의 '양명동陽明洞'에 집을 짓고 학문을 가르치며 자칭 '양명자陽明子'라 일컬었으므로 그렇게 부르게 되었다. '양명동'이란 곳은 왕수인 이전부터 있던 곳이며, 도교道敎의 양명동천陽明洞天을 말하는데, '동천洞天'은 신선이 사는 곳이라는 의미이다.

왕수인의 철학은 중국철학사에서 중세철학으로서의 '성리학性理學'에 대해 근대철학의 의의를 가진 '심학'을 종합집대성한 지위를 가진다. 성리학을 종합집대성한 주희朱熹(주자朱子)가 정호程顥와 정이程頤, 그 중 특히 정이를 계승한 의의에 따라 이들 계통의 학문을 '정주학程朱學'이라 이르는데, 이에 대해 육구연의 학문(상산학象山學)과 이를 이어서 심학을 종합집대성한 왕수인의 학문을 합쳐 '육왕학陸王學'이라 한다. 그런데 그 중 성리학의 대표자인 주희의 학문을 '주자학朱子學'이라 이름 함에 대해, 심학의 대표자인 왕수인의 학문을 그의 호號에 따라 '양명학陽明學'이라 이르고, 이들 양 학문의 비교가 철학사에 특히 유명하다.

왕수인은 1472년(명조明朝 성화成化 8년) 절강浙江의 여요餘姚에서 태어났다. 서진西晉 왕람王覽의 후예後裔이면서, 왕람의 증손이며 동진東晉의 유명한 서예가인 왕희지王羲之의 후예이기도 하다. 그의 조부는 왕륜王倫(죽헌공竹軒公), 조모는 잠씨岑氏. 부친은 왕화王華(용산공龍山公), 모친은 정씨鄭氏인데, 모친 정씨 회임 14개월 만에 왕수인을 낳았다고 한다.

왕수인은 청소년기에 정주학程朱學에서 말하는 외부의 '물物'을 경험하여 그 '리理'를 얻는다는 '격물궁리格物窮理'를 직접 시도해 봤다고 한다. 즉, 부친이 북경北京에서 벼슬할 때, 그 관서의 뜰에 있는 대나무를 친구 전씨錢氏와 함께 7일 동안 격格하여도 얻음이 없었고, 그 결과 그의 친구와 자신은 '리'는 얻지 못하고 정신의 피로도만 더해졌다고 한다. 이로 인해 그들 스스로 자신들은 '격물궁리'의 자질과 능력이 없는 존재들, 즉 성현이 될 자질과 능력이 없는 존재라 여겨 세속적 입신양명을 위한 사장학적詞章學的 공부에 치중했다는 이야기다. 왕수인은 특히 도교신선술에 빠졌다고 한다.

왕수인은 이후 과거에 급제하여 벼슬길로 나섰는데, 1506년(정덕正德 원년, 35세) 겨울에 환관宦官 유근劉瑾을 탄핵하여 항소抗疏한 사건으로 귀주貴州 용장역승龍場驛丞으로 유배 성격으로 좌천되었고, 동시에 그의 부친 왕화王華도 북경에서 밀려나서 남경이부상서南京吏部尙書로 전보되었다.

왕수인은 당시 유근에 의해 옥에 갇히고, 거의 죽음에 이르도록 곤장을 맞고는 당시에 오지였던 서쪽의 귀주貴州 용장역승으로 좌천 갔다. 유근은 이에 그치지 않고, 왕수인이 용장으로 가기 전에 먼저 항주杭州에 가서 양병養病한다는 정보를 얻고는 자객刺客을 보내 왕수인을 자살刺殺하려 계획했다. 그러나 왕수인은 기계奇計를 발휘하여 결국 탈출하였다.

1508년(정덕正德 3년, 37세)에 왕수인은 용장龍場에 도착하였는데, 당시 오지였던 귀주 용장은 온 산이 무성한 잡초로 우거지고, 무지몽매하고 미개한 사람들이 뒤섞여 살고 있었다. 왕수인은 이러한 환경에서 열악한 생활을 하여 병을 얻기도 하는 등의 고난 속에 살았다. 그러한 상황에서도 왕수인은 낙담하지 않고, 그 곳 사람들을 계몽하기도 하여 민중의 사랑과 존경을 받았다.

그러다 왕수인은 어느 날 도를 깨닫는데, 그가 도를 깨달은 사건을 '용장오도龍場悟道'라고 일컫는다. 이것은 왕수인의 삶과 사상에 획기적 전환이 된다. 왕수인은 "성인聖人의 도는 나의 본성이 스스로 갖추고 있으니, 바깥 사물에서 '리理'를 구함은 잘못이다."라고 깨달았다. 정주학程朱學에서 외물에서 '리'를 구함이 잘못임을 자각한 것이다.

깨달음 후 용장 지역과 인근 귀양貴陽에서 강학하고, 좌천에서 복귀한 이후 평생을 두고 관리로서 공무를 수행하며, 특히 반란이 있을 때 장군으로서 정벌하는 등 문무겸비의 능력을 보였다. 그러다 1527년(가정 6년, 56세) 도찰

원좌도어사都察院左都御史를 겸직하여, 광서廣西의 사은思恩 · 전주田州를 정벌하라는 명을 받고 전장으로 떠나면서, 그 전 월성越城(즉 소흥紹興)의 '천천교天泉橋'에서 그의 고제자 전덕홍錢德洪과 왕기王畿와 나눈 '천천문답天泉問答'이 철학사에서는 '천천증도天泉證道'로 일컬어지는데, 이때의 그의 가르침이 '사구교四句教'라는 것이다.

1528년(가정 7년, 57세) 2월에 사은思恩과 전주田州가 평정되어 돌아오는 길에 왕수인은 폐병이 악화되어, 가정嘉靖 8년 11월 29일(1529년 1월 10일)에 강서江西 남안부南安府 대경현大庚縣 청룡항青龍港의 배 안에서 병으로 세상을 떠나게 되는데, 그의 삶은 한 철학자의 삶이면서도 한 인간으로서 매우 파란만장하고도 드라마틱한 삶이었다. 임종할 때에 제자들이 그에게 어떤 유언을 하실지 물으니, 그는 "이 마음(心)이 광명光明한데, 또 다시 무슨 말을 하겠는가!"라고 하였다 한다.

왕수인의 저작은, 그가 문답형식으로 『대학大學』의 사상을 상세히 해석한 『대학문大學問』, 그의 문인門人제자弟子들이 그의 어록語錄과 서신을 정리, 편찬하여 만든 『전습록傳習錄』('전습傳習'이란 말은 『논어論語』의 '전불습호傳不習乎'란 말에서 유래함.), 그리고 그의 여러 저작을 한데 모아 오늘날 출판된 『왕양명전집王陽明全集』 등이 있다.

1. 격물格物의 문제

왕수인王守仁의 선구자는 육구연陸九淵이다. 육구연은 정주程朱에 비해 인간의 도덕주체를 보다 더 중시하였다. 이것이 그의 '심즉리心卽理' 명제로 나타났다. 즉 도덕법칙은 도덕주체 속에서 찾아야 한다는 것이다. 왕수인의 관점 역시 이의 연장선상에 있다. 왕수인은 다음과 같이 말하였다.

심心이 곧 리理이다(心卽理). 천하에 또 심心 밖의 일이 있고, 심心 밖의 리理가 있겠는가?(『전습록傳習錄상上』)

'허령불매虛靈不昧한 곳'(즉 심心)에 여러 리理가 갖추어져 있고 (여기서) 온갖 일이 생겨 나온다. 심心 밖에 리理가 없고, 심心 밖에 일이 없다(心外無理, 心外無事).(『전습록상』)

이 말들은 곧 육구연의 '심즉리心卽理' 명제의 취지를 계승하여 확장한 것이다. 이러한 것을 자각하는 것이 육구연에서 왕수인에 이르는 '심학心學'의 지향점이다. '격물格物'을 비롯한 왕수인의 제 이론들은 이것을 바탕으로 한다. 그의 이론들은, 철학자로서 보통의 경우 이상으로 치열하게 산 그의 삶의 역정에서 체험한 깨달음과도 관계있다. 그것은 그의 양명동陽明洞에서의 회귀, 즉 도교道敎와 불교佛敎의 그릇됨을 깨닫고 유학儒學으로의 회귀와 귀주貴州 용장龍場에서의 깨달음이다. 이 중 용장龍場에서의 깨달음은 이미 육구연이 주장한 바인 '심즉리心卽理'의 의미를 스스로 체험한 것으로서, 대상세계 중심의 리학理學(성리학)에서 도덕주체 중심의 세계관으로 전환한 것이다.

왕수인은 이 깨달음을 통해 알게 된 것을 그 동안 그가 주자학적朱子學的 성리학을 공부하면서 습득한 유교경전인 '오경五經'의 내용으로 검증해 보았다. 이때 그는 자신이 깨달은 바와 오경의 내용이 완전히 일치함을 발견하였다. 이 또한 육구연이 "육경六經이 나를 주註하고 내가 六經을 주註한다."라고 하고, 또 "배움에 있어 진실로 근본을 알면 육경六經은 모두 나에 대한 주각註脚이다."라고 한 것과 같은 것을 왕수인 자신의 체험으로 깨달은 것이다. 이러한 체험을 다듬어서 왕수인은 다음과 같이 말하였다.

반드시 심체心體에다 공을 들여야 한다. 이해할 수도 없고 행동할 수도 없는 것은 반드시 돌이켜 스스로의 심心에서부터 체험해야 통할 수가 있다. 사서四書니 오경五經이니 하는 것도 이 심체心體를 말한 것에 불과하다.(『전습록상』)

정이程頤는 성인聖人되기 위한 방법으로 '격물궁리格物窮理'를 주장하였다. 리理는 궁극적으로 인간됨의 모범답안인 성인聖人됨의 원리이다. 그것은 이상적 인간상의 원리이므로 곧 이상적 도덕법칙이기도 하다. 인간은 바로 이 이상적 도덕법칙을 깨달아 알아야 한다. 그것은 곧 성인됨의 내용이기도 하다. 그런데 정이는 이것을 대상세계에서 구하고자 하여, 대상세계의 리理를 아는 것이 중요하다고 여겼고, 이를 위한 방법을 『대학大學』의 용어를 빌어 '격물格物'이라고 하였다. 『대학』에서 '격물'은 곧 '치지致知'를 위한 것이다. 정이는 이 '치지'를 『주역』「설괘전說卦傳」의 '궁리窮理'와 연계시켰다. 그에 있어서 '격물치지格物致知'는 곧 '격물궁리格物窮理'였다. 이 이론을 계승한 이가 바로 주희朱熹였다.

당시의 일반 지식인에게 주희는 단지 그들이 출세를 위해서 치러야 할 공무원시험과목 교재의 중요한 저자이기도 했다. 왕수인도 그러한 시험공부에 매진하였지만 그에게는 보다 중요한 것이 있었다. 그것은 그의 내적세계, 즉 그의 철학에 관한 것이었다. 이 점에 있어서 기존의 중요한 철학인 주희의 이론은 그가 해결해야 할 철학적 체험의 과제였다. 그는 주희가 제시한 이론이 실제로 진리성을 갖추고 있는지 알고 싶었다.

왕수인은 용장에서의 깨달음으로 주희의 '격물'이 잘못되었다고 생각하게 되었다. 그는 "주자朱子의 격물格物에 대한 가르침은 견강부회를 면치 못한 것으로서 그 본래의 의미가 아니다."(『전습록상』)라고 하면서 주희의 이론에 반대하였다. 그래서 다음과 같이 말하였다.

> 선유先儒는 격물格物을 천하의 물物을 격格하는 것이라고 풀이하였는데, 천하의 물을 어떻게 격할 수 있겠는가? 또 한 포기의 풀이나 한 그루의 나무에도 모두 리理가 있다고 하였는데, 지금 어떻게 격해

갈 수 있겠는가? 비록 풀과 나무를 격했다 하더라도, 그것으로 어떻게 돌이켜 자신의 의意를 성誠하게 할 수 있겠는가? 나는 '격格'을 '정正'자字의 뜻으로 풀이하고, '물物'을 '사事'자字의 뜻으로 풀이한다.(『전습록하』)

여기서 선유는 물론 정이와 주희를 말한다. 정주程朱는 밖으로 천하사물의 리理를 구하려 하여 그렇게 하는 것을 '격물궁리'라고 하였지만, 왕수인은 천하사물 모두를 '격格'하여 그 리理를 '궁窮'하는 것 자체가 무모한 시도라 여겼다. 자신의 청소년기에 친구와 뜰의 대나무를 격格하여 '리'를 얻으려고 한 시도의 일화는 정주의 이론 문제보다는 그 자신이 생각하는 격물의 취지나 의미 자체가 달랐던 것이다. 그는 도덕철학을 중심으로 자신의 철학을 구축하였으며, 그것을 위해 격물의 의미도 내면화시켰다. 그는 '격格'을 '바로 잡다(正)'로 풀이하였는데, 이 말이 함축하는 바가 곧 도덕적 의미인 것이다. 그래서 그는 "'격格'이란 바로 잡는다는 뜻이다. 바르지 않은 것을 바로 잡아서 바른 상태로 돌아가게 한다는 뜻이다."라고도 하였다.(『전습록상』)

또한 '물物'을 '사事'로 보는 것 역시 그것을 어떤 구체적인 대상 사물보다는 추상적 관계의 도덕적 '일'로 해석하는 것이다. 이러한 것은 모두 도덕철학적 제문제의 해법을 대상 속에서 구하는 것이 아니라 내면에서 구하는 것이다. 즉 도덕철학적 문제들을 모두 '마음(心)'의 일로 간주한 것이다. 서애徐愛[1]와의 다음의 대화가 그것을 말해준다.

서애徐愛가 말하기를, "…저는 어제 격물格物의 '물物'자字는 바로 '사事'자字로서 모두 심心으로부터 말한 것임을 알게 되었습니다."라고 하자, 선생님께서 말씀하시길, "그렇다. 몸[身]의 주재는 바로 심心이고, 심心이 드러난 것이 바로 의意이고, 의意의 본체가 바로 지知이고,

1) 왕수인의 문인門人(그의 매부妹夫이기도 함).

의意가 있는 곳이 바로 물物이다. 만약 의意가 어버이를 섬김에 있다면, 어버이를 섬김이 바로 하나의 물物이고, 의意가 임금을 섬김에 있다면, 임금을 섬김이 바로 하나의 물物이며, 의意가 백성을 사랑하고 사물을 아끼는 데 있다면, 백성을 사랑하고 사물을 아낌이 바로 하나의 물이며, 의意가 보고 듣고 말하고 행동함에 있다면, 보고 듣고 말하고 행동함이 바로 하나의 물이다. 그래서 나는 '마음 밖에 리理가 없고 마음 밖에 물物이 없다'고 말하는 것이다. (『전습록상』)

왕수인의 격물格物의 내면화는 이처럼 심心, 의意 등의 도덕주체와 관련시킴으로써 분명해지는 것이다.

2. 지행합일知行合一

왕수인의 도덕철학을 구성하는 중요한 주제 중의 하나가 '지知'와 '행行'의 문제이다. 이것은 중국철학사에 있어서 왕수인 이전부터 이미 있어 온 문제이고, 왕수인은 이전의 관련 이론에 대해서 문제를 제기하게 된다. 이전의 관련 이론 중 대표적인 것 역시 주희의 그것이다. 흔히 '지知'는 이론으로 '행行'은 실천으로 그 의미가 해석되기도 한다. 그러면서 이러한 지와 행의 그 선후관계를 논하는 것이 이 주제의 대표적인 문제이다. 주희는 이에 '선지후행先知後行'을 주장하였다.

이러한 주희의 주장에 대해 왕수인은 '지행합일知行合一'의 주장을 펴면서 반박하고 있다.2) 즉 '지'와 '행'은 선후 없이 하나로 봐야 한다는 것이다. 왕수인의 '지행합일'을 이야기할 때 다음의 대화가 많이 거론된다.

---

2) 왕수인은 38세에 '처음으로 지행합일知行合一을 논論하였다.'[『연보年譜(1)』(38세).]

서애가 말하기를, “지금 사람들은 아버지께 마땅히 효도해야 하며, 형에게 마땅히 공경해야 함을 알기는(知) 하지만, (실제로) 능히 효도하고 공경하지는 못하는 경우가 있음이 바로 지知와 행行이 분명히 두 가지 별개의 것이라는 점입니다.”라고 하였다.

선생님께서 말씀하시기를, “이것은 이미 사욕私欲에 의해 단절된 것으로 지행知行의 본체本體가 아니다. 지知하고도 행行하지 않는 이는 없다. 지하고도 행하지 않는 것은 아직 지한 상태가 아닐 뿐이다. 성현聖賢이 사람들에게 지행을 가르친 것은 바로 그 본체를 회복하자는 것이었지, 자네들 편의대로 하라는 것은 아니었다.”라고 하였다.(『전습록상』)

서애가 제기한 말은 일반인들이 흔히 가질 수 있는 ‘지知’와 ‘행行’에 대한 생각이다. 오늘날 우리의 입장에서도 일상생활에서 그렇게 해서는 안 되는 줄 알면서도 하는 경우도 있고, 그렇게 해야 되는 줄 알면서도 하지 않는 경우도 있다. 그러니 ‘지’와 ‘행’은 별개의 개념이라는 것이다. 그러나 왕수인의 입장은 다르다. 어떻게 해야 하는 줄 알면서도 행하지 않는 것은 진정으로 안 것이 아니라는 것이다. 어떤 사람이 어떤 ‘행’에 대한 ‘지’를 가지고 있으면서도 그 ‘행’을 하지 않는다는 것은 그 ‘지’가 그 ‘행’에 대응되는 ‘지’가 아니라는 것이다. 다시 말해 그 ‘행’의 실實에 해당되는 정당한 명名으로서의 ‘지’가 아닌 엉뚱한 ‘지’라는 것이다. 이에 서애는 이어서 ‘지행知行’에 관한 또 다른 문제를 제기한다.

서애가 말하기를, “옛사람들이 지知와 행行을 두 가지로 본 것은, 역시 사람들이 개념을 분명히 파악하도록 하여, 한편으로는 지知의 공부功夫를 하면서 또 한편으로는 행行의 공부를 하면 곧 공부가 비로소 결말이 나게 되기 때문입니다.”라고 하였다.

선생님께서 말씀하시기를, "이 말이야말로 오히려 옛사람들의 종지宗旨를 잃은 것이다. 나는 '지知는 행行의 지침이고 행行은 지知의 공부功夫이며, 지知는 행行의 시작이고 행行은 지知의 완성이다.'라고 말한 적이 있다. 이 말을 이해한다면, 하나의 지知를 말하기만 해도 이미 행行이 저절로 있게 되고, 하나의 행行을 말하기만 해도 이미 지知가 저절로 있게 되는 것이다."라고 하였다.(『전습록상』)

여기서의 서애의 문제제기 역시 일반인의 상식에 근거한 논리이다. 그리고 '지'와 '행'을 개념적으로 나누어 관념상 별개로 논의될 수 있다는 논리적 구분을 말하는 것이다. 그러나 왕수인의 입장에서는 '지'와 '행'은 나눌 수 없는 일체의 것이다. 그것은 실제세계에서 결코 분리될 수 없는 것이다.

그러나 이러한 왕수인의 주장은 보다 주의 깊게 검토되어야 한다. 왜냐하면 주자학적 성리학에서 사용된 '지행知行'과 왕수인이 사용한 '지행知行'은 그 개념이 함축하는 바가 본질적으로 다르기 때문이다. 그리고 서애가 제기한 '지행'도 사실상 왕수인의 그것과는 본질적으로 문제제기 취지가 다르다. 우선 주희, 서애 등이 생각하는 '지행'은 관념상의 논리적 구분에 치우쳐 있다. 그러나 왕수인은 실제와 관련하여 말한 것이다. 그런데 무엇보다도 근본적으로 다른 것은 왕수인이 이야기하는 '지知'는 이후 그가 '양지良知'의 의미로 확립한 것이다. 다만 '지행합일'을 이야기할 당시에는 아직 그러한 방식의 설명을 시도하기 전이었다. 사실상 그가 이후 '양지良知'를 도입한 것은 '지행합일'을 말할 때 그 '지知'를 정주학이나 세속에서 말하는 '지'로 오해함을 불식시키기 위한 것이었다고 할 수 있다.

왕수인이 '양지良知'로서 말하는 '지知'는 사실상 우리의 관념 속에서 일상적으로 흔히 생각하는 어떤 '행行'에 대한 내용적 정보로서의 지식知識이 아니다. 그것은 우리의 주관인 '심心'에 내재한 선천적 도덕성으로서, 주목해야 할 것은 그 자체 활동할 수 있는 기능을 갖추고 있다는 것이다. 따라서 '지행합일'이란 활동주체로서의 '양지良知'가 그 활동과 일체화되는 것이다.

3. '치지致知'와 '치양지致良知'

'격물格物'이라는 용어의 유래가 된 『대학』에서는 이 '격물'이라는 말을 '치지致知'와 결부시키고 있다. '치지'는 글자 그대로는 '지知를 이르게 함'으로서, 곧 '지知를 획득함'을 말한다. '지知'를 획득함이란 '지知'의 입장에서는 그 '지知가 이름(知至)'이다. '격물'에 대한 주희와 왕수인의 해석이 다르므로 그와 결부된 이 '치지'에 대한 해석 역시 양자가 다를 수밖에 없다. 주희와 왕수인의 철학의 분기는 『대학』의 해석에서 비롯된다고 해도 과언이 아니다. 두 사람 모두 『대학』을 다른 문헌에 대해 우선시하였다. 그 중에서도 '격물'과 '치지'에 대한 해석이 그 핵심을 이룬다고 할 수 있다.

주희가 비록 '격물'과 '치지'를 하나의 양 측면이라고 주장하였지만, 왕수인에게 있어서 그러한 주장은 물物·리理의 세계와 심心·지知의 세계를 논리상 둘로 나누어 대립시키는 것이었다. 왕수인은 이러한 이론구조에 반대하였다. 그는 '물物'을 도덕적 행위관계인 '사事'로 보고 그것을 '심心'에서 구하였다. 그 '심'에서 '사事'의 정당함을 '리理'라는 도덕법칙으로 구하는 것이 그의 '심즉리心卽理'이다. 그는 '리'를 이미 도덕적 측면에서 구하였으므로 더 이상 대상사물에서 구할 필요가 없어진 것이다. 그렇다면 그에 있어서 '치지致知'의 '지知'는 무엇인가. 앞서 말했듯이, 그는 '지知'를 '양지良知'로 보았다. 그래서 이에 따라 '치지致知'를 자연히 '치양지致良知'로 보았다.[3)]

'양지良知'는 원래 맹자孟子가 한 말이다. 그는 말하기를,

---

3) 왕수인은 50세에 '처음으로 치양지致良知의 가르침을 내 걸었다.'[『연보年譜(2)』(50세).]

사람이 배우지 않고도 능能한 것은 그의 양능良能이요, 생각하지 않고도 지知하는 것은 그의 양지良知이다. 어린아이는 모두 어버이를 사랑할 줄 알며(知), 그가 자라서는 모두 그 형을 공경할 줄 안다(知). (『맹자孟子』「진심盡心상上」)

라고 하였다. 여기서 유래된 것이 '양지良知'와 '양능良能'이라는 말이다. 왕수인은 이 중에서 특히 '양지良知'라는 용어를 취하여 자신의 중요한 철학개념으로 삼았다. 그의 '치양지致良知'는 『대학』의 '치지致知'와 『맹자』의 '양지良知'를 결합한 용어이다. '양지'에 대해서 왕수인은 『맹자』와 『대학』의 철학에 근거하여 다음과 같이 말했다.

지知는 심心의 본체本體이므로 심心은 자연히 알(知) 수 있다. 아버지를 보면 자연히 효할 줄 알고(知), 형을 보면 자연히 공경할 줄 알고(知), 어린애가 우물에 들어가려는 것을 보면 자연히 측은할 줄 안다(知). 이것은 곧 양지良知로서 밖에서 구할 필요가 없는 것이다. 만약 양지가 발發하여 더 이상 사의私意의 장애障礙가 없게 되면, 이것이 곧 이른바 '그 측은지심惻隱之心을 가득 채우면 인仁이 이루 다 쓸 수 없을 정도가 된다.'라는 것이다. 그러나 보통 사람은 사의의 장애가 없을 수가 없어서 반드시 치지격물致知格物의 공功을 들여서 사사로움을 이기고 리理를 회복하여야 한다. 심心에 있는 양지良知가 더 이상 장애가 없이 가득 차서 유행할 수 있게 됨이 곧 그 '지知'를 '치致'함이다. '지'가 '치'해지면 '의意'가 '성誠'하게 된다.(『전습록상』)

여기서 왕수인은 '양지良知'란 사람마다 날 때부터 저절로 가지게 되는 것으로서 밖에서 유래한 것이 아님을 말하고 있다. 이것은 인간의 주관인 '심心'에 내재한 선천적 도덕성을 말하는데 그 자체로 활동할 수 있는 기능을 갖추고 있다. 그런데 '양지'의 선천적 기능은 후천적 경험세계에서 사의私意로 인한 어떤 장애障礙로 인하여 충분히 발휘될 수 없는 가능성도 안고 있다. 만일 양지가 장애로 인하여 자신의 기능을 충분히 발휘할 수 없다면 그때 곧 악惡이 발생하게 되는 것이다. 그러나 비록 양지에 장애가 있다 하더라도 그 본래의 기능을 회복하면 처음의 선천적 상태로 돌아 갈 수 있고, 인간은 마땅히 그러한 노력을 기울여야 한다. 이때 '양지' 본래의 도덕기능을 회복하는 행위를 '치양지致良知'라고 한다. 즉 '양지良知를 회복함' 또는 '양지를 실현함'의 의미이다. 이것이 『대학』의 '치지致知'의 의미라고 왕수인은 보았다. 이때 '양지'의 본래 기능을 회복함의 내용은 바로 '심心'에 내재된 '리理'를 회복하는 것이다.

그런데 '양지'가 비록 선천적 도덕성을 말하지만, 그것이 후천적 경험세계 속에서 활동할 때는 경험적 속성으로서 자신을 드러낼 수밖에 없다. 경험적인 것은 '견문見聞'에 관한 것이다. '양지'의 경험세계에서의 활동인 그 작용은 바로 이 '견문'으로 드러난다. '양지良知'와 '견문見聞'과의 관계를 왕수인은 다음처럼 말하였다.

> 양지良知가 견문見聞으로 말미암아 있게 되는 것이 아니라, 견문이 양지의 작용이 아님이 없다. 그러므로 양지는 견문에 의해 막히지도 않고 견문에서 떨어지지도 않는다. 공자께서는 "나에게 무슨 지知가 있는가? 지知가 없다.(吾有知乎哉? 無知也.)"[4]라고 하셨는데, 양지良知 외에는 따로 지知가 없다는 말씀이다. 그러므로 '치양지致良知'는 학문의 핵심이요 성인聖人이 사람을 가르치는 제第1의義이다.(『전습록중』「답구양숭일答歐陽崇一」)

한편 이러한 '치지', 즉 '치양지'하기 위한 구체적인 실천행위가 바로 앞에

4) 『논어論語』「자한子罕」 가운데 있는 말. 여기서는 왕수인이 자신의 철학관점에 맞춰 인용했다.

서 논한 '격물格物'이다. 그래서 그는

> 격물格物은 치지致知의 공부工夫이다. 치지致知를 알게 되면 곧 이미 격물格物을 알게 되는 셈이다. 만약 격물을 알지 못하면 치지의 공부도 안 적이 없었던 셈이다.(『전습록중』「계문도통서啓問道通書」)

라고 하였다. 이렇게 '격물'하여 '치양지'하는 것은 이미 말한 바대로 외부에 있는 대상세계의 어떤 지식을 구하는 것이 아니다. 그것은 내면에 구비된 선천적 도덕성을 발휘하는 것이고, 때로는 발휘될 수 없는 상태가 되었을 때 발휘되도록 그 원래 기능을 회복하는 것이다. 따라서 이것은 결국 도덕수양의 행위가 되는 셈이다. 이 도덕수양행위는 산중에서 별도의 행위를 통하여 이루어지는 출세간出世間의 것이 아니다. 바로 삶의 일상 속에서 언제나 행해지는 지속적인 것이다. 삶의 일상 속에서의 도덕수양은 매사를 도덕적으로 하도록 노력하고 훈련하는 것에 다름 아니다. 그것은 일을 함에 항상 어떻게 해야 마땅한가 하는 것을 고민하면서 그 마땅함을 실제로 실행하는 것이다. 이러한 도덕수양의 실행을 그는 『맹자』의 '집의集義'라는 용어를 빌어 설명하였다.

4. 사구교四句教

왕수인王守仁은 철학자로서의 생애 이전에 한 인간으로서 매우 드라마틱한 삶을 살았던 사람이었다. 그의 철학자로서의 생애도 그의 이러한 삶과 관련하여 역시 철학적 드라마를 연출하였다. 그의 이 드라마틱한 철학사상 전개과정의 첫머리는 앞에서 말한, 그의 청소년기의 한 에피소드, 즉 친구와 시도한 이른바 '격죽格竹'의 일화이다.

이 일화에 관한 것은 훗날 그의 철학적 여정에 비추어 볼 때 상징적 의미를 가진다. 그들이 '격물궁리'를 통해 '리'를 얻을 수 없었던 원인은 다음 둘 중 하나로 지목된다. 그 한 가지는 그 당시 그들이 생각했던 것, 즉 그들의 자질 부족, 또 한 가지는 그가 이후 귀주貴州 용장龍場에서 깨달은 것, 즉 정주학의 방법이 잘못되었다는 것이다. 왕수인은 이후 후자, 즉 정주학의 '격물궁리' 이론과 방법의 잘못으로 결론을 내렸다는 것이며, 이것이 곧 왕수인 철학의 핵심을 상징하는 것이 된다. 이른바 '용장오도龍場悟道'이다.[5]

이 '용장오도龍場悟道' 이후 왕수인의 철학적 여정이 본격화된다. 이 여정은 '지행합일知行合一', '격물格物', '성의誠意', '양지良知', '치양지致良知'의 설들로 이름 하는 그의 학설들로 나타난다. 그런데 그의 깨달음의 취지가 일거에 체계화된 모습으로 묘사된 것은 아니다. 왕수인 스스로도 말하려는 취지를 적절히 표현할 용어나 명제를 처음부터 쉽사리 찾아내기는 어려웠다. 그의 철학내용이 모습을 갖추어 가는 것은 그의 취지를 제자들에게 강의하면서 질문 받고 거듭 설명하며 피드백하는 과정에서였다. 이러한 과정의 총결로서 그의 사상이 그의 만년에 정제된 모습으로 요약묘사된 것이 이른바 '네 문장의 가르침'이라는 '사구교四句敎'의 네 명제이다. '사구교'는, 그의 생애 마지막 단계에서 나온, 제자들에 대한 가르침으로서, 그의 철학을 총괄하는 의미를 가지고 있는 네 가지의 명제들이다.

이 가르침은 그 전부터 그 개략적 실루엣을 보였지만, 광서廣西의 사은四恩과 전주田州를 정벌하러 떠나기 전, 월성越城(즉 소흥紹興)의 '천천교天泉橋'에서 그의 고제자 전덕홍錢德洪과 왕기王畿와 나눈 '천천문답天泉問答'에서 표출되었다. 곧 '천천증도天泉證道'라 일컫는 것이다. 이 철학적 사건은 그가 세상을 떠나기 직전의 일로서, 그는 사四·전田의 정벌 후 귀향하다 도중에 병으로 세상을 떠났으니, 이 '사구교四句敎'는 실로 그의 일종의 '만년정론晩年定論'이라 할 것이다. 이처럼 그의 철학이론의 여정은 '용장오도龍場悟道'와 '천천증도天泉證道' 사이의 과정이며 그 철학이론은 '천천증도'의 '사구교'로서 결정화되었다.

5) 왕수인의 '용장오도龍場悟道'의 현장은 '완역와玩易窩'('玩易窩'의 '易'은 『주역周易』의 '역易'이다.)라는 습기 찬 동굴이다.

'사구교'의 네 명제는 다음과 같다.

無善無惡心之體, 有善有惡意之動, 知善知惡是良知, 爲善去惡是格物.

제1명제: 무선무악시심지체無善無惡(是)心之體: 선도 없고 악도 없음이 심心의 체體 이다.

왕수인의 '사구교' 중 철학적으로 가장 논란이 많은 명제는 이 "無善無惡(是)心之體"이다. 여기서 '심지체心之體'는 줄여서 '심체心體'라고도 한다. 왕수인에게 있어서 이는 곧 '성性'이다. 육구연이 성리학의 '성즉리性卽理' 명제에 대응해서 '심즉리心卽理' 명제를 제기하면서 '심心'을 주된 철학용어로 내세우고 왕수인이 그 취지에 동의했지만, 왕수인에게 있어서도 '성性'은 여전히 중요한 철학용어이다. 다만 본질을 말하는 '성性'보다는 실존을 말하는 '심心'을 더 중시했을 뿐이다.

왕수인에게 있어서 '심心'은 본질과 실존을 겸하는 것이며, 본질로서의 '심'은 여전히 '성性'이다. 그리고 '성'은 곧 '심체心體'로 말해지기도 한다. 따라서 "무선무악無善無惡한 것이 심지체心之體이다."는 곧 "무선무악無善無惡한 것이 성性이다."라는 명제를 말한다. 그런데 본질의 면을 말하는 이 심체心體의 '무선무악'은 실존의 면으로 드러나게 되는데, 이것이 곧 '의意'이다. 그렇지만, 실존적 상황에서는 '선악'을 말할 수밖에 없다. 그래서 '사구교'의 그 다음 명제가 '유선유악시의지동有善有惡(是)意之動'이 되는 것이다.

제2명제: 유선유악시의지동有善有惡(是)意之動: 선도 있고 악도 있는 것이 의意의 발동이다.

도덕가치의 근원적 도덕주체인 '심체'가 '무선무악'의 경지임은 도덕주체의 근원적 본질의 측면에서 말한 것이다. 그런데 이 도덕주체는 실존적 삶을 살지 않을 수 없다. 도덕주체가 실존 속으로 들어오는 것은 그 도덕주체의 경험적 작용에 있다. 그것이 곧 '의意'이다. 그리고 이 '의意'가 발동하는 단계에서 실존적 '선악'의 문제가 발생한다. 이를 말하는 것이 곧 '有善有惡意之動'이다.

왕수인이 제기한 '의意'의 문제는 『대학』의 '성의誠意'의 '의意'에서 가져온 것이다. 왕수인은 만년에 월성越城에서 '치양지致良知'설을 위주로 사상을 폈지만, 그 전에는 '성의誠意'를 위주로 하였다. 그러나 왕수인이 생각하는 사상적 의도와 취지는 마찬가지였다고 할 수 있다. 모두다 내면의 선악 문제에 있어서 어떻게 하면 선을 발양하고 악을 제거할 것인가 하는 것이다.

'성의'를 말하면 동시에 '격물치지'를 말하지 않을 수가 없다. 그래서 그는 "군자君子의 학문은 '성의誠意'를 위주로 한다. '격물치지格物致知'란 '성의誠意'의 공功이다."라고 하였다. 이제 자연히 '격물치지'의 문제로 넘어가게 되는데, 왕수인에게 있어서 이것은 앞서 말한 '양지'의 문제이다. 그래서 사구교의 세 번째 명제는 '양지良知'에 관한 것이 된다.

제3명제: 지선지악시양지知善知惡是良知: 선을 알고 악을 앎이 양지良知이다.

왕수인은 그 일생의 전기 동안에 특히 '성의誠意' 문제에 집중하였다. 그런데 그는 그 일생의 후기에는 이 '성의'만으로 그의 생각을 명확히 할 수 없다 여겨, 마침내 이 '성의'의 '의'를 '치지致知'의 '지知'와 연관 짓게 된다. 왜냐하면 '의'에 이미 선악이 발생한다면, 이 '의'의 선을 고무시키고 악을 제거함은 도대체 어떤 근거에 의해서인가가 이론적으로 불명확하기 때문이다. 다시 말해

선이 옳고 악이 그르다는 판단이 있어야 하는데, 그 판단주체가 불명확하기 때문이다. 이 판단주체를 그는 '지知'로 생각했다. 그런데 왕수인은, '치지'의 '지'를 정주학에서처럼 객관대상에 대한 지식으로 간주한다면, 그것이 어떤 판단주체가 되기에는 부적당하다고 생각했다. 그래서 이미 말한 대로, 그는 이 '지知'를 『맹자』의 '양지良知'로 간주하였다. 그리고는 이 '양지'를 시비판단의 주체로 삼음과 동시에 이 주체가 가진 그러한 시비판단의 능력까지도 포괄하여 해석하였다. 도덕판단능력을 가진 '코기토'가 있어야 선을 행하고 악을 제거하는 도덕적 의지가 가능하게 되고, 바로 이러한 도덕의지의 실행으로서의 '성의'가 근거를 가지게 되는 것이다.

왕수인은 '지知'의 문제에 있어서 처음에는 '지행합일知行合一'을 주장했다. 그는 귀주貴州 용장龍場에서의 깨달음 이후 귀양貴陽에서 강학할 때 처음에는 '지행합일'을 말하였다. 왕수인의 도덕철학적 취지는 분명하나 당시에 일반적으로 통용되던 '지'와 '행' 개념으로는 다른 사람들을 납득시키기 힘이 들었다. 그는, 사람들이 매번 다양한 측면에서 그의 주장에 대해 의문을 제기할 때마다 그에 상응하는 표현을 써야 했던 것으로 보인다. 특히 일반적으로 어떤 지식이나 지각으로 쓰이는 '지'에 대해서나, 모든 행위와 실천을 두루 일컬을 수도 있는 이 '행'에 대해서 그 자신만의 함의로 설명하기에 곤혹스러움이 있었을 것이다.

왕수인은 이러한 어려움을 주신호朱宸濠의 반란을 평정한 뒤 만년에 『대학』의 '치지致知'를 '치양지致良知'로 해석하는 학설로 해결하였다. 앞에서 '지행합일'을 이야기할 때 왕수인의 의도는 '본체의 회복'에 있음을 말하였다. 왕수인은 이러한 측면을 강조하기 위해 적절한 표현을 찾다가 『대학』의 '치지致知'의 '지知'를 『맹자』의 '양지良知'와 결부시키는 기발한 해석을 한 것이다. 그는 '지는 심의 본체이다'라고 하면서 지의 본체로서의 의미를 강조하고, 이것을 '양지'로 간주하였다. 왕수인의 입장에서는, 전통적 유가 경전의 술어를 벗어나지 않으면서도 자신의 철학체계 내에서 꼭 필요한 '지행합일'에 함유된 도덕본체의 문제를 부각시키는 데 매우 절묘한 아이디어였던 것이다. 다음의 그의 말은 이러한 상황을 잘 말해 주고 있다.

> 나의 '양지良知' 두 글자는 '용장龍場' 이후부터 곧 이 뜻을 벗어난 적이 없다. 단지 이 두 글자를 집어내지 못해서, 배우는 이들과 말함에 얼마나 많은 말을 소모했던가. 이제 다행히 이 뜻을 발상하게 되어 한 마디 말로써 전체를 꿰뚫어 보게 되었으니 참으로 통쾌하여 나도 모르게 춤을 출 지경이다.

왕수인은, '치지致知'의 '지知'를 '양지良知'라는 두 글자로 해석하여 '치지致知'를 '치양지致良知'로 간주함으로써, 이전에 '지행합일'을 설명할 때의 난점을 해결하려 한 것이다. 이러한 그의 '양지良知'는 그 어원이 『맹자』에 있음에도 이미 맹자를 벗어나 왕수인 철학의 중요한 용어가 되었다. '양지良知'(그리고 '양능良能')의 '량良'에는 '선량함'의 의미도 있지만 '선천적'이란 의미도 있는데, 왕수인에게 있어서는 이 둘에 '선험적'이란 의미까지도 추가되게 된다. 그래서 그의, "양지良知는 견문見聞으로 말미암아 존재하는 것이 아니다."라고 한 말은, 양지가 천부적이고 내재적이며 경험적 '견문'에 의하지 않는 선험적인 것임을 말하는 의미이다.

왕수인은 게다가, '양지'를 역시 『맹자』에 있는 사단四端 중의 '시비지심是非之心'으로도 해석했다. 왕수인의 양지는 칸트의 '실천이성'과도 유사한 개념이다. 칸트가 도덕의 입법자를 우리 자신인 도덕주체로 보았듯이, 왕수인 역시 우리 자신이 모두 양지를 가졌으므로 도덕의 입법자가 된다고 본 것이다. 이는 '심즉리' 설과도 연계되므로 우리가 우리 도덕 주체, 즉 심 속에서 도덕법칙을 발견하고 또 입법할 수 있다는 것으로서, 여기서의 '심'의 핵심이 곧 '양지'가 되는 것이다. 그래서 '심' 속에서 '천리'를 찾음은 보다 구체적으로는 '양지' 속에서 '천리'를 찾는 것이다. 이렇게 '양지' 속에서 '천리'를 찾는 것이 곧 '치양지致良知'이다.

'치양지'는 우선 도덕주체의 핵심인 '양지'를 발휘하는 것이다. 그런데 그 발휘를 매우 지극하게 하는 것이다. 이렇게 그 발휘를 지극히 함은 그 도덕능력을 확충한다는 의미이고, 여기에 또 '지행합일'의 의미를 담아 '실현'하고 '실행'한다는 의미도 포함시켰다. '양지'란 인간이라면 누구나 보편적으로 선천적으로 가지고 있는 도덕판단능력이지만, 사욕에 의해 제대로 발휘되지 못하여 악 또는 불선을 저지르게 되므로, 이것을 충분히 발휘, 확충, 실현하는 실천과 공부를 해야 함을 말하는 것이다. 이 '치양지'는 말하자면 구버전인 '지행합일知行合一'을 개량하고 업그레이드한 그 신버전인 셈이다. 이렇게 왕수인이 '치지'를 '치양지'로 해석함에 따라, 『대학』에서 '격물'과 '치지'가 연계되어 있듯 이제 '격물格物'의 문제로 넘어가게 된다.

제4명제: 위선거악시격물爲善去惡是格物: 선을 행하고 악을 제거함이 격물格物이다.

왕수인이 청소년기에 친구와 더불어 '격죽格竹'한 에피소드는, 비록 그것이 정주학의 입장에서도 적절한 행동이 아니었고, 더욱이 이후 정립된 왕수인 자신의 관점에서도 적절하지 않은 치기 어린 행동이었지만, 그의 일생의 대전환점을 이룬 '용장오도龍場悟道'에 대해서는 하나의 상징성을 가지고 있다고 할 것이다. '용장오도'의 의의는, '리理'란 외부대상에서 구해야 하는 것이 아니라, 주체에서 구해야 한다는 것으로서, '격물格物'을 외부사물을 뚫어져라 보면서 구하는 청소년기의 해프닝과 같은 행위가 아닌, 내면의 일로 전환한 것이다. 이것은 칸트의 인식론상의 대전환인 '코페르니쿠스적 전환', 즉 인식의 주도권은 외부 대상에 있는 것이 아니라 인식주체에 있다는 것이며, 동시에 칸트의 도덕철학에 있어서도 도덕의 입법자는 도덕주체라는 것에 비교될 수 있는 것이다. 이것이 곧 육구연陸九淵의 '심즉리心卽理'의 취지이며, '심외무물心外無物', '심외무리心外無理'의 심학의 대전제와 상통하는 것이다.

심학의 취지를, '존재는 지각되는 것(esse est percipi)'이라는 버클리의 관념론과 같은 것으로 생각하면, 왕수인이 제자들과 남진산南鎭山에서 노닐 때, 한 제자가 "천하에 마음 밖의 사물이 없다고 하셨는데, 이처럼 꽃나무가 깊은 산 속에서 홀로 피고 홀로 지니, 우리 마음과 무슨 상관이 있습니까?"라고 물은 데 대해, "자네가 아직 이 꽃을 보지 않았을 때 이 꽃은 자네의 마음과 함께 고요함(적寂: 『주역』「계사전」의 '적연부동寂然不動'과 관련 있다고 볼 수 있다)에 돌아가 있지만, 자네가 이 꽃을 보고나면, 이 꽃의 색깔이 일시에 뚜렷해지기 시작하니, 곧 이 꽃은 자네의 마음 밖에 있지 않음을 알 수 있네."라고 한 대답이 자연법칙이나 철학적 존재법칙에 관한 것으로 오해될 수 있다.

그러나 왕수인의 취지는 버클리와는 달리 오직 도덕문제에 관한 것이다. 즉 우리 도덕주체가 산 중의 꽃을 보기 전에는 그 꽃은 그저 자연법칙에 따라 피고 지지만, 우리 도덕주체가 그것을 보는 순간부터는 인식의 대상이 되는 것은 물론 도덕적 대상이 되기 시작하는 것이며, 왕수인이 주목하는 것은 바로 이 도덕의 대상으로서의 외부 사물이다. 이 외부 사물이란, 도덕의 측면에서는 자연법칙의 탐구대상으로서가 아니라 도덕주체 내면에서 도덕적 의미로서 뚜렷해진 사물이 되는 것이다. 우리 도덕주체가 산 중의 꽃을 보지 않았을 때 그 꽃이 자연법칙상 존재하지 않는다는 것이 아니라, 다만 도덕적으로 우리와 무관한 것으로서 '아직' 도덕적 '고요함(寂)' 속에 머물러 있는 것이다.

그러나, 그의 취지는 버클리의 관념론과 같은 것도 아니고, 불교의 '일체유심소조一切唯心所造' 이론에 따른 바의, 눈병 있는 자가 실재하지 않는 '안중화眼中花'를 지각하는 것 같이, 중생은 그 욕망에 의해 실재하지 않는 가상의 maya, 즉 환유幻有를 본다는 것과 같은 이론도 아니며, 사이버세계의 가상현실도 아니다. 그의 취지는 도덕주체에 있어서 도덕적 의의를 가지는 사물을 도덕적으로 지각함에 관한 문제이고, 이때의 도덕적 사물은 더 이상 외부사물이 아니고 도덕주체에 내재한 것이 되는 것이다. 그러므로, 그의 '격물格物'에서의 '물物'은 바로 도덕주체 내면의 '물'이 되는 것이며, 산중의 꽃도 도덕주체가 그것과 상관관계에 있을 때 도덕주체 속의 도덕적 의미를 가지게 되는 도덕적 사물이 되는 것이다. 그래서 선을 행하고 악을 제거하는 도덕실천행위가 바로 '격물'인 것이다.

이렇게 왕수인이 자신의 철학체계 속에서 '격格'의 의미를 새롭게 세운 것은 용장龍場의 깨달음으로 인한 대전환에 의한 것이다. '용장오도龍場悟道'의 상황을 「연보年譜」에는 이렇게 적고 있다.

> 갑자기 한밤중에 격물치지格物致知의 취지를 크게 깨치시고, … 성인聖人의 도는 내 성性이 스스로 갖추고 있으며, 이전에 사물에서 리理를 구하던 것이 잘못이었다는 것을 비로소 알게 되셨다.

저자 소개

정해왕(丁海王)

부산대학교 인문대학 철학과 졸업
부산대학교 대학원 철학과 문학석사 및 철학박사

중국 동방국제역학연구원 방문학자(단기)
중국 절강대학 방문교수(장기)
중국 북경이공대학 법학원 방문학자(단기)
중국 북경대학 방문학자(장기)
1992년~현재 부산대학교 인문대학 철학과 교수

역주서 『완역 정몽正蒙』(장재張載 저)(명문당)
저서 『주역周易과 한국역학韓國易學』(공저, 범양사출판부)
『한국지성과의 만남』(공저, 부산대학교 출판부)
『『대학』 읽기』(세창미디어)
『『중용』 읽기』(세창미디어)
『周易 속 世上, 세상 속 주역』(교학도서)
『북송대北宋代 성리학性理學』 ─북송대 다섯 철학자들의 삶과 철학─(박영사)
"정해왕의 『주역周易』으로 보는 세상"(<국제신문> 연재)
그 외 다수의 연구논문

중국철학사

초판발행 2023년 8월 9일

지은이 정해왕
펴낸이 안종만·안상준

편 집 배근하
기획/마케팅 박부하
표지디자인 BEN STORY
제 작 고철민·조영환

펴낸곳 (주) 박영사
서울특별시 금천구 가산디지털2로 53, 210호(가산동, 한라시그마밸리)
등록 1959. 3. 11. 제300-1959-1호(倫)
전 화 02)733-6771
f a x 02)736-4818
e-mail pys@pybook.co.kr
homepage www.pybook.co.kr
ISBN 979-11-303-1809-7 93150

정 가 34,000원